1등급을 위한 시험 유형 훈련서

BON 본 N제

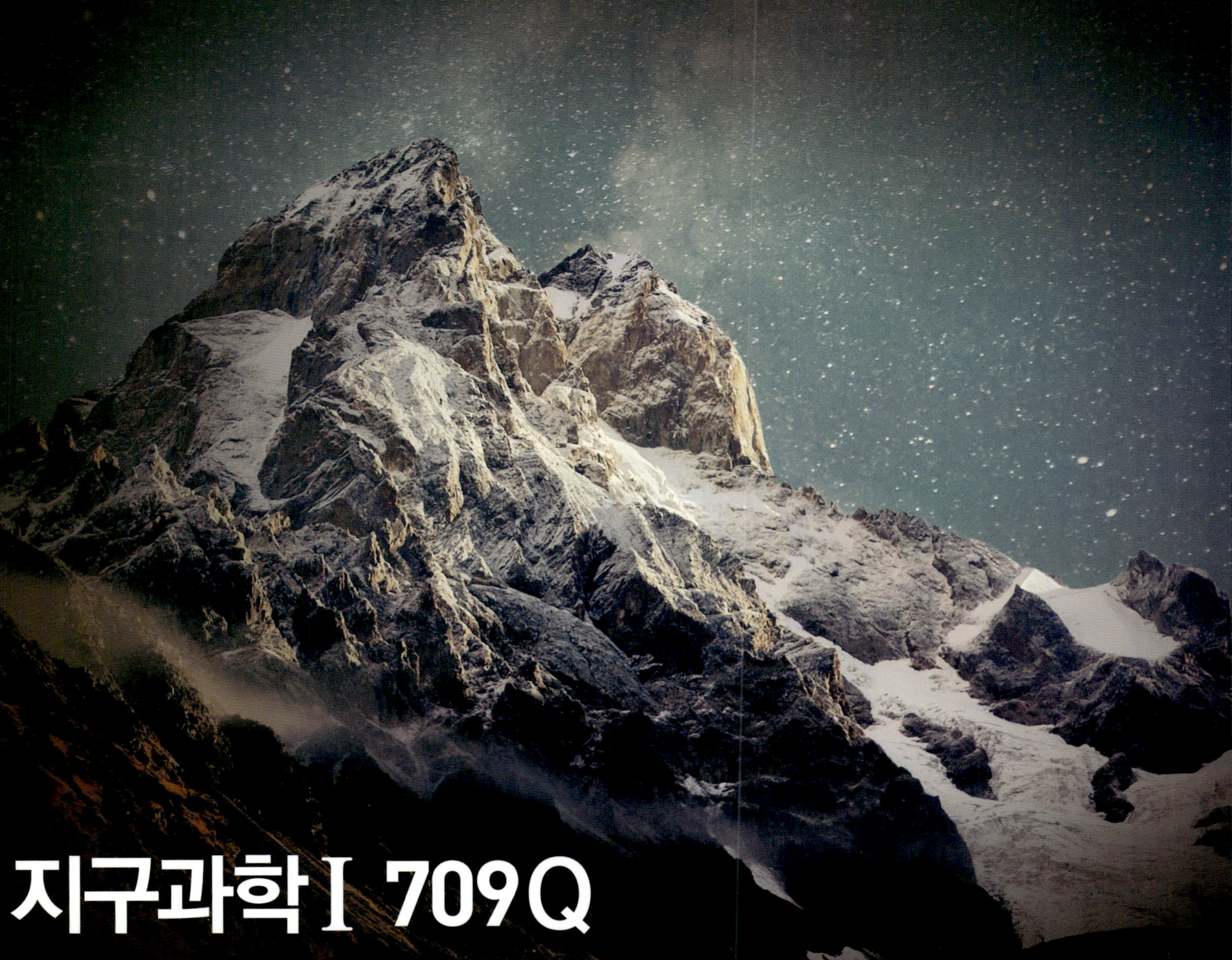

지구과학 I 709Q

대한민국 **모든 교과서**
A to Z 완벽 분석!

꼭 필요한 필수 개념과
대표 문제를 **한 권에!**

최다 유형의 문제 풀이로
시험 100점 공략!

이투스북

BON 본

본(本)보기가 될 만한 올바른 방법

BON은 기본이 충실한 교재, 과학의 **본**질을 알려 주는 교재입니다.
모든 고등 과학 교재의 **본**보기가 되겠습니다.

이 책을 집필하신 분

김두섭 김연귀 임경란

검토에 도움을 주신 선생님

구자승 김남용 김도연 김승경 김영선 김재원 김종욱 김종필 김태우 김혜민 박성현
박 용 박종일 방철환 송병기 안민정 안종수 양재석 오창석 윤소영 이경민 임해일
장 미 전광수 정은영 정재희 정희진 차병건 차재열 홍지영 홍효정

STAFF

발행인 정선욱
퍼블리싱 총괄 남형주
기획·개발 조비호 김한길 김승필 한예슬 백익송
디자인·마케팅 김정인 김라니 퓨리티디자인
제작·유통 신성철 서준성

BON 본 **N제 지구과학 Ⅰ** 201910 초판 1쇄 202301 초판 3쇄
펴낸곳 이투스에듀(주) 서울시 서초구 남부순환로 2547 **고객센터** 1599-3225
등록번호 제2007-000035호 **ISBN** 979-11-6442-429-0 [53450]

BON.N제

지구과학 I 709Q

핵심 개념 정리

❶ **내용 정리** : 모든 교과서에서 시험에 출제
될 가능성이 높은 개념을 체계적으로 정리
하였습니다.

❷ **탐구 활동, 자료 분석** : 다수의 교과서에 다
룬 탐구 및 자료를 자세히 분석하고, 정리
하였습니다.

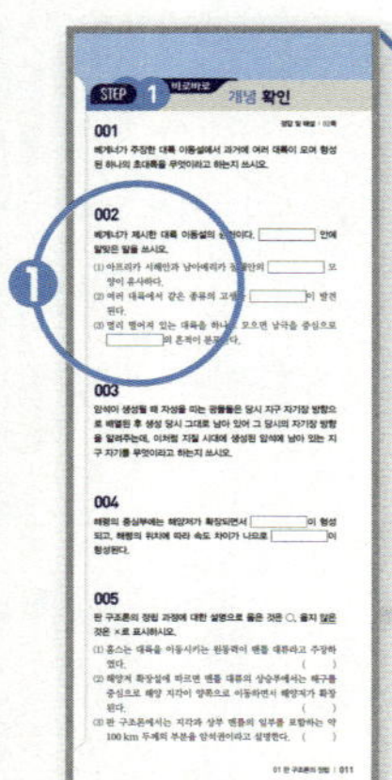

STEP ❶ 바로바로 개념 확인

❶ **내용 정리를 위한 다양한 확인 문항 제시**
빈칸 넣기, 선택하기, 간단한 단답형 문제 등으로 관련
내용을 완벽하게 이해했는지 점검할 수 있습니다.

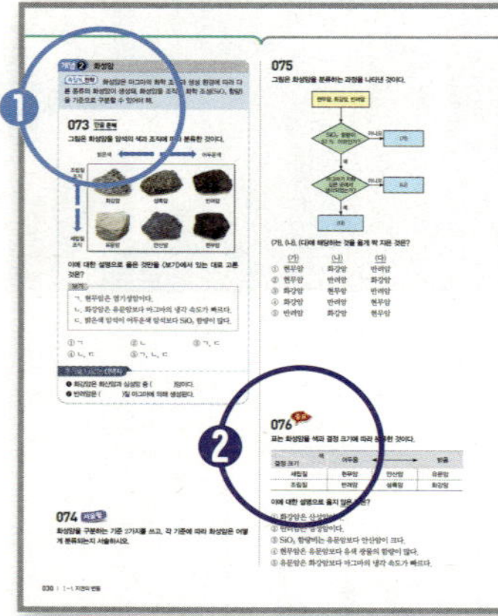

STEP ❷ 알짜 문제로 실력 키우기

❶ 주요 개념의 단골 문제와 족집게 전략을 제시하고 추가
로 나올 수 있는 선택지를 정리하였습니다.

❷ 주요 개념과 관련된 출제 예상 문항을 다양하게 제공하
였습니다.

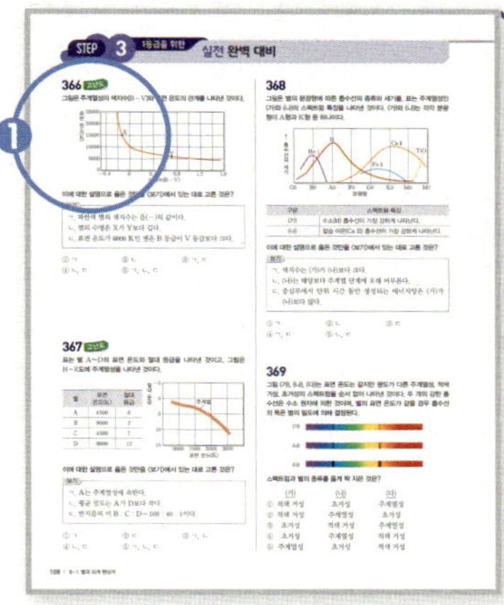

STEP 3 — 1등급을 위한 실전 완벽 대비

❶ 시험에 고난도로 출제될 가능성이 높은 문항으로 구성하였습니다.

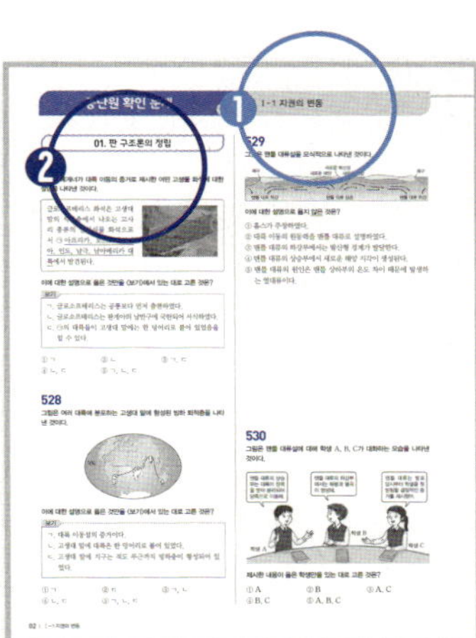

중단원 확인 문제

❶ 대단원별로 주요 문항만을 수록하여 대단원을 포괄적으로 점검할 수 있도록 구성하였습니다.

❷ 중단원 표시로 해당 시험 범위를 쉽게 찾을 수 있도록 도와줍니다.

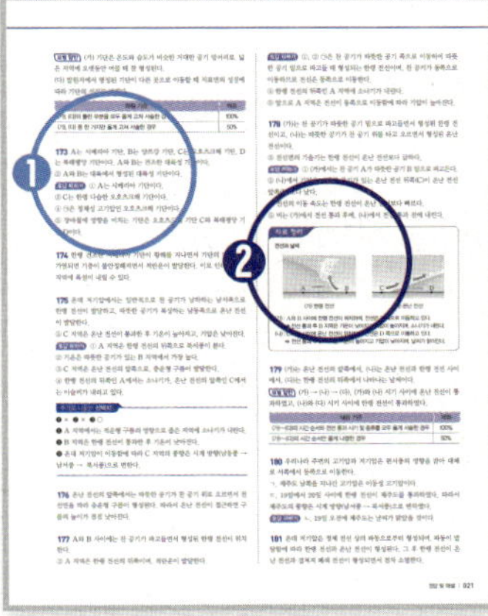

정답 및 해설

❶ 문제 분석 및 오답 피하기 : 모든 문제에 대한 분석은 물론, 오답을 피하기 위한 자세한 설명도 덧붙여 왜 틀렸는지 파악할 수 있게 해줍니다.

❷ 자료 정리 : 문제와 관련된 주요 개념이나 더 알아야할 내용을 제공하여 한 번 더 개념을 다질 수 있습니다.

		BON N제 지구과학 I	금성출판	미래엔	비상교육	천재교육	YBM
I-1 지권의 변동	**01.** 판 구조론의 정립	10~17	13~18	14~21	11~18	11~17	13~22
	02. 대륙 분포의 변화	18~21	19~23	22~27	20~25	18~21	23~28
	03. 맨틀 대류와 플룸 구조론	22~25	27~29	28~30	26~29	22~25	29~33
	04. 변동대의 마그마 활동 및 화성암	26~33	30~33	32~35	30~33	31~38	34~37
I-2 지구의 역사	**01.** 지질 구조와 퇴적 환경	34~41	45~51	46~53	39~48	47~56	45~54
	02. 상대 연령과 절대 연령	42~47	52~69	54~71	50~65	59~72	55~72
	03. 지질 시대의 환경과 생물	48~53					
II-1 대기와 해양의 변화	**01.** 기압과 날씨 변화	56~63	79~83	82~89	77~83	81~85	81~88
	02. 태풍과 우리나라의 주요 악기상	64~69	84~95	90~97	84~95	86~94	89~101
	03. 해수의 성질	70~77	99~103	98~103	96~103	97~102	102~109
II-2 대기와 해양의 상호 작용	**01.** 대기 대순환과 해양의 순환	78~85	113~119	114~121	109~117	111~117	117~127
	02. 대기와 해양의 상호 작용	86~91	120~123	122~129	118~123	118~122	128~134
	03. 지구 기후 변화	92~99	127~135	130~136	124~132	125~138	135~145

COMPARISON TABLE

차례

CONTENTS

Ⅲ. 우주

I

고체 지구

I

고체 지구

I-1 지권의 변동

1. 판 구조론의 정립

- 대륙 이동설과 맨틀 대류설
- 해저 지형 탐사와 해양저 확장설
- 판 구조론의 정립

2. 대륙 분포의 변화

- 고지자기 변화와 대륙의 이동
- 대륙 분포의 변화

3. 맨틀 대류와 플룸 구조

- 맨틀 대류
- 플룸 구조론

4. 변동대의 마그마 활동 및 화성암

- 변동대의 마그마 활동
- 화성암
- 한반도의 화성암 지형

I-2 지구의 역사

1. 지질 구조와 퇴적 환경

- 퇴적 구조와 퇴적 환경
- 지질 구조

2. 상대 연령과 절대 연령

- 상대 연령
- 절대 연령

3. 지질 시대의 환경과 생물

- 지질 시대
- 지질 시대의 환경과 생물

01 판 구조론의 정립

개념 ❶ 대륙 이동설과 맨틀 대류설

1. 대륙 이동설(1912년, 베게너) : 초대륙인 판게아가 약 2억 년 전부터 분리되고 이동하여 현재와 같은 대륙 분포가 되었다는 학설

(1) 베게너가 제시한 대륙 이동의 증거

(2) **대륙 이동설의 한계** : 대륙을 이동시키는 원동력을 설명하지 못하여 발표 당시에는 큰 지지를 받지 못하였다.

2. 맨틀 대류설(1929년, 홈스) : 맨틀 내 방사성 원소의 붕괴열과 지구 중심부에서 올라오는 열에 의해 맨틀 상부와 하부에 온도 차이가 생기고, 그 때문에 맨틀에서 열대류가 일어나 맨틀 위에 있는 대륙이 맨틀 대류를 따라 이동한다는 학설

➡ 맨틀 대류의 상승부에서는 새로운 지각이 형성되며, 하강부에서는 지각이 맨틀 속으로 들어가며 해구가 형성된다.

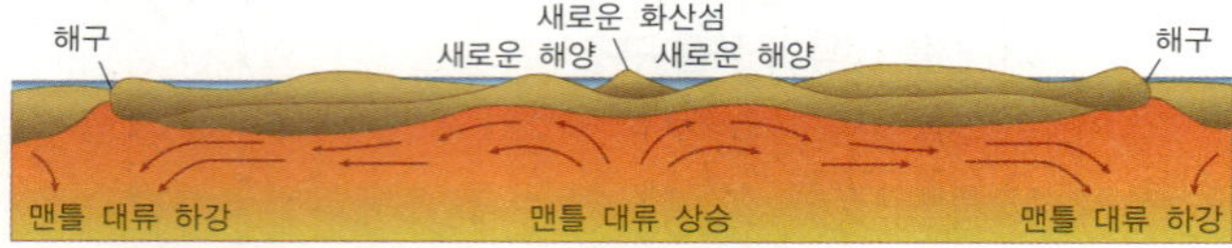

개념 ❷ 해저 지형 탐사와 해양저 확장설

1. 해저 지형 탐사

(1) **음향 측심법** : 해양 탐사선에서 발사한 음파가 해저면에 반사되어 되돌아오는 데 걸리는 시간을 측정하여 수심을 알아내는 방법이다.

$$d = \frac{1}{2}t \times v$$

(d : 수심, t : 음파의 왕복 시간, v : 음파 속도)

(2) **고지자기 분석** : 과거의 암석에 보존되어 있는 잔류 자기를 통해 암석이 생성될 당시 자기장의 방향을 알 수 있다.

➡ 암석이 생성될 당시 지구 자기장의 방향이 현재와 같은 정자극기와 현재와 반대인 역자극기가 반복되어 나타난다.

2. 해양저 확장설(1960년대, 헤스와 디츠) : 해령에서 고온의 맨틀 물질이 상승하여 새로운 해양 지각이 형성되고, 해령을 중심으로 양쪽으로 멀어짐에 따라 해저가 확장된다는 학설

3. 해양저 확장설의 증거

(1) **해양 지각의 나이** : 해령에서 멀어질수록 해양 지각의 나이가 많아진다.

(2) **해저 퇴적물의 두께** : 해령에서 멀어질수록 해저 퇴적물의 두께가 두꺼워진다.

(3) **고지자기 줄무늬의 분포** : 고지자기의 줄무늬는 해령과 거의 나란하며, 해령을 축으로 대칭을 이룬다.

➡ 해령에서 생성된 새로운 해양 지각이 양쪽으로 확장되고, 지구 자기의 역전 현상이 반복되기 때문이다.

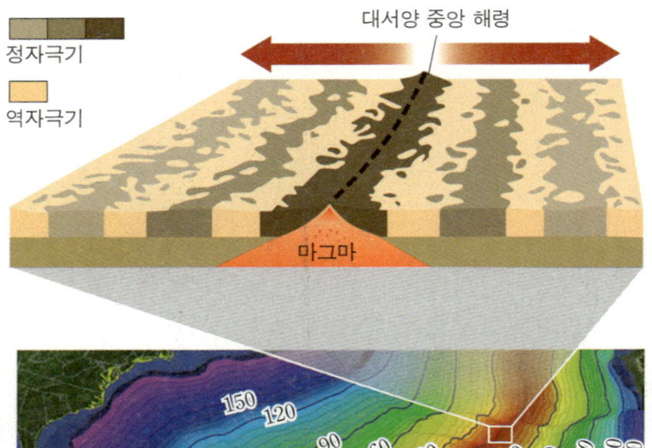

(4) **열곡과 변환 단층의 발견** : 해령 중심부에서 해양저가 확장되면서 열곡이 형성되고, 해령의 위치에 따라 속도 차이가 나므로 두 판이 어긋나면서 이동하여 변환 단층이 형성된다.

개념 ❸ 판 구조론의 정립

1. 판 구조론(1965년, 윌슨) : 지구 표면은 10여 개의 크고 작은 판으로 이루어져 있고, 판이 서로 다른 방향과 속도로 움직이면서 판의 경계에서 지진, 화산 활동 등의 지각 변동이 일어난다는 이론 → 윌슨에 의해 판이라는 용어가 처음 사용되었으며, 모건, 아이작 등을 거쳐 통합 이론인 판 구조론이 정립되었다.

2. 판의 구조

(1) **암석권** : 지각과 상부 맨틀의 일부를 포함하는 약 100 km 두께의 부분

➡ 암석권은 여러 조각으로 나뉘어져 있는데, 각각의 크고 작은 조각을 판이라고 한다.

(2) **연약권** : 암석권의 바로 아래 상부 맨틀의 물질이 부분 용융되어 있어서 유동성을 띠는 부분

3. **판의 경계** : 판의 상대적인 이동 방향에 따라 발산형 경계, 수렴형 경계, 보존형 경계로 구분한다.

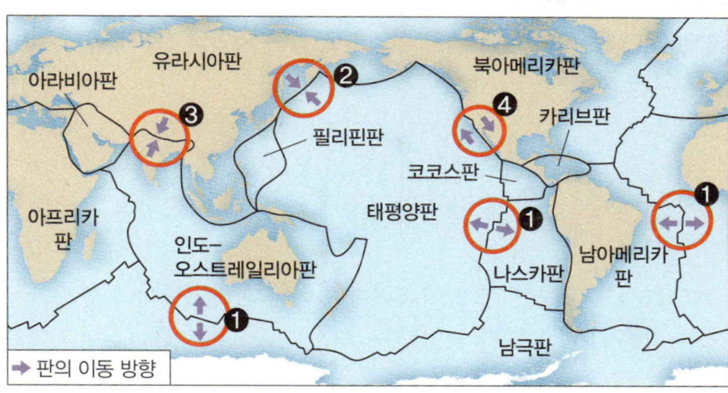

구분	특징
발산형 경계 (❶)	• 두 판이 서로 멀어진다. • 화산 활동, 천발 지진 발생 • 해령, 열곡대가 발달한다. 예 동태평양 해령, 대서양 중앙 해령 등
수렴형 경계 (❷, ❸)	• 두 판이 서로 가까워진다. • 섭입형(❷) : 화산 활동, 천발~심발 지진 발생 • 충돌형(❸) : 천발~중발 지진 발생 • 해구, 호상 열도, 습곡 산맥이 발달한다. 예 알류산 해구 및 열도(섭입형), 페루-칠레 해구 및 안데스산맥(섭입형), 히말라야산맥(충돌형) 등
보존형 경계 (❹)	• 두 판이 서로 어긋난다. • 천발 지진 발생 • 변환 단층이 발달한다. 예 산안드레아스 단층

자료 분석　음향 측심법으로 해저 지형 추정

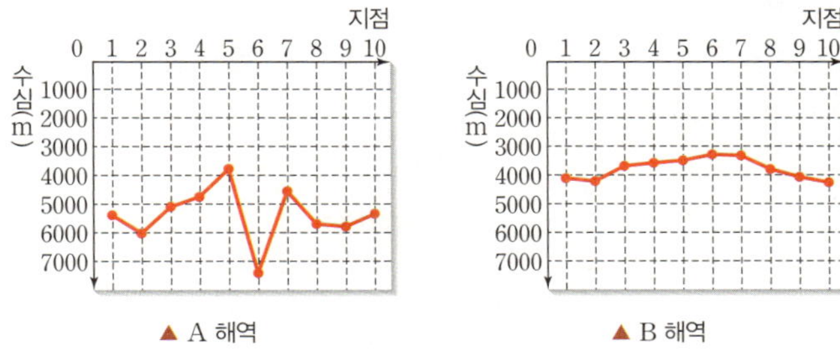

• 음향 측심법으로 해저 지형 추정 방법 : 어떤 해역의 직선 구간을 따라 일정한 간격으로 떨어져 있는 지점의 수면에서 보낸 음파가 해저면에 반사되어 되돌아오는 데 걸린 시간을 측정하여 수심을 알아낸다.

　➡ 그래프에 각 측정 지점의 수심을 나타낸 후 연결하여 해저 지형을 추정한다.

• A 해역과 B 해역에 발달한 해저 지형

A 해역	지점 6 부근에서는 수심 7000 m 이상인 깊은 골짜기가 나타난다. ➡ 해구 발달
B 해역	지점 6 부근의 수심이 가장 얕으며, 이 지점으로부터 양쪽으로 가면서 수심이 깊어진다. ➡ 해령 발달

001

정답 및 해설 | 02쪽

베게너가 주장한 대륙 이동설에서 과거에 여러 대륙이 모여 형성된 하나의 초대륙을 무엇이라고 하는지 쓰시오.

002

베게너가 제시한 대륙 이동설의 증거이다. ☐ 안에 알맞은 말을 쓰시오.

(1) 아프리카 서해안과 남아메리카 동해안의 ☐ 모양이 유사하다.

(2) 여러 대륙에서 같은 종류의 고생물 ☐ 이 발견된다.

(3) 멀리 떨어져 있는 대륙을 하나로 모으면 남극을 중심으로 ☐ 의 흔적이 분포한다.

003

암석이 생성될 때 자성을 띠는 광물들은 당시 지구 자기장 방향으로 배열된 후 생성 당시 그대로 남아 있어 그 당시의 자기장 방향을 알려주는데, 이처럼 지질 시대에 생성된 암석에 남아 있는 지구 자기를 무엇이라고 하는지 쓰시오.

004

해령의 중심부에는 해양저가 확장되면서 ☐ 이 형성되고, 해령의 위치에 따라 속도 차이가 나므로 ☐ 이 형성된다.

005

판 구조론의 정립 과정에 대한 설명으로 옳은 것은 ○, 옳지 <u>않은</u> 것은 ×로 표시하시오.

(1) 홈스는 대륙을 이동시키는 원동력이 맨틀 대류라고 주장하였다. ( )

(2) 해양저 확장설에 따르면 맨틀 대류의 상승부에서는 해구를 중심으로 해양 지각이 양쪽으로 이동하면서 해양저가 확장된다. ( )

(3) 판 구조론에서는 지각과 상부 맨틀의 일부를 포함하는 약 100 km 두께의 부분을 암석권이라고 설명한다. ( )

족집게 전략 베게너가 대륙 이동설을 주장하면서 제시한 대륙 이동의 증거와 판 구조론이 정립되는 과정에서 탐사 기술의 발전으로 알아낸 판 구조론의 증거를 구분할 수 있어야 해.

006 단골 문제

베게너가 제시한 대륙 이동설의 증거에 해당하지 <u>않는</u> 것은?

① 남아메리카 동해안과 아프리카 서해안의 해안선 모양이 비슷하다.
② 북아메리카 대륙과 유럽 대륙에 있는 산맥의 지질 구조가 연속적이다.
③ 고지자기 줄무늬가 해령을 축으로 대칭적으로 나타난다.
④ 여러 대륙을 하나로 모으면 빙하의 흔적이 남극을 중심으로 분포한다.
⑤ 멀리 떨어져 있는 여러 대륙에서 같은 종류의 고생물 화석이 발견된다.

추가로 나오는 **선택지**

❶ 베게너가 제시한 대륙 이동설의 증거로부터 대륙 이동의 원동력을 설명할 수 있다. (   )
❷ 베게너가 제시한 대륙 이동설의 증거는 모두 과거에 대륙이 하나로 모여 있었던 적이 있었기 때문에 나타나는 것이다. (   )

007 서술형

베게너는 과거에 하나의 초대륙이었던 판게아가 분리되고 이동하면서 오늘날과 같은 대륙 분포를 형성하였다는 '대륙 이동설'을 주장하였다. 대륙 이동설은 발표 당시에 큰 지지를 받지 못하였는데 그 까닭을 서술하시오.

008

베게너의 대륙 이동설에 대한 설명으로 옳은 것만을 〈보기〉에서 있는 대로 고른 것은?

보기

ㄱ. 대륙 이동의 원동력을 설명하지 못하였다.
ㄴ. 판게아는 고생대 말부터 중생대 초 사이에 있었던 초대륙이다.
ㄷ. 과거에 대륙은 한 덩어리였다가 분리되고 이동하여 현재와 같은 대륙 분포가 되었다.

① ㄱ　　　　② ㄴ　　　　③ ㄱ, ㄷ
④ ㄴ, ㄷ　　　⑤ ㄱ, ㄴ, ㄷ

009

그림은 홈스가 주장한 맨틀 대류설의 원리를 알아보기 위한 실험 장치를 나타낸 것이다.

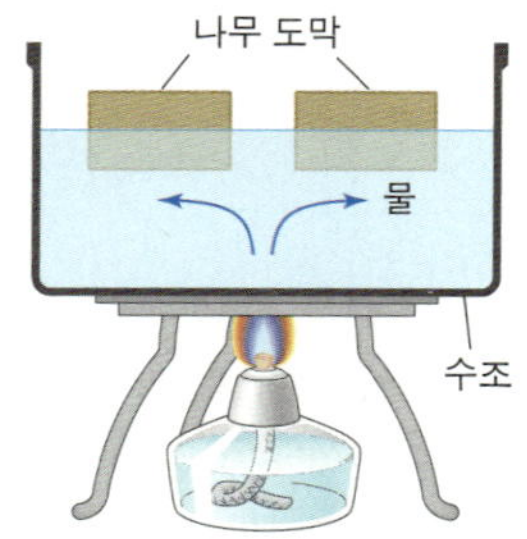

이에 대한 설명으로 옳은 것만을 〈보기〉에서 있는 대로 고른 것은?

보기

ㄱ. 물이 가열되면 나무 도막은 점점 가까워진다.
ㄴ. 나무 도막의 움직임은 대류의 이동에 해당한다.
ㄷ. 물이 가열되어 대류하는 것은 맨틀 대류를 나타낸다.

① ㄱ　　　　② ㄴ　　　　③ ㄱ, ㄷ
④ ㄴ, ㄷ　　　⑤ ㄱ, ㄴ, ㄷ

010

홈스가 주장한 맨틀 대류설에서 대륙을 이동시키는 원동력으로 제시한 것은?

① 지구의 공전
② 지구의 자전
③ 달의 기조력
④ 대기와 해양의 운동
⑤ 맨틀 내 온도 차로 인한 열대류

011 

그림은 홈스가 주장한 맨틀 대류설을 모식적으로 나타낸 것이다.

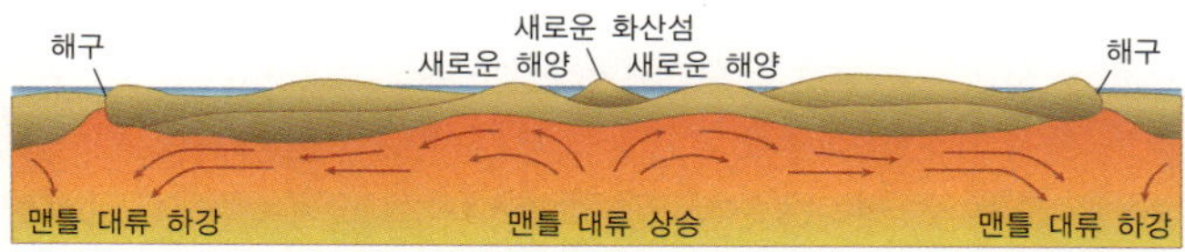

이에 대한 설명으로 옳은 것만을 〈보기〉에서 있는 대로 고른 것은?

> 보기
>
> ㄱ. 맨틀 대류의 상승부에서는 마그마의 활동으로 새로운 지각이 형성된다.
> ㄴ. 액체 상태의 맨틀에서 열대류가 일어나 대륙이 이동한다.
> ㄷ. 발표 당시에 대륙 이동의 원동력을 설명하는 증거로 인정받았다.

① ㄱ   ② ㄴ   ③ ㄱ, ㄷ
④ ㄴ, ㄷ   ⑤ ㄱ, ㄴ, ㄷ

012

대륙 이동설과 맨틀 대류설에 대한 설명으로 옳은 것만을 〈보기〉에서 있는 대로 고른 것은?

> 보기
>
> ㄱ. 대륙 이동설은 변환 단층의 발견으로 완전히 정립되었다.
> ㄴ. 홈스는 고지자기 줄무늬로부터 맨틀 대류를 확인하였다.
> ㄷ. 맨틀 내 방사성 원소의 붕괴열과 지구 중심부에서 올라오는 열에 의해 맨틀 상하부의 온도 차이가 발생한다.

① ㄱ   ② ㄴ   ③ ㄷ
④ ㄱ, ㄴ   ⑤ ㄴ, ㄷ

개념 ❷ 해저 지형 탐사와 해양저 확장설

족집게 전략 해령을 축으로 양쪽으로 멀어질수록 해양 지각의 나이, 해저 퇴적물의 두께, 수심의 변화가 나타나는데, 이것은 해양저 확장설의 증거임을 알고, 해령으로부터 멀어질 때 이들의 변화가 어떻게 나타나는지 비교할 수 있어야 해.

013 단골 문제

그림 (가)와 (나)는 서로 다른 두 지역에 위치하는 해령 부근의 고지자기 분포를 나타낸 것이다.

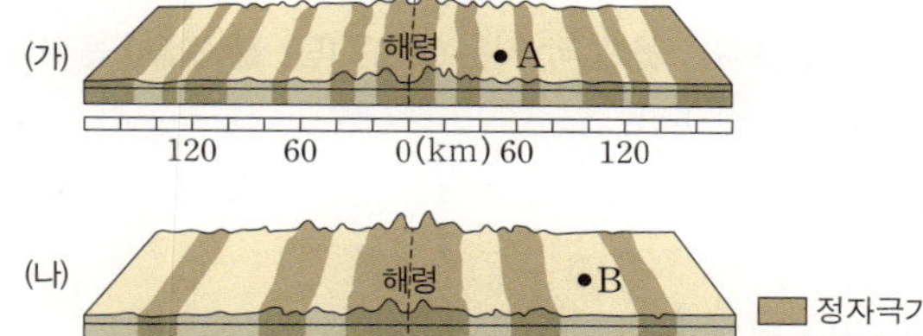

이에 대한 설명으로 옳은 것만을 〈보기〉에서 있는 대로 고른 것은?

> 보기
>
> ㄱ. A 지점과 B 지점에서 해양 지각의 나이는 비슷하다.
> ㄴ. A에서 해령 쪽으로 갈수록 해저 퇴적물의 두께는 두꺼워진다.
> ㄷ. 고지자기 줄무늬의 반복은 지구 자기의 역전 현상이 반복되기 때문이다.

① ㄱ   ② ㄴ   ③ ㄱ, ㄷ
④ ㄴ, ㄷ   ⑤ ㄱ, ㄴ, ㄷ

추가로 나오는 선택지

❶ 고지자기 줄무늬는 해령을 축으로 대칭을 이룬다. (　　　)
❷ A의 해양 지각은 해령의 반대 방향으로 이동한다. (　　　)
❸ A가 생성될 당시 지구 자기장의 방향은 현재와 같다. (　　　)
❹ 해양저의 확장 속도는 (가)보다 (나)에서 느리다. (　　　)
❺ 해령에서 B쪽으로 갈수록 수심은 깊어진다. (　　　)

014 서술형

지질 시대에 생성된 암석에 남아 있는 지구 자기인 고지자기가 해령을 축으로 대칭을 이루고 있는 까닭을 2가지 서술하시오.

015

그림은 해양 탐사선에서 음향 측심법을 이용하여 거리에 따른 음파의 왕복 시간을 측정한 것이다.

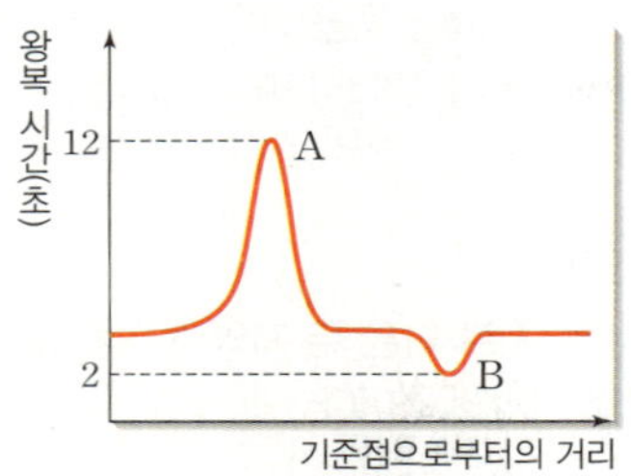

A와 B 지점의 수심을 옳게 짝 지은 것은? (단, 물속에서 음파의 평균 속도는 1500 m/s이다.)

	A	B
①	4500 m	750 m
②	4500 m	1500 m
③	9000 m	750 m
④	9000 m	1500 m
⑤	9000 m	4500 m

016

그림은 해양저 확장설을 모식적으로 나타낸 것이다.

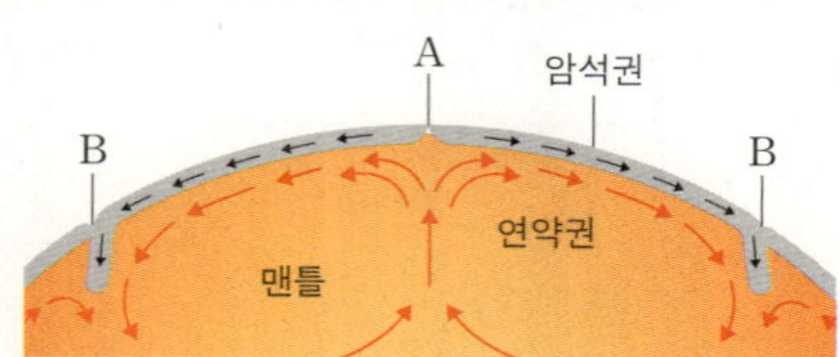

이에 대한 설명으로 옳은 것만을 〈보기〉에서 있는 대로 고른 것은?

보기

ㄱ. A에는 호상 열도가 나타난다.
ㄴ. B에서는 새로운 해양 지각이 생성된다.
ㄷ. 암석권에 횡압력이 작용하는 곳은 B이다.

① ㄱ   ② ㄴ   ③ ㄷ
④ ㄱ, ㄴ   ⑤ ㄴ, ㄷ

017 서술형

그림은 해령 주변에서 일어나는 해양 지각의 이동 방향과 지형을 나타낸 것이다.

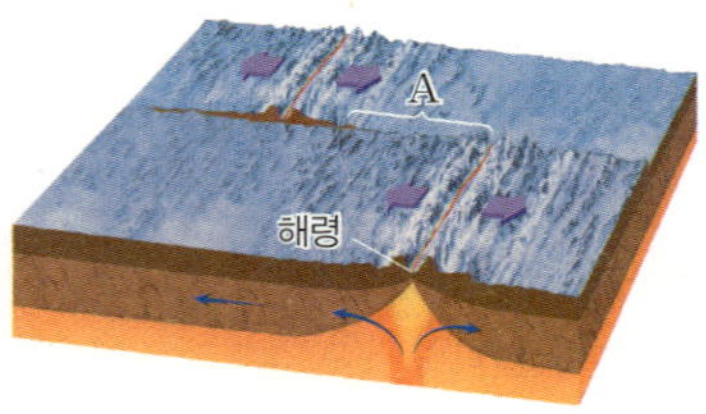

A에 해당하는 지형을 쓰고, 이 지형이 형성되는 까닭을 서술하시오.

018 중요

그림은 여러 해양에서 조사한 해저 지각 연령과 고지자기 분포를 해령으로부터 거리에 따라 나타낸 것이다.

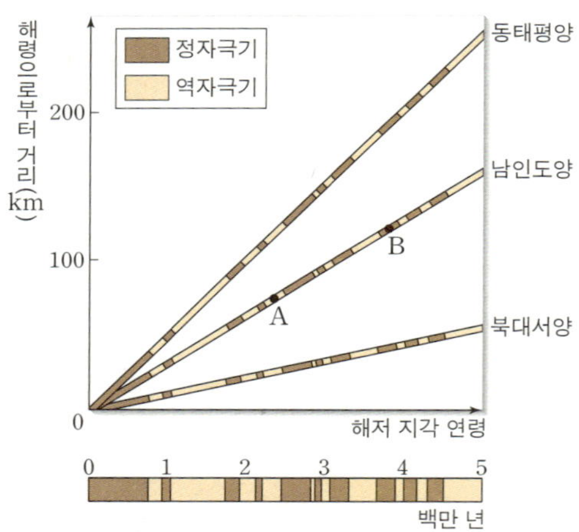

이에 대한 설명으로 옳은 것만을 〈보기〉에서 있는 대로 고른 것은?

보기

ㄱ. 해저 지각의 이동 속도는 동태평양에서 가장 빠르다.
ㄴ. A, B 중 고지자기 분포가 현재와 같은 방향인 것은 A이다.
ㄷ. 북대서양 해저 지각의 평균 이동 속도는 2 cm/년보다 빠르다.

① ㄱ   ② ㄴ   ③ ㄱ, ㄷ
④ ㄴ, ㄷ   ⑤ ㄱ, ㄴ, ㄷ

개념 ❸ 판 구조론의 정립

족집게 전략 판 구조론이 정립되는 과정에서 등장한 학설은 순서대로 대륙 이동설, 맨틀 대류설, 해양저 확장설, 판 구조론이야. 여러 학설의 내용을 등장한 시간 순서대로 알고 있어야 해.

019 단골 문제

다음은 판 구조론이 정립되기까지 등장한 다양한 학설에 대한 설명이다.

> (가) 초대륙인 판게아가 분리되고 이동하여 현재와 같은 대륙 분포가 되었다는 학설
> (나) 해령에서 고온의 맨틀 물질이 상승하여 새로운 해양 지각이 생성되고, 해령을 중심으로 양쪽으로 멀어짐에 따라 해저가 확장된다는 학설
> (다) 맨틀 내 온도 차이로 맨틀에서 열대류가 일어나 맨틀 위에 있는 대륙이 맨틀 대류를 따라 이동한다는 학설
> (라) 지구 표면을 이루는 10여 개의 크고 작은 판이 서로 다른 방향으로 움직이면서 판의 경계에서 다양한 지각 변동이 일어난다는 이론

학설을 등장한 순서대로 옳게 나열한 것은?

① (가) → (나) → (다) → (라)
② (가) → (다) → (나) → (라)
③ (가) → (다) → (라) → (나)
④ (나) → (가) → (라) → (다)
⑤ (나) → (가) → (다) → (라)

추가로 나오는 선택지

❶ (가)에 대한 증거로 베게너는 고지자기 줄무늬 분포를 제시하였다. (　　　)
❷ (나)는 해양저 확장설이고, (다)는 맨틀 대류설에 대한 설명이다. (　　　)

020

판 구조론의 정립 과정에 기여한 인물과 학설을 옳게 짝 지은 것은?

	인물	학설
①	헤스	판 구조론
②	홈스	맨틀 대류설
③	디츠	대륙 이동설
④	윌슨	해양저 확장설
⑤	베게너	해양저 확장설

021

그림은 판의 구조를 나타낸 것이다.

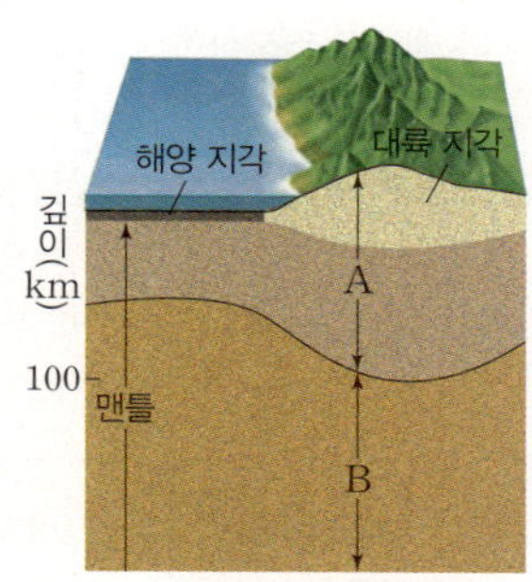

이에 대한 설명으로 옳은 것만을 〈보기〉에서 있는 대로 고른 것은?

> **보기**
> ㄱ. A는 주로 단단한 암석으로 구성된다.
> ㄴ. B는 연약권에 해당한다.
> ㄷ. B는 액체 상태로, 이곳에서 맨틀 대류가 일어난다.

① ㄱ　　　　② ㄷ　　　　③ ㄱ, ㄴ
④ ㄴ, ㄷ　　　⑤ ㄱ, ㄴ, ㄷ

022 중요

그림은 판의 경계와 이동 방향을 나타낸 것이다.

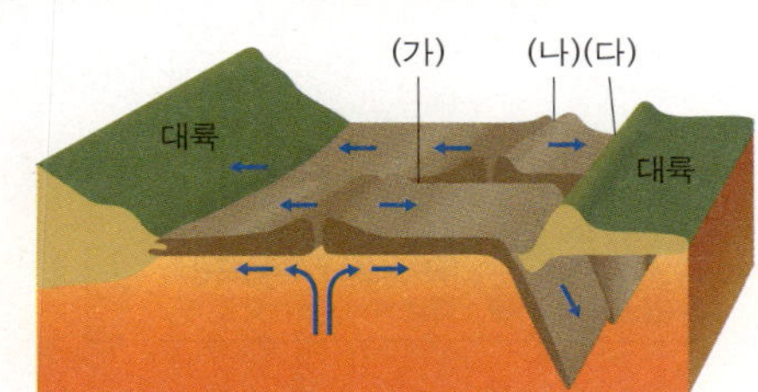

(가), (나), (다)에서 발달할 수 있는 지형을 옳게 짝 지은 것은?

	(가)	(나)	(다)
①	해령	해구	변환 단층
②	해령	변환 단층	해구
③	해구	해령	변환 단층
④	변환 단층	해령	해구
⑤	변환 단층	해구	해령

023

1912년 독일의 과학자 베게너가 주장한 학설에 대한 설명이다.

> 과거에는 하나였던 대륙이 시간이 지나면서 여러 대륙으로 분리되고 이동하여 현재와 같은 대륙 분포를 이루게 되었다고 주장하였다. 그러나 발표 당시에는 많은 학자들로부터 큰 지지를 받지 못하였다.

이 학설이 발표 당시에 큰 지지를 받지 못한 까닭으로 옳은 것만을 〈보기〉에서 있는 대로 고른 것은?

보기
ㄱ. 대륙 이동의 증거를 제시하지 못하였다.
ㄴ. 대륙 이동의 원동력을 설명하지 못하였다.
ㄷ. 대륙이 분리되기 시작한 시기를 규명하지 못하였다.

① ㄴ   ② ㄷ   ③ ㄱ, ㄴ
④ ㄱ, ㄷ   ⑤ ㄴ, ㄷ

024

그림은 베게너가 주장한 대륙 이동설의 증거인 고생물 화석, 습곡 산맥, 빙하의 분포를 나타낸 것이다.

이에 대한 설명으로 옳은 것만을 〈보기〉에서 있는 대로 고른 것은?

보기
ㄱ. 인도 대륙은 과거에 남반구에 분포했었다.
ㄴ. 남아메리카 동해안과 아프리카 서해안은 붙어 있었다.
ㄷ. 분포 지역이 가장 넓은 화석은 글로소프테리스이다.

① ㄱ   ② ㄴ   ③ ㄱ, ㄷ
④ ㄴ, ㄷ   ⑤ ㄱ, ㄴ, ㄷ

025

그림은 홈스의 맨틀 대류설에서 설명하는 대류 이동의 원리를 알아보기 위한 실험 장치를 나타낸 것이다.

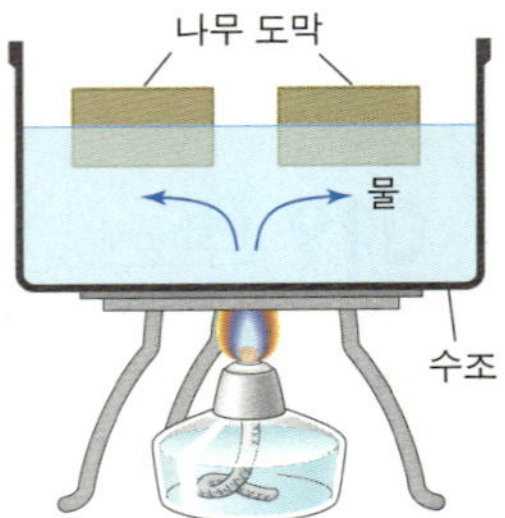

이 실험에서 나무 도막과 물은 실제 지구에서 각각 무엇에 비유할 수 있는지 옳게 짝 지은 것은?

	나무 도막	물
①	대륙	맨틀
②	대륙	해양
③	대륙	암석권
④	맨틀	해양
⑤	맨틀	연약권

026 고난도

그림은 해령 A, B 부근의 고지자기 분포 자료를 통해 구한 해양 지각의 나이를 해령으로부터의 거리에 따라 나타낸 것이다.

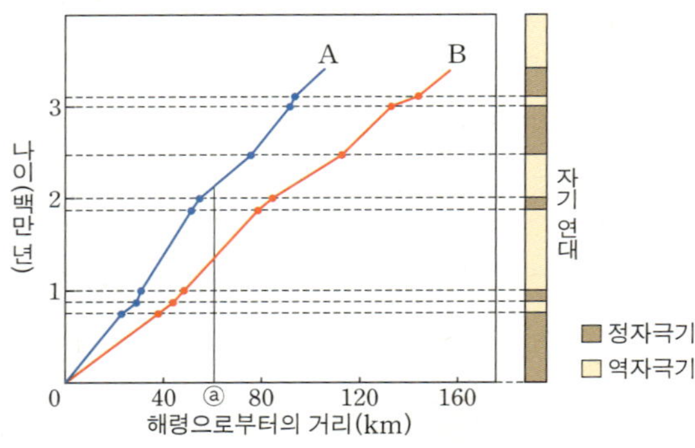

이에 대한 설명으로 옳은 것만을 〈보기〉에서 있는 대로 고른 것은?

보기
ㄱ. 해양 지각의 이동 속도는 A보다 B가 느리다.
ㄴ. A 해령으로부터의 거리가 ⓐ인 곳은 현재의 지자기 방향과 반대이다.
ㄷ. 해령으로부터의 거리 80 km인 지점은 A와 B에서 모두 정자극기이다.

① ㄴ   ② ㄷ   ③ ㄱ, ㄴ
④ ㄱ, ㄷ   ⑤ ㄴ, ㄷ

027

다음은 음향 측심 자료로부터 해저 지형을 추정하기 위한 실험을 나타 낸 것이다.

[실험 과정]

(가) 태평양의 한 지점에서 일정한 거리 간격으로 이동하면서 측정한 음파의 왕복 시간을 확인한다.

(나) 음파의 왕복 시간을 이용하여 각 지점의 수심을 계산한 다. 단, 물속에서 음파의 평균 속도는 1500 m/s이다.

(다) 수심 측정 지점의 수심을 표시하고, 이를 연결하여 해저 지형의 단면도를 그려 본다.

[실험 결과]

수심 측정 지점	1	2	3	4	5	6	7	8	9
기준점에서의 거리 (km)	2	4	6	8	10	12	14	16	18
음파의 왕복 시간 (초)	5.4	4.8	3.6	2.1	1.5	2.2	3.7	4.3	4.8

이에 대한 설명으로 옳은 것만을 〈보기〉에서 있는 대로 고른 것은?

보기

ㄱ. 이 지형은 해령에 해당한다.

ㄴ. 지점 5의 수심은 1500 m이다.

ㄷ. 음파의 왕복 시간과 수심은 비례 관계이다.

① ㄱ   ② ㄴ   ③ ㄱ, ㄷ
④ ㄴ, ㄷ   ⑤ ㄱ, ㄴ, ㄷ

028

그림은 판 구조론의 정립 과정에서 학자들의 주장과 업적에 대하여 학 생 A, B, C가 대화하는 모습을 나타낸 것이다.

제시한 내용이 옳은 학생만을 있는 대로 고른 것은?

① A   ② C   ③ A, B
④ B, C   ⑤ A, B, C

029

그림은 판의 경계와 이동 방향을 나타낸 것이다.

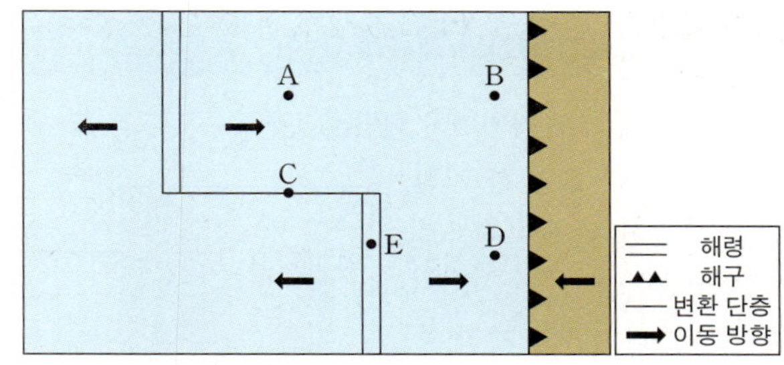

A~E 중 해양 지각의 연령이 가장 많은 곳은?

① A   ② B   ③ C
④ D   ⑤ E

030

그림은 어느 판의 경계에서 진원의 깊이를 나타낸 것이다.

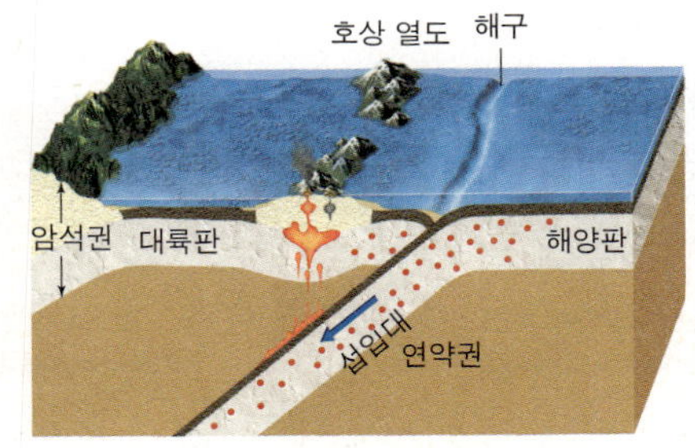

이에 대한 설명으로 옳은 것만을 〈보기〉에서 있는 대로 고른 것은?

보기

ㄱ. 이 지역은 수렴형 경계에 해당한다.

ㄴ. 호상 열도는 판의 경계와 대체로 나란하게 발달한다.

ㄷ. 해구에서 대륙 쪽으로 갈수록 진원의 깊이는 깊어진다.

① ㄱ   ② ㄷ   ③ ㄱ, ㄴ
④ ㄴ, ㄷ   ⑤ ㄱ, ㄴ, ㄷ

02 대륙 분포의 변화

개념 ❶ 고지자기 변화와 대륙의 이동

1. 지구 자기장 : 지구 자기력이 미치는 공간

(1) **편각** : 지구 표면 한 지점의 수평면 위에서 진북과 자북 사이의 각

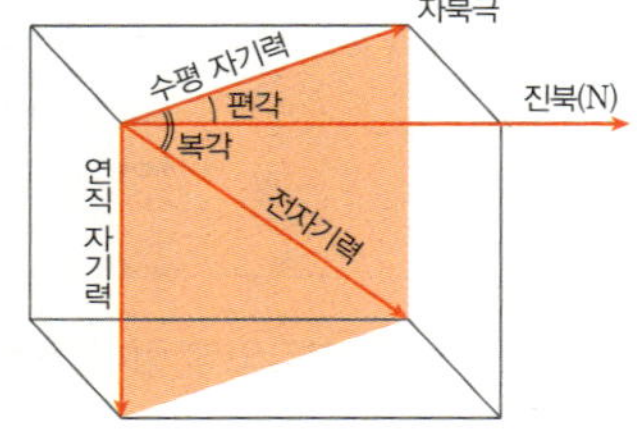

(2) **복각** : 나침반의 자침(자기력선의 방향)이 수평면과 이루는 각

➡ 복각은 자기 적도에서 0°이고, 고위도로 갈수록 증가한다.
　자북극에서는 +90°, 자남극에서는 −90°이다.

2. 고지자기의 이용 : 암석이 생성될 때 자성을 띠는 광물들이 당시 지구 자기장 방향으로 자화되는 성질을 이용한다.

(1) **편각 측정** : 고지자기의 편각을 측정하면 과거 지리상 북극에서 자북극이 어느 방향에 있었는지 추정할 수 있다.

(2) **복각 측정** : 암석의 나이와 고지자기의 복각을 측정하면 암석이 생성될 당시의 위도를 추정할 수 있다.

3. 자북극의 이동 : 유럽 대륙과 북아메리카 대륙에서 측정한 자북극의 이동 경로가 다르다.

➡ 이것은 대륙이 이동한 결과로, 두 대륙이 과거에 붙어 있었던 시기가 있었음을 알 수 있으며 대륙의 이동 경로를 복원할 수 있다.

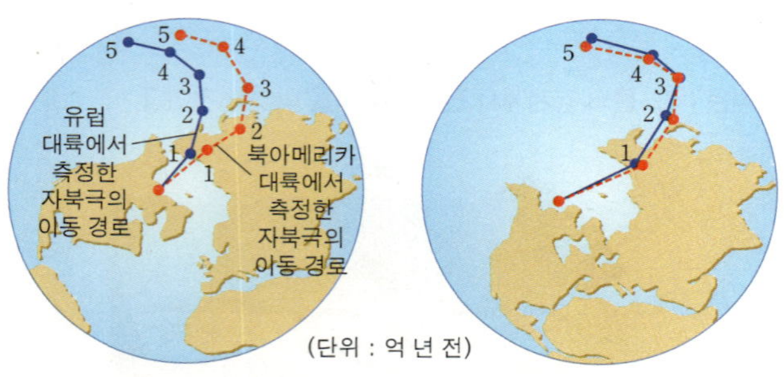

▲ 현재의 대륙 분포와 자북극의 이동 경로

▲ 대륙이 붙어 있을 때 자북극의 이동 경로

4. 복각을 이용하여 알아낸 인도 대륙의 이동

(1) **복각 측정과 인도 대륙의 이동 방향** : 고위도에 위치할수록 복각의 크기가 증가하는데, 과거에서 현재까지 각 시기별로 인도 대륙에서 측정한 고지자기의 복각이 현재로 올수록 (−) → 0° → (+) 값으로 변하므로 인도 대륙은 북상하였다.

(2) **인도 대륙의 이동** : 약 7100만 년 전에는 남반구에 위치(30°S, 복각 : 약 −49°) ⇨ 이후 1년에 약 5 cm~15 cm씩 북상 ⇨ 북반구에서 유라시아 대륙과 충돌하여 히말라야산맥 형성

개념 ❷ 대륙 분포의 변화

1. 지질 시대 대륙 분포의 변화

(1) **로디니아** : 약 12억 년 전에 형성된 판게아 이전의 초대륙

➡ 로디니아 이전에도 지질 시대 동안 발바라, 우르, 케놀랜드 등 여러 차례 초대륙이 존재하였다.

(2) **판게아** : 로디니아 초대륙을 이루던 대륙이 분리되고 이동하다가 약 2억 4천만 년 전에 다시 모여 형성된 초대륙

➡ 판게아가 형성되면서 베게너가 대륙 이동설의 증거로 제시한 애팔래치아산맥이 형성되었다.

(3) **판게아 이후**

약 2억 년 전 (중생대 초)	판게아 분리 시작
약 1억 5천만 년 전 (중생대)	• 대서양이 확장되면서 아프리카 대륙과 남아메리카 대륙이 분리 • 인도 대륙이 남극 대륙에서 분리되어 북쪽으로 이동
약 5천만 년 전 (신생대)	• 인도 대륙이 유라시아판과 충돌하며 히말라야산맥 형성 • 현재와 유사한 수륙 분포 형성

▲ 약 12억 년 전

▲ 약 2억 4천만 년 전

▲ 약 1억 5천만 년 전

▲ 약 5천만 년 전

2. 미래의 대륙 분포 변화

(1) **대륙 분포의 변화 예측** : 현재 판의 이동 속도와 방향을 분석하면 미래의 대륙과 해양의 분포를 예측할 수 있다.

(2) **초대륙의 형성과 분리** : 약 3억 년~약 5억 년을 주기로 초대륙의 형성과 분리가 반복되는 것으로 추정된다.

➡ 초대륙 형성 ⇨ 대륙 분리 시작 ⇨ 해저 확장 ⇨ 해구와 섭입대 형성 ⇨ 해양 지각 소멸 ⇨ 대륙과 대륙의 충돌 ⇨ 초대륙 형성의 반복

▲ 현재

▲ 약 2천만 년 후

▲ 약 2억 5천만 년 후

과정 ❶ 다음 자료를 이용하여 대서양의 형성 시기를 추정해 본다.

> 발산형 경계인 대서양 중앙 해령에서 판의 확장 속도는 약 3 cm/년이고, 판의 이동 방향은 해령을 기준으로 동서 방향으로 균등하게 나타나고 있다. 대서양 중앙 해령에서 판의 이동 방향을 따라 해안선까지의 거리가 약 3000 km이고, 현재의 해저 확장 속도가 과거에도 일정했다고 가정한다.

❷ 서로 인접하고 있는 (A) 태평양판과 유라시아판, (B) 태평양판과 북아메리카판은 서로 어떻게 이동하고 있는지 판의 경계 그림에서 이동 방향과 속도를 찾아 본다.

❸ 태평양과 대서양의 크기는 미래에 어떻게 변할지 예측해 본다.

❹ 오스트레일리아의 위치는 미래에 어떻게 변할지 예측해 본다.

결과 1. 대서양의 형성 시기 : 약 1억 년 전(=3000 km÷3 cm/년)

2. 서로 인접하고 있는 판의 이동 방향과 이동 속도

구분	이동 방향	이동 속도
태평양판과 유라시아판(A)	서로 충돌	약 7.9 cm/년
태평양판과 북아메리카판(B)	서로 어긋나게 이동	약 5.5 cm/년

3. 태평양은 현재보다 좁아지다가 넓어지고, 대서양은 현재보다 넓어지다가 다시 좁아져 사라질 것이다.

4. 오스트레일리아는 태평양판에 밀리면서 현재의 위치보다 서쪽으로 이동해 갈 것이다.

정리 • 대륙은 이동하면서 모여서 초대륙을 형성하고 다시 분리되고 이동하면서 대륙 분포는 계속 변할 것이다.

• 대륙이 모이는 과정에서 수렴형 경계가 발달하고, 대륙이 분리되는 과정에서 발산형 경계와 새로운 해양이 형성된다.

031

지구 표면 한 지점의 수평면 위에서 진북과 자북 사이의 각을 [   ]이라고 한다.

032

나침반의 자침(자기력선의 방향)이 수평면과 이루는 각을 [   ]이라고 하는데, 자기 적도에서 [   ]°이고 자북극에서 +90°이다.

033

고지자기의 이용과 자북극의 이동에 대한 설명으로 옳은 것은 ○, 옳지 <u>않은</u> 것은 ×로 표시하시오.

(1) 자성을 띠는 광물들은 암석이 생성될 당시 지구 자기장의 방향과 반대로 자화된다. ( )

(2) 고지자기의 편각을 측정하면 과거 지리상 북극에서 자북극이 어느 방향에 있었는지 추정할 수 있다. ( )

(3) 암석의 나이와 고지자기의 복각을 측정하면 암석이 생성될 당시의 위도를 추정할 수 있다. ( )

(4) 유럽 대륙과 북아메리카 대륙에서 측정한 자북극의 이동 경로가 다른 것은 자북극이 2개 존재하였기 때문이다. ( )

034

로디니아 초대륙을 이루던 대륙이 분리되고 이동하다가 약 2억 4천만 년 전에 다시 모여 형성된 초대륙을 [   ]라고 한다.

035

대륙 분포의 변화에 대한 설명으로 옳은 것은 ○, 옳지 <u>않은</u> 것은 ×로 표시하시오.

(1) 약 2억 년 전에 판게아가 형성되었다. ( )

(2) 약 1억 5천만 년 전에는 아프리카 대륙과 남아메리카 대륙이 하나로 붙어 있었다. ( )

(3) 약 5천만 년 전에는 인도 대륙이 유라시아판과 충돌하며 히말라야산맥을 형성하였다. ( )

036

현재 판의 이동 방향과 이동 [   ]를 분석하면 미래의 대륙과 해양의 분포를 예측할 수 있다.

개념 1 고지자기 변화와 대륙의 이동

(족집게 전략) 유럽 대륙과 북아메리카 대륙에서 측정한 자북극의 이동 경로가 다른 까닭을 대륙의 이동과 관련해 알아야 해.

037 단골 문제

그림 (가)는 현재 유럽 대륙과 북아메리카 대륙에서 측정한 자북극의 이동 경로를, (나)는 두 대륙의 자북극의 이동 경로를 겹쳐서 복원한 대륙의 모습을 나타낸 것이다.

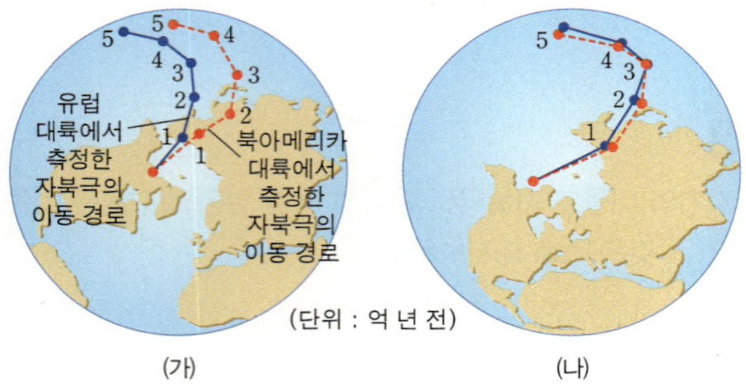

이에 대한 설명으로 옳은 것만을 〈보기〉에서 있는 대로 고른 것은?

보기
ㄱ. 지질 시대 동안 같은 시기에 자북극은 하나뿐이었다.
ㄴ. 자북극의 이동 경로로부터 대륙의 이동 경로를 추정할 수 있다.
ㄷ. (나)를 통해 유럽 대륙과 북아메리카 대륙은 과거에 붙어 있었음을 알 수 있다.

① ㄱ   ② ㄷ   ③ ㄱ, ㄴ
④ ㄴ, ㄷ   ⑤ ㄱ, ㄴ, ㄷ

추가로 나오는 선택지
❶ 과거에 자북극이 2개 존재하던 시기가 있었다.   (   )
❷ 북아메리카 대륙과 유럽 대륙의 습곡 산맥의 분포가 연속성을 갖는다.   (   )

038 서술형

유럽 대륙과 북아메리카 대륙에서 측정한 자북극의 이동 경로가 다르게 나타나는 까닭을 서술하시오.

개념 2 대륙 분포의 변화

(족집게 전략) 과거 지질 시대에 판게아가 형성된 이후 판이 분리되고 이동하는 동안의 대륙 분포의 모습을 알아야 해.

039 단골 문제

그림 (가)와 (나)는 약 2억 4천만 년 전과 약 5천만 년 전의 대륙 분포를 순서 없이 나타낸 것이다.

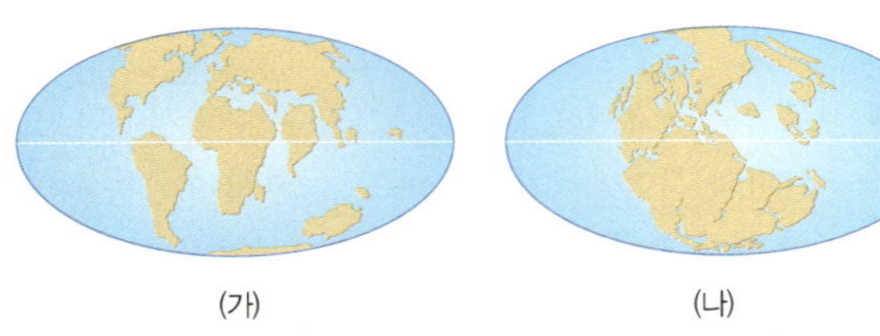

이에 대한 설명으로 옳은 것만을 〈보기〉에서 있는 대로 고른 것은?

보기
ㄱ. (가) 이전에는 대서양의 면적이 더 좁았다.
ㄴ. (가)는 (나)보다 현재와 더 유사한 수륙 분포이다.
ㄷ. (나)는 약 2억 4천만 년 전의 대륙 분포의 모습이다.

① ㄱ   ② ㄴ   ③ ㄱ, ㄷ
④ ㄴ, ㄷ   ⑤ ㄱ, ㄴ, ㄷ

추가로 나오는 선택지
❶ (나)에 형성된 초대륙은 판게아이다.   (   )
❷ 지구 전체 해안선의 길이는 (가)보다 (나)에서 길다.   (   )

040

지질 시대와 미래의 대륙 분포 변화에 대한 설명으로 옳지 <u>않은</u> 것은?

① 약 2억 년 전에 판게아가 형성되었다.
② 약 1억 5천만 년 전에는 인도 대륙이 남극 대륙에서 분리되어 북쪽으로 이동하였다.
③ 약 5천만 년 전에는 인도 대륙이 유라시아판과 충돌하며 히말라야산맥을 형성하였다.
④ 현재 판의 이동 속도와 이동 방향을 분석하면 미래의 대륙 분포를 예측할 수 있다.
⑤ 약 3억 년 ~ 약 5억 년을 주기로 초대륙의 형성과 분리가 반복되는 것으로 추정된다.

041

그림은 고지자기 연구를 통해 추정한 과거 어느 시기의 지구 자기장의 모습을 나타낸 것이다.

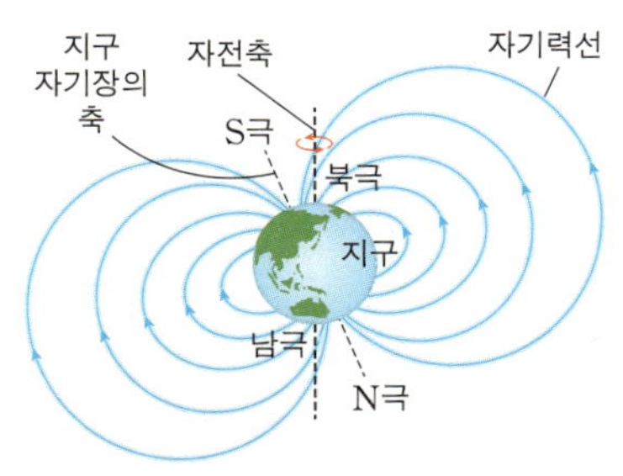

이 시기에 대한 설명으로 옳은 것만을 〈보기〉에서 있는 대로 고른 것은?

보기

ㄱ. 정자극기이다.
ㄴ. 고지자기의 역전 주기는 일정하다.
ㄷ. 나침반 자침의 N극은 남극 방향을 가리킨다.

① ㄱ   ② ㄴ   ③ ㄱ, ㄷ
④ ㄴ, ㄷ   ⑤ ㄱ, ㄴ, ㄷ

042

그림은 약 7100만 년 전부터 현재까지 인도 대륙의 이동 경로를 나타낸 것이다.
이에 대한 설명으로 옳은 것만을 〈보기〉에서 있는 대로 고른 것은?

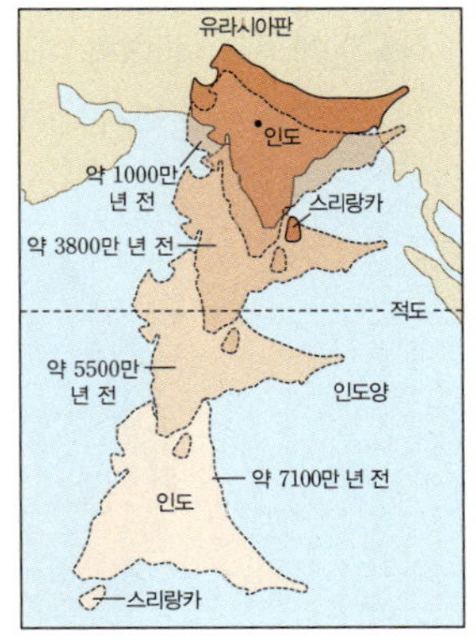

보기

ㄱ. 과거에 인도 대륙은 남반구에 위치한 적이 있다.
ㄴ. 이 기간 동안 인도 대륙에서 복각의 절댓값은 계속 증가하였다.
ㄷ. 이 기간 동안 인도 대륙의 이동 속도는 점점 느려졌다.

① ㄱ   ② ㄴ   ③ ㄱ, ㄷ
④ ㄴ, ㄷ   ⑤ ㄱ, ㄴ, ㄷ

043 고난도

그림은 세 대륙에서 측정한 자북극의 이동 경로를 나타낸 것이다.

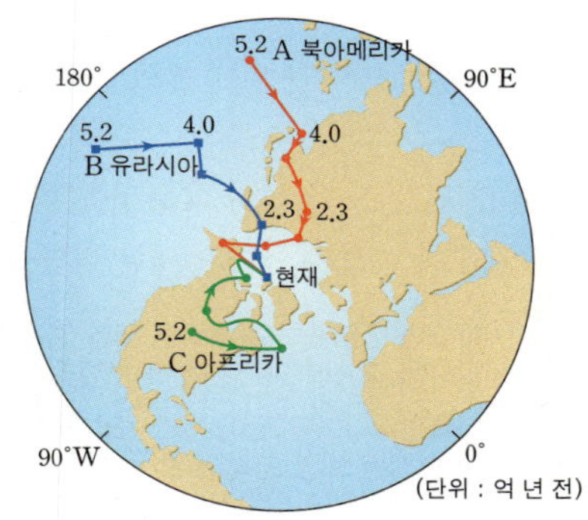

이에 대한 설명으로 옳은 것만을 〈보기〉에서 있는 대로 고른 것은?

보기

ㄱ. 약 5억 2천만 년 전에 자북극은 세 곳이었다.
ㄴ. 현재 세 대륙에서 측정한 자북극은 모두 같다.
ㄷ. A와 함께 대륙의 이동을 추정하는 데는 B보다 C가 유리하다.

① ㄴ   ② ㄷ   ③ ㄱ, ㄴ
④ ㄱ, ㄷ   ⑤ ㄴ, ㄷ

044

미래의 대륙 분포 변화에 대한 설명으로 옳은 것만을 〈보기〉에서 있는 대로 고른 것은?

보기

ㄱ. 초대륙의 형성은 주기적으로 반복된다.
ㄴ. 초대륙에 열곡대가 발달하면 대륙이 분리된다.
ㄷ. 여러 대륙이 하나로 모여 초대륙이 형성되는 과정에서 조산 운동이 일어난다.

① ㄱ   ② ㄷ   ③ ㄱ, ㄴ
④ ㄴ, ㄷ   ⑤ ㄱ, ㄴ, ㄷ

03 맨틀 대류와 플룸 구조

개념 ❶ 맨틀 대류

1. 맨틀 대류와 판의 이동 : 연약권 위에 놓인 판은 맨틀 대류를 따라 이동한다.

➡ 맨틀은 고체이지만 온도가 높아 유동성을 띠고 있으며, 지구 중심으로 갈수록 온도가 높아져 대류 현상이 발생한다.

상승부	• 마그마가 분출하여 새로운 해양 지각 형성 • 발산형 경계에 위치하며 해령 발달
하강부	• 대륙판이나 해양판이 다른 해양판 밑으로 섭입하면서 오래된 해양 지각 소멸 • 수렴형 경계에 위치하며 해구 발달

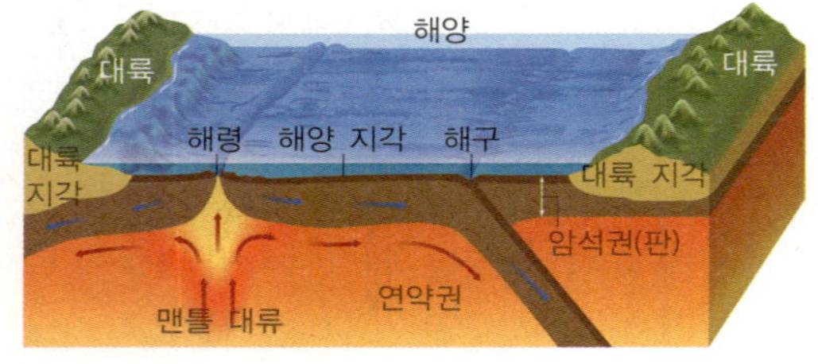

2. 판 이동의 원동력

(1) 해령에서 마그마가 상승하며 판을 양쪽으로 밀어내는 힘

(2) 해구에서 섭입하는 판이 잡아당기는 힘

(3) 해저면 경사에 의한 중력의 영향으로 판이 미끄러지는 힘

3. 판 구조론의 한계 : 상부 맨틀에서 일어나는 운동으로 판의 경계에서 일어나는 지진, 화산 활동 등의 지각 변동을 설명할 수 있지만, 하와이섬과 동아프리카 지역 등 판의 내부에서 일어나는 화산 활동은 판의 운동으로 설명하기 어렵다.

➡ 이후 판 구조론의 한계를 설명하기 위해 플룸 구조론이 등장하였다.

개념 ❷ 플룸 구조론

1. 플룸 구조론 : 플룸의 상승이나 하강으로 인해 지구 내부의 변동이 일어난다는 이론 └─ 맨틀 내부에서 온도 차이로 인한 밀도 변화 때문에 일어난다.

(1) **차가운 플룸** : 하강하는 저온의 맨틀 물질

➡ 수렴형 경계에서 섭입된 물질이 상부 맨틀과 하부 맨틀의 경계 부근에 쌓여 있다가 가라앉아 맨틀과 외핵의 경계부까지 도달하는 하강류이다.

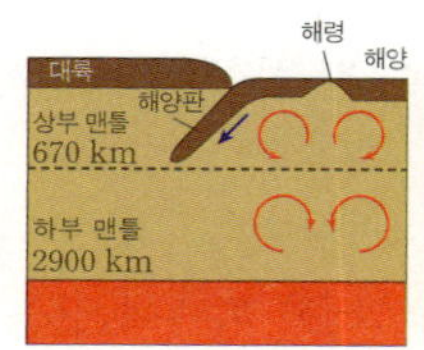
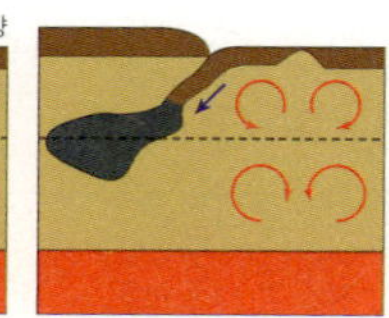

▲ 차가운 플룸의 형성 과정

(2) **뜨거운 플룸** : 상승하는 고온의 맨틀 물질

➡ 차가운 플룸이 핵과 맨틀의 경계부에 도달하면 온도 교란과 물질을 밀어 올리는 작용이 일어나면서 뜨거운 상승류가 형성된다.

(3) **열점** : 뜨거운 플룸이 상승하여 지표면과 만나는 지점 아래에서 마그마가 생성되는 곳

▲ 열점과 화산섬의 형성 과정

① **열점과 화산섬의 형성** : 열점에서 마그마가 지각을 뚫고 분출하여 하와이섬과 같은 화산섬을 형성한다.

② **열점과 화산섬의 분포** : 열점에서 형성된 화산섬은 판의 이동 방향으로 배열되고, 열점에서 멀어질수록 화산섬의 나이가 많아진다.

➡ 화산섬의 분포로부터 판의 이동 방향과 판의 이동 속도를 알 수 있다.

2. 지구 내부의 플룸 운동 : 지구 내부에는 거대한 2개 ~ 3개의 상승류(슈퍼 플룸)가 있어 외핵과 접해 있는 하부 맨틀의 물질이 지표면까지 상승하며, 지표면의 물질이 다시 하부 맨틀까지 하강하는 큰 대류 현상이 일어나고 있다.

➡ 현재 아시아 대륙 아래에서는 차가운 플룸이 하강하고, 남태평양과 아프리카 대륙 아래에서는 뜨거운 플룸이 상승한다.

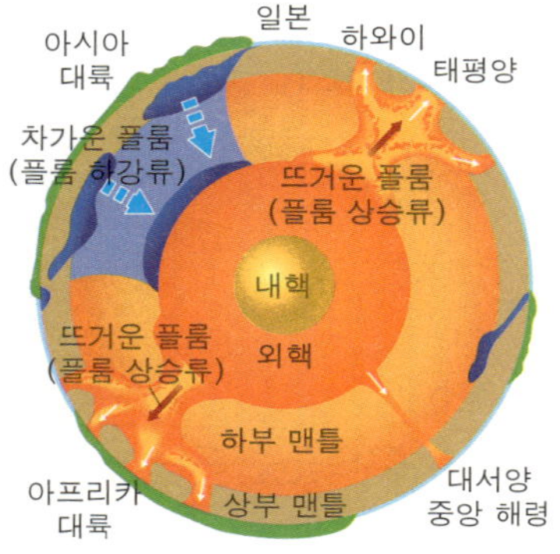

3. 플룸과 지진파 속도 분포 : 지진파의 분석으로 알아낸 플룸의 상승과 하강은 맨틀 전체에서 맨틀 대류가 일어나고 있음을 보여준다.

플룸 상승류	주변의 맨틀보다 온도가 높아 지진파 속도가 느리다.
플룸 하강류	주변의 맨틀보다 온도가 낮아 지진파 속도가 빠르다.

4. **판 구조론과 플룸 구조론** : 판 구조론에서는 판의 내부에 존재하는 열점에서 일어나는 화산 활동을 설명하지 못했지만 플룸 구조론에서는 설명할 수 있다.

➡ 상부 맨틀에서 일어나는 대류와 맨틀 전체에서 일어나는 대류에 의해 지구 내부의 열에너지는 끊임없이 지구 표면으로 전달된다.

구분	판 구조론 (상부 맨틀의 운동)	플룸 구조론
설명	판의 섭입 전 지표에서 일어나는 수평 운동 및 판의 섭입 과정에서 일어나는 수직 운동을 설명	지구 내부에서 일어나는 대규모의 수직 운동을 설명
원동력	방사성 물질의 붕괴열과 상하부 깊이에 따른 온도 차이로 발생하는 상부 맨틀 내의 열대류	상승하는 뜨거운 플룸과 하강하는 차가운 플룸에 의해 발생하는 거대 규모의 대류
범위	연약권 내에서 발생	맨틀 전체에서 발생
대표적인 지형	해령, 해구, 변환 단층	열점

⊙ 자료 분석 — 하와이 열도의 형성

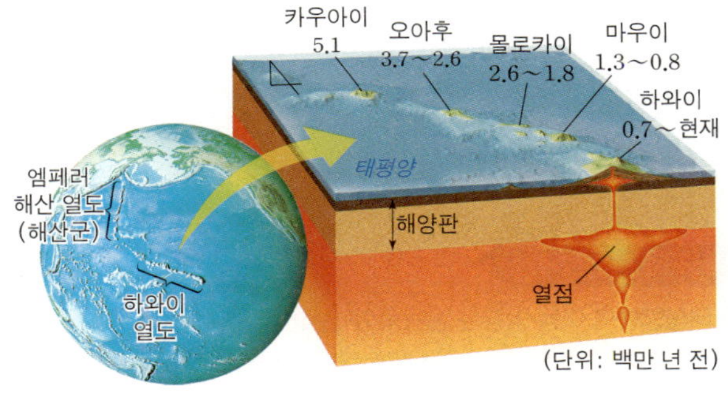

▲ 하와이 열도를 이루는 화산섬의 형성 시기

- **열점의 위치** : 현재 열점은 화산 활동이 일어나고 있는 하와이섬 아래에 위치한다.
- **화산섬의 나이** : 하와이 열도 중 하와이섬이 가장 최근에 형성되었고, 하와이섬에서 멀어질수록 화산섬의 나이가 많아진다.
  ➡ 화산섬의 나이와 화산섬 사이의 거리(또는 열점에서 화산섬까지의 거리)를 이용하면 판의 이동 속도를 구할 수 있다.
- **화산섬의 분포** : 열점에서 화산섬이 형성된 이후 태평양판을 따라 북서쪽으로 이동하여, 현재는 화산섬들이 북서쪽으로 배열되어 있다.
  ➡ 화산섬의 분포로부터 판의 이동 방향을 추정할 수 있다.
- **화산섬의 미래** : 앞으로 하와이섬은 태평양판을 따라 북서쪽으로 이동하고, 하와이섬이 있던 자리에는 새로운 화산섬이 형성될 것이다.

정답 및 해설 | 06쪽

045

맨틀 대류에 대한 설명으로 옳은 것은 ○, 옳지 <u>않은</u> 것은 ×로 표시하시오.

(1) 연약권 위의 판은 맨틀 대류를 따라 이동한다. (　　　)
(2) 맨틀 대류는 암석권 내에서 상하부의 온도 차이에 의해 일어나는 현상이다. (　　　)
(3) 맨틀 대류의 하강부에서는 마그마가 분출하여 새로운 해양 지각이 형성된다. (　　　)
(4) 판 구조론에서는 하와이섬과 같이 판의 내부에서 일어나는 화산 활동을 설명할 수 있다. (　　　)

046

맨틀 내부에서 온도 차이로 인한 밀도 변화 때문에 플룸의 상승이나 하강이 일어나 지구 내부의 변동이 일어나고 있다는 이론을 　　　　　이라고 한다.

047

수렴형 경계에서 섭입된 물질이 상부 맨틀과 하부 맨틀의 경계 부근에서 쌓여 있다가 가라앉아 맨틀과 외핵의 경계부까지 도달하는 저온의 맨틀 물질을 　　　　　이라고 한다.

048

그림은 지구 내부에서 일어나는 플룸 운동을 모식적으로 나타낸 것이다.
(가), (나), (다)에 해당하는 플룸의 종류를 각각 쓰시오.

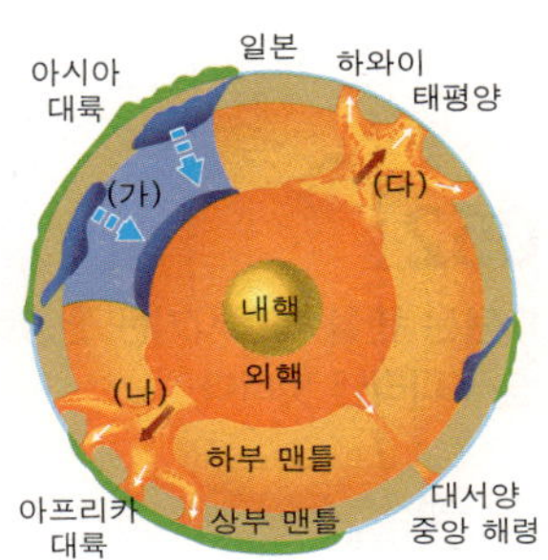

049

주변의 맨틀보다 온도가 높아 지진파 속도가 느리게 측정되는 곳에는 플룸 　　　　　류가 있다.

050

판의 섭입 전 지표에서 일어나는 수평 운동과 판의 섭입 과정에서 일어나는 수직 운동은 　　　　　으로 설명하고, 지구 내부에서 일어나는 대규모의 수직 운동은 　　　　　으로 설명한다.

개념 ❶ 맨틀 대류

족집게 전략 맨틀은 유동성을 띠는 고체 상태임을 알고, 맨틀 대류의 상승부와 하강부에서 일어나는 판의 이동 모습과 발달 지형을 구분할 수 있어야 해.

051 단골 문제

맨틀 대류에 대한 설명으로 옳지 <u>않은</u> 것은?

① 맨틀 대류는 연약권 내에서 일어난다.
② 해령에서는 판을 미는 힘이 작용한다.
③ 해구에서는 판을 잡아당기는 힘이 작용한다.
④ 맨틀 대류의 상승부에서는 해령이 형성된다.
⑤ 판 구조론으로 하와이 열도의 형성을 설명할 수 있다.

추가로 나오는 선택지

❶ 맨틀은 (　　　　　　　　) 상태이지만 온도가 높아 유동성을 띠므로 대류가 일어날 수 있다.
❷ 해저면 경사에서는 (　　　　　　　)의 영향으로 판이 미끄러지는 힘이 판 이동의 원동력으로 작용한다.

052 중요

다음은 판을 이동시키는 원동력에 대해 학생 A, B, C가 대화하는 모습을 나타낸 것이다.

제시한 내용이 옳은 학생만을 있는 대로 고른 것은?

① A　　　② B　　　③ A, C
④ B, C　　　⑤ A, B, C

개념 ❷ 플룸 구조론

족집게 전략 판의 내부에 존재하는 열점에서 일어난 화산 활동으로 형성된 하와이 열도는 판 구조론으로 설명이 불가능하고 플룸 구조론으로만 설명할 수 있어.

053 단골 문제

그림은 하와이 열도를 이루는 섬들의 분포와 열점의 위치를 나타낸 것이다.

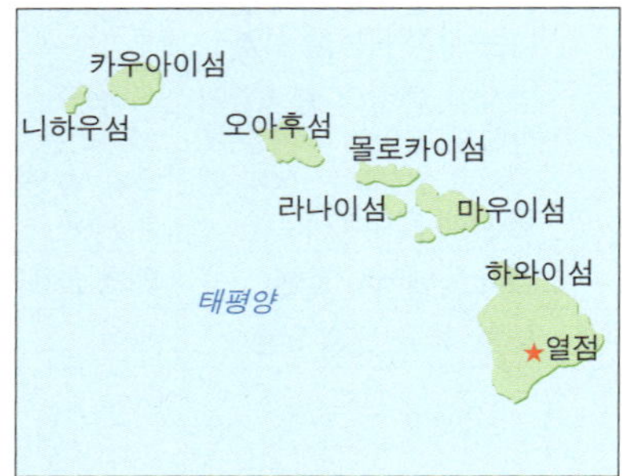

이에 대한 설명으로 옳은 것만을 〈보기〉에서 있는 대로 고른 것은?

> **보기**
>
> ㄱ. 화산섬의 나이는 카우아이섬이 하와이섬보다 많다.
> ㄴ. 현재 화산 활동이 가장 활발한 섬은 카우아이섬이다.
> ㄷ. 하와이 열도는 차가운 플룸에 의해 형성된 지형이다.

① ㄱ　　　② ㄴ　　　③ ㄱ, ㄷ
④ ㄴ, ㄷ　　　⑤ ㄱ, ㄴ, ㄷ

추가로 나오는 선택지

❶ 태평양판의 이동 방향은 남동쪽이다.　　　(　　　)
❷ 하와이 열도의 배열로부터 태평양판의 이동 방향을 알 수 있다.
　　　(　　　)
❸ 열점은 시간이 지날수록 북서쪽으로 이동한다.　(　　　)
❹ 앞으로 하와이섬은 북서쪽으로 이동하고, 현재 하와이섬이 위치한 곳에는 새로운 화산섬이 형성될 것이다.　(　　　)

054 서술형

하와이 열도는 판의 내부에서 형성된 화산섬이다. 이처럼 판의 내부에서 화산 활동이 일어나는 지점에 마그마가 모여 있는 곳을 무엇이라고 하는지 쓰고, 이 지점에서 화산 활동이 일어나는 까닭을 플룸 구조론과 관련지어 서술하시오.

055

그림은 상부 맨틀의 운동을 모식적으로 나타낸 것이다.

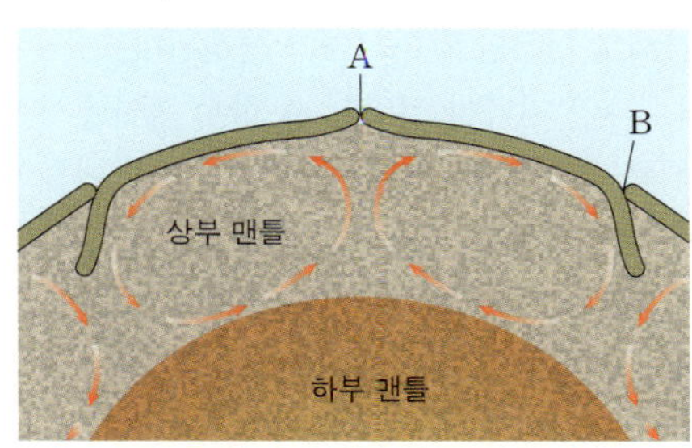

이에 대한 설명으로 옳은 것만을 〈보기〉에서 있는 대로 고른 것은?

보기

ㄱ. A에서는 판을 양쪽으로 밀어내는 힘이 작용한다.
ㄴ. B에서는 침강하는 판의 무게 때문에 잡아당기는 힘이 작용한다.
ㄷ. A에서는 해령이, B에서는 해구가 발달한다.

① ㄱ   ② ㄷ   ③ ㄱ, ㄴ
④ ㄴ, ㄷ   ⑤ ㄱ, ㄴ, ㄷ

056

그림은 플룸 구조론에서 어느 플룸이 형성되는 과정을 순서 없이 나타낸 것이다.

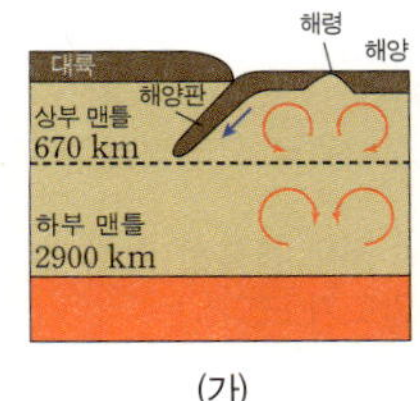

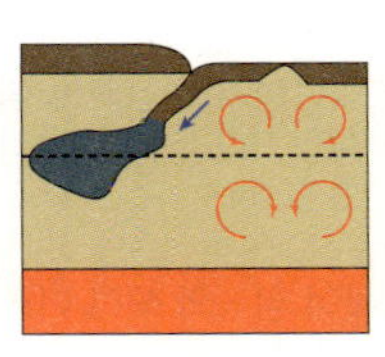

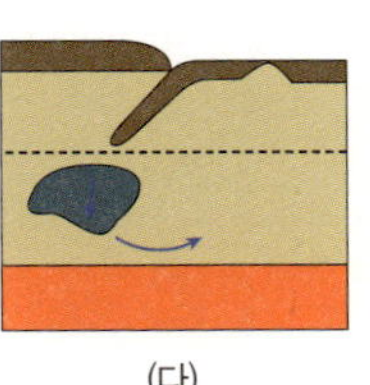

이에 대한 설명으로 옳은 것만을 〈보기〉에서 있는 대로 고른 것은?

보기

ㄱ. (가) → (나) → (다) 순으로 형성된다.
ㄴ. 뜨거운 플룸이 형성되는 과정이다.
ㄷ. 이 플룸은 주로 발산형 경계 부근에서 형성된다.

① ㄱ   ② ㄴ   ③ ㄱ, ㄷ
④ ㄴ, ㄷ   ⑤ ㄱ, ㄴ, ㄷ

057 고난도

그림은 지구 내부에서 일어나는 플룸 운동을 나타낸 것이다.

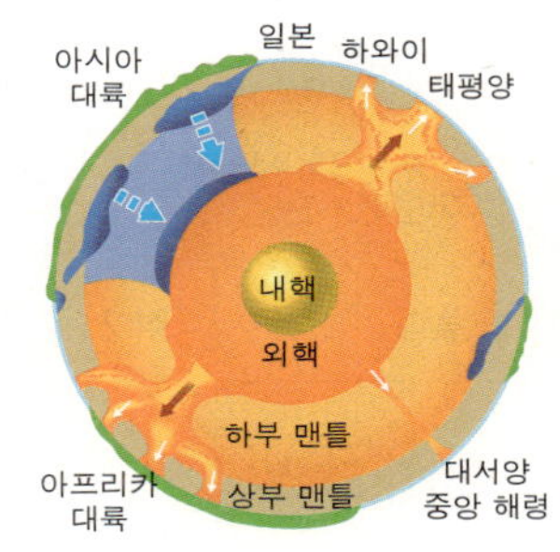

이에 대한 설명으로 옳은 것만을 〈보기〉에서 있는 대로 고른 것은?

보기

ㄱ. 아시아 대륙의 하부에는 열점이 형성된다.
ㄴ. 플룸은 상부 맨틀 내에서 일어나는 물질의 이동이다.
ㄷ. 대서양 중앙 해령은 뜨거운 플룸이 상승하는 곳이다.

① ㄴ   ② ㄷ   ③ ㄱ, ㄴ
④ ㄱ, ㄷ   ⑤ ㄴ, ㄷ

058

판 구조론과 플룸 구조론에 대한 설명으로 옳은 것만을 〈보기〉에서 있는 대로 고른 것은?

보기

ㄱ. 맨틀 전체에서 일어나는 맨틀 대류는 플룸 구조론으로 설명한다.
ㄴ. 판이 섭입되기 전까지 지표면에서 판의 운동은 판구조론으로 설명한다.
ㄷ. 판의 내부에 위치한 열점에서 일어나는 화산 활동은 플룸 구조론으로 설명한다.

① ㄱ   ② ㄷ   ③ ㄱ, ㄴ
④ ㄴ, ㄷ   ⑤ ㄱ, ㄴ, ㄷ

04 변동대의 마그마 활동 및 화성암

개념 ❶ 변동대의 마그마 활동

1. 마그마의 종류

구분	SiO₂ 함량	온도	점성	화산 가스 함량	분출 형태	화산체 모양
현무암질 마그마	52 % 이하	높다	작다	적다	조용히 분출	순상 화산, 용암 대지
안산암질 마그마	↕	↕	↕	↕	분출과 폭발 반복	성층 화산
유문암질 마그마	63 % 이상	낮다	크다	많다	폭발적 분출	종상 화산

2. 마그마의 생성 조건 : 온도 상승, 압력 감소, 물의 공급으로 마그마가 생성되는 지하의 온도가 그 곳에 존재하는 암석의 용융점보다 높아지면 암석이 부분 용융하여 마그마가 생성된다.

➡ 암석에서 부분 용융이 일어나면 원래의 암석과 성분이 다른 마그마가 생성된다.

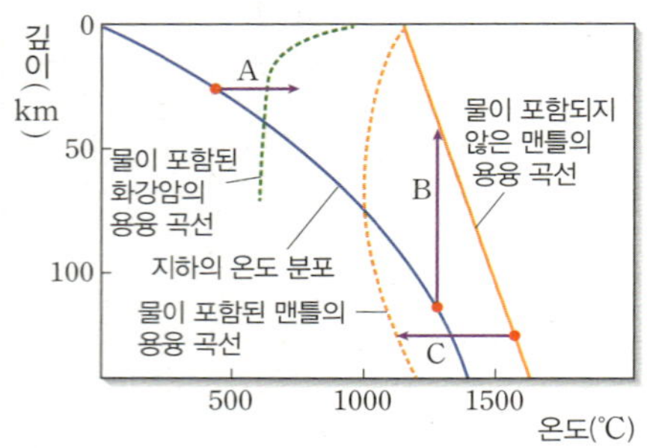

생성 조건	생성 과정
온도 상승 (A)	지구 내부의 온도 상승 ⇨ 지하의 온도 > 물이 포함된 화강암의 용융점 ⇨ 대륙 지각의 부분 용융 ⇨ 마그마 생성
압력 감소 (B)	맨틀 물질의 상승으로 압력 감소 ⇨ 맨틀의 용융점 < 지하의 온도 ⇨ 맨틀 물질의 부분 용융 ⇨ 마그마 생성
물의 공급 (C)	물의 공급으로 맨틀의 용융점 하강 ⇨ 맨틀의 용융점 < 지하의 온도 ⇨ 맨틀 물질의 부분 용융 ⇨ 마그마 생성

3. 마그마의 생성 장소 : 마그마가 생성되는 장소에 따라 마그마의 조성이 달라지므로 다른 종류의 마그마가 생성된다.

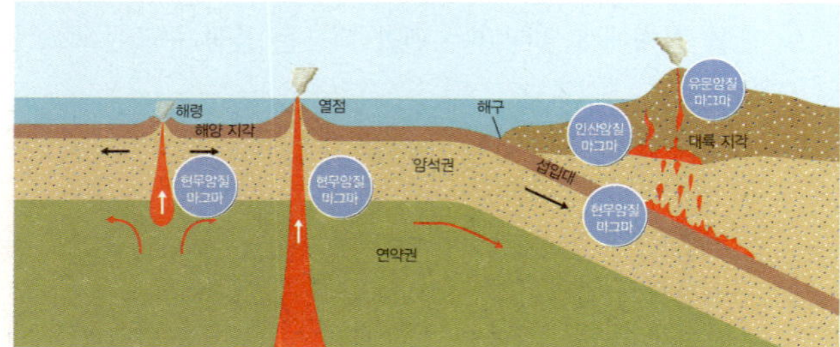

(1) 해령 : 맨틀 대류의 상승류를 따라 맨틀 물질이 상승할 때 압력 감소로 현무암질 마그마가 생성된다.

(2) 열점 : 뜨거운 플룸의 상승류를 따라 맨틀 물질이 상승할 때 압력 감소로 현무암질 마그마가 생성된다.

(3) 섭입대 : 해양 지각이 섭입할 때 함수 광물에서 방출된 물이 맨틀에 공급되면 맨틀의 용융점이 낮아져 맨틀 물질의 부분 용융이 일어나 현무암질 마그마가 생성된다.

➡ 이후 현무암질 마그마가 상승하여 대륙 지각 하부를 용융시키면서 유문암질 마그마가 생성되거나 현무암질 마그마와 유문암질 마그마가 혼합되어 안산암질 마그마가 생성된다.

개념 ❷ 화성암

1. 화성암 : 마그마가 지각 내부나 지표에서 냉각되어 만들어진 암석

2. 화성암의 분류

(1) 조직에 따른 분류 : 화성암의 생성 장소에 따라 마그마의 냉각 속도가 달라 광물 입자의 크기가 달라진다.

화산암	세립질 조직이나 유리질 조직이 나타난다. ➡ 마그마가 지표 부근에서 빠르게 냉각되어 굳으면서 생성되었기 때문이다. 예 현무암, 안산암, 유문암
반심성암	반상 조직이 나타난다. ➡ 마그마가 비교적 얕은 깊이에서 냉각되어 굳으면서 생성되었기 때문이다. 예 휘록암, 섬록 반암, 석영 반암
심성암	조립질 조직이 나타난다. ➡ 마그마가 지하 깊은 곳에서 천천히 냉각되어 굳으면서 생성되었기 때문이다. 예 반려암, 섬록암, 화강암

(2) 화학 조성(SiO₂ 함량)에 따른 분류

염기성암	• SiO₂ 함량이 52 % 이하이다. • 철(Fe), 마그네슘(Mg), 칼슘(Ca)이 풍부한 현무암질 마그마가 냉각되어 생성된다. ➡ 철과 마그네슘을 많이 포함하므로 고철질암이라고도 한다. • 감람석, 휘석, 각섬석과 같은 유색 광물을 많이 포함하여 암석의 색이 어둡고 밀도가 크다. 예 현무암, 휘록암, 반려암
중성암	• SiO₂ 함량이 52 %～63 %이다. • 안산암질 마그마가 냉각되어 생성된다. • 색과 밀도는 염기성암과 산성암의 중간 정도이다. 예 안산암, 섬록 반암, 섬록암
산성암	• SiO₂ 함량이 63 % 이상이다. • 나트륨(Na)과 칼륨(K)이 풍부한 유문암질 마그마가 냉각되어 생성된다. • 사장석, 정장석, 석영 등의 무색 광물을 많이 포함하여 암석의 색이 밝고 밀도가 작다. ➡ 석영과 장석을 많이 포함하므로 규장질암이라고도 한다. 예 유문암, 석영 반암, 화강암

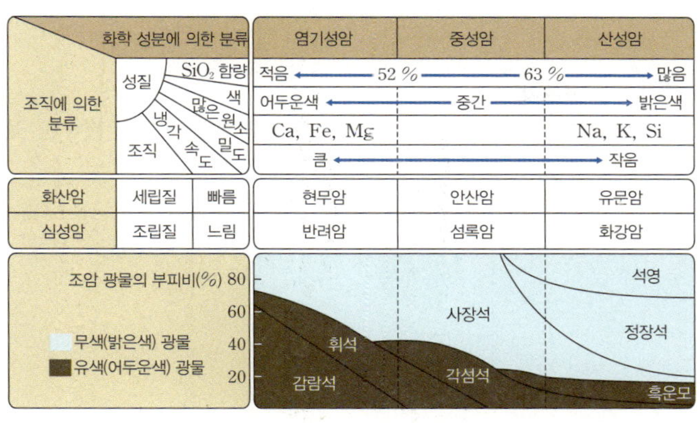

화학 성분에 의한 분류		염기성암	중성암	산성암
조직에 의한 분류	성질 SiO₂ 함량	적음 ←— 52 % —— 63 % —→ 많음		
	색	어두운색 ←—— 중간 ——→ 밝은색		
	많은 원소	Ca, Fe, Mg		Na, K, Si
	밀도	큼 ←————————→ 작음		
화산암	세립질 빠름	현무암	안산암	유문암
심성암	조립질 느림	반려암	섬록암	화강암

조암 광물의 부피비(%) 80 60 40 20
□ 무색(밝은색) 광물
■ 유색(어두운색) 광물
석영 / 사장석 / 정장석 / 휘석 / 각섬석 / 감람석 / 흑운모

▲ 화성암의 분류

개념 ❸ 한반도의 화성암 지형

1. 화산암 지형

(1) 분포 지역 : 제주도, 강원도 철원군의 한탄강 일대, 울릉도, 독도 등에 분포한다.

(2) 형성 시기 및 구성 암석 : 대부분 신생대에 여러 차례 일어난 화산 활동으로 현무암질 마그마가 분출하여 형성된 현무암으로 이루어져 있다.

(3) 발달 구조 : 마그마가 지표로 분출한 후 빠르게 냉각하면서 형성된 주상 절리가 발달한다.

▲ 제주도 주상 절리

▲ 한탄강 주상 절리

2. 심성암 지형

(1) 분포 지역 : 우리나라의 전 지역에 걸쳐 넓게 분포하고 있다.

(2) 형성 시기 및 구성 암석 : 대부분 중생대에 유문암질 마그마가 관입하여 형성된 화강암으로 이루어져 있다.

(3) 발달 구조 : 지하 깊은 곳에서 생성된 화강암이 상부 지층의 침식 작용으로 융기하여 지표에 노출될 때 암석 주변의 압력이 감소하면서 암석이 팽창하여 형성된 판상 절리가 발달한다.

▲ 북한산 인수봉

▲ 설악산 울산바위

059

정답 및 해설 | 08쪽

현무암질 마그마는 화산 가스 함량이 적어서 비교적 조용히 분출하며 [   ] 화산이나 용암 대지를 형성한다.

060

다음 (   ) 안에 알맞은 말을 고르시오.

> 마그마가 생성되기 위해서는 온도가 ㉠(상승, 하강)하거나 압력이 ㉡(증가, 감소)하거나 물의 ㉢(공급, 방출)으로 마그마가 생성되는 지하의 온도가 그 곳에 존재하는 암석의 용융점보다 ㉣(높아, 낮아)져야 한다.

061

마그마의 생성 장소에 대한 설명으로 옳은 것은 ○, 옳지 <u>않은</u> 것은 ×로 표시하시오.

(1) 해령에서는 맨틀 물질이 상승할 때 압력 감소로 화강암질 마그마가 생성된다. (   )

(2) 열점에서는 맨틀 대류의 상승류를 따라 맨틀 물질이 상승할 때 압력 감소로 현무암질 마그마가 생성된다. (   )

(3) 해양 지각이 섭입할 때 물이 맨틀에 공급되면 맨틀의 용융점이 낮아져 현무암질 마그마가 생성된다. (   )

062

그림은 화성암을 구성하는 주요 광물의 부피비(%)를 나타낸 것이다.

구분	염기성암	중성암	산성암
화산암	(가)	안산암	(나)
심성암	(다)	섬록암	(라)

조암 광물의 부피비 (%) 80 60 40 20
석영 / 사장석 / 정장석 / 휘석 / 각섬석 / 감람석 / 흑운모

(가)~(라)에 해당하는 화성암의 이름을 각각 쓰시오.

063

우리나라의 화산암 지형은 대부분 [   ]대에 일어난 화산 활동으로 형성되었고, 심성암 지형은 대부분 [   ]대에 형성된 화강암으로 이루어져 있다.

족집게 전략 고체 상태인 지각이나 맨틀에서 온도가 상승하거나, 압력이 감소하거나, 물이 공급되어 암석의 용융점이 지하의 온도보다 낮아질 때 마그마가 생성될 수 있음을 알고 있어야 해.

064 단골 문제

그림은 지하의 온도 분포와 암석의 용융 곡선을 나타낸 것이다.

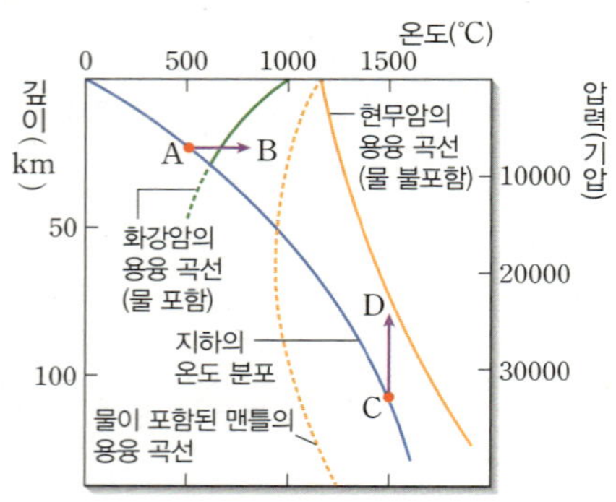

이에 대한 설명으로 옳은 것만을 〈보기〉에서 있는 대로 고른 것은?

보기
ㄱ. 해령에서 마그마는 A → B 과정으로 생성된다.
ㄴ. 하와이 열도에서 마그마는 C → D 과정으로 생성된다.
ㄷ. 같은 압력 조건에서 맨틀의 용융점은 물을 포함하지 않은 경우가 물을 포함한 경우보다 높다.

① ㄴ ② ㄷ ③ ㄱ, ㄴ
④ ㄱ, ㄷ ⑤ ㄴ, ㄷ

추가로 나오는 **선택지**

❶ 섭입대에서는 C → D 과정으로 현무암질 마그마가 생성된다. (   )
❷ 지구 내부로 갈수록 지하의 온도는 상승한다. (   )
❸ 물이 포함된 화강암의 용융점은 압력에 비례한다. (   )

065 서술형

지구 내부에서 마그마가 생성될 수 있는 조건을 온도, 압력, 물을 모두 포함하여 서술하시오.

066

그림은 현무암질 마그마와 유문암질 마그마를 특징에 따라 분류한 것이다.

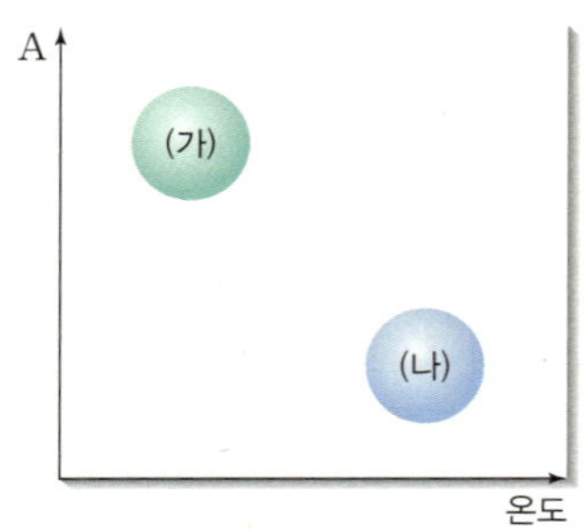

이에 대한 설명으로 옳은 것만을 〈보기〉에서 있는 대로 고른 것은?

보기
ㄱ. SiO_2 함량은 A에 해당한다.
ㄴ. (나)는 현무암질 마그마이다.
ㄷ. 마그마의 점성은 (가)가 (나)보다 크다.

① ㄱ ② ㄷ ③ ㄱ, ㄴ
④ ㄴ, ㄷ ⑤ ㄱ, ㄴ, ㄷ

067

변동대와 마그마의 생성 장소에 대한 설명으로 옳은 것만을 〈보기〉에서 있는 대로 고른 것은?

보기
ㄱ. 해령에서는 현무암질 마그마가 생성된다.
ㄴ. 열점에서는 맨틀에 물이 공급되면서 현무암질 마그마가 생성된다.
ㄷ. 섭입대 부근에서는 압력 감소의 영향으로 화강암질 마그마가 생성된다.

① ㄱ ② ㄴ ③ ㄱ, ㄷ
④ ㄴ, ㄷ ⑤ ㄱ, ㄴ, ㄷ

068 중요

그림은 깊이에 따른 지하의 온도 분포와 어느 암석의 용융 곡선을 나타낸 것이다.

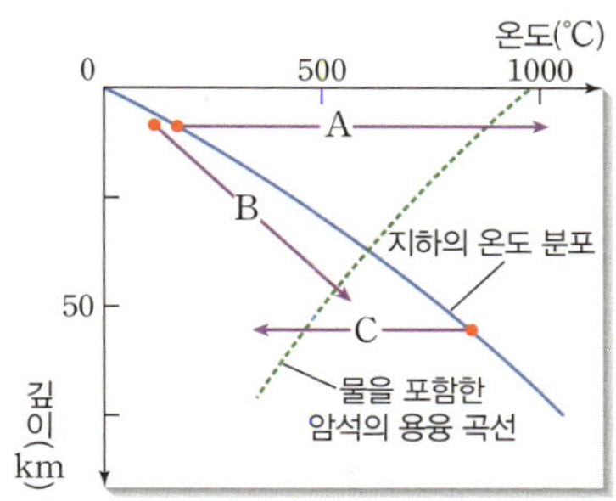

이에 대한 설명으로 옳은 것만을 〈보기〉에서 있는 대로 고른 것은?

보기

ㄱ. 이 암석은 현무암이다.
ㄴ. 깊이 들어갈수록 지하의 온도는 높아진다.
ㄷ. A~C 중 마그마가 생성될 수 있는 조건은 C이다.

① ㄴ   ② ㄷ   ③ ㄱ, ㄴ
④ ㄱ, ㄷ   ⑤ ㄴ, ㄷ

069 중요

그림은 마그마의 생성과 화성암에 대해 학생 A, B, C가 대화하는 모습을 나타낸 것이다.

제시한 내용이 옳은 학생만을 있는 대로 고른 것은?

① B   ② C   ③ A, B
④ A, C   ⑤ B, C

070

판의 경계와 마그마의 생성에 대한 설명으로 옳지 <u>않은</u> 것은?

① 하와이 열도는 열점에서 마그마가 분출하여 형성되었다.
② 마그마가 생성되는 환경에 따라 화성암의 종류가 달라진다.
③ 마그마의 종류는 현무암질, 안산암질, 유문암질 마그마가 있다.
④ 새로운 해양 지각이 형성되는 해령에서는 현무암질 마그마가 생성된다.
⑤ 해령에서는 암석에 물이 첨가되어 용융점이 지하의 온도보다 낮아져 마그마가 생성된다.

071

그림은 마그마가 생성되는 장소를 나타낸 것이다.

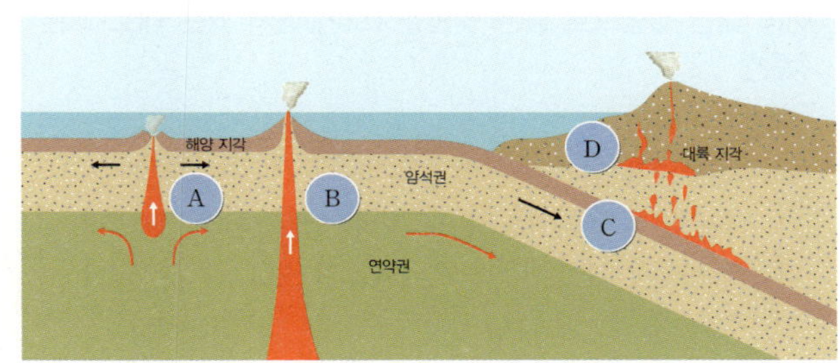

이에 대한 설명으로 옳은 것만을 〈보기〉에서 있는 대로 고른 것은?

보기

ㄱ. A에서는 현무암질 마그마가 생성된다.
ㄴ. B와 D에서 생성된 마그마의 종류는 같다.
ㄷ. C에서는 해양 지각에서 방출된 물의 영향으로 맨틀의 용융점이 낮아진다.

① ㄱ   ② ㄴ   ③ ㄱ, ㄷ
④ ㄴ, ㄷ   ⑤ ㄱ, ㄴ, ㄷ

072 서술형

하와이 열도 부근에 존재하는 마그마가 생성되는 과정에 대해 플룸의 운동과 압력 조건의 변화를 모두 포함하여 서술하시오.

족집게 전략 화성암은 마그마의 화학 조성과 생성 환경에 따라 다른 종류의 화성암이 생성돼. 화성암을 조직과 화학 조성(SiO_2 함량)을 기준으로 구분할 수 있어야 해.

073 단골 문제

그림은 화성암을 암석의 색과 조직에 따라 분류한 것이다.

이에 대한 설명으로 옳은 것만을 〈보기〉에서 있는 대로 고른 것은?

보기

ㄱ. 현무암은 염기성암이다.

ㄴ. 화강암은 유문암보다 마그마의 냉각 속도가 빠르다.

ㄷ. 밝은색 암석이 어두운색 암석보다 SiO_2 함량이 많다.

① ㄱ　　　② ㄴ　　　③ ㄱ, ㄷ

④ ㄴ, ㄷ　　　⑤ ㄱ, ㄴ, ㄷ

추가로 나오는 선택지

❶ 화강암은 화산암과 심성암 중 (　　　)암이다.

❷ 반려암은 (　　　)질 마그마에 의해 생성된다.

074 서술형

화성암을 구분하는 기준 2가지를 쓰고, 각 기준에 따라 화성암은 어떻게 분류되는지 서술하시오.

075

그림은 화성암을 분류하는 과정을 나타낸 것이다.

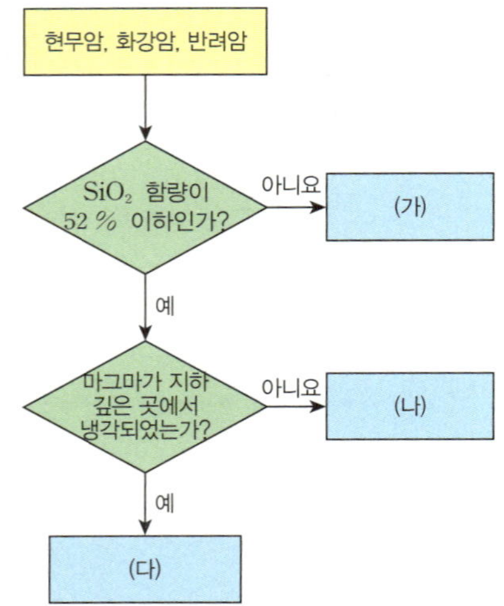

(가), (나), (다)에 해당하는 것을 옳게 짝 지은 것은?

	(가)	(나)	(다)
①	현무암	화강암	반려암
②	현무암	반려암	화강암
③	화강암	현무암	반려암
④	화강암	반려암	현무암
⑤	반려암	화강암	현무암

076 중요

표는 화성암을 색과 결정 크기에 따라 분류한 것이다.

결정 크기 ＼ 색	어두움 ◀——▶		밝음
세립질	현무암	안산암	유문암
조립질	반려암	섬록암	화강암

이에 대한 설명으로 옳지 <u>않은</u> 것은?

① 화강암은 산성암이다.

② 반려암은 심성암이다.

③ SiO_2 함량비는 유문암보다 안산암이 크다.

④ 현무암은 유문암보다 유색 광물의 함량이 많다.

⑤ 유문암은 화강암보다 마그마의 냉각 속도가 빠르다.

077 중요 

그림은 화성암의 종류와 화성암을 구성하는 조암 광물의 부피비를 나타낸 것이다.

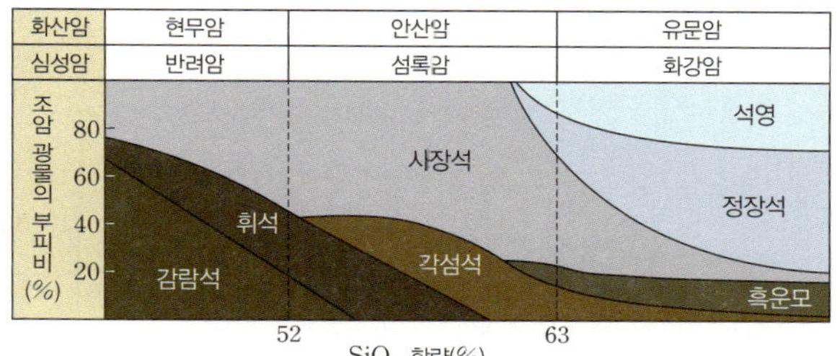

이에 대한 설명으로 옳은 것만을 〈보기〉에서 있는 대로 고른 것은?

보기

ㄱ. SiO_2 함량이 많은 암석일수록 밝은색을 띤다.
ㄴ. 마그마의 냉각 속도는 안산암이 섬록암보다 빠르다.
ㄷ. 유색 광물이 차지하는 부피비는 현무암이 화강암보다 크다.

① ㄱ
② ㄷ
③ ㄱ, ㄴ
④ ㄴ, ㄷ
⑤ ㄱ, ㄴ, ㄷ

078

그림은 화성암을 암석의 색과 광물 결정의 크기에 따라 분류한 것이다.

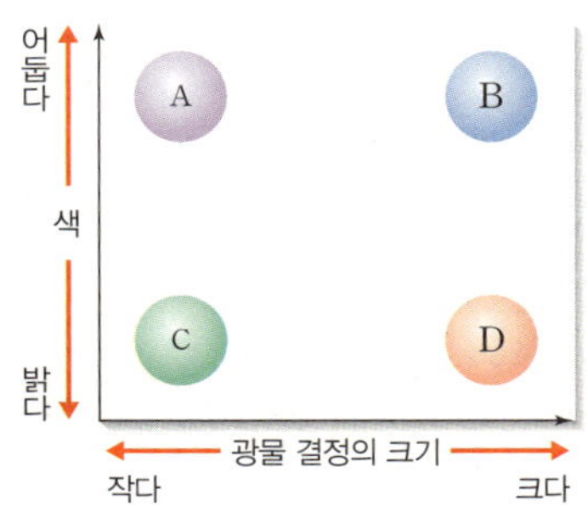

이에 대한 설명으로 옳은 것만을 〈보기〉에서 있는 대로 고른 것은?

보기

ㄱ. SiO_2 함량은 A가 C보다 많다.
ㄴ. B는 화강암, D는 현무암이다.
ㄷ. 마그마의 냉각 속도는 C가 D보다 빠르다.

① ㄴ
② ㄷ
③ ㄱ, ㄴ
④ ㄱ, ㄷ
⑤ ㄴ, ㄷ

개념 ③ 한반도의 화성암 지형

족집게 전략   화산암 지형과 심성암 지형이 형성된 시기를 알고, 두 지형에서 발달하고 있는 절리의 종류 및 구성 암석의 종류를 구분할 수 있어야 해.

079 단골 문제

그림 (가)와 (나)는 우리나라의 화성암 지형이다.

(가)   (나)

이에 대한 설명으로 옳은 것만을 〈보기〉에서 있는 대로 고른 것은?

보기

ㄱ. (가)의 암석은 마그마가 빠르게 냉각되면서 생성되었다.
ㄴ. (가)에서는 판상 절리, (나)에서는 주상 절리가 관찰된다.
ㄷ. (나)의 암석은 신생대에 있었던 화산 활동에 의해 생성되었다.

① ㄴ
② ㄷ
③ ㄱ, ㄴ
④ ㄱ, ㄷ
⑤ ㄴ, ㄷ

추가로 나오는 선택지

❶ (가)의 절리는 마그마가 빠르게 냉각되면서 형성된 것이다.
(   )

❷ (가)는 주로 화강암으로, (나)는 주로 현무암으로 이루어져 있다.
(   )

080

우리나라에 분포하는 화성암 지형에 대한 설명으로 옳은 것은?

① 화산암은 대부분 신생대의 유문암이다.
② 북한산과 설악산에는 주로 화산암이 분포한다.
③ 심성암은 화산암보다 좁은 지역에 걸쳐 분포한다.
④ 우리나라에 분포하는 대부분의 화강암 지형은 신생대에 형성된 것이다.
⑤ 화강암은 지하 깊은 곳에서 생성된 후 상부 지층이 침식 작용을 받아 융기하여 지표로 노출되었다.

081

그림은 지하에서 마그마가 생성되는 과정 A, B, C를 나타낸 것이다.

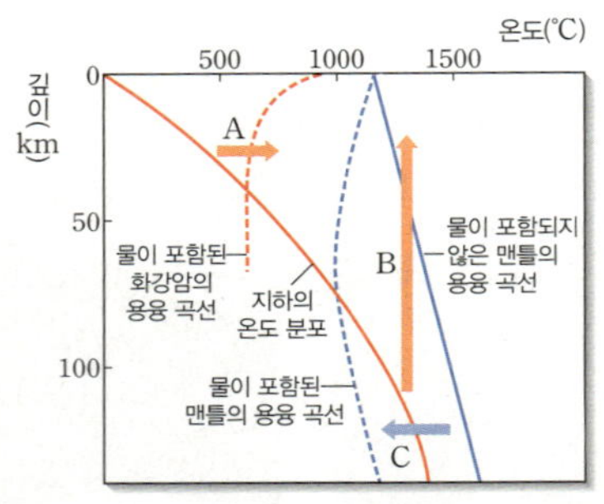

마그마가 생성되는 과정에 대한 설명으로 옳은 것은?

① 열점에서 마그마는 A의 과정으로 생성된다.
② A는 차가운 플룸의 하강에 의한 마그마 생성 과정이다.
③ 섭입대의 현무암질 마그마는 B의 과정으로 생성된다.
④ B는 뜨거운 플룸의 상승류에 의한 마그마의 생성 과정이다.
⑤ 해령에서 마그마는 C의 과정으로 생성된다.

082

그림은 지하에서 마그마가 생성되는 장소를 분류하는 과정을 나타낸 것이다.

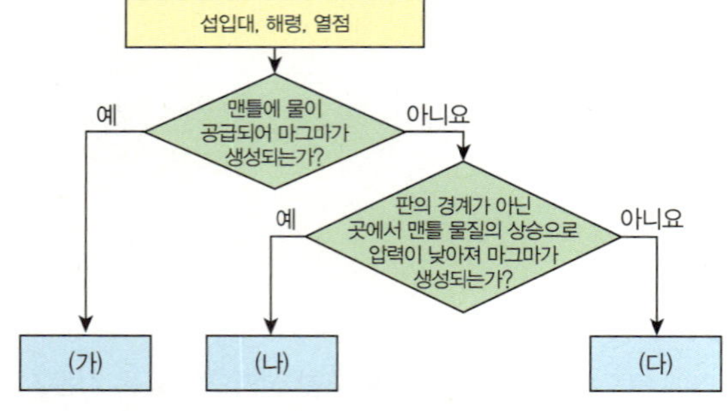

(가), (나), (다)에 해당하는 것을 옳게 짝 지은 것은?

	(가)	(나)	(다)
①	열점	해령	섭입대
②	섭입대	열점	해령
③	섭입대	해령	열점
④	해령	열점	섭입대
⑤	해령	섭입대	열점

083 고난도

그림 (가)와 (나)는 암석권의 두께가 다른 두 지역에서 지하의 온도 분포와 암석의 용융 곡선을 나타낸 것이다.

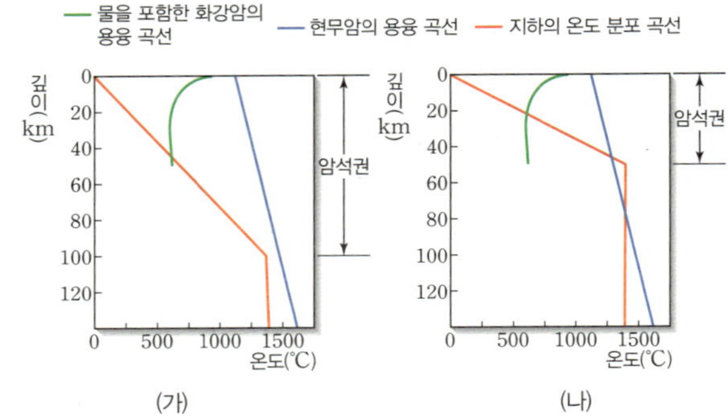

이에 대한 설명으로 옳은 것만을 〈보기〉에서 있는 대로 고른 것은?

보기

ㄱ. 화강암질 마그마는 (가)보다 (나)에서 더 얕은 곳에서 생성될 것이다.
ㄴ. 암석권 내에서 깊이에 따른 지하 온도 증가율은 (가)보다 (나)에서 더 크다.
ㄷ. (나)에서는 암석권 내에서 현무암질과 화강암질 마그마가 모두 생성될 수 있다.

① ㄱ ② ㄷ ③ ㄱ, ㄴ
④ ㄴ, ㄷ ⑤ ㄱ, ㄴ, ㄷ

084

그림 (가), (나), (다)는 지구 내부에서 마그마가 생성되는 장소를 나타낸 것이다.

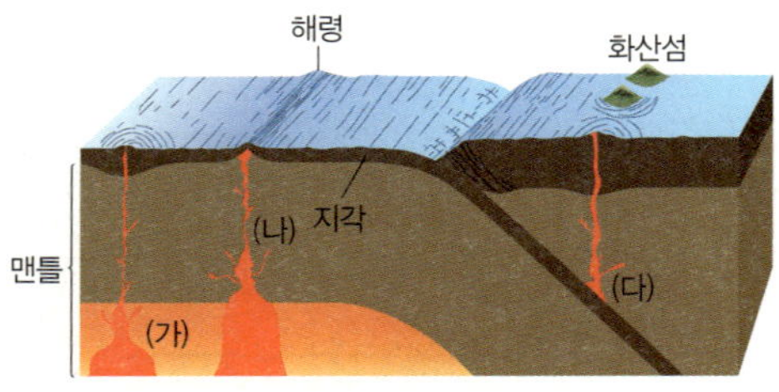

이에 대한 설명으로 옳은 것만을 〈보기〉에서 있는 대로 고른 것은?

보기

ㄱ. (가)에서는 온도 상승으로 화강암질 마그마가 생성된다.
ㄴ. (나)에서는 압력 감소로 현무암질 마그마가 생성된다.
ㄷ. (다)에서 형성된 화산섬의 배열을 이용하여 판의 이동 방향을 알 수 있다.

① ㄴ ② ㄷ ③ ㄱ, ㄴ
④ ㄱ, ㄷ ⑤ ㄴ, ㄷ

085

다음은 화성암과 관련된 낱말 퀴즈를 나타낸 것이다.

[가로 열쇠]
(가) 화성암의 분류에서 ○○○○에 따라 분류하면 염기성암, 중성암, 산성암으로 나뉜다.

[세로 열쇠]
(나) 마그마가 천천히 냉각되면서 굳어져 광물 결정이 크게 성장한 조직이다.

(다) 마그마가 지하 깊은 곳에서 천천히 냉각되어 굳어져 생성된 화성암이다.

이에 대한 설명으로 옳은 것만을 〈보기〉에서 있는 대로 고른 것은?

〈보기〉
ㄱ. (가)는 SiO_2 함량에 따른 분류라고도 한다.
ㄴ. (나)는 주로 화산암에서 나타나는 특징이다.
ㄷ. 화강암은 (다)의 암석 중 하나이다.

① ㄱ   ② ㄴ   ③ ㄱ, ㄷ
④ ㄴ, ㄷ   ⑤ ㄱ, ㄴ, ㄷ

086

그림은 화성암의 종류와 화성암을 구성하는 조암 광물의 부피비를 나타낸 것이다.

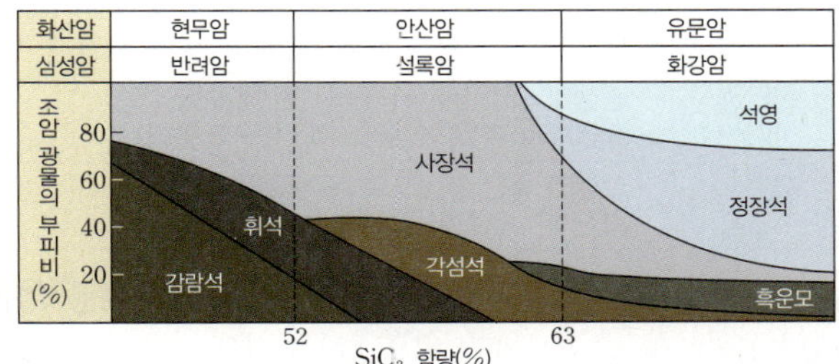

이에 대한 설명으로 옳은 것만을 〈보기〉에서 있는 대로 고른 것은?

〈보기〉
ㄱ. 화강암은 섬록암보다 밝은색을 띤다.
ㄴ. 현무암은 세립질 조직이고, 반려암은 조립질 조직이다.
ㄷ. 휘석의 부피비는 염기성암이 산성암보다 크다.

① ㄱ   ② ㄷ   ③ ㄱ, ㄴ
④ ㄴ, ㄷ   ⑤ ㄱ, ㄴ, ㄷ

087

그림 (가)와 (나)는 두 종류의 화성암을 나타낸 것이다.

(가)   (나)

이에 대한 설명으로 옳은 것만을 〈보기〉에서 있는 대로 고른 것은?

〈보기〉
ㄱ. SiO_2 함량비는 (가)보다 (나)가 높다.
ㄴ. 마그마의 냉각 속도는 (가)보다 (나)가 빠르다.
ㄷ. 감람석과 휘석의 함량비는 (가)보다 (나)가 높다.

① ㄱ   ② ㄴ   ③ ㄷ
④ ㄱ, ㄷ   ⑤ ㄴ, ㄷ

088

그림 (가)와 (나)는 우리나라의 화성암 지형이다.

(가) 한탄강   (나) 설악산 울산바위

이에 대한 설명으로 옳은 것만을 〈보기〉에서 있는 대로 고른 것은?

〈보기〉
ㄱ. 밀도가 큰 광물은 (가)보다 (나)의 암석에 많이 포함되어 있다.
ㄴ. (가)보다 (나)의 암석을 생성한 마그마의 유동성이 더 작다.
ㄷ. (나)를 구성하는 암석은 조립질 조직을 이루고 있다.

① ㄱ   ② ㄴ   ③ ㄱ, ㄷ
④ ㄴ, ㄷ   ⑤ ㄱ, ㄴ, ㄷ

01 지질 구조와 퇴적 환경

개념 ❶ 퇴적 구조와 퇴적 환경

1. 퇴적암

(1) **속성 작용** : 퇴적물이 쌓인 후 다져지고 굳어져 퇴적암이 만들어지기까지의 전체 과정으로 다짐 작용과 교결 작용이 있다.

① **다짐 작용** : 퇴적물이 오랫동안 계속 쌓여 아랫부분의 퇴적물이 위에 쌓인 퇴적물의 무게에 눌리면서 입자 사이의 간격(공극)이 좁아져 치밀해지는 작용

② **교결 작용** : 지하수에 녹아 있던 규질, 석회 물질, 산화 철 등(교결 물질)이 퇴적물 사이에 침전하면서 입자 사이의 간격을 메워 서로 붙여 굳어지게 하는 작용

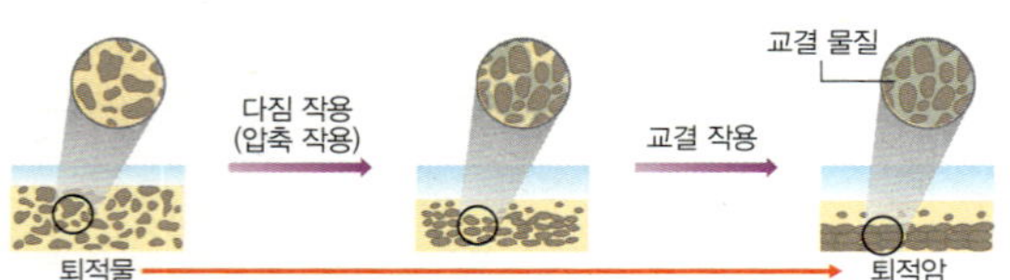

▲ 퇴적암의 생성 과정(속성 작용)

(2) **퇴적암의 종류**

구분	생성 과정	주 퇴적물	퇴적암
쇄설성 퇴적암	암석의 풍화, 침식 작용으로 생성된 입자들이 운반되어 쌓이거나 화산 분출물이 쌓여서 만들어진 퇴적암 ➡ 퇴적물 입자의 크기와 종류에 따라 분류	자갈	역암
		모래	사암
		점토	셰일
		화산재	응회암
화학적 퇴적암	물속에 녹아 있던 규질, 석회 물질, 산화 철, 염분 물질 등이 침전하거나 물이 증발함에 따라 잔류하여 만들어진 퇴적암	탄산 칼슘	석회암
		규질	처트
		염화 나트륨	암염
유기적 퇴적암	생물의 유해나 골격의 일부가 쌓여서 만들어진 퇴적암	식물체	석탄
		석회질 생물체	석회암
		규질 생물체	처트

2. 퇴적 구조 → 지각 변동을 받은 지층의 역전 여부를 판단하는 기준이 된다.

(1) **층리** : 크기, 모양, 색깔 등이 서로 다른 퇴적물이 겹겹이 쌓여 만들어진 층상 구조

(2) **사층리** : 수심이 얕은 곳이나 바람의 방향이 자주 변하는 사막에서 층리가 기울어진 상태로 쌓인 퇴적 구조

➡ 수심이 얕은 바다나 사막의 사구에서 발달하는데, 물이나 바람이 흐른 방향을 알 수 있다.

(3) **점이 층리** : 한 지층 내에서 위로 갈수록 입자의 크기가 작아지는 퇴적 구조

➡ 심해저나 깊은 호수에서 퇴적물이 한꺼번에 쌓일 때 입자의 크기에 따라 침강 속도가 다르기 때문에 형성된다.

(4) **연흔** : 수심이 얕은 바다나 호수에서 물결의 영향으로 퇴적물의 표면에 물결 모양의 자국이 남아 있는 퇴적 구조

➡ 연흔은 물의 흐름이 유수처럼 한쪽 방향으로 나타나는 경우에는 비대칭 형태로 나타나고, 양쪽 방향으로 반복적으로 나타나는 경우에는 대칭 형태로 나타난다.

(5) **건열** : 점토와 같이 입자가 매우 작은 퇴적물이 수면 위의 건조한 환경에 노출되어 퇴적물의 표면이 갈라진 퇴적 구조

▲ 사층리   ▲ 점이 층리   ▲ 연흔   ▲ 건열

3. 퇴적 환경

육상 환경	육지 내에 주로 쇄설성 퇴적물이 퇴적되는 곳 ⟮예⟯ 선상지, 하천, 호수, 사막, 빙하 등
연안 환경	육상 환경과 해양 환경 사이에 있는 곳 ⟮예⟯ 삼각주, 조간대, 해빈, 사주, 강 하구, 석호 등
해양 환경	가장 넓은 면적을 차지하는 퇴적 환경 ⟮예⟯ 대륙붕, 대륙 사면, 대륙대, 심해저 등

4. 우리나라의 퇴적 지형

태백시 구문소	• 고생대 바다에서 퇴적된 석회암층 • 주변에서 연흔, 건열, 삼엽충 화석 발견
부안군 채석강	• 중생대에 호수에서 퇴적된 지형 　➡ 채석강에는 선캄브리아 시대의 편마암, 중생대의 화강암, 중생대의 퇴적암이 겹겹이 쌓여 형성된 층리 발달 • 연흔, 층리, 단층, 습곡, 해식 절벽, 해식 동굴 등 발견
고성군 덕명리	• 중생대에 퇴적된 셰일층 • 연흔, 건열, 공룡 발자국, 새 발자국 화석 발견
진안군 마이산	• 중생대 퇴적 분지에서 퇴적된 역암층 • 표면에서 벌집 모양의 타포니 구조 발견
제주도 수월봉	• 신생대 화산 활동으로 퇴적된 응회암층 • 화산재가 겹겹이 쌓여 형성된 층리 발달

▲ 태백시 구문소

▲ 부안군 채석강

▲ 고성군 덕명리

▲ 진안군 마이산

▲ 마이산의 타포니 구조

▲ 제주도 수월봉

개념 2 지질 구조

1. 습곡 : 지층이 양쪽에서 미는 횡압력을 받아 휘어진 지질 구조

(1) 습곡의 구조

배사	지층이 위로 볼록하게 휘어진 부분
향사	지층이 아래로 오목하게 내려간 부분
습곡축	가장 많이 휘어진 중앙의 축

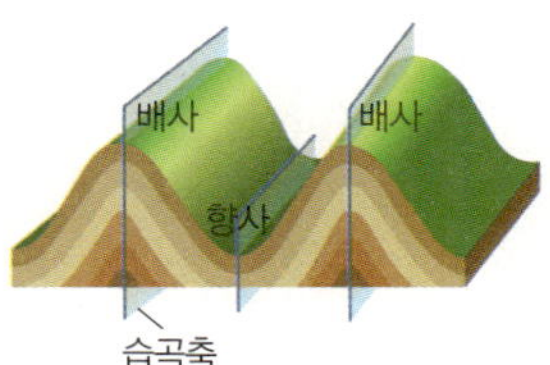

(2) 습곡의 종류 : 습곡축면의 기울기에 따라 정습곡(습곡축면이 수평면에 대해 거의 수직), 경사 습곡, 횡와 습곡(습곡축면이 수평면에 대해 거의 수평)으로 분류한다.

2. 단층 : 지층이 힘을 받아 끊어지면서 양쪽 지층이 상대적으로 이동하여 서로 어긋나 있는 지질 구조

정단층	역단층	주향 이동 단층
장력이 작용하여 하반에 대해 상반이 아래로 내려간 단층	횡압력이 작용하여 하반에 대해 상반이 위로 올라간 단층	단층면을 경계로 상반과 하반이 수평 방향으로만 이동한 단층

3. 절리 : 암석 내에 형성된 틈이나 균열

➡ 단층과 달리 틈이나 균열을 따라 지층의 상대적인 이동이 없다.

(1) 주상 절리 : 기둥 모양의 절리로, 지표로 분출한 용암이 중심 방향으로 급격히 냉각되면서 수축할 때 형성된다.

(2) 판상 절리 : 얇은 판 모양의 절리로, 지하 깊은 곳의 암석이 융기할 때 주위의 압력이 감소하면서 팽창하여 형성된다.

4. 부정합 : 퇴적 환경의 변화로 퇴적이 오랫동안 중단된 후 다시 퇴적이 일어나면서 인접한 상하 지층 사이에 큰 시간 차이가 있을 때 두 지층 사이의 관계

(1) 부정합의 형성 과정 : 퇴적 ⇨ 융기 ⇨ 풍화·침식 ⇨ 침강 ⇨ 퇴적

> 부정합면 아래에 있는 암석의 종류나 지층의 관계에 따라 구분한다.

(2) 부정합의 종류 : 부정합면을 경계로 상하 지층이 나란한 평행 부정합, 경사를 이루는 경사 부정합, 부정합면 아래에 심성암이나 변성암이 분포하는 난정합으로 구분한다.

5. 관입암과 포획암

(1) 관입암 : 관입한 마그마가 천천히 식어 굳어진 암석으로, 관입한 마그마 주변의 암석은 열을 받아 변성된다.

(2) 포획암 : 마그마가 관입할 때 주변 암석에서 떨어져 나와 마그마 속으로 유입되어 화성암에 포함되어 있는 다른 종류의 암석 조각이다.

➡ 포획암은 관입암보다 먼저 생성되었다.

정답 및 해설 | 11쪽

089

퇴적물이 쌓인 후 다져지고 굳어져 퇴적암이 만들어지기까지의 전체 과정을 [   ] 작용이라고 하는데, 다짐 작용과 [   ] 작용이 있다.

090

퇴적암과 이에 해당하는 주요 퇴적물을 선으로 연결하시오.

(1) 역암 •   • ㉠ 모래
(2) 셰일 •   • ㉡ 점토
(3) 사암 •   • ㉢ 자갈
(4) 응회암 •   • ㉣ 화산재
(5) 석회암 •   • ㉤ 탄산 칼슘

091

퇴적암과 퇴적 구조에 대한 설명으로 옳은 것은 ○, 옳지 <u>않은</u> 것은 ×로 표시하시오.

(1) 퇴적암이 생성되는 과정에서 퇴적물은 다짐 작용을 받아 입자 사이의 공극이 감소한다. (   )

(2) 퇴적암 중 사암과 역암은 화학적 퇴적암에 속한다. (   )

(3) 점이 층리는 대륙대, 심해저, 깊은 호수 등과 같이 수심이 깊은 환경에서 형성된다. (   )

(4) 퇴적 구조를 통해 퇴적 환경과 지층의 역전 여부를 판단할 수 있다. (   )

092

지질 구조에 대한 설명이다. [   ] 안에 알맞은 말을 쓰시오.

(1) 지층에 장력이 작용하여 하반에 대해 상반이 아래로 내려간 단층을 [   ] 이라고 한다.

(2) 지하 깊은 곳에서 생성된 심성암이 융기하여 지표로 노출되는 과정에서 형성된 절리는 [   ] 이다.

(3) 부정합의 종류에는 평행 부정합, [   ], 난정합이 있다.

(4) 마그마가 관입할 때 주변 암석에서 마그마 속으로 유입된 다른 종류의 암석 조각을 [   ] 이라고 한다.

개념 ❶ 퇴적 구조와 퇴적 환경

[족집게 전략] 퇴적 구조의 종류에 따른 특징을 알고, 퇴적 구조가 형성되는 과정을 이용하여 지층이 퇴적될 당시의 환경을 유추할 수 있어야 해.

093 단골 문제

그림은 어느 지역의 지층에서 관찰되는 퇴적 구조를 나타낸 것이다.

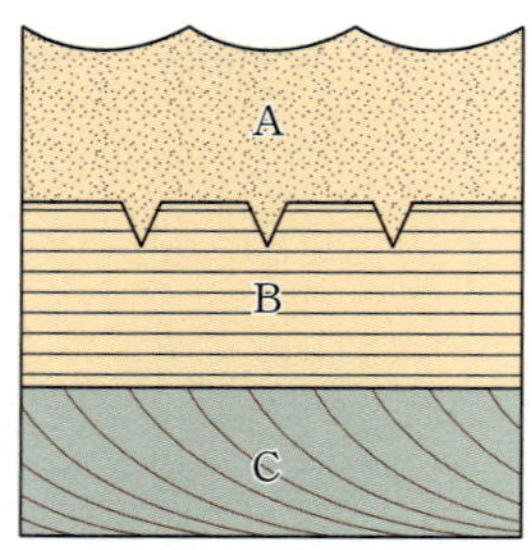

이에 대한 설명으로 옳은 것만을 〈보기〉에서 있는 대로 고른 것은?

보기

ㄱ. A는 수심이 얕은 곳에서 잘 형성된다.
ㄴ. B는 건조한 기후 환경에 노출된 적이 있음을 알려 준다.
ㄷ. C를 이용하면 지층이 퇴적될 당시 물이 흐른 방향을 알 수 있다.

① ㄱ 　② ㄷ 　③ ㄱ, ㄴ
④ ㄴ, ㄷ 　⑤ ㄱ, ㄴ, ㄷ

추가로 나오는 선택지

❶ A와 C는 수심이 얕은 곳에서 잘 형성된다. 　(　)
❷ B는 건열이고, C는 사층리이다. 　(　)
❸ C가 형성된 이후 지층의 역전이 있었다. 　(　)
❹ C는 퇴적물의 낙하 속도 차이로 인해 형성된다. 　(　)

094

그림은 퇴적암이 생성되는 과정을 나타낸 것이다.

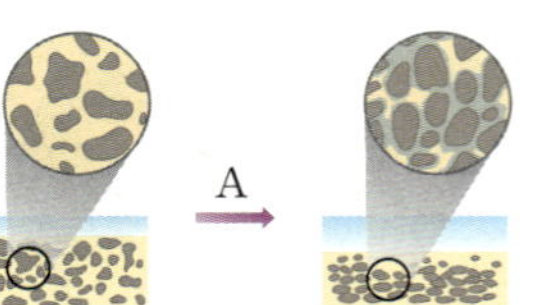

A와 B에 해당하는 퇴적암의 생성 과정을 옳게 짝 지은 것은?

	A	B
①	속성 작용	변성 작용
②	교결 작용	속성 작용
③	교결 작용	다짐 작용
④	다짐 작용	교결 작용
⑤	다짐 작용	변성 작용

095 [중요]

그림은 어떤 퇴적암이 생성되는 과정을 나타낸 것이다.

이에 대한 설명으로 옳지 **않은** 것은?

① A 과정은 주로 침전이다.
② B 과정에는 다짐 작용이 포함된다.
③ 셰일은 이와 같은 과정으로 생성된다.
④ 화학적 퇴적암이 생성되는 과정이다.
⑤ B 과정에는 규질물, 석회 물질 등이 교결 물질로 이용된다.

096

암석을 구성하는 주요 퇴적물과 이에 해당하는 퇴적암을 옳게 짝 지은 것은?

	퇴적물	퇴적암			퇴적물	퇴적암
①	점토	처트		②	모래	역암
③	자갈	사암		④	화산재	응회암
⑤	탄산 칼슘	암염				

097

그림은 퇴적암을 특징에 따라 구분하는 과정을 나타낸 것이다.

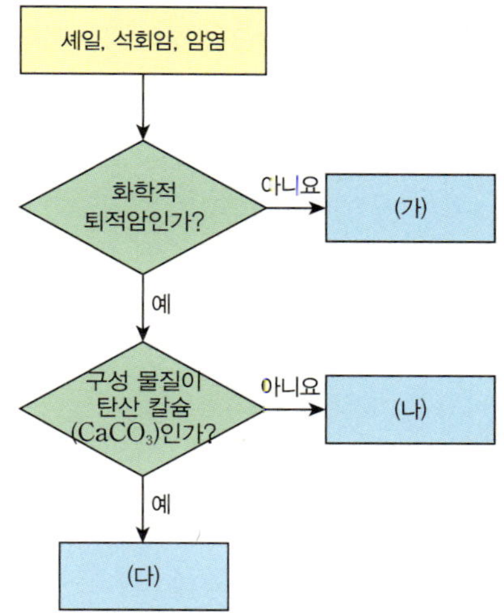

(가), (나), (다)에 해당하는 것을 옳게 짝 지은 것은?

	(가)	(나)	(다)
①	셰일	암염	석회암
②	셰일	석회암	암염
③	암염	셰일	석회암
④	암염	석회암	셰일
⑤	석회암	셰일	암염

098

다음은 육상 환경, 연안 환경, 해양 환경에서 나타나는 다양한 퇴적 환경을 순서 없이 나타낸 것이다.

> 호수, 빙하, 대륙붕, 삼각주, 선상지, 대륙 사면

해양 환경에 해당하는 퇴적 환경만을 있는 대로 고른 것은?

① 빙하, 삼각주
② 대륙붕, 대륙 사면
③ 호수, 대륙붕, 선상지
④ 호수, 빙하, 대륙 사면
⑤ 빙하, 대륙붕, 대륙 사면

099 서술형

그림은 사막의 사구에 형성된 퇴적 구조를 나타낸 것이다.

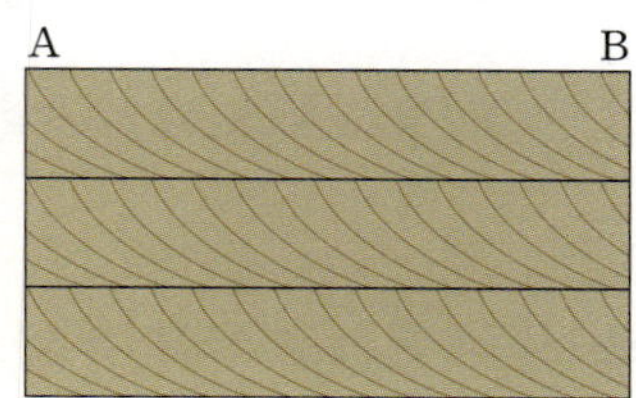

이 퇴적 구조의 이름을 쓰고, 지층의 역전 여부를 판단하여 퇴적 구조가 형성될 당시 바람의 방향을 A, B로 서술하시오.

100

퇴적 구조를 이용하여 유추할 수 있는 것만을 〈보기〉에서 있는 대로 고른 것은?

> **보기**
> ㄱ. 지층의 생성 시기를 알 수 있다.
> ㄴ. 지층의 역전 여부를 판단할 수 있다.
> ㄷ. 지층이 퇴적될 당시의 환경을 알 수 있다.

① ㄴ 　　② ㄷ 　　③ ㄱ, ㄴ
④ ㄱ, ㄷ 　　⑤ ㄴ, ㄷ

101 중요

그림 (가)와 (나)는 우리나라의 퇴적 지형을 나타낸 것이다.

(가) 진안군 마이산　　　　(나) 제주도 수월봉

이에 대한 설명으로 옳은 것만을 〈보기〉에서 있는 대로 고른 것은?

> **보기**
> ㄱ. (가)에서는 타포니 구조가 발견된다.
> ㄴ. (가)가 (나)보다 먼저 형성되었다.
> ㄷ. (나)에서는 응회암층과 층리가 발견된다.

① ㄱ 　　② ㄷ 　　③ ㄱ, ㄴ
④ ㄴ, ㄷ 　　⑤ ㄱ, ㄴ, ㄷ

족집게 전략 지각 변동에 수반된 다양한 지질 구조의 형성 과정을 알고, 대표적인 지질 구조인 습곡과 단층의 종류 및 특징을 구분할 수 있어야 해.

102 단골 문제

그림 (가)와 (나)는 서로 다른 지질 구조를 나타낸 것이다.

(가)　　　　　　　(나)

이에 대한 설명으로 옳은 것만을 〈보기〉에서 있는 대로 고른 것은?

보기

ㄱ. (가)의 A는 배사이다.
ㄴ. (나)에서 B는 상반, C는 하반이다.
ㄷ. (가)와 (나)는 모두 횡압력을 받았다.

① ㄱ　　　　② ㄷ　　　　③ ㄱ, ㄴ
④ ㄴ, ㄷ　　　⑤ ㄱ, ㄴ, ㄷ

추가로 나오는 선택지

❶ (나)는 역단층이다. (　　)
❷ (나)에서 B 지층과 C 지층은 서로 다른 지질 시대에 형성되었을 가능성이 높다. (　　)

103

지질 구조에 대한 설명으로 옳은 것은?

① 절리는 틈을 경계로 지반의 이동이 없다.
② 상반이 아래로 내려간 단층은 역단층이다.
③ 난정합은 부정합면을 경계로 상하 지층이 나란하다.
④ 습곡 구조에서 지층이 위로 볼록하게 휘어진 부분은 향사이다.
⑤ 판상 절리는 마그마가 급격히 냉각되면서 수축하여 형성된 것이다.

104 서술형

지층이 힘을 받아 끊어지면서 이동하여 서로 어긋난 지질 구조를 단층이라고 한다. 정단층과 역단층이 형성되는 과정을 지층에 작용하는 힘의 종류 및 상반의 이동 방향을 모두 포함하여 각각 서술하시오.

105 중요

판의 경계와 각 경계에서 발달할 수 있는 지질 구조를 옳게 짝 지은 것은?

	발산형 경계	수렴형 경계	보존형 경계
①	역단층	습곡	주향 이동 단층
②	역단층	정단층	주향 이동 단층
③	정단층	습곡	역단층
④	정단층	역단층	주향 이동 단층
⑤	주향 이동 단층	정단층	역단층

106 중요

그림 (가)와 (나)는 서로 다른 지질 구조를 나타낸 것이다.

(가) 단층　　　　　　(나) 습곡

이에 대한 설명으로 옳은 것만을 〈보기〉에서 있는 대로 고른 것은?

보기

ㄱ. (가)는 상반이 아래로 내려갔다.
ㄴ. (나)는 횡와 습곡이다.
ㄷ. (가)와 (나)는 모두 횡압력을 받아 형성되었다.

① ㄱ　　　　② ㄴ　　　　③ ㄱ, ㄷ
④ ㄴ, ㄷ　　　⑤ ㄱ, ㄴ, ㄷ

107

그림은 제주도의 어느 지역에서 발달한 지질 구조를 나타낸 것이다.

이에 대한 설명으로 옳은 것만을 〈보기〉에서 있는 대로 고른 것은?

보기
ㄱ. 이 지형을 형성한 암석은 현무암이다.
ㄴ. 절리면을 경계로 지반의 이동이 나타난다.
ㄷ. 마그마가 급격히 냉각되면서 수축할 때 형성된 지질 구조이다.

① ㄱ 　② ㄴ 　③ ㄱ, ㄷ
④ ㄴ, ㄷ 　⑤ ㄱ, ㄴ, ㄷ

108 중요

그림 (가)와 (나)는 서로 다른 절리의 모습을 나타낸 것이다.

(가) 한탄강 절리　　　(나) 북한산 절리

이에 대한 설명으로 옳은 것만을 〈보기〉에서 있는 대로 고른 것은?

보기
ㄱ. (가)는 지하 깊은 곳의 심성암이 융기하는 과정에서 형성되었다.
ㄴ. (나)는 대체로 화산 활동이 일어나는 과정에서 형성되었다.
ㄷ. (가)는 현무암에서, (나)는 화강암에서 잘 나타난다.

① ㄱ 　② ㄷ 　③ ㄱ, ㄴ
④ ㄴ, ㄷ 　⑤ ㄱ, ㄴ, ㄷ

109 서술형

다음 단어를 모두 포함하여 부정합이 형성되는 과정을 서술하시오.

융기, 풍화, 퇴적, 침식, 침강

110

그림은 어느 지역에서 관찰한 지질 구조의 모습을 나타낸 것이다.

이에 대한 설명으로 옳은 것만을 〈보기〉에서 있는 대로 고른 것은?

보기
ㄱ. A와 B 지층 사이에는 오랜 시간적 격차가 있을 것이다.
ㄴ. A와 B 중 기저 역암은 B의 암석과 같은 종류이다.
ㄷ. 이 지역에서는 경사 부정합이 관찰된다.

① ㄱ 　② ㄷ 　③ ㄱ, ㄴ
④ ㄴ, ㄷ 　⑤ ㄱ, ㄴ, ㄷ

111

그림은 어느 지역에서 관찰한 지질 구조를 나타낸 것이다.
이에 대한 설명으로 옳은 것만을 〈보기〉에서 있는 대로 고른 것은?

보기
ㄱ. 이 지질 구조는 습곡이다.
ㄴ. A는 마그마가 굳어져 생성된 것이다.
ㄷ. A의 내부에 포획된 다른 종류의 암석은 A와 같은 시기에 생성되었다.

① ㄴ 　② ㄷ 　③ ㄱ, ㄴ
④ ㄱ, ㄷ 　⑤ ㄴ, ㄷ

112

그림은 퇴적암의 생성 과정을 나타낸 것이다.

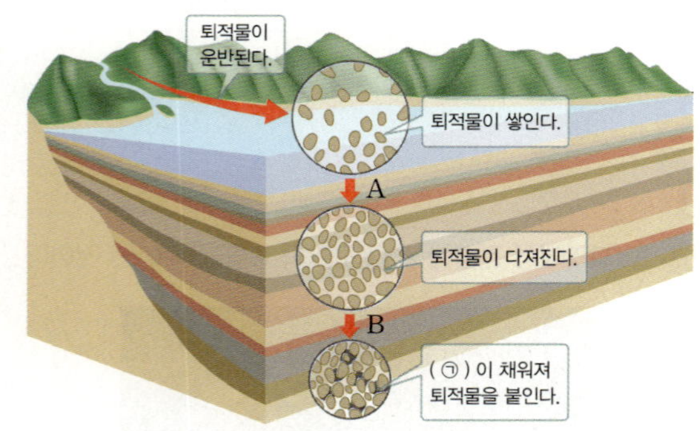

이에 대한 설명으로 옳은 것은?

① A 과정에서 공극이 넓어진다.
② B 과정을 다짐 작용이라고 한다.
③ A 과정에서 퇴적층의 밀도는 감소한다.
④ 탄산 칼슘($CaCO_3$)은 ㉠에 해당하는 물질이다.
⑤ B 과정이 일어나기 위해서는 높은 열과 압력이 필요하다.

113

그림은 어느 지역의 퇴적암과 퇴적 구조를 나타낸 것이다.

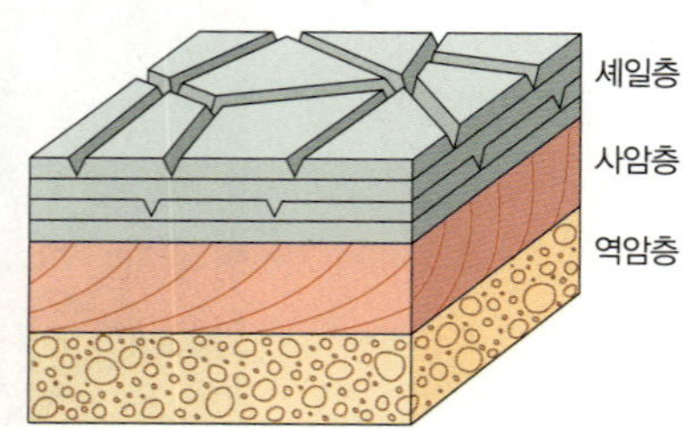

이에 대한 설명으로 옳은 것만을 〈보기〉에서 있는 대로 고른 것은?

> **보기**
>
> ㄱ. 역암층에서 점이 층리가 나타난다.
> ㄴ. 셰일층이 형성되는 동안에 기후는 건조했다.
> ㄷ. 사암층에서는 퇴적 당시의 퇴적물 이동 방향을 알 수 있다.

① ㄴ　　　　② ㄷ　　　　③ ㄱ, ㄴ
④ ㄱ, ㄷ　　　⑤ ㄴ, ㄷ

114

그림 (가)~(라)는 여러 가지 퇴적 구조의 단면을 나타낸 것이다.

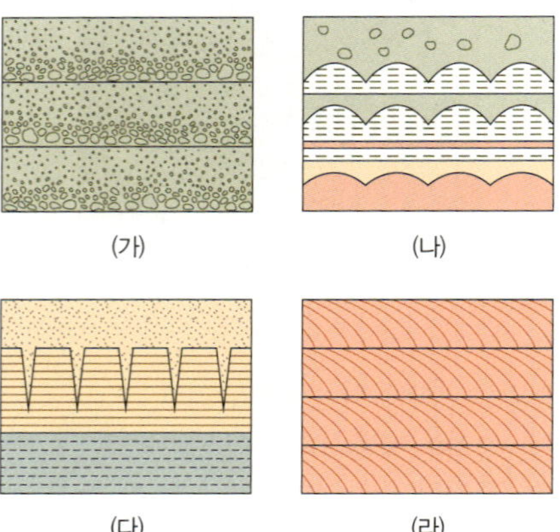

(가)~(라) 중 지층의 역전이 일어났을 것으로 판단되는 것을 있는 대로 고른 것은?

① (나)　　　　② (가), (나)　　　　③ (나), (라)
④ (가), (나), (다)　　　⑤ (나), (다), (라)

115

그림 (가)~(라)는 서로 다른 지역에서 관찰된 여러 가지 지질 구조를 나타낸 것이다.

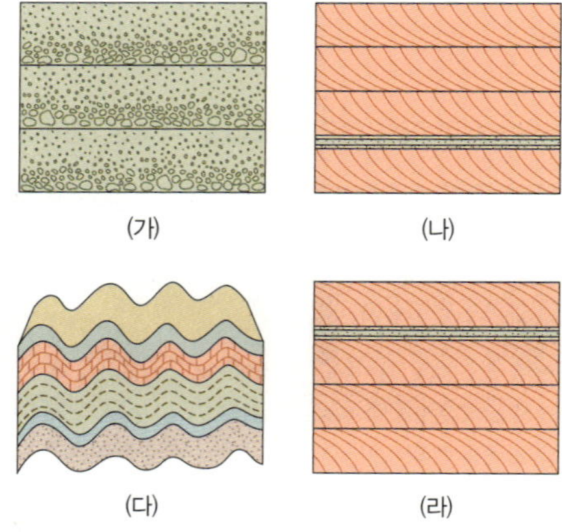

이에 대한 설명으로 옳은 것만을 〈보기〉에서 있는 대로 고른 것은?

> **보기**
>
> ㄱ. (가)는 수심이 깊은 물속에서 퇴적되었다.
> ㄴ. (나)와 (다)는 층리면에 횡압력이 작용하였다.
> ㄷ. (라)는 지층이 역전되었다.

① ㄱ　　　　② ㄴ　　　　③ ㄱ, ㄷ
④ ㄴ, ㄷ　　　⑤ ㄱ, ㄴ, ㄷ

116

그림은 지질 구조를 특징에 따라 분류하는 과정을 나타낸 것이다.

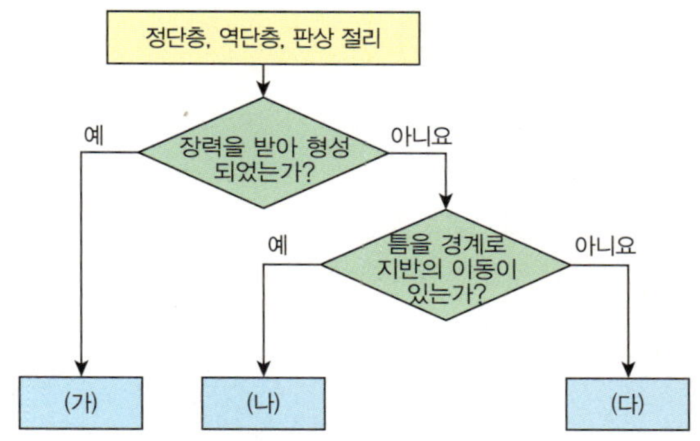

(가), (나), (다)에 해당하는 것을 옳게 짝 지은 것은?

	(가)	(나)	(다)
①	정단층	역단층	판상 절리
②	정단층	판상 절리	역단층
③	역단층	판상 절리	정단층
④	판상 절리	정단층	역단층
⑤	판상 절리	역단층	정단층

117

그림은 어느 지역 지층의 형성 과정에 대한 수업 내용 중 일부를 나타낸 것이다.

이 지층에 대한 설명으로 옳은 학생만을 있는 대로 고른 것은?

① A   ② B   ③ C
④ A, B   ⑤ B, C

118

그림 (가)와 (나)는 서로 다른 지역의 지질 단면도를 나타낸 것이다.

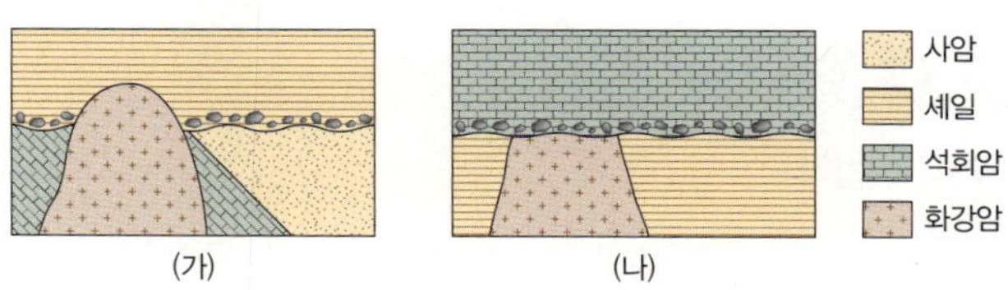

이에 대한 설명으로 옳은 것만을 〈보기〉에서 있는 대로 고른 것은?

보기
ㄱ. 두 지역에서 모두 부정합이 나타난다.
ㄴ. (가)에서 화강암은 석회암보다 먼저 생성되었다.
ㄷ. (나)에서 지층의 생성 순서는 셰일 → 석회암 → 화강암이다.

① ㄱ   ② ㄴ   ③ ㄱ, ㄷ
④ ㄴ, ㄷ   ⑤ ㄱ, ㄴ, ㄷ

119 고난도

그림은 어느 지역을 답사한 후 작성한 지질 답사 보고서의 일부이다.

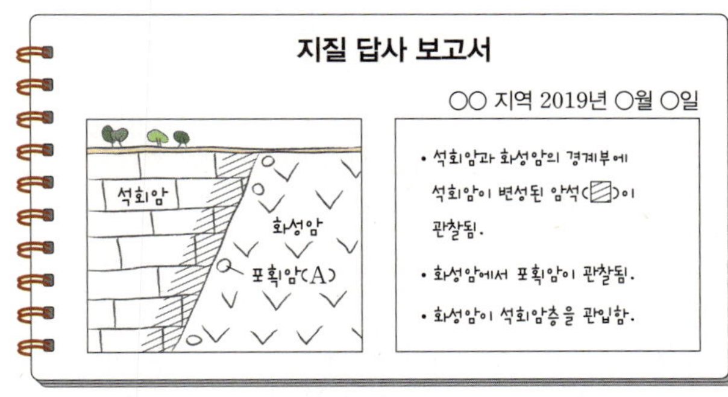

지질 답사 보고서

○○ 지역 2019년 ○월 ○일

석회암

화성암

포획암(A)

• 석회암과 화성암의 경계부에 석회암이 변성된 암석(▨)이 관찰됨.
• 화성암에서 포획암이 관찰됨.
• 화성암이 석회암층을 관입함.

이에 대한 설명으로 옳은 것만을 〈보기〉에서 있는 대로 고른 것은?

보기
ㄱ. 석회암이 화성암보다 먼저 생성되었다.
ㄴ. 이 지역에서는 대리암이 발견될 수 있다.
ㄷ. A는 마그마 관입 당시 석회암의 조각이 포획된 것이다.

① ㄱ   ② ㄷ   ③ ㄱ, ㄴ
④ ㄴ, ㄷ   ⑤ ㄱ, ㄴ, ㄷ

02 상대 연령과 절대 연령

개념 ❶ 상대 연령

1. 지사학 법칙

수평 퇴적의 법칙	물속에서 퇴적이 일어날 때 일반적으로 퇴적물은 중력의 영향을 받아 수평으로 쌓인다. ➡ 지층이 기울어져 있거나 휘어져 있으면 퇴적물이 쌓인 후 지각 변동을 받았다고 판단한다.
지층 누중의 법칙	지층이 쌓일 때 아래쪽은 위쪽보다 먼저 퇴적되었다. ➡ 지층의 역전이 없었다면 아래쪽에 있는 지층일수록 먼저 형성된 것이다. 반면 지층이 역전되었다면 퇴적 구조나 표준 화석을 관찰하여 상하를 판단한다.
동물군 천이의 법칙	퇴적 시기가 다른 지층에서 발견되는 화석의 종류는 다르다. ➡ 오래된 지층에서 새로운 지층으로 갈수록 진화한 생물의 화석이 발견된다.
부정합의 법칙	부정합면을 경계로 상하 지층 사이에는 긴 시간 간격이 있다. ➡ 부정합면 위에는 기저 역암이 나타나기도 하며, 상하 두 지층에서 발견되는 화석군이 급격하게 달라진다.
관입의 법칙	관입한 암석은 관입당한 암석보다 나중에 생성되었다. ➡ 관입암 주위에서는 변성 부분이 나타나지만, 용암의 분출 후 새로운 지층이 화성암 위층에 쌓인 경우에는 화성암 위층에서 변성 부분이 나타나지 않는다.

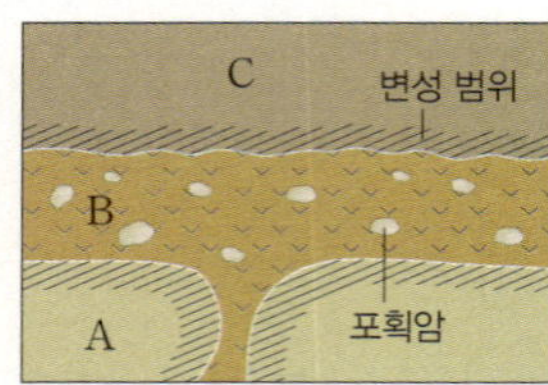

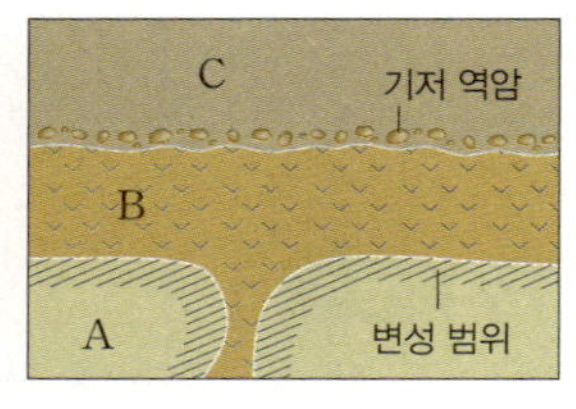

화성암 B 주변의 A층과 C층에서 모두 변성 흔적이 나타나며 화성암 B 내부에서 포획암이 발견되므로 지층의 생성 순서는 A → C → B 관입 순이다.

화성암 B 위층에 있는 C층에서 변성 흔적이 나타나지 않고 기저 역암이 나타나므로 지층의 생성 순서는 A → B 분출 → 부정합 → C 순이다.

2. 상대 연령 : 지층이나 암석의 생성 시기와 지질학적 사건의 발생 순서를 상대적으로 나타낸 것

(1) **지사학 법칙** : 한 장소에 퇴적된 지층들의 선후 관계를 판단하는 데 이용

(2) **지층의 대비** : 여러 지역에 분포하는 지층들을 서로 비교하여 시간적인 선후 관계를 판단하는 것

암상에 의한 대비	• 비교적 가까운 지역 간의 지층 대비 • 지층을 구성하는 암석의 종류, 열쇠층(건층), 지질 구조 이용 ➡ 열쇠층은 비교적 짧은 시간에 넓은 지역에서 생성된 응회암층, 석회암층, 석탄층과 같이 뚜렷한 특징을 가지고 있는 지층을 이용
화석에 의한 대비	• 가까운 거리의 지역뿐만 아니라 멀리 떨어져 있는 지역 간의 지층 대비 • 표준 화석 이용 ➡ 지질 시대별 표준 화석 : 고생대(삼엽충, 필석, 방추충 등), 중생대(공룡, 암모나이트 등), 신생대(매머드, 화폐석 등)

개념 ❷ 절대 연령

1. 절대 연령 : 암석의 생성 시기나 지질학적 사건의 발생 시기를 수치로 나타낸 것

2. 방사성 동위 원소와 절대 연령

(1) **방사성 동위 원소** : 원자핵 내의 양성자 수는 같지만 중성자 수가 달라 질량수가 다른 동위 원소 중 자연적으로 붕괴하여 방사선을 방출하면서 안정한 원소로 변해 가는 원소

➡ 온도, 압력 등 외부 환경 변화에 관계없이 일정한 속도로 붕괴한다.

① **모원소** : 붕괴하는 원래의 방사성 동위 원소

② **자원소** : 모원소가 붕괴하여 새로 생성된 원소

(2) **반감기** : 방사성 동위 원소가 붕괴하여 모원소의 양이 처음 양의 반으로 줄어드는 데 걸리는 시간

➡ ^{238}U(약 45억 년), ^{235}U(약 7억 년), ^{40}K(약 13억 년)과 같이 안정한 원소는 반감기가 길고, ^{14}C(약 5730년)와 같이 불안정한 원소는 반감기가 짧다.

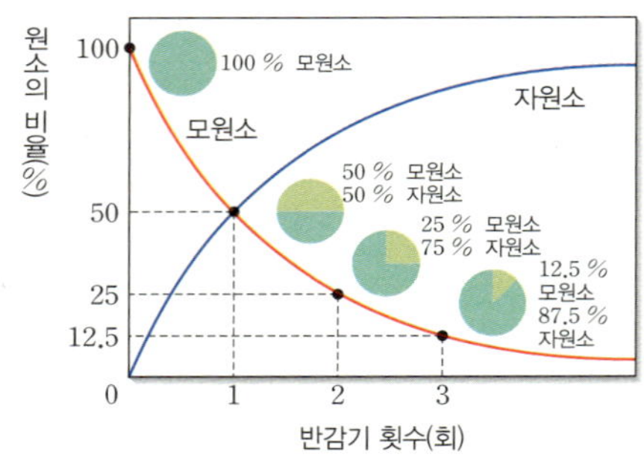

(3) **절대 연령의 측정** : 시간이 지남에 따라 모원소의 양은 감소하고 자원소의 양은 증가하므로, 암석에 포함된 모원소와 자원소의 비율을 측정하여 반감기를 구하면 암석의 절대 연령을 측정할 수 있다.

$$\frac{N}{N_0} = \left(\frac{1}{2}\right)^n$$

(N : t년 후 모원소의 양, N_0 : 처음 모원소의 양, n : 반감기 횟수)

3. 절대 연령 활용 : 암석의 생성 시기에 따라 측정에 이용되는 방사성 동위 원소가 달라진다.

오래된 지질 시대의 암석	^{238}U, ^{235}U, ^{40}K, ^{87}Rb 등 반감기가 긴 원소 이용 ➡ 암석의 나이보다 방사성 동위 원소의 반감기가 너무 짧으면 방사성 동위 원소가 대부분 붕괴되어 측정하기 어렵다.
가까운 지질 시대의 암석	^{14}C와 같은 반감기가 짧은 원소 이용 ➡ 암석의 나이보다 방사성 동위 원소의 반감기가 너무 길면 붕괴한 양이 너무 적어 측정하기 어렵다.

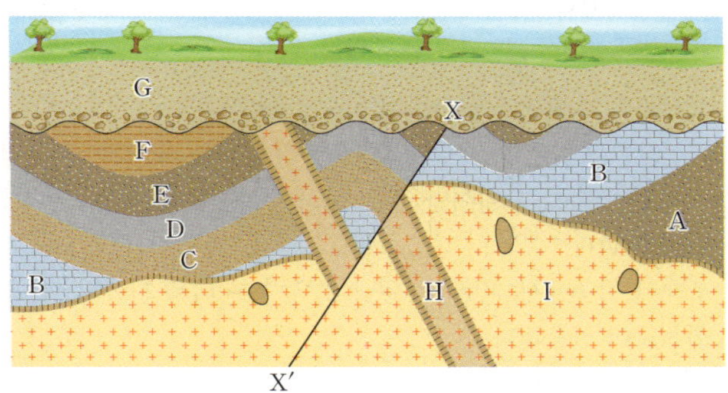

❶ 지층 누중의 법칙 이용 : 지층이 역전되지 않았다면 아래층은 위층보다 먼저 퇴적되었다. ➡ A → B → C → D → E → F

❷ 관입의 법칙 이용 : 관입한 암석은 관입당한 암석보다 나중에 생성되었다. ➡ A, B, C, D, E, F → H 관입

❸ X−X′ 단층의 종류 : 단층면을 경계로 하반에 대해 상반이 아래로 내려가 있다. ➡ 정단층

❹ 부정합의 법칙 이용 : 부정합면을 경계로 아래층이 위층보다 먼저 퇴적되었으며 기저 역암이 있는 쪽이 위층이다.
　➡ A, B, D, E, F, H, 정단층 → G

❺ 지층의 생성 순서 : A → B → C → D → E → F → (I 관입) → H 관입 → 정단층 → 부정합 → G

> I의 관입 시기는 C 퇴적 이후～F 퇴적 사이이며 정확하게 알 수 없다.

그림 (가)는 어느 지역의 지질 단면을, (나)는 이 지층의 암맥 A와 B에 포함되어 있는 방사성 동위 원소 X의 붕괴 곡선을 나타낸 것이다. 암맥 A와 B에는 방사성 동위 원소 X가 각각 25 %, 50 % 남아 있다.

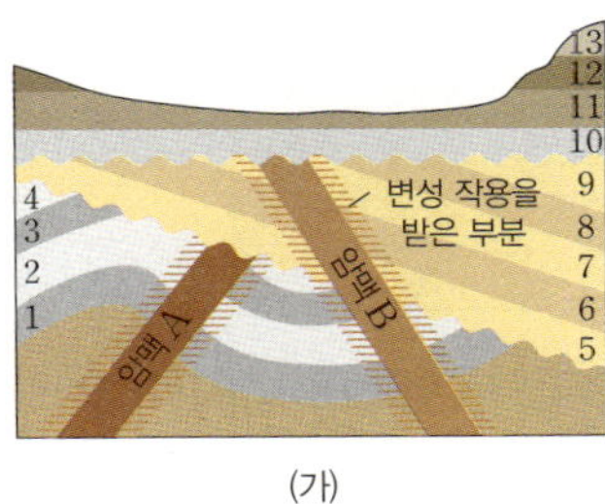

(가)

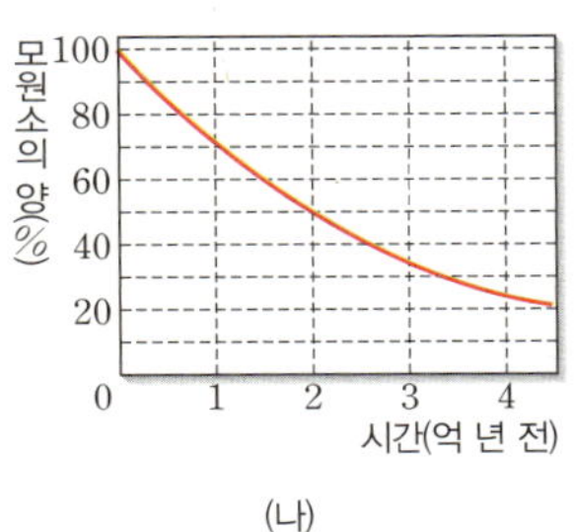

(나)

❶ X의 반감기 : 2억 년
　➡ (나)에서 모원소가 처음 양의 50 %로 줄어드는 데 걸리는 시간

❷ 암맥 A의 관입 시기 : 4억 년 전(= 2억 년×2회) ➡ 암맥 A에는 방사성 동위 원소가 25 % 남아 있으므로 반감기는 2회 경과

❸ 암맥 B의 관입 시기 : 2억 년 전(= 2억 년×1회)

❹ 지층 5～9의 절대 연령 : 2억 년～4억 년
　➡ 지층 5～9는 암맥 A 관입 이후와 암맥 B 관입 이전에 생성

120

지사학 법칙에 대한 설명이다. ☐ 안에 알맞은 말을 쓰시오.

(1) 물속에서 퇴적이 일어날 때 중력의 영향을 받아 일반적으로 퇴적물이 수평으로 쌓인다는 것은 ☐ 의 법칙이다.

(2) 지층의 역전이 없었다면 지층 누중의 법칙으로부터 먼저 퇴적된 지층은 위쪽과 아래쪽 중 ☐ 에 있는 지층이다.

(3) 부정합면 위에는 기저 ☐ 이 나타나기도 하며, 상하 두 지층에서 산출되는 화석군이 급격하게 달라진다.

121

그림 (가)와 (나)는 마그마가 지하 깊은 곳에서 관입이 일어난 것과 마그마가 지표로 분출한 이후 새로운 지층이 퇴적되어 형성된 지층을 순서 없이 나타낸 것이다.

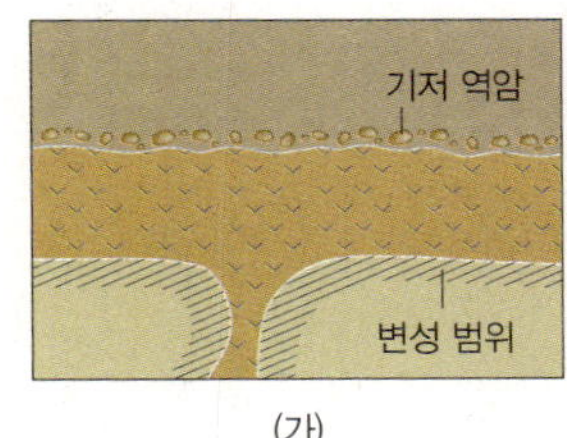

(가)

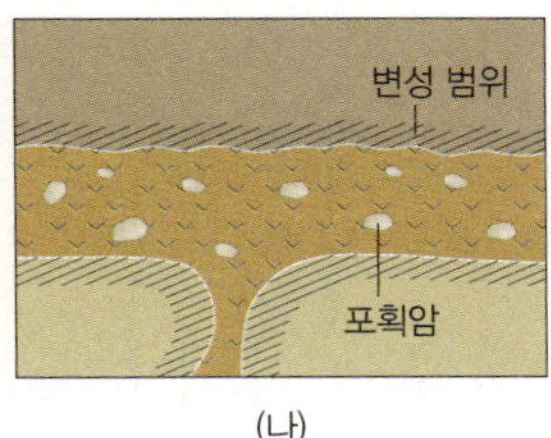

(나)

관입과 분출 중 (가)와 (나)에 해당하는 것을 각각 쓰시오.

122

상대 연령과 절대 연령에 대한 설명으로 옳은 것은 ○, 옳지 않은 것은 ×로 표시하시오.

(1) 지층의 대비는 여러 지역에 분포하는 지층들을 서로 비교하여 시간적인 선후 관계를 판단하는 것이다. 　　(　)

(2) 방사성 동위 원소는 온도나 압력 등 외부 환경에 따라 붕괴 속도가 변한다. 　　(　)

(3) 방사성 동위 원소가 붕괴할 때 시간이 지남에 따라 모원소의 양은 감소하고 자원소의 양은 증가한다. 　　(　)

(4) 오래된 지질 시대 암석의 절대 연령은 반감기가 짧은 ^{14}C를 이용하여 측정한다. 　　(　)

개념 ① 상대 연령

(족집게 전략) 지층 누중의 법칙, 동물군 천이의 법칙, 부정합의 법칙, 관입의 법칙 등의 지사학 법칙을 이용하여 지층의 선후 관계를 판단 할 수 있어야 해.

123 단골 문제

그림은 어느 지역을 지질 답사한 후 작성한 지질 단면도이다.

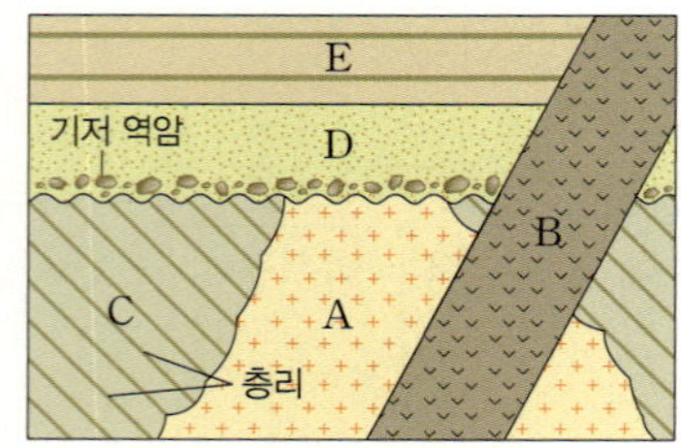

이 지역의 지층과 암석을 생성된 순서대로 옳게 나열한 것은? (단, 지층의 역전은 없었다.)

① A → B → C → D → E
② A → C → B → D → E
③ A → C → D → E → B
④ C → A → B → D → E
⑤ C → A → D → E → B

추가로 나오는 선택지

❶ 지층 C와 지층 D의 퇴적 시기 사이에 긴 시간 간격이 있다.
(   )
❷ 기저 역암은 지층 D의 풍화 산물이다.   (   )
❸ 경사져 있는 지층 C는 지각 변동을 받았다.   (   )
❹ 이 지역에서 지층의 선후 관계는 동물군 천이의 법칙을 이용하여 판단할 수 있다.   (   )

124 서술형

어느 지역의 지층에서 관입이나 분출이 관찰되었을 때 관입과 분출 중 어느 것에 해당하는지 판단하는 방법에 대해 서술하시오.

125

지사학 법칙에 대한 설명으로 옳지 <u>않은</u> 것은?

① 퇴적물은 수평면과 나란한 방향으로 쌓인다.
② 화성암이 관입한 경우에는 지층 누중의 법칙이 적용되지 않는다.
③ 퇴적이 연속으로 일어난 경우 상하 두 지층의 관계를 부정합이라고 한다.
④ 오래된 지층에서 새로운 지층으로 갈수록 더욱 진화된 생물의 화석군이 산출된다.
⑤ 지층이 역전되지 않았다면 아래쪽에 있는 지층은 위쪽에 있는 지층보다 먼저 퇴적되었다.

126 중요

그림은 어느 지역의 지질 단면도를 나타낸 것이다.

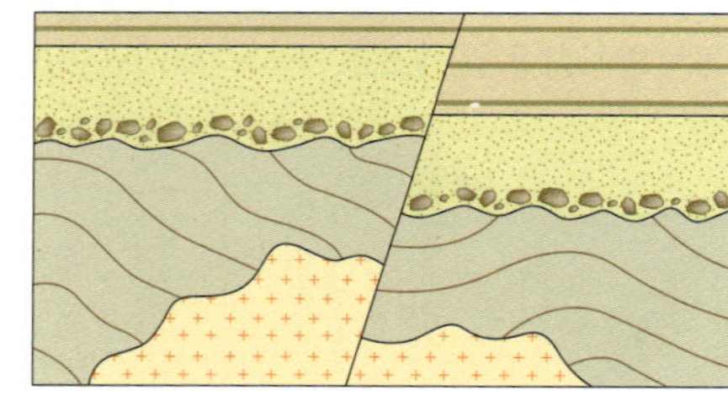

이 지역에서 지층의 선후 관계를 판단하는 데 이용되는 지사학 법칙만을 〈보기〉에서 있는 대로 고른 것은?

보기
ㄱ. 관입의 법칙
ㄴ. 부정합의 법칙
ㄷ. 지층 누중의 법칙
ㄹ. 동물군 천이의 법칙

① ㄱ, ㄴ   ② ㄴ, ㄷ   ③ ㄱ, ㄹ
④ ㄱ, ㄴ, ㄷ   ⑤ ㄴ, ㄷ, ㄹ

127

다음은 지사학 법칙 중 하나에 대한 설명이다.

> 지층이 쌓일 때 아래쪽은 위쪽보다 먼저 퇴적되었다. 따라서 지층의 역전이 없었다면 아래쪽에 있는 지층이 먼저 퇴적된 것이다. 반면 지층이 역전되었다면 퇴적 구조를 관찰하여 지층의 상하를 판단한다.

이에 해당하는 지사학 법칙은?

① 관입의 법칙 　　　② 부정합의 법칙
③ 지층 누중의 법칙 　④ 수평 퇴적의 법칙
⑤ 동물군 천이의 법칙

128  중요

그림은 인접한 (가), (나), (다) 지역의 지층 단면을 나타낸 것이다.

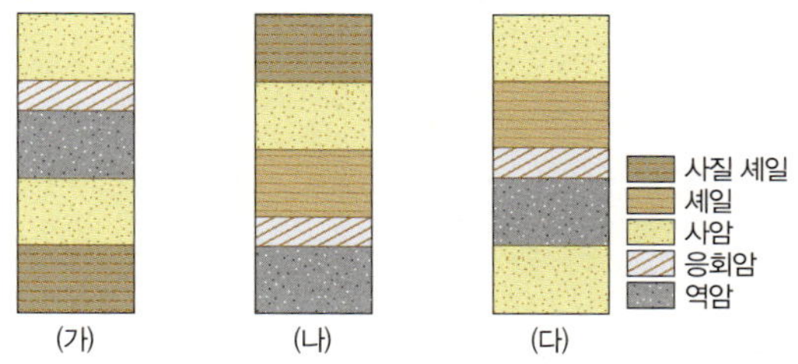

이에 대한 설명으로 옳은 것만을 〈보기〉에서 있는 대로 고른 것은? (단, 지층의 역전은 없었다.)

보기
> ㄱ. 가장 오래된 지층은 (가) 지역에 분포한다.
> ㄴ. (가)와 (나) 지역의 사질 셰일은 같은 시기에 생성되었다.
> ㄷ. 응회암층은 세 지역의 지층을 대비하는 열쇠층으로 적합하다.

① ㄱ 　　　　② ㄴ 　　　　③ ㄱ, ㄷ
④ ㄴ, ㄷ 　　⑤ ㄱ, ㄴ, ㄷ

129 서술형

그림은 어느 지역의 지층 단면을 나타낸 것이다.

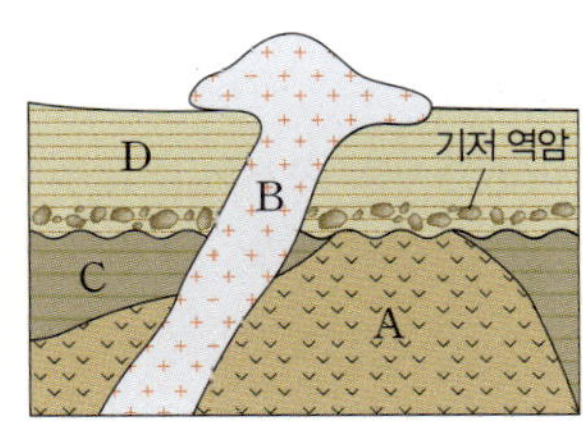

지층의 생성 순서를 지질학적 사건과 함께 서술하시오.

족집게 전략 　지사학 법칙을 이용해 지층의 선후 관계를 판단하고, 방사성 동위 원소의 반감기로부터 각 지층의 절대 연대를 측정하여 어느 지질 시대에 형성된 지층인지 분석할 수 있어야 해.

130 단골 문제

그림은 어느 지역의 지질 단면도를, 표는 화성암 D와 F에 포함된 방사성 원소 X와 이 원소가 붕괴되어 생성된 자원소의 함량비를 나타낸 것이다.

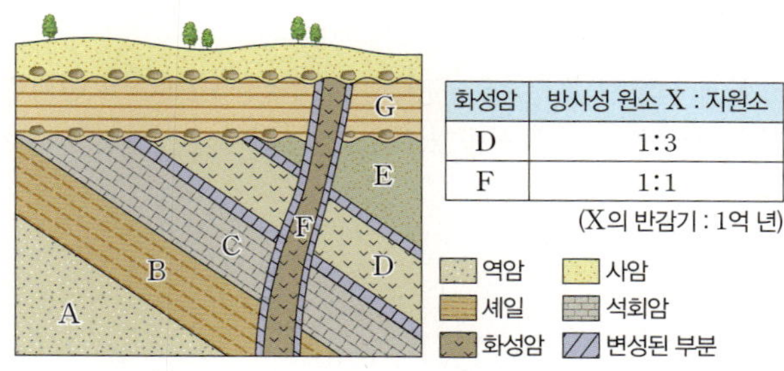

화성암	방사성 원소 X : 자원소
D	1 : 3
F	1 : 1

(X의 반감기 : 1억 년)

이 지역에 대한 설명으로 옳은 것만을 〈보기〉에서 있는 대로 고른 것은?

보기
> ㄱ. D는 E보다 먼저 생성되었다.
> ㄴ. F의 절대 연령은 1억 년이다.
> ㄷ. G에서는 약 6000년 전에 만들어진 화석이 산출될 수 있다.

① ㄱ 　　　　② ㄴ 　　　　③ ㄷ
④ ㄱ, ㄴ 　　⑤ ㄴ, ㄷ

추가로 나오는 선택지

❶ D는 반감기가 2번 경과하였다. 　　　　　（　　）
❷ 이 지역은 최소한 3번의 융기가 있었다. 　（　　）
❸ 지층의 생성 순서는 A → B → C → D → E → G → F 순이다.
　　　　　　　　　　　　　　　　　　　　（　　）

131

방사성 동위 원소의 반감기에 대한 설명으로 옳은 것만을 〈보기〉에서 있는 대로 고른 것은?

보기
> ㄱ. 반감기는 지하 깊은 곳으로 갈수록 길다.
> ㄴ. 모든 방사성 동위 원소의 반감기는 같다.
> ㄷ. 불안정한 방사성 동위 원소일수록 반감기가 짧다.

① ㄱ 　　　　② ㄷ 　　　　③ ㄱ, ㄴ
④ ㄴ, ㄷ 　　⑤ ㄱ, ㄴ, ㄷ

132

상대 연령과 절대 연령에 대한 설명으로 옳지 <u>않은</u> 것은?

① 방사성 동위 원소는 온도나 압력 등 외부 환경에 따라 붕괴 속도가 변한다.
② 오래된 지질 시대 암석의 절대 연령은 ^{238}U, ^{40}K, ^{87}Rb 등 반감기가 긴 원소를 이용하여 측정한다.
③ 방사성 동위 원소가 붕괴할 때 시간이 지남에 따라 모원소의 양은 감소하고 자원소의 양은 증가한다.
④ 지층의 대비는 여러 지역에 분포하는 지층들을 서로 비교하여 시간적인 선후 관계를 판단하는 것이다.
⑤ 암석에 포함된 모원소와 자원소의 비율을 측정하여 반감기를 찾으면 암석의 절대 연령을 측정할 수 있다.

133 중요

그림은 방사성 동위 원소 X가 붕괴할 때 시간에 따른 모원소와 자원소 함량의 변화를 나타낸 것이다.

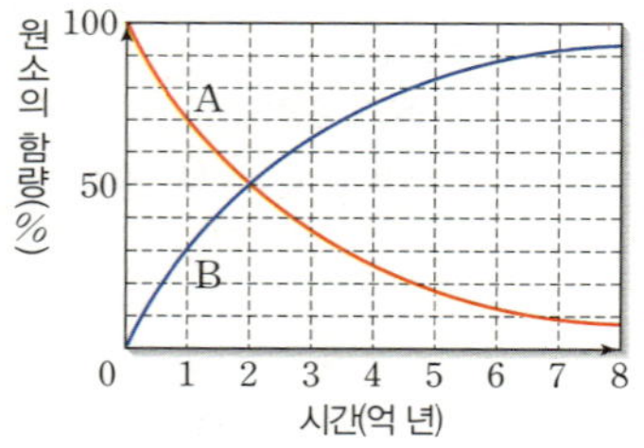

이에 대한 설명으로 옳은 것만을 〈보기〉에서 있는 대로 고른 것은?

보기

ㄱ. A는 자원소이다.
ㄴ. A와 B 중 더 안정한 원소는 B이다.
ㄷ. 방사성 동위 원소 X의 반감기는 2억 년이다.
ㄹ. 암석 속의 A와 B의 함량비가 1 : 3이면 암석의 절대 연령은 6억 년이다.

① ㄱ, ㄴ   ② ㄴ, ㄷ   ③ ㄷ, ㄹ
④ ㄱ, ㄴ, ㄹ   ⑤ ㄱ, ㄷ, ㄹ

134 중요

표는 방사성 동위 원소의 종류에 따른 반감기와 방사성 동위 원소에 포함된 물질을 나타낸 것이다.

방사성 동위 원소		반감기(년)	포함된 물질
모원소	자원소		
^{238}U	^{206}Pb	약 45억	우라니나이트
^{40}K	^{40}Ar	약 13억	휘석, 흑운모
^{14}C	^{14}N	약 5730	탄소를 포함한 유기물

이에 대한 설명으로 옳은 것만을 〈보기〉에서 있는 대로 고른 것은? (단, 현재 지구의 나이는 약 46억 년이다.)

보기

ㄱ. ^{238}U는 고온 고압 상태에서 더 빨리 붕괴된다.
ㄴ. 현재 지구에 존재하는 ^{40}K의 총량은 처음 양의 $\frac{1}{8}$보다 적다.
ㄷ. 세 원소 중 가까운 지질 시대의 암석의 절대 연령 측정에는 ^{14}C가 가장 유리하다.

① ㄴ   ② ㄷ   ③ ㄱ, ㄴ
④ ㄱ, ㄷ   ⑤ ㄴ, ㄷ

135

그림은 방사성 동위 원소 X의 붕괴 곡선을 나타낸 것이다.

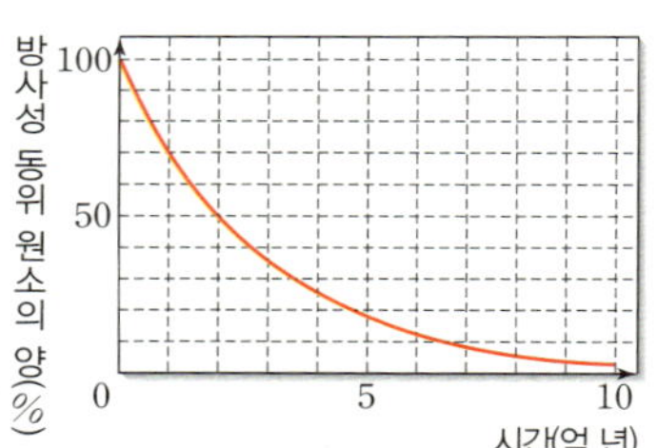

이에 대한 설명으로 옳은 것만을 〈보기〉에서 있는 대로 고른 것은?

보기

ㄱ. 방사성 동위 원소 X의 반감기는 2억 년이다.
ㄴ. 암석이 생성되어 10억 년이 지나면 모원소와 자원소의 함량비는 1 : 31이다.
ㄷ. 약 7천만 년 전에 생성된 암석의 절대 연령은 방사성 동위 원소 X로 측정할 수 있다.

① ㄱ   ② ㄷ   ③ ㄱ, ㄴ
④ ㄴ, ㄷ   ⑤ ㄱ, ㄴ, ㄷ

136

그림 (가)와 (나)는 마그마가 관입한 경우와 분출한 경우의 지층의 단면을 순서 없이 나타낸 것이다.

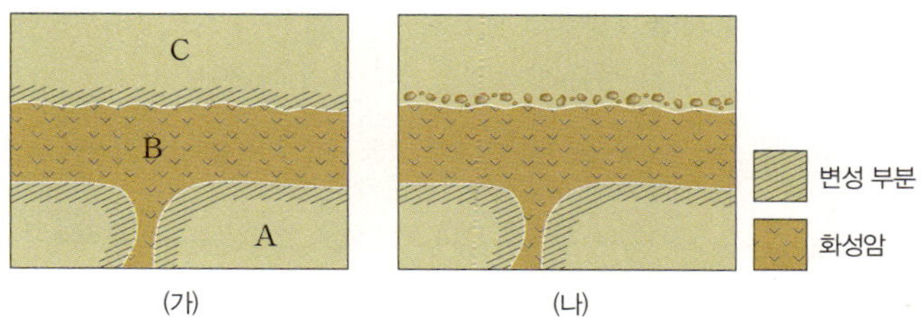

이에 대한 설명으로 옳은 것만을 〈보기〉에서 있는 대로 고른 것은?

보기

ㄱ. 포획암은 (가)에서 나타날 수 있다.
ㄴ. (가)의 A~C 중 가장 나중에 생성된 지층은 B이다.
ㄷ. 관입한 경우에 해당하는 지층은 (나)이다.

① ㄱ   ② ㄷ   ③ ㄱ, ㄴ
④ ㄴ, ㄷ   ⑤ ㄱ, ㄴ, ㄷ

137

그림은 (가), (나), (다) 지역의 지질 단면도를 나타낸 것이다.

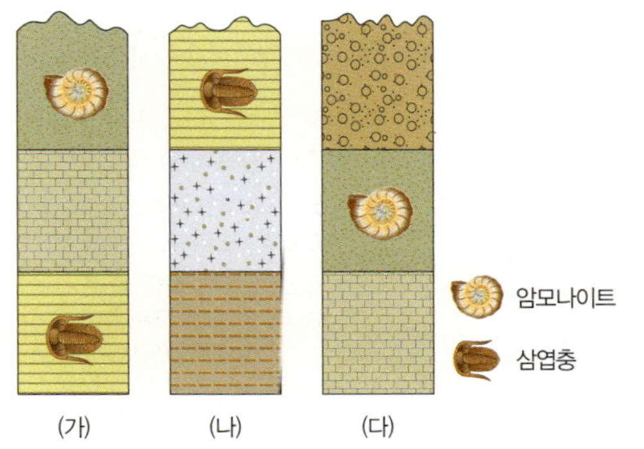

가장 오래된 지층과 가장 젊은 지층이 포함된 지역을 옳게 짝 지은 것은?

	가장 오래된 지층	가장 젊은 지층
①	(가)	(나)
②	(가)	(다)
③	(나)	(가)
④	(나)	(다)
⑤	(다)	(나)

138 고난도

그림 (가)는 어느 지역의 지질 단면도이고, (나)는 방사성 동위 원소 X의 붕괴에 따른 반감기를 나타낸 것이다.

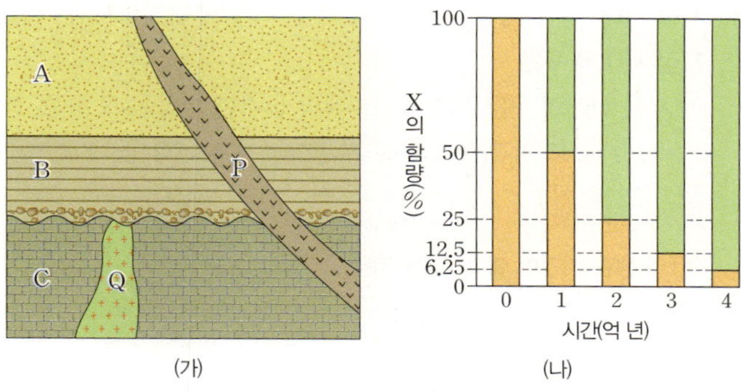

이에 대한 설명으로 옳지 않은 것은? (단, 화성암 P와 Q에 들어 있는 방사성 동위 원소 X의 양은 각각 처음 양의 50 %와 25 %이다.)

① X의 반감기는 1억 년이다.
② 화성암 Q의 절대 연령은 2억 년이다.
③ 이 지역은 과거에 침식을 받은 적이 있다.
④ 지층의 생성 순서는 C → Q → B → A → P이다.
⑤ 부정합면에서 발견되는 기저 역암의 원암은 B이다.

139 고난도

그림은 어느 지역의 지질 단면도를, 표는 화성암 A와 B에 포함되어 있는 방사성 동위 원소 X의 모원소와 자원소의 비율을 나타낸 것이다.

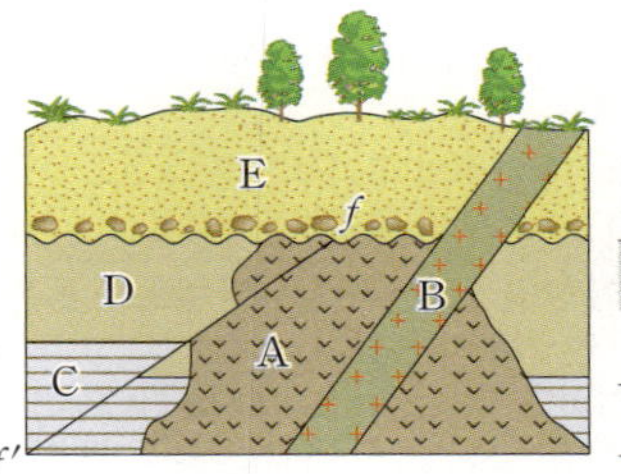

구분	모원소(%)	자원소(%)
A	25	75
B	50	50

이에 대한 설명으로 옳은 것만을 〈보기〉에서 있는 대로 고른 것은? (단, 방사성 동위 원소 X의 반감기는 5700만 년이다.)

보기

ㄱ. 단층 $f-f'$은 역단층이다.
ㄴ. 부정합은 약 3억 년 전에 형성되었다.
ㄷ. 가장 먼저 형성된 지층이나 암석은 C이고, 가장 나중에 형성된 지층이나 암석은 E이다.

① ㄱ   ② ㄴ   ③ ㄱ, ㄷ
④ ㄴ, ㄷ   ⑤ ㄱ, ㄴ, ㄷ

03 지질 시대의 환경과 생물

개념 ❶ 지질 시대

1. **지질 시대** : 지구가 탄생한 약 46억 년 전부터 현재까지의 기간
2. **지질 시대의 구분**
   (1) **지질 시대의 구분 기준** : 생물계의 급격한 변화(주로 표준 화석), 대규모 지각 변동(주로 부정합), 기후 변화 등

표준 화석	시상 화석
• 생존 기간이 짧고, 넓은 지역에 걸쳐 분포 ➡ 지층의 생성 시기 판단 • 삼엽충(고생대), 암모나이트와 공룡(중생대), 매머드(신생대)	• 생존 기간이 길고, 특정 환경에 제한적으로 분포 ➡ 당시의 환경을 추정 • 고사리 : 따뜻하고 습한 육지 • 산호 : 따뜻하고 수심이 얕은 바다

   (2) **지질 시대의 구분** : 누대 → 대 → 기로 구분

지질 시대 누대	지질 시대 대	절대 연대 (백만 년 전)
현생 누대	신생대	66.0
	중생대	252.2
	고생대	541.0
원생 누대	신원생대	1000
	중원생대	1600
	고원생대	2500
시생 누대	신시생대	2800
	중시생대	3200
	고시생대	3600
	초시생대	4600

지질 시대 대	지질 시대 기	절대 연대 (백만 년 전)
신생대	제 4기	2.58
	네오기	23.03
	팔레오기	66.0
중생대	백악기	145.0
	쥐라기	201.3
	트라이아스기	252.2
고생대	페름기	298.9
	석탄기	358.9
	데본기	419.2
	실루리아기	443.8
	오르도비스기	485.4
	캄브리아기	541.0

3. **지질 시대의 기후**
   (1) **고기후 연구 방법**

나무의 나이테 조사	기온이 높고 강수량이 많으면 나이테 사이의 폭이 넓고 밀도가 낮다.
지층의 퇴적물 분석	• 온난한 기후 : 활엽수의 꽃가루가 많다. • 한랭한 기후 : 침엽수의 꽃가루가 많다.
빙하 시추물 분석	• 빙하 속 공기 분석 : 이산화 탄소의 농도가 높은 시기에 지구의 기온이 높았다. • 빙하를 구성하는 물 분자의 산소 동위 원소비($^{18}O/^{16}O$) 분석 : 온난한 시기에는 크고, 한랭한 시기에는 작다.

   (2) **지질 시대의 기후 변화** : 선캄브리아 시대와 고생대 말기에 빙하기가 있었고, 중생대에는 빙하기가 없었고, 신생대 말기에는 빙하기와 간빙기가 여러 차례 반복되었다.

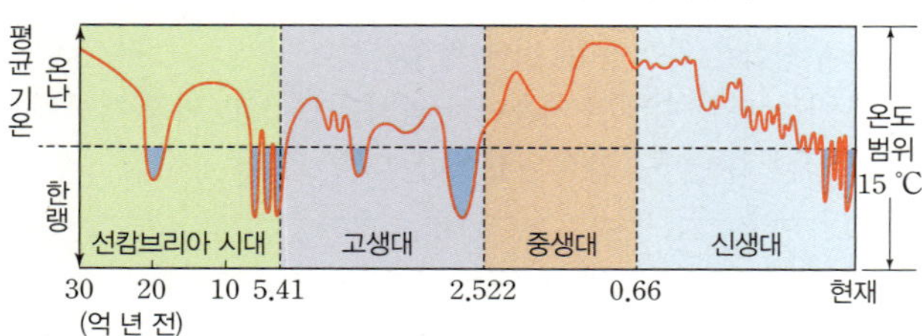

개념 ❷ 지질 시대의 환경과 생물

1. **선캄브리아 시대** : 생물의 종류와 수가 매우 적었고, 여러 차례 지각 변동을 받아 생물과 환경을 추정하기 어렵다.

기후 변화	전반적으로 온난한 기후였을 것으로 추정되고, 중기와 말기에 대규모의 빙하기가 존재하였다.
수륙 분포	대륙들이 하나로 모여 초대륙을 형성하였다가 분리되기를 반복하였다.
생물	시생 누대 : • 최초의 생명체가 바다에서 탄생 • 단세포 원핵생물인 사이아노박테리아(남세균) 출현 ➡ 스트로마톨라이트 생성
	원생 누대 : • 사이아노박테리아의 광합성으로 대기 중 산소의 양 증가 • 다세포 생물 출현 ➡ 에디아카라 동물군 화석 형성

▲ 스트로마톨라이트

▲ 에디아카라 동물군

2. **고생대** : 해양 생물이 급격히 증가하였다.

기후 변화	전반적으로 온난한 기후였을 것으로 추정되고 말기에 빙하기가 존재하였다.
수륙 분포	말기에 판게아를 형성하면서 대규모 조산 운동과 대규모 화산 분출이 일어났다. → 생물 대멸종의 원인

생물	캄브리아기	삼엽충, 완족류 등 해양 무척추동물 번성
	오르도비스기	• 최초의 척추동물인 어류 출현 • 삼엽충, 완족류, 필석류 번성
	실루리아기	• 최초의 육상 식물 출현 ➡ 대기 중에 오존층이 형성되면서 자외선이 차단되었기 때문 • 갑주어와 바다전갈 번성
	데본기	• 최초의 양서류 출현 • 갑주어를 비롯한 어류 번성
	석탄기	• 최초의 파충류 출현 • 방추충, 산호류, 유공충, 양서류 번성 • 양치식물 번성 ➡ 양치식물이 거대한 삼림을 이루며 석탄층 형성
	페름기	• 겉씨식물 출현 • 말기에 생물 대멸종 발생 ➡ 삼엽충, 방추충 등 해양 생물종의 90 % 이상 멸종

▲ 삼엽충

▲ 딱석

▲ 방추충

3. **중생대** : 고생대 말기에 있었던 생물 대멸종 이후에는 생물종이 더욱 다양해졌고 생물의 크기가 커졌으며 전 기간에 걸쳐 파충류가 번성하였다.

기후 변화	온난한 기후가 지속되었으며 빙하기가 없었다.	
수륙 분포	트라이아스기 말부터 판게아가 분리되기 시작하였고, 쥐라기 초에 대서양이 형성되기 시작하였다. ➡ 판게아가 분리되면서 생물의 서식 환경이 다양해졌다.	
생물	트라이아스기	• 바다 : 암모나이트 번성 • 육지 : 공룡 번성, 최초의 포유류 출현 • 겉씨식물 번성
	쥐라기	• 바다 : 암모나이트 번성 • 육지 : 공룡 번성, 시조새 출현 • 겉씨식물이 삼림을 이루며 번성
	백악기	• 속씨식물 출현 • 말기에 공룡과 암모나이트 등의 생물 대멸종 발생

▲ 암모나이트

▲ 공룡

▲ 시조새

4. **신생대** : 현재의 생물종과 거의 비슷하였으며, 포유류와 속씨식물이 크게 진화하였다.

기후 변화	신생대 전기에 해당하는 팔레오기와 네오기는 대체로 온난하였으나 후기에 해당하는 제4기에는 점차 한랭해져 여러 번의 빙하기와 간빙기가 반복되었다.	
수륙 분포	판게아에서 분리된 인도 대륙과 아프리카 대륙이 유라시아 대륙과 충돌하여 히말라야산맥과 알프스산맥이 형성되었다. ➡ 현재와 비슷한 수륙 분포가 형성되었다.	
생물	팔레오기	• 화폐석 번성
	네오기	• 속씨식물이 번성하여 초원을 형성
	제4기	• 인류의 조상 출현 • 매머드를 비롯한 대형 포유류 번성 • 단풍나무, 참나무 등 속씨식물 번성

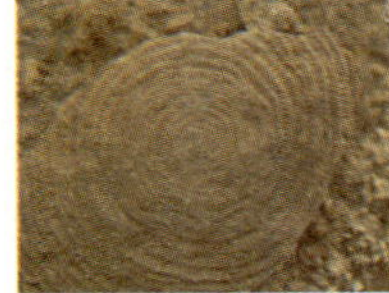

▲ 화폐석

▲ 매머드

▲ 단풍잎 화석

140

정답 및 해설 | 17쪽

지질 시대는 생물계의 급격한 변화와 대규모 [   ]을 기준으로 구분할 수 있다.

141

지질 시대에 대한 설명으로 옳은 것은 ○, 옳지 <u>않은</u> 것은 ×로 표시하시오.

(1) 표준 화석은 생존 기간이 길고, 특정 환경에 제한적으로 분포하며 개체 수가 많은 생물의 화석이다.　　　　(　　　)

(2) 지질 시대를 구분하는 가장 큰 시간 단위는 누대이다.

　　　　　　　　　　　　　　　　　　(　　　)

(3) 기온이 높고 강수량이 많으면 나이테 사이의 폭이 넓고 밀도가 낮다.　　　　　　　　　　(　　　)

142

다음 (　　　) 안에 알맞은 말을 고르시오.

(1) 지층의 퇴적물에 활엽수의 꽃가루 화석이 많이 분포한다면, 이 지층은 (온난한, 한랭한) 시기에 퇴적된 것이다.

(2) 빙하 속 공기를 분석했을 때 이산화 탄소의 농도가 높은 시기에 지구의 기온은 (높았다, 낮았다).

(3) 온난한 시기에 생성된 빙하를 구성하는 물 분자의 산소 동위 원소 비(^{18}O / ^{16}O)는 (크다, 작다).

143

다음 [   ] 안에 알맞은 말을 쓰시오.

(1) 선캄브리아 시대에 남세균이 얕은 바다에서 층상으로 쌓여 만들어진 화석을 [   ]라고 한다.

(2) 고생대 초기에는 석회암, 증발암이 발견되는 것으로 보아 기후가 [   ]하였고, 말기에는 남반구의 넓은 지역에 [   ]가 분포하는 것으로 보아 빙하기가 있었다.

(3) 고생대의 실루리아기에는 대기 중에 [   ]이 형성되어 자외선이 차단되면서 최초의 육상 식물이 출현하였다.

(4) 지질 시대 중 기후가 가장 온난했으며 빙하기가 없었던 지질 시대는 [   ]이다.

개념 ❶ 지질 시대

(족집게 전략) 생물의 출현과 멸종처럼 지층에서 발견되는 생물계의 급격한 변화를 기준으로 지층의 경계를 지질 시대별로 구별할 수 있어야 해.

144 단골 문제

그림은 어느 지역의 지층에서 발견되는 화석의 산출 범위를 나타낸 것이다. 지층의 생성 순서는 A → E이다.

화석 지층	(가)	(나)	(다)	방추충 (푸줄리나)	(라)
E			■		■
D			■		■
C		■	■	■	■
B	■		■		
A	■		■		

지층 A∼E를 세 지질 시대로 옳게 구분한 것은? (단, 지층은 역전되지 않았다.)

① A－B, C, D－E
② A－B－C, D, E
③ A, B－C－D, E
④ A, B－C, D－E
⑤ A, B, C－D－E

추가로 나오는 선택지

❶ C는 중생대에 형성된 지층이다. ( )
❷ C는 바다에서 퇴적된 지층이다. ( )
❸ 표준 화석으로 가장 적합한 것은 (다)이다. ( )

145 서술형

지질 시대는 선캄브리아 시대, 고생대, 중생대, 신생대로 구분할 수 있다. 이처럼 지질 시대를 구분하는 기준 2가지에 대해 서술하시오.

146

그림은 화석을 분포 면적과 생존 기간에 따라 구분한 것이다.
이에 대한 설명으로 옳은 것만을 〈보기〉에서 있는 대로 고른 것은?

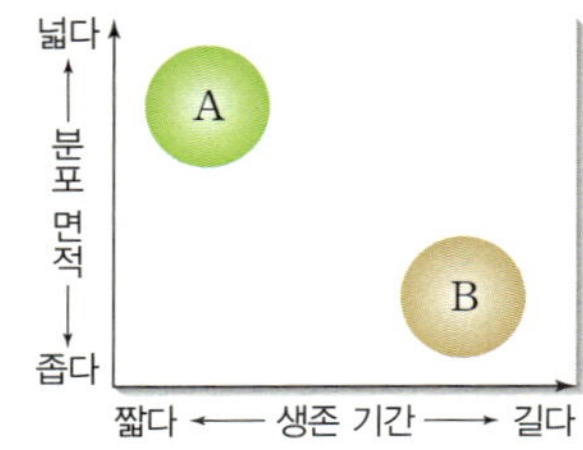

보기
ㄱ. A는 표준 화석이다.
ㄴ. 지층의 대비에는 A보다 B가 유용하다.
ㄷ. B는 여러 지질 시대의 지층에 걸쳐 산출된다.

① ㄱ   ② ㄴ   ③ ㄱ, ㄷ
④ ㄴ, ㄷ   ⑤ ㄱ, ㄴ, ㄷ

147 서술형

그림은 고생대, 중생대, 신생대의 환경과 생물의 모습을 순서 없이 나타낸 것이다.

(가) 매머드

(나) 삼엽충과 완족류

(다) 공룡

(가), (나), (다)의 지질 시대를 각각 쓰고, 지질 시대를 순서대로 서술하시오.

148 중요

지질 시대의 구분에 대한 설명으로 옳지 <u>않은</u> 것은?

① 현생 누대는 고생대, 중생대, 신생대로 나눈다.
② 지질 시대를 구분하는 가장 큰 시간 단위는 대이다.
③ 현생 누대는 시생 누대보다 산출되는 화석이 풍부하다.
④ 표준 화석은 생존 기간이 짧고 분포 면적이 넓어야 한다.
⑤ 시생 누대와 원생 누대를 합쳐서 선캄브리아 시대라고 한다.

149  중요

그림은 최근 12만 년 동안 그린란드의 빙하에서 측정한 산소 동위 원소비($^{18}O / ^{16}O$)를 나타낸 것이다.

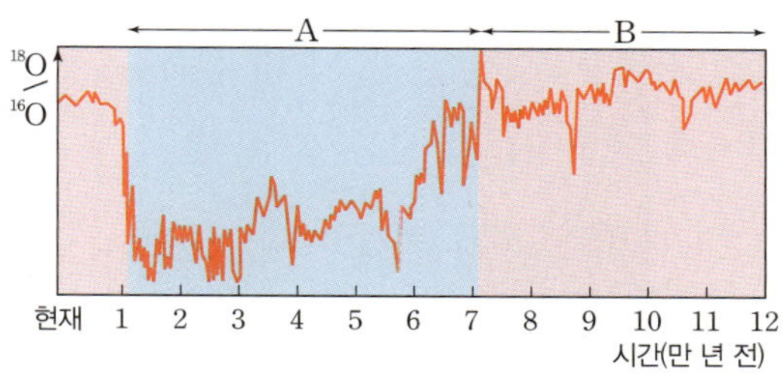

이에 대한 설명으로 옳은 것만을 〈보기〉에서 있는 대로 고른 것은?

보기

ㄱ. 한랭할 때 해수에서 ^{18}O의 증발량은 평소보다 적다.
ㄴ. 대륙 빙하의 면적은 A 시기가 B 시기보다 넓었다.
ㄷ. 그린란드 빙하의 산소 동위 원소비($^{18}O/^{16}O$)는 한랭한 시기보다 온난한 시기에 더 크다.

① ㄱ   　② ㄷ   　③ ㄱ, ㄴ
④ ㄴ, ㄷ   　⑤ ㄱ, ㄴ, ㄷ

150

그림은 지질 시대 동안 지구의 평균 기온 변화를 나타낸 것이다.

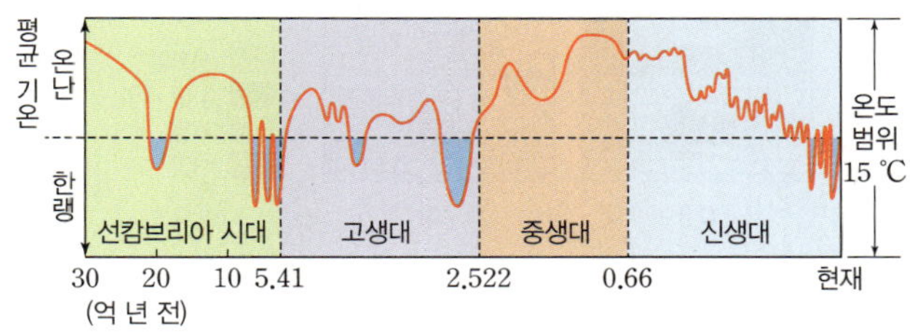

이에 대한 설명으로 옳은 것만을 〈보기〉에서 있는 대로 고른 것은?

보기

ㄱ. 선캄브리아 시대 말기에는 빙하기가 있었다.
ㄴ. 중생대에는 온난한 기후가 지속되었으며 빙하기가 없었다.
ㄷ. 신생대 후기에는 빙하기와 간빙기가 여러 차례 반복되었다.

① ㄱ   　② ㄷ   　③ ㄱ, ㄴ
④ ㄴ, ㄷ   　⑤ ㄱ, ㄴ, ㄷ

족집게 전략　지질 시대를 구분하는 데 생물계의 급격한 변화가 중요한 분류 기준이 됨을 알고, 생물계의 급격한 변화가 일어나게 된 환경적 요인을 추정할 수 있어야 해.

151　단골 문제

그림은 현생 누대 동안 해양 생물 수(과)의 변화를 대 단위로 나타낸 것이다.

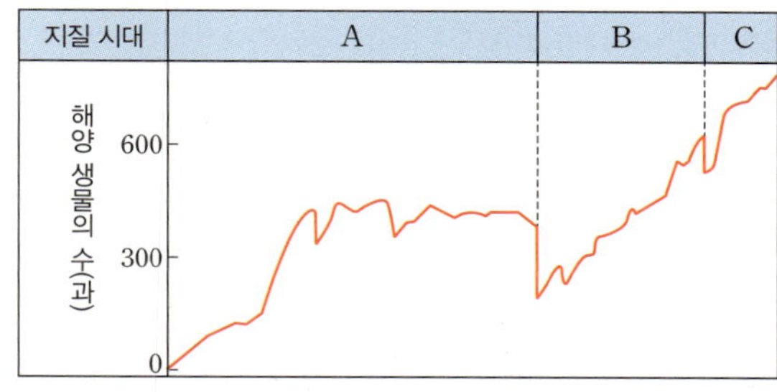

이에 대한 설명으로 옳은 것만을 〈보기〉에서 있는 대로 고른 것은?

보기

ㄱ. 삼엽충은 A 시대에 번성하였다.
ㄴ. 해양 생물이 가장 많이 멸종한 시기는 선캄브리아 시대 말이다.
ㄷ. B 시대 말 해양 생물이 급격히 감소한 주요 원인은 빙하기의 형성 때문이다.

① ㄱ   　② ㄴ   　③ ㄱ, ㄷ
④ ㄴ, ㄷ   　⑤ ㄱ, ㄴ, ㄷ

추가로 나오는 선택지

❶ A 시대는 고생대이다. 　　　　　　　　　(　　　)
❷ A 시대 말기에 해양 생물이 급격히 감소한 주요 원인은 판게아의 형성 때문이다. 　　　　　　　　(　　　)
❸ C 시대에는 기후가 지속적으로 온난하였다. 　　(　　　)

152　서술형

다음은 어느 지질 시대에 대한 설명이다.

• 최초의 육상 식물이 출현하였다.
• 말기에는 초대륙인 판게아를 형성하면서 대규모 조산 운동이 일어났다.

이에 해당하는 지질 시대를 대 수준으로 쓰고, 최초의 육상 식물이 출현하게 된 원인을 서술하시오.

153

지질 시대의 환경과 생물에 대한 설명으로 옳지 <u>않은</u> 것은?

① 중생대에는 빙하기가 없었다.
② 신생대의 제4기에는 빙하기가 있었다.
③ 고생대에는 육상 생물이 출현하지 않았다.
④ 시조새가 처음 출현한 지질 시대는 중생대이다.
⑤ 고생대 말에 초대륙인 판게아가 형성되면서 대규모의 조산 운동이 있었다.

154

지질 시대의 환경과 생물에 대한 세 학생의 대화 내용을 나타낸 것이다.

제시한 내용이 옳은 학생만을 있는 대로 고른 것은?

① A   ② B   ③ C
④ A, B   ⑤ A, C

155 서술형

그림은 어느 지역의 지질 단면도와 각 지층에서 발견되는 화석의 종류를 나타낸 것이다.

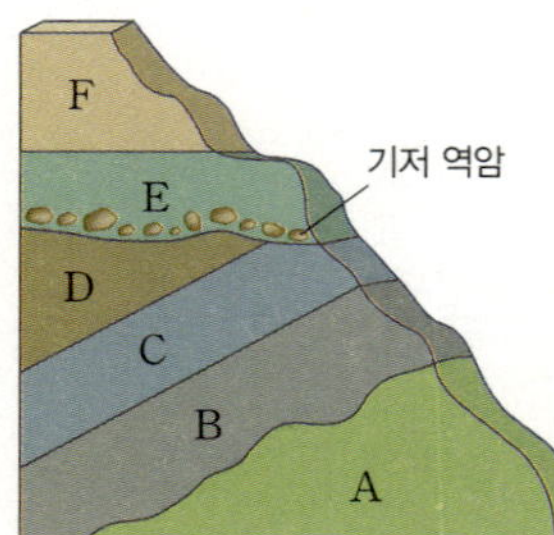

화석 지층	a	b	c	d	e	f
F		■		■		
E		■			■	
D			■	■		■
C			■	■		
B			■	■		
A				■		

이 지역의 지층을 두 개의 지질 시대로 구분할 때, 그 경계로 가장 적합한 경계층을 쓰고, 그렇게 판단한 까닭을 서술하시오. (단, 지층의 역전은 없었다.)

156 중요

그림은 어느 지역의 지질 단면도와 산출되는 화석을 나타낸 것이다.

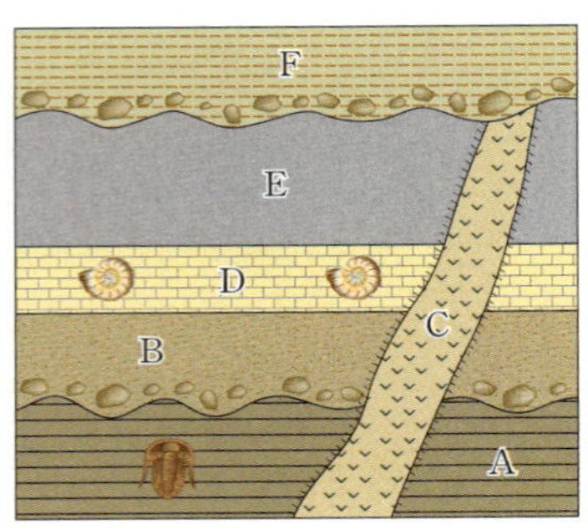

이에 대한 설명으로 옳은 것만을 〈보기〉에서 있는 대로 고른 것은? (단, 지층의 역전은 없었다.)

보기

ㄱ. A와 D는 모두 바다에서 퇴적되었다.
ㄴ. B에서는 화폐석 화석이 발견될 수 있다.
ㄷ. A~F 중 가장 나중에 형성된 지층이나 암석은 C이다.

① ㄱ   ② ㄴ   ③ ㄱ, ㄷ
④ ㄴ, ㄷ   ⑤ ㄱ, ㄴ, ㄷ

157

그림 (가)와 (나)는 서로 다른 두 지역의 지질 단면도와 발견되는 화석을 나타낸 것이다.

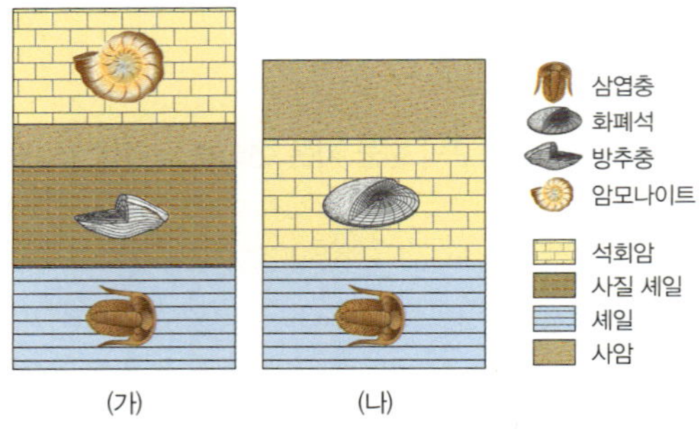

이에 대한 설명으로 옳은 것만을 〈보기〉에서 있는 대로 고른 것은? (단, 두 지역에서 모두 지층의 역전은 없었으며 두 지역 중 한 곳에서는 부정합이 발견된다.)

보기

ㄱ. 두 지층 사이의 시간 간격이 가장 큰 곳은 (가)에 있다.
ㄴ. 가장 나중에 퇴적된 지층은 (나)에 속해 있다.
ㄷ. (가)와 (나)의 석회암층은 같은 지질 시대에 형성되었다.

① ㄱ   ② ㄴ   ③ ㄷ
④ ㄱ, ㄴ   ⑤ ㄴ, ㄷ

158

그림은 지질 시대를 선캄브리아 시대부터 신생대까지 구분하여 상대적인 시간 길이를 순서 없이 나타낸 것이다.

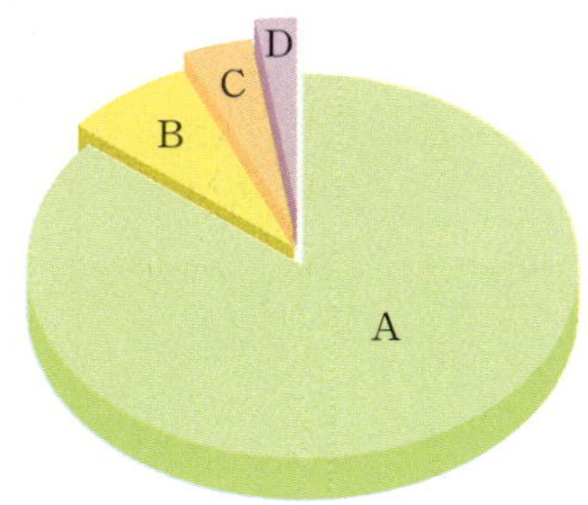

이에 대한 설명으로 옳은 것만을 〈보기〉에서 있는 대로 고른 것은?

보기

ㄱ. A 시대 말기에 판게아가 형성되었다.
ㄴ. A 시대의 화석이 가장 많이 산출되었다.
ㄷ. C 시대에는 빙하기가 없었고, D 시대에는 여러 번의 빙하기가 있었다.

① ㄴ　　　② ㄷ　　　③ ㄱ, ㄴ
④ ㄱ, ㄷ　　　⑤ ㄴ, ㄷ

159

그림 (가)는 어느 지질 시대의 수륙 분포를, (나)는 약 5.4억 년 전부터 현재까지 해양 생물의 수(과)의 변화를 대 단위로 나타낸 것이다.

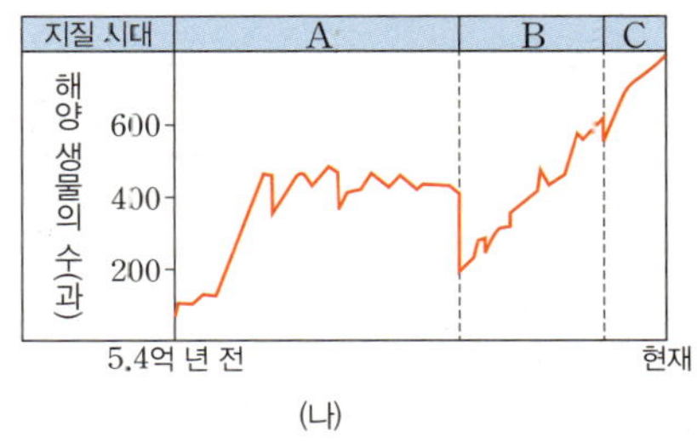

(가)　　　(나)

이에 대한 설명으로 옳은 것만을 〈보기〉에서 있는 대로 고른 것은?

보기

ㄱ. A 시대에는 해양 생물만 존재했다.
ㄴ. (가)는 B 시대 말기의 수륙 분포이다.
ㄷ. 화폐석은 C 시대에 번성하였다.

① ㄴ　　　② ㄷ　　　③ ㄱ, ㄴ
④ ㄱ, ㄷ　　　⑤ ㄴ, ㄷ

160

그림은 (가)와 (나) 지역에 분포하는 지층 A～D에서 산출되는 화석을 나타낸 것이다.

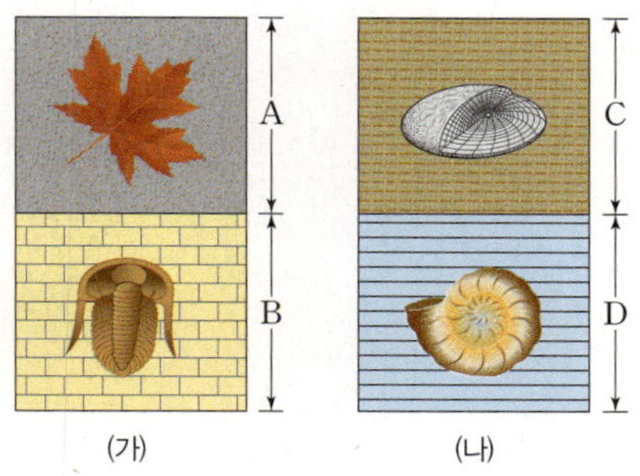

이에 대한 설명으로 옳은 것만을 〈보기〉에서 있는 대로 고른 것은?

보기

ㄱ. A와 C는 같은 지질 시대에 퇴적되었다.
ㄴ. B와 D는 모두 바다에서 퇴적되었다.
ㄷ. 가장 오래된 지층은 (가) 지역에서 관찰된다.

① ㄱ　　　② ㄷ　　　③ ㄱ, ㄴ
④ ㄴ, ㄷ　　　⑤ ㄱ, ㄴ, ㄷ

161 고난도

그림은 우리나라의 화석 산출지와 그 지역에서 산출되는 화석을 나타낸 것이다.

이에 대한 설명으로 옳은 것만을 〈보기〉에서 있는 대로 고른 것은?

보기

ㄱ. (가)～(다) 중 가장 오래된 지층은 (가) 지역에 있다.
ㄴ. (나) 지역의 같은 지층에서 화폐석 화석이 산출될 수 있다.
ㄷ. (다) 지역의 지층은 중생대의 육성층이다.

① ㄱ　　　② ㄴ　　　③ ㄱ, ㄷ
④ ㄴ, ㄷ　　　⑤ ㄱ, ㄴ, ㄷ

II

대기와 해양

Ⅱ 대기와 해양

Ⅱ−1 대기와 해양의 변화

1. 기압과 날씨 변화
- 기압과 날씨
- 기단과 날씨
- 온대 저기압과 날씨
- 일기도 해석과 일기 예보

2. 태풍과 우리나라의 주요 악기상
- 태풍의 발생과 이동
- 태풍의 구조와 날씨
- 우리나라의 주요 악기상

3. 해수의 성질
- 해수의 수온
- 해수의 염분
- 해수의 밀도
- 용존 기체

Ⅱ−2 대기와 해양의 상호 작용

1. 대기 대순환과 해양의 순환
- 대기 대순환
- 표층 순환
- 심층 순환

2. 대기와 해양의 상호 작용
- 용승과 침강
- 엘니뇨와 라니냐

3. 지구 기후 변화
- 기후 변화의 요인
- 인간 활동과 기후 변화

01 기압과 날씨 변화

개념 ❶ 기압과 날씨

1. 고기압과 저기압

고기압	저기압
주변보다 기압이 높은 곳	주변보다 기압이 낮은 곳

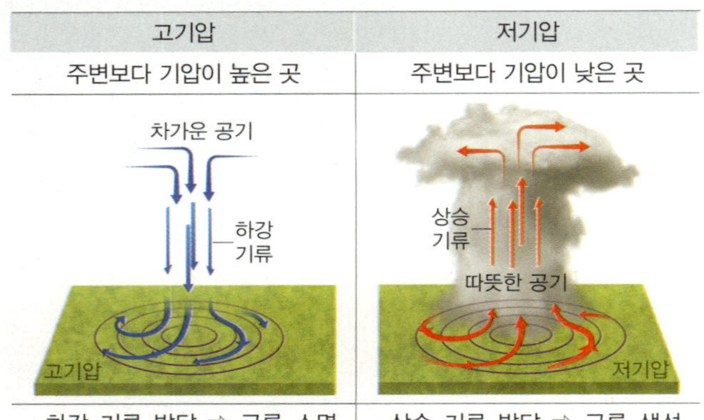

- 하강 기류 발달 ⇨ 구름 소멸, 맑은 날씨
- 바람이 시계 방향으로 불어 나감(북반구)

- 상승 기류 발달 ⇨ 구름 생성, 흐린 날씨
- 바람이 시계 반대 방향으로 불어 들어옴(북반구)

2. 고기압과 날씨

정체성 고기압	한자리에 머물러 있으면서 수축과 확장을 하며 주위 지역에 영향을 미치는 규모가 큰 고기압 예 시베리아 고기압, 북태평양 고기압, 오호츠크해 고기압
이동성 고기압	정체성 고기압에서 떨어져 나와서 이동해 가는 규모가 작은 고기압 예 양쯔강 고기압

개념 ❷ 기단과 날씨

1. 기단 : 넓은 범위의 지표면과 오랫동안 접촉하여 기온과 습도가 지표와 비슷해진 거대한 공기 덩어리

2. 우리나라에 영향을 미치는 기단

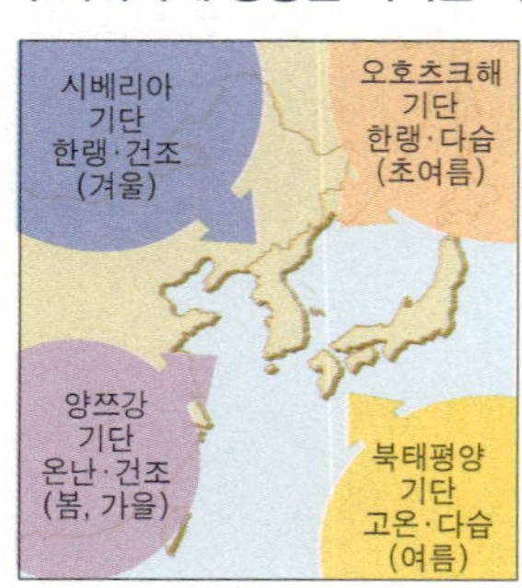

기단	성질	계절(특징)
시베리아 기단	한랭 건조	겨울철 (한파)
양쯔강 기단	온난 건조	봄 · 가을
오호츠크해 기단	한랭 다습	초여름 (장마)
북태평양 기단	고온 다습	여름 (장마, 무더위)

3. 기단의 변질

한랭 기단의 변질	온난 기단의 변질
한랭한 기단이 따뜻한 바다 위를 통과하게 되면 기단의 하층 가열 ⇨ 기층 불안정 ⇨ 적운형 구름 발생, 겨울철 폭설	온난한 기단이 차가운 바다 위를 통과하게 되면 기단의 하층 냉각 ⇨ 기층 안정 ⇨ 층운형 구름 발생, 안개 생성

개념 ❸ 온대 저기압과 날씨

1. 전선과 날씨 : 강수 구역은 찬 공기가 있는 쪽에 형성된다.

전선	특징
한랭 전선	찬 공기가 따뜻한 공기 밑으로 파고들 때 형성되며 전선 뒤쪽에서 강수 발생 ➡ 적운형 구름 생성, 좁은 지역에 소나기
온난 전선	따뜻한 공기가 찬 공기 위로 올라갈 때 형성되며 전선 앞쪽에서 강수 발생 ➡ 층운형 구름 생성, 넓은 지역에 지속적인 비
폐색 전선	이동 속도가 빠른 한랭 전선이 온난 전선을 따라 잡아 두 전선이 겹쳐질 때 형성 ➡ 전선의 양쪽에서 강수 발생
정체 전선	찬 기단과 따뜻한 기단의 세력이 비슷할 때 전선이 한곳에 오래 머무르면서 형성 ➡ 초여름에 북태평양 기단과 오호츠크해 기단이 만나서 정체 전선(장마 전선) 형성

전선의 북쪽에서 강수 발생

2. 온대 저기압의 구조와 날씨

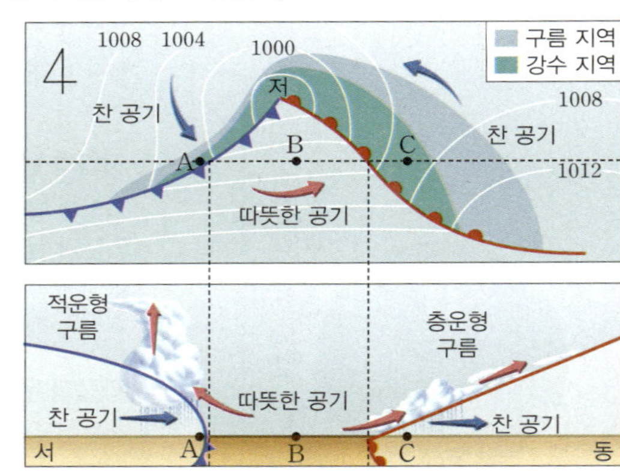

A 지역	한랭 전선의 뒤쪽에서는 적운형 구름이 발달해 좁은 지역에 소나기가 내리며, 기온이 낮고 북서풍이 분다.
B 지역	온난 전선과 한랭 전선 사이에서는 날씨가 맑으며 기온이 높고 남서풍이 분다.
C 지역	온난 전선의 앞쪽에서는 층운형 구름이 발달해 넓은 지역에 걸쳐 흐리거나 지속적으로 비가 내리며, 기온이 낮고 남동풍이 분다.

개념 ❹ 일기도 해석과 일기 예보

1. 일기도 해석 : 바람은 고기압에서 저기압으로 불고, 등압선 간격이 좁을수록 강하게 분다. 전선 부근에서는 풍향, 풍속, 기온, 기압 등의 일기 요소가 급변한다.

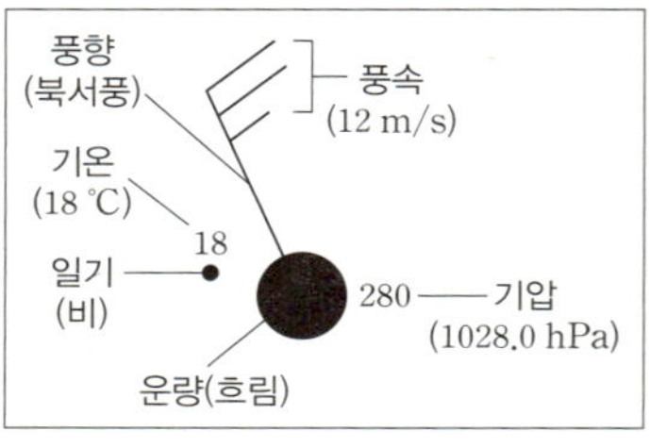

▲ 일기 기호

2. **일기 예보의 과정** : 기상 관측(관측소) ⇨ 기상 정보 수집(기상청) ⇨ 현재 일기 분석 및 수치 예보 ⇨ 예상 일기도 작성 ⇨ 일기 예보

🎯 자료 분석 온대 저기압의 일생(북반구)

- 온대 저기압의 발생에서 소멸까지 약 5일~약 7일이 걸린다.
- 온대 저기압은 북반구의 중위도 지방에서 편서풍의 영향을 받아 대체로 동쪽으로 이동한다.

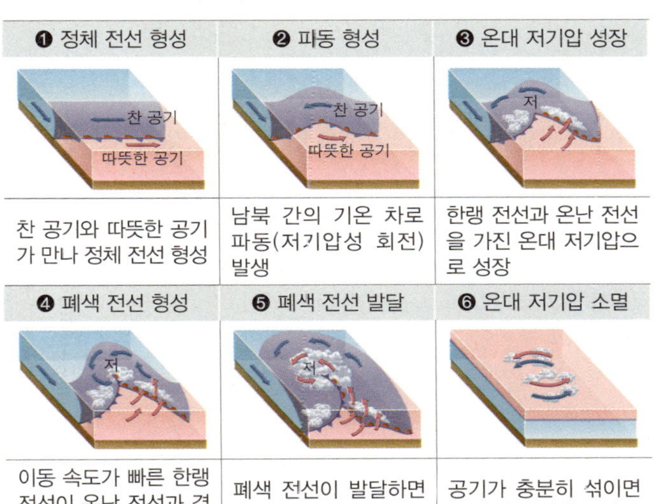

❶ 정체 전선 형성	❷ 파동 형성	❸ 온대 저기압 성장
찬 공기와 따뜻한 공기가 만나 정체 전선 형성	남북 간의 기온 차로 파동(저기압성 회전) 발생	한랭 전선과 온난 전선을 가진 온대 저기압으로 성장
❹ 폐색 전선 형성	❺ 폐색 전선 발달	❻ 온대 저기압 소멸
이동 속도가 빠른 한랭 전선이 온난 전선과 겹치면서 폐색 전선 형성	폐색 전선이 발달하면서 저기압의 세력 약화	공기가 충분히 섞이면서 온대 저기압 소멸

🎯 자료 분석 위성 영상

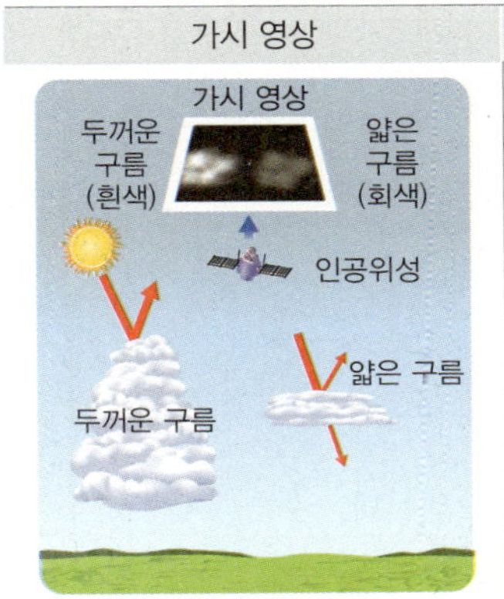

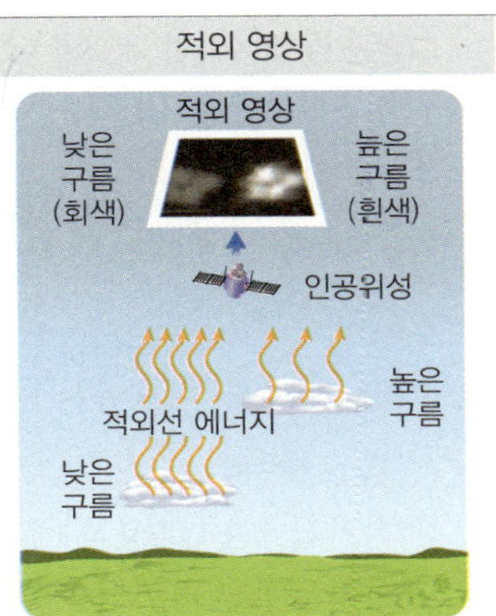

가시 영상	적외 영상
• 구름 또는 지표에서 반사된 햇빛의 세기를 나타내는 영상 • 구름의 두께를 분석하는 데 이용 ➡ 두꺼운 구름일수록 햇빛을 더 많이 반사하기 때문에 적운형 구름이 층운형 구름보다 밝게 관측 • 밤에는 관측 불가능	• 구름 또는 지표에서 방출한 적외선 영역의 에너지를 나타내는 영상 • 구름의 높이를 분석하는 데 이용 ➡ 높은 구름은 온도가 낮아서 밝게 관측되고, 낮은 구름은 온도가 높아서 어둡게 관측 • 가시영상과 다르게 밤에도 관측 가능

정답 및 해설 | 20쪽

162

북반구에서 고기압이 발달한 지역에서는 [   ] 기류가 발달하며 바람이 [   ] 방향으로 불어 나간다.

163

우리나라에 영향을 미치는 기단과 계절을 선으로 연결하시오.

(1) 북태평양 기단 •　　　　• ㉠ 겨울철
(2) 시베리아 기단 •　　　　• ㉡ 초여름
(3) 양쯔강 기단 •　　　　• ㉢ 여름철
(4) 오호츠크해 기단 •　　　• ㉣ 봄·가을

164

겨울철에 한랭한 기단이 따뜻한 황해를 건너면서 기단이 변질되면 [   ]형 구름이 형성되어 우리나라 서해안에 폭설을 내리게 한다.

165

온대 저기압에 대한 설명으로 옳은 것은 ○, 옳지 않은 것은 ×로 표시하시오.

(1) 온대 저기압은 정체 전선 상의 파동에서 발생한다. (　　　)
(2) 온난 전선의 이동 속도는 한랭 전선보다 빠르다. (　　　)
(3) 한랭 전선과 온난 전선이 겹쳐지면 폐색 전선이 형성된다.
(　　　)

166

바람의 세기는 등압선 간격이 좁을수록 [   ]하며, 풍향, 풍속, 기온, 기압 등의 일기 요소는 전선을 경계로 급격하게 변한다.

167

다음 (　　　) 안에 알맞은 말을 고르시오.

(1) 두꺼운 구름일수록 햇빛을 더 많이 반사하기 때문에 적운형 구름의 가시 영상은 층운형 구름의 가시 영상보다 (밝게, 어둡게) 관측된다.
(2) 적외 영상을 이용하여 구름의 높이를 분석하는 데 높은 구름은 온도가 낮아서 (밝게, 어둡게) 관측된다.

개념 ① 기압과 날씨

(족집게 전략) 기압은 날씨 변화를 해석하는 데 가장 중요한 기상 요소 중 하나야. 고기압과 저기압의 특징부터 차근차근 학습해 두면 나중에 까다로운 일기도 문제도 쉽게 해결할 수 있어.

168 단골 문제

그림은 A와 B 지역에서 공기의 이동 방향을 나타낸 것이다.

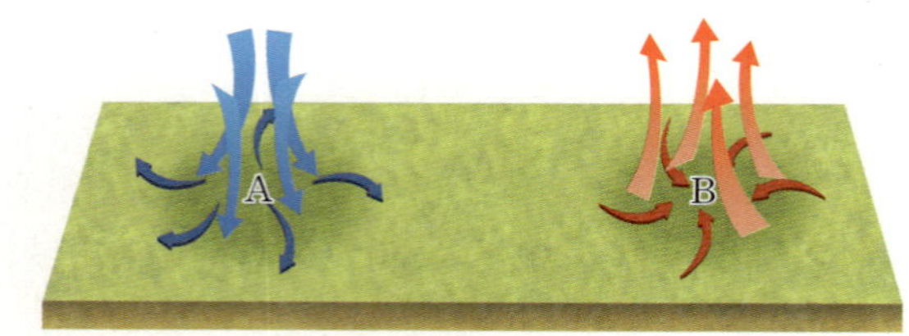

이에 대한 설명으로 옳은 것은?

① A는 주변 지역보다 기압이 낮다.
② A는 주로 지표면이 가열될 때 형성된다.
③ B는 주로 지표면이 냉각될 때 형성된다.
④ 흐린 날씨는 A보다 B에서 나타난다.
⑤ 지표 부근에서 바람은 B에서 A로 분다.

추가로 나오는 **선택지**

❶ A에서는 상승 기류에 의해 구름이 발달한다. (　　)
❷ B에서는 바람이 시계 방향으로 불어 들어간다. (　　)
❸ B의 상공에서는 공기의 발산이 일어난다. (　　)

169

남반구의 어느 지역에 위치한 저기압 중심부에서 부는 바람의 방향으로 옳은 것은?

① 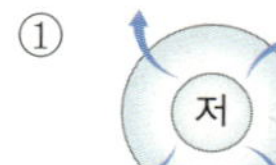 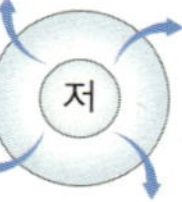　②  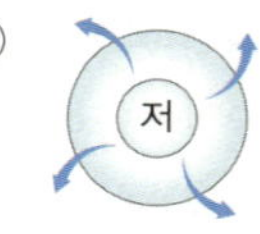　③  

④ 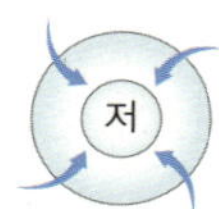 　⑤ 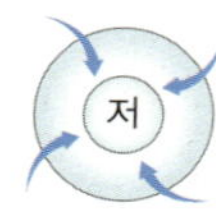

170

그림 (가)와 (나)는 서로 다른 날 작성한 우리나라 주변의 일기도이다.

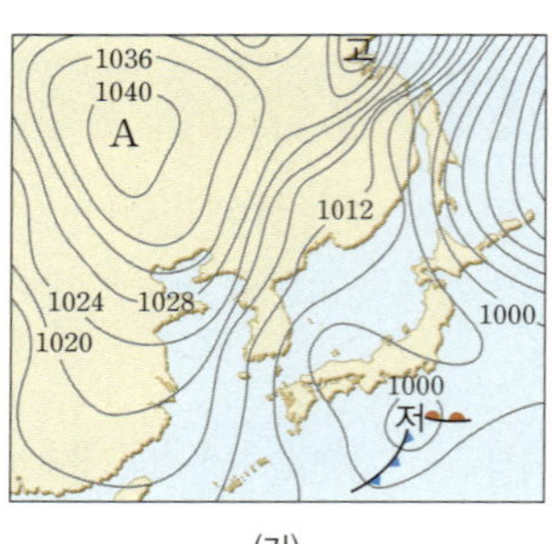
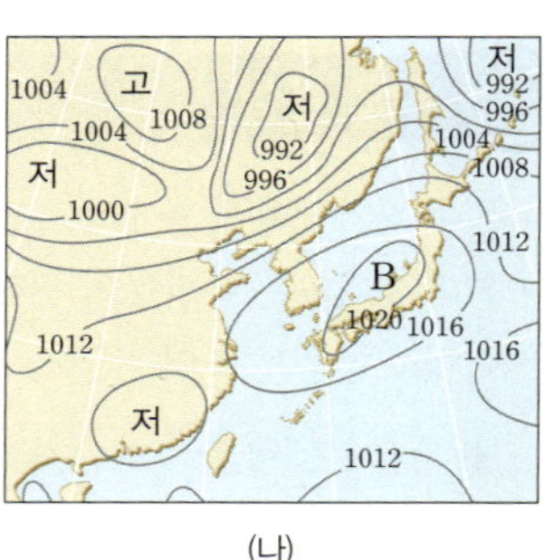

(가)　　　　　　　(나)

A와 B에 해당하는 고기압의 종류를 옳게 짝 지은 것은?

	A	B
①	이동성 고기압	이동성 고기압
②	이동성 저기압	정체성 저기압
③	정체성 고기압	이동성 고기압
④	정체성 고기압	정체성 고기압
⑤	정체성 고기압	북태평양 고기압

개념 ② 기단과 날씨

(족집게 전략) 우리나라의 계절별 날씨의 특징을 이해하려면 기단의 특징과 종류를 알고 있어야 해. 특히 일기도 상에서 기단의 성질을 파악할 수 있어야 해.

171 단골 문제

그림은 우리나라의 계절별 날씨에 영향을 주는 기단을 나타낸 것이다.
기단 A~D에 대한 설명으로 옳은 것은?

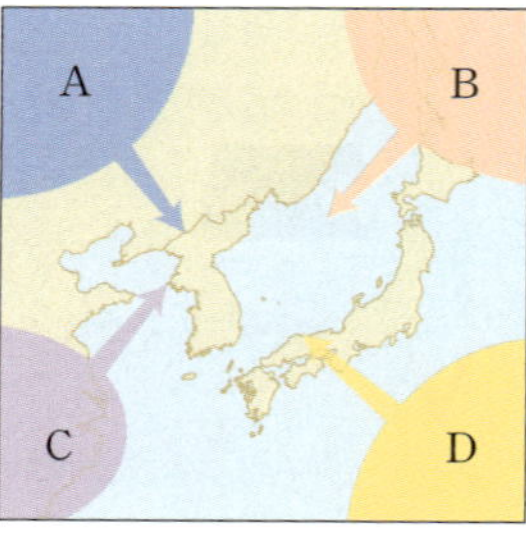

① A는 한랭 다습하다.
② 겨울철에는 주로 B의 영향을 받는다.
③ 장마철에는 C와 D의 영향을 받는다.
④ C의 영향으로 여름철에 무더운 날씨가 나타난다.
⑤ B와 D는 A와 C에 비해 습도가 높다.

추가로 나오는 **선택지**

❶ A는 한파와 관련 깊은 기단이다. (　　)
❷ B는 황사와 관련 깊은 기단이다. (　　)
❸ C는 온난 건조한 양쯔강 기단이다. (　　)

172 서술형

다음은 기단에 대한 설명이다.

> (가) 기단은 온도와 습도가 비슷한 거대한 공기 덩어리로, 매우 빠르게 이동할 때 잘 형성된다.
> (나) 우리나라의 계절별 날씨에 영향을 주는 대륙성 기단에는 시베리아 기단과 양쯔강 기단이 있고, 해양성 기단에는 북태평양 기단과 오호츠크해 기단이 있다.
> (다) 발원지에서 형성된 기단이 다른 곳으로 이동할 때 기단의 성질은 변하지 않는다.

(가)~(다) 중 옳지 <u>않은</u> 것을 2가지 찾아 옳게 서술하시오.

173 중요

그림은 우리나라에 영향을 주는 기단을 월별로 나타낸 것이다.

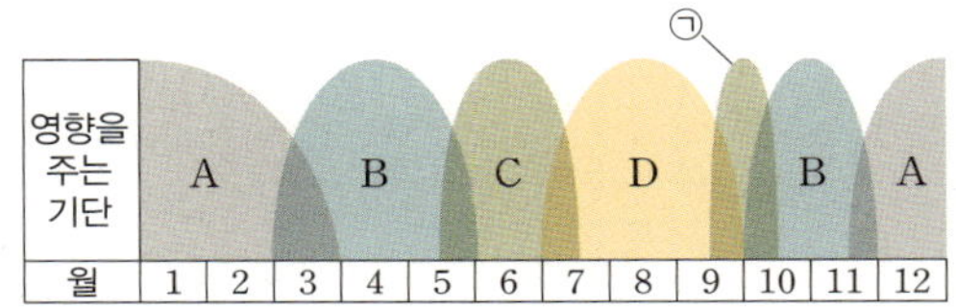

이에 대한 설명으로 옳은 것은?

① A는 양쯔강 기단이다.
② A와 B는 대륙에서 형성된 기단이다.
③ C는 온난 건조한 기단이다.
④ ㉠은 이동성 고기압이다.
⑤ 장마철에 영향을 미치는 기단은 B와 D이다.

174

다음은 어느 날 발표된 일기 예보를 요약한 것이다.

> • 한랭 건조한 (㉠) 고기압의 영향으로 북서풍이 우세하게 나타난다.
> • 찬 공기가 황해를 지날 때 따뜻한 해수면을 만나 (㉡)형 구름이 발달하고, 우리나라의 (㉢) 지역에 폭설이 내릴 것이다.

㉠, ㉡, ㉢에 알맞은 말을 옳게 짝 지은 것은?

	㉠	㉡	㉢
①	시베리아	층운	동해안
②	시베리아	적운	서해안
③	북태평양	층운	서해안
④	북태평양	적운	서해안
⑤	오호츠크해	적운	동해안

개념 ③ 온대 저기압과 날씨

> 족집게 전략 기압과 날씨 변화의 단원에서 출제 가능성이 가장 높은 내용이야. 온대 저기압 부근의 날씨 변화 문제를 해결할 때, 전선의 특징과 저기압의 이동 방향을 함께 고려해야 해.

175 단골 문제

그림은 온대 저기압을 나타낸 것이다.

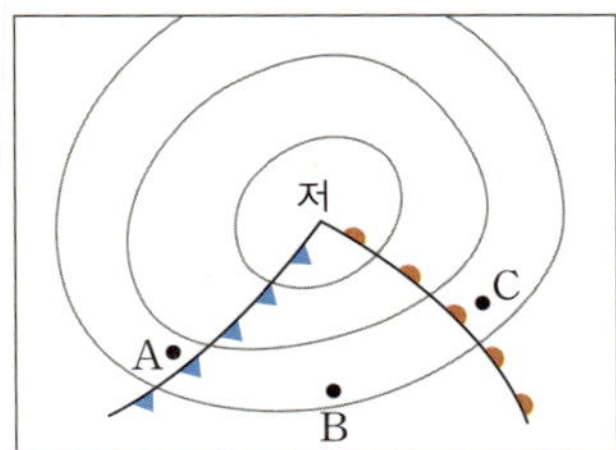

A, B, C 지역의 날씨에 대한 설명으로 옳지 <u>않은</u> 것은?

① A 지역에는 북서풍이 분다.
② 기온은 B 지역에서 가장 높다.
③ C 지역에서는 층운형 구름이 발달한다.
④ 현재 A와 C 지역에서는 비가 내리고 있다.
⑤ C 지역은 온난 전선이 통과한 후 기압이 높아진다.

추가로 나오는 선택지

❶ A 지역에서는 지속적으로 약한 비가 내린다. (   )
❷ B 지역은 앞으로 전선이 통과한 후 기온이 높아진다. (   )
❸ 온대 저기압이 이동함에 따라 C 지역의 풍향은 시계 방향으로 변한다. (   )

176

다음은 어느 전선이 통과하기 전후의 날씨 변화를 나타낸 것이다.

> • 전선이 접근할수록 구름의 최하층 높이가 점점 낮아졌다.
> • 전선이 통과한 후 하늘이 비교적 맑아졌다.

이 지역을 통과한 전선의 기호로 옳은 것은?

①    ② 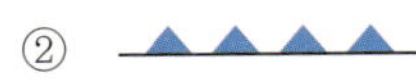
③    ④ 
⑤ 

177

그림은 성질이 다른 두 기단이 만나 형성된 경계면 부근의 모습을 나타낸 것이다.

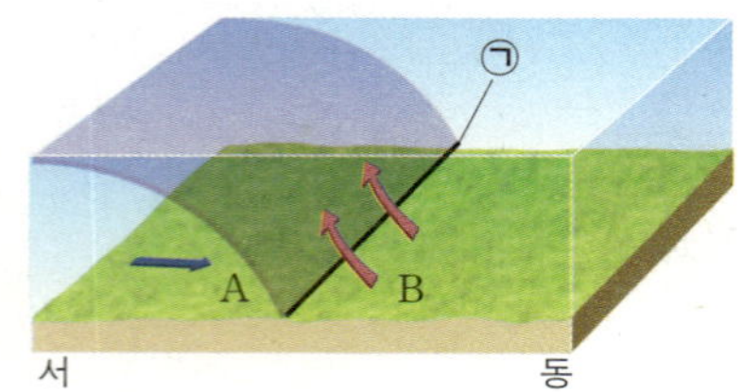

이에 대한 설명으로 옳은 것은?

① ㉠은 온난 전선이다.
② ㉠은 서쪽으로 이동한다.
③ A 지역에 적란운이 발달한다.
④ B 지역에 소나기가 내린다.
⑤ 앞으로 A 지역의 기압은 낮아진다.

178 

그림 (가)와 (나)는 서로 다른 두 전선면에서 형성된 구름의 모습을 나타낸 것이다.

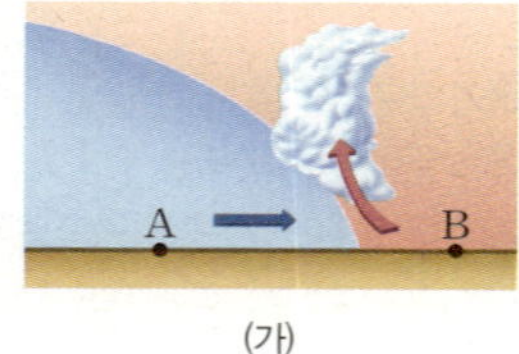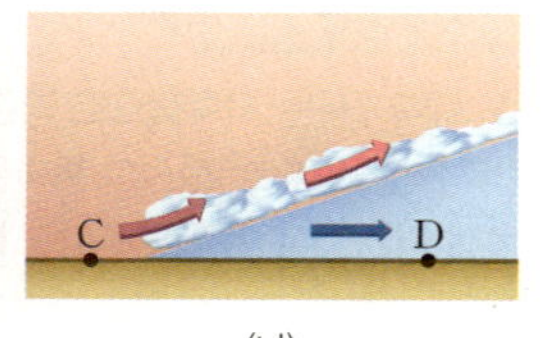

이에 대한 설명으로 옳은 것은?

① (가)에서 기온은 A가 B보다 높다.
② (나)에서 기압은 C가 D보다 높다.
③ 전선면의 기울기는 (가)가 (나)보다 크다.
④ 전선의 이동 속도는 (가)가 (나)보다 느리다.
⑤ 비는 (가)와 (나)에서 모두 전선 통과 후에 내린다.

179 서술형

다음은 온대 저기압에 동반된 두 전선이 서울 지역을 통과하는 동안 나타난 날씨 변화를 순서 없이 나타낸 것이다.

> (가) 한동안 이슬비가 내렸다.
> (나) 하늘이 비교적 맑고 온난하였다.
> (다) 기온이 급격하게 낮아지고 북서풍이 불었다.

(가), (나), (다)를 시간 순서대로 나열하고, 전선이 통과한 시기와 전선의 종류에 대해 서술하시오.

180 중요

그림은 18일부터 20일까지 오전 9시에 관측한 고기압과 저기압의 위치를 24시간 간격으로 나타낸 것이다.

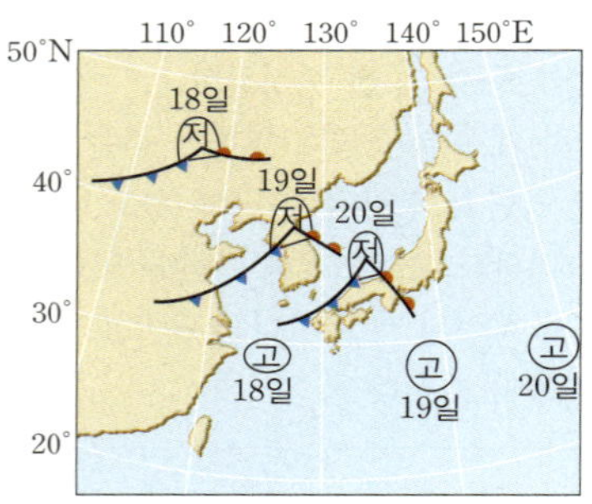

이 기간 동안 제주도의 날씨에 대한 설명으로 옳은 것만을 〈보기〉에서 있는 대로 고른 것은?

> 보기
> ㄱ. 제주도 남쪽으로 이동성 고기압이 통과하였다.
> ㄴ. 19일 오전에 제주도에는 소나기가 내렸을 것이다.
> ㄷ. 19일에서 20일 사이에 제주도의 풍향은 시계 방향으로 변하였다.

① ㄱ　　　② ㄴ　　　③ ㄱ, ㄷ
④ ㄴ, ㄷ　　　⑤ ㄱ, ㄴ, ㄷ

181

그림 (가), (나), (다)는 온대 저기압의 발달 단계 중 일부를 순서 없이 나타낸 것이다.

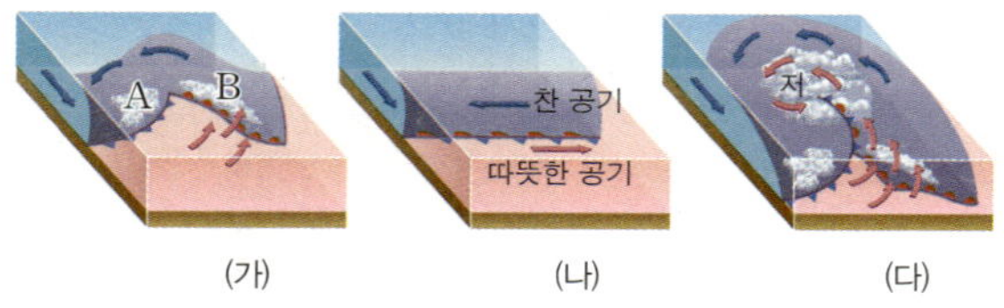

이에 대한 설명으로 옳은 것만을 〈보기〉에서 있는 대로 고른 것은?

> 보기
> ㄱ. 온대 저기압의 발달 순서는 (나) → (가) → (다)이다.
> ㄴ. 단위 시간당 강수량은 A 지역이 B 지역보다 적다.
> ㄷ. (다)에서 정체 전선이 형성되었다.

① ㄱ　　　② ㄴ　　　③ ㄱ, ㄷ
④ ㄴ, ㄷ　　　⑤ ㄱ, ㄴ, ㄷ

개념 ❹ 일기도 해석과 일기 예보

개념 ❹ 일기도 해석과 일기 예보

족집게 전략 일기도를 해석하려면 일기 기호부터 알고 있어야 해. 그런 다음 계절에 따른 전형적인 날씨 특징을 일기도에서 파악할 수 있도록 학습해 두어야 해.

182 단골 문제

그림 (가)와 (나)는 서로 다른 계절에 나타나는 전형적인 일기도를 나타낸 것이다.

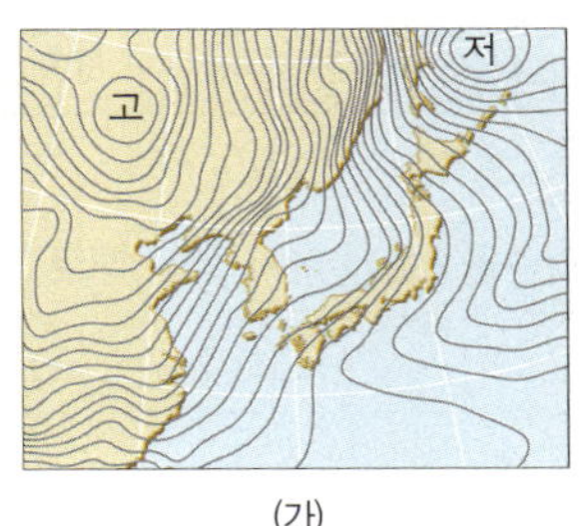
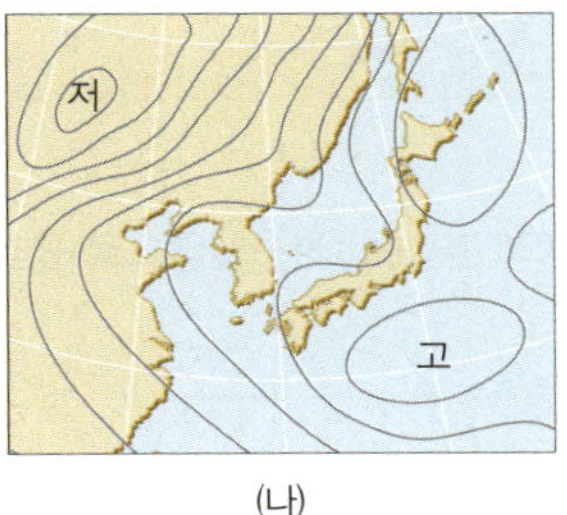

(가)　　　　(나)

(가)와 (나)에 대한 설명으로 옳은 것은?

① (가)는 여름철 일기도이다.
② (나)에서 우리나라는 북서풍이 우세하다.
③ 바람의 세기는 (가)보다 (나)일 때 강하다.
④ (가)와 (나)의 고기압은 이동성 고기압이다.
⑤ (나)일 때 우리나라에서는 열대야가 나타날 수 있다.

추가로 나오는 선택지

❶ (가)의 고기압은 시베리아 고기압이다. (　　)
❷ (나)일 때 우리나라의 날씨는 고온 다습하다. (　　)
❸ (나)일 때 기단의 변질로 서해안에 폭설이 내릴 수 있다. (　　)

183

그림은 어떤 전선의 영향을 받고 있는 관측소 A, B, C에서의 날씨 변화를 일기 기호로 나타낸 것이다.

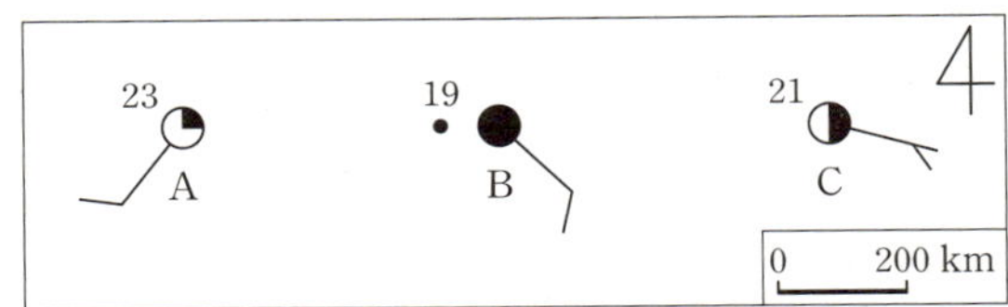

이에 대한 설명으로 옳지 않은 것은?

① A~C 중 기온은 A에서 가장 높다.
② B에서는 남동풍이 불고 있다.
③ 구름의 양은 A보다 C에서 많다.
④ 구름의 높이는 B보다 C에서 높다.
⑤ 현재 B와 C 사이에 온난 전선이 위치해 있다.

184 중요

그림 (가)는 북반구 어느 지역의 일기도를, (나)는 A~D 중 한 지점의 일기 기호를 나타낸 것이다.

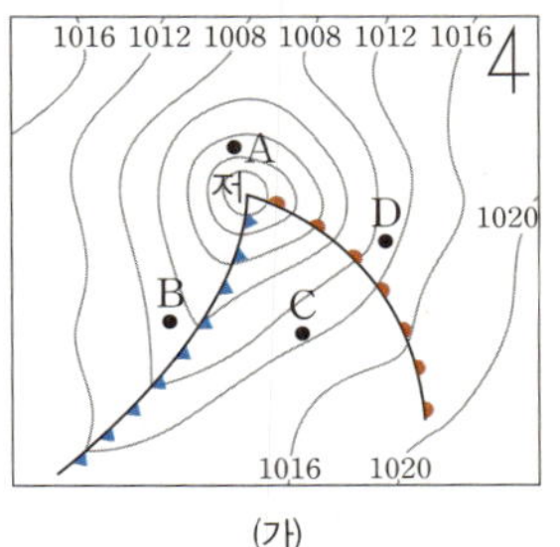
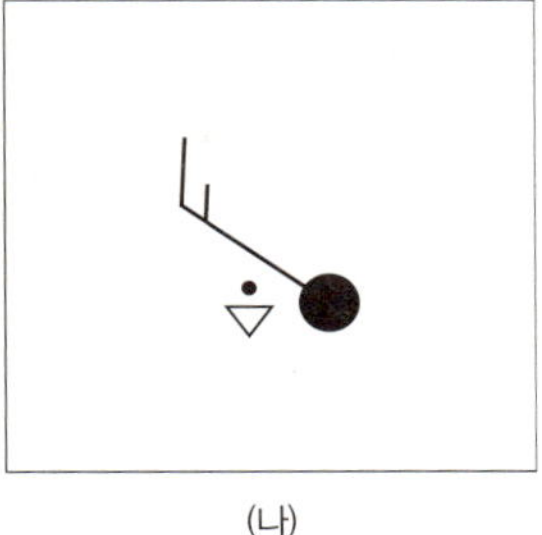

(가)　　　　(나)

이에 대한 설명으로 옳은 것만을 〈보기〉에서 있는 대로 고른 것은?

보기

ㄱ. (나)는 B에서 관측하였다.
ㄴ. A~D 중 구름의 양이 가장 적은 곳은 C이다.
ㄷ. (가)의 저기압이 이동함에 따라 A 지역의 풍향은 시계 방향으로 변한다.

① ㄱ　　　　② ㄷ　　　　③ ㄱ, ㄴ
④ ㄴ, ㄷ　　　　⑤ ㄱ, ㄴ, ㄷ

185

그림은 어느 날 우리나라 주변의 일기도를 나타낸 것이다.

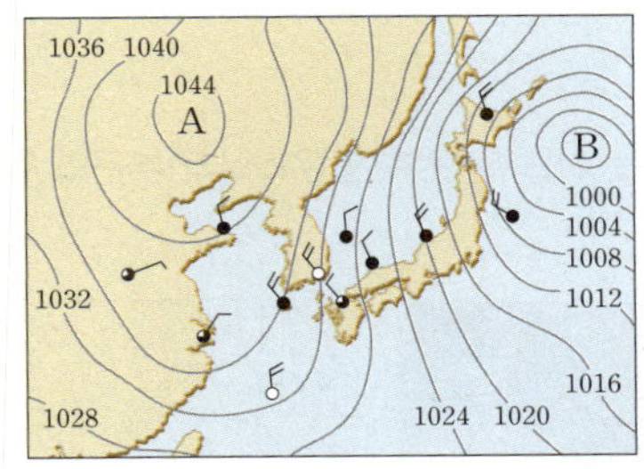

이에 대한 설명으로 옳은 것만을 〈보기〉에서 있는 대로 고른 것은?

보기

ㄱ. A와 B에서는 하강 기류가 나타난다.
ㄴ. 제주도에서는 북서풍이 분다.
ㄷ. 겨울철에 잘 나타나는 기압 배치이다.

① ㄴ　　　　② ㄷ　　　　③ ㄱ, ㄴ
④ ㄱ, ㄷ　　　　⑤ ㄴ, ㄷ

186 서술형

인공위성에서 관측한 가시 영상과 적외 영상에서 밝은 흰색으로 관측되는 구름의 특징에 대해 각각 설명하시오.

187

그림은 우리나라의 계절별 날씨에 영향을 주는 기단 A~D의 온도와 습도를 나타낸 것이다.

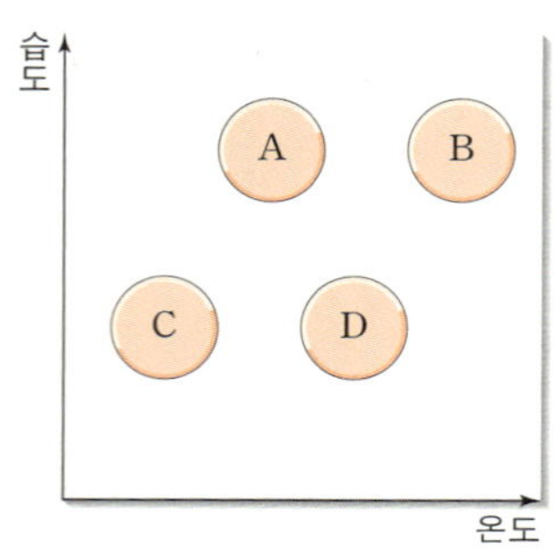

기단 A~D에 대한 설명으로 옳은 것만을 〈보기〉에서 있는 대로 고른 것은?

보기

ㄱ. A는 오호츠크해 기단이다.
ㄴ. 우리나라를 지나는 이동성 고기압은 주로 B의 영향으로 발달한다.
ㄷ. C와 D 두 기단의 영향으로 초여름에 많은 비가 내린다.

① ㄱ ② ㄴ ③ ㄱ, ㄷ
④ ㄴ, ㄷ ⑤ ㄱ, ㄴ, ㄷ

188

그림 (가)와 (나)는 어느 날 관측한 우리나라 부근의 위성 영상과 일기도를 나타낸 것이다.

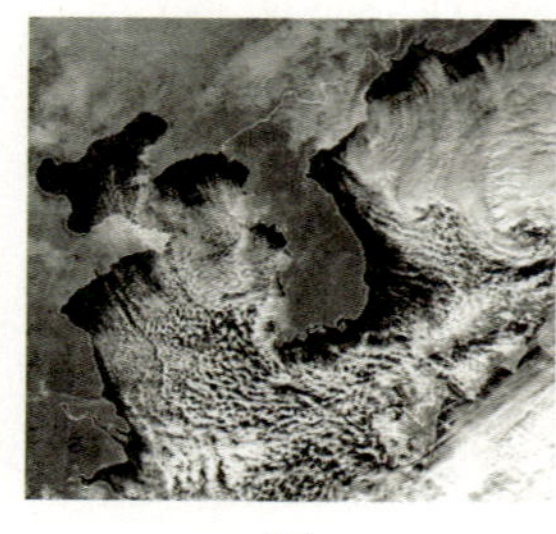

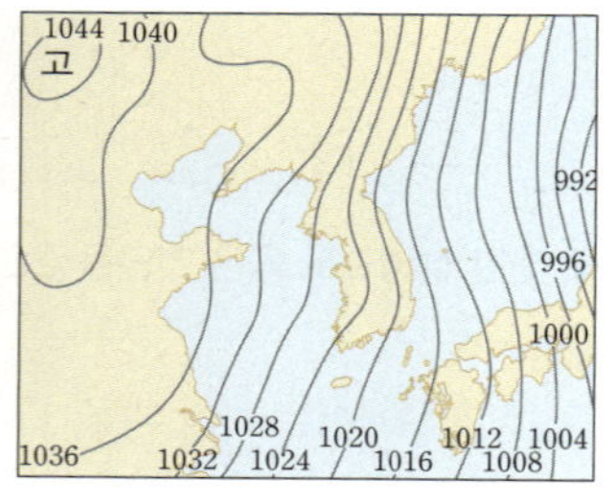

(가) (나)

이에 대한 설명으로 옳은 것만을 〈보기〉에서 있는 대로 고른 것은?

보기

ㄱ. 봄·가을에 잘 나타나는 일기도이다.
ㄴ. 기단은 바다 위를 지나는 동안 불안정해진다.
ㄷ. 우리나라의 서해안 지역에 눈이 내릴 가능성이 있다.

① ㄴ ② ㄷ ③ ㄱ, ㄴ
④ ㄱ, ㄷ ⑤ ㄴ, ㄷ

189

그림 (가)와 (나)는 기단이 변질되는 두 가지 경우를 나타낸 것이다.

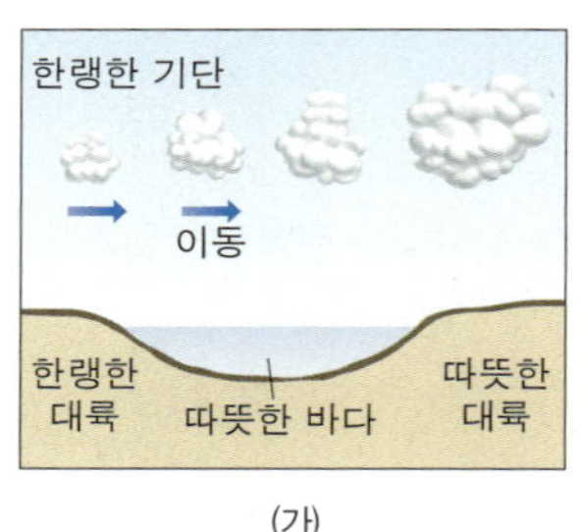

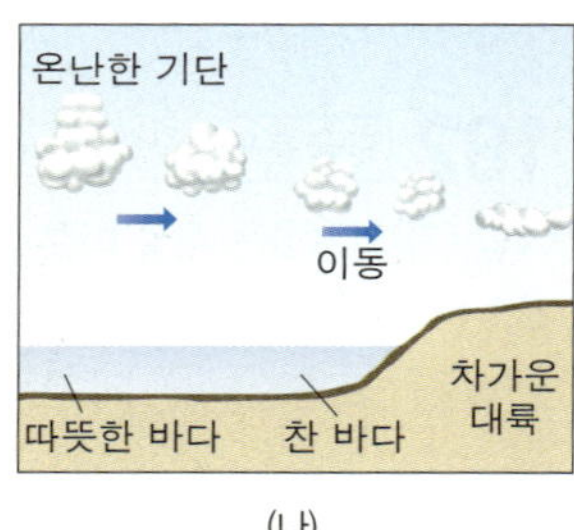

기단의 변질에 대한 설명으로 옳은 것만을 〈보기〉에서 있는 대로 고른 것은?

보기

ㄱ. (가)에서 기단의 습도는 점점 낮아진다.
ㄴ. (나)의 대륙에서 안개가 발생할 수 있다.
ㄷ. 기단은 (가)와 (나)에서 모두 불안정해진다.

① ㄴ ② ㄷ ③ ㄱ, ㄴ
④ ㄱ, ㄷ ⑤ ㄴ, ㄷ

190 고난도

그림은 어느 날 작성한 우리나라 부근의 일기도를 나타낸 것이다.

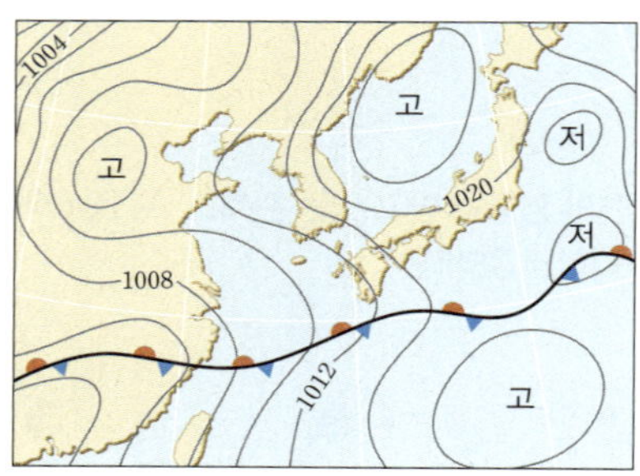

이에 대한 설명으로 옳은 것만을 〈보기〉에서 있는 대로 고른 것은?

보기

ㄱ. 우리나라는 양쯔강 기단의 영향을 받고 있다.
ㄴ. 서울에는 서풍 계열의 바람이 우세하다.
ㄷ. 북태평양 기단의 세력이 강해지면 전선은 북상할 것이다.

① ㄱ ② ㄴ ③ ㄷ
④ ㄱ, ㄷ ⑤ ㄴ, ㄷ

191

그림은 성질이 다른 두 기단이 만나 형성된 전선의 단면을 나타낸 것이다.

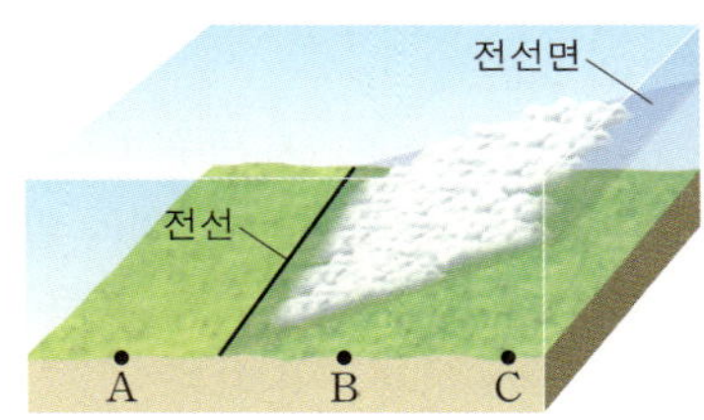

이에 대한 설명으로 옳은 것만을 〈보기〉에서 있는 대로 고른 것은?

보기

ㄱ. 기온은 A 지역이 B 지역보다 높다.
ㄴ. B 지역에 소나기가 내린다.
ㄷ. C 지역에서 전선면의 높이는 점점 낮아진다.

① ㄱ   ② ㄴ   ③ ㄱ, ㄷ
④ ㄴ, ㄷ   ⑤ ㄱ, ㄴ, ㄷ

192

그림 (가)와 (나)는 하루 간격으로 작성된 우리나라 주변의 일기도를 순서 없이 나타낸 것이다.

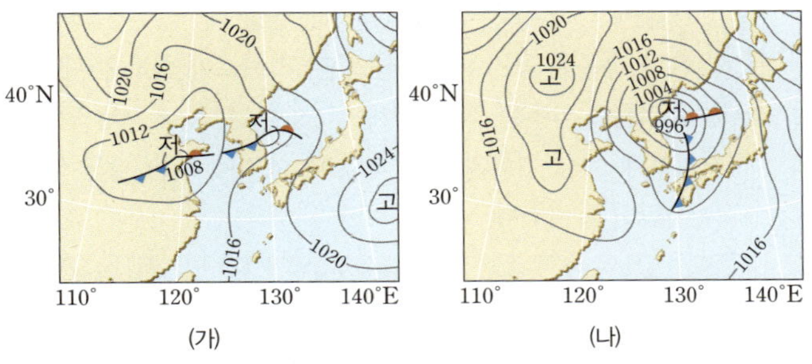

이에 대한 설명으로 옳은 것만을 〈보기〉에서 있는 대로 고른 것은?

보기

ㄱ. 온대 저기압의 세력은 점점 강해졌다.
ㄴ. 제주도의 기압은 (가)보다 (나)에서 높다.
ㄷ. 이 기간 동안 부산의 풍향은 시계 방향으로 변했다.

① ㄱ   ② ㄴ   ③ ㄱ, ㄷ
④ ㄴ, ㄷ   ⑤ ㄱ, ㄴ, ㄷ

193 고난도

그림 (가), (나), (다)는 우리나라의 어느 지역을 온대 저기압이 통과하는 동안 나타나는 날씨를 일기 기호로 순서 없이 나타낸 것이다.

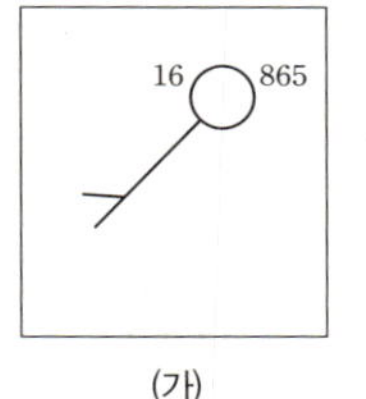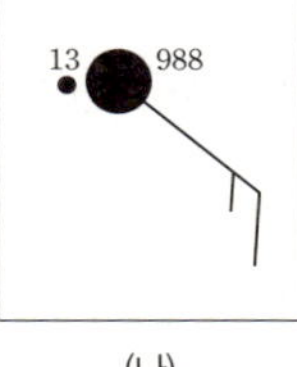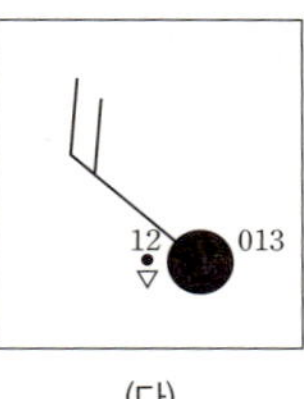

이에 대한 설명으로 옳은 것만을 〈보기〉에서 있는 대로 고른 것은?

보기

ㄱ. 관측 순서는 (나) → (가) → (다)이다.
ㄴ. (가)일 때 관측 지점의 상공에 전선면이 있다.
ㄷ. 가시 영상에서 관측하면 관측 지역은 (나)보다 (다)일 때 어둡게 나타난다.

① ㄱ   ② ㄴ   ③ ㄱ, ㄷ
④ ㄴ, ㄷ   ⑤ ㄱ, ㄴ, ㄷ

194

그림 (가)와 (나)는 어느 날 같은 시각에 인공위성을 이용하여 촬영한 가시 영상과 적외 영상을 나타낸 것이다.

(가) 가시 영상   (나) 적외 영상

이에 대한 설명으로 옳은 것만을 〈보기〉에서 있는 대로 고른 것은?

보기

ㄱ. (가)에서는 햇빛의 반사율이 클수록 밝은 흰색으로 나타난다.
ㄴ. (나)에서는 상층운보다 하층운이 더 밝게 나타난다.
ㄷ. (가)와 (나)로부터 제주도 부근에 적란운이 발달해 있음을 알 수 있다.

① ㄱ   ② ㄴ   ③ ㄱ, ㄷ
④ ㄴ, ㄷ   ⑤ ㄱ, ㄴ, ㄷ

02 태풍과 우리나라의 주요 악기상

개념 ❶ 태풍의 발생과 이동

1. **태풍의 발생** : 중심 부근 최대 풍속이 17 m/s 이상인 열대 저기압인 태풍은 수온이 27 ℃ 이상이고, 위도 5°~25°인 열대 해상에서 주로 발생한다.
   ➡ 적도에서는 전향력이 작용하지 않기 때문에 태풍이 형성되기 어렵다.

2. **태풍의 이동** : 발생 초기에는 무역풍의 영향으로 북서쪽으로 이동하고, 30°N 부근 이후에는 편서풍의 영향으로 북동쪽으로 이동하며 포물선 궤도를 그린다.
   ➡ 태풍은 30°N 부근의 전향점을 지난 후에는 이동 속도가 점차 빨라진다.

3. **태풍의 이동과 풍향의 변화** : 태풍 진행 방향의 오른쪽에 위치한 지역에서는 풍향이 시계 방향으로 변하고, 왼쪽 지역에서는 풍향이 시계 반대 방향으로 변한다.

4. **안전 반원과 위험 반원**

안전 반원		위험 반원
태풍 진행 방향의 **왼쪽** : 약한 풍속 ➡ 태풍 내의 풍향이 태풍 진행 방향 및 대기 대순환의 풍향과 **반대**		태풍 진행 방향의 **오른쪽** : 강한 풍속 ➡ 태풍 내의 풍향이 태풍 진행 방향 및 대기 대순환의 풍향과 **일치**

개념 ❷ 태풍의 구조와 날씨

1. **태풍의 구조**

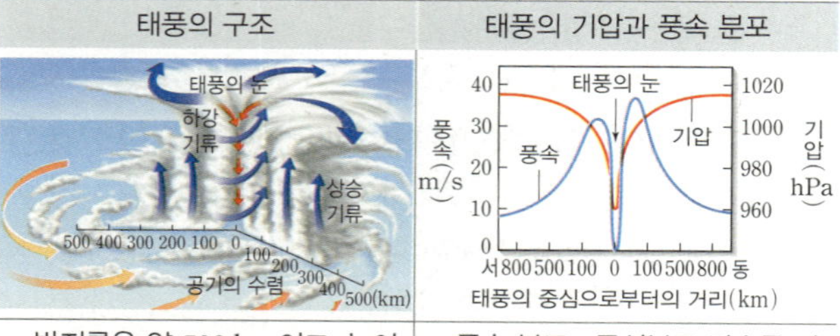

- 반지름은 약 500 km이고, 높이는 약 11 km로 발달
- 전체적으로 상승 기류가 발달하여 중심부로 갈수록 두꺼운 적란운이 형성
- 태풍의 눈 : 하강 기류가 있어 날씨가 맑고 바람이 약한 구간

- 풍속 분포 : 중심부로 갈수록 강해지다가 중심 부근에서 가장 강하며, 태풍의 눈에서 약함
- 기압 분포 : 중심부로 갈수록 계속 낮아져 태풍의 눈에서 가장 낮고, 등압선은 원형에 가깝고, 등압선 간격은 매우 좁음

2. 태풍의 에너지원과 소멸

(1) **에너지원** : 수증기가 응결하면서 방출하는 숨은열(응결열)

(2) **소멸** : 태풍이 육지에 상륙하면 수증기와 열의 공급이 감소하고, 지표면과의 마찰이 증가하므로 세력이 약해지면서 온대 저기압으로 변질되면서 소멸한다.
   └ 태풍의 중심 기압이 높아진다.

3. 태풍과 날씨

(1) 태풍이 접근할수록 풍속은 강해지고, 기압은 낮아진다.

(2) 태풍은 많은 비를 동반하는데 태풍의 눈에 위치할 경우에는 약한 하강 기류가 나타나 구름이 거의 없으며, 바람이 약하다.

(3) 태풍의 눈이 통과하기 전과 후의 풍향은 급격히 변한다.

4. 태풍의 피해

(1) **피해의 종류** : 태풍이 통과하면 강풍, 호우, 홍수, 침수 등의 피해가 발생한다.

(2) **폭풍 해일 발생** : 해안에서 해일에 의한 침수 피해가 발생한다. ➡ 만조와 겹치면 피해가 커질 수 있다.

개념 ❸ 우리나라의 주요 악기상

1. **뇌우** : 강한 상승 기류에 의해 적란운이 발달하면서 천둥, 번개와 함께 소나기가 내리는 현상
   └ 규모가 작아 일기도에 나타나지 않으므로 예측하기 어렵다.

   (1) **발생** : 매우 불안정한 대기 상태에서 온난 습윤한 공기가 빠르게 상승하여 발생
   ① 여름철에 국지적으로 지표 부근의 공기가 가열될 때
   ② 한랭 전선에서 따뜻한 공기가 빠르게 상승할 때
   ③ 태풍에 의해 강한 상승 기류가 발달할 때
   ④ 온난 습윤한 공기가 산사면을 타고 빠르게 상승할 때

   (2) **발달 과정** : 뇌우는 적운 단계 → 성숙 단계 → 소멸 단계를 거치는데 상승 기류와 하강 기류의 세기에 따라 강도 및 지속 시간이 달라진다.

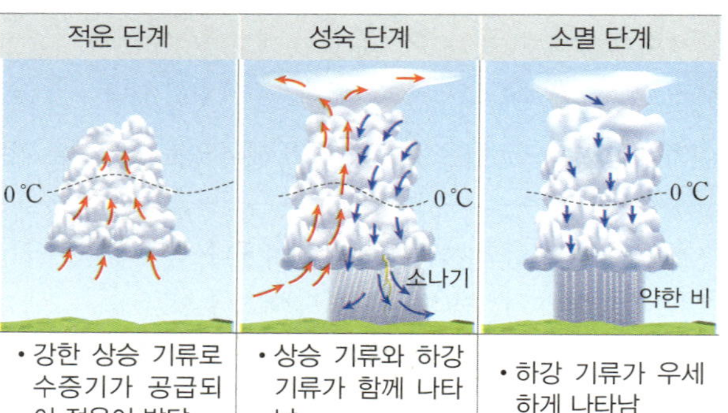

- 강한 상승 기류로 수증기가 공급되어 적운이 발달
- 강수 현상은 거의 나타나지 않음

- 상승 기류와 하강 기류가 함께 나타남
- 돌풍, 천둥, 번개, 소나기 등이 발생

- 하강 기류가 우세하게 나타남
- 비가 약해지고 구름이 점차 소멸

2. **국지성 호우(집중 호우)** : 짧은 시간 동안 좁은 지역에서 많은 양의 비가 내리는 현상으로, 적란운이 한곳에 정체하여 계속 비를 내리게 될 때 발생한다.

3. **우박** : 하늘에서 눈의 결정 주위에 차가운 물방울이 얼어붙어 땅으로 떨어지는 얼음 덩어리이다.
   ➡ 적란운 내에서 상승과 하강을 반복하여 성장하므로 층상 구조가 나타나며 겨울과 여름에는 거의 발생하지 않는다.

4. **폭설** : 짧은 시간에 많은 양의 눈이 오는 현상으로, 겨울철에 발달한 저기압이 통과할 때나 시베리아 기단의 변질 등으로 발생한다.

5. **황사** : 작은 모래나 황토 또는 먼지가 상승하여 상층의 편서풍을 타고 이동하면서 서서히 내려오는 현상이다.
   (1) 발원지 : 중국 북부와 몽골의 사막 지대
   (2) 발생 조건 : 발원지에서는 토양이 건조하고 강한 바람과 함께 상승 기류가 발달해야 하고, 황사의 영향을 받는 곳에서는 하강 기류가 발달해야 한다.
   (3) 발생 시기 : 주로 봄철에 발생하며, 우리나라의 연간 황사 발생 일수와 발생 빈도는 증가하고 있다.
   ➡ 황사가 주로 봄철에 발생하는 까닭 : 건조한 겨울철을 지나고 얼었던 토양이 녹기 시작하기 때문

🎯 자료 분석   태풍의 이동과 날씨 변화

그림 (가)와 (나)는 태풍이 우리나라를 지나는 동안 어느 지점에서 관측한 기압, 풍속과 풍향의 변화를 나타낸 것이다.

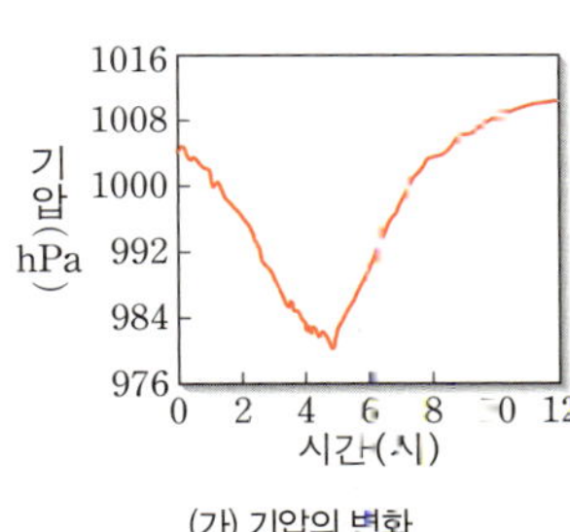
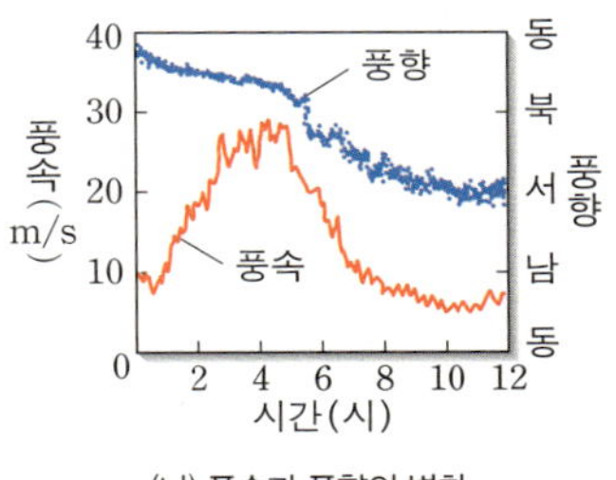

(가) 기압의 변화   (나) 풍속과 풍향의 변화

- 기압의 변화 : (가)에서 관측 기압은 4시~6시 사이에 가장 낮았다.
   ➡ 4시~6시 사이에 관측 지점이 태풍의 중심에서 가장 가까웠다.
- 풍속의 변화와 태풍의 눈 통과 여부 : (나)에서 4시~6시 사이에는 풍속이 강하였으므로 태풍의 눈은 관측 지점을 통과하지 않았다.
   ➡ 만약 태풍의 눈이 4시~6시 사이에 관측 지점을 통과하였다면 관측 지점의 풍속은 약했을 것이다.
- 풍향의 변화와 관측 지점의 위치 : (나)에서 태풍이 관측 지점을 지나는 동안 풍향은 시계 반대 방향(북동풍 → 북풍 → 북서풍 → 서풍)으로 변했다.
   ➡ 관측 지점은 태풍 진행 방향의 왼쪽에 위치하였다.

정답 및 해설 | 24쪽

195

열대 저기압은 수온이 27 ℃ 이상이고, 위도 5°~25°인 열대 해상에서 주로 발생한다. 특히 중심 부근 최대 풍속이 17 m/s 이상인 열대 저기압을 [   ] 이라고 한다.

196

위험 반원은 태풍 진행 방향의 [   ] 쪽으로, 태풍 내의 풍향이 태풍 진행 방향 및 대기 대순환의 풍향과 일치하므로 풍속이 강하다.

197

태풍의 구조와 날씨에 대한 설명으로 옳은 것은 ○, 옳지 <u>않은</u> 것은 ×로 표시하시오.

(1) 태풍의 중심부로 갈수록 기압은 계속 높아진다.   (   )
(2) 태풍의 중심부로 갈수록 두꺼운 적란운이 발달한다. (   )
(3) 태풍의 눈에서는 약한 하강 기류가 나타나 날씨가 맑고 바람이 약하다.   (   )

198

태풍의 에너지원은 상승하는 공기에서 수증기가 응결할 때 발생하는 [   ] 이다.

199

뇌우의 발달 과정은 [   ] 단계 → [   ] 단계 → 소멸 단계를 거치는데, 상승 기류와 하강 기류가 함께 나타나는 단계는 [   ] 단계이다.

200

우리나라의 주요 악기상과 그에 대한 설명을 선으로 연결하시오.

(1) 우박 •

(2) 국지성 호우 •

(3) 폭설 •

   • ㉠ 시베리아 기단의 변질로 서해안에서 나타날 수 있다.

   • ㉡ 홍수, 산사태 등의 피해가 발생할 수 있다.

   • ㉢ 적란운 내에서 상승과 하강을 반복하며 성장한다.

개념 **1** 태풍의 발생과 이동

족집게 전략 태풍이 발생하는 위치와 이동 경로에 대해 알고 있어야 해. 특히 대기 대순환에 의해 발생한 바람의 종류와 위도에 따른 태풍의 이동 경로를 파악할 수 있어야 해.

201 단골 문제

그림은 태풍의 월별 평균 이동 경로를 나타낸 것이다.

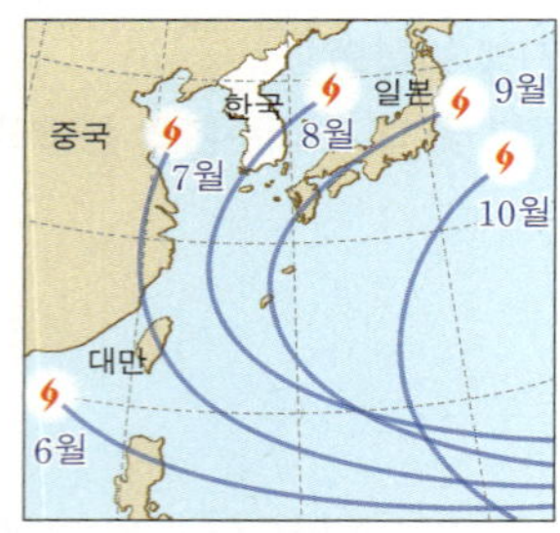

이에 대한 설명으로 옳은 것은?

① 태풍은 전선을 동반한다.
② 무역풍대에서는 북동쪽으로 진행한다.
③ 태풍은 대체로 직선 경로로 북상한다.
④ 우리나라에 영향을 주는 시기는 주로 가을철이다.
⑤ 북태평양 고기압의 세력이 강한 시기에는 태풍이 서쪽으로 치우쳐 이동한다.

추가로 나오는 선택지

❶ 6월에서 10월로 갈수록 태풍의 이동 경로는 점점 서쪽으로 치우친다. (　　　)
❷ 편서풍대에서는 북동쪽으로 진행한다. (　　　)
❸ 태풍의 이동 방향이 바뀌는 위치를 (　　　)이라 한다.

202 서술형

그림은 2012년 한반도에 영향을 주었던 세 태풍의 이동 경로를 나타낸 것이다.
세 태풍이 이동하는 동안 제주도가 태풍의 위험 반원에 위치한 경우를 모두 고르고, 그렇게 판단한 까닭을 서술하시오.

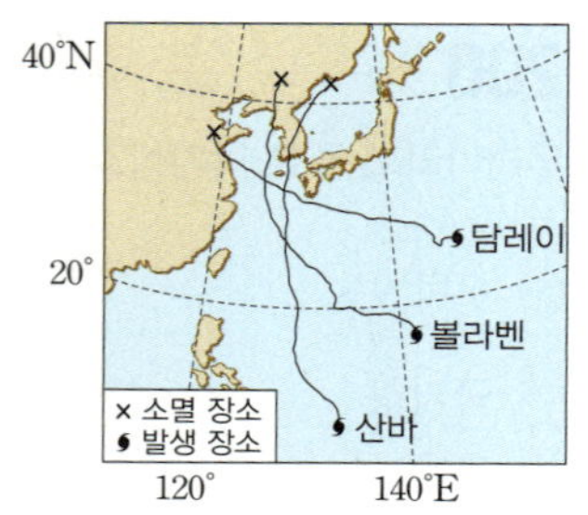

203

그림은 전 세계 열대 저기압의 발생 지역과 이동 방향을 나타낸 것이다.

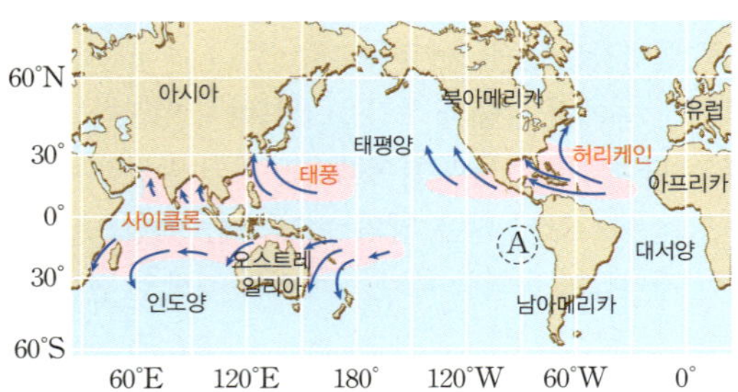

열대 저기압에 대한 설명으로 옳은 것만을 〈보기〉에서 있는 대로 고른 것은?

보기

ㄱ. 적도 해역에서 가장 많이 발생한다.
ㄴ. A 해역의 평균 수온은 27 ℃ 이상이다.
ㄷ. 발생한 열대 저기압은 주로 고위도로 이동한다.

① ㄱ　　　　② ㄴ　　　　③ ㄷ
④ ㄱ, ㄴ　　　⑤ ㄴ, ㄷ

204 중요

그림은 태풍의 진로를 나타낸 것이다.

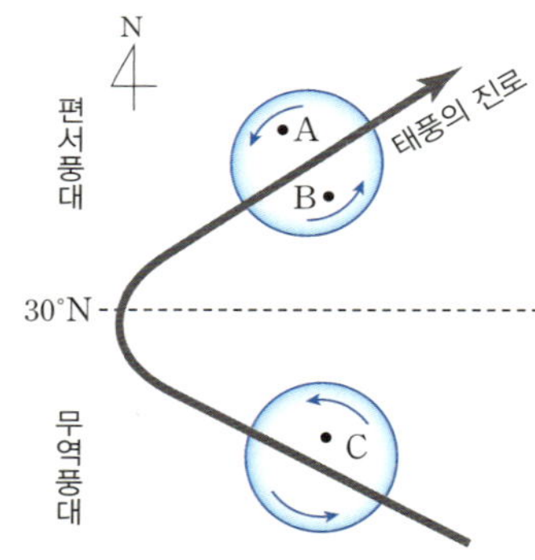

이에 대한 설명으로 옳은 것만을 〈보기〉에서 있는 대로 고른 것은?

보기

ㄱ. 전향점은 중위도 고압대 부근에 위치한다.
ㄴ. 평균 풍속은 A 지점이 B 지점보다 빠르다.
ㄷ. 무역풍대에서 태풍이 이동함에 따라 C 지점에서의 풍향은 시계 방향으로 변한다.

① ㄱ　　　　② ㄴ　　　　③ ㄱ, ㄷ
④ ㄴ, ㄷ　　　⑤ ㄱ, ㄴ, ㄷ

개념 ② 태풍의 구조와 날씨

족집게 전략 태풍의 눈에서 나타나는 날씨의 특징에 대해 알고 있어야 해. 그리고 태풍의 이동에 따른 중심 기압과 풍향의 변화에 대해 자주 출제되므로 꼭 정리해 두어야 해.

205 단골 문제

그림은 태풍의 구조를 나타낸 것이다.

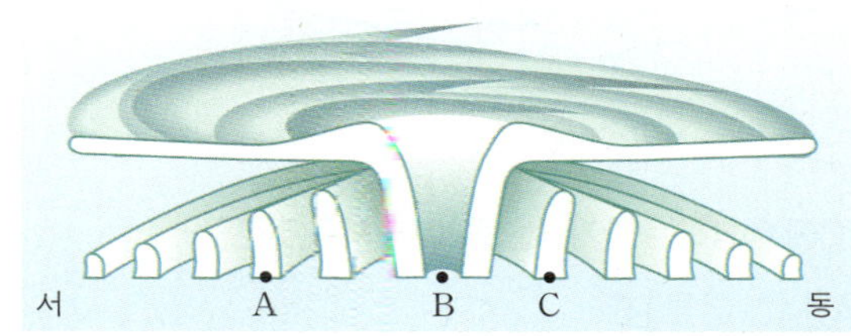

이에 대한 설명으로 옳은 것만을 〈보기〉에서 있는 대로 고른 것은?

보기
- ㄱ. 기압은 A가 B보다 높다.
- ㄴ. 풍속은 B가 C보다 강하다.
- ㄷ. A, B, C에서 모두 상승 기류가 나타난다.

① ㄱ ② ㄴ ③ ㄱ, ㄷ
④ ㄴ, ㄷ ⑤ ㄱ, ㄴ, ㄷ

추가로 나오는 선택지

- ❶ B에서는 바람이 약하고 대체로 맑다. (   )
- ❷ B의 지상에서 바람은 사방으로 불어 나간다. (   )
- ❸ 상승한 공기는 상층에서 시계 방향으로 불어 나간다. (   )

206

그림은 어느 날 우리나라 부근의 구름 분포를 나타낸 것이다.

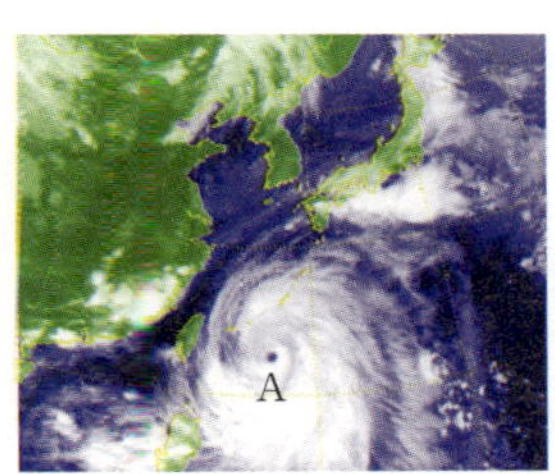

A에 대한 설명으로 옳은 것은?

① 온대 저기압이다.
② 전선을 동반하고 있다.
③ 열대 해상에서 발생한 저기압이다.
④ 바람의 세기는 중심에서 가장 강하다.
⑤ 태풍의 눈에서는 강한 소나기가 내린다.

207 중요

그림은 북반구에서 북상하고 있는 태풍의 중심으로부터의 거리에 따른 풍속과 기압을 나타낸 것이다.

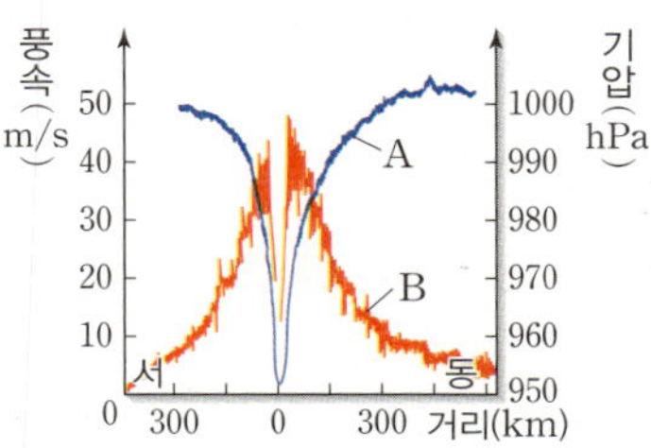

이에 대한 설명으로 옳은 것만을 〈보기〉에서 있는 대로 고른 것은?

보기
- ㄱ. A는 기압, B는 풍속이다.
- ㄴ. 태풍의 눈이 뚜렷하게 발달해 있다.
- ㄷ. 평균 풍속은 동쪽이 서쪽보다 크다.

① ㄱ ② ㄷ ③ ㄱ, ㄴ
④ ㄴ, ㄷ ⑤ ㄱ, ㄴ, ㄷ

208

그림은 북반구에서 북상하는 어떤 태풍의 동서 방향의 단면을 나타낸 것이다.

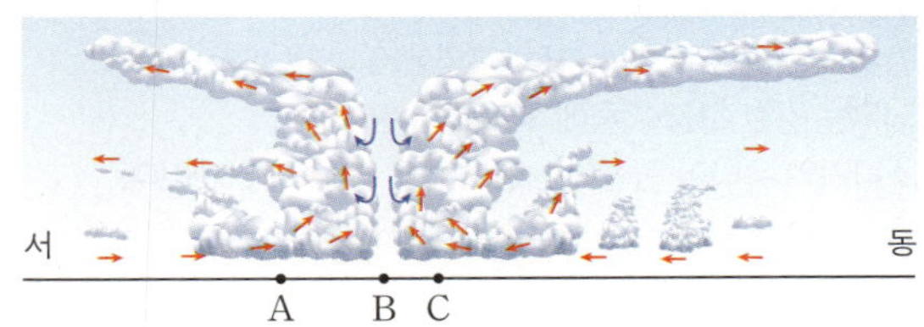

A, B, C 지점에 대한 설명으로 옳은 것만을 〈보기〉에서 있는 대로 고른 것은?

보기
- ㄱ. A에서는 남풍 계열의 바람이 분다.
- ㄴ. 단위 시간당 강수량은 B에서 가장 적다.
- ㄷ. C에서는 태풍 내의 풍향이 태풍의 진행 방향과 반대이다.

① ㄴ ② ㄷ ③ ㄱ, ㄴ
④ ㄱ, ㄷ ⑤ ㄴ, ㄷ

209 서술형

태풍이 육지에 상륙할 때 태풍의 중심 기압의 변화 경향을 쓰고, 그 까닭을 태풍의 에너지원과 관련지어 서술하시오.

개념 ❸ 우리나라의 주요 악기상

[족집게] 전략 우리나라의 주요 악기상의 종류에 따른 특징을 잘 정리해 두어야 해. 특히 뇌우에 대해 자주 출제되고 있으므로 뇌우의 특징과 발생 단계에 대해서는 반드시 알고 있어야 해.

210 [단골 문제]

그림 (가), (나), (다)는 뇌우가 발생하여 소멸하는 단계를 순서 없이 나타낸 것이다.

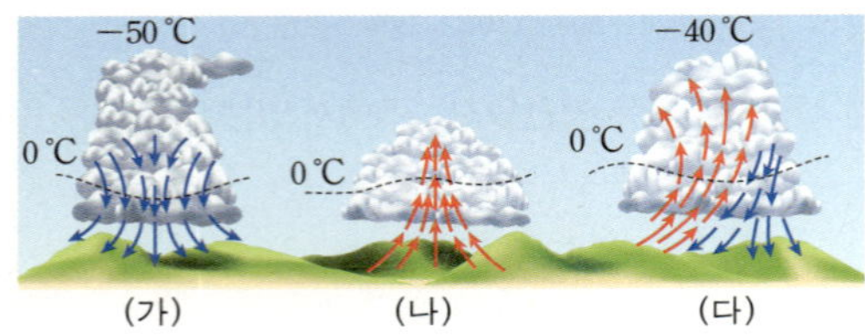

이에 대한 설명으로 옳은 것만을 〈보기〉에서 있는 대로 고른 것은?

보기

ㄱ. 뇌우의 발달 단계는 (가) → (다) → (나)이다.
ㄴ. (나)에서 국지성 호우가 발생한다.
ㄷ. 천둥과 번개는 주로 (다)에서 발생한다.

① ㄱ 　② ㄷ 　③ ㄱ, ㄴ
④ ㄴ, ㄷ 　⑤ ㄱ, ㄴ, ㄷ

추가로 나오는 선택지

❶ 강수 구역은 주로 상승 기류 구역에서 나타난다. 　(　　)
❷ 뇌우는 강한 하강 기류에 의해 형성된다. 　(　　)
❸ 소나기와 우박이 형성되는 단계는 (　　) 단계이다.

211

그림은 1971년부터 2010년까지 우리나라의 월별 평균 우박 발생 일수를 나타낸 것이다.
우박 발생에 대한 설명으로 옳은 것만을 〈보기〉에서 있는 대로 고른 것은?

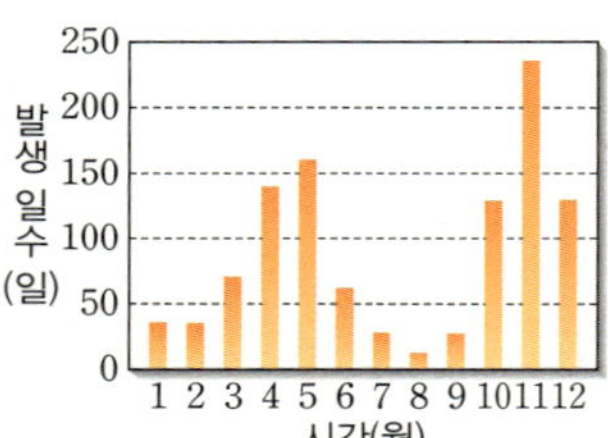

보기

ㄱ. 겨울철에 가장 많이 발생한다.
ㄴ. 온난 전선보다 한랭 전선 부근에서 잘 발생한다.
ㄷ. 고온 다습한 기단의 영향을 받는 계절에 잘 발생한다.

① ㄴ 　② ㄷ 　③ ㄱ, ㄴ
④ ㄱ, ㄷ 　⑤ ㄴ, ㄷ

212

그림은 우리나라의 주요 악기상을 특징에 따라 구분하는 과정을 나타낸 것이다.

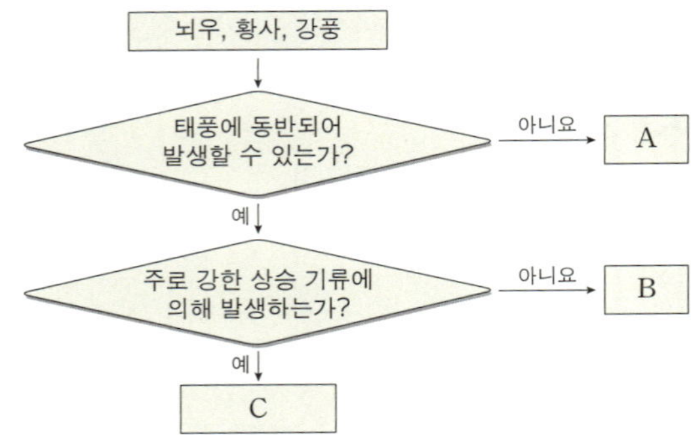

A, B, C에 해당하는 악기상을 옳게 짝 지은 것은?

	A	B	C
①	황사	뇌우	강풍
②	황사	강풍	뇌우
③	뇌우	강풍	황사
④	뇌우	황사	강풍
⑤	강풍	뇌우	황사

213 [중요]

그림 (가), (나), (다)는 여러 가지 악기상을 나타낸 것이다.

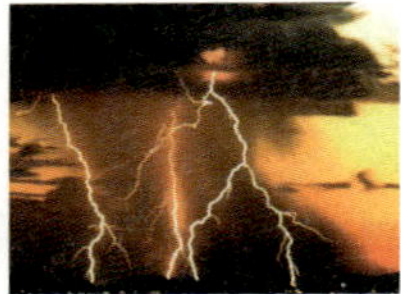

(가) 국지성 호우　　　(나) 뇌우　　　(다) 폭설

(가), (나), (다)의 공통점에 대한 설명으로 옳은 것만을 〈보기〉에서 있는 대로 고른 것은?

보기

ㄱ. 적란운이 발달할 때 잘 나타난다.
ㄴ. 여름철보다 겨울철에 자주 발생한다.
ㄷ. 온난 전선에 동반되어 나타날 수 있다.

① ㄱ 　② ㄴ 　③ ㄱ, ㄷ
④ ㄴ, ㄷ 　⑤ ㄱ, ㄴ, ㄷ

214 [서술형]

황사가 주로 봄철에 발생하는 까닭을 황사 발원지의 날씨 특성과 관련 지어 서술하시오.

215

그림 (가)는 어느 태풍의 이동 경로와 중심 기압을, (나)는 이 태풍이 지나는 동안 제주 지역에서 27일 15시부터 28일 15시까지 12시간 간격으로 관측한 풍향과 풍속을 ㉠, ㉡, ㉢으로 순서 없이 나타낸 것이다.

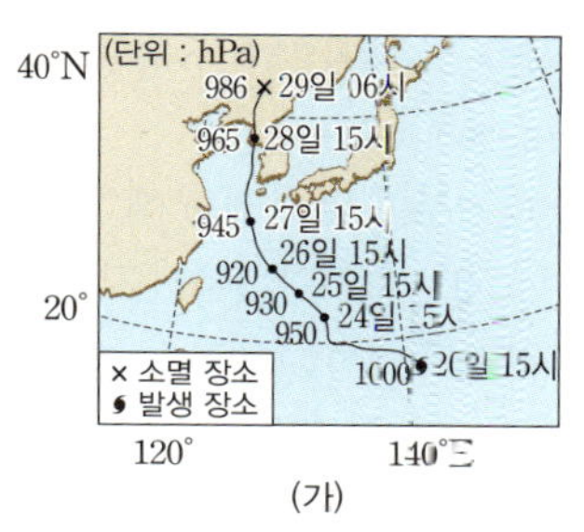
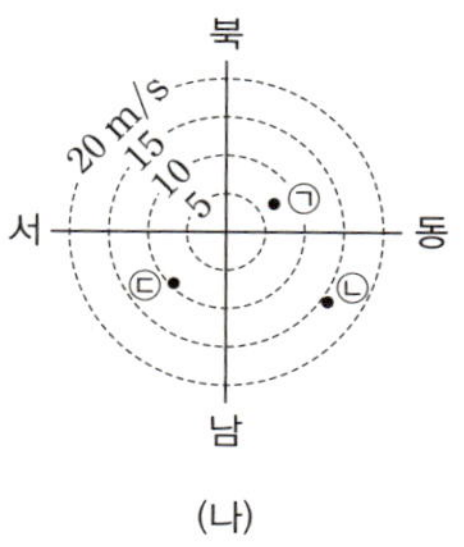

(가)   (나)

이에 대한 설명으로 옳은 것만을 〈보기〉에서 있는 대로 고른 것은?

보기
ㄱ. 제주도는 위험 반원에 있었다.
ㄴ. (가)에서 태풍의 중심 기압은 전향점을 통과한 이후 점점 낮아졌다.
ㄷ. (나)에서 관측한 순서는 ㉢ → ㉡ → ㉠이다.

① ㄱ   ② ㄴ   ③ ㄱ, ㄷ
④ ㄴ, ㄷ   ⑤ ㄱ, ㄴ, ㄷ

216 고난도

그림은 위도 30°N 부근을 통과 중인 태풍의 연직 기온 편차(관측 기온−평균 기온)를 나타낸 것이다.

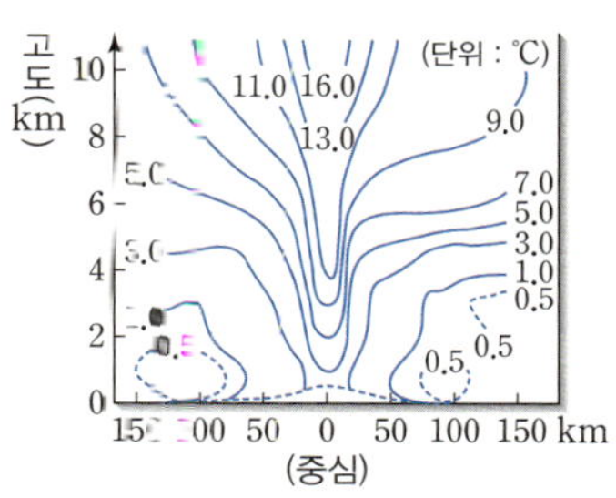

이에 대한 설명으로 옳은 것만을 〈보기〉에서 있는 대로 고른 것은?

보기
ㄱ. 중심에는 태풍의 눈이 발달해 있다.
ㄴ. 태풍의 적란운은 대류권 계면 부근까지 발달한다.
ㄷ. 수증기의 숨은열 때문에 태풍의 중심 부근에서 기온이 높다.

① ㄱ   ② ㄷ   ③ ㄱ, ㄴ
④ ㄴ, ㄷ   ⑤ ㄱ, ㄴ, ㄷ

217

그림은 어떤 뇌우의 구조와 규모를 나타낸 것이다.

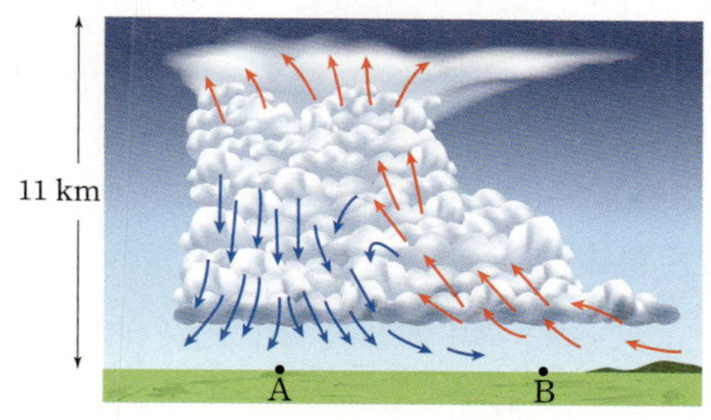

이에 대한 설명으로 옳은 것만을 〈보기〉에서 있는 대로 고른 것은?

보기
ㄱ. 뇌우의 발달 단계 중 적운 단계에 해당한다.
ㄴ. 강수 현상은 B보다 A에서 뚜렷하게 나타난다.
ㄷ. 구름의 최상부는 대류권 계면 부근에 위치한다.

① ㄴ   ② ㄷ   ③ ㄱ, ㄴ
④ ㄱ, ㄷ   ⑤ ㄴ, ㄷ

218

그림 (가)와 (나)는 1981년부터 2010년까지 우리나라의 여름철(6~8월)에 발생한 일반 강수와 집중 호우의 평균 빈도수를 나타낸 것이다.

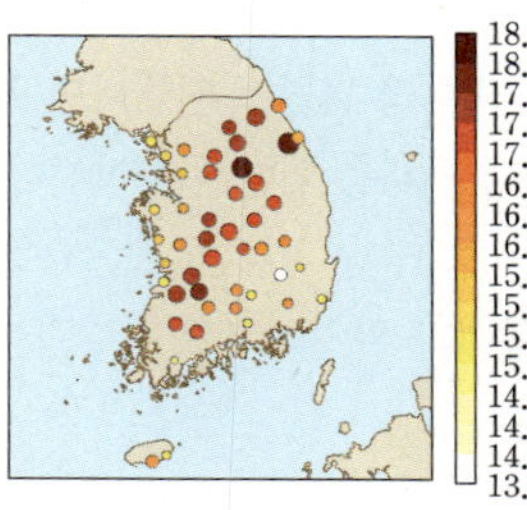
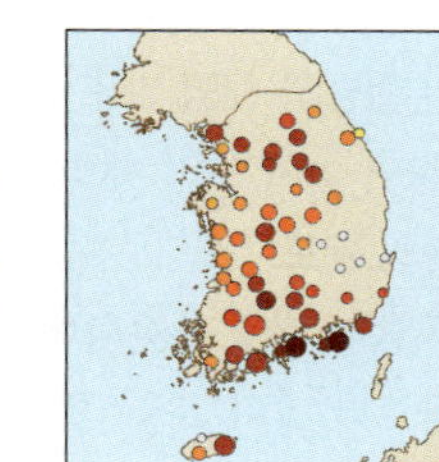

(가) 일반 강수(>2 mm/일)   (나) 집중 호우(>30 mm/일)

이에 대한 설명으로 옳은 것만을 〈보기〉에서 있는 대로 고른 것은?

보기
ㄱ. 일반 강수는 해안 지역보다 내륙 지역에서 많다.
ㄴ. 집중 호우는 서해안보다 남해안에서 자주 발생한다.
ㄷ. 여름철에는 대체로 집중 호우보다 일반 강수의 빈도수가 높다.

① ㄱ   ② ㄷ   ③ ㄱ, ㄴ
④ ㄴ, ㄷ   ⑤ ㄱ, ㄴ, ㄷ

03 해수의 성질

개념 ① 해수의 수온

1. **표층 수온 분포** : 태양 복사 에너지가 가장 큰 영향을 준다.
   ➡ 표층 수온은 고위도에서 저위도로 갈수록 증가하며 등수온선은 대체로 위도와 나란하게 나타난다. ┌ 해류나 용승의 영향을 받는 곳은 위도와 나란하지 않다.

2. **연직 수온 분포** : 깊이에 따른 수온 분포로 구분한다.

혼합층	• 태양 복사 에너지에 의한 가열과 바람의 혼합 작용으로 인해 깊이에 관계없이 수온이 일정한 층 ➡ 바람이 강한 중위도 해역에서 두껍게 발달 • 고위도로 갈수록 혼합층의 수온은 하강
수온 약층	• 깊이에 따라 수온이 급격히 낮아지는 층 ➡ 매우 안정한 층으로 혼합층과 심해층 사이의 물질과 에너지의 교환을 차단 • 표층 수온이 높은 적도 해역에서 뚜렷하게 발달
심해층	• 계절이나 깊이에 따른 수온 변화가 거의 없는 층 ➡ 태양 복사 에너지의 영향을 받지 않기 때문 • 수온이 낮고 염분이 높아 고밀도인 극 해역의 해수가 침강하여 생성

개념 ② 해수의 염분

1. **염분** : 해수 1 kg 속에 녹아 있는 염류의 총량을 g 수로 나타낸 값으로, 단위는 psu(실용염분단위)를 사용한다.
   ➡ 전 세계 해수의 평균 염분은 약 35 psu이다.

2. **표층 염분의 변화 요인**
   (1) **증발량과 강수량** : 표층 염분은 (증발량─강수량) 값에 비례 ┌ 표층 염분에 가장 큰 영향을 주는 요인
   (2) **담수의 유입량** : 육지로부터 담수가 유입되면 표층 염분은 낮아진다.
   (3) **해수의 결빙과 해빙** : 극지방에서 해수의 결빙이 일어나면 표층 염분이 높아지고, 해빙이 일어나면 표층 염분은 낮아진다.

3. **표층 염분의 분포**
   (1) **적도 지방** : 대기 대순환에서 저압대가 위치하므로 강수량이 증발량보다 많아 표층 염분이 낮다.
   (2) **중위도 지방** : 대기 대순환에서 고압대가 위치하므로 증발량이 강수량보다 많아 표층 염분이 높다.
   (3) **극지방** : 대체로 기온이 낮아 증발량이 적고, 해빙이 일어나므로 표층 염분이 낮다.
   ➡ 결빙이 일어나는 해역에서는 표층 염분이 높다.

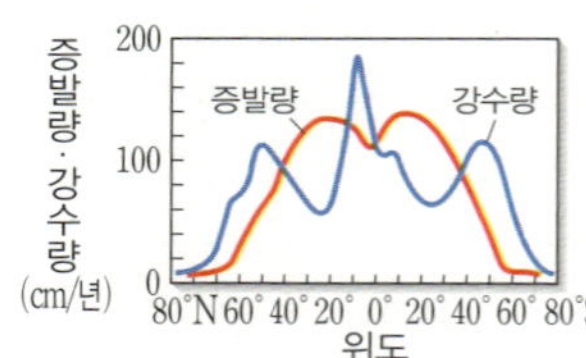

▲ 위도별 증발량과 강수량

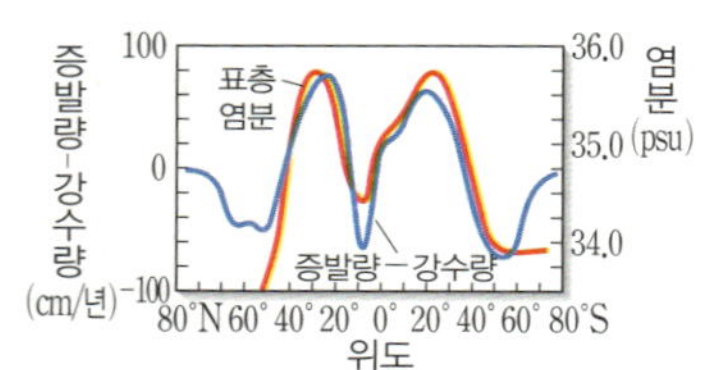

▲ 표층 염분의 분포

개념 ③ 해수의 밀도

1. **밀도의 변화 요인** : 수온이 낮을수록, 염분이 높을수록, 수압이 높을수록 해수의 밀도가 증가한다. → 수온의 영향이 가장 크다.

2. **해수의 밀도 분포** → 대체로 1.020 g/cm³~1.030 g/cm³
   (1) **표층 밀도 분포** : 수온이 높고 염분이 낮은 적도 해역에서 가장 작고, 수온이 낮은 위도 약 50°~60° 해역에서 가장 크다.
   ➡ 북반구에서 60°N 이상의 해역에서는 빙하가 녹은 물이 유입되어 염분이 감소하므로 밀도가 작다.
   (2) **연직 밀도 분포** : 수심이 깊어질수록 밀도가 증가하다가 심해에서는 거의 일정하다.
   ➡ 깊이에 따라 밀도가 급격히 증가하는 밀도 약층은 수온 약층과 거의 일치한다.

3. **수온-염분도(T-S도)** : 수온과 염분을 축으로 하여 밀도를 함께 나타낸 그래프
   ➡ 오른쪽 아래로 갈수록 밀도가 크고, 같은 등밀도선 위에 놓인 두 점에서 수온과 염분은 다르지만 밀도는 같다.

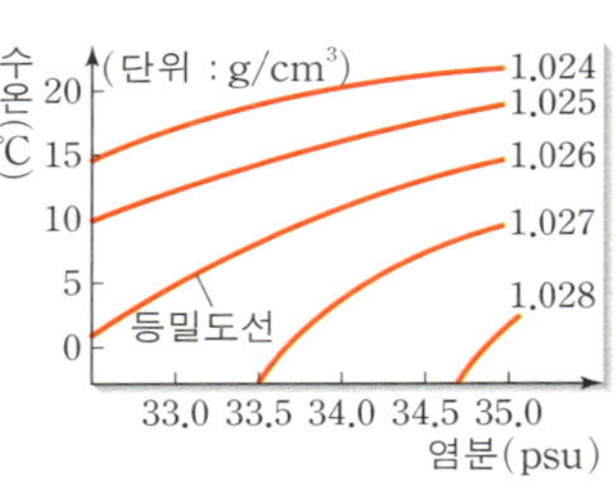

개념 ④ 용존 기체

1. **용해도의 변화 요인** : 수온과 염분이 낮을수록, 수압이 높을수록 해수에서 기체의 용해도는 높아진다.

2. **용존 산소의 분포**
   (1) **표층** : 광합성 작용과 대기로부터 산소가 공급되어 농도가 가장 높다.
   (2) **수심 1000 m 부근** : 해양 생물의 호흡과 사체 분해에 소모되어 농도가 가장 낮다.
   (3) **심해** : 극지방에서 침강한 찬 해수의 유입으로 인해 농도가 약간 높다.

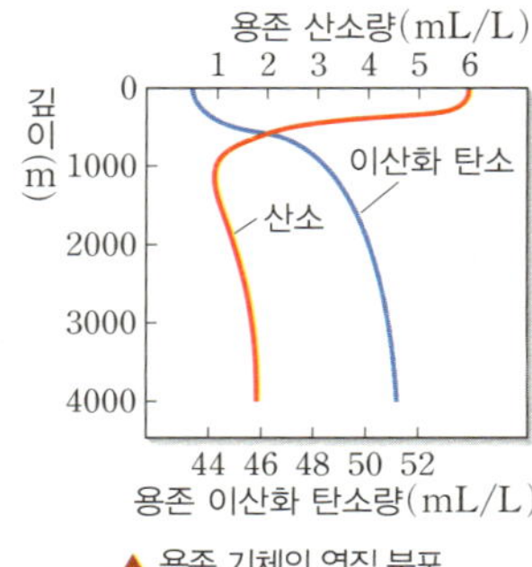

▲ 용존 기체의 연직 분포

3. **용존 이산화 탄소의 분포** → 이산화 탄소는 산소보다 물에 잘 용해된다.
   (1) **표층** : 광합성 작용에 이산화 탄소가 소모되므로 농도가 가장 낮다.
   (2) **깊이에 따른 용존 이산화 탄소의 농도 변화** : 수심이 깊어질수록 수온은 낮아지며 수압은 높아지기 때문에 기체의 용해도가 높아지면서 농도가 높아진다.

자료 분석 — 우리나라 주변 해역의 표층 수온 분포

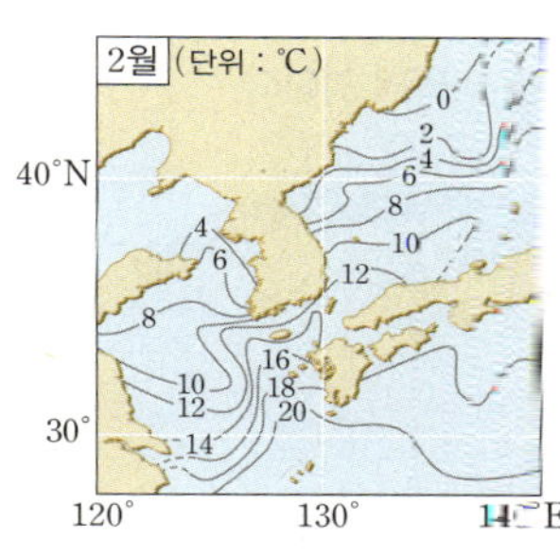
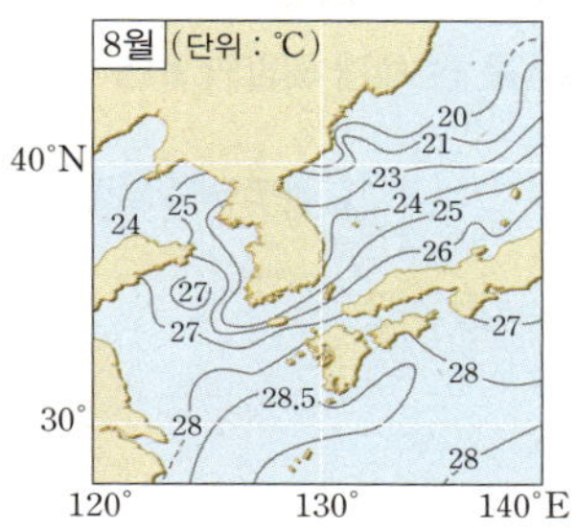

- 계절별 표층 수온 : 2월 < 8월
  ➡ 8월에는 태양 복사 에너지가 강하기 때문이다.
- 황해와 동해의 표층 수온의 연교차 : 황해 > 동해
  ➡ 황해는 수심이 얕고 대륙의 영향을 받기 때문이다.

자료 분석 — 우리나라 주변 해역의 표층 염분 분포

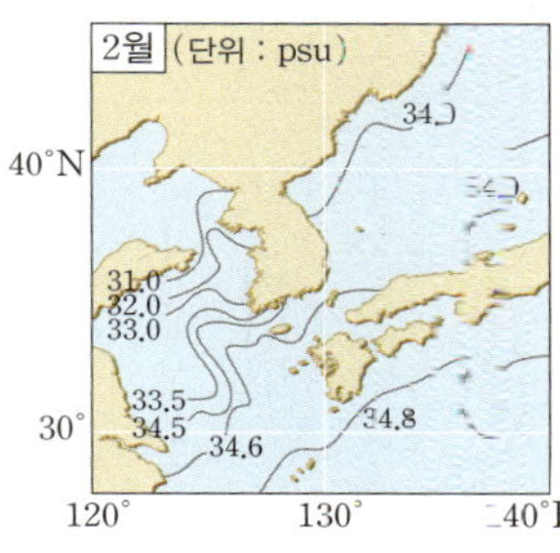
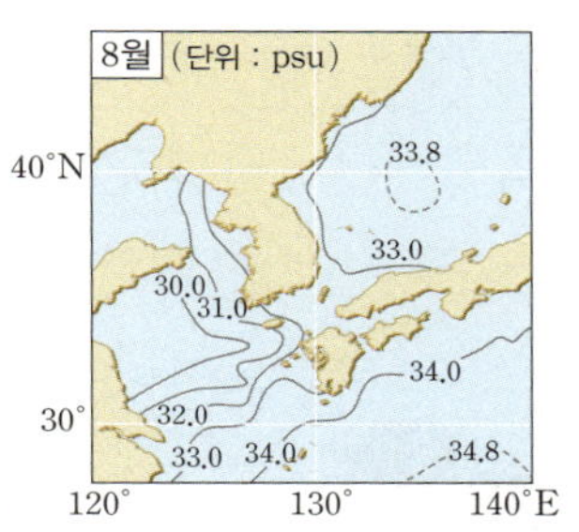

- 계절별 표층 염분 : 2월 > 8월
  ➡ 8월에는 강수량이 많기 때문이다.
- 황해와 동해의 표층 염분 : 황해 < 동해
  ➡ 황해는 하천수의 유입이 많기 때문이다.
- 난류가 흐르는 남쪽 해역은 표층 염분이 높다.

자료 분석 — 수온-염분도(T-S도)

- 수온-염분도 분석 : 밀도가 다른 수괴는 쉽게 섞이지 않기 때문에 오랜 기간 동안 고유한 특성을 유지하므로, 수온 염분도를 분석하면 수괴의 이동을 추적할 수 있다.

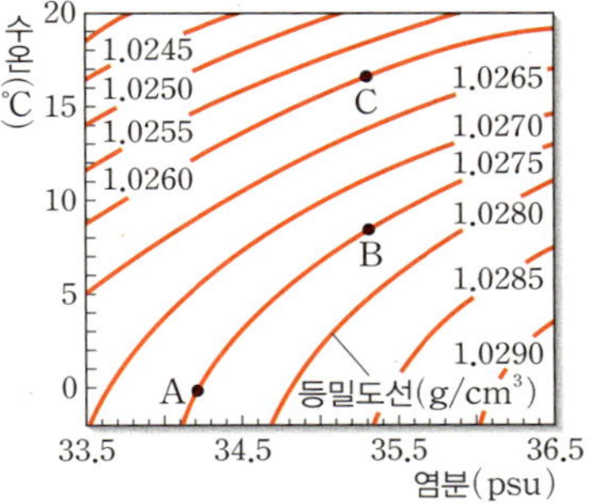

- 해수의 수온 : A < B < C
- 해수의 염분 : A < B = C
- 해수의 밀도 : C < A = B

219

정답 및 해설 | 26쪽

해수는 깊이에 따른 [   ] 변화를 기준으로 혼합층, 수온 약층, 심해층으로 구분한다.

220

염분 분포에 대한 설명으로 옳은 것은 ○, 옳지 않은 것은 ×로 표시하시오.

(1) (증발량 - 강수량) 값이 클수록 표층 염분이 대체로 높게 나타난다. (   )
(2) 육지로부터 담수가 유입되는 대륙의 연안은 육지에서 먼 해양보다 표층 염분이 낮다. (   )
(3) 극지방에서 해수의 결빙이 일어나면 염분이 낮아지고, 해빙이 일어나면 염분은 높아진다. (   )

221

해수의 밀도는 주로 수온과 염분에 의해 결정되는데, 수온이 낮을수록, 염분이 높을수록 해수의 밀도는 [   ]진다.

222

혼합층, 수온 약층, 심해층 중에서 깊이에 따른 밀도 변화가 가장 크게 나타나는 층은 [   ]이다.

223

해수에 포함된 용존 기체에 대한 설명으로 옳은 것은 ○, 옳지 않은 것은 ×로 표시하시오.

(1) 해수에 녹아 있는 기체의 농도는 수온과 염분이 높을수록 높다. (   )
(2) 심해층의 용존 산소는 극지방에서 침강한 해수로부터 공급되었다. (   )
(3) 수심이 깊어질수록 용존 이산화 탄소량은 점점 감소한다. (   )

224

다음 (   ) 안에 알맞은 말을 고르시오.

(1) 황해는 동해보다 표층 수온의 연교차가 (크다, 작다).
(2) 표층 염분은 2월보다 8월에 (높게, 낮게) 나타난다.
(3) 표층 염분은 한류보다 난류가 흐르는 해역에서 (높게, 낮게) 나타난다.

개념 ① 해수의 수온

족집게 전략 해수의 층상 구조를 구분하는 기준과 각 층의 특징에 대해 알고 있어야 해. 우리나라 주변 해양의 계절에 따른 수온 분포 변화와 위도별 연직 수온 분포가 자주 출제되고 있어.

225 단골 문제

그림은 A와 B 해역에서 측정한 수온의 연직 분포를 나타낸 것이다.

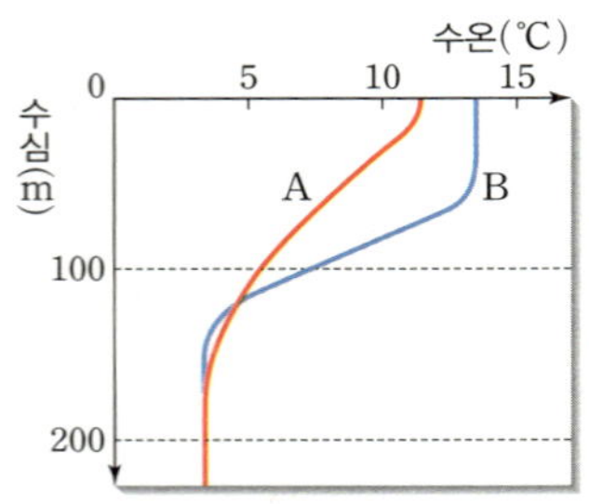

A 해역보다 B 해역에서 더 큰 값을 나타내는 것만을 〈보기〉에서 있는 대로 고른 것은?

보기
ㄱ. 평균 풍속
ㄴ. 수온 약층의 두께
ㄷ. 태양 복사 에너지의 입사량

① ㄱ   ② ㄴ   ③ ㄱ, ㄷ
④ ㄴ, ㄷ   ⑤ ㄱ, ㄴ, ㄷ

추가로 나오는 선택지

❶ 수온의 연교차는 심해층보다 혼합층에서 크다.　　（　　　）
❷ 연직 운동이 가장 활발한 층은 수온 약층이다.　　（　　　）
❸ 해수의 밀도는 혼합층〈수온 약층〈심해층이다.　　（　　　）

226 서술형

그림은 해수의 층상 구조를 나타낸 것이다.
A, B, C층 중 가장 안정한 층을 고르고, 그 까닭을 서술하시오.

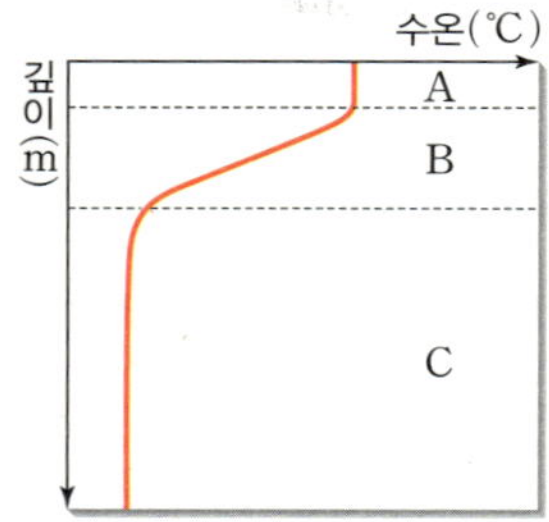

227

그림은 전 세계 해양의 표층 수온 분포를 나타낸 것이다.

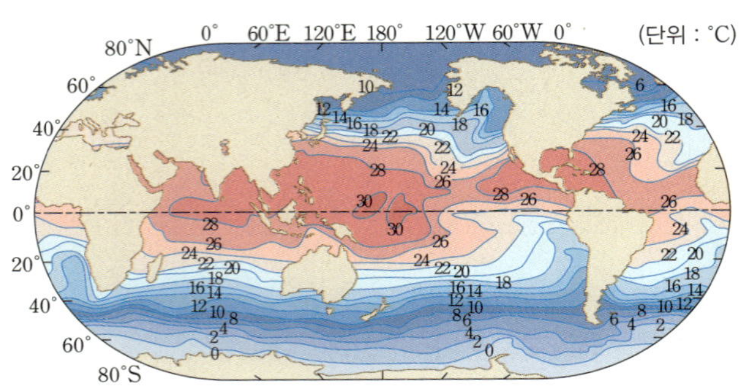

이에 대한 설명으로 옳은 것만을 〈보기〉에서 있는 대로 고른 것은?

보기
ㄱ. 표층 수온 분포는 대체로 위도와 나란하다.
ㄴ. 위도에 따른 수온 변화는 적도 부근에서 가장 크다.
ㄷ. 태평양 중위도 해역에서는 서쪽 연안보다 동쪽 연안에서 대체로 수온이 높다.

① ㄱ   ② ㄴ   ③ ㄱ, ㄷ
④ ㄴ, ㄷ   ⑤ ㄱ, ㄴ, ㄷ

228 중요

그림 (가)와 (나)는 우리나라 주변 바다에서 측정한 2월과 8월의 평균 표층 수온 분포를 나타낸 것이다.

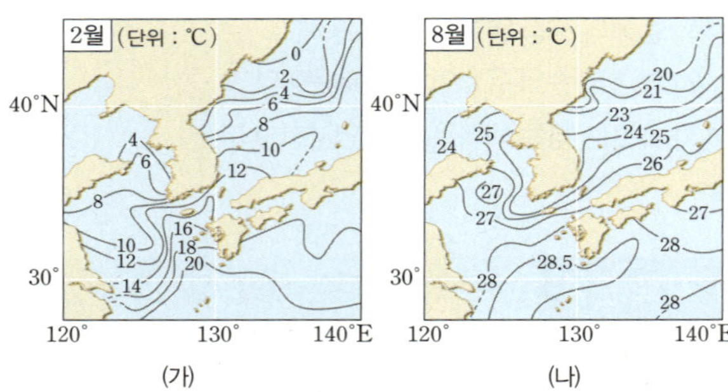

(가)　　　(나)

이에 대한 설명으로 옳은 것만을 〈보기〉에서 있는 대로 고른 것은?

보기
ㄱ. 수온의 연교차는 남해에서 가장 크다.
ㄴ. 우리나라 주변 바다에서 남북 간 표층 수온 차는 2월보다 8월에 크다.
ㄷ. 동해에서 표층과 심해층의 수온 차는 2월보다 8월에 크다.

① ㄱ   ② ㄷ   ③ ㄱ, ㄴ
④ ㄴ, ㄷ   ⑤ ㄱ, ㄴ, ㄷ

229

그림 (가)와 (나)는 우리나라의 어느 해역에서 수심에 따른 계절별 수온 분포를 나타낸 것이다.

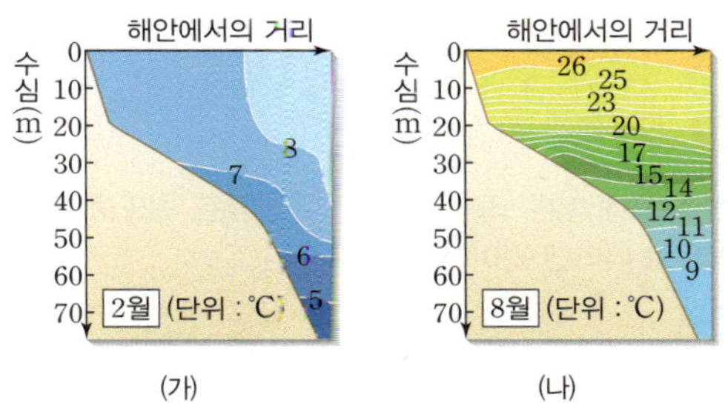

이에 대한 설명으로 옳은 것만을 〈보기〉에서 있는 대로 고른 것은?

보기

ㄱ. 표층 수온의 연교차는 해안보다 먼 바다에서 크다.
ㄴ. 수온 약층은 2월보다 8월에 잘 나타난다.
ㄷ. 8월에는 연안 용승 현상이 나타난다.

① ㄱ   ② ㄴ   ③ ㄱ, ㄷ
④ ㄴ, ㄷ   ⑤ ㄱ, ㄴ, ㄷ

230 중요

그림은 위도별 해수의 층상 구조와 수온 분포를 나타낸 것이다.

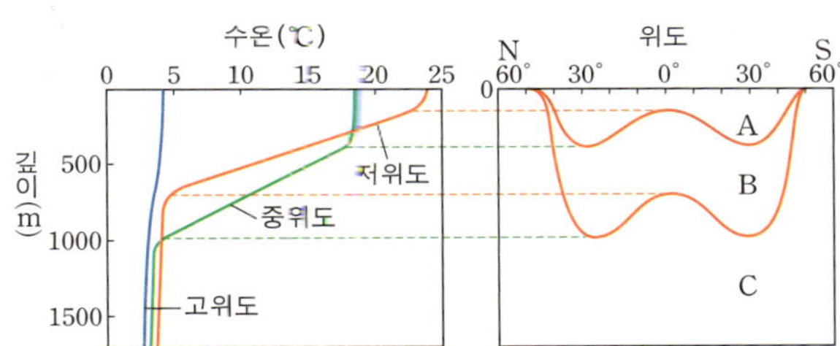

이에 대한 설명으로 옳은 것만을 〈보기〉에서 있는 대로 고른 것은?

보기

ㄱ. 적도 해역은 중위도 해역보다 바람의 세기가 약하다.
ㄴ. B층은 A층과 C층 사이의 물질과 에너지의 교환을 차단하는 역할을 한다.
ㄷ. 혼합층과 심해층의 깊도 차이는 저위도 해역보다 고위도 해역에서 크다.

① ㄱ   ② ㄷ   ③ ㄱ, ㄴ
④ ㄴ, ㄷ   ⑤ ㄱ, ㄴ, ㄷ

231 서술형

우리나라 주변 해역에서 혼합층이 가장 두껍게 발달하는 계절을 쓰고, 그 까닭을 서술하시오.

개념 ❷ 해수의 염분

족집게 전략 해수의 염분 변화에 영향을 미치는 요인에 대해 알고, 우리나라 주변 해역과 전 세계 해양의 염분 분포의 특징을 잘 정리해 두어야 해.

232 단골 문제

그림은 북태평양의 연간 (증발량−강수량) 값의 분포를 나타낸 것이다.

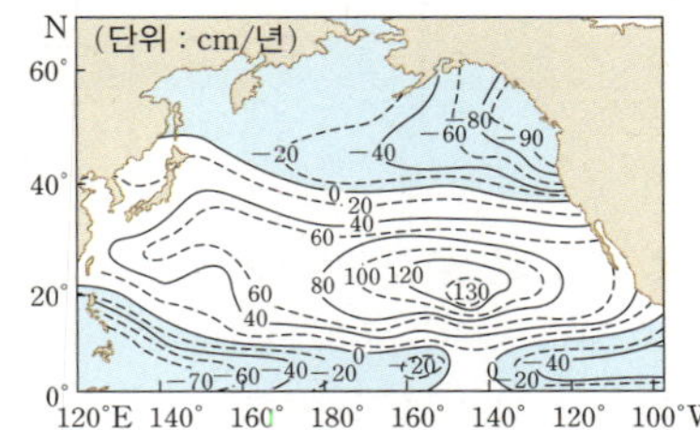

이에 대한 설명으로 옳은 것만을 〈보기〉에서 있는 대로 고른 것은?

보기

ㄱ. 적도 해역은 대체로 증발량보다 강수량이 많다.
ㄴ. 표층 염분은 $30°N$ 해역보다 $50°N$ 해역에서 낮을 것이다.
ㄷ. 대륙에서 사막은 주로 위도 $20°\sim30°$ 부근에 발달할 것이다.

① ㄱ   ② ㄷ   ③ ㄱ, ㄴ
④ ㄴ, ㄷ   ⑤ ㄱ, ㄴ, ㄷ

추가로 나오는 선택지

❶ 표층 염분은 위도 $20°\sim30°$ 부근에서 가장 높다.   (   )
❷ 표층 염분은 (증발량−강수량) 값에 반비례한다.   (   )
❸ 극지방은 증발량이 많아 대체로 표층 염분이 낮다.   (   )

233

다음은 서로 다른 해역의 특징을 나타낸 것이다.

(가) 육지에서 다량의 하천수가 유입된다.
(나) 대륙 빙하가 녹아 바다로 유입되고 있다.
(다) 고압대에 위치하여 맑은 날씨가 지속된다.
(라) 추운 날씨가 지속되어 해수의 결빙이 나타난다.

(가)~(라) 해역 중 표층 염분이 현재보다 높아질 것으로 예상되는 해역만을 있는 대로 고른 것은?

① (가), (나)   ② (가), (다)   ③ (다), (라)
④ (가), (다), (라)   ⑤ (나), (다), (라)

234

그림 (가)와 (나)는 우리나라 주변 바다에서 측정한 2월과 8월의 표층 염분 분포를 순서 없이 나타낸 것이다.

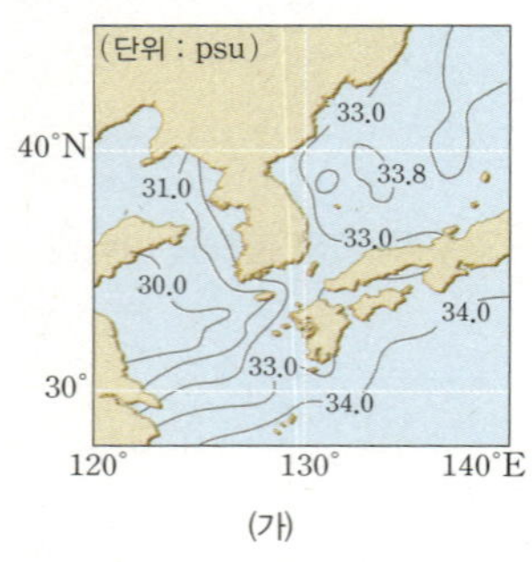
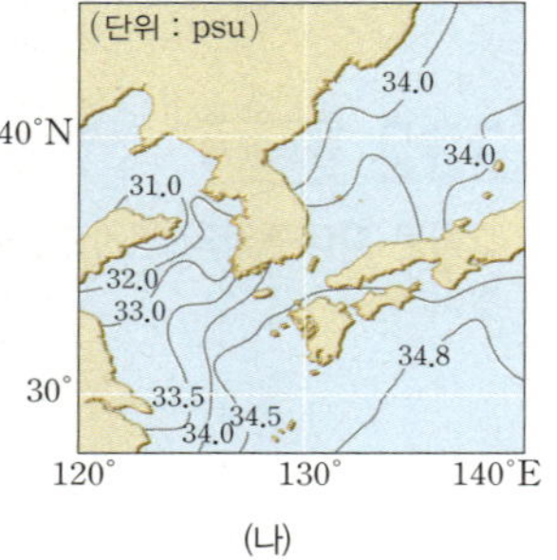

이에 대한 설명으로 옳은 것만을 〈보기〉에서 있는 대로 고른 것은?

보기

ㄱ. (가)는 2월의 표층 염분 분포이다.

ㄴ. 연평균 표층 염분은 황해에서 가장 낮다.

ㄷ. 동해의 표층 염분은 대륙 연안보다 먼 바다에서 대체로 높다.

① ㄱ　　　　② ㄴ　　　　③ ㄱ, ㄷ
④ ㄴ, ㄷ　　　　⑤ ㄱ, ㄴ, ㄷ

235 

그림은 위도에 따른 연간 증발량과 강수량의 분포를 나타낸 것이다.

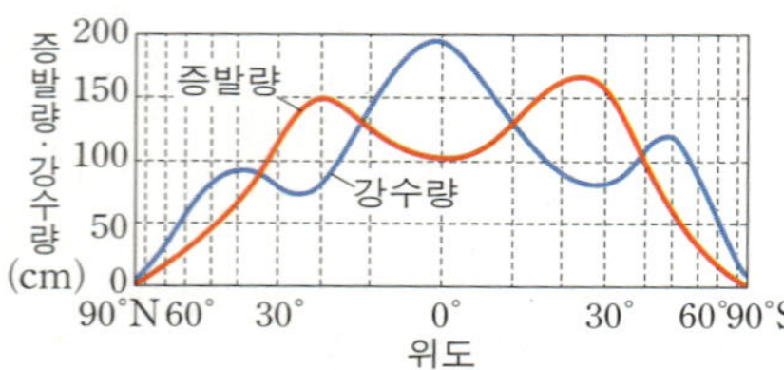

이에 대한 설명으로 옳은 것만을 〈보기〉에서 있는 대로 고른 것은?

보기

ㄱ. 적도 해역은 중위도 해역보다 표층 염분이 높다.

ㄴ. (강수량−증발량) 값이 큰 해역일수록 표층 염분이 낮다.

ㄷ. 표층 염분은 적도를 경계로 대체로 대칭적인 분포를 보인다.

① ㄱ　　　　② ㄷ　　　　③ ㄱ, ㄴ
④ ㄴ, ㄷ　　　　⑤ ㄱ, ㄴ, ㄷ

236 　서술형

태평양은 대서양보다 표층 염분이 대체로 낮게 나타난다. 그 까닭을 증발량 및 강수량과 관련지어 서술하시오.

족집게 전략　해수의 밀도는 주로 수온과 염분에 의해 결정되기 때문에 세 가지 성질의 관계를 종합적으로 이해해야 해. 특히 수온−염분도(T − S도)와 관련지어 해수의 밀도에 대해 자주 출제되고 있어.

237 　단골 문제

그림은 위도에 따른 표층 해수의 수온, 염분, 밀도를 순서 없이 A, B, C로 나타낸 것이다.

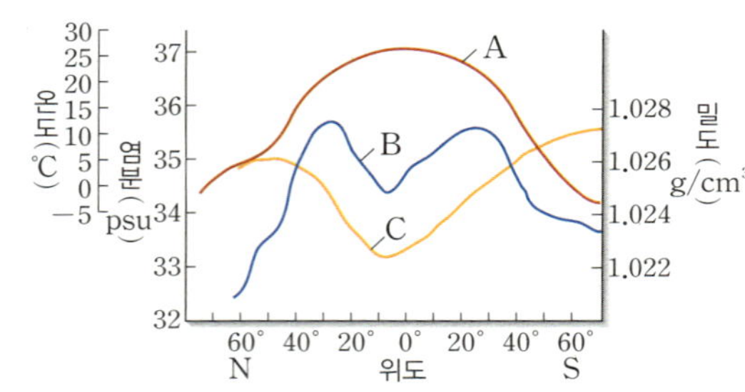

이에 대한 설명으로 옳은 것만을 〈보기〉에서 있는 대로 고른 것은?

보기

ㄱ. 해수의 밀도는 A이다.

ㄴ. B의 분포는 증발량과 강수량의 영향을 크게 받는다.

ㄷ. C는 A보다 B의 영향을 크게 받는다.

① ㄴ　　　　② ㄷ　　　　③ ㄱ, ㄴ
④ ㄱ, ㄷ　　　　⑤ ㄴ, ㄷ

추가로 나오는 선택지

❶ 수온이 높을수록 해수의 밀도가 크다.　　　　(　　　)
❷ 염분이 높을수록 해수의 밀도가 작다.　　　　(　　　)
❸ 해수의 밀도는 적도 부근의 해역에서 가장 작다.　(　　　)

238 　서술형

표는 A, B, C 해역의 수온과 염분을 나타낸 것이다.

구분	A 해역	B 해역	C 해역
수온(°C)	25	25	10
염분(psu)	35	34	35

A, B, C의 밀도를 부등호로 비교하고, 그렇게 판단한 까닭을 서술하시오.

239

표는 태평양의 세 해역의 위도와 평균 풍속을 나타낸 것이다.

구분	A 해역	B 해역	C 해역
위도	적도	30°N	50°S
풍속(m/s)	1~2	5~6	8~9

이에 대한 설명으로 옳은 것만을 〈보기〉에서 있는 대로 고른 것은?

보기

ㄱ. 혼합층의 두께는 A에서 가장 얇다.
ㄴ. (강수량−증발량) 값은 B에서 가장 크다.
ㄷ. 표층 해수의 밀도는 A보다 C에서 작다.

① ㄱ 　② ㄴ 　③ ㄱ, ㄷ
④ ㄴ, ㄷ 　⑤ ㄱ, ㄴ, ㄷ

240 중요

그림은 해수 A, B, C를 수온−염분도에 나타낸 것이다.
해수 A, B, C에 대한 설명으로 옳은 것만을 〈보기〉에서 있는 대로 고른 것은?

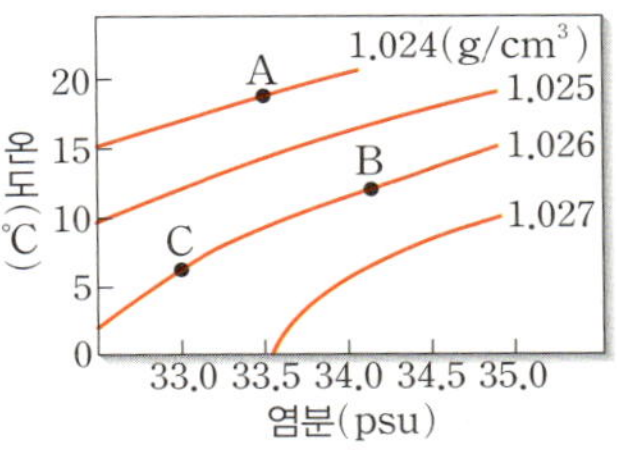

보기

ㄱ. 해수의 밀도는 A가 가장 크다.
ㄴ. B의 염분만 높아지면 밀도는 B가 C보다 크다.
ㄷ. B와 C가 혼합된 해수의 밀도는 B보다 크다.

① ㄴ 　② ㄷ 　③ ㄱ, ㄴ
④ ㄱ, ㄷ 　⑤ ㄴ, ㄷ

241

그림은 대서양의 어느 해역에서 관측된 깊이에 따른 해수의 수온과 염분 분포를 수온−염분도에 나타낸 것이다.
이에 대한 설명으로 옳은 것만을 〈보기〉에서 있는 대로 고른 것은?

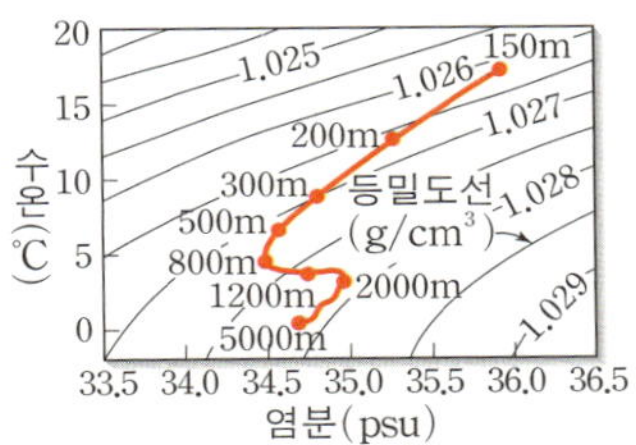

보기

ㄱ. 150 m~800 m 구간은 수온 약층에 해당한다.
ㄴ. 800 m~2000 m 구간에서는 염분과 밀도가 모두 증가한다.
ㄷ. 2000 m~5000 m 구간에서는 밀도가 거의 일정하다.

① ㄱ 　② ㄷ 　③ ㄱ, ㄴ
④ ㄴ, ㄷ 　⑤ ㄱ, ㄴ, ㄷ

개념 ④ 용존 기체

족집게 전략 용존 산소량과 용존 이산화 탄소량은 수심에 따라 어떻게 변화하는지 자주 출제되므로 잘 정리해 두어야 해.

242 단골 문제

그림은 해수에 녹아 있는 두 기체 A와 B의 수심에 따른 농도를 나타낸 것이다. A와 B는 각각 산소와 이산화 탄소 중 하나이다.
이에 대한 설명으로 옳은 것만을 〈보기〉에서 있는 대로 고른 것은?

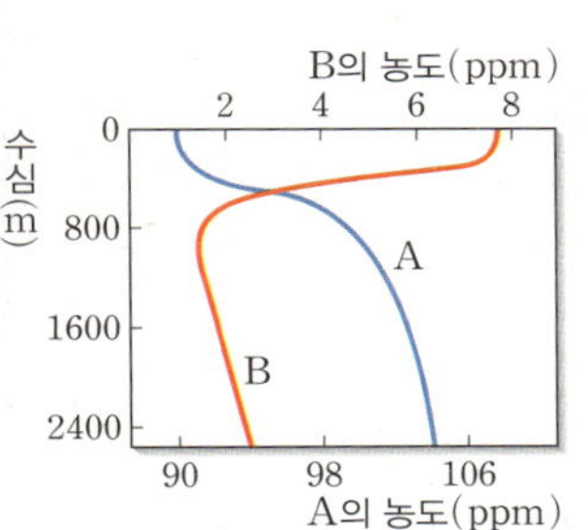

보기

ㄱ. A와 B는 모두 표층 수온이 높을수록 해수에 잘 녹는다.
ㄴ. A는 이산화 탄소이다.
ㄷ. 심해층에서 B의 농도는 광합성 때문에 증가한다.

① ㄱ 　② ㄴ 　③ ㄱ, ㄷ
④ ㄴ, ㄷ 　⑤ ㄱ, ㄴ, ㄷ

추가로 나오는 **선택지**

❶ 용존 산소량은 수온 약층에서 가장 많다. 　　(　　)
❷ 기체 용해도는 산소보다 이산화 탄소가 크다. 　(　　)

243

그림은 전 세계 해양의 표층 용존 산소량 분포를 나타낸 것이다.

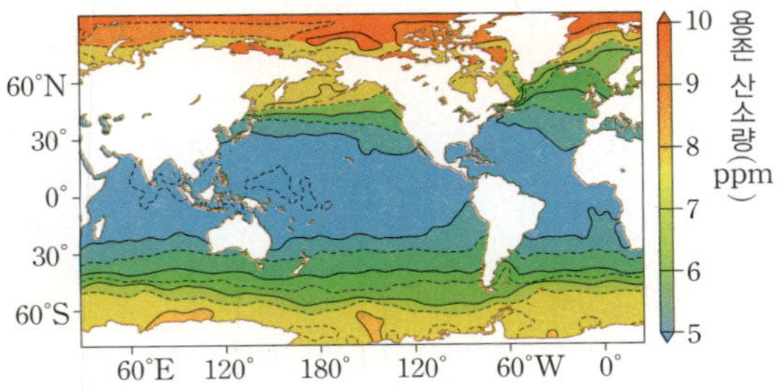

이에 대한 설명으로 옳은 것만을 〈보기〉에서 있는 대로 고른 것은?

보기

ㄱ. 용존 산소량은 대체로 고위도로 갈수록 증가한다.
ㄴ. 위도에 따른 용존 산소량의 변화는 적도 부근에서 가장 크다.
ㄷ. 심해층은 표층보다 용존 산소량이 많다.

① ㄱ 　② ㄴ 　③ ㄱ, ㄷ
④ ㄴ, ㄷ 　⑤ ㄱ, ㄴ, ㄷ

244

그림은 북반구 중위도 해역에서 1년 동안 관측한 깊이에 따른 수온 분포를 월별로 구분하여 나타낸 것이다.

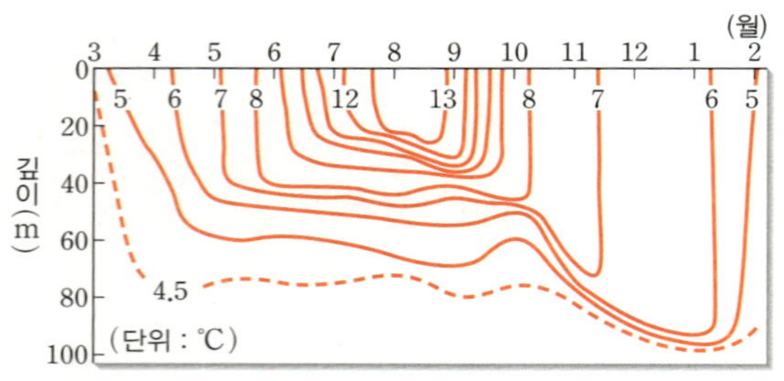

이에 대한 설명으로 옳은 것만을 〈보기〉에서 있는 대로 고른 것은?

보기

ㄱ. 이 해역에서 평균 풍속은 여름보다 겨울에 강하다.
ㄴ. 수온 약층이 시작되는 깊이와 끝나는 깊이에서 해수의 밀도 차는 8월에 최소이다.
ㄷ. 수온의 연교차는 수심 40 m보다 80 m에서 크다.

① ㄱ   ② ㄴ   ③ ㄱ, ㄷ
④ ㄴ, ㄷ   ⑤ ㄱ, ㄴ, ㄷ

245 고난도

그림은 우리나라 주변의 해수 A, B, C를 수온 – 염분도에 나타낸 것이다.

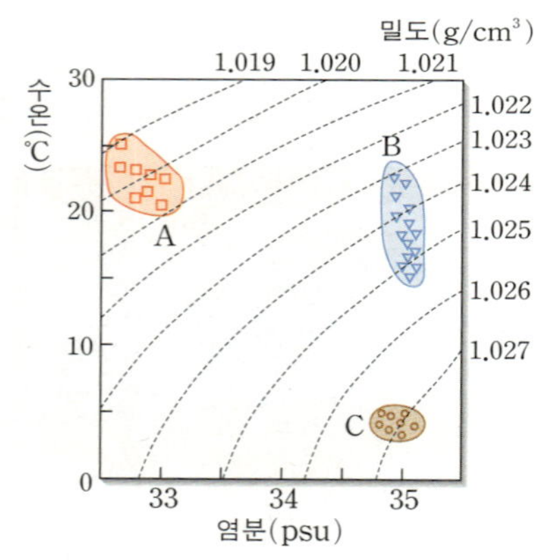

이에 대한 설명으로 옳지 <u>않은</u> 것은?

① 해수의 밀도는 A가 B보다 작다.
② B는 C보다 저위도 해역의 해수이다.
③ C는 A보다 저온 고염분의 해수이다.
④ B와 C가 혼합되면 밀도는 A보다 크다.
⑤ A가 B보다 염분이 낮은 주요 원인은 (증발량 – 강수량) 값이 크기 때문이다.

246

그림 (가)와 (나)는 어느 해 봄과 가을에 동해의 어느 해역에서 관측한 수심에 따른 수온과 염분을 나타낸 것이다.

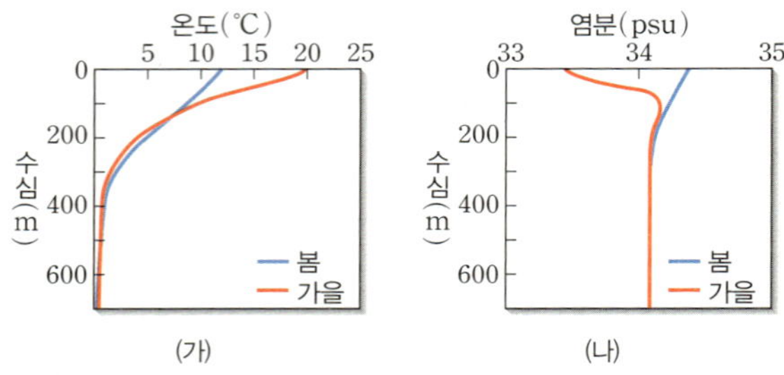

이에 대한 설명으로 옳은 것만을 〈보기〉에서 있는 대로 고른 것은?

보기

ㄱ. 표층 해수의 밀도는 봄보다 가을에 크다.
ㄴ. 수온 약층은 봄보다 가을에 더 뚜렷하다.
ㄷ. 담수 유입량은 봄보다 가을에 더 많았을 것이다.

① ㄴ   ② ㄷ   ③ ㄱ, ㄴ
④ ㄱ, ㄷ   ⑤ ㄴ, ㄷ

247 고난도

그림은 서로 다른 두 계절 ㉠, ㉡에 동해의 한 지점에서 측정된 수온과 염분을 수온 – 염분도에 나타낸 것이다. 물리량 X와 Y는 각각 수온과 염분 중 하나이다.

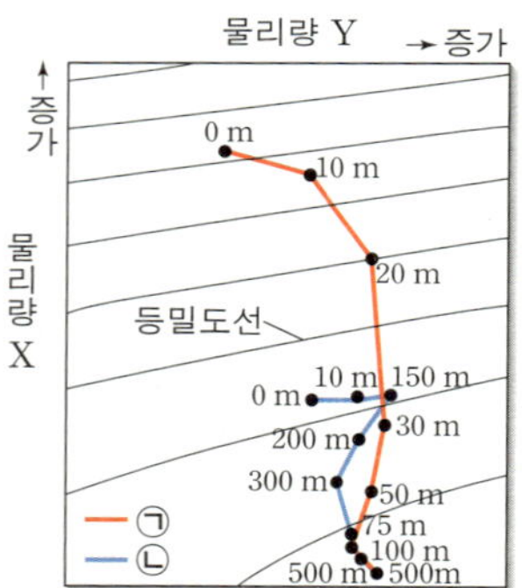

이에 대한 설명으로 옳은 것만을 〈보기〉에서 있는 대로 고른 것은?

보기

ㄱ. 혼합층의 두께는 ㉠보다 ㉡일 때 두껍다.
ㄴ. 수심 300 m 해수의 밀도는 ㉠보다 ㉡일 때 크다.
ㄷ. 수온 약층의 안정도는 ㉠보다 ㉡일 때 더 크다.

① ㄱ   ② ㄴ   ③ ㄱ, ㄷ
④ ㄴ, ㄷ   ⑤ ㄱ, ㄴ, ㄷ

248

그림 (가)는 우리나라의 주변 해역 A, B, C의 위치를, (나)는 A, B, C에서 2월에 측정한 표층 수온과 표층 염분을 수온−염분도에 순서 없이 ㉠, ㉡, ㉢으로 나타낸 것이다.

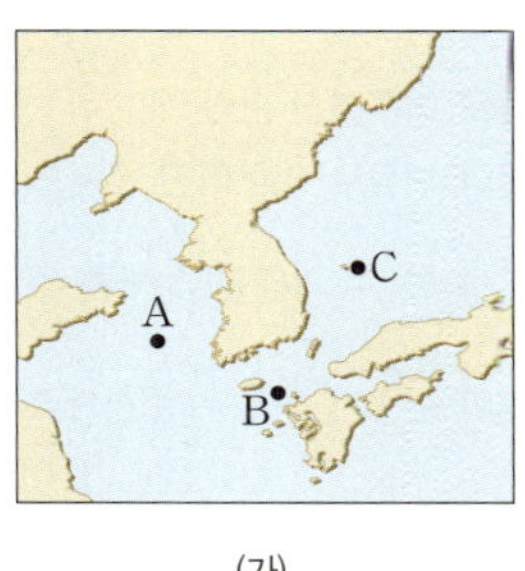
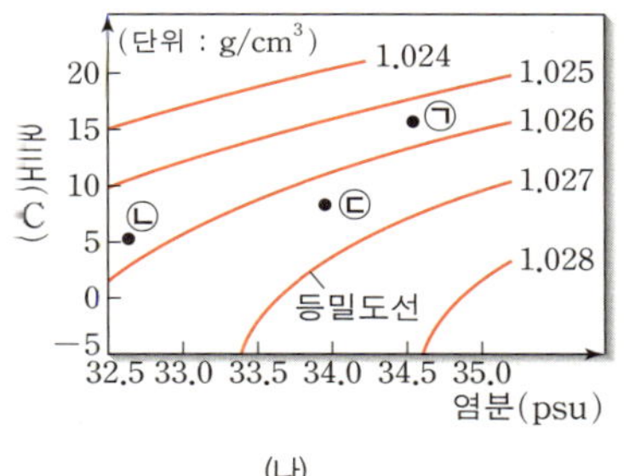

(가)　　　　　　　(나)

이에 대한 설명으로 옳은 것만을 〈보기〉에서 있는 대로 고른 것은?

　ㄱ. ㉢은 A에서 관측하였다.
　ㄴ. 표층 해수의 밀도는 B가 C보다 작다.
　ㄷ. 표층 해수에서 밀도의 연교차는 A가 C보다 크다.

① ㄱ　　　　　② ㄴ　　　　　③ ㄱ, ㄷ
④ ㄴ, ㄷ　　　　⑤ ㄱ, ㄴ, ㄷ

249　고난도

그림은 어느 해역에서 관측된 깊이에 따른 해수의 수온, 염분, 밀도 분포를 나타낸 것이다. A, B, C는 각각 수온, 염분, 밀도 중 하나이다.

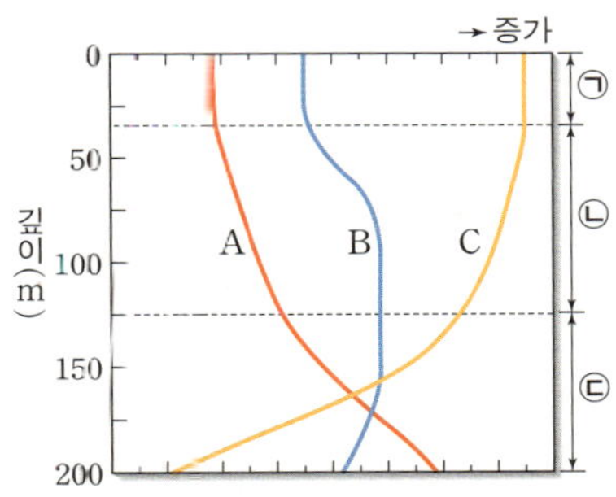

이에 대한 설명으로 옳은 것만을 〈보기〉에서 있는 대로 고른 것은?

　ㄱ. A는 밀도이고, B는 염분이다.
　ㄴ. 바람이 강해지면 ㉠층의 밀도는 현재보다 커진다.
　ㄷ. 해수의 안정도는 ㉡층보다 ㉢층이 크다.

① ㄱ　　　　　② ㄷ　　　　　③ ㄱ, ㄴ
④ ㄴ, ㄷ　　　　⑤ ㄱ, ㄴ, ㄷ

250

그림은 저위도 해역과 고위도 해역에서 측정한 수심에 따른 용존 산소량을 나타낸 것이다.

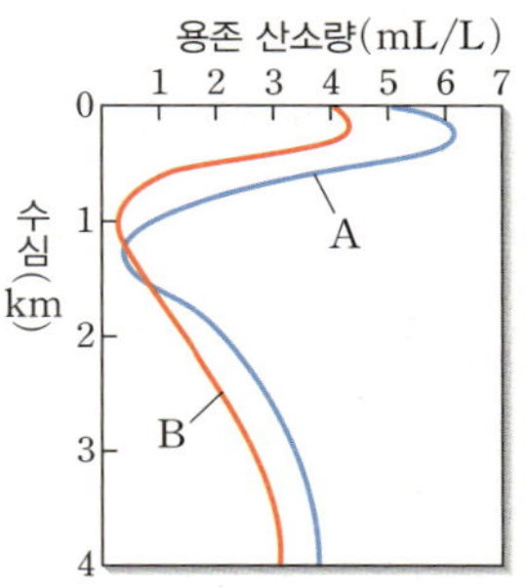

이에 대한 설명으로 옳은 것만을 〈보기〉에서 있는 대로 고른 것은?

　ㄱ. A는 고위도 해역에서 관측한 것이다.
　ㄴ. 수심 0~1 km 구간에서 용존 산소량이 감소하는 것은 기체 용해도가 감소하기 때문이다.
　ㄷ. 심해에서 수심이 깊어질수록 용존 산소 산소량이 증가하는 것은 극지방에서 침강한 해수 때문이다.

① ㄱ　　　　　② ㄴ　　　　　③ ㄱ, ㄷ
④ ㄴ, ㄷ　　　　⑤ ㄱ, ㄴ, ㄷ

251

그림은 북태평양에서 표층 해수의 연평균 용존 산소량을 나타낸 것이다.

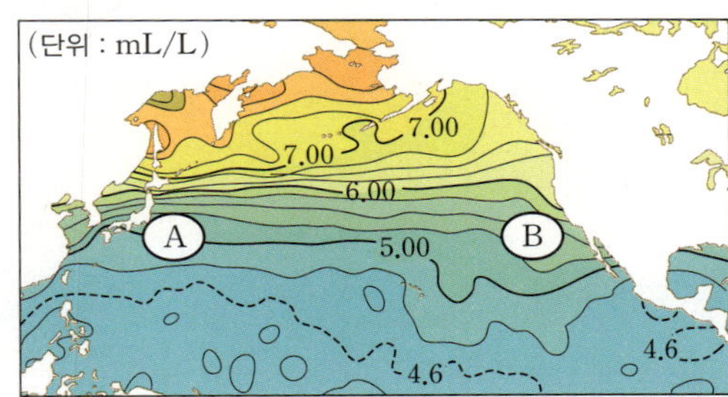

A 해역보다 B 해역에서 더 높은 값을 나타내는 것만을 〈보기〉에서 있는 대로 고른 것은?

　ㄱ. 표층 수온
　ㄴ. 표층 염분
　ㄷ. 표층 해수에 포함된 플랑크톤 농도

① ㄱ　　　　　② ㄴ　　　　　③ ㄷ
④ ㄱ, ㄷ　　　　⑤ ㄴ, ㄷ

01 대기 대순환과 해양의 순환

개념 ❶ 대기 대순환

1. 대기 대순환 : 전 지구적인 규모의 순환

(1) **위도별 에너지 불균형** : 지구는 전체적으로 복사 평형 상태를 이루고 있지만, 위도별로는 에너지 불균형 상태이다.

① 저위도 지방(위도 38° 이하)
: 태양 복사 에너지 흡수량
＞지구 복사 에너지 방출량
➡ 에너지 과잉

② 고위도 지방(위도 38° 이상)
: 태양 복사 에너지 흡수량
＜지구 복사 에너지 방출량
➡ 에너지 부족

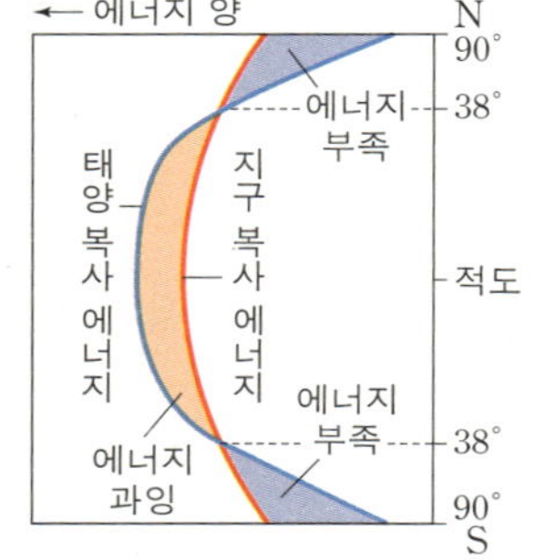

(2) **위도별 에너지 불균형의 해소** : 대기와 해수의 순환을 통해 저위도의 남는 에너지가 고위도로 운반된다.

2. 대기 대순환의 모형

(1) **단일 세포 순환 모형(자전하지 않는 지구)** : 적도 지방에서는 상승 기류, 극지방에서는 하강 기류가 발달한다.

➡ 지상에서는 북반구에서 북풍, 남반구에서 남풍이 분다.

(2) **대기 대순환의 모형(자전하는 지구)** : 지구 자전에 의한 영향으로 3개의 순환 세포가 형성된다.

➡ 해들리 순환과 극 순환은 직접 순환(열적 순환)이고, 페렐 순환은 간접 순환이다.

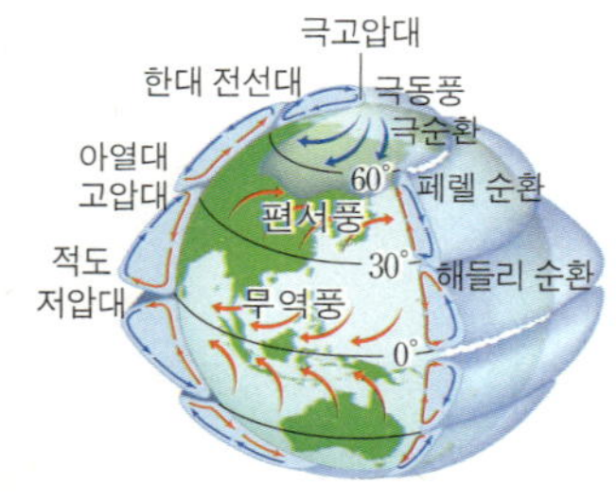

▲ 대기 대순환과 지상풍

개념 ❷ 표층 순환

1. 대기 대순환과 표층 해류 : 대기 대순환에 의한 바람과 해수면의 마찰력에 의해 표층 해류가 발생한다.

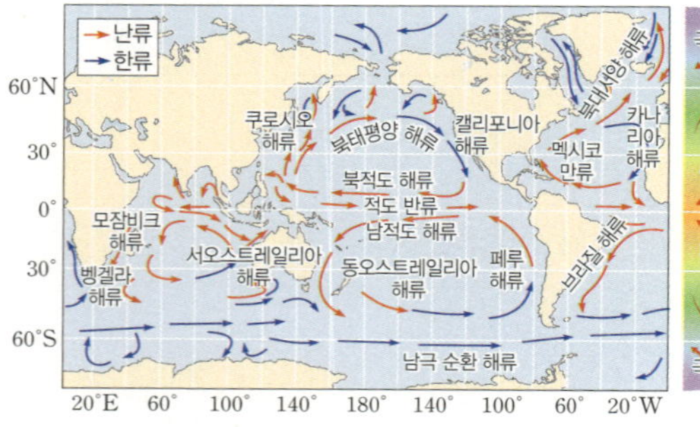

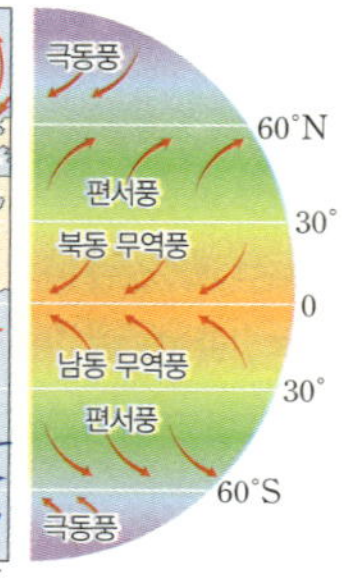

2. 표층 순환 : 적도를 경계로 북반구와 남반구가 대체로 대칭적인 분포를 보인다.

열대 순환	무역풍대의 해류와 적도 반류로 이루어진 순환
아열대 순환	무역풍대의 해류와 편서풍대의 해류로 이루어진 순환으로 가장 크고 뚜렷하다. 예 북적도 해류 ⇨ 쿠로시오 해류 ⇨ 북태평양 해류 ⇨ 캘리포니아 해류
아한대 순환	편서풍대의 해류와 극동풍대의 해류가 이루는 순환으로 북반구에서만 나타난다.

개념 ❸ 심층 순환

1. 심층 순환의 발생 : 표층 수온이 낮아지거나 염분이 증가하면 밀도가 커져 침강하면서 발생하므로 열염 순환이라고도 한다.

➡ 표층 순환에 비해 유속이 매우 느려 직접 관측이 어렵기 때문에 수온 – 염분도(T – S도)를 이용하여 간접적으로 분석한다.

2. 대서양의 심층 순환 : 대서양은 태평양에 비해 염분이 높아 심층 순환이 잘 형성된다.

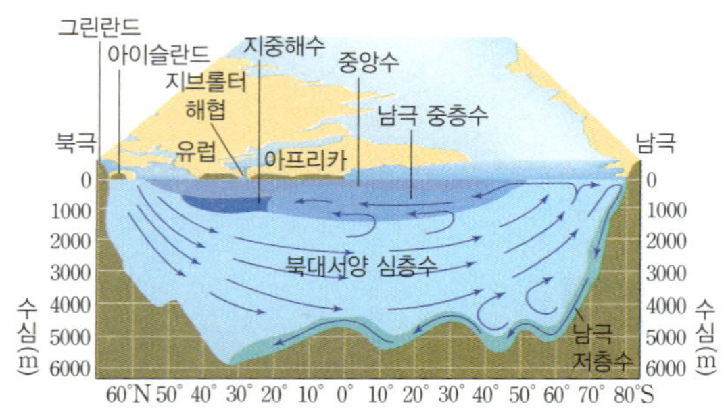

남극 중층수	위도 50°S～60°S 근처에서 형성되어 북쪽으로 이동하며 북대서양 심층수보다 위쪽에 분포한다.
북대서양 심층수	그린란드 부근 해역에서 형성되어 위도 60°S까지 남쪽으로 이동하며 남극 저층수보다 위쪽에 분포한다.
남극 저층수	남극 대륙 주변의 웨델해에서 형성되어 밀도가 가장 큰 심층수로, 해저를 따라 북쪽으로 이동한다.

3. 전 세계 해수의 순환

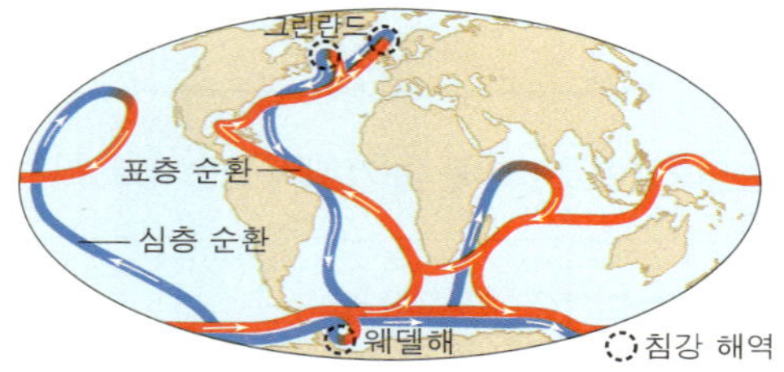

(1) **열에너지 운반** : 심층 순환과 표층 순환이 연결되어 열에너지를 고위도로 수송하여 남북 간의 열수지 불균형을 해소한다.

(2) **물질 공급** : 용존 산소가 풍부한 표층 해수를 심해로 운반하고, 심해의 풍부한 영양 염류를 표층으로 운반한다.

자료 분석　우리나라 주변의 해류 분포

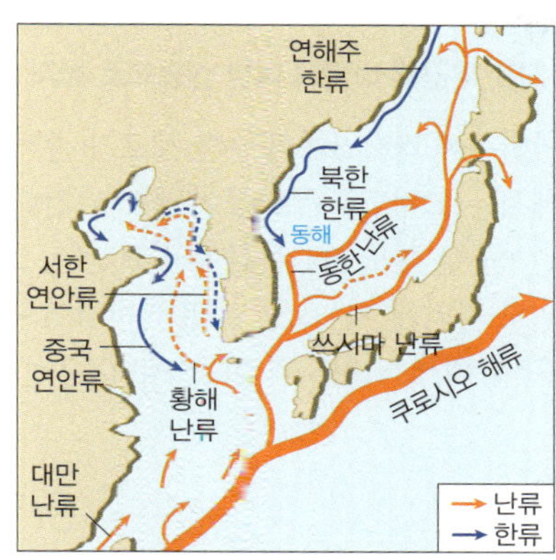

- 난류 : 쿠로시오 해류의 지류가 동중국해에서 갈라져 나와 북상하여 황해 난류, 쓰시마 난류, 등한 난류를 형성한다.
  ➡ 수온과 염분이 높고 용존 산소량과 영양 염류가 적다.
- 한류 : 연해주 한류가 남하하다가 북한 인근 해역에서 갈라져 나와 북한 한류를 형성한다.
  ➡ 수온과 염분이 낮고 용존 산소량과 영양 염류가 많다.
- 조경 수역 : 우리나라의 동해에서는 동한 난류와 북한 한류가 만나 조경 수역이 형성되어 좋은 어장을 형성한다.
  ➡ 조경 수역의 위치는 동한 난류가 강한 여름철에는 북상하고, 북한 한류가 강한 겨울철에는 남하한다.

탐구 활동　심층 순환의 발생 원리

과정　❶ 수조에 약 20 °C의 물을 $\frac{2}{3}$ 정도 채우고, 수조의 가장자리에 구멍 뚫린 종이컵을 접착 테이프로 고정시킨다.

　❷ 파란 색소를 탄 얼음물을 종이컵에 붓고 얼음물의 이동 변화를 관찰한다.

　❸ 붉은 색소를 탄 20 °C의 소금물을 종이컵에 붓고 소금물의 이동 변화를 관찰한다.

결과　과정 ❷의 얼음물과 과정 ❸의 소금물은 모두 수조 속의 물보다 밀도가 크기 때문에 수조 바닥으로 가라앉은 후 수조 바닥을 따라 천천히 퍼져 나간다.

정리　• 종이컵이 위치한 곳은 실제 해양에서 침강이 일어나는 해역에 해당한다.

　• 얼음물과 소금물이 바닥을 따라 이동하는 것은 심층 해류에 해당한다.

252

정답 및 해설 | 30쪽

대기 대순환에 의해 각 위도대의 지상에서 부는 바람과 순환 세포의 이름을 선으로 연결하시오.

(1) 위도 0° ~ 30°　•　•㉠ 편서풍　•　•ⓐ 극순환

(2) 위도 30° ~ 60°　•　•㉡ 극동풍　•　•ⓑ 해들리 순환

(3) 위도 60° ~ 90°　•　•㉢ 무역풍　•　•ⓒ 페렐 순환

253

표층 순환 중 가장 크고 뚜렷하며 무역풍대의 해류와 편서풍대의 해류로 이루어진 순환을 [　　　　] 순환이라고 한다.

254

해수의 표층 순환에 대한 설명으로 옳은 것은 ○, 옳지 않은 것은 ×로 표시하시오.

(1) 표층 순환은 적도를 경계로 북반구와 남반구가 대체로 대칭적인 분포를 보인다. (　　　)

(2) 북태평양에서 아열대 순환 방향은 시계 방향이다. (　　　)

(3) 아한대 순환은 남반구에서만 나타난다. (　　　)

255

우리나라 주변의 해류 분포에 대한 설명으로 옳은 것은 ○, 옳지 않은 것은 ×로 표시하시오.

(1) 우리나라 주변 난류의 근원은 쿠로시오 해류이다. (　　　)

(2) 우리나라의 동해에서는 동한 난류와 북한 한류가 만나 조경 수역이 형성된다. (　　　)

(3) 북한 한류는 동한 난류보다 염분이 높다. (　　　)

256

심층 순환은 수온과 염분 변화에 따른 해수의 [　　　　] 차로 발생하는 순환으로 열염 순환이라고도 한다.

257

다음은 대서양에서 나타나는 여러 심층수이다.

> (가) 남극 중층수　　　　(나) 남극 저층수
> (다) 북대서양 심층수

(가), (나), (다)를 밀도가 큰 심층수부터 순서대로 나열하시오.

개념 ① 대기 대순환

족집게 전략 대기 대순환은 지구의 에너지 평형과 관련지어 이해해야 해. 또 대기 대순환에 의해 지표 부근에서 부는 바람이 해양의 표층 순환을 일으키는 원인이라는 점도 꼭 기억해 두어야 해.

258 단골 문제

그림은 북반구의 대기 대순환을 나타낸 것이다.

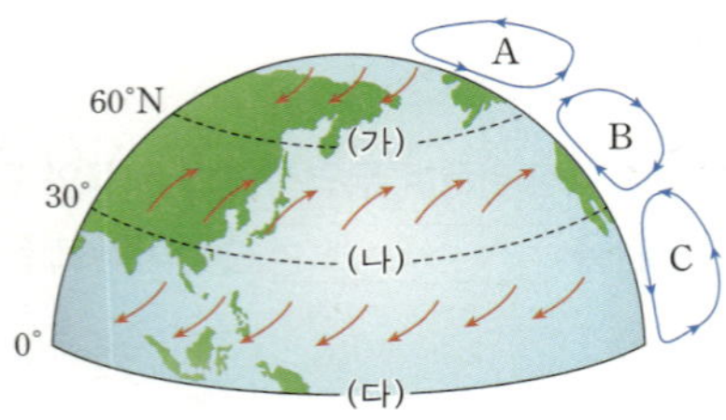

이에 대한 설명으로 옳은 것만을 〈보기〉에서 있는 대로 고른 것은?

보기

ㄱ. 상승 기류는 (가)와 (다)에서 나타난다.
ㄴ. A와 C는 열대류에 의해 형성된 직접 순환이다.
ㄷ. 연간 강수량은 (가)＜(나)＜(다)이다.

① ㄱ ② ㄷ ③ ㄱ, ㄴ
④ ㄴ, ㄷ ⑤ ㄱ, ㄴ, ㄷ

추가로 나오는 선택지

❶ 60°N 부근에서 전선대가 발달한다. (　　　)
❷ 30°N 지역은 주변 지역에 비해 대체로 기압이 낮다. (　　　)
❸ B의 지상에서 부는 바람은 (　　　)이다.

259 서술형

그림은 위도에 따른 에너지 불균형을 나타낸 것이다.

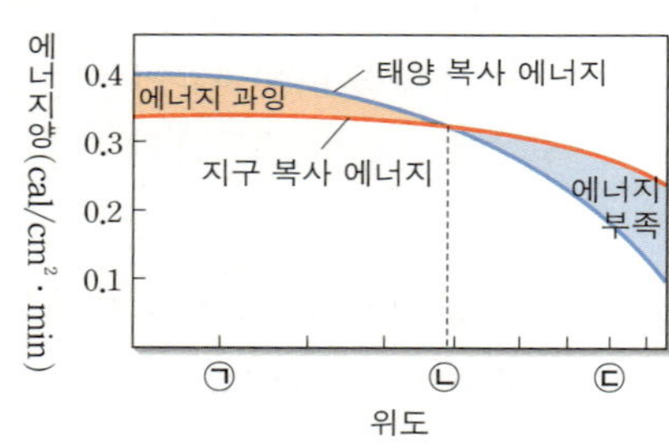

위도 ㄴ에서 에너지는 ㄱ과 ㄷ 중 어느 방향으로 이동하는지 쓰고, 그 까닭을 서술하시오.

260

대기 대순환과 지표 부근의 바람에 대한 설명으로 옳지 <u>않은</u> 것은?

① 북반구와 남반구에 각각 3개의 순환 세포가 존재한다.
② 적도 부근에서는 고위도로 무역풍이 불어 나간다.
③ 극동풍과 편서풍은 위도 60° 부근에서 만난다.
④ 북반구 중위도 지역에서는 서풍 계열의 바람이 우세하다.
⑤ 대기 대순환에 의해 저위도의 남는 에너지가 고위도로 운반된다.

261 중요

그림 (가)와 (나)는 자전하는 지구와 자전하지 않는 지구에서 일어나는 대기 대순환을 순서 없이 나타낸 것이다.

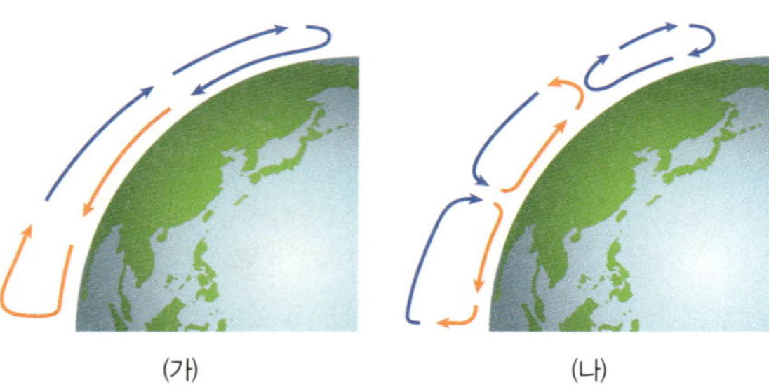

(가)　　　　　(나)

이에 대한 설명으로 옳은 것만을 〈보기〉에서 있는 대로 고른 것은?

보기

ㄱ. (가)의 북반구 지상에서는 주로 남풍이 분다.
ㄴ. (나)는 자전하는 지구에서 일어나는 대기 대순환이다.
ㄷ. (가)와 (나)에서 모두 대기 대순환에 의해 저위도의 남는 에너지가 고위도로 운반된다.

① ㄱ ② ㄴ ③ ㄱ, ㄷ
④ ㄴ, ㄷ ⑤ ㄱ, ㄴ, ㄷ

개념 ❷ 표층 순환

족집게 전략 표층 해류가 발생하는 원인을 알고, 해양에서 나타나는 표층 해류의 분포와 이들로 이루어진 표층 순환을 정리해 두어야 해.

262 단골 문제

그림은 북태평양의 주요 표층 해류를 나타낸 것이다.

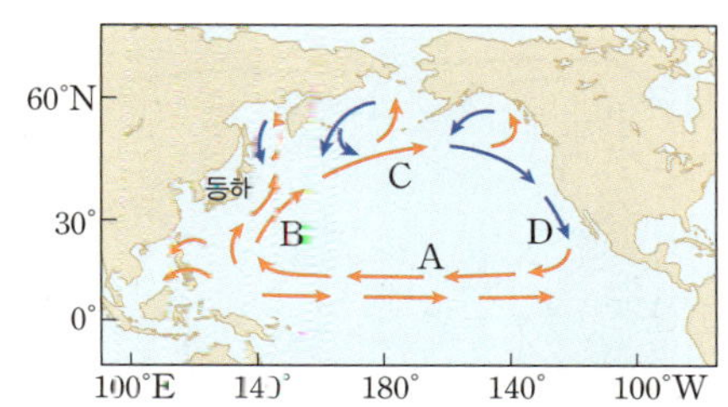

A~D 해류에 대한 설명으로 옳은 것은?

① A~D는 아한대 순환을 형성한다.
② A는 북태평양 해류이다.
③ C는 편서풍에 의해 형성된 해류이다.
④ 용존 산소량은 A가 C보다 대체로 많다.
⑤ 수온과 염분은 B가 D보다 대체로 낮다.

추가로 나오는 선택지

❶ A는 무역풍에 의해 형성된 해류이다. (   )
❷ B는 한류, D는 난류이다. (   )
❸ 북태평양의 아열대 순환은 (   ) 방향으로 순환한다.

263

표층 순환에 대한 설명으로 옳은 것만을 〈보기〉에서 있는 대로 고른 것은?

보기

ㄱ. 표층 순환을 일으키는 주요 원인은 바람이다.
ㄴ. 쿠로시오 해류와 캘리포니아 해류는 같은 방향으로 흐른다.
ㄷ. 북태평양에서 아열대 순환과 아한대 순환의 방향은 서로 같다.
ㄹ. 해양의 아열대 순환은 북반구에서 시계 방향, 남반구에서 시계 반대 방향으로 순환한다.

① ㄱ, ㄷ   ② ㄱ, ㄹ   ③ ㄴ, ㄷ
④ ㄴ, ㄹ   ⑤ ㄷ, ㄹ

264 서술형

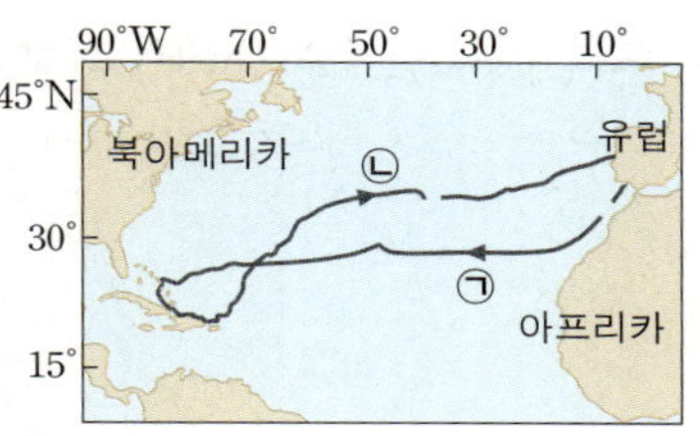

그림은 1492년 콜럼버스가 대서양을 횡단할 때의 항로를 나타낸 것이다.

콜럼버스가 출발할 때의 항로(㉠)와 되돌아올 때의 항로(㉡)에서 이용한 표층 해류와 대기 대순환에 의한 바람의 종류를 각각 서술하시오.

265

그림은 전 세계 주요 표층 해류를 나타낸 것이다.

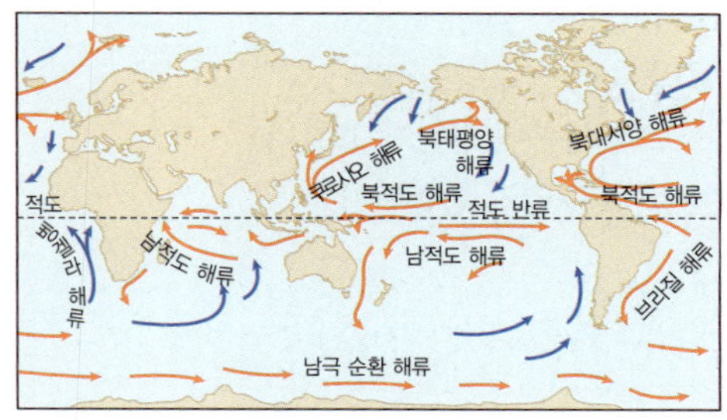

이에 대한 설명으로 옳은 것만을 〈보기〉에서 있는 대로 고른 것은?

보기

ㄱ. 쿠로시오 해류는 우리나라 난류의 근원이다.
ㄴ. 적도 반류는 무역풍에 의해 형성되었다.
ㄷ. 남극 순환 해류는 극동풍에 의해 형성되었다.

① ㄱ   ② ㄴ   ③ ㄱ, ㄷ
④ ㄴ, ㄷ   ⑤ ㄱ, ㄴ, ㄷ

266 중요

그림은 북태평양의 표층 해류와 바람의 분포를 나타낸 것이다.
이에 대한 설명으로 옳은 것은?

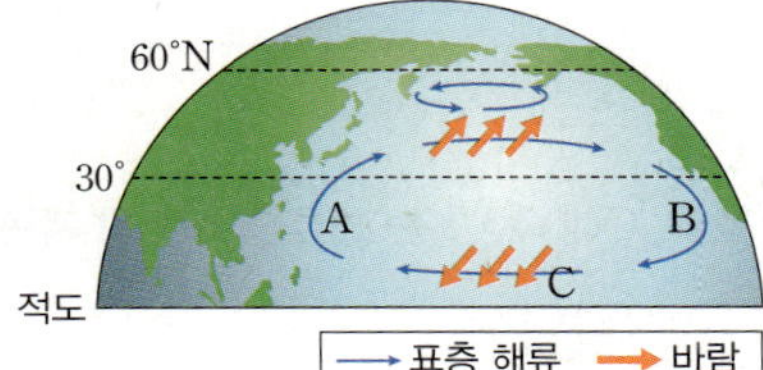

① A는 한류이다.
② B는 북태평양 해류이다.
③ C는 무역풍에 의해 형성된 해류이다.
④ 용존 산소량은 C > A > B이다.
⑤ 편서풍에 의해 형성된 해류는 서쪽으로 흐른다.

그림은 우리나라 주변 해류의 분포를 나타낸 것이다.

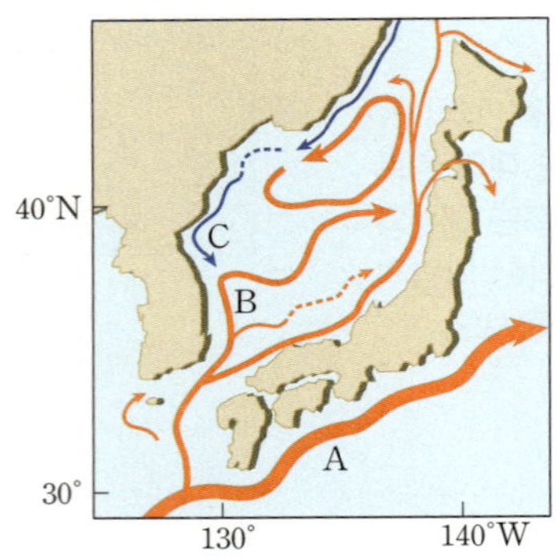

이에 대한 설명으로 옳지 <u>않은</u> 것은?

① A는 우리나라 주변에 흐르는 난류의 근원이다.
② B는 C보다 염분이 높다.
③ C는 B보다 용존 산소량이 많다.
④ C는 겨울보다 여름에 강하게 흐른다.
⑤ 동해에는 조경 수역이 형성된다.

268

그림은 우리나라 주변에서 흐르는 중국 연안류, 쓰시마 난류, 북한 한류의 수온과 염분 범위를 A, B, C로 순서 없이 나타낸 것이다.

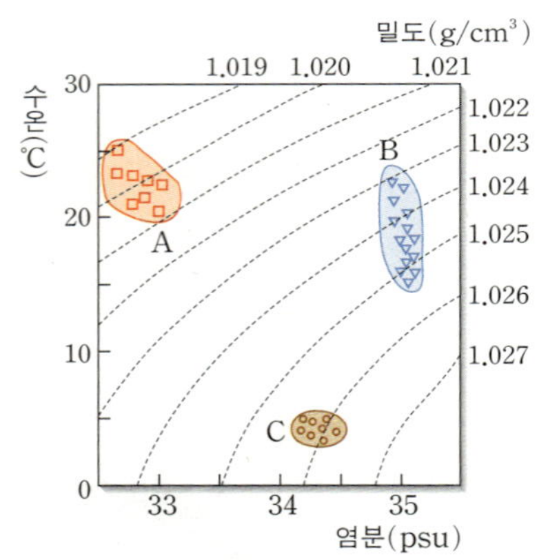

A, B, C에 해당하는 해류를 옳게 짝 지은 것은?

	A	B	C
①	북한 한류	쓰시마 난류	중국 연안류
②	북한 한류	중국 연안류	쓰시마 난류
③	쓰시마 난류	중국 연안류	북한 한류
④	중국 연안류	북한 한류	쓰시마 난류
⑤	중국 연안류	쓰시마 난류	북한 한류

족집게 전략 심층 순환이 발생하는 원리에 대해 알고 있어야 해. 또한 전 세계 해양에서 침강이 나타나는 해역의 위치와 심층 순환의 역할에 대해서는 출제가 잘 되므로 반드시 알고 있어야 해.

269 단골 문제

그림은 대서양에서 일어나는 심층 순환을 나타낸 것이다.

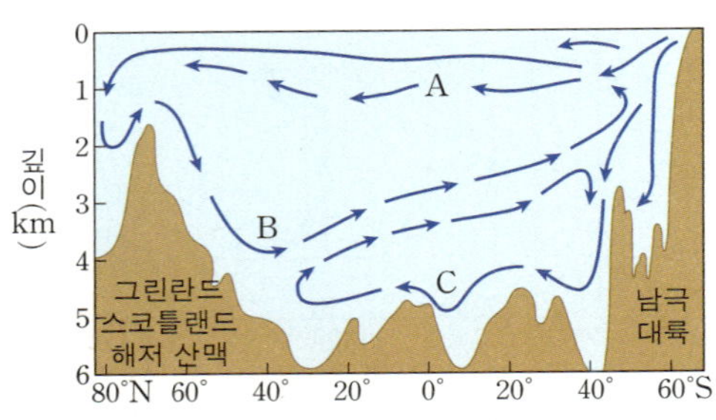

이에 대한 설명으로 옳은 것은?

① A는 남극 저층수이다.
② 해수의 밀도는 B가 C보다 크다.
③ 침강한 해수는 고위도로 이동한다.
④ 심층 순환을 통해 산소가 심해에 공급될 수 있다.
⑤ 심층 순환의 주요 발생 원인은 대기 대순환에 의한 바람이다.

추가로 나오는 **선택지**

❶ 해수의 밀도는 C > B > A이다.　　　　　　(　　　)
❷ B는 그린란드 부근 해역에서 침강하였다.　　(　　　)
❸ 심층 순환은 표층 순환에 비해 빠르게 일어난다.　(　　　)
❹ B는 북대서양 (　　　)이고, C는 남극 (　　　)이다.

270

심층 순환을 일으키는 주요 원인으로 옳은 것은?

① 해수면의 경사
② 표층 해수에 부는 바람
③ 지구 자전에 의한 효과
④ 해수에 녹아 있는 용존 기체
⑤ 수온과 염분 변화에 따른 해수의 밀도 차

271 

그림은 해양의 심층 순환 모형을 나타낸 것이다.

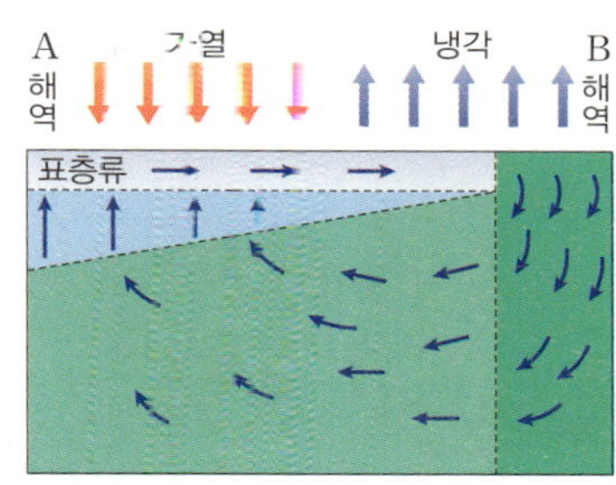

이에 대한 설명으로 옳지 않은 것은?

① A 해역은 B 해역보다 수온이 낮다.
② B 해역에서는 해수의 침강이 나타난다.
③ 수온 약층은 B 해역보다 A 해역에서 잘 발달한다.
④ 심층 순환은 지구의 에너지 평형에 기여한다.
⑤ 해수의 이동 속도는 표층보다 심층에서 빠르다.

272

다음은 해수의 연직 순환을 알아보기 위한 실험 과정을 나타낸 것이다.

[실험 과정]
(가) 수조에 ㉠상온의 물을 채우고, 바닥에 작은 구멍이 뚫린 종이컵을 그림과 같이 수조에 고정시킨다.

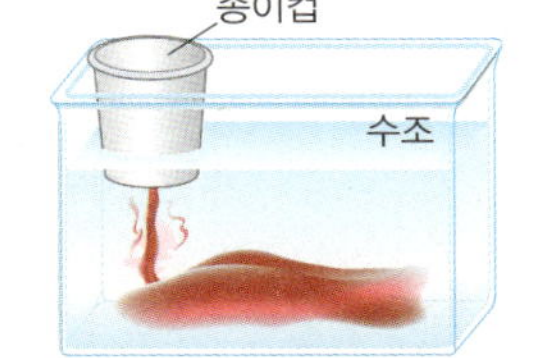

(나) 붉은 색소를 탄 ㉡상온의 소금물을 종이컵에 천천히 부으면서, 수조에서 일어나는 현상을 관찰한다.

이 실험보다 침강 현상이 더 잘 일어나는 경우에 해당하는 것만을 〈보기〉에서 있는 대로 그른 것은? (단, ㉡에서 소금물의 농도는 일정하다.)

보기
ㄱ. ㉠ 대신 뜨거운 물을 사용한다.
ㄴ. ㉠ 대신 상온의 소금물을 사용한다.
ㄷ. ㉡ 대신 차가운 소금물을 사용한다.
ㄹ. ㉡ 대신 뜨거운 소금물을 사용한다.

① ㄱ, ㄷ   ② ㄱ, ㄹ   ③ ㄴ, ㄷ
④ ㄴ, ㄹ   ⑤ ㄷ, ㄹ

273 서술형

고위도 해역에서 해수의 침강이 일어날 수 있는 두 가지 경우를 서술하시오.

274

그림은 전 세계 해양의 순환을 나타낸 모식도이다.

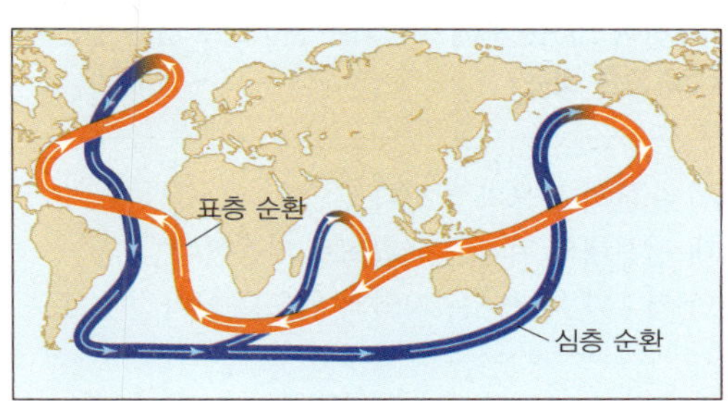

이에 대한 설명으로 옳은 것만을 〈보기〉에서 있는 대로 고른 것은?

보기
ㄱ. 인도양에서는 표층수가 하강하여 심층수가 형성된다.
ㄴ. 그린란드 주변에서 침강한 해수는 북대서양 심층수를 형성한다.
ㄷ. 극지방에서 수온이 높아지면 심층 순환은 더 활발하게 일어날 것이다.

① ㄱ   ② ㄴ   ③ ㄱ, ㄷ
④ ㄴ, ㄷ   ⑤ ㄱ, ㄴ, ㄷ

275

심층 순환의 역할에 대한 설명으로 옳은 것만을 〈보기〉에서 있는 대로 고른 것은?

보기
ㄱ. 열에너지를 저위도에서 고위도로 운반하는 역할을 한다.
ㄴ. 심해층에 산소를 공급해 주는 역할을 한다.
ㄷ. 지구의 기후 변화에 영향을 미친다.

① ㄱ   ② ㄷ   ③ ㄱ, ㄴ
④ ㄴ, ㄷ   ⑤ ㄱ, ㄴ, ㄷ

276

그림 (가)와 (나)는 현재와 100년 후 예상되는 해들리 순환과 페렐 순환의 변화를 나타낸 것이다.

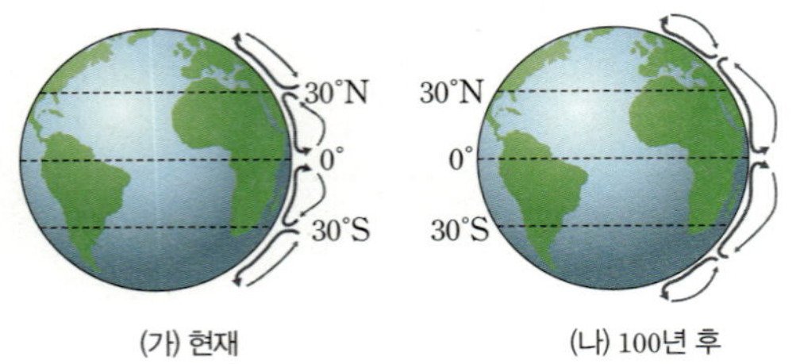

현재와 비교하여 100년 후에 예상되는 현상으로 옳은 것만을 〈보기〉에서 있는 대로 고른 것은?

보기

ㄱ. 간접 순환의 규모가 커진다.
ㄴ. 한대 전선대의 위치는 고위도로 이동한다.
ㄷ. 건조 기후가 나타나는 지역의 위도는 낮아진다.

① ㄱ 　② ㄴ 　③ ㄱ, ㄷ
④ ㄴ, ㄷ 　⑤ ㄱ, ㄴ, ㄷ

277 고난도

그림은 북태평양의 표층 해류 분포와 대기 대순환에 의한 바람 ㉠, ㉡을 나타낸 것이다.

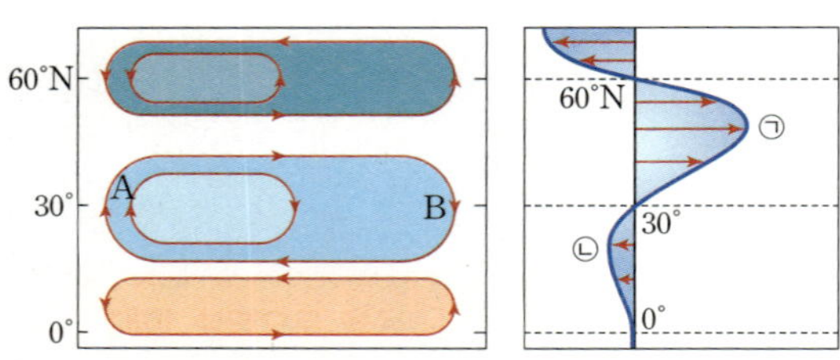

이에 대한 설명으로 옳은 것만을 〈보기〉에서 있는 대로 고른 것은?

보기

ㄱ. A 해류는 B 해류보다 열 수송량이 적다.
ㄴ. ㉠과 ㉡에 의해 형성된 해류는 서로 반대 방향으로 흐른다.
ㄷ. 위도 45°N 부근에서 아열대 순환의 해류와 아한대 순환의 해류가 만나 조경 수역이 형성된다.

① ㄴ 　② ㄷ 　③ ㄱ, ㄴ
④ ㄱ, ㄷ 　⑤ ㄴ, ㄷ

278

그림은 북반구 아열대 순환의 해류가 흐르는 해역 A~E를 나타낸 것이다.

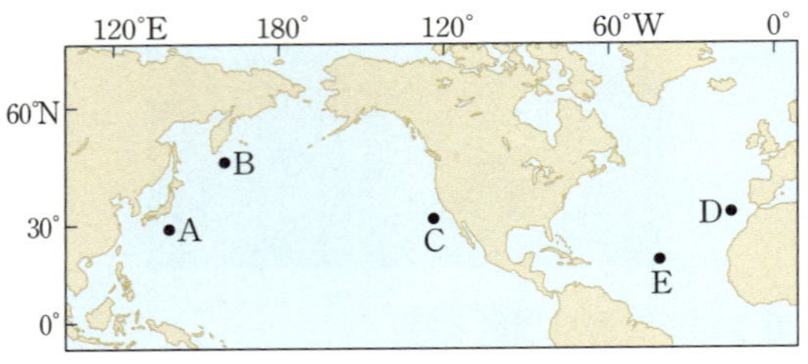

이에 대한 설명으로 옳은 것만을 〈보기〉에서 있는 대로 고른 것은?

보기

ㄱ. 해수의 용존 산소량은 B>C>A이다.
ㄴ. C와 D에서는 모두 한류가 흐른다.
ㄷ. E에서 해류는 동쪽에서 서쪽으로 흐른다.

① ㄱ 　② ㄷ 　③ ㄱ, ㄴ
④ ㄴ, ㄷ 　⑤ ㄱ, ㄴ, ㄷ

279

그림은 북서태평양의 표층 해류를 나타낸 것이다.

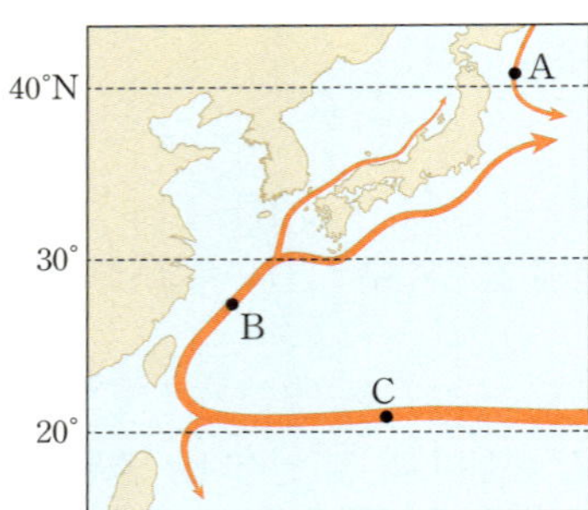

이에 대한 설명으로 옳은 것만을 〈보기〉에서 있는 대로 고른 것은?

보기

ㄱ. A 해역과 B 해역에는 모두 난류가 흐른다.
ㄴ. B 해역의 해류 중 일부가 갈라져 나와 동해로 유입된다.
ㄷ. 해들리 순환에 의한 바람이 강할수록 C 해역의 해류도 강해진다.

① ㄱ 　② ㄴ 　③ ㄱ, ㄷ
④ ㄴ, ㄷ 　⑤ ㄱ, ㄴ, ㄷ

280

그림은 전 세계 해수의 순환을 나타낸 모식도이다.

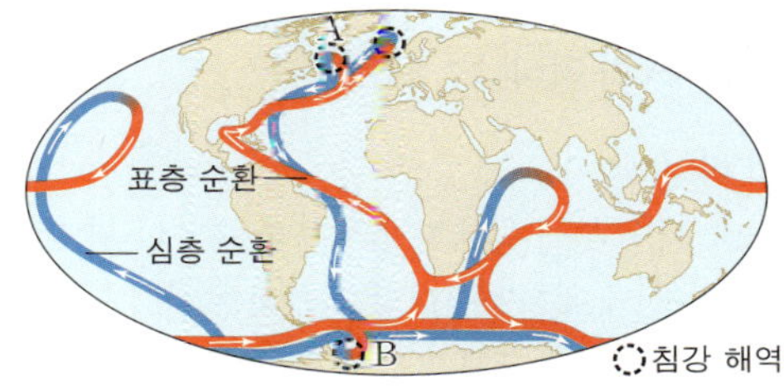

이에 대한 설명으로 옳은 것만을 〈보기〉에서 있는 대로 고른 것은?

보기

ㄱ. A 해역에서 해수의 결빙이 활발해지면 심층 순환이 약화된다.
ㄴ. 침강한 해수의 밀드는 A 해역보다 B 해역에서 크다.
ㄷ. 태평양과 인도양에는 심층수가 상승하는 해역이 있다.

① ㄴ　　　　② ㄷ　　　　③ ㄱ, ㄴ
④ ㄱ, ㄷ　　　⑤ ㄴ, ㄷ

281

그림은 남극 대륙 주변의 A와 B 해역을 나타낸 것이다.

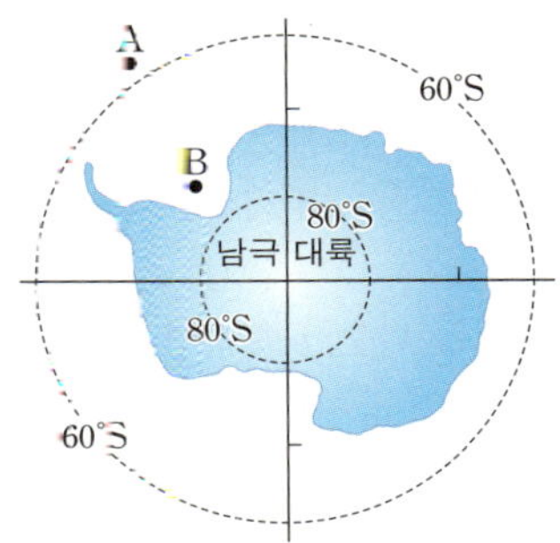

이에 대한 설명으로 옳은 것만을 〈보기〉에서 있는 대로 고른 것은?

보기

ㄱ. A에서 표층 해류는 서쪽에서 동쪽으로 흐른다.
ㄴ. B에서 표층수의 결빙으로 남극 저층수가 생성된다.
ㄷ. 남극 대륙 주변에서 침강한 해수는 남극 대륙 주변을 순환한다.

① ㄱ　　　　② ㄷ　　　　③ ㄱ, ㄴ
④ ㄴ, ㄷ　　　⑤ ㄱ, ㄴ, ㄷ

282

그림 (가)와 (나)는 대서양 심층 순환의 수온과 염분 분포를 나타낸 것이다.

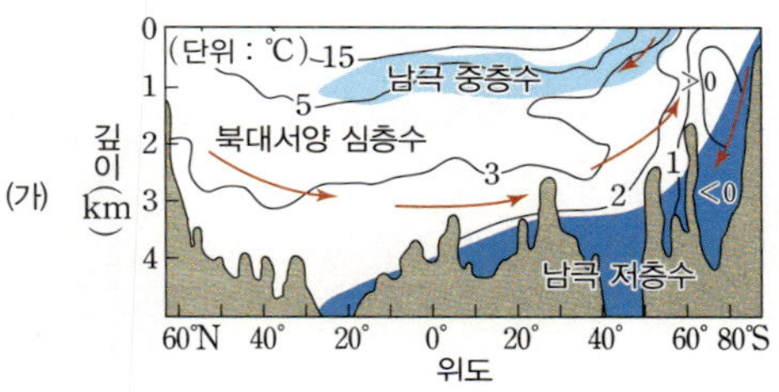

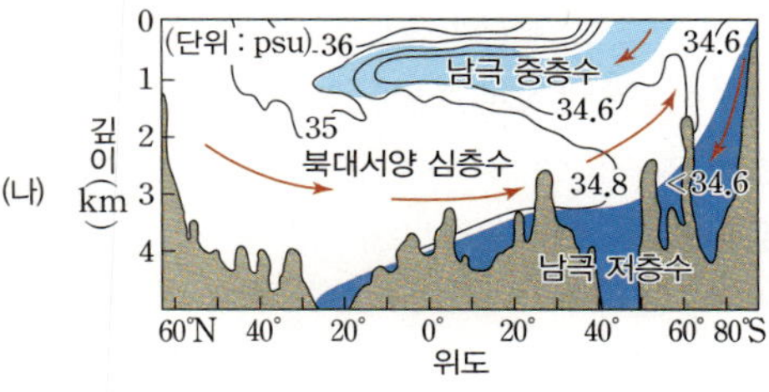

이에 대한 설명으로 옳은 것만을 〈보기〉에서 있는 대로 고른 것은?

보기

ㄱ. 북대서양 심층수는 남극 저층수보다 염분이 대체로 높다.
ㄴ. 남극 중층수와 남극 저층수는 같은 해역에서 형성된다.
ㄷ. 심층 순환을 일으키는 주요 원인은 해수의 밀도 차이다.

① ㄱ　　　　② ㄴ　　　　③ ㄱ, ㄷ
④ ㄴ, ㄷ　　　⑤ ㄱ, ㄴ, ㄷ

283 　고난도

그림은 북대서양의 수괴 A, B, C를 수온-염분도에 나타낸 것이다.

A, B, C는 각각 북대서양 심층수, 남극 중층수, 남극 저층수 중 하나이다. 수괴 A, B, C에 대한 설명으로 옳은 것만을 〈보기〉에서 있는 대로 고른 것은?

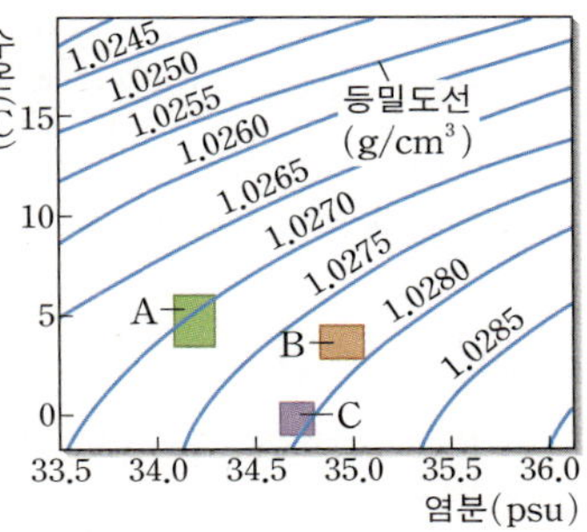

보기

ㄱ. A는 북대서양 심층수이다.
ㄴ. 해수의 밀도는 B가 가장 크다.
ㄷ. C는 해저를 따라 대체로 북쪽으로 이동한다.

① ㄱ　　　　② ㄷ　　　　③ ㄱ, ㄴ
④ ㄴ, ㄷ　　　⑤ ㄱ, ㄴ, ㄷ

02 대기와 해양의 상호 작용

개념 ❶ 용승과 침강

1. **바람과 표층 해수의 이동(북반구)** : 해수면 위에서 바람이 일정하게 불면 표면 해수는 풍향의 오른쪽 45° 방향으로 이동하고, 수심이 깊어질수록 점점 오른쪽으로 편향되는데 이때 표층 해수의 평균적 이동 방향은 풍향의 오른쪽 90° 방향이다.

▲ 바람과 해수의 이동

➡ 표층 해수의 평균적인 이동 방향을 에크만 수송이라고 한다.

2. **연안 용승과 연안 침강**

   (1) **용승** : 표층 해수의 발산에 의해 심층의 찬 해수가 표층으로 올라오는 현상

   (2) **침강** : 표층 해수의 수렴에 의해 표층 해수가 심층으로 내려가는 현상

   (3) **연안 용승과 연안 침강(북반구)**

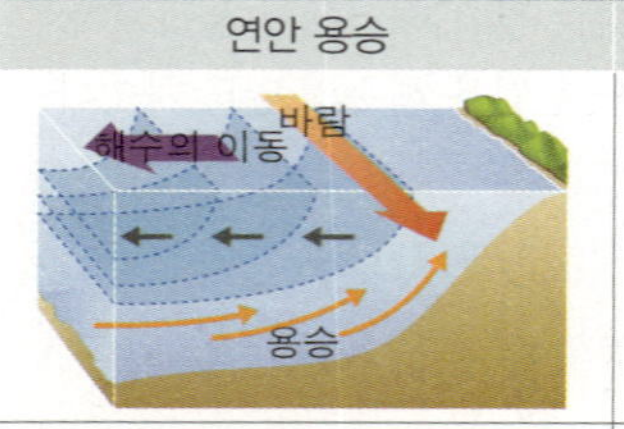

연안 용승	연안 침강
대륙의 서해안에 북풍이 지속적으로 불면 표층 해수가 먼 바다 쪽으로 이동하므로 연안에서 용승이 일어난다.	대륙의 서해안에 남풍이 지속적으로 불면 표층 해수가 연안 쪽으로 이동하므로 연안에서 침강이 일어난다.

3. **적도 용승** : 적도 해역에서 북동 무역풍은 해수를 북쪽으로, 남동 무역풍은 해수를 남쪽으로 이동시켜 적도 해역에서 부족해진 해수를 채우기 위해 용승이 일어난다.

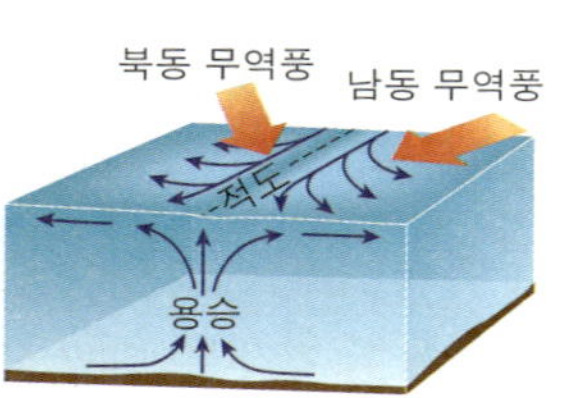

4. **태풍에 의한 용승** : 태풍의 강한 바람이 해수를 주변으로 발산시키면 그 중심에서 용승이 일어난다.

▲ 전 세계 주요 용승 해역

개념 ❷ 엘니뇨와 라니냐

1. **엘니뇨와 라니냐**

   (1) **엘니뇨** : 적도 부근 동태평양의 표층 수온이 평년보다 0.5℃ 이상 높은 상태로 5개월 이상 지속되는 현상

   (2) **라니냐** : 적도 부근 동태평양의 표층 수온이 평년보다 0.5℃ 이상 낮은 상태로 5개월 이상 지속되는 현상

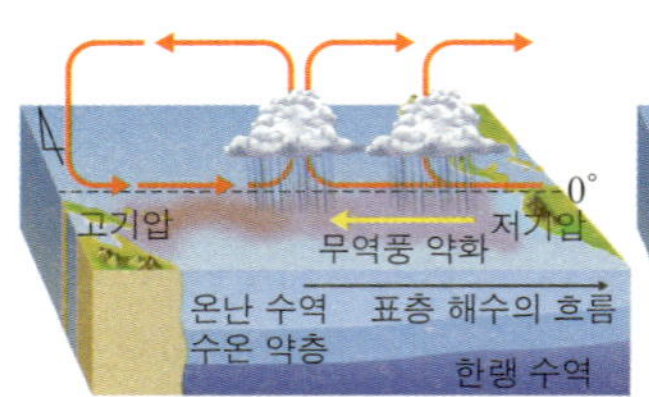

▲ 엘니뇨 시기

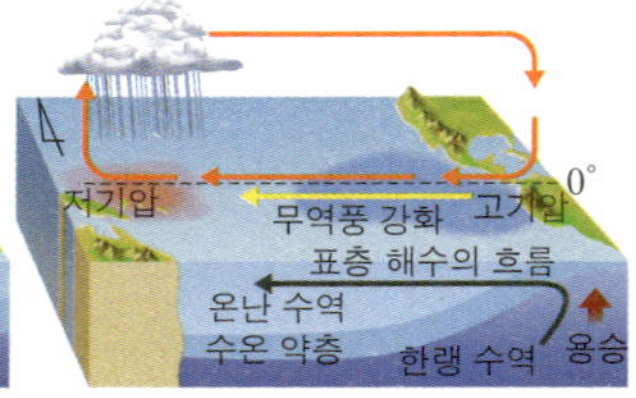

▲ 라니냐 시기

구분		엘니뇨 시기	라니냐 시기
무역풍의 세기		약화	강화
해수의 이동		따뜻한 서태평양의 해수가 동태평양 쪽으로 이동	평상시보다 더 많은 양의 따뜻한 해수가 서태평양 쪽으로 이동
동태평양	용승	약화	강화
	수온 약층	수온 약층이 시작되는 깊이가 깊어짐	수온 약층이 시작되는 깊이가 얕아짐
	수온	상승	하강
	기압	하강	상승
	강수량	증가 → 홍수	감소 → 가뭄
	해수면 높이	높다	낮다

2. **남방 진동** : 적도 부근의 동태평양과 서태평양의 기압 분포가 시소처럼 진동하며 반대로 나타나는 현상

   (1) **워커 순환** : 열대 태평양에 형성된 동서 방향의 거대한 대기 순환

   ➡ 서태평양에서는 따뜻한 해수에 의해 저기압이 형성되어 공기가 상승하고, 동태평양에서는 찬 해수의 용승에 의해 고기압이 형성되어 공기가 하강한다.

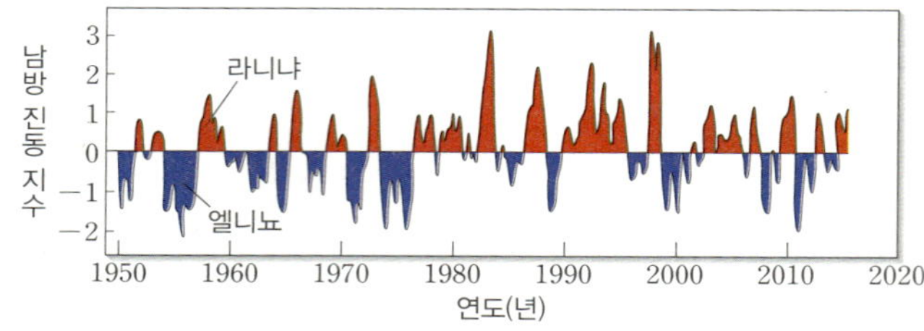

▲ 남방 진동 지수(적도 부근 동쪽 해면 기압 — 서쪽 해면 기압)

   (2) **남방 진동과 기후 변화** : 엘니뇨나 라니냐의 발생으로 워커 순환의 상승 기류와 하강 기류가 달라져 전 지구적인 기후 변화에 영향을 준다.

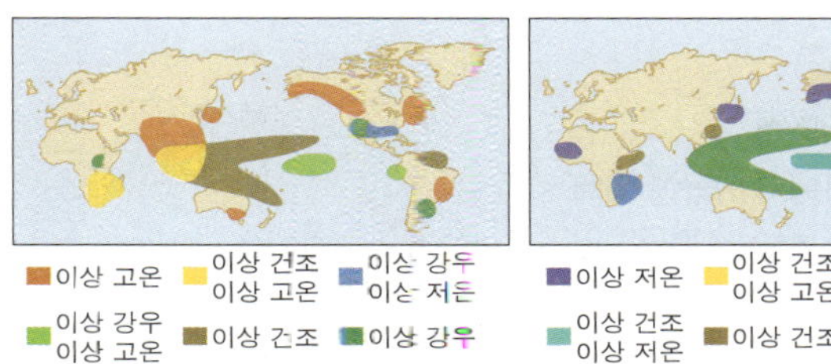

▲ 엘니뇨 시기의 이상 기후　　　　▲ 라니냐 시기의 이상 기후

자료 분석　북반구에서 기압에 의한 침강과 용승

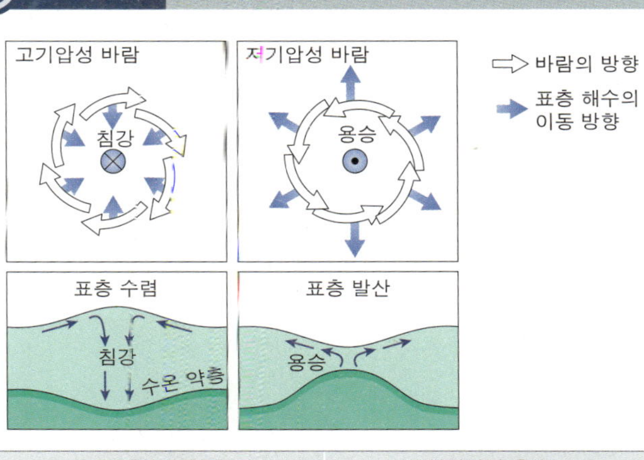

고기압과 침강	저기압과 용승
북반구의 고기압에서는 바람이 시계 방향으로 불어 나간다. ⇨ 표층 해수는 바깥쪽에서 고기압의 중심으로 이동한다. ⇨ 표층 해수의 수렴으로 인해 중심 하격에서 해수의 침강이 일어난다.	북반구의 저기압에서는 바람이 시계 반대 방향으로 불어 들어온다. ⇨ 표층 해수는 저기압의 중심에서 바깥쪽으로 이동한다. ⇨ 표층 해수의 발산으로 인해 중심 해역에서 용승이 일어난다.

자료 분석　엘니뇨와 라니냐 시기의 표층 수온 분포

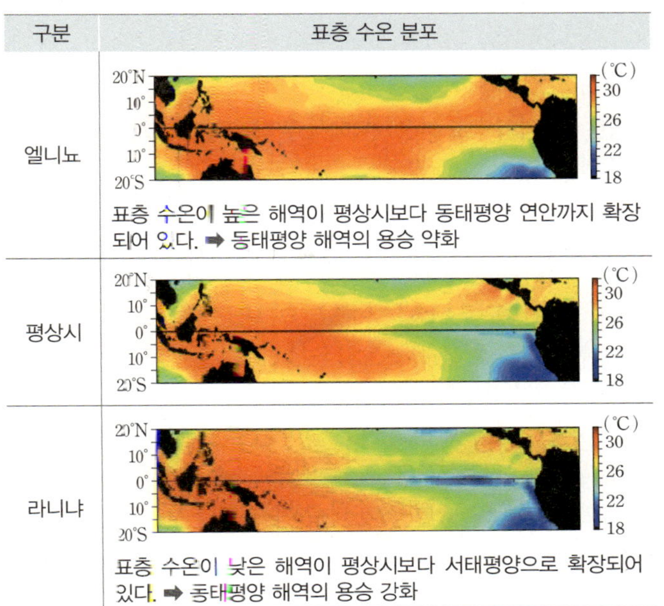

구분	표층 수온 분포
엘니뇨	
평상시	
라니냐	

표층 수온이 높은 해역이 평상시보다 동태평양 연안까지 확장되어 있다. ➡ 등태평양 해역의 용승 약화

표층 수온이 낮은 해역이 평상시보다 서태평양으로 확장되어 있다. ➡ 동태평양 해역의 용승 강화

284

북반구의 어느 해역에 남풍이 지속적으로 불고 있을 때 표층 해수의 평균적인 이동 방향은 [　　　　]쪽이다.

285

표층 해수의 발산에 의해 심층의 찬 해수가 표층으로 올라오는 현상을 [　　　　]이라 하고, 이와 반대로 표층의 해수가 심층으로 내려가는 현상을 [　　　　]이라고 한다.

286

용승에 대한 설명으로 옳은 것은 ○, 옳지 않은 것은 ×로 표시하시오.

(1) 북반구에서 고기압이 위치한 중심 해역에서는 용승이 일어난다. 　　　　　　　　　　　　　　　　　(　　)

(2) 적도 해역에서는 북동 무역풍과 남동 무역풍의 영향으로 용승이 일어난다. 　　　　　　　　　　　　　　(　　)

(3) 태풍의 강한 바람이 해수를 태풍 중심에서 주변으로 발산시키므로 중심 해역에서는 용승이 일어난다. 　(　　)

287

적도 부근 동태평양의 표층 수온이 평년보다 0.5 °C 이상 높은 상태로 5개월 이상 지속되는 현상을 [　　　　]라고 한다.

288

그림 (가)와 (나)는 엘니뇨 시기와 라니냐 시기의 표층 수온 분포를 순서 없이 나타낸 것이다.

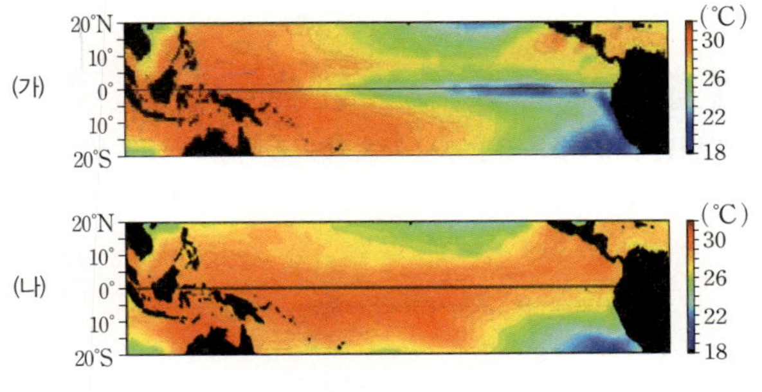

(가)와 (나)는 어느 시기에 해당하는지 각각 쓰시오.

289

적도 부근의 동태평양과 서태평양의 기압 분포가 반대로 나타나는 현상을 [　　　　]이라고 한다.

개념 ① 용승과 침강

(족집게 전략) 바람의 방향과 표층 해수의 평균적인 이동 방향의 관계를 알고, 북반구의 연안에서 일어나는 용승, 적도 용승, 태풍에 의한 용승이 일어나는 과정을 이해하고 있어야 해.

290 단골 문제

그림은 북반구 대륙의 동해안에서 남풍이 지속적으로 불고 있는 모습을 나타낸 것이다.

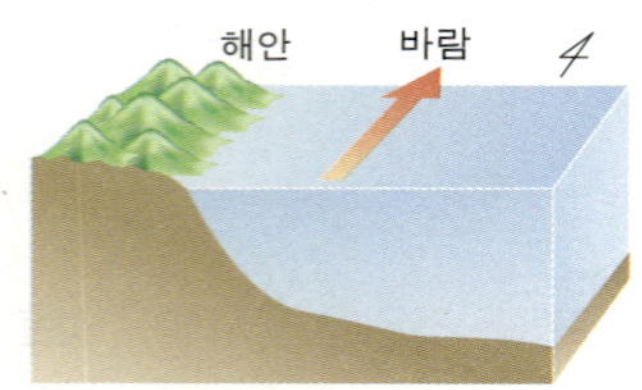

이 해안에서 나타날 수 있는 현상에 대한 설명으로 옳은 것만을 〈보기〉에서 있는 대로 고른 것은?

보기

ㄱ. 바람에 의한 표층 해수의 평균적인 이동 방향은 동쪽이다.
ㄴ. 해안 지역에서는 용승이 나타난다.
ㄷ. 해안에서 먼 바다로 갈수록 수온이 높아진다.

① ㄱ　　　② ㄷ　　　③ ㄱ, ㄴ
④ ㄴ, ㄷ　　　⑤ ㄱ, ㄴ, ㄷ

추가로 나오는 선택지

❶ 에크만 수송이 일어나는 방향은 동쪽이다. 　　（　　）
❷ 연안 용승에 의해 플랑크톤의 양이 증가한다. 　（　　）
❸ 해안에서 먼 바다로 갈수록 용존 산소량은 증가한다. （　　）

291 서술형

그림은 남반구의 어느 연안에서 지속적으로 바람이 불고 있는 모습을 나타낸 것이다.

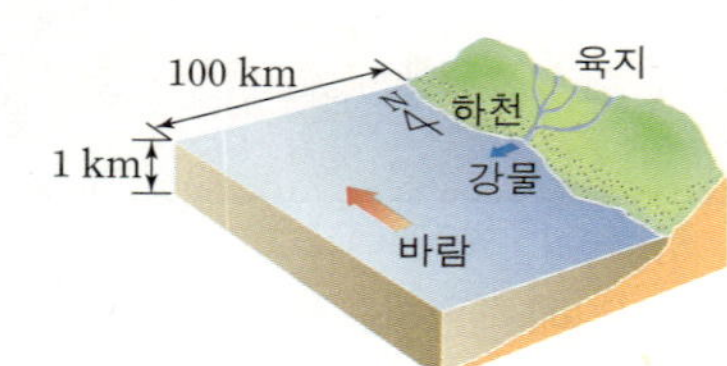

이 연안에서는 침강과 용승 중 어떤 현상이 나타나는지 쓰고, 그 까닭을 서술하시오.

292 중요

그림은 북반구에서 바람에 의해 나타나는 표층 해수의 평균적인 이동 방향을 나타낸 것이다. 이에 대한 설명으로 옳은 것만을 〈보기〉에서 있는 대로 고른 것은?

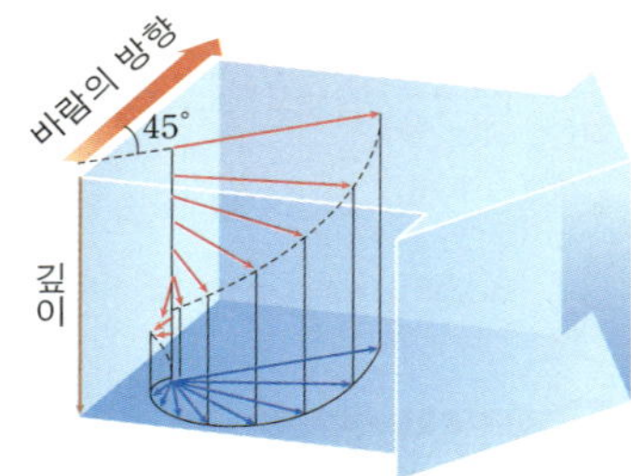

보기

ㄱ. 표면 해수의 이동 방향과 풍향이 이루는 각은 약 45°이다.
ㄴ. 수심이 깊어질수록 아래층 해수의 이동 방향은 위층 해수에 대해 조금씩 오른쪽으로 편향된다.
ㄷ. 표층 해수의 평균 이동 방향은 풍향의 오른쪽 직각 방향이다.

① ㄱ　　　② ㄷ　　　③ ㄱ, ㄴ
④ ㄴ, ㄷ　　　⑤ ㄱ, ㄴ, ㄷ

293

용승에 대한 설명으로 옳지 않은 것은?

① 용승이 일어나면 표층 해수 내의 영양 염류량이 증가한다.
② 표층 해수가 먼 바다에서 이동해 오면 연안에서는 용승이 나타난다.
③ 적도 해역에서는 무역풍에 의해 용승이 나타난다.
④ 용승이 일어나는 해역에서는 표층의 용존 산소량이 증가한다.
⑤ 용승이 일어나는 해역에서는 대기가 냉각되어 안개가 자주 발생할 수 있다.

294

그림은 태평양의 적도 부근 해역에서 무역풍이 불고 있는 모습을 나타낸 것이다.

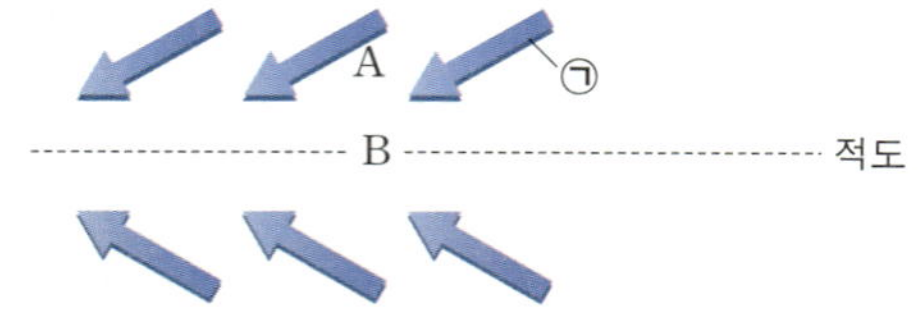

이에 대한 설명으로 옳지 않은 것은?

① ㉠은 북동 무역풍이다.
② A 해역에서 해수는 북서쪽으로 이동한다.
③ B 해역에서는 해수의 침강이 일어난다.
④ 표층 수온은 A 해역보다 B 해역에서 낮다.
⑤ 용존 산소량은 A 해역보다 B 해역에서 많다.

295

그림은 북아메리카 대륙 서해안의 식물성 플랑크톤의 농도를 나타낸 것이다.

이 해역에 대한 설명으로 옳은 것만을 〈보기〉에서 있는 대로 고른 것은?

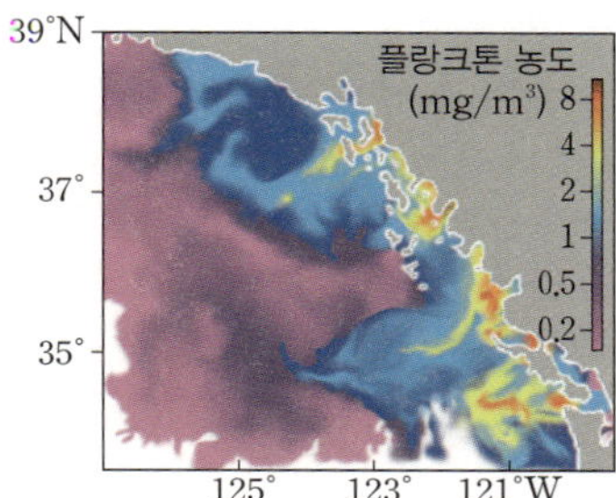

보기

ㄱ. 북풍 계열의 바람이 지속적으로 불었다.
ㄴ. 연안에서는 침강이 활발하게 나타난다.
ㄷ. 표층 해수의 수온은 해안에서 멀어질수록 높아진다.

① ㄱ ② ㄴ ③ ㄱ, ㄷ
④ ㄴ, ㄷ ⑤ ㄱ, ㄴ, ㄷ

296 중요

그림 (가)와 (나)는 북반구 해양에서 고기압성 바람과 저기압성 바람에 의해 일어나는 에크만 수송을 순서 없이 나타낸 것이다.

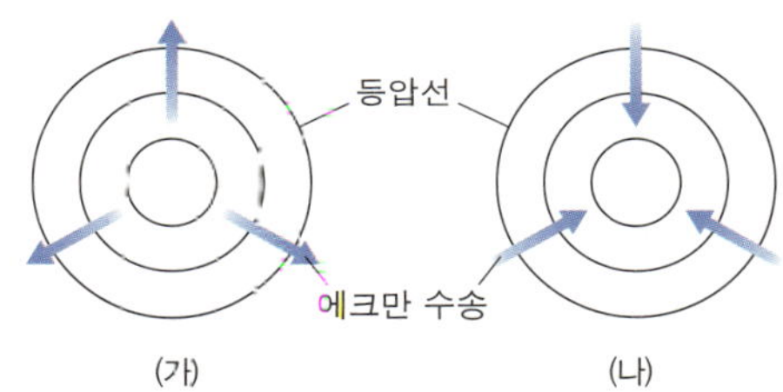

이에 대한 설명으로 옳은 것만을 〈보기〉에서 있는 대로 고른 것은? (단, 기압 배치 이외의 조건은 고려하지 않는다.)

보기

ㄱ. (가)의 중심부는 주변보다 기압이 낮다.
ㄴ. (나)에서는 시계 반대 방향으로 바람이 불어 들어온다.
ㄷ. (나)에서는 중심부에서 멀어질수록 표층 수온이 높아진다.

① ㄱ ② ㄴ ③ ㄱ, ㄷ
④ ㄴ, ㄷ ⑤ ㄱ, ㄴ, ㄷ

297 서술형

용승과 침강이 일어날 때 수온 약층이 시작되는 깊이는 어떻게 달라지는지 각각 서술하시오.

족집게 전략 엘니뇨 시기와 라니냐 시기의 무역풍의 세기 변화를 알고, 각 시기별 적도 부근의 동태평양 해역에서 나타나는 용승의 세기, 수온, 기압 등의 변화를 연계하여 알고 있어야 해.

298 단골 문제

그림은 태평양 적도 부근 해역에서 평상시 대기 순환과 해수의 연직 단면을 나타낸 것이다.

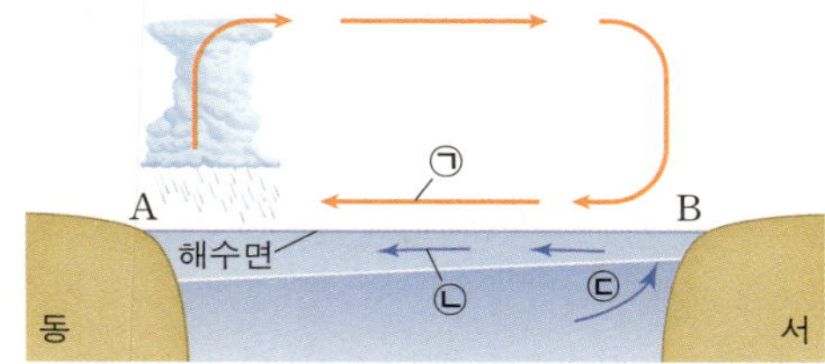

이에 대한 설명으로 옳은 것만을 〈보기〉에서 있는 대로 고른 것은?

보기

ㄱ. A 해역은 B 해역보다 표층 수온이 높다.
ㄴ. ㉠이 평상시보다 약해지면 ㉡이 약해진다.
ㄷ. ㉠이 평상시보다 강해지면 ㉢이 강해진다.

① ㄱ ② ㄷ ③ ㄱ, ㄴ
④ ㄴ, ㄷ ⑤ ㄱ, ㄴ, ㄷ

추가로 나오는 선택지

❶ ㉠이 약해지면 강수 구역은 동쪽으로 이동한다. (   )
❷ 라니냐 시기에는 A 해역의 강수량이 평상시보다 많아진다. (   )
❸ 엘니뇨 시기에는 A 해역과 B 해역 간의 해수면의 높이 차이가 증가한다. (   )

299 서술형

그림은 어느 시기에 평상시와 다른 분포를 보이는 태평양 적도 부근 해역의 표층 수온 분포를 나타낸 것이다.

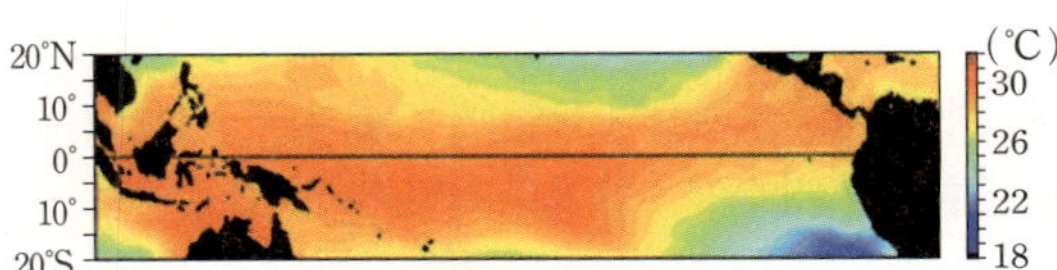

이 시기에 동태평양 연안 지역과 서태평양 연안 지역에서 발생할 수 있는 기상 이변을 한 가지씩 각각 서술하시오.

300

그림은 라니냐가 발생했을 때 태평양 적도 부근 해역의 연직 단면을 나타낸 것이다.

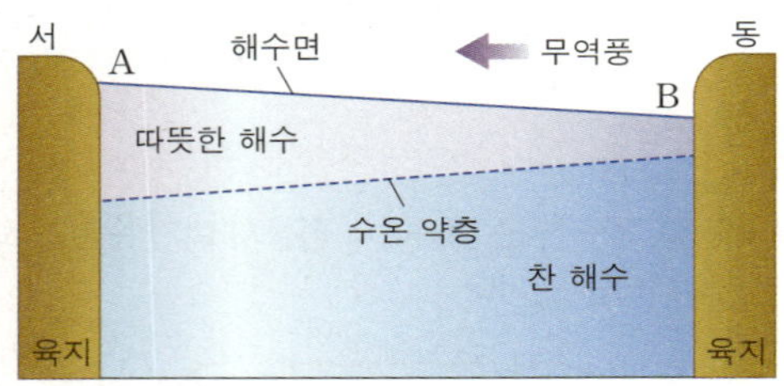

평상시와 비교한 이 시기의 특징에 대한 설명으로 옳은 것만을 〈보기〉에서 있는 대로 고른 것은?

보기

ㄱ. 무역풍이 강하다.
ㄴ. A 해역에서는 수온 약층이 시작되는 깊이가 깊다.
ㄷ. B 해역에서 플랑크톤의 농도는 낮다.

① ㄱ ② ㄷ ③ ㄱ, ㄴ
④ ㄴ, ㄷ ⑤ ㄱ, ㄴ, ㄷ

301 중요

그림은 적도 부근 동태평양 해역의 수온 편차(관측 수온－평균 수온)를 나타낸 것이다.

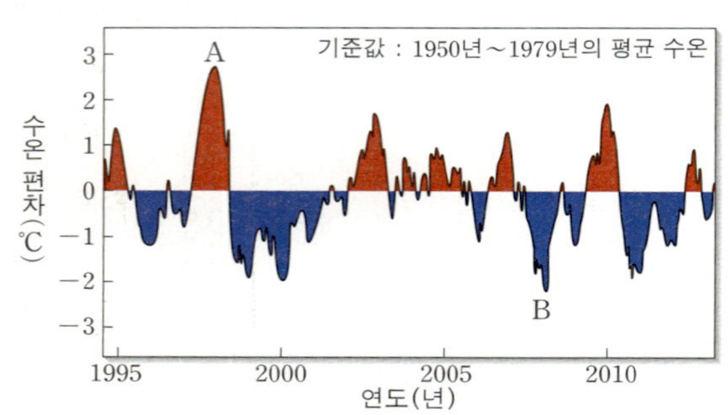

이에 대한 설명으로 옳은 것만을 〈보기〉에서 있는 대로 고른 것은?

보기

ㄱ. 무역풍의 세기는 A보다 B일 때 강했다.
ㄴ. 페루 해역의 강수량은 A보다 B일 때 많았다.
ㄷ. 오스트레일리아에서 산불 피해는 A보다 B일 때 자주 발생했다.

① ㄱ ② ㄴ ③ ㄱ, ㄷ
④ ㄴ, ㄷ ⑤ ㄱ, ㄴ, ㄷ

302 중요

그림은 엘니뇨 시기와 라니냐 시기 중 어느 한 시기에 관측한 태평양 적도 부근 해역의 연직 수온 분포를 나타낸 것이다.

이에 대한 설명으로 옳은 것은?

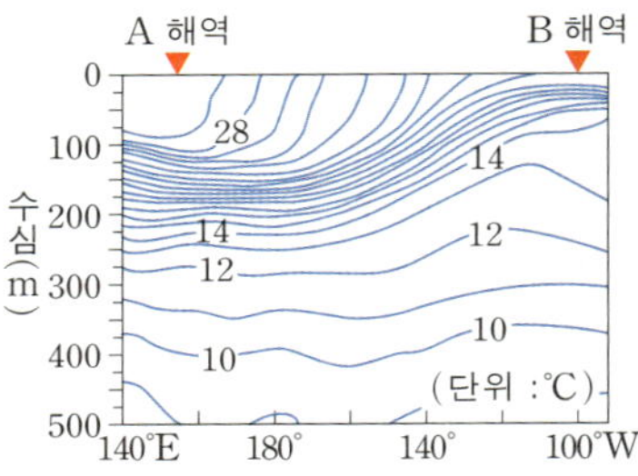

① 엘니뇨가 발생하였다.
② A 해역의 강수량은 평상시보다 적었다.
③ B 해역의 표층 수온은 평상시보다 높았다.
④ 동쪽에서 서쪽으로 흐르는 해류가 평상시보다 약했다.
⑤ A 해역과 B 해역 사이의 해수면 높이 차가 평상시보다 커졌다.

303 서술형

그림은 오스트레일리아의 다윈과 타히티섬의 위치를 나타낸 것이다.

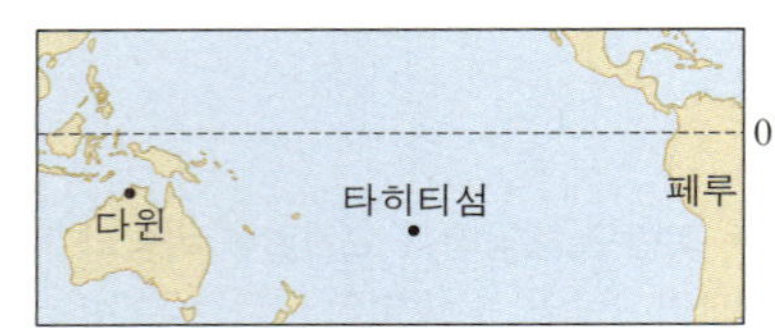

엘니뇨 시기와 라니냐 시기의 남방 진동 지수(타히티의 해면 기압－다윈의 해면 기압)의 크기를 비교하여 서술하시오.

304

그림은 태평양 적도 부근 해역의 표층 수온 변화로 북반구의 겨울철에 발생한 기상 변화를 나타낸 것이다. 이 시기에 엘니뇨 또는 라니냐가 발생하였다.

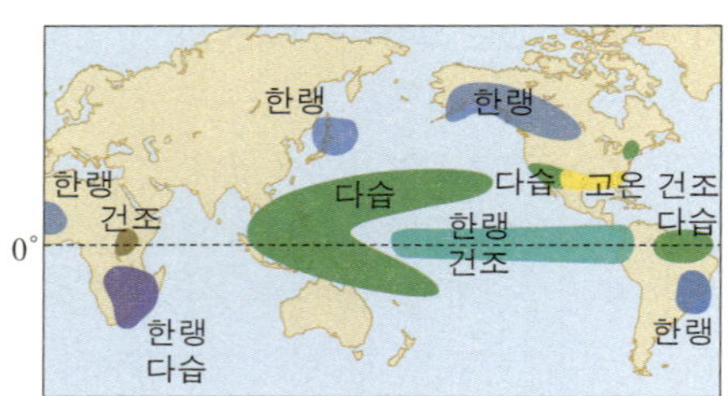

이 시기에 대한 설명으로 옳은 것만을 〈보기〉에서 있는 대로 고른 것은?

보기

ㄱ. 라니냐가 발생하였다.
ㄴ. 무역풍의 세기는 평상시보다 강하다.
ㄷ. 표층 수온의 변화는 기권과의 상호 작용을 통해 전 지구적인 기후 변동을 일으킬 수 있다.

① ㄱ ② ㄷ ③ ㄱ, ㄴ
④ ㄴ, ㄷ ⑤ ㄱ, ㄴ, ㄷ

305

그림 (가)는 적도 부근 해역에서 해수의 에크만 수송을, (나)는 (가)의 A−A′ 단면에서 일어나는 연직 방향의 해수 운동을 나타낸 것이다.

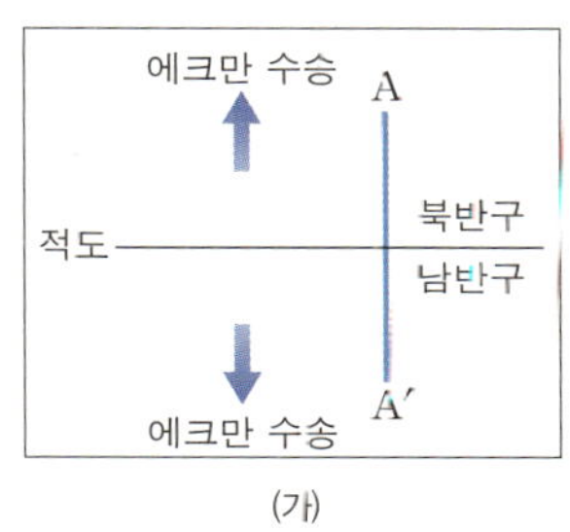

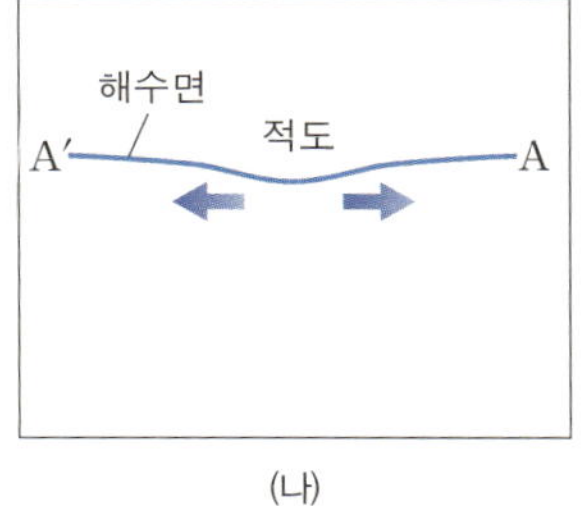

(가) (나)

이에 대한 설명으로 옳은 것만을 〈보기〉에서 있는 대로 고른 것은?

보기
ㄱ. (가)에서 북반구와 남반구에서 모두 동풍이 불고 있다.
ㄴ. (나)에서는 해수의 침강이 일어난다.
ㄷ. 표층 수온은 적도 해역이 주변 해역보다 높다.

① ㄱ ② ㄴ ③ ㄱ, ㄷ
④ ㄴ, ㄷ ⑤ ㄱ, ㄴ, ㄷ

306 고난도

그림 (가)와 (나)는 고기압성 바람과 저기압성 바람에 의해 표층 해수가 이동하는 방향을 순서 없이 나타낸 것이다.

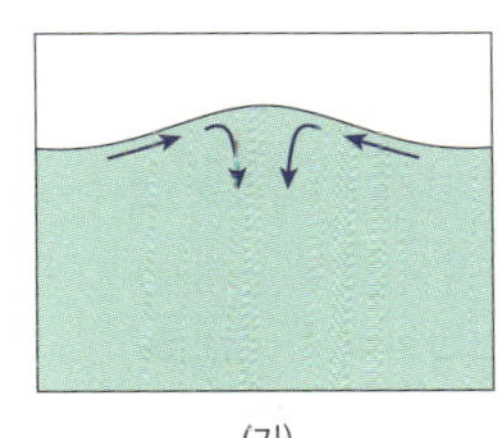
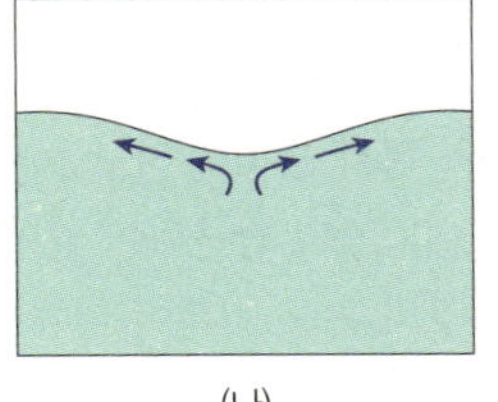

(가) (나)

이에 대한 설명으로 옳은 것만을 〈보기〉에서 있는 대로 고른 것은?

보기
ㄱ. (가)에서 고기압성 바람이 불고 있다.
ㄴ. (나)에서 표층 해수의 발산이 일어난다.
ㄷ. 중심부에서 수온 약층의 깊이는 (가)가 (나)보다 깊다.

① ㄱ ② ㄷ ③ ㄱ, ㄴ
④ ㄴ, ㄷ ⑤ ㄱ, ㄴ, ㄷ

307

그림 (가)와 (나)는 서로 다른 두 시기에 태평양 적도 부근 해역에서 따뜻한 해수와 찬 해수의 분포를 나타낸 것이다. 점선은 평상시 해수의 경계를 나타낸다.

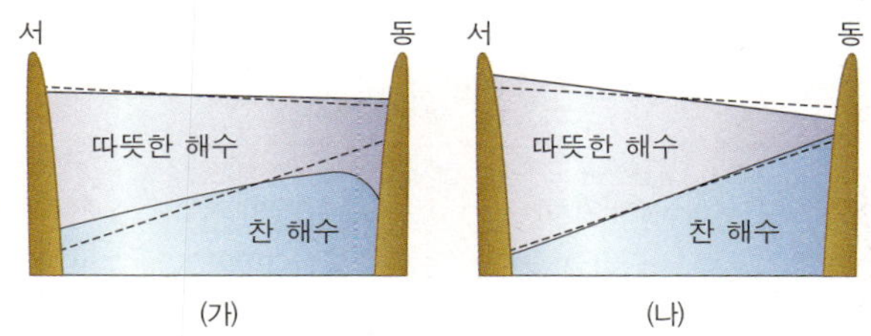

(가) (나)

(가)와 (나)에 대한 설명으로 옳은 것은?

① (가)는 라니냐 시기에 해당한다.
② 동서 간의 기압 차는 (가)가 (나)보다 작다.
③ (가)에서 서쪽 연안에 홍수가 자주 발생한다.
④ (나)에서 동쪽 연안의 용승이 약화된다.
⑤ 동쪽 연안에서 해수의 용존 산소량은 (가)가 (나)보다 많다.

308 고난도

그림은 1950년부터 현재까지의 남방 진동 지수를 나타낸 것이다. 남방 진동 지수는 (남태평양 타히티섬의 해면 기압 − 오스트레일리아 다윈의 해면 기압) 값에 해당한다.

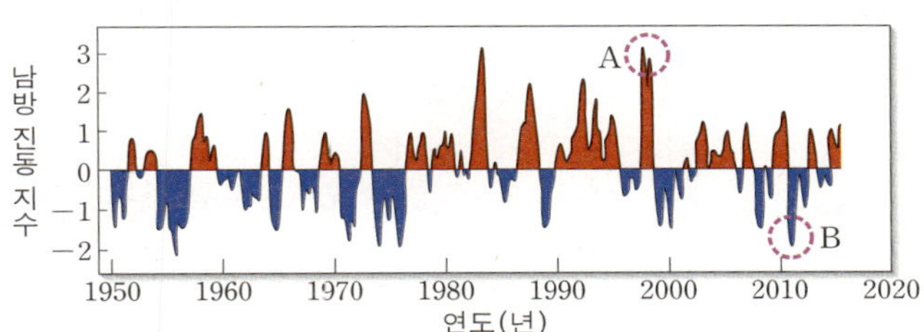

이에 대한 설명으로 옳은 것만을 〈보기〉에서 있는 대로 고른 것은?

보기
ㄱ. A 시기에는 엘니뇨가 발생하였다.
ㄴ. 적도 부근 서태평양 해역에서 하강 기류는 A 시기보다 B 시기에 우세했을 것이다.
ㄷ. 타히티섬 부근 해역의 표층 수온은 A 시기보다 B 시기에 높았을 것이다.

① ㄴ ② ㄷ ③ ㄱ, ㄴ
④ ㄱ, ㄷ ⑤ ㄴ, ㄷ

03 지구 기후 변화

1. 지구 외적 요인

(1) **지구의 세차 운동(지구 자전축의 방향 변화)** : 약 26000년을 주기로 지구의 자전축이 회전한다.

구분	공전 궤도에서 위치	현재의 계절	13000년 후의 계절	기온의 연교차
북반구	근일점	겨울	여름	증가
	원일점	여름	겨울	
남반구	근일점	여름	겨울	감소
	원일점	겨울	여름	

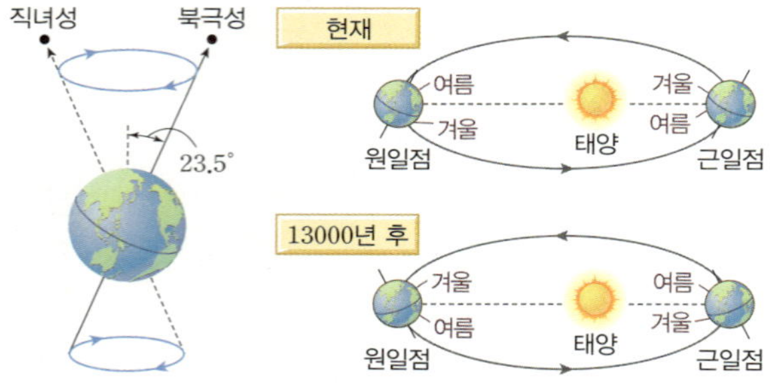

▲ 지구의 세차 운동과 계절 변화

(2) **지구 자전축 기울기의 변화** : 약 41000년을 주기로 지구 자전축의 기울기가 21.5°~24.5° 사이에서 변한다.

자전축 기울기	태양의 남중 고도		기온 변화		기온의 연교차
	여름	겨울	여름	겨울	
감소	감소	증가	하강	상승	감소
증가	증가	감소	상승	하강	증가

(3) **지구 공전 궤도 이심률의 변화** : 약 10만 년을 주기로 지구 공전 궤도 이심률의 크기가 변한다.

➡ 이심률 0은 원 궤도이고, 0~1 사이면 타원 궤도이다.

공전 궤도 이심률 (북반구)	태양 ― 지구 거리		기온 변화		기온의 연교차
	여름	겨울	여름	겨울	
감소	감소	증가	상승	하강	증가
증가	증가	감소	하강	상승	감소

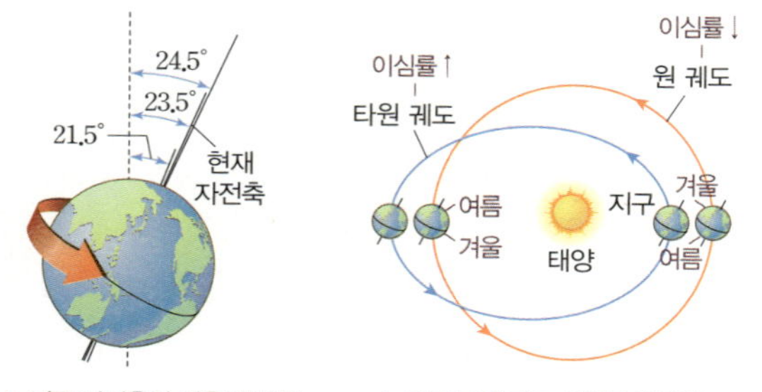

▲ 지구 자전축의 기울기 변화   ▲ 지구 공전 궤도 이심률의 변화

(4) **태양 활동의 변화** : 태양의 흑점 수가 많을 때는 태양 활동이 활발하여 지구에 도달하는 태양 에너지양이 증가하므로 지구의 기온이 높아진다.

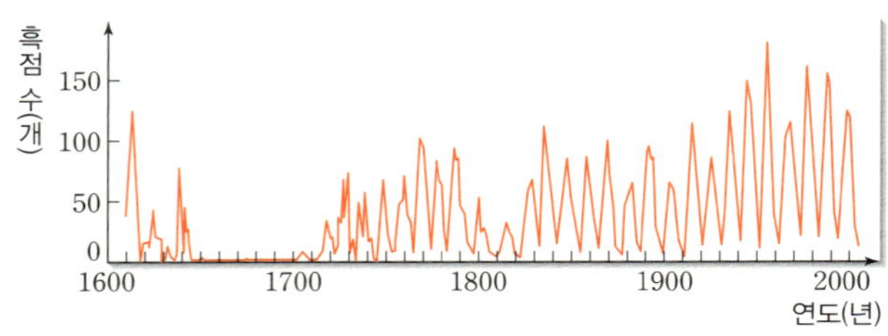

▲ 태양 흑점 수의 변화

2. 지구 내적 요인

수륙 분포의 변화	판의 운동에 의한 수륙 분포의 변화로 대기와 해류의 순환이 바뀌면서 기후가 변한다.
대규모 화산 폭발	대기로 분출된 화산재에 의한 햇빛의 반사율 증가 ⇨ 지구의 평균 기온 하강
지표면 상태의 변화	• 빙하 면적 감소 ⇨ 지표면의 반사율 감소 ⇨ 지구의 평균 기온 상승 • 사막의 면적 증가 ⇨ 지표면의 반사율 증가 ⇨ 지구의 평균 기온 하강

3. 인위적 요인

온실 기체 배출	화석 연료 연소로 대기 중에 온실 기체 배출 ⇨ 지구의 평균 기온 상승
에어로졸 배출	산업 활동으로 대기 중에 에어로졸 배출 ⇨ 지구의 반사율 증가 ⇨ 지구의 평균 기온 하강
지표면 상태의 변화	과잉 방목, 산림 파괴, 도시화 등에 의한 지표면 상태의 변화는 지표면의 반사율을 변화시켜 지구의 기후 변화에 영향을 준다.

1. 지구의 복사 평형 : 지구는 태양 복사 에너지의 흡수량과 지구 복사 에너지의 방출량이 같아서 복사 평형을 이룬다.

➡ 지구의 평균 기온이 대체로 일정하게 유지된다.

2. 온실 효과 : 수증기, 이산화 탄소, 메테인 등의 온실 기체가 지구 복사 에너지를 흡수하였다가 지표로 재복사하기 때문에 지구의 평균 기온이 높게 유지되는 현상

➡ 대기는 짧은 파장의 태양 복사(가시광선)는 잘 통과시키지만, 긴 파장의 지구 복사(적외선)는 대부분 흡수한 후 지표로 재복사한다.

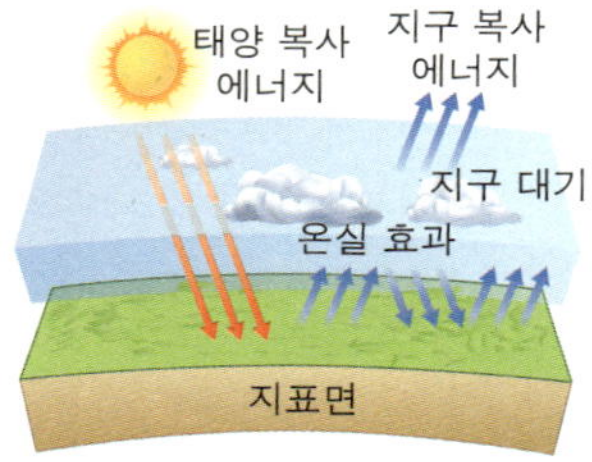

3. **지구 온난화** : 대기 중 온실 기체가 증가함에 따라 온실 효과가
증대되어 지구의 평균 기온이 상승하는 현상

(1) 주요 원인 : 산업 혁명 이후 화석 연료 소비량의 증가

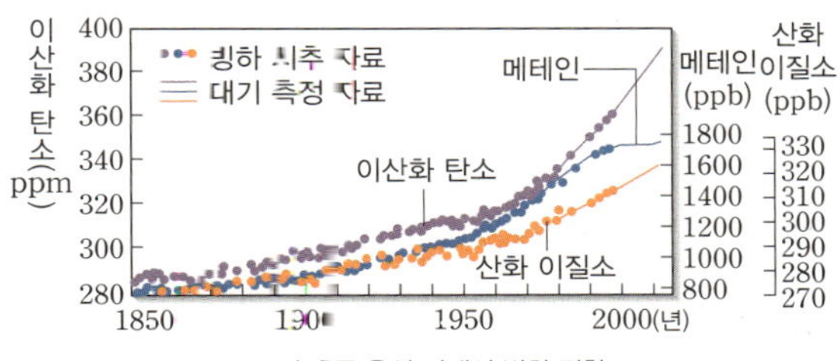

▲ 대기 중 온실 기체의 변화 경향

(2) 지구 온난화의 영향

① 해수의 열팽창과 대륙 빙하의 융해로 해수면 상승

② 기상 이변의 횟수와 강도 증가

③ 생태계 변화, 식량 생산량 감소, 질병 증가 등

(3) 우리나라의 기후 변화

평균 기온과 강수량 변화	우리나라는 지구 전체보다 더 빠른 속도로 평균 기온이 상승하였으며 강수량도 대체로 증가하였다.
계절의 길이 변화	여름이 길어지고 겨울은 짧아지면서 봄꽃의 개화 시기가 빨라지고 있다.
아열대 기후 지역의 확산	우리나라(온대 지방)에서 아열대 작물의 재배지가 북상하고 있다.

4. **지구 환경 보존을 위한 국제적 노력**

리우 협약	지구 온난화 방지를 위한 협약(1992년)
교토 의정서	온실 기체의 감축 목표치를 규정한 국제 협약(1997년)
파리 협정	전 세계 온실 기체 감축을 위한 국제 협약(2015년)

🎯 자료 분석 · 지구의 열수지

우주, 대기, 지표는 모두 에너지의 흡수량과 방출량이 같은 열수지 평형 상태이다.

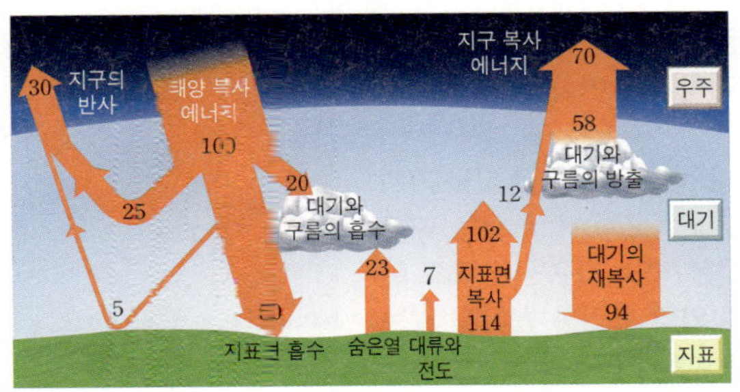

흡수량	구분	방출량
태양 복사(100)	우주 (100)	지구 반사(30)+지구 복사(70)
대기와 구름의 흡수(20)+숨은 열(23)+대류와 전도(7)+지표면 복사(102)	대기 (152)	대기와 구름의 방출(58)+대기의 재복사(94)
지표면 흡수(50)+대기의 재복사(94)	지표 (144)	숨은열(23)+대류와 전도(7)+지표면 복사(114)

정답 및 해설 | 36쪽

309

지구 자전축의 방향은 약 26000년을 주기로 회전하며 변하는 데 이를 [ ] 운동이라고 한다.

310

다음 ( ) 안에 알맞은 말을 고르시오.

(1) 지구 자전축의 방향이 13000년 후 현재와 반대로 되었을 때 북반구에서 기온의 연교차는 (증가, 감소)한다.

(2) 지구 자전축의 기울기가 현재보다 커지면 북반구 중위도 지역에서 겨울철 태양의 남중 고도는 (증가, 감소)하므로, 겨울철 기온은 (상승, 하강)한다.

(3) 현재 지구가 공전 궤도에서 근일점에 위치할 때 북반구에서의 계절은 (여름철, 겨울철)인데, 지구 공전 궤도 이심률이 커지면 근일점에서 태양과 지구 사이의 거리는 (증가, 감소)한다.

311

대기는 짧은 파장의 태양 복사는 잘 통과시키지만 긴 파장의 지구 복사는 대부분 흡수한 후 지표로 재복사하면서 지구의 평균 기온이 높게 유지되는데, 이와 같은 현상을 [ ]라고 한다.

312

수증기, 이산화 탄소, 메테인 등의 대기 중 [ ]가 증가함에 따라 지구의 평균 기온이 상승하는 현상을 [ ]라고 하는데, 주요 원인은 화석 연료 소비량의 증가이다.

313

지구 온난화의 영향에 대한 설명으로 옳은 것은 ○, 옳지 않은 것은 ×로 표시하시오.

(1) 해수의 열팽창과 대륙 빙하의 융해로 해수면이 상승한다.
( )

(2) 기상 이변의 횟수와 강도가 증가하고 있으며, 그에 따른 피해가 증가하고 있다.
( )

(3) 화산 활동, 지진 등의 지각 변동 횟수가 증가하고 있다.
( )

(4) 우리나라의 평균 기온 상승률은 지구 전체의 평균 기온 상승률보다 크다.
( )

개념 ① 기후 변화의 요인

족집게 전략 기후 변화를 일으키는 3가지 지구 외적 요인의 변화에 따라 북반구와 남반구에서 기온의 연교차가 어떻게 달라지는지 반드시 알고 있어야 해.

314 단골 문제

그림 (가)와 (나)는 지구 자전축 경사 방향의 변화를 나타낸 것이다.

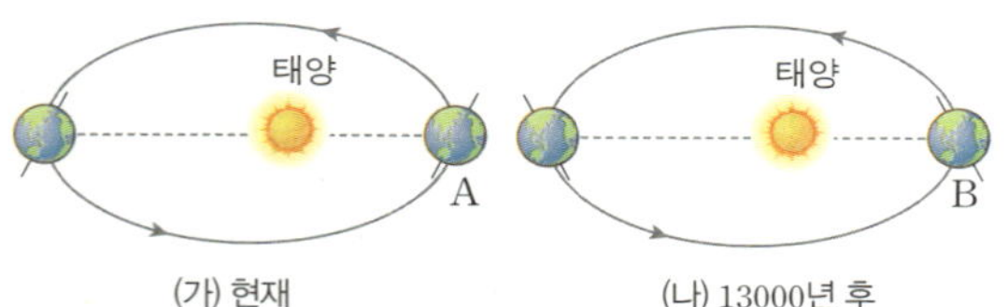

이에 대한 설명으로 옳은 것만을 〈보기〉에서 있는 대로 고른 것은? (단, 지구 자전축 경사 방향 이외의 요인은 변하지 않는다고 가정한다.)

보기

ㄱ. 우리나라는 A일 때 겨울철이다.
ㄴ. 북반구에서 기온의 연교차는 (가)>(나)이다.
ㄷ. 26000년 후 지구가 근일점에 위치할 때 우리나라는 겨울철이다.

① ㄱ   ② ㄴ   ③ ㄱ, ㄷ
④ ㄴ, ㄷ   ⑤ ㄱ, ㄴ, ㄷ

추가로 나오는 선택지

❶ 서울에서 태양의 남중 고도는 A보다 B일 때 높다. (   )
❷ 남반구에서 기온의 연교차는 (가)>(나)이다. (   )
❸ 세차 운동은 기후 변화를 일으키는 지구 내적 요인이다. (   )

315 서술형

그림은 태양 흑점 수의 변화를 나타낸 것이다.

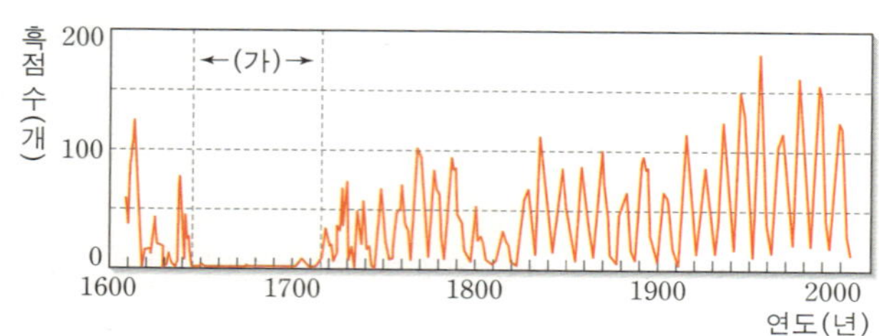

(가)는 빙하기와 간빙기 중 어떤 시기에 해당하는지 쓰고, 그 까닭을 서술하시오.

316

지구의 기후 변화를 일으키는 천문학적 요인에 해당하지 <u>않는</u> 것은?

① 지구 자전축의 기울기가 증가한다.
② 지구의 공전 궤도 이심률이 작아진다.
③ 지구 자전축의 경사 방향이 달라진다.
④ 태양의 활동이 활발해져 흑점 수가 증가한다.
⑤ 빙하의 면적이 감소하여 햇빛의 반사율이 감소한다.

317 중요

그림은 지구 자전축 기울기의 변화를 나타낸 것이다.
지구 자전축 기울기의 변화만을 고려할 때, 이에 대한 설명으로 옳은 것만을 〈보기〉에서 있는 대로 고른 것은?

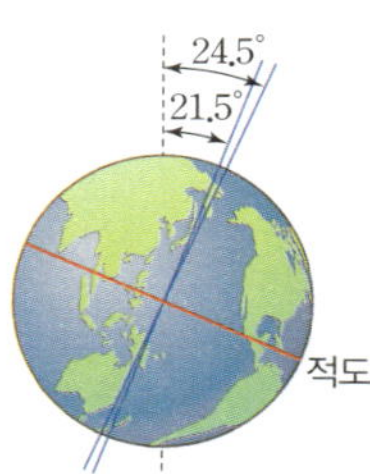

보기

ㄱ. 자전축 기울기가 24.5°로 커지면, 지구가 받는 연평균 태양 복사 에너지양은 증가한다.
ㄴ. 자전축 기울기가 21.5°로 작아지면, 우리나라의 겨울철 평균 기온은 증가한다.
ㄷ. 남반구에서 기온의 연교차는 지구 자전축의 기울기가 클수록 감소한다.

① ㄱ   ② ㄴ   ③ ㄷ
④ ㄱ, ㄴ   ⑤ ㄴ, ㄷ

318 중요

그림은 현재와 미래에 지구 공전 궤도 이심률의 변화를 나타낸 것이다.
(가)보다 (나)일 때 더 큰 값을 가지는 것만을 〈보기〉에서 있는 대로 고른 것은? (단, 지구 공전 궤도 이심률 이외의 요인은 변하지 않는다고 가정한다.)

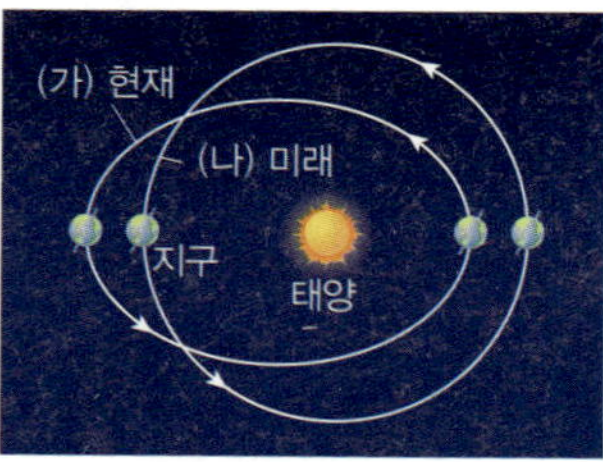

보기

ㄱ. 지구의 공전 궤도 이심률
ㄴ. 우리나라에서 기온의 연교차
ㄷ. 연간 태양의 겉보기 크기 변화량

① ㄴ   ② ㄷ   ③ ㄱ, ㄴ
④ ㄱ, ㄷ   ⑤ ㄴ, ㄷ

319 중요

그림은 1991년에 일어난 어느 화산 분출 전후에 측정된 지구의 평균 기온 변화를 나타낸 것이다.

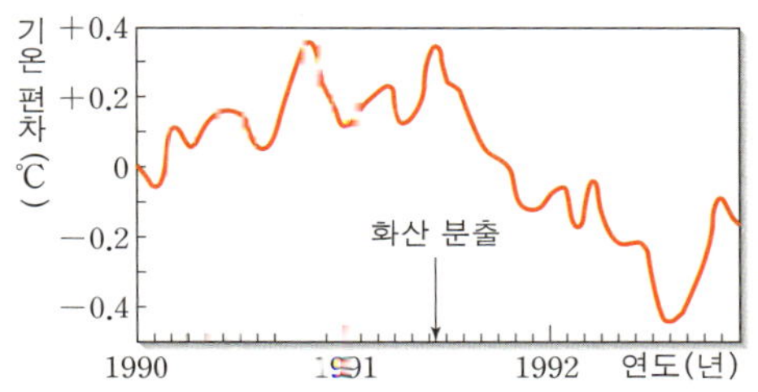

이에 대한 설명으로 옳은 것만을 〈보기〉에서 있는 대로 고른 것은?

보기
ㄱ. 지구의 평균 기온 변화를 일으킨 주요 화산 분출물은 화산재이다.
ㄴ. 화산 분출 직후 햇빛의 반사율이 감소하였다
ㄷ. 다량의 화산재가 성층권까지 도달했을 것이다.

① ㄱ ② ㄴ ③ ㄱ, ㄷ
④ ㄴ, ㄷ ⑤ ㄱ, ㄴ, ㄷ

320

화산 활동과 지구 기후 변화에 대한 설명으로 옳은 것만을 〈보기〉에서 있는 대로 고른 것은?

보기
ㄱ. 용암류는 지표의 반사율을 변화시킬 수 있다.
ㄴ. 화산재는 대기 순환을 통해 지구 전역으로 확산될 수 있다.
ㄷ. 화산 가스에는 온실 효과를 일으키는 온실 기체가 포함되어 있다.

① ㄱ ② ㄷ ③ ㄱ, ㄴ
④ ㄴ, ㄷ ⑤ ㄱ, ㄴ, ㄷ

321

지구의 기후 변화를 일으키는 지구 내적 요인에 해당하는 것만을 〈보기〉에서 있는 대로 고른 것은?

보기
ㄱ. 지구의 자전축 경사각이 증가한다.
ㄴ. 판의 이동으로 수륙 분포가 변하였다.
ㄷ. 대기 대순환의 변화로 사막화 현상이 나타난다.

① ㄴ ② ㄷ ③ ㄱ, ㄷ
④ ㄱ, ㄷ ⑤ ㄴ, ㄷ

322

그림은 지표면의 상태에 따른 햇빛의 반사율을 나타낸 것이다.

구분	반사율(%)	구분	반사율(%)
토양	17	사막 모래	40
침엽수림	8~15	아스팔트	12
물	3~10	빙하	50~70

이에 대한 설명으로 옳은 것만을 〈보기〉에서 있는 대로 고른 것은?

보기
ㄱ. 해수면이 상승하면 지구의 반사율은 증가한다.
ㄴ. 도시화는 기후를 변화시키는 원인이 될 수 있다.
ㄷ. 과도한 삼림 벌채는 지표의 반사율을 증가시키는 역할을 한다.

① ㄱ ② ㄷ ③ ㄱ, ㄴ
④ ㄴ, ㄷ ⑤ ㄱ, ㄴ, ㄷ

323

다음은 지구의 기후 변화를 일으키는 여러 요인을 설명한 것이다.

(가) 초대륙 판게아가 형성되었다.
(나) 대규모 화산 활동으로 용암 대지가 형성되었다.
(다) 대륙판과 대륙판의 충돌로 습곡 산맥이 형성되었다.

이에 대한 설명으로 옳은 것만을 〈보기〉에서 있는 대로 고른 것은?

보기
ㄱ. (가)로 인해 대기와 해수의 순환이 달라진다.
ㄴ. (나)와 (다)로 인해 지표면이 흡수하는 태양 복사 에너지양이 변한다.
ㄷ. (가)~(다)는 모두 기후 변화의 지구 내적 요인에 해당한다.

① ㄱ ② ㄷ ③ ㄱ, ㄴ
④ ㄴ, ㄷ ⑤ ㄱ, ㄴ, ㄷ

324 서술형

화산 폭발이 일어날 때 방출된 화산 가스와 화산재에 의해 지구의 평균 기온은 어떻게 변하는지 각각 서술하시오.

 인간 활동은 기후 변화를 일으키는 주요 요인이므로 화석 연료 사용, 과잉 방목과 경작지 확대, 도시화 등과 같은 요인이 기후 변화에 미치는 영향에 대해 잘 정리해 두어야 해.

325 단골 문제

그림은 1999년~2014년까지 측정한 우리나라와 지구 전체의 대기 중 이산화 탄소 농도를 나타낸 것이다.

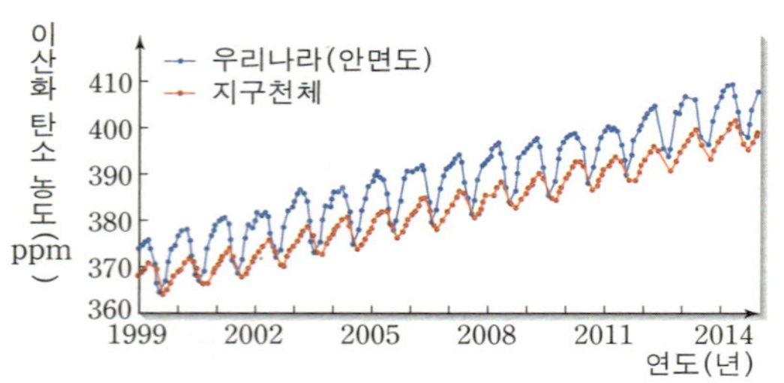

이에 대한 설명으로 옳은 것만을 〈보기〉에서 있는 대로 고른 것은?

보기

ㄱ. 우리나라에서 이산화 탄소의 농도는 여름철이 겨울철보다 낮다.
ㄴ. 이산화 탄소 농도의 연교차는 우리나라가 지구 전체보다 크다.
ㄷ. 이 기간 동안 지구의 평균 기온은 점점 상승하였을 것이다.

① ㄱ   ② ㄷ   ③ ㄱ, ㄴ
④ ㄴ, ㄷ   ⑤ ㄱ, ㄴ, ㄷ

추가로 나오는 **선택지**

❶ 이 기간 동안 지구의 평균 해수면은 상승했다. (　　　)
❷ 대기 중 이산화 탄소의 농도는 겨울철이 여름철보다 낮다. (　　　)
❸ 화석 연료의 과다한 사용으로 대기 중에 (　　　)의 양이 많아져 지구의 평균 온도를 높이는 역할을 한다.

326 서술형

최근 인간 활동에 의해 대기 중으로 방출량이 증가하고 있는 이산화 탄소와 에어로졸은 지구의 평균 기온 변화에 어떤 영향을 미치는지 각각 서술하시오.

327

그림은 북반구에서 위도에 따른 연간 복사 에너지양의 분포를 나타낸 것이다.

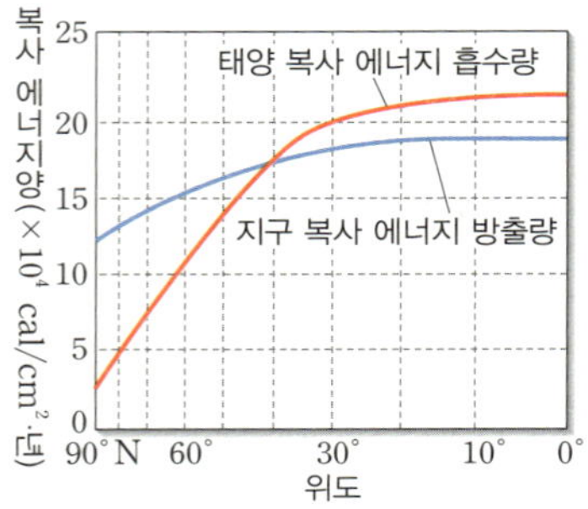

이에 대한 설명으로 옳은 것만을 〈보기〉에서 있는 대로 고른 것은?

보기

ㄱ. 위도별 편차는 태양 복사 에너지 흡수량이 지구 복사 에너지 방출량보다 크다.
ㄴ. 해수와 대기에 의해 저위도의 에너지가 고위도로 수송된다.
ㄷ. 지구 온난화가 심해지면 태양 복사 에너지 흡수량이 증가한다.

① ㄱ   ② ㄷ   ③ ㄱ, ㄴ
④ ㄴ, ㄷ   ⑤ ㄱ, ㄴ, ㄷ

328 중요

그림은 지구로 입사하는 태양 복사 에너지양을 100이라고 할 때 복사 평형을 이루고 있는 지구의 열수지를 나타낸 것이다.

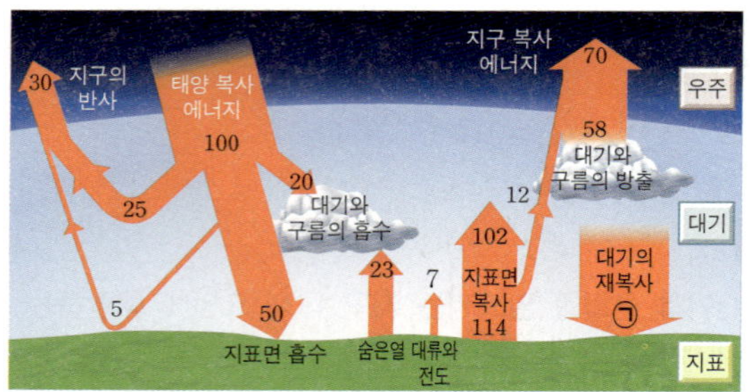

이에 대한 설명으로 옳지 <u>않은</u> 것은?

① 지구의 반사율은 30 %이다.
② 지구 복사의 파장 영역은 주로 적외선이다.
③ 물의 상태 변화로 이동한 에너지양은 23이다.
④ 대기의 재복사 에너지 ㉠은 94이다.
⑤ 대기 중 온실 기체가 증가하면 ㉠은 감소한다.

329

그림은 2003년~2012년 사이에 남극과 그린란드의 빙하량 변화(관측값−평균값)를 나타낸 것이다.
이에 대한 설명으로 옳은 것만을 〈보기〉에서 있는 대로 고른 것은?

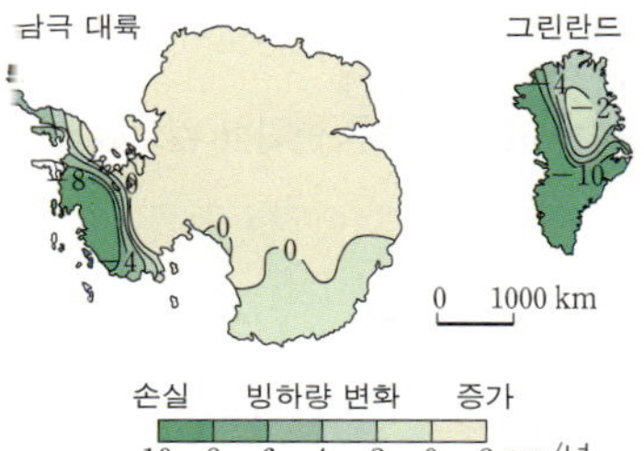

〈보기〉
ㄱ. 극지방의 반사율은 증가했을 것이다.
ㄴ. 이 기간 동안 해수면이 상승했을 것이다.
ㄷ. 빙하량 변화는 주로 지구 외적 요인에 의해 나타났다.

① ㄱ
② ㄴ
③ ㄱ, ㄷ
④ ㄴ, ㄷ
⑤ ㄱ, ㄴ, ㄷ

330 중요

그림은 지구 온난화와 관련하여 연쇄적으로 일어나는 현상을 나타낸 것이다.

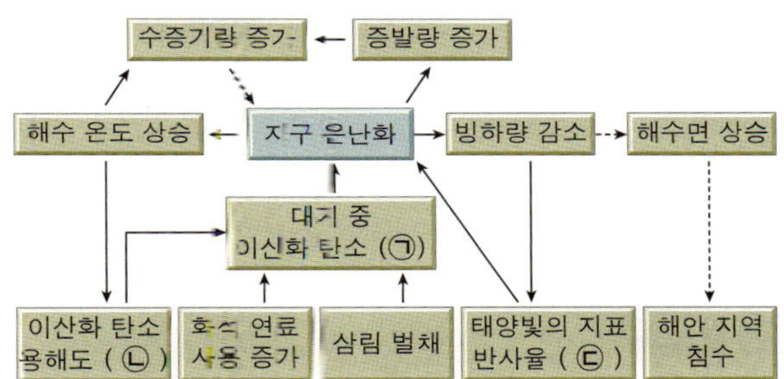

㉠, ㉡, ㉢에 알맞은 말을 옳게 짝 지은 것은?

	㉠	㉡	㉢
①	증가	증가	증가
②	증가	감소	증가
③	증가	감소	감소
④	감소	증가	감소
⑤	감소	감소	증가

331

지구 온난화에 의해 우리나라에서 나타날 수 있는 현상과 거리가 먼 것은?

① 열대야 발생 일수가 증가한다.
② 지진의 발생 횟수가 증가한다.
③ 주요 작물의 재배 지역이 북상한다.
④ 해수면 상승으로 해안가의 침수 현상이 나타난다.
⑤ 우리나라 주변 바다에서 한류성 어종이 감소한다.

332

온실 효과와 지구 온난화에 대한 설명으로 옳은 것만을 〈보기〉에서 있는 대로 고른 것은?

〈보기〉
ㄱ. 대기 중 수증기량이 증가하면 온실 효과가 커진다.
ㄴ. 지구 대기에 의한 흡수율은 태양 복사 에너지가 지구 복사 에너지보다 더 높다.
ㄷ. 지구 온난화는 지구의 평균 기온이 상승하는 현상이다.

① ㄱ
② ㄴ
③ ㄱ, ㄷ
④ ㄴ, ㄷ
⑤ ㄱ, ㄴ, ㄷ

333

그림은 최근 약 43년 간 우리나라 동해의 어느 해역에서 측정한 표층 해수의 평균 수온이다.

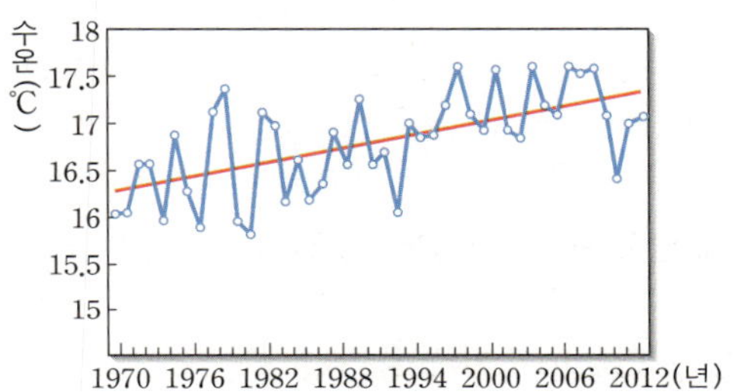

우리나라의 동해 연안에서 증가할 가능성이 있는 것만을 〈보기〉에서 있는 대로 고른 것은? (단, 표층 해수의 염분은 일정하다고 가정한다.)

〈보기〉
ㄱ. 해수면 높이
ㄴ. 표층 해수의 밀도
ㄷ. 조경 수역의 평균 위도

① ㄱ
② ㄴ
③ ㄱ, ㄷ
④ ㄴ, ㄷ
⑤ ㄱ, ㄴ, ㄷ

334

기후 변화를 해결하기 위한 노력으로 적절한 것만을 〈보기〉에서 있는 대로 고른 것은?

〈보기〉
ㄱ. 일상생활에서 자원 재활용을 실천한다.
ㄴ. 화석 연료를 대체할 수 있는 재생 에너지 자원을 개발한다.
ㄷ. 산업 시설에서 발생하는 이산화 탄소를 포집하여 저장하는 기술을 개발한다.

① ㄱ
② ㄷ
③ ㄱ, ㄴ
④ ㄴ, ㄷ
⑤ ㄱ, ㄴ, ㄷ

335

그림 (가), (나), (다)는 지구 자전축의 경사 방향과 경사각을 나타낸 것이다.

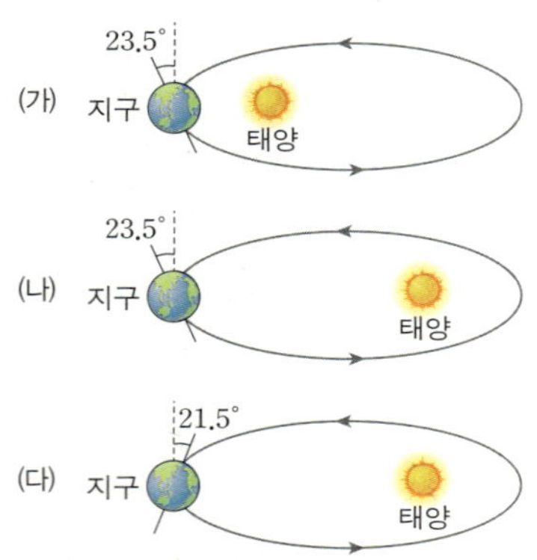

(가), (나), (다)에 대한 설명으로 옳은 것만을 〈보기〉에서 있는 대로 고른 것은? (단, (가), (나), (다)에서 지구의 공전 궤도 이심률은 모두 같고, 지구 자전축의 경사 방향과 경사각 변화 이외의 요인은 변하지 않는다고 가정한다.)

보기

ㄱ. 북반구 중위도에서 여름철 기온은 (나)가 가장 높다.
ㄴ. 남반구 중위도에서 겨울철 기온은 (가)가 (다)보다 낮다.
ㄷ. 연간 지구에 입사하는 태양 복사 에너지양은 (가)~(다)일 때 모두 같다.

① ㄱ ② ㄷ ③ ㄱ, ㄴ
④ ㄴ, ㄷ ⑤ ㄱ, ㄴ, ㄷ

336 고난도

그림은 지구 공전 궤도 이심률의 변화를 나타낸 것이다.
1만 년 전과 비교하여 1만 년 후에 더 증가할 것으로 예상되는 것만을 〈보기〉에서 있는 대로 고른 것은? (단, 공전 궤도 이심률의 변화 이외의 요인은 변하지 않는다고 가정한다.)

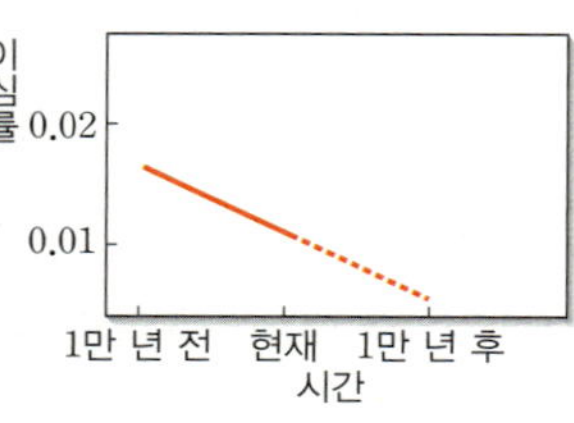

보기

ㄱ. 지구의 공전 주기
ㄴ. 원일점에서 태양의 겉보기 크기
ㄷ. 우리나라에서 겨울철 태양의 남중 고도

① ㄴ ② ㄷ ③ ㄱ, ㄴ
④ ㄱ, ㄷ ⑤ ㄴ, ㄷ

337

표는 지구의 기후 변화를 일으킬 수 있는 현상에 대한 설명이다.

구분	현상
(가)	영구 동토층이 녹으면서 메테인이 대기 중으로 방출된다.
(나)	판의 운동에 의해 수륙 분포가 변한다.
(다)	(㉠)으로 인해 지표의 반사율이 변한다.

이에 대한 설명으로 옳은 것만을 〈보기〉에서 있는 대로 고른 것은?

보기

ㄱ. (가)는 기후 변화를 일으키는 지구 외적 요인 중 하나이다.
ㄴ. (나)는 대기와 해수의 순환에 영향을 준다.
ㄷ. '과도한 토지 이용'은 ㉠의 예가 된다.

① ㄱ ② ㄴ ③ ㄱ, ㄷ
④ ㄴ, ㄷ ⑤ ㄱ, ㄴ, ㄷ

338 고난도

그림은 복사 평형을 이루고 있는 지구의 열수지를 나타낸 것이다.

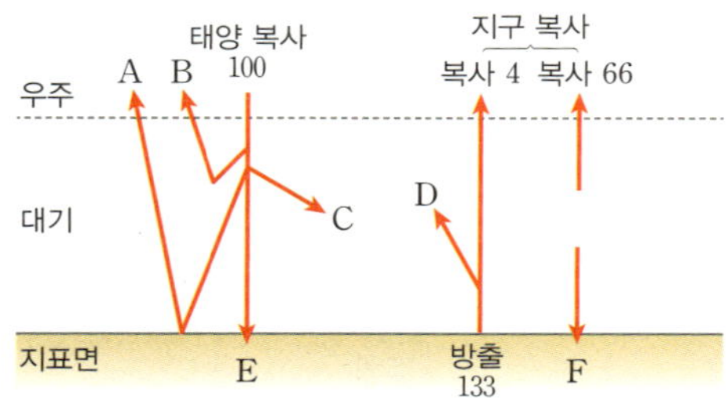

A~F의 값을 비교한 것으로 옳은 것만을 〈보기〉에서 있는 대로 고른 것은?

보기

ㄱ. 태양 복사의 반사량 : A>B
ㄴ. 대기가 흡수하는 에너지양 : C>D
ㄷ. 지표면이 흡수하는 에너지양 : E<F

① ㄱ ② ㄷ ③ ㄱ, ㄴ
④ ㄴ, ㄷ ⑤ ㄱ, ㄴ, ㄷ

339

그림은 지난 40년 동안 북반구와 남반구의 대기 중 이산화 탄소의 농도 변화를 나타낸 것이다.

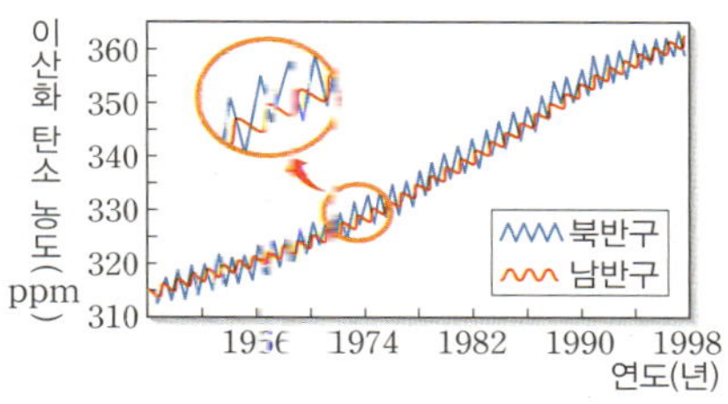

이에 대한 설명으로 옳은 것만을 〈보기〉에서 있는 대로 고른 것은?

보기

ㄱ. 이산화 탄소 농도의 계절 변화는 북반구가 남반구보다 더 크다.
ㄴ. 이 기간 중 지권의 탄소량은 감소하였을 것이다.
ㄷ. 이 기간 중 극지방의 반사율은 증가하였을 것이다.

① ㄱ ② ㄷ ③ ㄱ, ㄴ
④ ㄴ, ㄷ ⑤ ㄱ, ㄴ, ㄷ

340

그림은 산업 활동으로 대기 중에 방출된 이산화 탄소(CO_2)가 이동하는 과정을 나타낸 것이다.

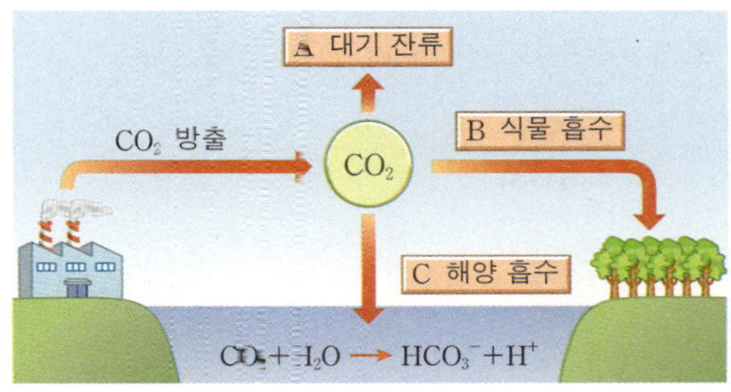

이에 대한 설명으로 옳은 것만을 〈보기〉에서 있는 대로 고른 것은?

보기

ㄱ. A의 양이 증가할수록 지구 온난화가 심해진다.
ㄴ. B 과정에서 이산화 탄소는 유기물 형태로 저장된다.
ㄷ. C의 양이 증가할수록 해수의 pH는 높아진다.

① ㄱ ② ㄷ ③ ㄱ, ㄴ
④ ㄴ, ㄷ ⑤ ㄱ, ㄴ, ㄷ

341

그림은 모의 실험으로 추정한 지구의 기온 변화와 실제 관측한 지구의 기온 변화를 나타낸 것이다. 기온 편차(관측 기온 − 평균 기온)는 1880년~1919년을 기준으로 한 변화량이다.

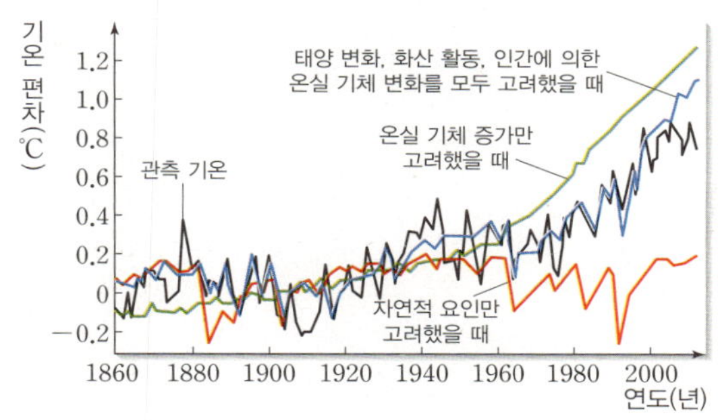

이 자료에 대한 설명으로 옳은 것만을 〈보기〉에서 있는 대로 고른 것은?

보기

ㄱ. 지구의 기온 상승은 가속화되는 경향이 있다.
ㄴ. 2000년대에 자연적 요인은 기온 상승을 억제하는 역할을 했다.
ㄷ. 미래에 지구의 평균 기온에 미치는 영향은 인위적 요인이 자연적 요인보다 클 것이다.

① ㄱ ② ㄷ ③ ㄱ, ㄴ
④ ㄴ, ㄷ ⑤ ㄱ, ㄴ, ㄷ

342 고난도

그림은 약 120년간 지구의 해수면 변화를, 표는 최근 30년간 우리나라 주변 해역의 해수면 상승률을 나타낸 것이다.

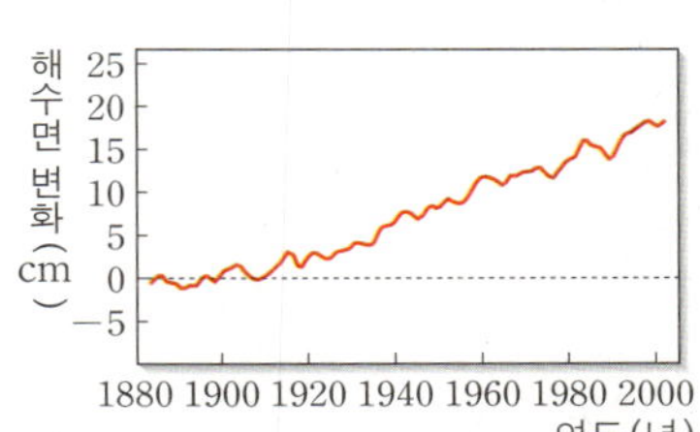

해역	해수면 상승률 (mm/년)
서해안	1.36
동해안	2.12
남해안	( )
전체 평균	2.48

이에 대한 설명으로 옳은 것만을 〈보기〉에서 있는 대로 고른 것은?

보기

ㄱ. 지구 전체의 총 빙하량은 감소하고 있다.
ㄴ. 최근 30년간 우리나라의 평균 해수면 상승률은 지난 120년간 지구의 평균 해수면 상승률보다 작다.
ㄷ. 우리나라 주변 해역에서 해수면 상승률은 남쪽보다 북쪽에서 크다.

① ㄱ ② ㄴ ③ ㄱ, ㄷ
④ ㄴ, ㄷ ⑤ ㄱ, ㄴ, ㄷ

III

우주

Ⅲ-1 별과 외계 행성계

1. 별의 물리량과 H-R도
- 별의 표면 온도
- 별의 광도와 크기
- H-R도와 별의 종류

2. 별의 탄생과 진화
- 별의 탄생
- 별의 진화

3. 별의 에너지원과 내부 구조
- 별의 에너지원
- 별의 내부 구조

4. 외계 행성계
- 외계 행성계 탐사
- 외계 생명체 탐사

Ⅲ-2 외부 은하와 우주 팽창

1. 외부 은하
- 은하의 분류
- 특이 은하와 충돌 은하

2. 허블 법칙과 우주론
- 허블 법칙과 우주의 팽창
- 빅뱅 우주론
- 급팽창 우주와 가속 팽창 우주

3. 암흑 물질과 암흑 에너지
- 암흑 물질과 암흑 에너지
- 표준 우주 모형과 우주의 미래

01 별의 물리량과 H-R도

개념 ❶ 별의 표면 온도

1. 별의 색과 표면 온도

(1) **빈의 변위 법칙** : 흑체의 표면 온도(T)가 높을수록 최대 에너지를 방출하는 파장(λ_{max})이 짧아진다.

➡ 표면 온도가 높은 별은 최대 에너지를 방출하는 파장이 짧아 파란색으로 보인다.

$$\lambda_{max}=\frac{\alpha}{T}\,(\alpha=2.898\times10^3\mu m \cdot K)$$

(2) **색지수와 표면 온도** : 사진 등급(B 등급)과 안시 등급(V 등급)의 차이를 색지수라고 하는데 별의 표면 온도가 높을수록 색지수가 작다.

➡ 고온의 파란색 별은 색지수(B−V)가 음(—)의 값이다.

2. 분광형과 표면 온도

(1) **스펙트럼의 종류** : 별빛 스펙트럼은 흡수 스펙트럼이다.

➡ 별빛이 별의 대기를 통과할 때 대기를 구성하는 원소들이 특정한 파장의 에너지를 흡수하기 때문이다.

연속 스펙트럼	모든 파장 영역에서 빛이 연속적인 띠로 나타나는 스펙트럼
선 스펙트럼	• 흡수 스펙트럼 : 광원 앞에 저온·저밀도의 기체가 있을 때 연속 스펙트럼 중간에 검은색의 흡수선이 나타난다. • 방출 스펙트럼 : 고온·저밀도의 기체에서 빛이 방출될 때 특정한 파장에서 밝은색의 방출선이 나타난다. • 발생 원인 : 기체의 종류에 따라 특정한 파장의 빛을 흡수하거나 방출하기 때문에 나타난다. ➡ 기체의 종류가 같으면 흡수 스펙트럼과 방출 스펙트럼의 선의 위치와 형태가 같다.

(2) **분광형과 표면 온도** : 별의 표면 온도에 따른 흡수선의 종류와 세기를 기준으로 O, B, A, F, G, K, M형의 7가지 분광형으로 분류한다. └ 각각 0(고온)~9(저온)의 10등급으로 세분한다.

➡ 태양의 분광형은 G2형이다.

분광형	O	B	A	F	G	K	M
색	파란색	청백색	흰색	황백색	노란색	주황색	붉은색
색지수	작다		←--------------------→				크다
표면 온도	높다		←--------------------→				낮다

개념 ❷ 별의 광도와 크기

1. 별의 광도 : 별이 단위 시간 동안 표면에서 방출하는 에너지의 총량 ➡ 절대 등급이 작을수록 광도가 크다.

(1) **별의 광도 측정** : 별까지의 거리(r)와 겉보기 등급(m)을 측정한 후 관계식 '$m-M=5\log r-5$'에 대입하여 별의 절대 등급(M)을 구한다. └ 별의 절대 등급을 태양의 절대 등급과 비교하여 구한다.

---

(2) **슈테판·볼츠만 법칙** : 흑체가 단위 시간 동안 단위 면적에서 방출하는 에너지양(E)은 표면 온도(T)의 4제곱에 비례한다.

$$E=\sigma T^4\,(\sigma=5.670\times10^{-8}\,W \cdot m^{-2}\,K^{-4})$$
└ 슈테판·볼츠만 상수

(3) **슈테판·볼츠만 법칙과 광도(L)** : 광도는 별의 표면적($4\pi R^2$)과 별이 단위 시간 동안 단위 면적에서 방출하는 에너지양(σT^4)을 곱하여 구할 수 있다.

$$L=4\pi R^2 \cdot \sigma T^4$$

2. 광도 계급 : Ⅰ~Ⅶ 계급으로 별을 분류할 수 있다.

➡ 분광형이 같아도 광도 계급에 따라 광도와 반지름이 다를 수 있다. ┐

초거성 I은 밝기에 따라 다시 Ia(밝은 초거성)과 Ib(덜 밝은 초거성)로 나눈다.

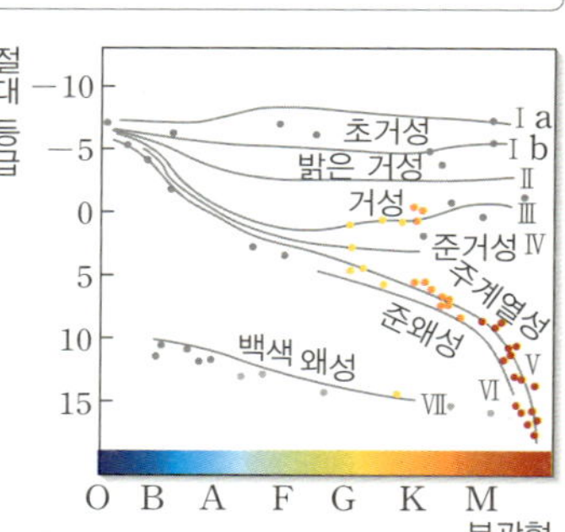

광도 계급	I	II	III	IV	V	VI	VII
별의 종류	초거성	밝은 거성	거성	준거성	주계 열성	준왜성	백색 왜성
광도	크다 ←						→ 작다
반지름	크다 ←						→ 작다

3. 별의 크기 : 별의 광도(L)와 표면 온도(T)를 이용하여 별의 반지름(R)을 구할 수 있다.

$$L=4\pi R^2 \cdot \sigma T^4 \implies R=\sqrt{\frac{L}{4\pi\sigma T^4}}$$

개념 ❸ H-R도와 별의 종류

1. H−R도 : 가로축에 별의 분광형(표면 온도, 색지수)을, 세로축에 별의 광도(절대 등급)를 축으로 하여 별의 분포를 나타낸 그래프

(1) **가로축의 변화 경향** : 왼쪽으로 갈수록 별의 표면 온도가 높고, 색지수가 작으며, 파란색을 띤다.

(2) **세로축의 변화 경향** : 위로 갈수록 별의 광도가 크고, 절대 등급이 작다.

(3) **대각선 방향의 변화 경향** : 오른쪽 위로 갈수록 별의 반지름이 크고 밀도가 작다.

2. H−R도와 별의 종류

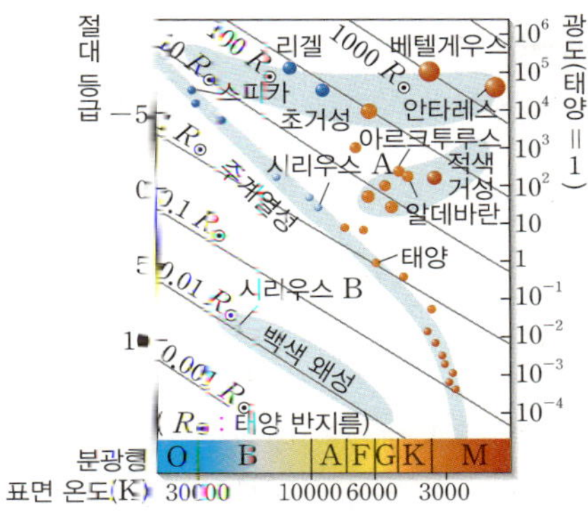

주계열성	• H−R도의 왼쪽 위에서 대각선 방향으로 오른쪽 아래까지 이어지는 좁은 띠 모양으로 분포한다. • 별의 약 90 %는 주계열성으로 분포한다. • H−R도의 왼쪽 위에 분포할수록 표면 온도가 높고 광도, 반지름, 질량이 모두 크다.
적색 거성	• H−R도에서 주계열성의 오른쪽 위에 분포한다. • 표면 온도가 낮아 붉은색을 띠며, 반지름이 매우 커서 광도가 크다. • 반지름이 주계열성보다 매우 커서 밀도가 작다.
초거성	• H−R도에서 적색 거성보다 더 위쪽에 분포한다. • 적색 거성보다 광도가 크다.
백색 왜성	• H−R도에서 주계열성의 왼쪽 아래에 분포한다. • 표면 온도가 높아 백색으로 보이지만, 반지름이 매우 작기 때문에 광도가 작다. • 밀도가 매우 크다.→ 보통 태양 밀도의 10만~100만 배 정도

자료 분석 분광형에 따른 흡수선의 종류와 세기

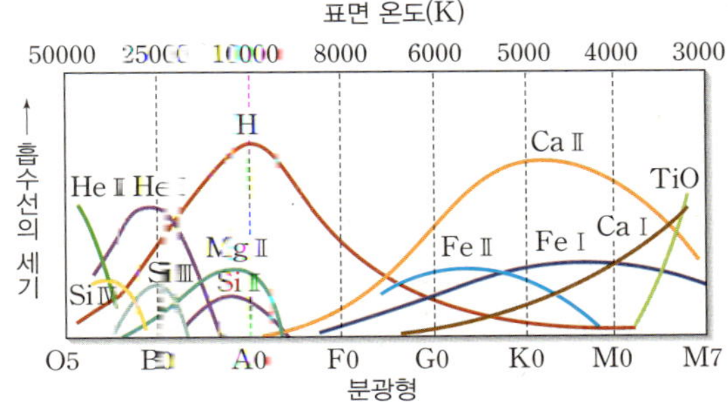

• 분광형과 표면 온도 : 별에 따라 표면 온도가 다르기 때문에 스펙트럼에서 관측되는 흡수선의 종류가 서로 다르다.

➡ 별의 흡수선으로 구분한 분광형으로부터 표면 온도를 알 수 있다.

• 분광형에 따른 흡수선의 특징

O형	이온화된 헬륨(He II) 흡수선이 강하다.
A형	수소(H) 흡수선이 가장 강하다.
G형	태양(G형)에서는 이온화된 칼슘(Ca II) 흡수선이 강하다.
K형	금속 원소들(Ca II, Fe I 등)에 의한 흡수선이 나타난다.
M형	• 수소 흡수선이 거의 나타나지 않는다. • 산화 타이타늄(TiO)의 분자 흡수선이 강하다.

정답 및 해설 | 41쪽

343

다음 [   ] 안에 알맞은 말을 쓰시오.

(1) 표면 온도가 높은 별은 최대 에너지를 방출하는 파장이 짧아 [   ]색으로 보이며, 색지수 값이 [   ].

(2) 고온의 광원에서 나온 빛이 저온 · 저밀도의 기체를 통과하면서 [   ] 스펙트럼이 생성된다.

(3) 분광형을 표면 온도에 따라 배열하면 고온에서부터 O, B, [   ], F, [   ], K, M형 순이다.

344

별의 물리량에 대한 설명으로 옳은 것은 ○, 옳지 <u>않은</u> 것은 ×로 표시하시오.

(1) 모든 별의 스펙트럼에서 수소 흡수선이 가장 강하게 나타난다.

(   )

(2) 별의 광도는 별이 단위 시간 동안 단위 면적에서 방출하는 에너지양이다.

(   )

(3) H−R도의 주계열에서 왼쪽 위에 있는 별이 오른쪽 아래에 있는 별보다 수명이 짧다.

(   )

345

어느 별의 반지름이 태양의 2배이고, 표면 온도가 12000 K이라면 이 별의 광도는 태양의 몇 배인지 쓰시오. (단, 태양의 표면 온도는 6000 K이다.)

346

그림은 H−R도에서 별을 분류한 것이다.

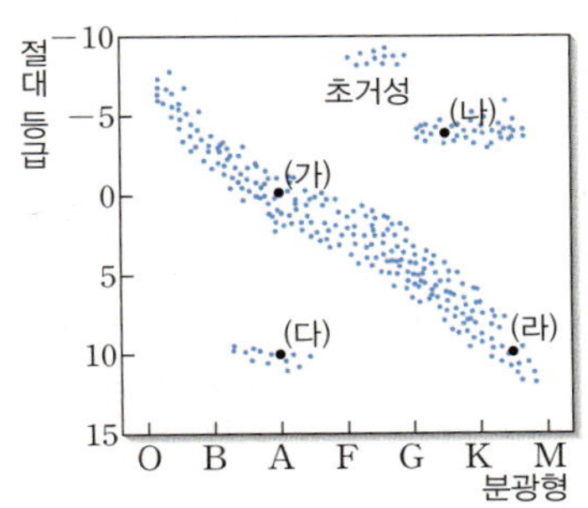

(가)~(라)에 해당하는 별의 종류를 각각 쓰시오.

족집게 전략 별의 분광형과 표면 온도의 관계를 이해하고 있어야 해. 별의 스펙트럼에서 나타나는 흡수선의 차이는 별의 화학 조성에 의해서가 아니라 표면 온도에 따라 달라진다는 것을 알아야 해.

347 단골 문제

표는 분광형이 서로 다른 별 (가)~(마)의 표면 온도를 나타낸 것이다.

별	분광형	표면 온도(K)
(가)	㉠	12000
(나)	O	30000
(다)	G	6000
(라)	A	8000
(마)	K	㉡

이에 대한 설명으로 옳은 것만을 〈보기〉에서 있는 대로 고른 것은?

보기
ㄱ. ㉠은 B형에 해당한다.
ㄴ. (나)는 태양보다 붉게 보인다.
ㄷ. ㉡은 태양의 표면 온도보다 낮다.

① ㄱ   ② ㄴ   ③ ㄱ, ㄷ
④ ㄴ, ㄷ   ⑤ ㄱ, ㄴ, ㄷ

추가로 나오는 선택지
❶ 별 (가)는 주황색을 띤다. (   )
❷ 태양과 표면 온도가 가장 비슷한 별은 (다)이다. (   )
❸ 별 (가)~(마) 중 색지수가 가장 작은 별은 (마)이다. (   )

348 서술형

색지수는 사진 등급(B)과 안시 등급(V)의 차이로, 별의 표면 온도가 높을수록 색지수는 작다. 그 까닭을 빈의 변위 법칙과 관련지어 서술하시오.

349

그림은 서로 다른 종류의 스펙트럼 A, B, C가 형성되는 원리를 나타낸 것이다.

이에 대한 설명으로 옳은 것만을 〈보기〉에서 있는 대로 고른 것은?

보기
ㄱ. A에서 연속 스펙트럼이 관측된다.
ㄴ. 특정한 파장에서 밝은색의 방출선이 나타나는 것은 B이다.
ㄷ. 기체의 종류가 같다면 B와 C에 나타나는 선의 위치와 형태가 같다.

① ㄱ   ② ㄴ   ③ ㄱ, ㄷ
④ ㄴ, ㄷ   ⑤ ㄱ, ㄴ, ㄷ

350 중요

그림은 분광형에 따른 흡수선의 세기를 나타낸 것이다.

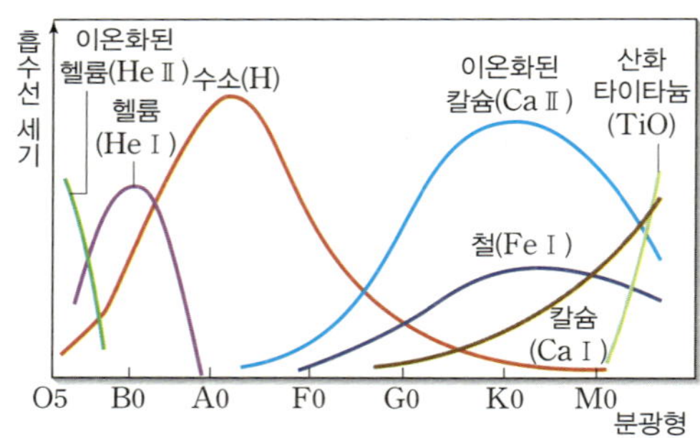

이에 대한 설명으로 옳은 것만을 〈보기〉에서 있는 대로 고른 것은?

보기
ㄱ. 금속선은 B0형보다 K0형에서 더 강하게 나타난다.
ㄴ. 태양의 스펙트럼에서는 헬륨(He I)선이 가장 강하다.
ㄷ. 수소(H)선이 가장 강하게 나타나는 별은 파란색을 띤다.

① ㄱ   ② ㄴ   ③ ㄱ, ㄷ
④ ㄴ, ㄷ   ⑤ ㄱ, ㄴ, ㄷ

351

별빛 스펙트럼에 나타나는 흡수선의 위치와 세기로 알 수 있는 물리량을 두 개 고르면?

① 광도
② 질량
③ 분광형
④ 반지름
⑤ 표면 온도

352 서술형

그림은 별 (가), (나), (다)의 스펙트럼에서 관측된 흡수선의 종류를 나타낸 것이다. (가), (나), (다)의 분광형은 O형, G형, M형 중 하나이다.

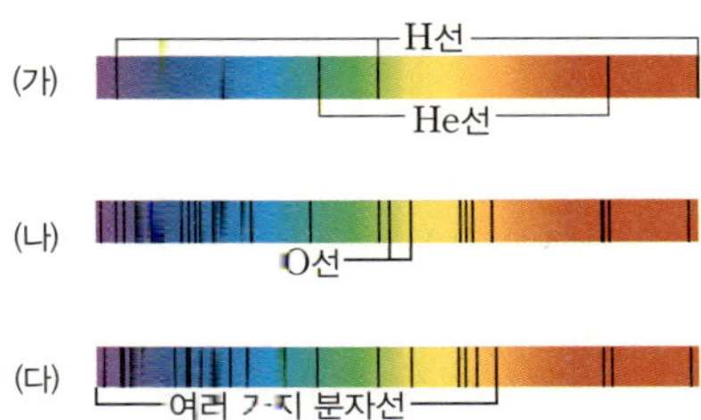

별 (가), (나), (다)의 표면 온도를 부등호로 비교하고, 그 까닭을 서술하시오.

353

그림은 분광형이 A0형으로 같지만 광도 계급이 서로 다른 두 별의 스펙트럼을 나타낸 것이다.

이에 대한 설명으로 옳은 것만을 〈보기〉에서 있는 대로 고른 것은?

보기

ㄱ. 별의 광도는 (가)가 (나)보다 작다.
ㄴ. 별의 평균 밀도는 (가)가 (나)보다 작다.
ㄷ. 두 별의 스펙트럼에서 모두 수소 흡수선이 가장 강하게 나타난다.

① ㄴ
② ㄷ
③ ㄱ, ㄴ
④ ㄱ, ㄷ
⑤ ㄴ, ㄷ

개념 2 별의 광도와 크기

족집게 전략 별의 광도는 별의 절대 등급을 태양의 절대 등급과 비교하여 측정함을 알아야 해. 별의 표면 온도와 광도를 슈테판·볼츠만 법칙에 대입하여 별의 반지름을 구할 수 있어야 해.

354 단골 문제

표는 태양과 별 (가), (나)의 물리량을 나타낸 것이다.

별	태양	(가)	(나)
겉보기 등급	−26.7	0.1	0.4
절대 등급	4.8	−8	−6
표면 온도(K)	5800	12000	3500

별의 물리량을 비교한 것으로 옳은 것은?

① 별까지의 거리는 (가)가 (나)보다 멀다.
② (가)는 (나)보다 더 붉게 보인다.
③ 광도가 가장 큰 별은 태양이다.
④ 반지름은 (가)가 (나)보다 크다.
⑤ (나)의 분광형은 M형보다 O형에 가깝다.

추가로 나오는 선택지

❶ 별의 광도는 (가)가 태양보다 10000배 이상 밝다.　　(　　　)
❷ 세 별 중 단위 시간 동안 단위 면적에서 방출하는 에너지양은 태양이 가장 크다.　　(　　　)

355 중요

그림은 별 A~D의 거리와 겉보기 등급을 나타낸 것이다.

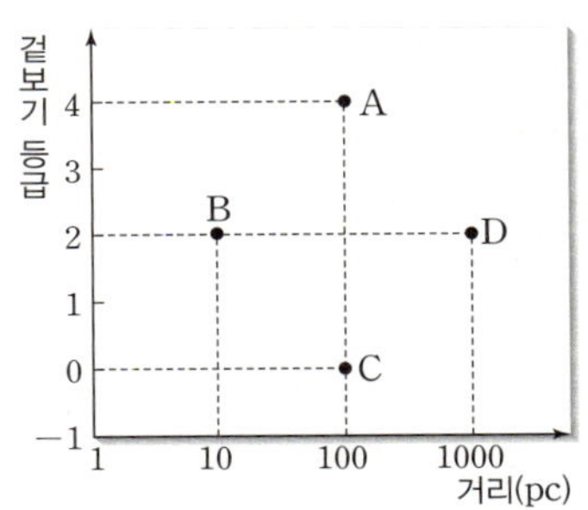

이에 대한 설명으로 옳은 것만을 〈보기〉에서 있는 대로 고른 것은?

보기

ㄱ. A보다 C가 밝게 관측된다.
ㄴ. 실제 밝기는 D가 B의 100배이다.
ㄷ. (겉보기 등급−절대 등급) 값이 가장 큰 별은 D이다.

① ㄱ
② ㄴ
③ ㄱ, ㄷ
④ ㄴ, ㄷ
⑤ ㄱ, ㄴ, ㄷ

356 중요

그림은 광도 계급을 나타낸 것이다.

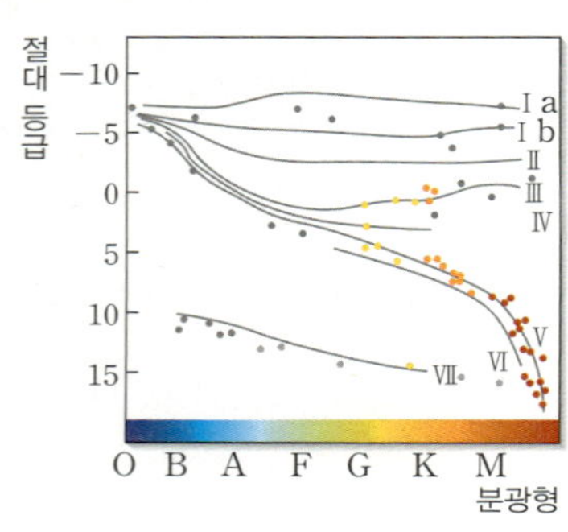

이에 대한 설명으로 옳지 <u>않은</u> 것은?

① 태양의 광도 계급은 V이다.
② 광도 계급이 Ⅰa인 별은 초거성이다.
③ 분광형이 같을 때 광도 계급이 클수록 밀도가 작은 별이다.
④ 분광형이 같을 때 별의 반지름이 클수록 광도 계급이 작다.
⑤ 분광형이 B형이고 광도 계급이 Ⅶ인 별은 태양보다 반지름이
작다.

357 서술형

표는 별 A, B, C의 광도와 표면 온도를 나타낸 것이다.

구분	A	B	C
광도(태양=1)	1	100	10
표면 온도(태양=1)	1	2	1

별 A, B, C를 반지름이 큰 것부터 순서대로 나열하고, 그 까닭을 서술
하시오.

358

그림은 절대 등급이 같은 두 별 A와 B
의 단위 면적에서 단위 시간당 방출하
는 파장별 빛의 세기를 나타낸 것이다.

별 A와 비교한 별 B의 특징에 대한
설명으로 옳은 것만을 〈보기〉에서 있
는 대로 고른 것은?

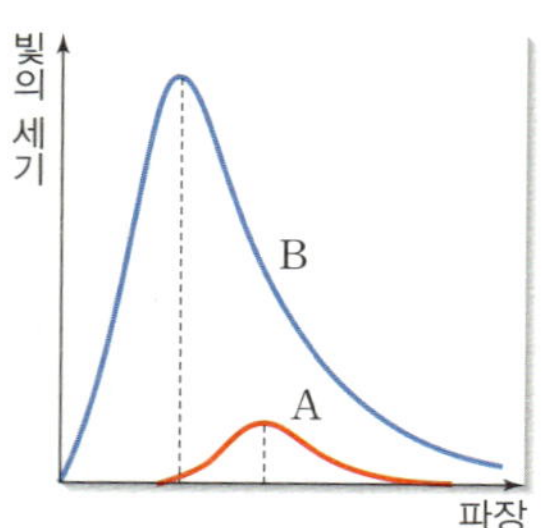

보기

ㄱ. 표면 온도가 더 높다.
ㄴ. 붉은색을 띤다.
ㄷ. 반지름이 더 크다.

① ㄱ ② ㄴ ③ ㄱ, ㄷ
④ ㄴ, ㄷ ⑤ ㄱ, ㄴ, ㄷ

족집게 전략 H−R도상에서 별들의 위치에 따른 물리량을 비교할
수 있어야 하고, 별의 종류에 따라 H−R도의 어느 위치에 분포하
는지를 알고 있어야 해.

359 단골 문제

그림은 H−R도에 별 (가)∼(라)의 위치를 나타낸 것이다. (가)
와 (다)의 분광형은 같고, (다)와 (라)의 광도는 같다.

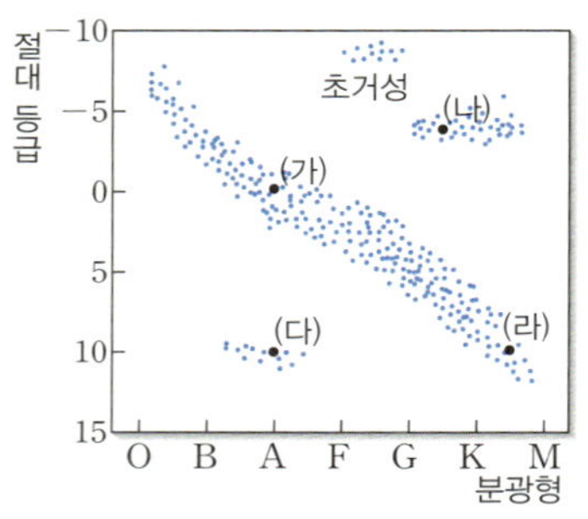

이에 대한 설명으로 옳은 것은?

① 수명은 (가)가 (라)보다 길다.
② 질량은 (가)가 (라)보다 크다.
③ 평균 밀도는 (다)가 가장 작다.
④ 표면 온도는 (가) > (라) > (나)이다.
⑤ 반지름은 (가)가 (나)보다 크다.

추가로 나오는 선택지

❶ 별의 반지름은 (가)가 (다)보다 100배 크다. (   )
❷ 질량 − 광도 관계가 성립하는 별은 (가)와 (라)이다. (   )
❸ (나)와 (다)의 중심부에서는 수소 핵융합 반응을 한다. (   )

360

H−R도에 대한 설명으로 옳지 <u>않은</u> 것은?

① 별의 분광형은 가로축 물리량으로 적절하다.
② 별의 색지수는 왼쪽으로 갈수록 작다.
③ 별의 광도는 위로 갈수록 작다.
④ 별의 반지름은 오른쪽 위로 갈수록 크다.
⑤ 주계열성은 왼쪽 위에 분포할수록 반지름과 질량이 모두 크다.

[361~362] 그림은 태양 근처의 별들을 H–R도에 나타낸 것이다.

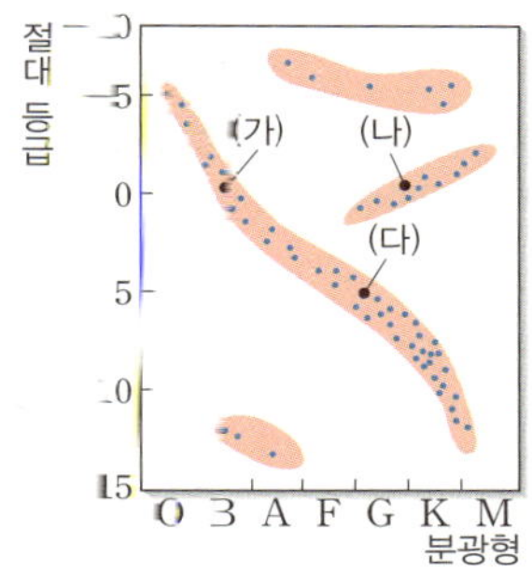

361

별 (가), (나), (다)의 크기를 옳게 비교한 것은?

① (가) > (나) > (다)
② (가) > (다) > (나)
③ (나) > (가) > (다)
④ (나) > (다) > (가)
⑤ (다) > (나) > (가)

362 서술형

별 (가), (나), (다) 중 적색 거성에 해당하는 별을 쓰고, 이 별의 밀도를 다른 두 별과 비교하여 서술하시오.

363 중요

표는 태양, 북극성, 직녀성(베가)의 물리량을 나타낸 것이다.

별	절대 등급	분광형	광도 계급
태양	+4.8	G2	V
북극성	−3.6	F8	I
직녀성	−0.6	A0	V

이에 대한 설명으로 옳은 것만을 〈보기〉에서 있는 대로 고른 것은?

보기
ㄱ. 표면 온도는 태양이 북극성보다 높다.
ㄴ. 반지름은 북극성이 태양보다 크다.
ㄷ. 세 별은 모두 주계열성에 속한다.

① ㄴ   ② ㄷ   ③ ㄱ, ㄴ
④ ㄱ, ㄷ   ⑤ ㄴ, ㄷ

364 중요

그림은 H–R도에서 별을 특성에 따라 (가)~(라) 그룹으로 분류한 것이다.

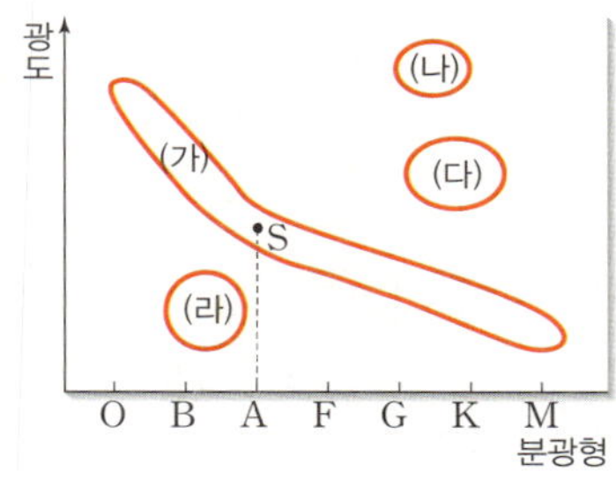

이에 대한 설명으로 옳은 것만을 〈보기〉에서 있는 대로 고른 것은?

보기
ㄱ. 별의 대부분은 (가)에 분포한다.
ㄴ. 별 S는 태양과 광도 계급이 같다.
ㄷ. 광도 계급이 가장 작은 그룹은 (라)이다.
ㄹ. (나)가 (다)보다 광도가 큰 것은 표면 온도가 높기 때문이다.

① ㄱ, ㄴ   ② ㄱ, ㄹ   ③ ㄴ, ㄷ
④ ㄴ, ㄹ   ⑤ ㄷ, ㄹ

365

그림은 주계열성의 질량에 따른 절대 등급을 나타낸 것이다.

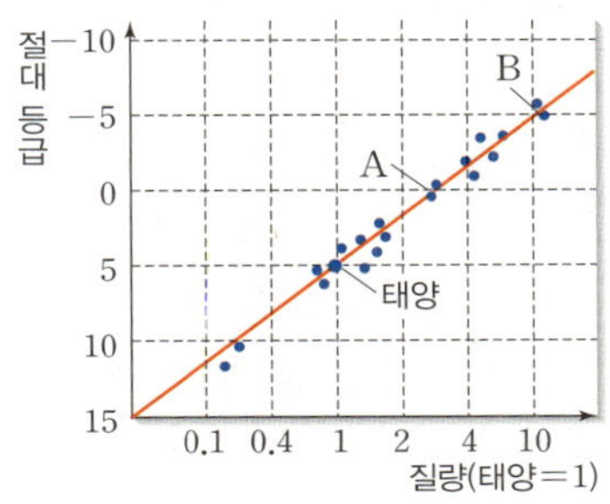

태양과 별 A, B의 물리량에 대한 설명으로 옳은 것만을 〈보기〉에서 있는 대로 고른 것은?

보기
ㄱ. 수명은 A가 B보다 길다.
ㄴ. A가 태양보다 100배 밝다.
ㄷ. 표면 온도는 A가 B보다 낮다.

① ㄱ   ② ㄴ   ③ ㄱ, ㄷ
④ ㄴ, ㄷ   ⑤ ㄱ, ㄴ, ㄷ

366 고난도

그림은 주계열성의 색지수(B−V)와 표면 온도의 관계를 나타낸 것이다.

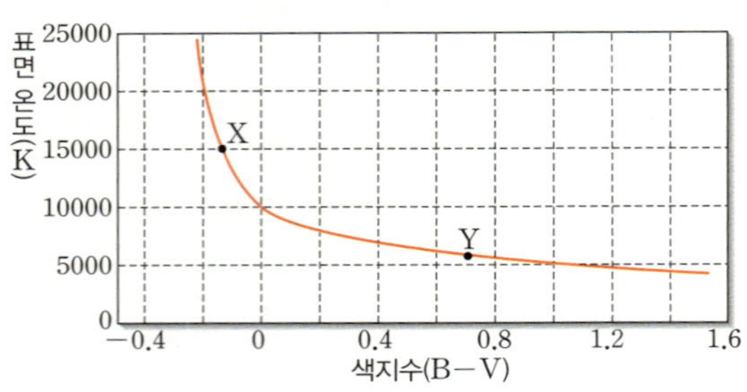

이에 대한 설명으로 옳은 것만을 〈보기〉에서 있는 대로 고른 것은?

보기
ㄱ. 파란색 별의 색지수는 음(−)의 값이다.
ㄴ. 별의 수명은 X가 Y보다 길다.
ㄷ. 표면 온도가 6000 K인 별은 B 등급이 V 등급보다 크다.

① ㄱ   ② ㄴ   ③ ㄱ, ㄷ
④ ㄴ, ㄷ   ⑤ ㄱ, ㄴ, ㄷ

367 고난도

표는 별 A~D의 표면 온도와 절대 등급을 나타낸 것이고, 그림은 H−R도에 주계열성을 나타낸 것이다.

별	표면 온도(K)	절대 등급
A	4500	0
B	9000	2
C	4500	7
D	9000	12

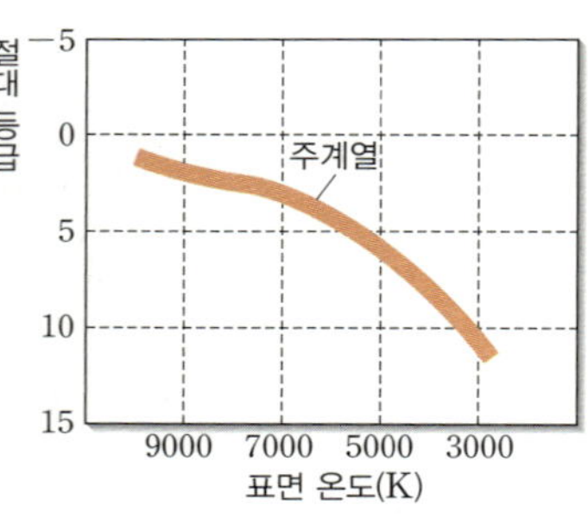

이에 대한 설명으로 옳은 것만을 〈보기〉에서 있는 대로 고른 것은?

보기
ㄱ. A는 주계열성에 속한다.
ㄴ. 평균 밀도는 A가 D보다 작다.
ㄷ. 반지름의 비 B : C : D=100 : 40 : 1이다.

① ㄱ   ② ㄷ   ③ ㄱ, ㄴ
④ ㄴ, ㄷ   ⑤ ㄱ, ㄴ, ㄷ

368

그림은 별의 분광형에 따른 흡수선의 종류와 세기를, 표는 주계열성인 (가)와 (나)의 스펙트럼 특징을 나타낸 것이다. (가)와 (나)는 각각 분광형이 A형과 K형 중 하나이다.

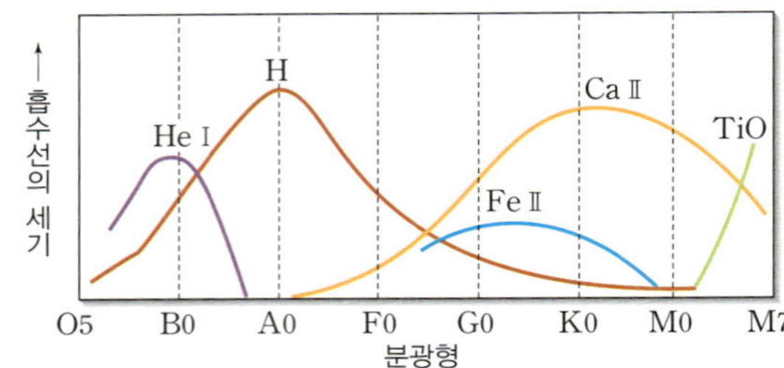

구분	스펙트럼 특징
(가)	수소(H) 흡수선이 가장 강하게 나타난다.
(나)	칼슘 이온(Ca II) 흡수선이 가장 강하게 나타난다.

이에 대한 설명으로 옳은 것만을 〈보기〉에서 있는 대로 고른 것은?

보기
ㄱ. 색지수는 (가)가 (나)보다 크다.
ㄴ. (나)는 태양보다 주계열 단계에 오래 머무른다.
ㄷ. 중심부에서 단위 시간 동안 생성되는 에너지양은 (가)가 (나)보다 많다.

① ㄱ   ② ㄴ   ③ ㄷ
④ ㄱ, ㄷ   ⑤ ㄴ, ㄷ

369

그림 (가), (나), (다)는 표면 온도는 같지만 광도가 다른 주계열성, 적색 거성, 초거성의 스펙트럼을 순서 없이 나타낸 것이다. 두 개의 강한 흡수선은 수소 원자에 의한 것이며, 별의 표면 온도가 같을 경우 흡수선의 폭은 별의 밀도에 의해 결정된다.

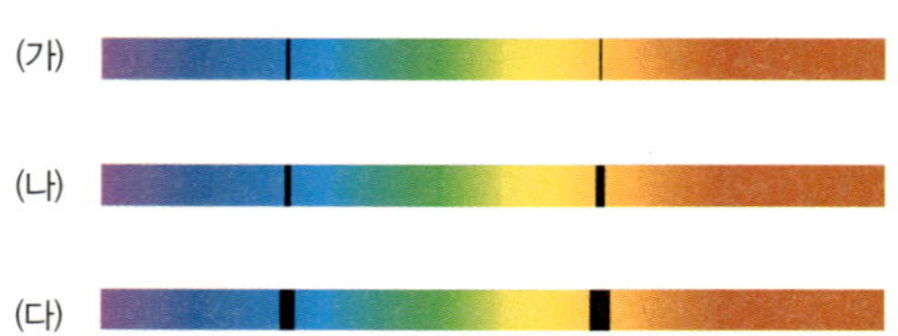

스펙트럼과 별의 종류를 옳게 짝 지은 것은?

	(가)	(나)	(다)
①	적색 거성	초거성	주계열성
②	적색 거성	주계열성	초거성
③	초거성	적색 거성	주계열성
④	초거성	주계열성	적색 거성
⑤	주계열성	초거성	적색 거성

370

그림은 H−R도에 겉보기 등급이 같은 별 A와 B를 나타낸 것이다.

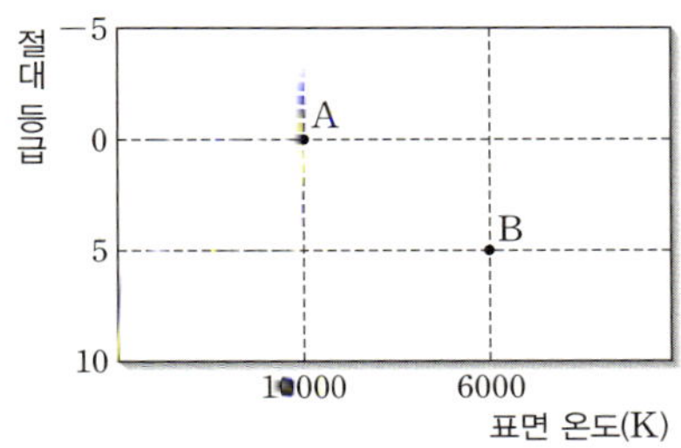

별 B보다 별 A가 큰 값을 가지는 물리량만을 〈보기〉에서 있는 대로 고른 것은?

보기
ㄱ. 색지수
ㄴ. 반지름
ㄷ. 별까지의 거리

① ㄱ   ② ㄴ   ③ ㄱ, ㄷ
④ ㄴ, ㄷ   ⑤ ㄱ, ㄴ, ㄷ

371

표는 별 A, B, C의 물리량을, 그림은 H−R도를 나타낸 것이다.

별	겉보기 등급	색지수	거리(pc)
A	5.8	1.34	100
B	0.1	0.00	10
C	8.9	0.43	100

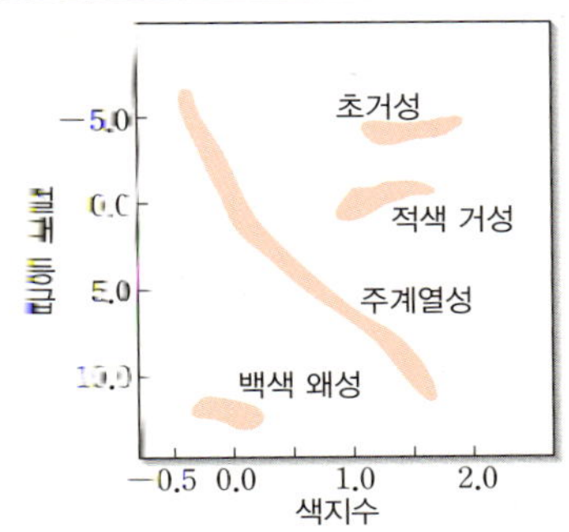

이에 대한 설명으로 옳은 것만을 〈보기〉에서 있는 대로 고른 것은?

보기
ㄱ. 광도는 B가 A보다 크다.
ㄴ. 반지름은 C가 A보다 크다.
ㄷ. 별의 질량은 B가 C보다 크다.

① ㄱ   ② ㄴ   ③ ㄱ, ㄷ
④ ㄴ, ㄷ   ⑤ ㄱ, ㄴ, ㄷ

372 고난도

그림은 H−R도에 태양과 별 (가), (나)를 나타낸 것이다.

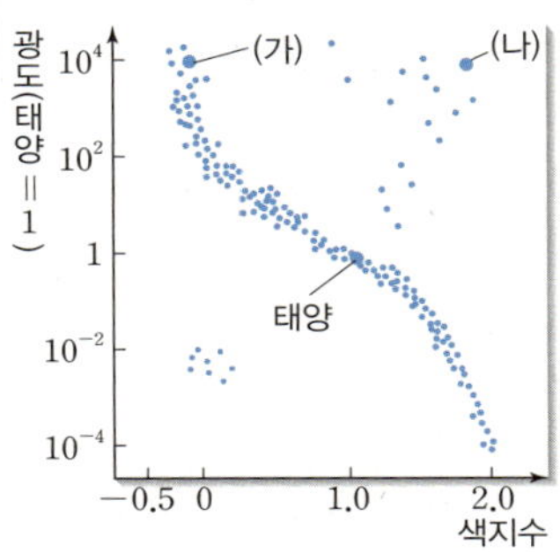

이에 대한 설명으로 옳은 것만을 〈보기〉에서 있는 대로 고른 것은? (단, 별 (가)와 (나)의 겉보기 등급은 같다.)

보기
ㄱ. 반지름은 (가)가 (나)보다 작다.
ㄴ. (가)는 (나)보다 지구에서 훨씬 멀리 떨어져 있다.
ㄷ. (가)와 (나) 중 수소 흡수선이 더 강하게 나타나는 별은 (가)이다.

① ㄱ   ② ㄴ   ③ ㄱ, ㄷ
④ ㄴ, ㄷ   ⑤ ㄱ, ㄴ, ㄷ

373

그림은 태양 근처의 별들을 분광형과 광도에 따라 몇 개의 집단으로 구분하여 나타낸 것이다.

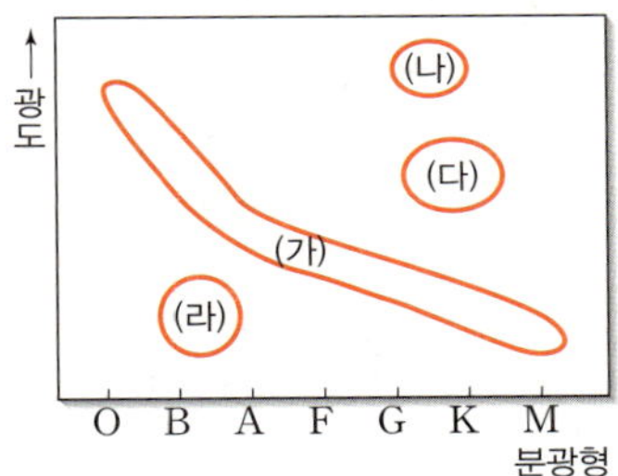

이에 대한 설명으로 옳은 것만을 〈보기〉에서 있는 대로 고른 것은?

보기
ㄱ. 별을 구성하는 수소의 비율은 (가)가 가장 크다.
ㄴ. 반지름의 크기는 (다)>(나)>(라) 순이다.
ㄷ. (라)에 속하는 별의 중심부에서는 탄소 핵융합 반응이 일어나 표면 온도가 매우 높게 유지된다.

① ㄱ   ② ㄴ   ③ ㄱ, ㄷ
④ ㄴ, ㄷ   ⑤ ㄱ, ㄴ, ㄷ

02 별의 탄생과 진화

개념 ❶ 별의 탄생

1. 별의 탄생 과정 : 별은 우주 공간에서 성간 물질이 모여 구름처럼 보이는 성운 중 기체 밀도가 높고 온도가 낮은 암흑 성운 내부에서 탄생한다.

➡ 원시별은 빛을 내는 에너지가 핵융합 반응을 통해 얻어지는 것이 아니라 중력 수축할 때 발생하므로 중심부에서 핵융합 반응이 일어나는 별과 구분하여 원시별이라고 한다.

성운 수축	성운 내부는 중력이 내부 압력보다 크기 때문에 중력 수축이 일어난다. ➡ 성운의 크기가 감소하고 밀도와 온도가 증가하면서 기체 원반이 형성된다.
원시별 생성	물질이 중심으로 모이면서 중력 수축이 일어나 내부 온도와 압력이 상승하며, 밀도와 온도가 높아진 성운의 중심부에서 원시별이 생성된다.
별의 탄생	원시별에서 중력 수축이 계속 일어나 중심부 온도가 약 1000만 K에 도달하면 중심부에서 수소 핵융합 반응이 일어나는 주계열성이 된다.

2. 원시별의 진화 : 원시별의 질량이 클수록 주계열성으로 빠르게 도달하고, 광도가 크고 표면 온도가 높은 주계열성이 된다.

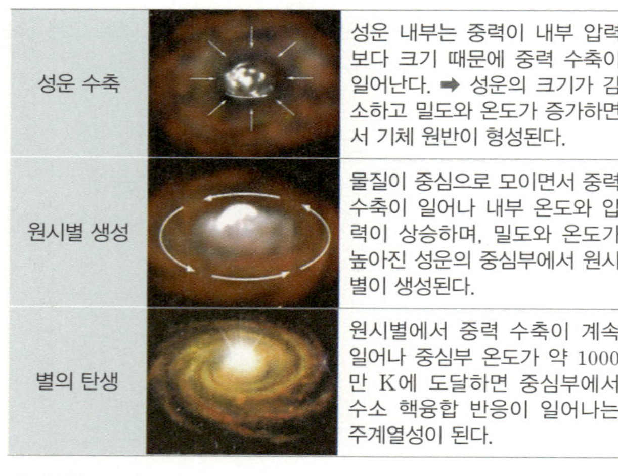
▲ 질량에 따른 원시별의 진화 속도와 진화 경로

태양보다 질량이 큰 원시별	광도는 거의 변하지 않지만, 표면 온도가 크게 상승하여 주계열의 왼쪽 상단에 도달한다. ➡ H-R도에서 수평 방향으로 진화
태양과 질량이 비슷한 원시별	처음에는 광도가 크게 감소하고, 이후 표면 온도가 상승하여 주계열에 도달한다.
태양보다 질량이 작은 원시별	광도는 크게 감소하지만, 표면 온도는 약간 상승하여 주계열의 오른쪽 하단에 도달한다. ➡ H-R도에서 수직 방향으로 진화
태양 질량의 0.08배 이하인 원시별	중심부 온도가 낮아 수소 핵융합 반응이 일어나지 못하므로 주계열성에 도달하지 못하고 계속 수축하여 갈색 왜성이 된다.

개념 ❷ 별의 진화

1. 주계열 단계

(1) **에너지원** : 중심부에서 수소 핵융합 반응이 일어나면서 생성된 에너지를 방출하여 빛을 낸다.

(2) **크기** : 별의 크기가 변하지 않고 일정하게 유지된다.

➡ 주계열성은 내부 압력과 중력이 평형을 이루고 있는 정역학 평형 상태를 이루고 있기 때문이다.

(3) **주계열 단계로 보내는 기간** : 별은 일생의 대부분(약 90 %)을 주계열 단계에서 보내므로 관측되는 별 중 주계열성이 가장 많다.

➡ 별을 구성하는 대부분의 원소가 수소이므로 수소 핵융합 반응이 오랜 시간 동안 유지될 수 있기 때문이다.

(4) **수명** : 질량이 클수록 중심부 온도가 높아 수소 연소 효율이 크기 때문에 수소를 매우 빠르게 소모하므로 수명이 짧다.

2. 주계열 이후의 단계

(1) **태양과 질량이 비슷한 별** : 주계열성 ⇨ 적색 거성 ⇨ 행성상 성운 ⇨ 백색 왜성

① **적색 거성으로 진화**

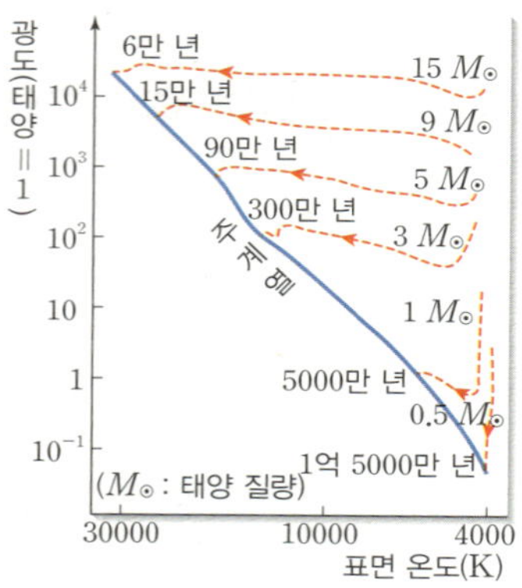

중심부에서 수소가 모두 소진되면 중심부의 헬륨 핵이 수축하면서 내부 온도가 상승하여 헬륨 핵 주변의 수소층을 가열한다.

⬇

중심핵을 둘러싸고 있는 수소층의 온도가 약 1000만 K에 도달하여 수소 핵융합 반응이 일어나면 내부 압력이 증가하면서 별이 팽창한다.

⬇

별의 크기 증가로 광도가 증가하고, 표면 온도가 낮아져 H-R도에서 오른쪽 위로 이동하며 적색 거성이 된다.
➡ 적생 거성의 중심부 온도는 1억 K 이상으로 헬륨 핵융합 반응이 일어나 탄소가 생성된다. 적색 거성이 된 태양의 반지름은 현재 지구의 공전 궤도보다 커질 것이다.

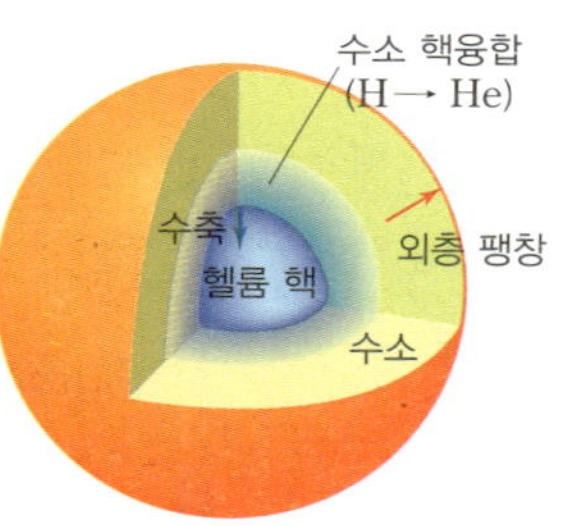

▲ 주계열성 → 적색 거성 과정의 내부 구조

② **별의 최후**

행성상 성운	거성의 중심부에서 헬륨이 모두 소진된 후 별은 수축과 팽창을 반복하는 맥동 변광성이 된다. ➡ 이 과정에서 별의 바깥층을 구성하는 물질이 우주 공간으로 방출되어 행성상 성운이 생성된다.
백색 왜성	행성상 성운이 형성된 이후에도 별의 중심핵은 계속 수축하여 백색 왜성이 된다. ➡ 백색 왜성이 된 태양의 반지름은 현재 지구의 크기보다 작아질 것이다.

(2) 태양보다 질량이 매우 큰 별 : 주계열성 ⇨ 초거성 ⇨ 초신성
⇨ 중성자별, 블랙홀

① 초거성으로 진화 : 중심핵에서 헬륨보다 무거운 탄소, 네
온, 산소 등에 의한 핵융합 반응이 순차적으로 일어나면
서 적색 거성보다 반지름과 광도가 큰 초거성이 된다.

➡ 별의 중심부에서 최종적으로 철이 생성되고, H-R도
에서 오른쪽 최상단으로 이동한다.

② 별의 최후 : 초거성으로 진화한 별은 초신성으로 폭발한
이후 별의 질량에 따라 중성자별이나 블랙홀로 최후를 맞
이한다.

초신성	중심부에서 철로 이루어진 핵이 생성된 후 핵융합 반응이 멈추면, 중심핵이 빠르게 중력 수축하면서 불안정해져 붕괴하며 초신성으로 폭발한다. ➡ 초신성 폭발 때 매우 많은 양의 에너지가 발생하므로 금, 은, 우라늄 등의 철보다 무거운 원소가 생성된다.
중성자별	• 생성 : 중심핵의 질량 < 태양 질량의 3배 • 과정 : 초신성 폭발 이후 남은 중심핵은 수축하여 중성자로 이루어진 밀도가 매우 큰 중성자별이 된다.
블랙홀	• 생성 : 중심핵의 질량 > 태양 질량의 3배 • 과정 : 초신성 폭발 이후 중심핵이 수축하여 중력이 매우 큰 블랙홀이 된다.

▲ 질량에 따른 별의 진화 과정

자료 분석 태양의 진화 과정

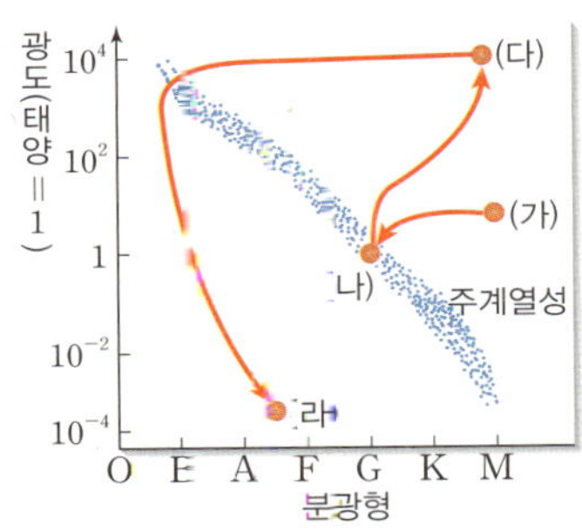

(가) → (나)	• 원시별 → 주계열성으로 진화 • 표면 온도와 밀도 증가, 반지름과 광도 감소
(나) → (다)	• 주계열성 → 적색 거성으로 진화 • 표면 온도와 밀도 감소, 반지름과 광도 증가
(다) → (라)	• 적색 거성 → 백색 왜성으로 최후 • 표면 온도와 밀도 증가, 반지름과 광도 감소

정답 및 해설 | 45쪽

374

원시별은 성운 내부에서 온도가 [   ], 기체 밀도가 [   ] 부분에서 탄생한다.

375

별의 중심부 온도가 약 1000만 K에 도달하여 수소 핵융합 반응이 일어나는 별을 [   ]성이라고 한다.

376

별의 탄생에 대한 설명으로 옳은 것은 ○, 옳지 않은 것은 ×로 표시하시오.

(1) 원시별의 질량이 클수록 주계열에 도달하는 데 걸리는 시간이 길다. (   )
(2) 원시별의 에너지원은 중력 수축 에너지이다. (   )
(3) 태양보다 질량이 큰 원시별은 주계열성으로 진화할 때 표면 온도가 크게 상승하여 주계열의 왼쪽 상단에 도달한다. (   )

377

주계열성은 내부 압력과 중력이 평형 상태인 정역학 평형 상태를 이루고 있기 때문에 별의 크기가 [   ]하고, 질량이 클수록 수명이 [   ].

378

그림 (가)와 (나)는 주계열성과 적색 거성으로 진화하는 과정의 내부 구조를 순서 없이 나타낸 것이다.

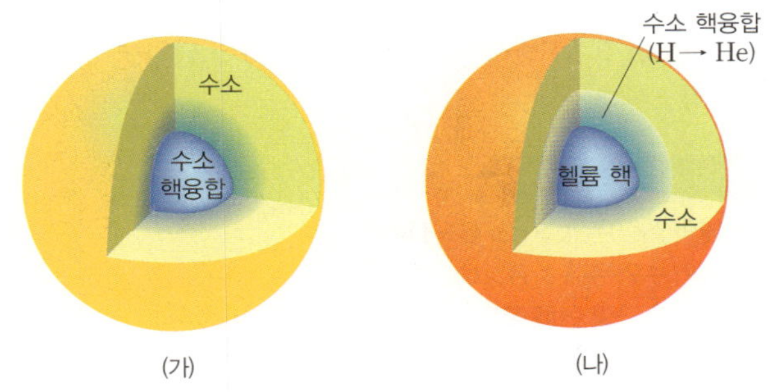

(1) (가), (나) 중 현재 태양의 내부 구조에 해당하는 것을 고르시오.
(2) (가), (나) 중 지속 기간이 더 긴 단계를 고르시오.

379

태양보다 질량이 매우 큰 별은 초거성을 거쳐 초신성으로 폭발한 이후 중심핵의 질량이 태양 질량의 3배보다 작은 경우에는 [   ]별로 최후를 맞이한다.

개념 **1** 별의 탄생

족집게 전략 원시별의 질량과 주계열성에 도달하는 데 걸리는 시간의 관계를 알고 있어야 해. 또 원시별은 질량에 따라 주계열성에 도달하는 과정에서 물리량의 변화 경향이 다르므로 H-R도에서 원시별의 질량에 따른 주계열성의 도달 경로를 알고 있어야 해.

380 단골 문제

그림은 원시별의 진화 경로를 나타낸 것이다. 태양 정도의 질량을 가진 별이 원시별에서 주계열성이 되는 데 약 5000만 년이 걸린다.

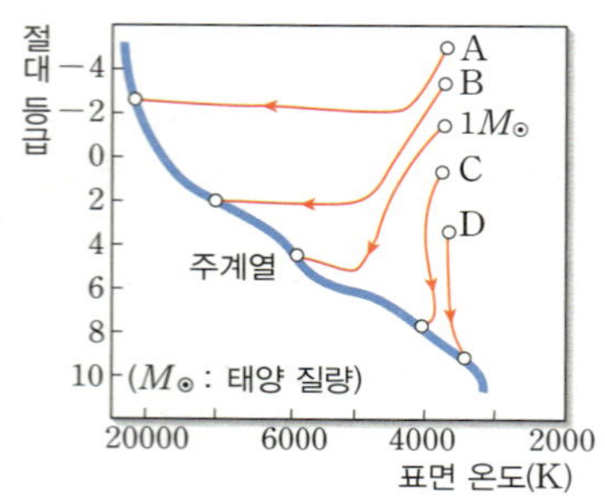

A~D의 원시별이 주계열성으로 진화하는 과정에 대한 설명으로 옳지 <u>않은</u> 것은?

① A는 원시별보다 주계열성에서 색지수가 더 크다.
② 주계열에 도달하는 데 가장 짧은 시간이 걸리는 별은 A이다.
③ C가 주계열에 도달하는 데 걸리는 시간은 3000만 년보다 길다.
④ D에서는 중력 수축으로 별의 크기가 감소하므로 광도가 감소한다.
⑤ A~D 모두 원시별에서 주계열성에 도달하면 광도는 감소한다.

추가로 나오는 선택지

❶ 별의 질량은 A>B>C>D이다. (   )
❷ 별의 수명은 A>B>C>D이다. (   )
❸ 절대 등급의 변화 폭은 A가 D보다 작다. (   )
❹ D는 태양 질량의 0.08배보다 작은 원시별이다. (   )

381

별의 진화 과정을 결정하는 데 가장 큰 영향을 주는 물리량은?

① 밀도   ② 질량   ③ 크기
④ 수명   ⑤ 구성 성분

382 서술형

그림은 성운에서 별이 탄생하는 과정을 나타낸 것이다.

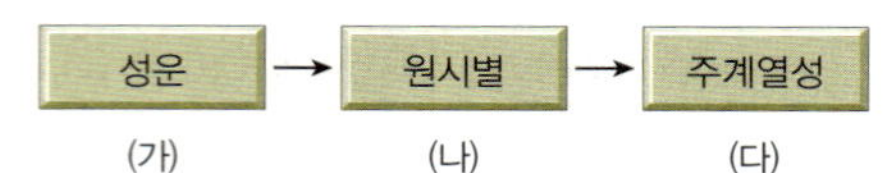

(가)에서 원시별이 탄생하기 위한 온도와 밀도의 조건을 쓰고, (나) → (다) 과정에서 원시별의 질량이 클수록 주계열성에 도달하는 데 걸리는 시간은 어떻게 변화하는지 서술하시오.

[383~384] 그림은 질량이 다른 원시별 A와 B가 주계열성으로 진화하는 경로를 H-R도에 나타낸 것이다.

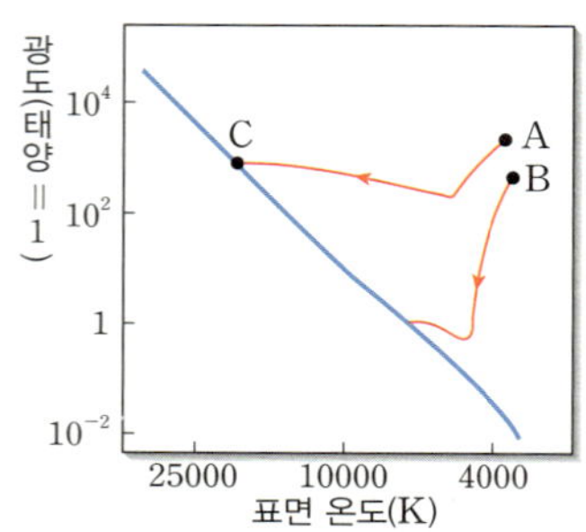

383

원시별 A와 비교한 주계열성 C의 특징에 대한 설명으로 옳은 것만을 〈보기〉에서 있는 대로 고른 것은?

보기

ㄱ. 반지름이 작다.
ㄴ. 중심부 온도가 1000만 K 이상이다.
ㄷ. 별이 단위 시간 동안 단위 면적에서 방출하는 에너지양은 더 많다.

① ㄱ   ② ㄴ   ③ ㄱ, ㄷ
④ ㄴ, ㄷ   ⑤ ㄱ, ㄴ, ㄷ

384 중요

원시별 A와 B에 대한 설명으로 옳은 것만을 〈보기〉에서 있는 대로 고른 것은?

보기

ㄱ. 주계열성이 되었을 때 중심부 온도는 A가 B보다 높다.
ㄴ. 태양의 진화 경로는 A보다 B와 유사하다.
ㄷ. 주계열성이 되는 데 걸리는 시간은 A가 B보다 길다.

① ㄱ   ② ㄷ   ③ ㄱ, ㄴ
④ ㄴ, ㄷ   ⑤ ㄱ, ㄴ, ㄷ

개념 ❷ 별의 진화

[족집게] 전략   별의 질량에 따른 주계열성 이후 별의 진화 과정을 알아야 해. 태양과 질량이 비슷한 별은 백색 왜성으로 최후를 맞이하지만, 태양보다 질량이 매우 큰 별은 중성자별이나 블랙홀로 최후를 맞이해.

385 단골 문제

그림 (가)와 (나)는 질량이 다른 별의 진화 과정을 나타낸 것이다.

이에 대한 설명으로 옳은 것은?

① 태양은 (가)와 같은 과정으로 진화한다.
② 주계열에 머무는 기간은 (가)가 (나)보다 길다.
③ 분광형이 O형인 주계열성은 (나)와 같은 과정으로 진화한다.
④ (가)의 진화 과정에서는 철보다 무거운 원소가 생성된다.
⑤ 주계열성에서 거성으로 진화할 때 (가)는 광도 변화가 표면 온도 변화보다 크게 나타난다.

추가로 나오는 선택지

❶ 주계열 단계에서 중심부의 수소 연소 효율은 (가)가 (나)보다 크다. (   )

❷ 주계열성에서 거성으로 진화할 때 색지수의 변화 폭이 더 큰 별은 (나)이다. (   )

❸ (가)의 진화 과정의 경우, 별의 내부에서 핵융합 반응을 통해 생성될 수 있는 가장 무거운 원소는 철이다. (   )

386 서술형

주계열성 이후 별의 진화 과정은 질량에 따라 어떻게 다른지 비교하여 서술하시오.

387

주계열성의 특징에 대한 설명으로 옳지 않은 것은?

① 질량이 큰 별일수록 광도가 크다.
② 내부 압력과 중력이 평형을 이루고 있다.
③ 중심부에서 수소 핵융합 반응이 일어난다.
④ 질량이 큰 별일수록 $H-R$도의 오른쪽 아래에 위치한다.
⑤ 태양보다 질량이 매우 큰 주계열성의 내부에서는 철이 생성된다.

388

그림은 주계열성의 정역학 평형 상태를 나타낸 것이다.
이에 대한 설명으로 옳은 것만을 〈보기〉에서 있는 대로 고른 것은?

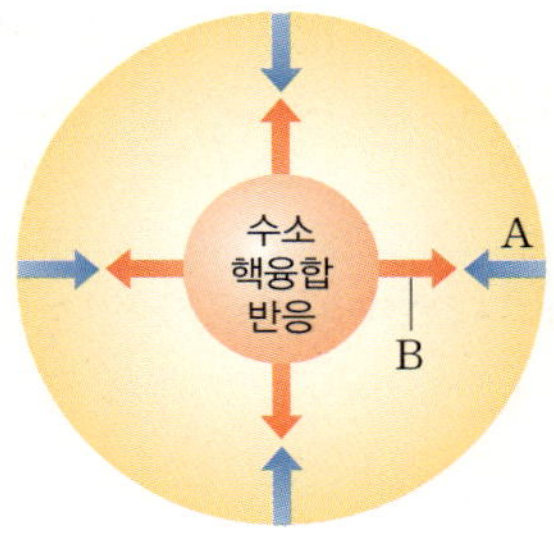

보기

ㄱ. A는 중력이다.
ㄴ. B는 질량이 큰 별이 작은 별보다 크다.
ㄷ. 중심부에서 수소가 모두 소진되면 B의 크기가 증가하여 중심핵이 수축한다.

① ㄱ   ② ㄷ   ③ ㄱ, ㄴ
④ ㄴ, ㄷ   ⑤ ㄱ, ㄴ, ㄷ

389 중요

그림 (가)와 (나)는 질량이 다른 주계열성의 진화 과정을 나타낸 것이다.

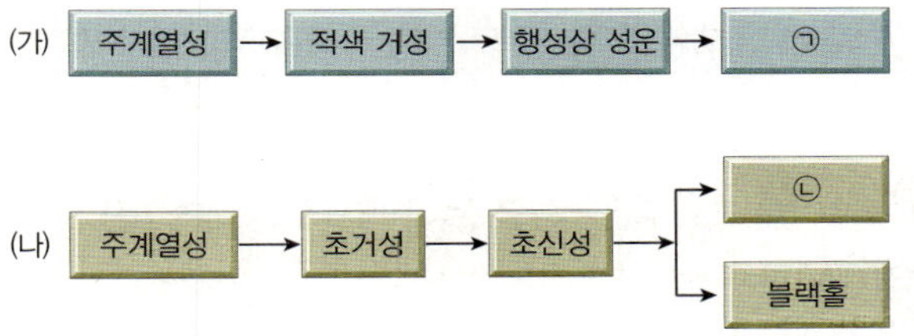

이에 대한 설명으로 옳은 것만을 〈보기〉에서 있는 대로 고른 것은?

보기

ㄱ. ㉠은 ㉡보다 밀도가 작다.
ㄴ. (가)의 진화 과정은 (나)의 진화 과정보다 빠르다.
ㄷ. 초신성 폭발 때 철보다 무거운 원소가 생성된다.

① ㄱ   ② ㄴ   ③ ㄱ, ㄷ
④ ㄴ, ㄷ   ⑤ ㄱ, ㄴ, ㄷ

390 서술형

표는 주계열성의 질량에 따른 수명과 분광형을 나타낸 것이다.

질량(태양 질량=1)	수명(년)	분광형
60	300만	O3
10	3200만	B4
1	100억	G2
0.4	1조	M7

주계열성의 질량과 수명의 관계를 쓰고, 그 까닭을 서술하시오.

391 중요

그림 (가)는 질량이 다른 두 별 A와 B의 주계열 이전의 진화 경로를, (나)는 주계열 이후의 진화 경로를 H−R도에 나타낸 것이다. $L_\odot$은 태양 광도이다.

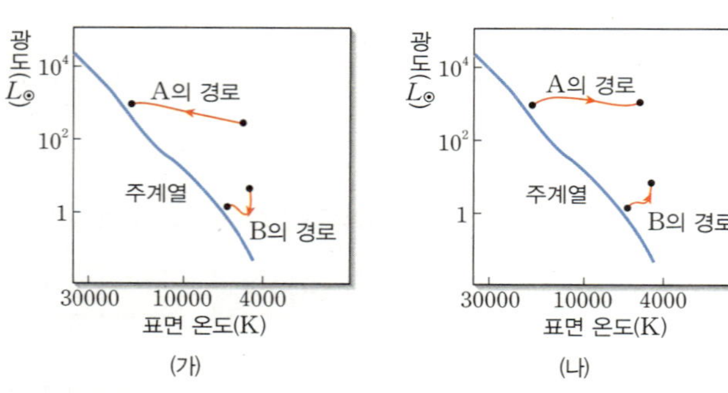

이에 대한 설명으로 옳은 것만을 〈보기〉에서 있는 대로 고른 것은?

보기

ㄱ. (가)에서 두 별이 진화하는 동안의 에너지원은 수소 핵융합 반응이다.
ㄴ. (나)에서 두 별이 진화하는 동안 별의 내부에서 수소 핵융합 반응은 일어나지 않는다.
ㄷ. A의 반지름은 (가)에서 감소하였고, B의 반지름은 (나)에서 증가하였다.

① ㄱ   ② ㄴ   ③ ㄷ
④ ㄱ, ㄷ   ⑤ ㄴ, ㄷ

392

그림은 어느 별의 진화 경로를 나타낸 것이다.

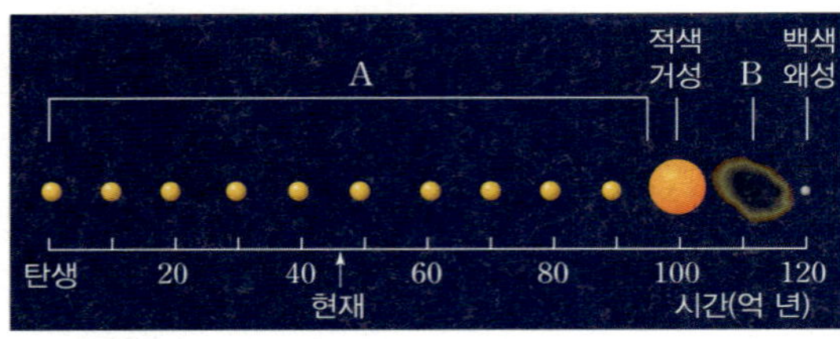

이에 대한 설명으로 옳은 것만을 〈보기〉에서 있는 대로 고른 것은?

보기

ㄱ. 별은 일생의 대부분을 A 단계에 머무른다.
ㄴ. B 단계에서 초신성 폭발이 일어난다.
ㄷ. B 단계에서 철보다 무거운 원소가 생성된다.

① ㄱ   ② ㄴ   ③ ㄱ, ㄷ
④ ㄴ, ㄷ   ⑤ ㄱ, ㄴ, ㄷ

393 중요

그림 (가)는 H−R도에 별의 진화 경로를, (나)는 이 진화 경로 상에 있는 어떤 별의 내부 구조를 나타낸 것이다.

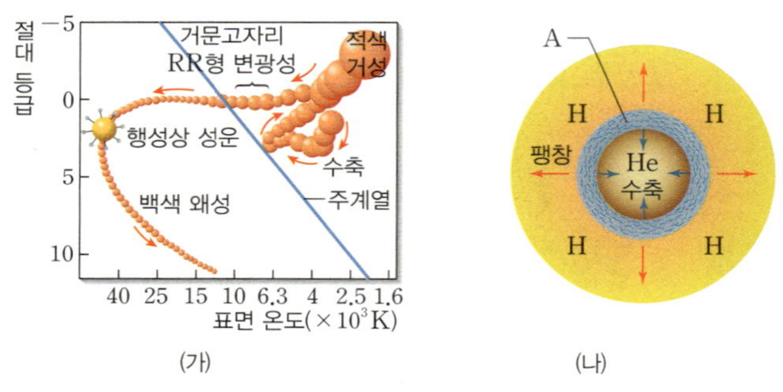

이에 대한 설명으로 옳은 것만을 〈보기〉에서 있는 대로 고른 것은?

보기

ㄱ. (가)는 태양과 질량이 비슷한 별의 진화 경로이다.
ㄴ. (나)는 (가)의 행성상 성운에 해당한다.
ㄷ. A에서는 헬륨 핵융합 반응이 일어난다.

① ㄱ   ② ㄴ   ③ ㄱ, ㄷ
④ ㄴ, ㄷ   ⑤ ㄱ, ㄴ, ㄷ

394

그림은 질량이 다른 주계열성 (가), (나), (다)를 H-R도에 나타낸 것이다.

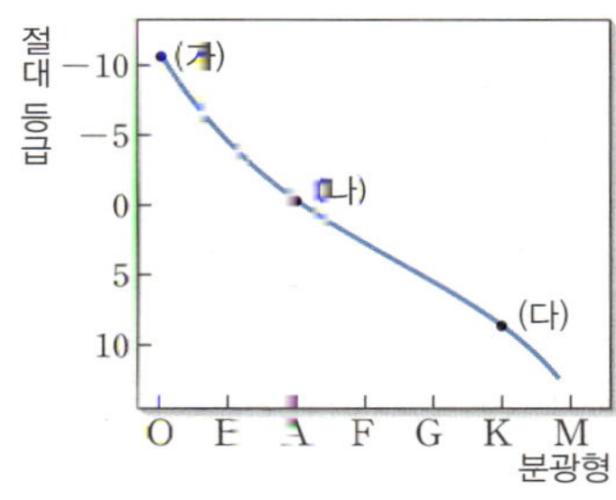

이에 대한 설명으로 옳은 것만을 〈보기〉에서 있는 대로 고른 것은?

보기
ㄱ. 중심부 온도는 (가)가 (다)보다 높다.
ㄴ. 주계열 단계에 머무르는 시간은 (가)가 (다)보다 길다.
ㄷ. (다)는 핵융합 반응이 끝나면 빠르게 중력 수축하여 초신성으로 폭발한다.

① ㄱ ② ㄴ ③ ㄱ, ㄷ
④ ㄴ, ㄷ ⑤ ㄱ, ㄴ, ㄷ

395 중요

그림 (가)와 (나)는 질량이 다른 두 별이 진화하는 과정에서 형성된 성운을 나타낸 것이다.

(가)

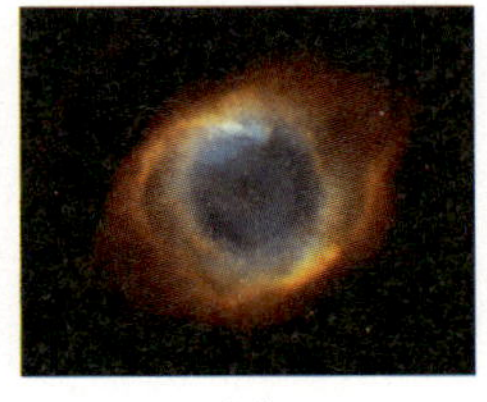
(나)

(가)를 형성한 별과 비교하여 (나)를 형성한 별이 더 큰 값을 가지는 물리량으로 옳은 것만을 〈보기〉에서 있는 대로 고른 것은?

보기
ㄱ. 별의 수명
ㄴ. 성운 중심에 위치한 별의 밀도
ㄷ. 물질의 방출 속도

① ㄱ ② ㄴ ③ ㄱ, ㄷ
④ ㄴ, ㄷ ⑤ ㄱ, ㄴ, ㄷ

396

그림 (가)와 (나)는 별 ㉠의 최후 단계에서 나타나는 어떤 현상을 순서대로 나타낸 것이다.

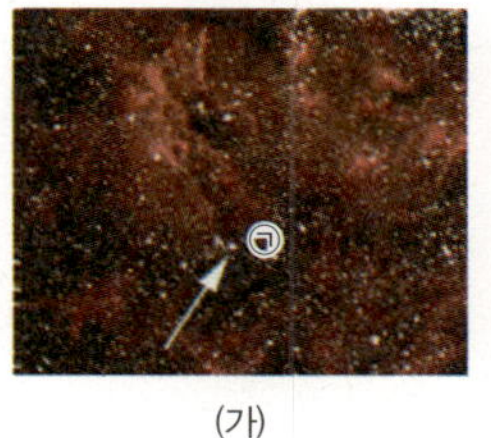
(가)

(나)

이에 대한 설명으로 옳은 것만을 〈보기〉에서 있는 대로 고른 것은?

보기
ㄱ. (가)에서 별 ㉠의 질량은 태양보다 크다.
ㄴ. (가)에서 별 ㉠은 중성자로 이루어진 별이다.
ㄷ. (가) → (나) 과정에서 중심별의 크기가 증가한다.
ㄹ. 태양계는 (나) 이후에 우주로 방출된 물질들이 모여 있는 성운에서 형성되었을 것이다.

① ㄱ, ㄴ ② ㄱ, ㄷ ③ ㄱ, ㄹ
④ ㄴ, ㄷ ⑤ ㄷ, ㄹ

397

표는 별의 질량에 따른 별의 종말을 나타낸 것이다.

별의 중심핵 질량(M)	종말 단계
$M < 1.44 M_\odot$	㉠
$1.44 M_\odot < M < 3 M_\odot$	㉡
$3 M_\odot < M$	블랙홀

이에 대한 설명으로 옳은 것은?

① ㉠은 태양보다 밀도가 크다.
② ㉠은 중심부에서 탄소 핵융합 반응을 한다.
③ ㉠과 ㉡은 모두 H-R도의 왼쪽 아래에 위치한다.
④ ㉠이 생성되기 직전에 초신성 폭발이 일어난다.
⑤ 철보다 무거운 원소는 ㉡의 내부에서 생성된다.

398

그림은 어느 성단을 이루고 있는 별들을 H-R도에 나타낸 것이다.

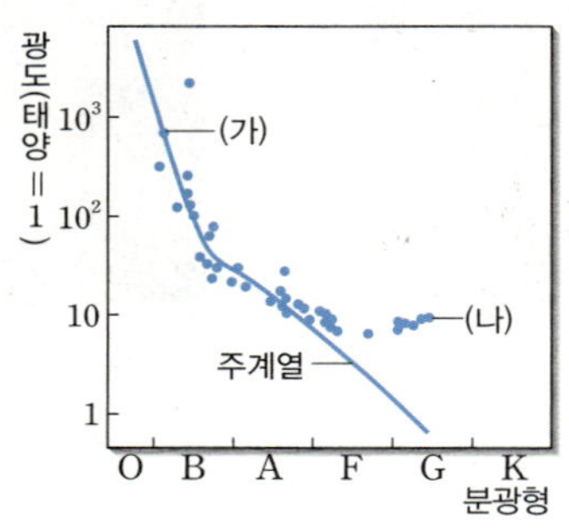

이에 대한 설명으로 옳은 것만을 〈보기〉에서 있는 대로 고른 것은?

보기

ㄱ. (가)는 정역학 평형 상태에 있다.
ㄴ. (가)는 주계열성 이후의 진화 과정에서 중심부에 철 핵이 생성될 수 있다.
ㄷ. (나)의 중심부에서 헬륨이 생성된다.

① ㄱ　　　　② ㄷ　　　　③ ㄱ, ㄴ
④ ㄴ, ㄷ　　　⑤ ㄱ, ㄴ, ㄷ

399

그림 (가)와 (나)는 태양과 질량이 비슷한 별이 진화하는 과정에서 나타나는 내부 구조의 변화를 순서 없이 나타낸 것이다.

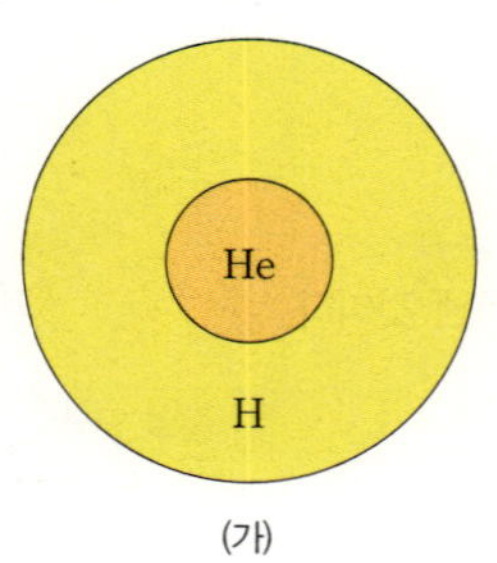

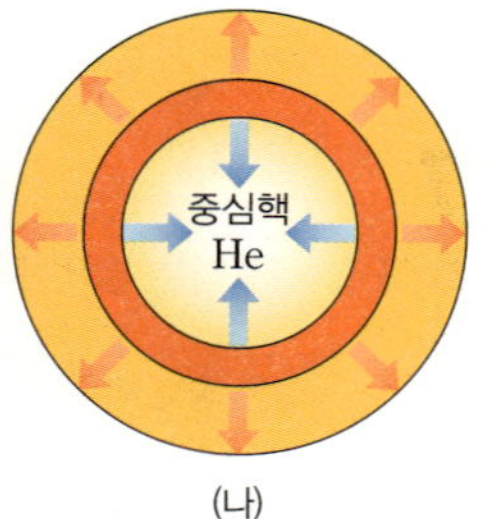

이에 대한 설명으로 옳은 것만을 〈보기〉에서 있는 대로 고른 것은?

보기

ㄱ. 지속 기간은 (가)가 (나)보다 길다.
ㄴ. (나)의 중심핵에서는 중력이 내부 압력보다 크다.
ㄷ. (나) 이후 헬륨 핵융합 반응으로 탄소 핵이 생성된다.

① ㄱ　　　　② ㄷ　　　　③ ㄱ, ㄴ
④ ㄴ, ㄷ　　　⑤ ㄱ, ㄴ, ㄷ

400

그림은 질량이 서로 다른 별들의 진화 과정 (가), (나)를 나타낸 것이다.

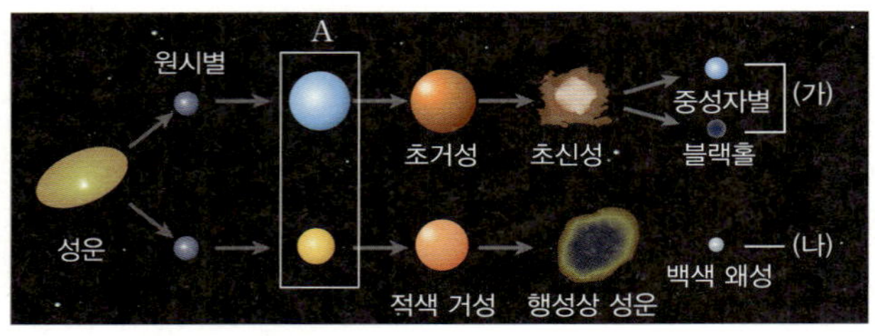

이에 대한 설명으로 옳은 것만을 〈보기〉에서 있는 대로 고른 것은?

보기

ㄱ. (가)의 과정은 (나)의 과정보다 진화 마지막 단계에서 별의 밀도가 크다.
ㄴ. (가)와 (나) 모두 A 단계에서 중심부 온도는 1000만 K 이상이다.
ㄷ. 별의 진화 속도는 (가)가 (나)보다 빠르다.

① ㄱ　　　　② ㄷ　　　　③ ㄱ, ㄴ
④ ㄴ, ㄷ　　　⑤ ㄱ, ㄴ, ㄷ

401

그림은 주계열성 A와 B가 거성 C와 D로 진화하는 경로를 H-R도에 나타낸 것이다.

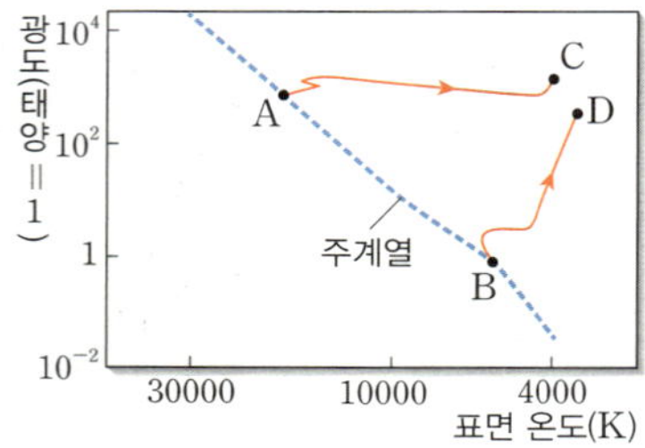

A → C 과정과 B → D 과정에서 공통적으로 나타나는 현상에 대한 설명으로 옳은 것만을 〈보기〉에서 있는 대로 고른 것은?

보기

ㄱ. 절대 등급 감소
ㄴ. 색지수 증가
ㄷ. 평균 밀도 증가

① ㄱ　　　　② ㄷ　　　　③ ㄱ, ㄴ
④ ㄴ, ㄷ　　　⑤ ㄱ, ㄴ, ㄷ

402

그림은 같은 성운에서 동시에 생성된 별들을 H-R도에 나타낸 것이다.

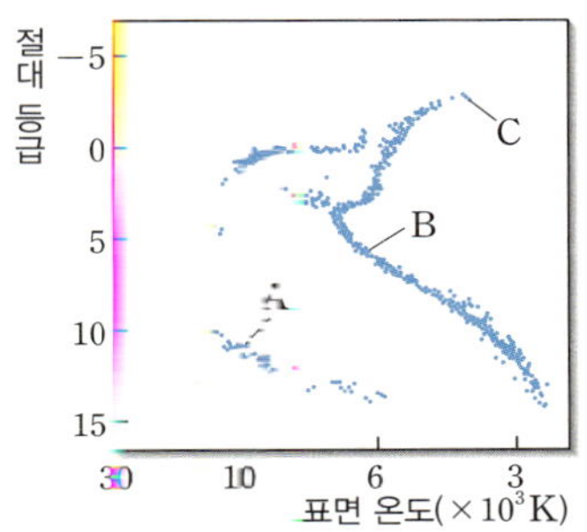

이에 대한 설명으로 옳은 것만을 〈보기〉에서 있는 대로 고른 것은?

보기

ㄱ. 밀도가 가장 큰 별은 A이다.
ㄴ. 중심부 온도가 가장 높은 별은 B이다.
ㄷ. 광도가 가장 큰 별은 C이다.

① ㄱ　　　　② ㄴ　　　　③ ㄱ, ㄷ
④ ㄴ, ㄷ　　　⑤ ㄱ, ㄴ, ㄷ

403 고난도

표는 별 A와 B의 분광 관측 결과이고, 그림은 두 별이 포함된 H-R도이다.

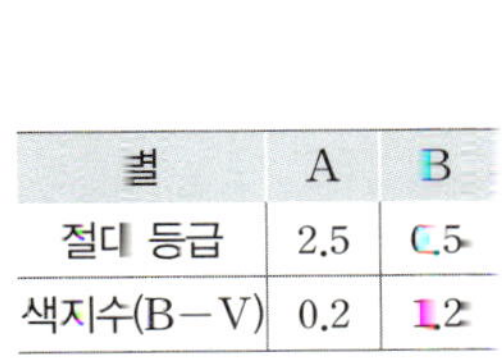

별	A	B
절대 등급	2.5	0.5
색지수(B-V)	0.2	1.2

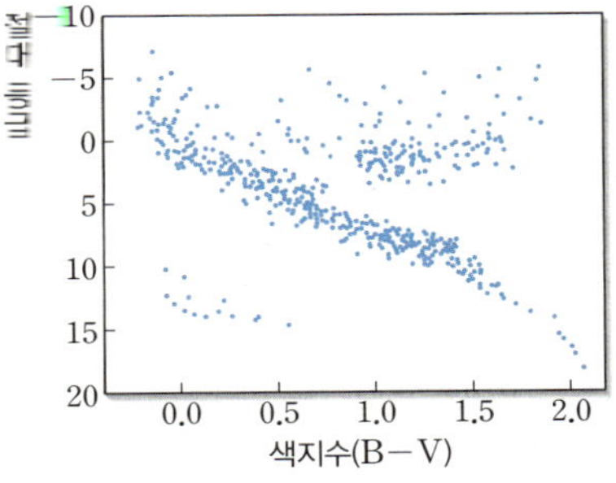

이에 대한 설명으로 옳은 것만을 〈보기〉에서 있는 대로 고른 것은?

보기

ㄱ. A는 백색 왜성이다.
ㄴ. B는 앞으로 주계열성으로 진화할 것이다.
ㄷ. 중심부에서 수소가 차지하는 비율은 A가 B보다 크다.

① ㄱ　　　　② ㄷ　　　　③ ㄱ, ㄴ
④ ㄴ, ㄷ　　　⑤ ㄱ, ㄴ, ㄷ

404

그림은 어느 별의 진화 경로를 나타낸 것이다.

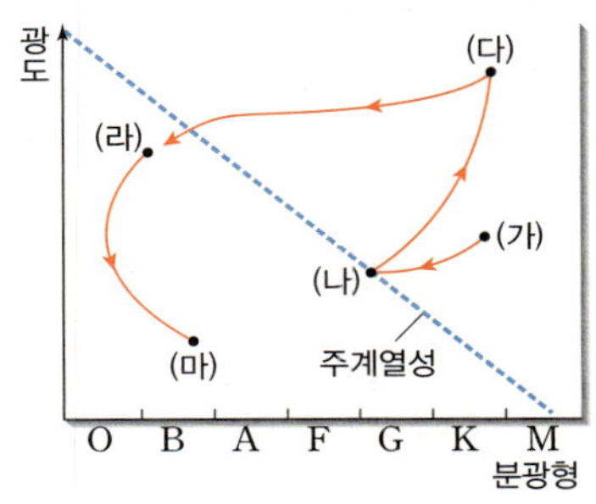

이에 대한 설명으로 옳지 <u>않은</u> 것은?

① (가) → (나) 과정에서 별의 크기는 감소한다.
② (나)에서 (다)로 진화하는 데 걸리는 시간은 별이 (나)에 머무르는 시간보다 길다.
③ 별의 크기가 가장 클 때는 (다)이다.
④ (라)에서는 별을 구성하는 바깥층 물질이 우주로 방출되어 행성상 성운이 형성된다.
⑤ 별은 (마) 단계 이후에 표면 온도와 광도가 계속 감소한다.

405

그림은 질량에 따른 별의 진화 경로를 나타낸 것이다.

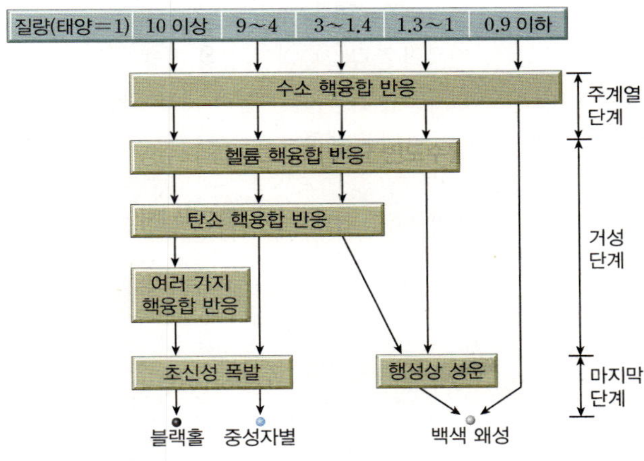

이에 대한 설명으로 옳은 것만을 〈보기〉에서 있는 대로 고른 것은?

보기

ㄱ. 모든 주계열성의 중심부에서는 수소 핵융합 반응이 일어난다.
ㄴ. 별의 질량이 클수록 무거운 원소의 핵융합 반응이 순차적으로 일어난다.
ㄷ. 태양은 탄소 핵으로 이루어진 백색 왜성으로 종말을 맞이할 것이다.

① ㄱ　　　　② ㄷ　　　　③ ㄱ, ㄴ
④ ㄴ, ㄷ　　　⑤ ㄱ, ㄴ, ㄷ

03 별의 에너지원과 내부 구조

개념 ① 별의 에너지원

1. 원시별의 에너지원
(1) **중력 수축 에너지** : 중력에 의해 수축할 때 위치 에너지의 감소로 생성된 에너지

(2) **중력 수축 에너지의 이용** : 일부는 복사 에너지로 방출되고, 나머지는 원시별 내부의 온도를 높이는 데 이용된다.

2. 주계열성의 에너지원
(1) **수소 핵융합 반응** : 4개의 수소 원자핵이 융합하여 1개의 헬륨 원자핵을 생성하는 반응으로, 이 과정에서 줄어든 질량이 질량·에너지 등가 원리에 의해 에너지로 전환된다.
→ 중심부 온도가 1000만 K 이상인 주계열성에서 일어나는 핵융합 반응이다.

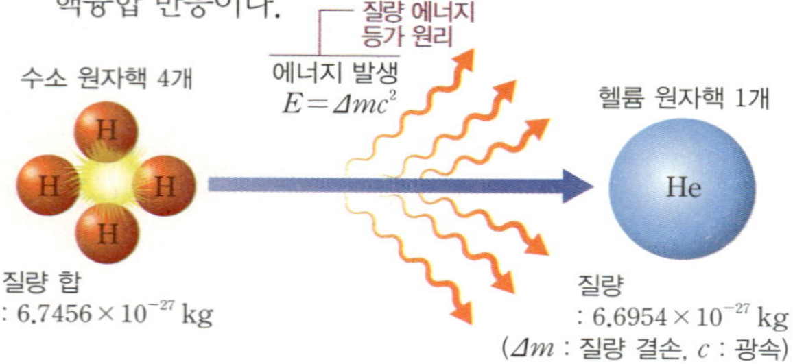

▲ 수소 핵융합 반응의 원리

(2) **수소 핵융합 반응의 종류** : 별의 질량이 태양보다 커서 중심부 온도가 약 1800만 K 이상인 별의 내부에서는 탄소·질소·산소 순환 반응이 우세하다.

양성자·양성자 반응 (P–P 반응)	탄소·질소·산소 순환 반응 (CNO 순환 반응)
• 6개의 수소 원자핵이 차례로 반응하여 1개의 헬륨 원자핵이 생성되고 2개의 수소 원자핵이 방출되는 반응이다. • 현재 태양의 중심부에서 우세하게 일어나고 있다.	• 탄소, 질소, 산소가 촉매의 역할을 하여 수소 원자핵을 융합시켜 헬륨 원자핵이 생성되는 반응이다. • 양성자·양성자 반응에 비해 반응 속도가 빠르다.

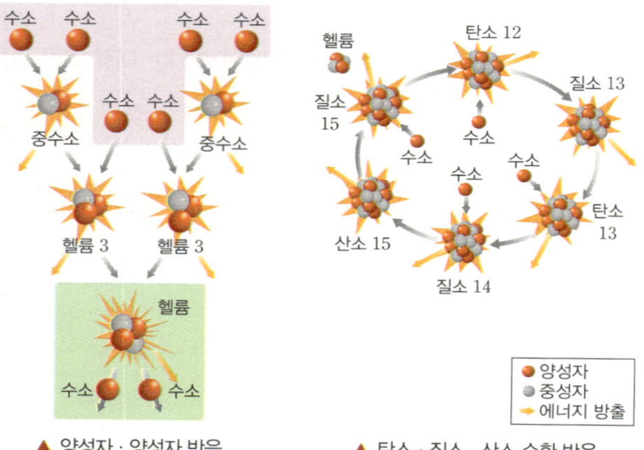

▲ 양성자·양성자 반응   ▲ 탄소·질소·산소 순환 반응

3. 주계열성 이후의 에너지원

> 주계열성의 중심부에서 수소 핵융합 반응이 끝나고 중심부가 중력 수축하면서 중심부 온도가 높아진다.

(1) **헬륨 핵융합 반응** : 중심부 온도가 1억 K 이상일 때 헬륨 원자핵 3개가 결합하여 탄소 원자핵 1개가 만들어지는 반응으로, 이 과정에서 생성된 에너지는 적색 거성의 에너지원으로 사용된다.

(2) **헬륨보다 무거운 원소의 핵융합 반응** : 탄소, 네온, 산소, 규소 등 헬륨보다 무거운 원소의 핵융합 반응으로, 이 과정에서 생성된 에너지는 초거성의 에너지원으로 사용된다.
① 초거성의 중심부에서 최종적으로 생성될 수 있는 원소 : 철
→ 철은 원자핵이 매우 안정하기 때문에 더 무거운 원자핵으로 핵융합하지 않는다.
② 별의 질량과 핵융합 반응의 종류 : 질량이 큰 별일수록 중력 수축에 의해 중심부의 온도가 더 높아지므로 헬륨 이후에 더 무거운 원소들의 핵융합 반응이 일어날 수 있다.

핵융합 반응	주요 연료	생성 원소	반응 온도(K)	
수소	수소	헬륨	1000만	저온
헬륨	헬륨	탄소	1억	
탄소	탄소	산소, 네온	8억	
네온	네온	마그네슘	15억	
산소	산소	규소, 황	20억	
규소	마그네슘, 규소	철	30억	고온

개념 ② 별의 내부 구조

1. 주계열성의 내부 구조
(1) **정역학 평형 상태** : 별의 바깥쪽으로 팽창하려는 힘인 내부 압력과 별의 중심부 쪽으로 수축하려는 힘인 중력이 평형을 이루고 있는 상태
→ 주계열성은 정역학 평형 상태를 이루고 있으므로 크기가 일정하고, 원시별(내부 압력 < 중력)은 수축하고, 거성의 바깥층(내부 압력 > 중력)은 팽창한다.

(2) **주계열성의 내부 구조** : 별의 질량에 따라 에너지 전달 방식(대류, 복사)이 다르기 때문에 내부 구조가 다르다.

▲ 태양 질량의 2배 이하인 별

▲ 태양 질량의 2배 이상인 별

2. 거성의 내부 구조

(1) **적색 거성의 내부 구조** : 헬륨 핵이 중력 수축하여 온도가 높아지면 중심부에서는 헬륨 핵융합 반응이 일어나며, 중심핵 주변의 수소층에서는 수소 핵융합 반응이 일어나 별이 팽창한다.

(2) **초거성의 내부 구조** : 질량이 충분히 큰 별은 탄소, 네온, 산소 등의 핵융합 반응을 순차적으로 거쳐 최종적으로 중심부에 철로 이루어진 핵이 만들어지며, 중심부로 갈수록 무거운 원소로 이루어진 양파 껍질 같은 구조를 이룬다.

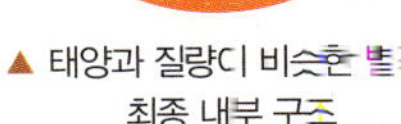
▲ 태양과 질량이 비슷한 별의 최종 내부 구조

▲ 태양보다 질량이 매우 큰 별의 최종 내부 구조

탐구 활동 — 태양의 수명 계산하기

과정

❶ 4개의 수소 원자핵이 융합하여 1개의 헬륨 원자핵을 생성할 때 줄어든 질량 결손 비율(%)을 계산한다.
(단, 질량 결손은 5.02×10^{-29} kg이고, 수소 원자핵 1개의 질량은 1.6864×10^{-27} kg이며 헬륨 원자핵 1개의 질량은 6.6954×10^{-27} kg이다.)

❷ 태양의 질량(2.0×10^{30} kg) 중 10 %만 핵융합 반응이 일어나는 온도 범위에 있다고 할 때, 수소 핵융합 반응으로 생성할 수 있는 총 에너지양(E)을 계산한다.
(단, $c = 3.0 \times 10^{8}$ m/s, $1 \text{ kg} \cdot \text{m}^2/\text{s}^2 = 1$ J이다.)

❸ 태양의 광도(3.9×10^{26} J/s)가 현재와 같다고 할 때, 태양의 수명을 계산한다.

결과

1. 질량 결손(Δm) 비율 : 약 0.7 %
$$= \frac{\text{질량 결손}}{\text{수소 원자핵 4개의 질량}} = \frac{5.02 \times 10^{-29} \text{ kg}}{1.6864 \times 10^{-27} \text{ kg} \times 4} \times 100 ≒ 0.7 \%$$

2. 태양이 수소 핵융합 반응으로 생성할 수 있는 총 에너지양(E) : 1.26×10^{44} J
$$E = \Delta mc^2 = (2.0 \times 10^{30} \text{ kg}) \times 0.1 \times 0.007 \times (3.0 \times 10^8)^2$$

3. 태양의 수명 : 약 100억 년
$$= \frac{\text{생성할 수 있는 총 에너지양}(E)}{\text{현재 태양의 광도}}$$
$$= \frac{1.26 \times 10^{44} \text{ J}}{3.9 \times 10^{26} \text{ J/s}} = 3.23 \times 10^{17} \text{ s} ≒ 100억 년$$

정리 : 태양은 약 50억 년 전에 탄생하였으므로, 앞으로 약 50억 년 동안은 태양기 현재의 광도를 유지할 것이다.

406

원시별의 에너지원은 [ ] 에너지이고, 주계열성의 에너지원은 [ ] 에너지이다.

407

수소 핵융합 반응에 대한 설명으로 옳은 것은 ○, 옳지 <u>않은</u> 것은 ×로 표시하시오.

(1) 4개의 수소 원자핵이 1개의 헬륨 원자핵을 만드는 과정에서 에너지가 발생한다. ( )

(2) 수소 원자핵 4개의 질량의 합은 헬륨 원자핵 1개의 질량보다 작다. ( )

(3) 별의 중심부 온도가 1800만 K 이하인 별에서는 양성자·양성자 반응(P–P 반응)만 일어난다. ( )

408

태양보다 질량이 매우 큰 별의 중심부 온도는 [ ] 기 때문에 헬륨 핵융합 반응 이후에도 무거운 원소들에 의한 핵융합 반응이 순차적으로 일어날 수 있다.

409

그림 (가)와 (나)는 질량이 다른 주계열성의 내부 구조를 나타낸 것이다.

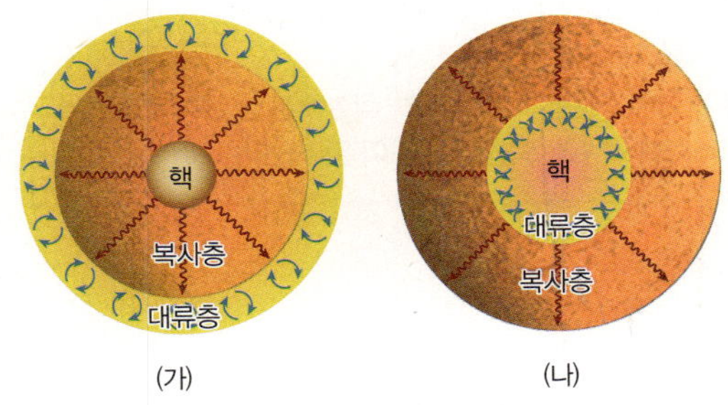

(1) 중심핵에서 CNO 순환 반응이 우세하게 일어나는 별을 쓰시오.
(2) 별의 표면에서 쌀알무늬를 쉽게 관찰할 수 있는 별을 쓰시오.

410

태양과 질량이 비슷한 별의 진화 마지막 단계에서 생성된 중심핵을 이루는 주요 원소는 [ ] 이고, 태양보다 질량이 매우 큰 별의 진화 마지막 단계에서 생성된 중심핵을 이루는 주요 원소는 [ ] 이다.

족집게 전략 중력 수축 에너지와 수소 핵융합 에너지를 구분할 수 있어야 해. 또 수소 핵융합 반응은 별의 진화 과정 중 어느 단계의 에너지원에 해당하는지 알고 있어야 해.

411 단골 문제

그림은 어느 별의 중심핵에서 일어나는 핵융합 반응을 나타낸 것이다.

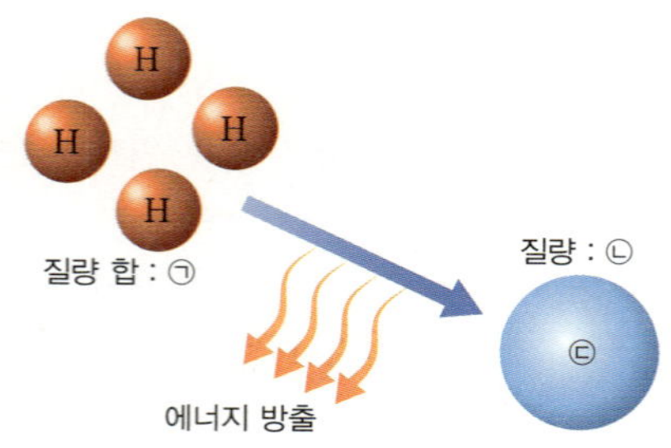

이에 대한 설명으로 옳지 **않은** 것은?

① ㉠이 ㉡보다 크다.
② 수소 핵융합 반응이다.
③ 중심부 온도가 약 1000만 K 이상일 때 일어난다.
④ ㉢은 양성자 2개와 중성자 2개로 이루어져 있다.
⑤ 적색 거성의 중심부에서 일어나는 핵융합 반응이다.

추가로 나오는 선택지

❶ c가 빛의 속도일 때 수소 핵융합 반응에서 전환된 에너지의 양 $E = (㉠ - ㉡)c^2$ 이다. (   )
❷ 중심부의 온도가 1800만 K 이상인 별에서는 ㉢ 이외에 탄소, 질소, 산소가 함께 생성된다. (   )
❸ 별이 적색 거성으로 진화하는 과정에서 중심핵을 둘러싸고 있는 수소층에서 수소 핵융합 반응이 일어난다. (   )

412

원시별의 에너지원에 대한 설명으로 옳은 것은?

① 원시별은 내부 압력과 중력이 평형을 이루고 있다.
② 원시별의 에너지원은 수소 핵융합 반응으로 생성된다.
③ 원시별의 중력 수축 에너지는 모두 원시별 내부의 온도를 높이는 데 사용된다.
④ 원시별 내부에서 3개의 헬륨 원자핵이 융합하여 1개의 탄소 원자핵이 생성된다.
⑤ 원시별의 질량이 클수록 중력 수축에 의해 중심부 온도가 더 높은 주계열성으로 진화한다.

413

그림은 반지름이 R_0인 원시 성운이 중력 수축하여 반지름이 R인 원시별이 되었을 때 반지름의 변화를 나타낸 것이다.

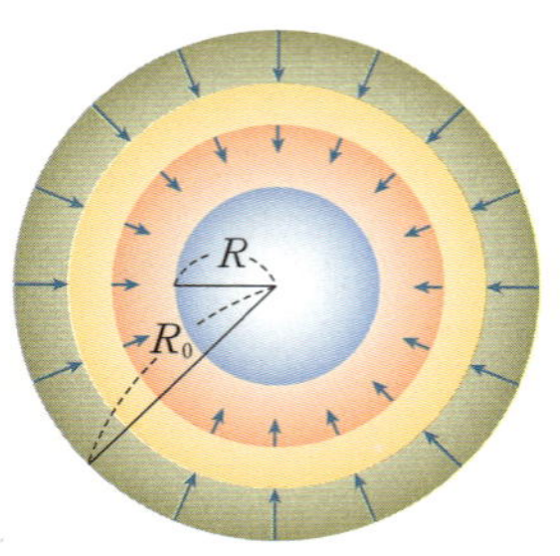

원시 성운이 원시별로 진화하는 과정에서 나타나는 변화에 대한 설명으로 옳은 것만을 〈보기〉에서 있는 대로 고른 것은?

보기

ㄱ. 밀도는 원시 성운보다 원시별이 작다.
ㄴ. 중력 수축에 의해 성운 내부의 온도가 상승한다.
ㄷ. 복사 에너지가 방출되어 별이 밝게 빛나기 시작한다.

① ㄱ   ② ㄴ   ③ ㄷ
④ ㄴ, ㄷ   ⑤ ㄱ, ㄴ, ㄷ

414

주계열성, 적색 거성, 초거성의 내부에서 일어나는 핵융합 반응으로 만들어질 수 있는 원소가 <u>아닌</u> 것은?

① 철   ② 산소   ③ 헬륨
④ 우라늄   ⑤ 마그네슘

415 중요

별의 내부에서 일어나는 핵융합 반응과 이때 생성되는 물질에 대한 설명으로 옳은 것은?

① 주계열성은 중력 수축과 수소 핵융합 반응을 통해 빛을 방출한다.
② 주계열성은 중력과 내부 압력이 평형을 이루고 있으므로 별의 크기와 모양이 유지된다.
③ 태양과 질량이 비슷한 별은 수소 핵융합 반응이 끝나면 초신성으로 폭발하며 철을 생성한다.
④ 태양보다 질량이 10배 이상 큰 별은 중심부에서 철보다 무거운 원소의 핵융합 반응이 일어난다.
⑤ 철보다 무거운 원소는 초거성의 중심부에서 핵융합 반응을 통해 만들어진다.

416 

그림은 수소 핵융합 반응이 일어나는 과정을 나타낸 것이다.

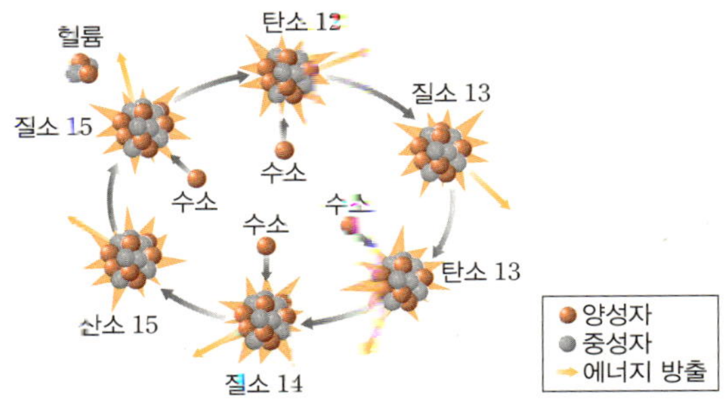

이에 대한 설명으로 옳은 것만을 〈보기〉에서 있는 대로 고른 것은?

보기

ㄱ. 양성자 4개가 융합하여 헬륨 원자핵 1개를 생성한다.
ㄴ. 중심부 온도가 1800만 K 이상인 별에서 우세하게 일어나는 반응이다.
ㄷ. 탄소 원자핵은 촉매 역할을 한다.

① ㄱ   ② ㄷ   ③ ㄱ, ㄴ
④ ㄴ, ㄷ   ⑤ ㄱ, ㄴ, ㄷ

417

그림은 수소(H) 원자핵 4개가 융합하여 헬륨(He) 원자핵 1개를 생성할 때 에너지가 방출되는 과정을 나타낸 것이다.

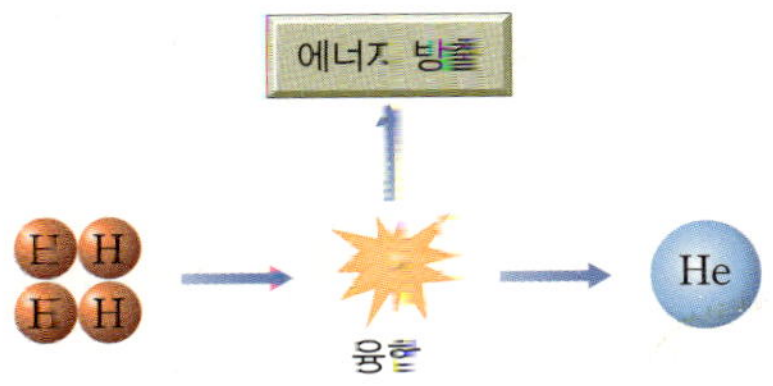

이에 대한 설명으로 옳은 것만을 〈보기〉에서 있는 대로 고른 것은? (단, 수소 원자핵 1개의 질량은 1.6564×10^{-27} kg이고, 헬륨 원자핵 1개의 질량은 6.6954×10^{-27} kg이다.)

보기

ㄱ. 모든 주계열성의 중심부에서 일어나는 반응이다.
ㄴ. 이 반응에서 수소 원자핵의 질량 결손 비율은 0.7 %이다.
ㄷ. 수소 핵융합 반응으로 생성된 에너지양은 수소 원자핵 4개의 질량 합에 광속의 제곱을 곱한 양이다.

① ㄱ   ② ㄷ   ③ ㄱ, ㄴ
④ ㄴ, ㄷ   ⑤ ㄱ, ㄴ, ㄷ

418 중요

표는 별의 내부에서 일어나는 여러 가지 핵융합 반응을 나타낸 것이다.

핵융합 반응	주요 연료	생성 원소	반응 온도(K)
수소	수소	헬륨	1000만
헬륨	헬륨	탄소	1억
탄소	탄소	산소, 네온	8억
네온	네온	마그네슘	15억
산소	산소	규소, 황	20억
규소	규소	철	30억

이에 대한 설명으로 옳지 <u>않은</u> 것은?

① 질량이 큰 별은 중심부로 갈수록 무거운 원소가 분포한다.
② 무거운 원소일수록 높은 온도에서 핵융합 반응이 일어난다.
③ 핵융합 반응으로 생성된 원소는 연료로 사용되는 원소보다 무겁다.
④ 핵융합 반응이 일어나기 위해서는 내부 온도가 1000만 K 이상이 되어야 한다.
⑤ 태양과 질량이 비슷한 별은 중심부에서 규소 핵융합 반응으로 철이 생성된다.

419 서술형

표는 별의 중심부에서 헬륨 핵융합 반응 이후 일어날 수 있는 여러 핵융합 반응을 나타낸 것이다.

핵융합 반응	주요 연료	생성 원소	반응 온도(K)
탄소	탄소	산소, 네온	8억
네온	네온	마그네슘	15억
규소	규소	철	30억

이와 같은 핵융합 반응은 적색 거성과 초거성 중 어느 별에서 일어날 수 있는지 쓰고, 무거운 원소의 핵융합 반응일수록 핵융합 반응에 필요한 온도가 높은 까닭을 서술하시오.

족집게 전략 별의 질량에 따라 에너지 전달 방식이 다르기 때문에 주계열성의 내부 구조가 다르게 나타남을 알고 있어야 해. 별의 질량이 태양보다 약 2배 이상 큰 경우에는 별의 중심부와 표면 사이의 온도 차이가 매우 커서 중심핵에서 생성된 에너지가 대류, 복사 순으로 전달되고 있음을 알아야 해.

420 단골 문제

그림 (가)와 (나)는 핵융합 반응이 더 이상 일어나지 않는 질량이 다른 두 별의 내부 구조를 나타낸 것이다.

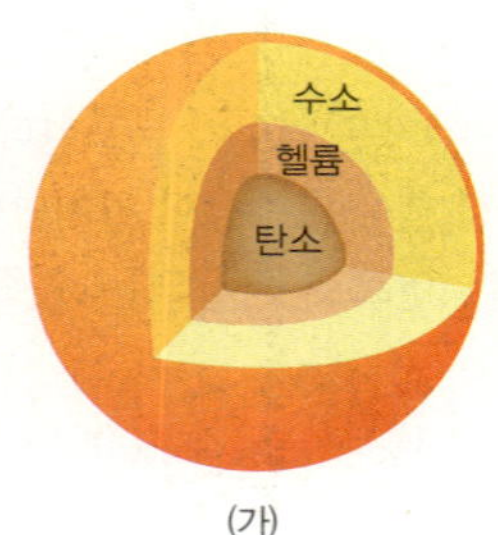

(가) (나)

이에 대한 설명으로 옳은 것만을 〈보기〉에서 있는 대로 고른 것은?

보기

ㄱ. 질량은 (가)가 (나)보다 크다.
ㄴ. 중심부 온도는 (나)가 (가)보다 높다.
ㄷ. 절대 등급은 (가)가 (나)보다 크다.

① ㄴ ② ㄷ ③ ㄱ, ㄴ
④ ㄱ, ㄷ ⑤ ㄴ, ㄷ

추가로 나오는 선택지

❶ (가)는 중성자별로 진화할 것이다. ( )
❷ (나)에서는 중심부로 갈수록 무거운 원소가 분포한다. ( )
❸ (나)가 주계열 단계에 있을 때 중심부에서는 양성자·양성자 반응(P-P 반응)이 우세하게 일어났을 것이다. ( )

421

그림은 태양과 질량이 비슷한 별이 진화하는 과정에서 나타나는 별의 내부 구조이다. 이 단계에서 나타나는 현상에 대한 설명으로 옳지 않은 것은?

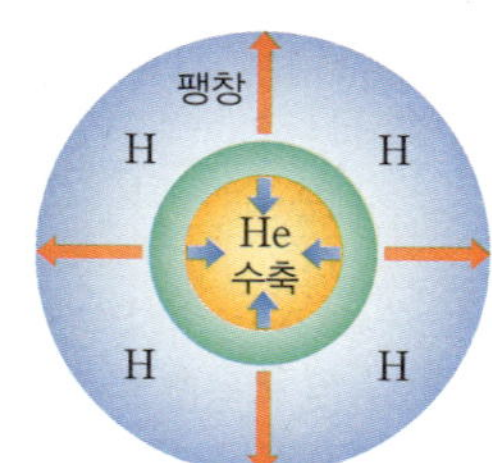

① 팽창과 수축을 반복한다.
② 중심부 온도는 상승한다.
③ 태양보다 광도가 증가한다.
④ 주계열성 이후의 단계에 해당한다.
⑤ 중심핵 외곽에서 수소 핵융합 반응이 일어난다.

422 서술형

별의 바깥쪽으로 팽창하려는 힘인 내부 압력과 별의 중심부 쪽으로 수축하려는 힘인 중력이 평형을 이루고 있는 상태를 정역학 평형 상태라고 한다. 주계열성과 적색 거성 바깥층의 크기 변화를 정역학 평형 상태와 관련지어 서술하시오.

423

그림은 주계열성의 내부에서 작용하는 힘 A와 B를 나타낸 것이다.
이에 대한 설명으로 옳은 것만을 〈보기〉에서 있는 대로 고른 것은?

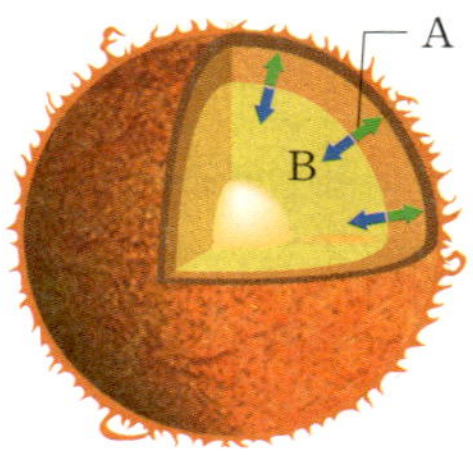

보기

ㄱ. A는 내부 압력이다.
ㄴ. 태양보다 질량이 매우 큰 주계열성에서는 A가 B보다 작다.
ㄷ. 중심핵에서 핵융합 반응이 멈추면 A가 B보다 커지면서 중심핵이 수축하게 된다.

① ㄱ ② ㄴ ③ ㄱ, ㄷ
④ ㄴ, ㄷ ⑤ ㄱ, ㄴ, ㄷ

424 중요

그림 (가)와 (나)는 질량이 다른 주계열성의 내부 구조를 나타낸 것이다.

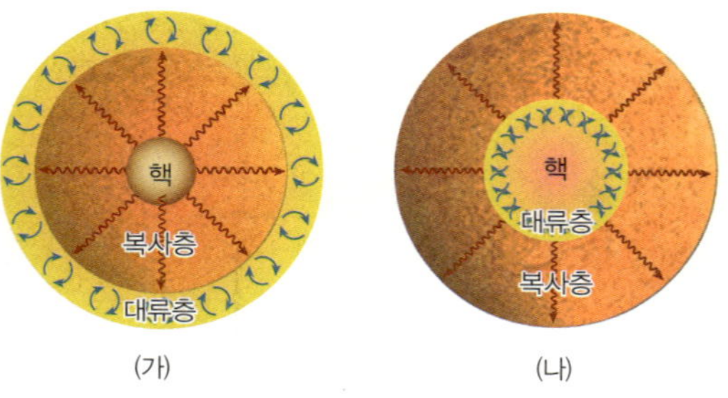

(가) (나)

이에 대한 설명으로 옳은 것만을 〈보기〉에서 있는 대로 고른 것은?

보기

ㄱ. 중심부 온도는 (나)가 (가)보다 높다.
ㄴ. (나)에서는 탄소·질소·산소 순환 반응이 우세하게 일어난다.
ㄷ. 별의 중심부와 표면 사이의 온도 차이는 (나)에서 더 크다.

① ㄱ ② ㄷ ③ ㄱ, ㄴ
④ ㄴ, ㄷ ⑤ ㄱ, ㄴ, ㄷ

425

그림은 태양과 질량이 비슷한 별의 진화 과정을 나타낸 것이다.

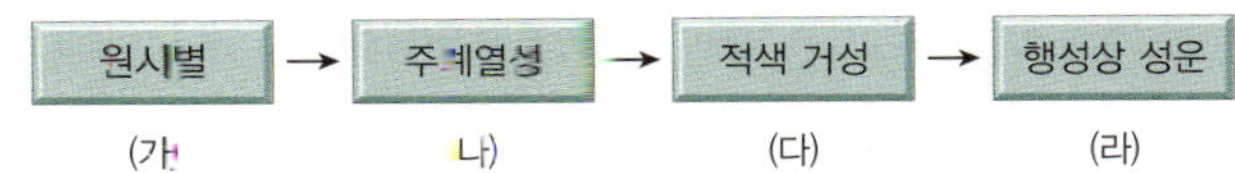

이에 대한 설명으로 옳은 것은?

① (가)에서 가장 오래 더물러 있다.
② (나)에서 분광형은 O형에 가깝다.
③ (다)의 중심부에서는 탄소 핵융합 반응이 일어난다.
④ (라)의 중심부에는 중성자별이 존재한다.
⑤ (다)의 바깥층은 중력이 내부 압력보다 작다.

426 중요

그림 (가)와 (나)는 태양과 질량이 비슷한 별이 진화하는 과정에서 나타날 수 있는 내부 구조를 순서 없이 나타낸 것이다.

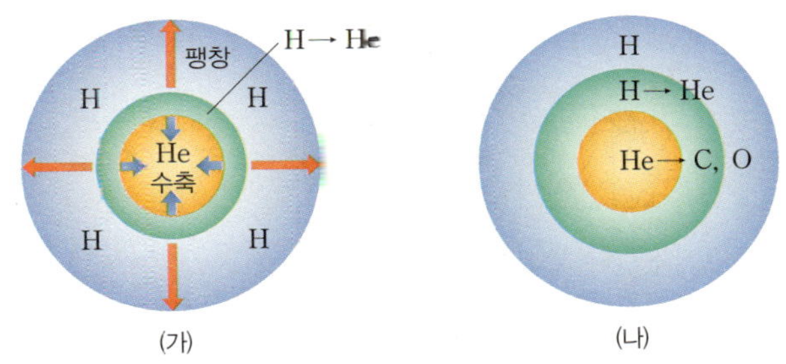

이에 대한 설명으로 옳은 것만을 〈보기〉에서 있는 대로 고른 것은?

보기
ㄱ. (가) → (나) 순서로 진화가 일어난다.
ㄴ. (가)에서 별의 중심부는 정역학 평형 상태를 이룬다.
ㄷ. (나) 이후 중심부에서는 탄소보다 무거운 원소가 연속적으로 생성되어 양파 껍질 구조를 이룬다.

① ㄱ   ② ㄴ   ③ ㄱ, ㄷ
④ ㄴ, ㄷ   ⑤ ㄱ, ㄴ, ㄷ

427

표는 별의 진화 과정에서 생성되는 원소의 종류를 나타낸 것이다.

주계열성	(가)
적색 거성	(가), 탄소, 산소
초거성	(가), 탄소, 산소, 규소, 철
초신성	금, 납, 우라늄 등

이에 대한 설명으로 옳은 것만을 〈보기〉에서 있는 대로 고른 것은?

보기
ㄱ. (가)에 해당하는 원소는 헬륨이다.
ㄴ. (가)를 연료로 하는 핵융합 반응은 모두 1억 K 이상인 곳에서 일어난다.
ㄷ. (가)가 생성되는 장소는 모두 별의 중심부이다.

① ㄱ   ② ㄷ   ③ ㄱ, ㄴ
④ ㄴ, ㄷ   ⑤ ㄱ, ㄴ, ㄷ

428

그림은 중심부에서 핵융합 반응이 모두 끝난 어느 별의 내부 구조를 나타낸 것이다.

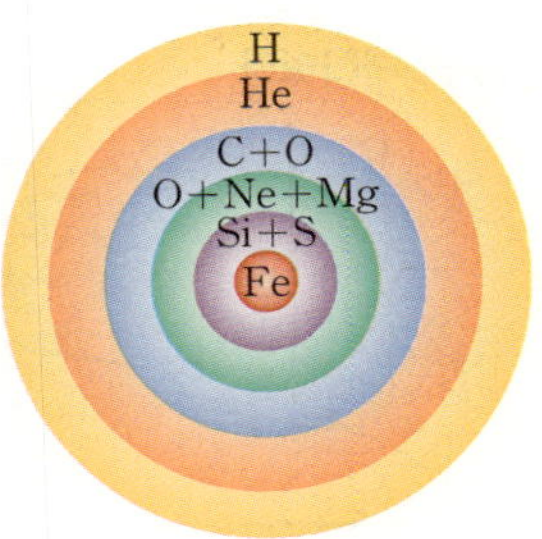

태양과 비교하여 이 별에서 더 큰 값을 가지는 것만을 〈보기〉에서 있는 대로 고른 것은?

보기
ㄱ. 진화 속도
ㄴ. 주계열 단계에서의 질량
ㄷ. 생성되는 원소의 종류

① ㄱ   ② ㄷ   ③ ㄱ, ㄴ
④ ㄴ, ㄷ   ⑤ ㄱ, ㄴ, ㄷ

429

그림은 주계열성 내부에서 수소 핵융합 반응이 일어나는 과정을 나타낸 것이다.

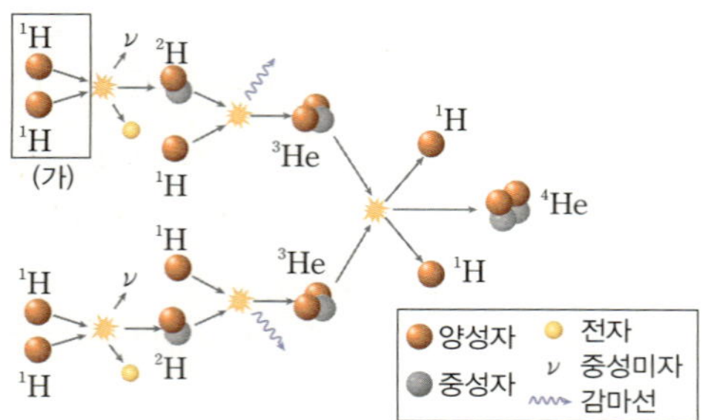

이에 대한 설명으로 옳은 것만을 〈보기〉에서 있는 대로 고른 것은?

보기
ㄱ. 양성자의 직접적인 충돌이 일어나는 반응이다.
ㄴ. 헬륨(^{4}He) 원자핵 1개가 만들어지기 위해서는 (가) 과정이 2번 일어나야 한다.
ㄷ. 중심부 온도가 1800만 K보다 높은 별에서 우세하게 일어나는 반응이다.

① ㄱ　　　② ㄷ　　　③ ㄱ, ㄴ
④ ㄴ, ㄷ　　　⑤ ㄱ, ㄴ, ㄷ

430

그림은 중심핵의 온도에 따른 수소 핵융합 반응에서의 상대적 에너지 생성률을 나타낸 것이다. A와 B는 각각 양성자·양성자 반응이나 탄소·질소·산소 순환 반응 중 하나이다.

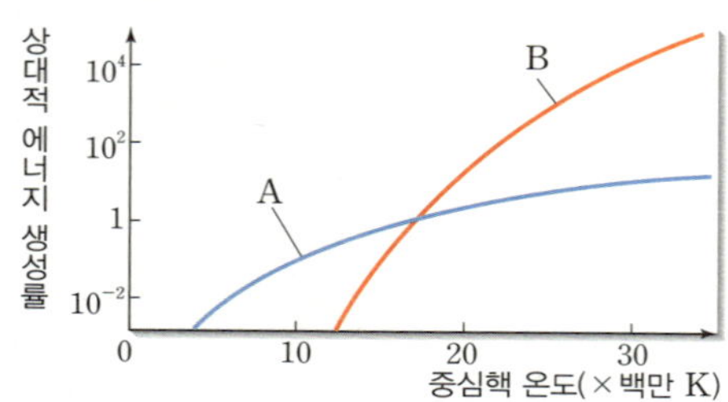

이에 대한 설명으로 옳은 것만을 〈보기〉에서 있는 대로 고른 것은?

보기
ㄱ. A는 양성자·양성자 반응에 해당한다.
ㄴ. 태양에서는 A보다 B가 우세하게 일어난다.
ㄷ. 온도에 따른 핵융합 반응 효율의 변화율은 A가 B보다 높다.

① ㄱ　　　② ㄴ　　　③ ㄱ, ㄷ
④ ㄴ, ㄷ　　　⑤ ㄱ, ㄴ, ㄷ

431

그림은 별의 진화 과정에서 일어나는 핵융합 반응을 나타낸 것이다.

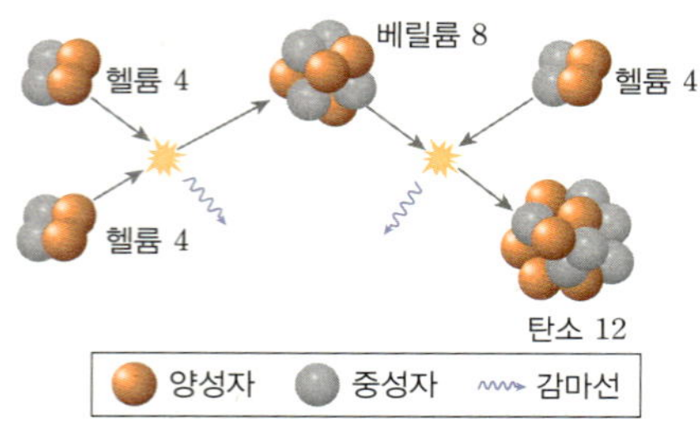

이에 대한 설명으로 옳은 것만을 〈보기〉에서 있는 대로 고른 것은?

보기
ㄱ. 3개의 헬륨 원자핵이 융합하여 1개의 탄소 원자핵이 생성된다.
ㄴ. 중심부 온도가 약 1800만 K일 때 일어나는 핵융합 반응이다.
ㄷ. 별의 중심부에서 이 반응이 일어날 때 중심핵을 둘러싸고 있는 수소층에서는 수소 핵융합 반응이 일어난다.

① ㄱ　　　② ㄴ　　　③ ㄱ, ㄷ
④ ㄴ, ㄷ　　　⑤ ㄱ, ㄴ, ㄷ

432 고난도

그림은 어느 별의 중심부에서 일어나는 핵융합 반응을 나타낸 것이다.

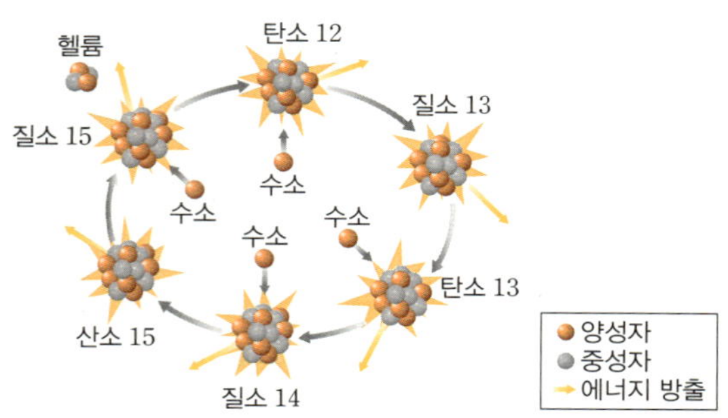

이에 대한 설명으로 옳은 것만을 〈보기〉에서 있는 대로 고른 것은?

보기
ㄱ. '3He → C'의 반응이다.
ㄴ. 이 별의 중심부에는 탄소가 존재한다.
ㄷ. 이 핵융합 반응으로 탄소, 산소, 질소가 생성된다.

① ㄱ　　　② ㄴ　　　③ ㄱ, ㄷ
④ ㄴ, ㄷ　　　⑤ ㄱ, ㄴ, ㄷ

433

그림 (가)와 (나)는 질량이 다른 주계열성의 내부 구조를 나타낸 것이다.

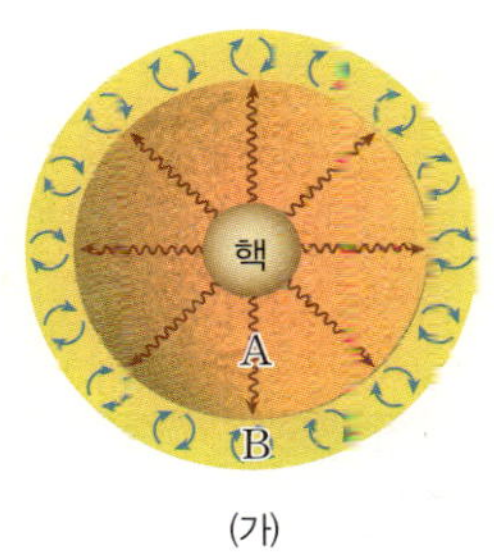
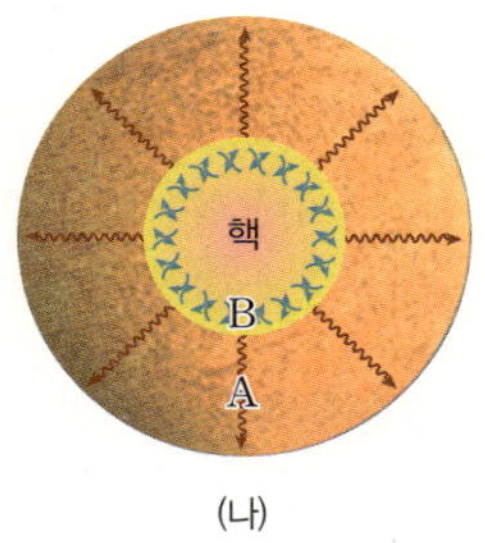

이에 대한 설명으로 옳은 것만을 〈보기〉에서 있는 대로 고른 것은?

보기

ㄱ. A는 대류에 의해 에너지가 전달되는 층이다.
ㄴ. 주계열에 머무는 시간은 (가)가 (나)보다 길다.
ㄷ. CNO 순환 반응은 (가)가 (나)보다 우세하게 일어난다.

① ㄱ   ② ㄴ   ③ ㄱ, ㄷ
④ ㄴ, ㄷ   ⑤ ㄱ, ㄴ, ㄷ

434 고난도

그림 (가)는 H-R도에 별 A와 B를 나타낸 것이고, (나)는 두 별 중 어느 하나의 내부 구조를 나타낸 것이다.

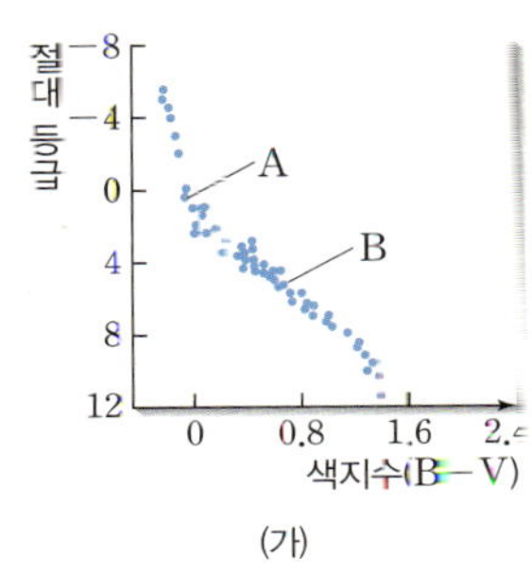
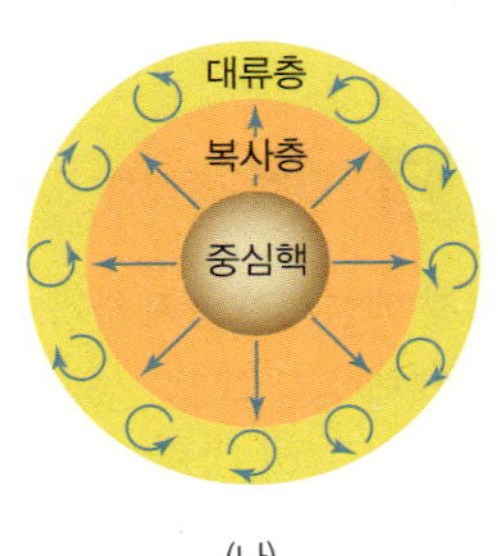

이에 대한 설명으로 옳은 것만을 〈보기〉에서 있는 대로 고른 것은?

보기

ㄱ. (나)는 B의 내부 구조이다.
ㄴ. (가)에서 별 A와 B는 정역학 평형 상태에 있다.
ㄷ. B의 중심핵에서는 CNC 순환 반응이 우세하게 일어난다.

① ㄱ   ② ㄷ   ③ ㄱ, ㄴ
④ ㄴ, ㄷ   ⑤ ㄱ, ㄴ, ㄷ

435

그림 (가)와 (나)는 핵융합 반응이 더 이상 진행되지 않는 서로 다른 두 별의 내부 구조를 나타낸 것이다.

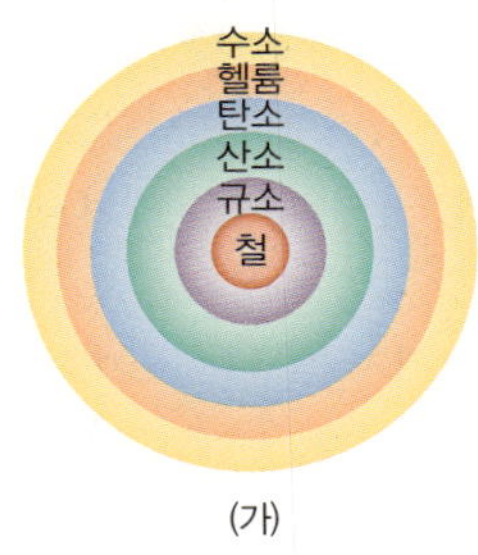
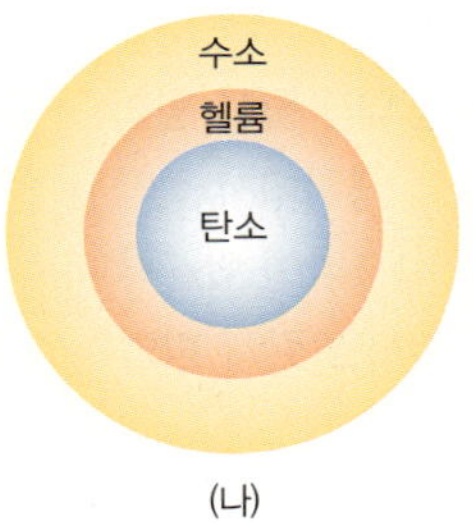

이에 대한 설명으로 옳은 것만을 〈보기〉에서 있는 대로 고른 것은?

보기

ㄱ. 별의 질량은 (가)가 (나)보다 크다.
ㄴ. 중심부 온도는 (나)가 (가)보다 높다.
ㄷ. 백색 왜성으로 최후를 맞이하는 별은 (나)이다.

① ㄱ   ② ㄴ   ③ ㄱ, ㄷ
④ ㄴ, ㄷ   ⑤ ㄱ, ㄴ, ㄷ

436

표는 (가), (나), (다) 별을 분광형과 광도 계급을 기준으로 분류한 것이다.

별	분류
(가)	M2Ia
(나)	A0V
(다)	K5III

이에 대한 설명으로 옳은 것만을 〈보기〉에서 있는 대로 고른 것은?

보기

ㄱ. 색지수는 (가)가 (나)보다 크다.
ㄴ. 반지름은 (나)가 (다)보다 크다.
ㄷ. (나)보다 (다)의 중심부에서 일어나는 핵융합 반응으로 더 무거운 원소가 생성된다.

① ㄱ   ② ㄴ   ③ ㄱ, ㄷ
④ ㄴ, ㄷ   ⑤ ㄱ, ㄴ, ㄷ

04 외계 행성계

개념 ❶ 외계 행성계 탐사

1. **직접적인 탐사 방법** : 외계 행성계의 거리가 가까운 경우에는 외계 행성에서 반사된 별빛이나 행성 자체의 복사 에너지를 직접 관측하여 탐사한다.

2. **간접적인 탐사 방법** : 외계 행성은 크기가 매우 작고 어둡기 때문에 대부분 간접적인 방법으로 탐사되었다.

   (1) **중심별의 시선 속도 변화를 이용하는 방법** : 중심별과 행성이 공통 질량 중심을 같은 주기로 공전할 때 나타나는 중심별의 시선 속도 변화를 측정하여 행성을 탐사한다.

   ➡ 행성의 질량을 추정할 수 있다.

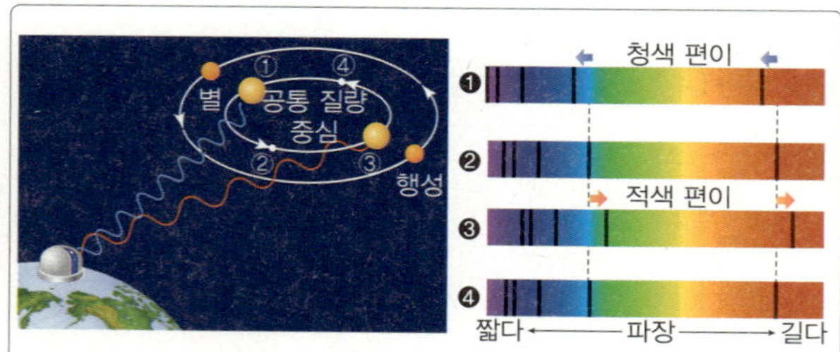

❶ 중심별이 지구에 가까워질 때 : 별빛의 파장이 짧아져 청색 편이가 나타난다.
❷, ❹ 시선 방향에서 거리 변화가 나타나지 않을 때 : 파장의 변화(도플러 효과)가 나타나지 않는다.
❸ 중심별이 지구에서 멀어질 때 : 별빛의 파장이 길어져 적색 편이가 나타난다.

   ① **특징** : 행성의 질량이 크고, 공전 궤도 반지름이 작을수록 중심별의 시선 속도 변화가 커지므로 행성을 찾기 쉽다.

   ② **한계** : 행성의 공전 궤도면이 관측자의 시선 방향과 수직일 때는 도플러 효과가 나타나지 않아 관측이 불가능하다.

   (2) **식 현상을 이용하는 방법** : 행성이 별 주위를 공전하면서 식 현상이 일어날 때 별의 밝기 변화를 관측하여 행성을 탐사한다.

   ➡ 행성의 반지름과 행성의 대기 성분을 추정할 수 있다.

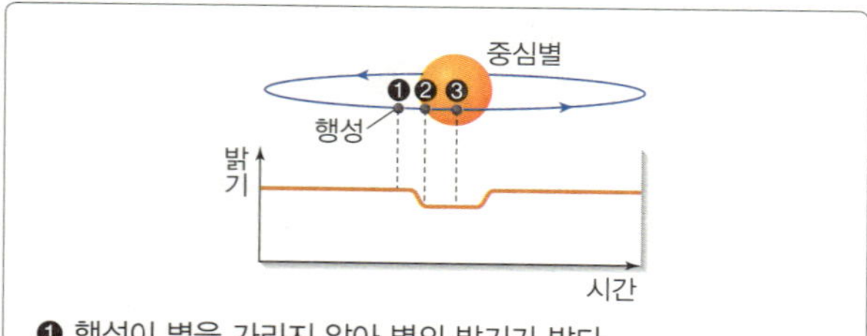

❶ 행성이 별을 가리지 않아 별의 밝기가 밝다.
❷ 행성의 일부가 별의 일부를 가려 별의 밝기가 감소한다.
❸ 행성 전체가 별의 일부를 가려 별의 밝기가 가장 어둡다.

   ① **특징** : 행성의 반지름이 클수록 행성을 찾기 쉽다.

   ② **한계** : 행성의 공전 궤도면이 관측자의 시선 방향과 수직일 때는 식 현상이 나타나지 않기 때문에 관측이 불가능하다.

   (3) **미세 중력 렌즈 현상을 이용하는 방법** : 두 천체가 같은 시선 방향에 있을 때 뒤쪽에 있는 별로부터 오는 빛이 앞쪽에 있는 별이나 행성의 중력에 의해 미세하게 굴절되어 나타나는 미세 중력 렌즈 현상을 관측하여 행성을 탐사한다.

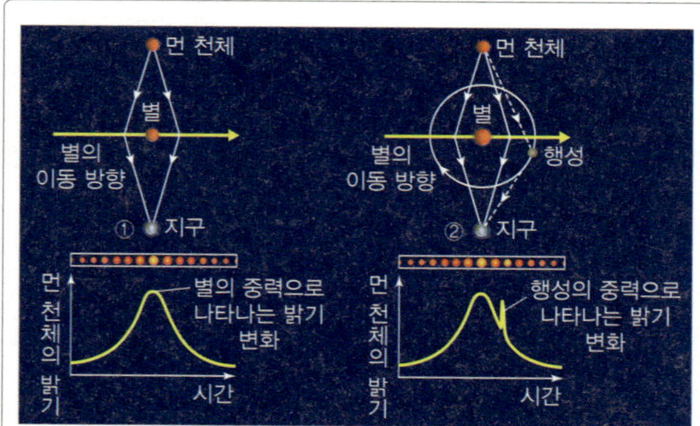

❶ 먼 천체의 빛이 앞쪽에 있는 별의 중력에 의한 미세 중력 렌즈 현상으로 더 밝게 보인다.
❷ 먼 천체의 빛이 앞쪽에 있는 별 주위를 공전하고 있는 행성의 중력에 의한 미세 중력 렌즈 현상으로 더 밝게 보인다.
   ➡ 별 주위에 행성이 존재하는지 알 수 있다.

   ① **특징** : 관측자의 시선 방향과 공전 궤도면이 나란하지 않는 행성, 공전 궤도 장반경이 큰 행성, 질량이 작은 행성을 찾을 수 있다.

   ② **한계** : 먼 천체 앞을 외계 행성계가 여러 번 지나가지 않기 때문에 주기적인 관측이 불가능하다.

3. **외계 행성계 탐사 결과** : 중심별의 시선 속도 변화와 식 현상으로 관측된 외계 행성의 수가 가장 많고, 지금까지 발견된 외계 행성은 대부분 중심별과 가깝고 반지름이 큰 목성 규모이다.

개념 ❷ 외계 생명체 탐사

1. **외계 행성체가 존재하기 위한 행성의 조건**

   (1) **액체 상태의 물** : 행성이 생명 가능 지대에 위치하여 행성 표면에 물이 액체 상태로 존재해야 한다.

   (2) **적절한 중심별의 질량** : 행성에 생명체가 탄생하여 진화하기 위한 환경이 오랫동안 유지되기 위해서는 중심별의 질량이 너무 크거나 작지 않아야 한다.

중심별의 질량이 매우 큰 경우	별의 진화 속도가 빠르기 때문에 행성에서 생명체가 탄생하여 진화할 시간이 부족하므로 생명체가 존재하기 어렵다.
중심별의 질량이 매우 작은 경우	• 생명 가능 지대의 폭이 매우 좁아서 행성이 생명 가능 지대에 있을 확률이 낮다. • 생명 가능 지대까지의 거리가 매우 가까워 행성의 공전 주기와 자전 주기가 같아지므로 밤낮의 변화가 거의 없어 생명체가 존재하기 어렵다.

(3) 적절한 두께의 대기 : 유해한 자외선을 차단하고, 온실 효과
를 일으켜 행성의 일교차를 줄여서 생명체를 보호한다.
(4) 자기장 : 우주에서 들어 오는 유해한 고에너지 입자를 차단하
여 생명체를 보호한다.

2. 외계 생명체 탐사 활동

태양계 내의 생명체 탐사	• 행성이나 위성에 탐사정을 보내 탐사한다. • 지구의 극한 환경에 사는 생명체를 연구한다.
태양계 밖의 생명체 탐사	전파 망원경에서 수신한 전파를 분석하여 인공적인 전파를 찾는 연구인 세티(SETI) 프로젝트가 진행되 고 있다.

자료 분석 주계열성의 질량과 생명 가능 지대

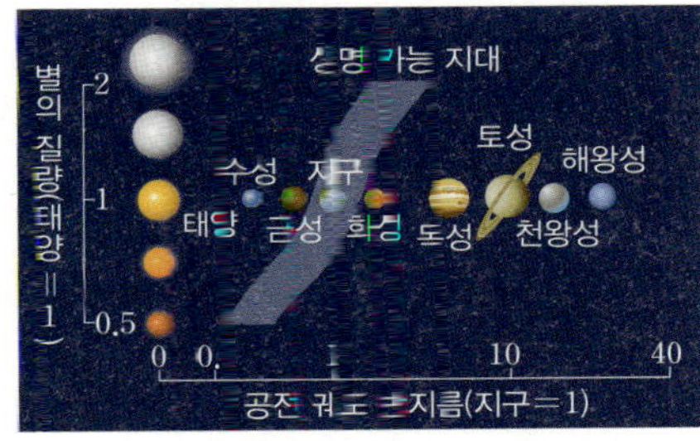

• 별의 질량이 클수록 생명 가능 지대까지의 거리는 멀어지고 폭은 넓어진다.
• 생명 가능 지대 안쪽 영역 : 표면 온도가 높아 물이 기체 상태로 존재
• 생명 가능 지대 바깥쪽 영역 : 표면 온도가 낮아 물이 고체 상태로 존재
• 지구는 생명 가능 지대에 위치하여 액체 상태의 물이 존재한다.

자료 분석 주계열성의 분광형과 생명 가능 지대

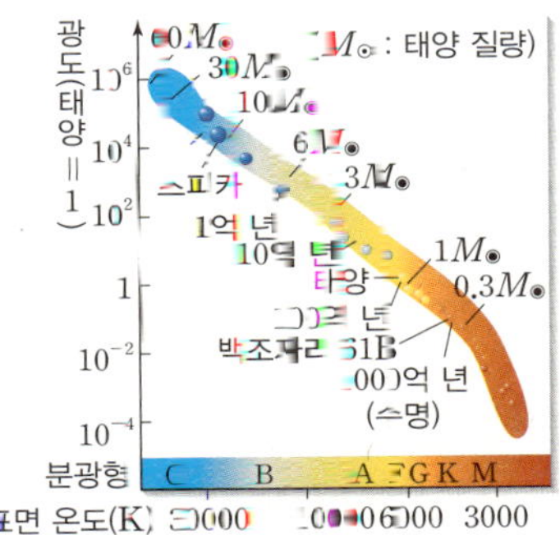

• O형에 가까운 별(스피카) : 생명 가능 지대가 별로부터 멀고 폭이 넓다.
➡ 별의 수명이 짧기 때문에 행성에서 생명체가 탄생하여 진화할
시간이 부족하다.
• K형에 가까운 별(백조자리 61B) : 생명 가능 지대가 별로부터 가
깝고 폭이 좁다.
➡ 행성의 공전 주기와 자전 주기가 같아 생명체가 존재하기 어렵다.
• G형인 별(태양) : 생명 가능 지대에 위치한 행성에 생명체가 존재할
가능성이 있다.

정답 및 해설 | 52쪽

437

다음 설명에 해당하는 외계 행성의 탐사 방법을 쓰시오.

(1) 중심별의 스펙트럼에서 흡수선의 파장 변화를 관측한다.
(2) 행성이 별 주위를 공전할 때 별의 밝기 변화를 관측한다.
(3) 같은 시선 방향에 놓인 두 천체 중 뒤쪽에 있는 별의 밝기 증가
가 불규칙해짐을 관측한다.

438

외계 행성 탐사 방법에 대한 설명으로 옳은 것은 ○, 옳지 <u>않은</u> 것
은 ×로 표시하시오.

(1) 식 현상을 이용하는 탐사 방법에서는 행성의 반지름이 작을
수록 유리하다.   (   )
(2) 중심별의 시선 속도 변화를 이용하는 탐사 방법에서는 행성
의 질량이 클수록 유리하다.   (   )
(3) 뒤쪽에 있는 별의 밝기가 앞쪽에 있는 별의 미세 중력 렌즈
현상에 의해 감소한다.   (   )

439

중심별의 광도가 클수록 생명 가능 지대의 거리는 [   ],
폭은 [   ].

440

현재까지 발견된 외계 행성 중 시선 속도 변화와 [   ]
을 이용한 방법으로 관측된 외계 행성의 수가 많다.

441

그림은 주계열성의 질량과 수명을 나타낸 것이다.

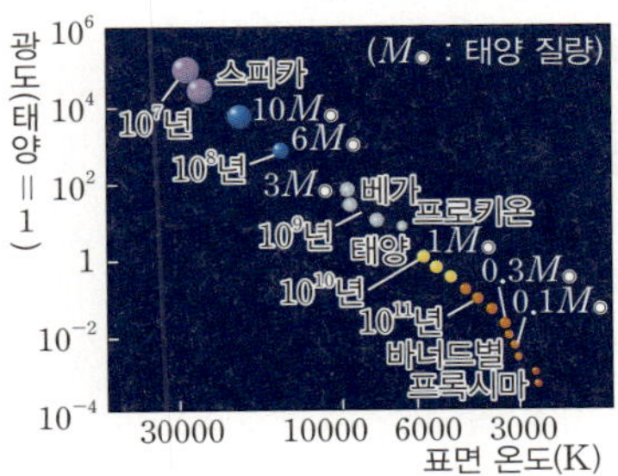

(1) 스피카, 베가, 프로키온 중에서 주계열성으로 가장 오랫동안
머무르는 별을 쓰시오.
(2) 베가, 프로키온, 바너드별 중에서 생명 가능 지대의 폭이 가장
넓은 별을 쓰시오.

개념 **1** 외계 행성계 탐사

[족집게 전략] 간접적인 외계 행성 탐사 방법의 과정과 특징 및 한계를 구분해서 이해하고 있어야 해.

442 단골 문제

그림 (가)와 (나)는 외계 행성 탐사 방법을 나타낸 것이다.

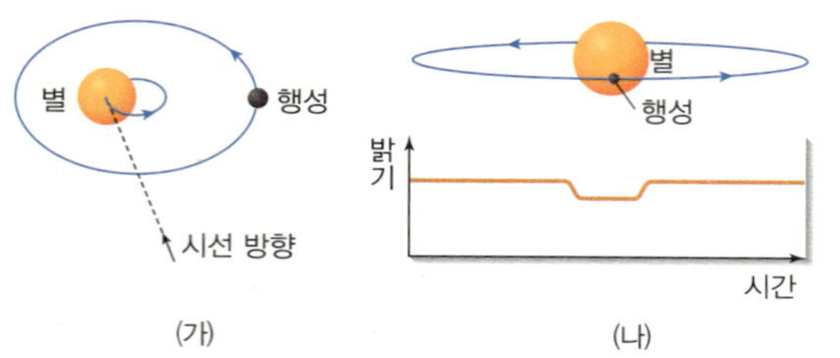

이에 대한 설명으로 옳은 것만을 〈보기〉에서 있는 대로 고른 것은?

보기
ㄱ. (가)에서는 청색 편이가 관측된다.
ㄴ. (가)와 (나) 모두 행성의 공전 주기를 구할 수 있다.
ㄷ. (가)는 별의 밝기 변화를, (나)는 별의 시선 속도 변화를 관측하여 행성의 존재를 찾는다.

① ㄱ   ② ㄷ   ③ ㄱ, ㄴ
④ ㄴ, ㄷ   ⑤ ㄱ, ㄴ, ㄷ

추가로 나오는 선택지

❶ (가)는 행성의 질량이 클수록 찾기 쉽다.   (   )
❷ (나)에서 공전 주기는 별이 행성보다 짧다.   (   )
❸ (가)와 (나) 모두 행성의 공전 궤도면이 시선 방향과 수직일 때 이용할 수 있다.   (   )

443

그림은 어느 외계 행성계에서 행성이 별 주위를 공전하는 모습을 나타낸 것이다.
지구에서 이 행성을 발견하기 위해 이용할 수 있는 탐사 방법으로 옳은 것만을 〈보기〉에서 있는 대로 고른 것은?

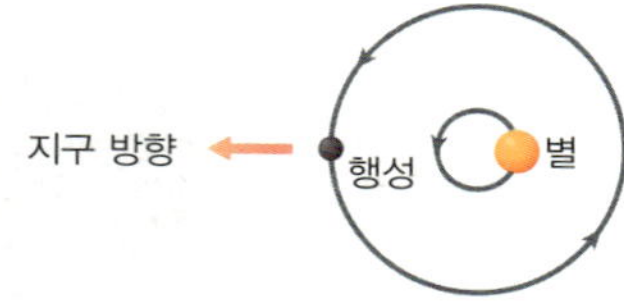

보기
ㄱ. 식 현상을 이용하는 방법
ㄴ. 미세 중력 렌즈 현상을 이용하는 방법
ㄷ. 중심별의 시선 속도 변화를 이용하는 방법

① ㄱ   ② ㄴ   ③ ㄱ, ㄷ
④ ㄴ, ㄷ   ⑤ ㄱ, ㄴ, ㄷ

444 [중요]

그림은 외계 행성을 가진 어느 별의 스펙트럼을 순서대로 나타낸 것이다.

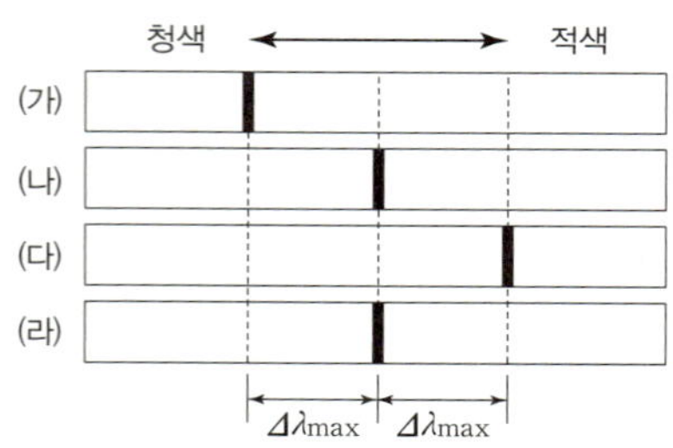

이에 대한 설명으로 옳은 것만을 〈보기〉에서 있는 대로 고른 것은?

보기
ㄱ. 행성의 질량이 클수록 $\Delta\lambda_{max}$이 작아진다.
ㄴ. (나)와 (라) 시기에 별은 지구 관측자의 시선 방향에 수직 방향으로 이동한다.
ㄷ. (다) 시기에 행성은 지구로부터 멀어지는 방향으로 이동한다.

① ㄴ   ② ㄷ   ③ ㄱ, ㄴ
④ ㄱ, ㄷ   ⑤ ㄴ, ㄷ

445

그림은 두 천체가 같은 시선 방향에 있을 때 뒤쪽 별의 밝기 변화를 나타낸 것이다. (가)와 (나)는 각각 앞쪽 별에 행성이 있는 경우와 행성이 없는 경우 중 하나이다.

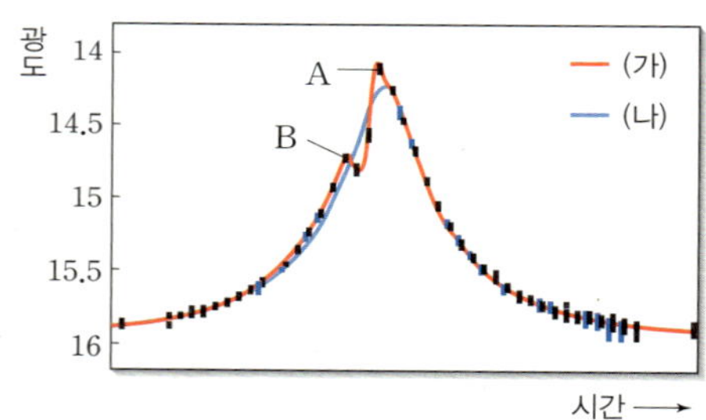

이에 대한 설명으로 옳은 것만을 〈보기〉에서 있는 대로 고른 것은?

보기
ㄱ. (가)는 앞쪽 별이 행성을 가지고 있을 때의 광도 변화 곡선이다.
ㄴ. (나)에서는 앞쪽 별에 의한 미세 중력 렌즈 현상이 나타나지 않는다.
ㄷ. A와 B 중 행성에 의한 미세 중력 렌즈 현상으로 밝기가 변하는 것은 A이다.

① ㄱ   ② ㄴ   ③ ㄱ, ㄷ
④ ㄴ, ㄷ   ⑤ ㄱ, ㄴ, ㄷ

446 서술형

그림은 중심별의 질량에 따른 외계 행성의 개수를 나타낸 것이다. 중심별의 질량이 태양보다 클수록 발견된 외계 행성의 개수가 감소하는 까닭을 서술하시오.

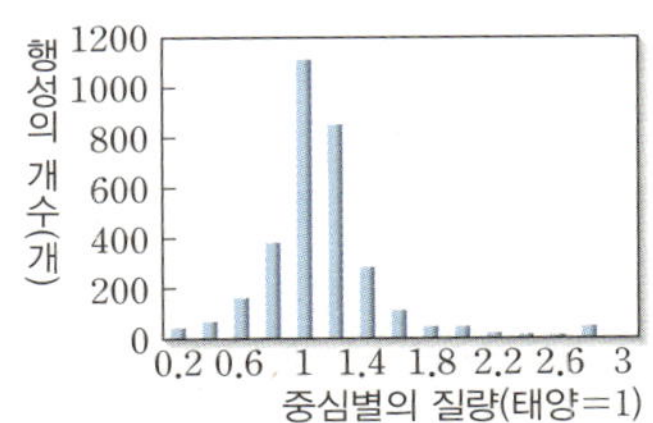

447 중요

그림은 어떤 행성에 의해 식 현상이 일어날 때 별의 밝기 변화를 나타낸 것이다.

이에 대한 설명으로 옳은 것만을 〈보기〉에서 있는 대로 고른 것은? (단, 행성의 공전 궤도면은 시선 방향과 나란하다.)

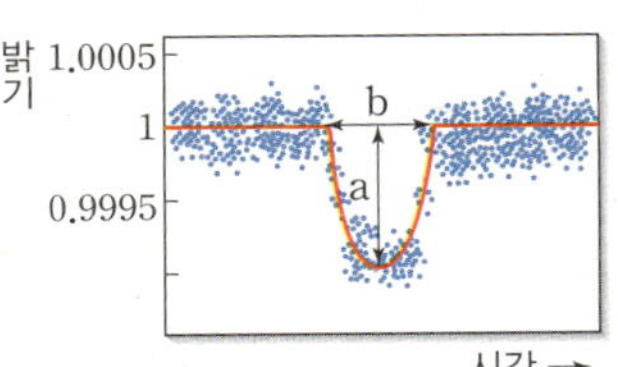

보기

ㄱ. 행성의 반지름이 커진다면 a가 증가한다.
ㄴ. 공전 궤도 반지름이 커진다면 b가 증가한다.
ㄷ. 밝기가 최대로 감소할 때 별빛의 청색 편이가 관측된다.

① ㄱ ② ㄷ ③ ㄱ, ㄴ
④ ㄴ, ㄷ ⑤ ㄱ, ㄴ, ㄷ

448

그림은 현재까지 발견된 외계 행성의 공전 궤도 반지름과 질량을 탐사 방법에 따라 구분하여 나타낸 것이다.

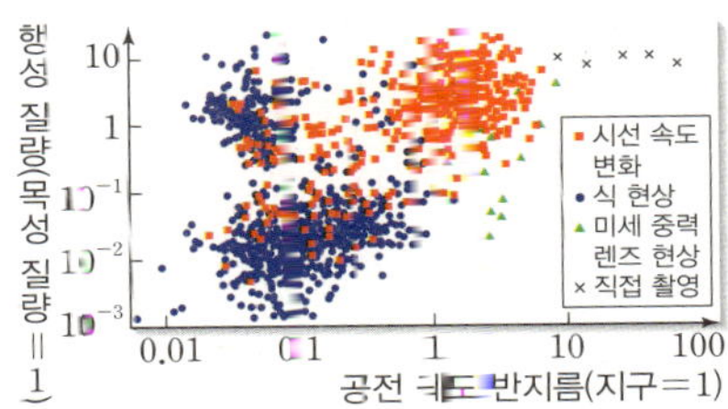

이에 대한 설명으로 옳은 것만을 〈보기〉에서 있는 대로 고른 것은?

보기

ㄱ. 모두 간접적인 방법으로 발견하였다.
ㄴ. 식 현상을 이용하는 탐사 방법은 행성의 공전 궤도 반지름이 작을수록 유리하다.
ㄷ. 공전 궤도 반지름은 식 현상보다 시선 속도 변화로 발견한 외계 행성이 대체로 크다.

① ㄱ ② ㄷ ③ ㄱ, ㄴ
④ ㄴ, ㄷ ⑤ ㄱ, ㄴ, ㄷ

449

외계 행성의 탐사 방법에 대한 설명으로 옳지 <u>않은</u> 것은?

① 식 현상을 이용하는 방법은 행성의 반지름이 클수록 행성을 찾기 쉽다.
② 간접 탐사 방법 중 미세 중력 렌즈 현상을 이용하는 방법은 질량이 작은 행성을 찾는 데 유리하다.
③ 식 현상을 이용하는 방법으로는 행성의 반지름과 행성의 대기 성분을 추정할 수 있다.
④ 외계 행성의 거리가 가까운 경우에는 외계 행성의 복사 에너지를 직접 관측하여 찾을 수 있다.
⑤ 행성의 공전 궤도면이 관측자의 시선 방향과 수직일 경우에는 중심별의 시선 속도 변화를 이용하여 행성을 발견할 수 있다.

개념 ② 외계 생명체 탐사

족집게 전략 중심별의 질량에 따른 생명 가능 지대의 거리와 폭의 변화 경향을 알고 있어야 해.

450 단골 문제

그림은 태양계 행성과 어느 주계열성을 공전하는 행성을 생명 가능 지대와 함께 나타낸 것이다.

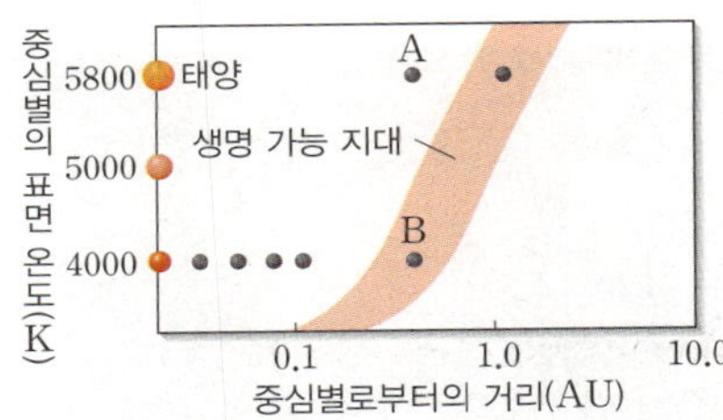

이에 대한 설명으로 옳은 것만을 〈보기〉에서 있는 대로 고른 것은?

보기

ㄱ. 행성 A에는 액체 상태의 물이 존재할 수 있다.
ㄴ. 별의 수명은 B의 중심별이 태양보다 길다.
ㄷ. 행성 표면의 같은 면적에서 받는 에너지양은 A가 B보다 많다.

① ㄴ ② ㄷ ③ ㄱ, ㄴ
④ ㄱ, ㄷ ⑤ ㄴ, ㄷ

추가로 나오는 선택지

❶ 중심별의 광도가 클수록 생명 가능 지대는 중심별에서 먼 곳에 위치한다. (   )
❷ 태양이 적색 거성으로 진화하면 생명 가능 지대는 현재보다 가까워진다. (   )
❸ 태양의 표면 온도가 4000 K으로 낮아진다면 지구에는 물이 기체 상태로 존재할 것이다. (   )

451 중요

그림은 어느 주계열성 주변의 생명 가능 지대를 나타낸 것이다. 이에 대한 설명으로 옳은 것만을 〈보기〉에서 있는 대로 고른 것은?

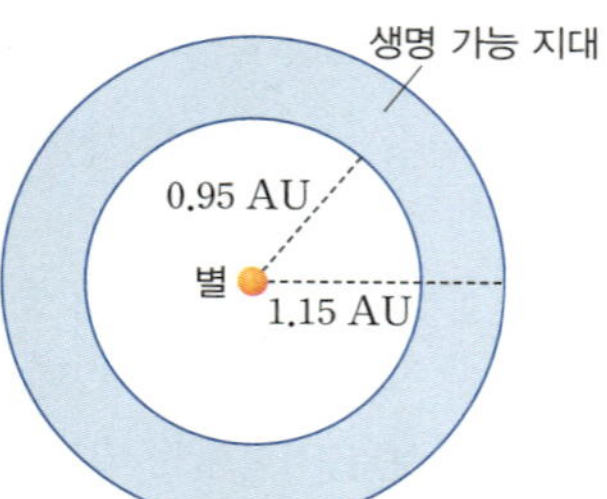

보기

ㄱ. 별의 절대 등급은 태양보다 5등급 클 것이다.
ㄴ. 별의 질량이 2배 커지면 생명 가능 지대의 폭은 0.2 AU보다 넓어진다.
ㄷ. 별의 질량이 2배 작아지면 생명 가능 지대는 1 AU보다 멀어질 것이다.

① ㄴ   ② ㄷ   ③ ㄱ, ㄴ
④ ㄱ, ㄷ   ⑤ ㄴ, ㄷ

452

그림은 주계열성의 질량에 따른 생명 가능 지대의 범위와 태양계 행성의 위치를 나타낸 것이다.

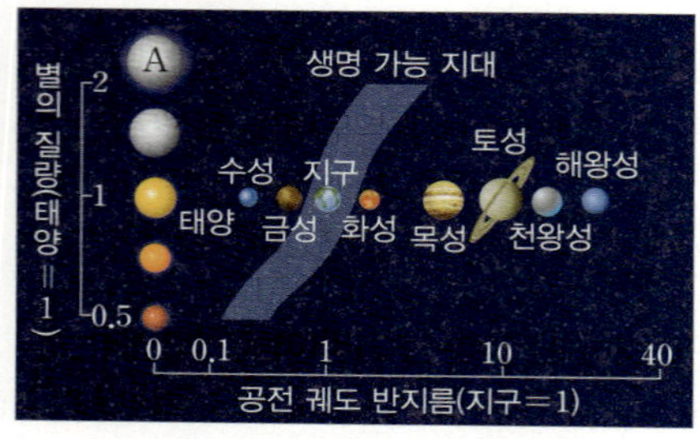

태양보다 주계열성 A에서 더 큰 값을 가지는 물리량만을 〈보기〉에서 있는 대로 고른 것은?

보기

ㄱ. 별의 수명
ㄴ. 별의 표면 온도
ㄷ. 중심별로부터 액체 상태의 물이 존재할 수 있는 영역까지의 거리

① ㄴ   ② ㄷ   ③ ㄱ, ㄴ
④ ㄱ, ㄷ   ⑤ ㄴ, ㄷ

453 서술형

중심별에서 생명 가능 지대보다 가까운 쪽에 위치한 행성에서는 물이 어떤 상태로 존재하고 있을지 쓰고, 중심별의 질량이 증가할 때 생명 가능 지대의 거리와 폭의 변화 경향을 서술하시오.

454

외계 생명체가 존재하기 위한 행성의 조건에 대한 설명으로 옳지 <u>않은</u> 것은?

① 행성 표면에 물이 액체 상태로 존재해야 한다.
② 중심별의 질량이 너무 크거나 작지 않아야 한다.
③ 중심별의 질량이 매우 작은 경우에는 별의 진화 속도가 빠르기 때문에 행성에서 생명체가 존재하기 어렵다.
④ 유해한 자외선을 차단해 줄 적절한 두께의 대기가 존재해야 한다.
⑤ 우주에서 들어오는 유해한 고에너지 입자를 차단해 줄 자기장이 존재해야 한다.

455 서술형

그림은 H - R도에 주계열성의 질량과 수명을 나타낸 것이다.

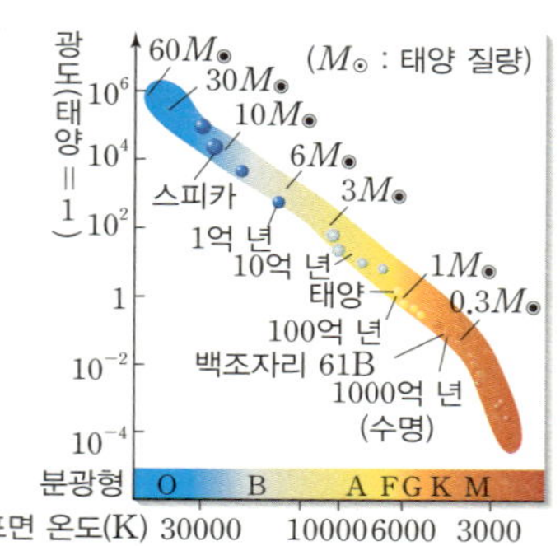

스피카와 태양 중 생명 가능 지대까지의 거리가 더 먼 별을 쓰고, 백조자리 61B에서 외계 생명체가 존재하기 어려운 까닭을 서술하시오.

456

외계 생명체의 탐사 활동에 대한 설명으로 옳지 <u>않은</u> 것은?

① 행성이나 위성에 탐사정을 보내 탐사한다.
② 지구의 극한 환경에 사는 생명체를 연구한다.
③ 세티(SETI) 프로젝트는 외계의 지적 생명체를 탐사하는 활동이다.
④ 지구에서 생명체가 어떻게 탄생하고 진화하였는지 연구하는 데 도움이 된다.
⑤ 세티(SETI) 프로젝트에서는 우주 망원경을 이용하여 인공적인 전파를 찾는 연구가 진행되고 있다.

457

그림 (가)와 (나)는 외계 행성 탐사 방법을 나타낸 것이다.

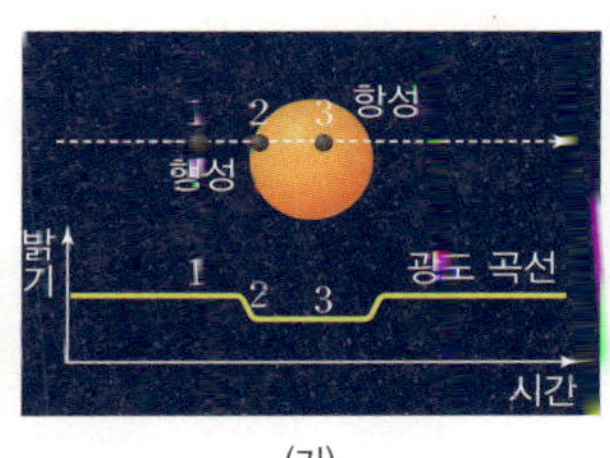
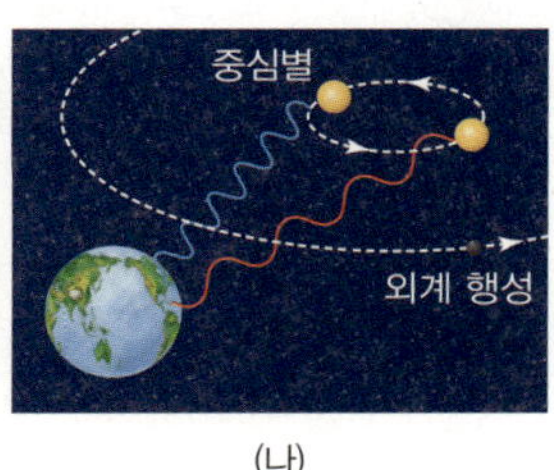

이에 대한 설명으로 옳은 것만을 〈보기〉에서 있는 대로 고른 것은?

보기

ㄱ. (가)는 $\left(\dfrac{\text{행성의 크기}}{\text{별의 크기}}\right)$ 값이 클수록 행성을 찾는 데 더 유리하다.

ㄴ. (나)는 별의 질량이 클수록 행성의 존재를 확인하기 쉽다.

ㄷ. (가)와 (나) 모두 행성의 공전 주기를 구할 수 있다.

① ㄱ ② ㄴ ③ ㄱ, ㄷ
④ ㄴ, ㄷ ⑤ ㄱ, ㄴ, ㄷ

458 고난도

그림 (가)와 (나)는 서로 다른 외계 행성에 의한 중심별의 밝기 변화를 나타낸 것이다.

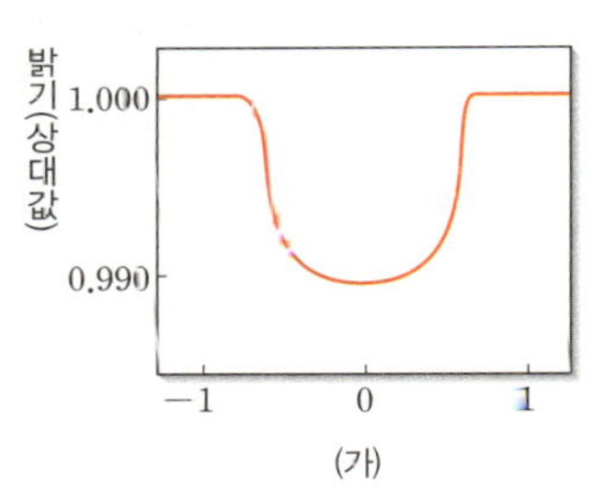
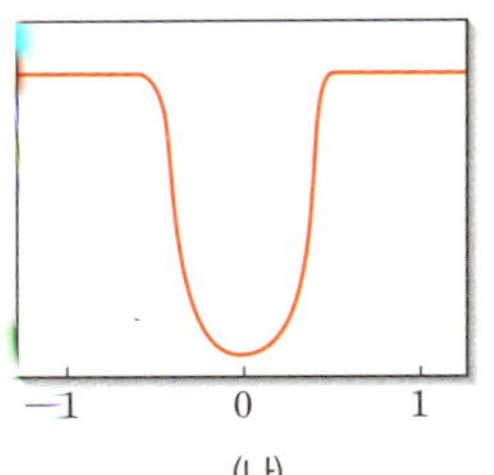

이에 대한 설명으로 옳은 것만을 〈보기〉에서 있는 대로 고른 것은?

보기

ㄱ. 다른 조건이 동일하다고 가정할 때 행성의 공전 주기는 (나)가 (가)보다 길다.

ㄴ. $\left(\dfrac{\text{행성의 반지름}}{\text{중심별의 반지름}}\right)$ 값은 (가)가 (나)보다 작다.

ㄷ. (가)와 (나) 모두 행성의 공전 궤도 반지름이 클수록 행성을 확인하기 쉽다.

① ㄱ ② ㄴ ③ ㄱ, ㄷ
④ ㄴ, ㄷ ⑤ ㄱ, ㄴ, ㄷ

459

그림은 별의 질량에 따른 생명 가능 지대의 범위를 나타낸 것이다.

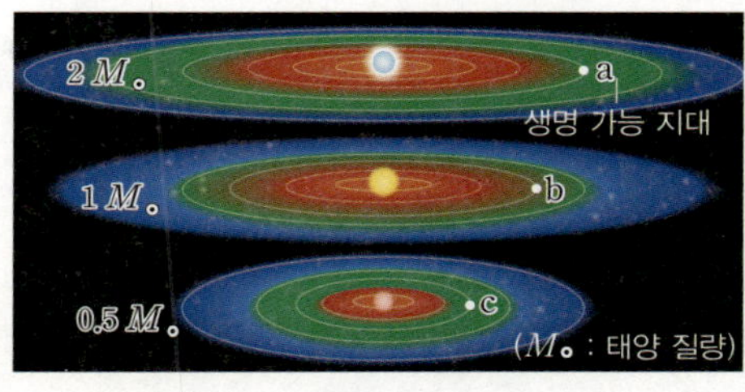

이에 대한 설명으로 옳은 것만을 〈보기〉에서 있는 대로 고른 것은?

보기

ㄱ. a~c 모두 액체 상태의 물이 존재할 수 있다.

ㄴ. a~c 중 생명체가 발생하여 진화할 시간이 가장 짧은 것은 c이다.

ㄷ. 중심별의 질량이 클수록 생명 가능 지대는 멀어진다.

① ㄱ ② ㄴ ③ ㄱ, ㄷ
④ ㄴ, ㄷ ⑤ ㄱ, ㄴ, ㄷ

460

그림은 태양이 탄생한 이후 시간에 따른 생명 가능 지대의 변화를 추정하여 나타낸 것이다.

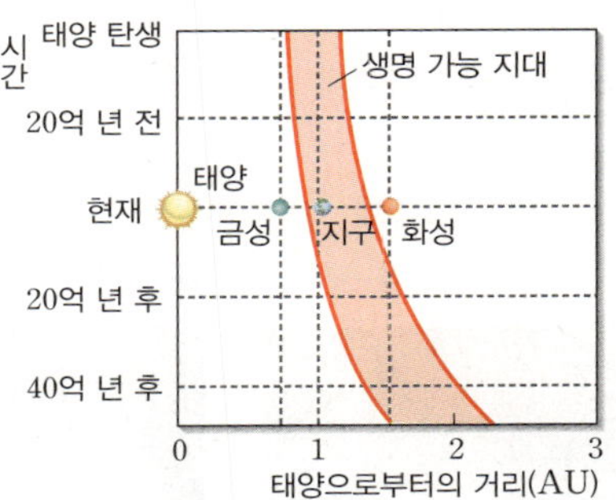

이에 대한 설명으로 옳은 것만을 〈보기〉에서 있는 대로 고른 것은?

보기

ㄱ. 현재부터 40억 년 동안 태양의 광도는 증가한다.

ㄴ. 20억 년 후 지구에는 물이 액체 상태로 존재한다.

ㄷ. 40억 년 후 화성은 생명 가능 지대에 위치한다.

① ㄱ ② ㄴ ③ ㄱ, ㄷ
④ ㄴ, ㄷ ⑤ ㄱ, ㄴ, ㄷ

01 외부 은하

개념 ① 은하의 분류

1. 허블의 은하 분류 : 허블은 외부 은하를 모양(형태)에 따라 타원 은하, 나선 은하, 불규칙 은하로 분류하였다.

➡ 관측된 외부 은하 중 나선 은하는 약 77 %로 가장 많고, 타원 은하는 약 20 %이고, 불규칙 은하는 약 3 %로 가장 적다.

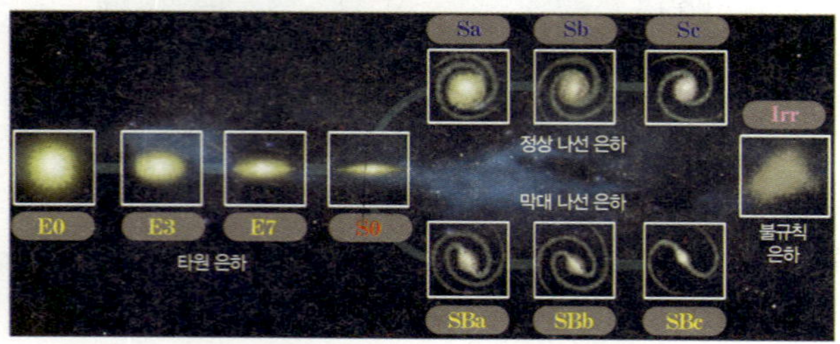

▲ 허블의 은하 분류 체계

2. 외부 은하의 종류와 특징

(1) **타원 은하** : 타원 모양의 나선팔이 없는 은하

① E0~E7로 세분하며, E7로 갈수록 편평도가 증가한다.

② 성간 물질이 매우 적어 새로운 별의 탄생은 거의 없다.

③ 나이가 많은 별들로 이루어져 있어 대체로 붉은색을 띤다.

(2) **나선 은하** : 구 또는 막대 모양의 은하 중심부를 나선팔이 감싸고 있는 은하 → 우리은하는 막대 나선 은하(SBb)로 분류된다.

① 은하핵을 가로지르는 막대 모양 구조의 유무에 따라 막대 나선 은하(SB)와 정상 나선 은하(S)로 분류한다.

② 은하핵의 크기와 나선팔이 감긴 정도에 따라 a~c로 세분하는데, c로 갈수록 은하핵의 크기가 작고 나선팔의 감김이 느슨하다.

③ **은하의 중심부** : 나이가 많은 붉은색의 별과 구상 성단이 주로 분포한다.

④ **은하의 나선팔** : 많은 양의 성간 물질이 분포하며 나이가 적은 파란색의 별과 산개 성단이 주로 분포한다.

▲ 막대 나선 은하   ▲ 정상 나선 은하

(3) **불규칙 은하** : 모양이 일정하지 않고 규칙적인 구조가 없는 은하

① 특별하게 돌출된 중심부나 나선팔이 없으며 은하마다 모양이 다르다.

② 성간 물질과 나이가 적은 별들이 많이 분포한다.

개념 ② 특이 은하와 충돌 은하

1. 특이 은하 : 허블의 은하 분류 체계로 분류되지 않는 새로운 유형의 은하

(1) **전파 은하** : 일반 은하에 비해 전파 영역에서 매우 높은 에너지를 방출하는 은하

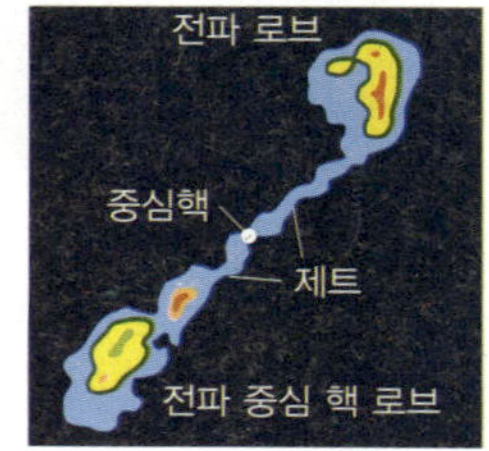

▲ 전파 은하의 구조

➡ 전파 은하가 방출하는 전파는 일반 은하의 수백 ~ 수백만 배 이상이다.

① 중심핵을 가지고 양쪽에 거대한 돌출부인 로브(lobe)가 있으며, 로브와 중심핵은 제트(jet)로 연결되어 있다.

② 가시광선 영역에서 대부분 타원 은하로 관측된다.

(2) **세이퍼트은하** : 일반 은하에 비해 크기는 매우 작지만 강한 방출선을 내는 중심핵을 가진 은하

▲ 세이퍼트은하(NGC 3081)

① 스펙트럼에서 폭이 넓은 방출선이 관측된다.

➡ 은하 내의 가스 구름이 매우 빠른 속도로 움직이므로, 은하 중심부에 블랙홀이 있을 것으로 추정된다.

② 가시광선 영역에서 대부분 나선 은하로 관측된다.

(3) **퀘이사** : 모든 파장에 걸쳐서 많은 양의 에너지를 방출하는 특이한 은하

➡ 은하이지만 매우 멀리 있어 하나의 별처럼 관측된다.

① 매우 큰 적색 편이가 나타난다.

▲ 퀘이사(3C 273)

➡ 매우 먼 거리에 있으며, 우주 탄생 초기의 천체이다.

② 은하 전체의 광도에 대한 중심부의 광도가 세이퍼트은하보다 크다.

③ 퀘이사의 크기는 태양계 정도이지만 일반 은하의 수백 배에 해당하는 에너지가 방출된다.

➡ 퀘이사의 중심부에 블랙홀이 있을 것으로 추정된다.

2. 충돌 은하 : 은하가 충돌하는 과정에서 형성되는 은하

(1) **생성** : 은하와 은하의 상호 작용으로 거대한 분자 구름들이 충돌하면서 많은 별들이 한꺼번에 탄생하고, 은하의 형태가 변한다.

(2) **특징** : 은하가 충돌할 때 별의 크기보다 별 사이의 공간이 크기 때문에 내부에 있는 별들이 서로 충돌할 가능성은 거의 없다.

탐구 활동   허블의 은하 분류

(가) NGC 3115

(나) NGC 1300

(다) NGC 1427A

(라) NGC 5457

(마) NGC 205

(바) NGC 4486

과정
❶ (가)~(바) 은하를 모양에 따라 분류한다.
❷ 타원 은하를 세분하는 기준을 찾는다.
❸ 나선 은하를 두 가지 종류로 구분하는 기준을 찾는다.

결과

타원 은하	(다), (바) → 편평도 : (마)>(바)
나선 은하	(나), (라) → (나)는 막대 나선 은하이고, (라)는 정상 나선 은하이다.
불규칙 은하	(다)
렌즈형 은하	(가)

정리
• 타원 은하는 편평도에 따라 E0~E7로 세분한다.
• 나선 은하는 막대 모양 구조의 유무에 따라 막대 나선 은하와 정상 나선 은하로 구분한다.

자료 분석   특이 은하 방출선의 특징

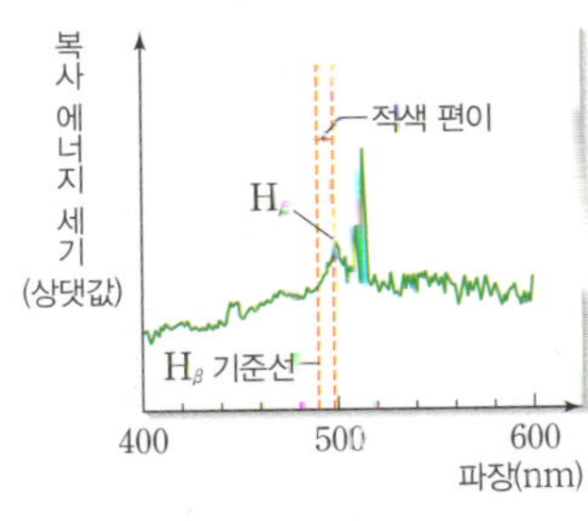
(가) 세이퍼트은하의 스펙트럼

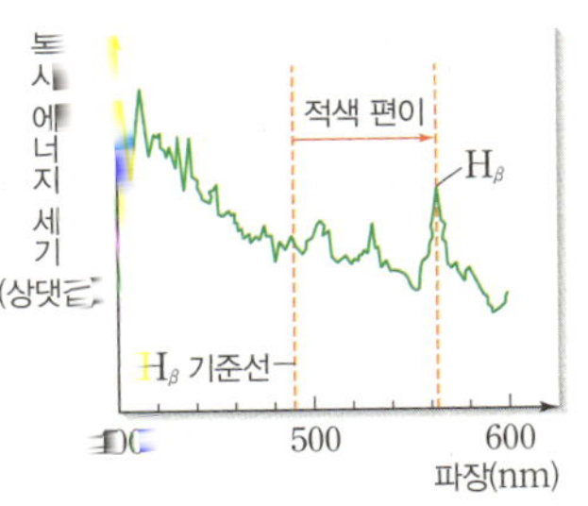
(나) 퀘이사의 스펙트럼

• 세이퍼트은하의 스펙트럼 : 수소 방출선의 폭이 일반 은하보다 매우 넓다. ➡ 은하 내의 가스 구름이 매우 빠른 속도로 움직이고 있다.
• 퀘이사의 스펙트럼 : 수소 선 스펙트럼의 적색 편이량이 매우 크다.
  ➡ 퀘이사는 매우 먼 거리에 있으며 우주 탄생 초기의 천체이다.

정답 및 해설 | 55쪽

461

허블은 외부 은하를 [   ]에 따라 타원 은하, 나선 은하, 불규칙 은하로 분류하였다.

462

외부 은하의 종류와 특징에 대한 설명으로 옳은 것은 ○, 옳지 않은 것은 ×로 표시하시오.

(1) 우리은하는 막대 나선 은하에 속한다. (   )
(2) 타원 은하에서는 새로운 별이 많이 탄생한다. (   )
(3) 불규칙 은하에는 성간 물질의 양이 매우 적게 분포하고, 나이가 많은 별들이 많이 분포한다. (   )

463

그림 (가), (나), (다)는 서로 다른 종류의 외부 은하를 나타낸 것이다.

(가)

(나)

(다)

(1) (가)~(다) 중 현재까지 가장 적게 관측된 외부 은하의 종류를 쓰시오.
(2) (다)의 중심부와 나선팔 중 나이가 많은 별들이 많이 분포하고 있는 부분을 쓰시오.
(3) (가)~(다) 중 편평도에 따라 E0~E7로 세분되는 은하의 종류를 쓰시오.

464

다음 (   ) 안에 알맞은 말을 고르시오.

(1) 전파 은하는 가시광선 영역에서 대부분 (타원, 나선) 은하로 관측된다.
(2) 퀘이사는 매우 멀리 있어서 하나의 별처럼 관측되며 매우 큰 (적색, 청색) 편이가 나타난다.
(3) 세이퍼트은하에서 수소 방출선의 폭이 넓은 것은 은하 내의 가스 구름이 (빠른, 느린) 속도로 움직이고 있기 때문이다.
(4) 은하가 충돌하더라도 별의 크기보다 별 사이의 공간이 (크기, 작기) 때문에 은하 내부에 있는 별들이 서로 충돌할 가능성은 거의 없다.

개념 ❶ 은하의 분류

족집게 전략 허블의 은하 분류 체계를 이용하여 외부 은하를 분류할 수 있어야 해. 은하의 종류에 따라 구성하는 별과 성간 물질의 양에서 어떤 차이가 있는지 알고 있어야 해.

465 단골 문제

그림은 허블의 외부 은하 분류 체계를 나타낸 것이다.

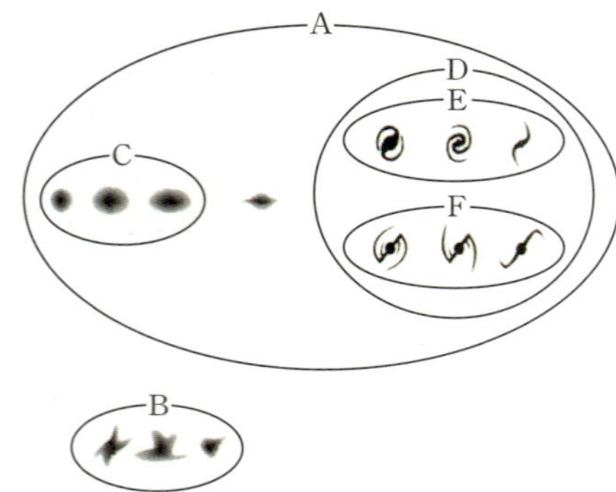

이에 대한 설명으로 옳지 **않은** 것은?

① A와 B의 분류 기준은 모양의 규칙성 여부이다.
② C는 편평도에 따라 세분한다.
③ C와 D의 분류 기준은 나선팔의 유무이다.
④ E와 F는 모두 은하핵과 나선팔을 가지고 있다.
⑤ 은하에 포함된 성간 물질의 비율은 C보다 B가 낮다.

추가로 나오는 선택지

❶ 우리은하는 F에 속한다. ( )
❷ C는 E 또는 F로 진화한다. ( )
❸ 관측된 은하들 중 D의 비율이 가장 높다. ( )

466 서술형

그림은 나선 은하의 모습을 나타낸 것이다.

은하의 중심부와 나선팔에 분포하는 별의 나이, 색, 평균 색지수를 비교하여 서술하시오.

467 중요

그림은 우리은하의 상상도를 나타낸 것이다.

이에 대한 설명으로 옳은 것만을 〈보기〉에서 있는 대로 고른 것은?

보기

ㄱ. 우리은하는 SBb로 분류된다.
ㄴ. 성간 물질은 A보다 B에 주로 분포한다.
ㄷ. 파란색을 띠는 별은 B보다 A에 주로 분포한다.
ㄹ. 나선팔이 은하핵에서 직접 뻗어 나온다.

① ㄱ, ㄴ ② ㄱ, ㄷ ③ ㄱ, ㄹ
④ ㄴ, ㄷ ⑤ ㄷ, ㄹ

468

다음과 같은 특징이 있는 외부 은하에 해당하는 것은?

• 나선팔이 없다.
• 질량이 작고 나이가 많은 별들이 주로 분포한다.
• 성간 물질이 적어 새로운 별의 탄생은 거의 없다.

①

②

③

④

⑤

469 중요

그림은 은하를 모양에 따라 분류하는 과정을 나타낸 것이다.

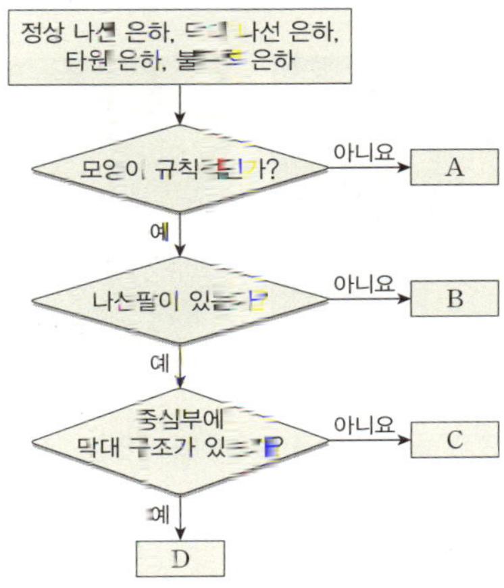

이에 대한 설명으로 옳은 것만을 〈보기〉에서 있는 대로 고른 것은?

보기
ㄱ. A는 불규칙 은하이다.
ㄴ. B는 은하의 크기에 따라 세분된다.
ㄷ. C와 D는 모두 은하핵을 가지고 있다.

① ㄱ 　② ㄴ 　③ ㄱ, ㄷ
④ ㄴ, ㄷ 　⑤ ㄱ, ㄴ, ㄷ

470

표는 지구에서 현재까지 관측된 외부 은하의 비율과 기호를 나타낸 것이다.

외부 은하	비율	기호
(가)	13 %	SBa, SBb, SBc
(나)	㉠	Sa, Sb, Sc
(다)	㉡	E0, E1, …, E7
(라)	1 %	Irr

이에 대한 설명으로 옳은 것만을 〈보기〉에서 있는 대로 고른 것은?

보기
ㄱ. (가)와 (나)의 a, b, c는 은하의 크기를 나타낸다.
ㄴ. ㉠이 ㉡보다 크다.
ㄷ. 대마젤란은하와 소마젤란은하는 (라)에 속한다.

① ㄴ 　② ㄷ 　③ ㄱ, ㄴ
④ ㄱ, ㄷ 　⑤ ㄴ, ㄷ

족집게 전략 허블의 은하 분류 체계에 포함되지 않는 특이 은하의 종류와 특징을 관측 영상과 스펙트럼으로 이해하고 있어야 해.

471 단골 문제

그림 (가), (나), (다)는 전파 은하, 세이퍼트은하, 퀘이사를 순서 없이 나타낸 것이다.

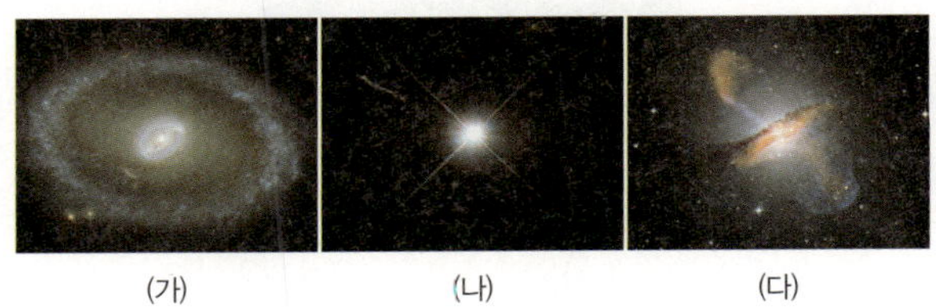

이에 대한 설명으로 옳은 것만을 〈보기〉에서 있는 대로 고른 것은?

보기
ㄱ. 적색 편이는 (나)가 (가)보다 크다.
ㄴ. (다)는 가시광선 영역에서 대부분 불규칙 은하로 관측된다.
ㄷ. (가)~(다) 중 가장 오래전에 탄생한 천체는 (나)이다.

① ㄱ 　② ㄴ 　③ ㄱ, ㄷ
④ ㄴ, ㄷ 　⑤ ㄱ, ㄴ, ㄷ

추가로 나오는 선택지

❶ (가)에서 나타나는 수소 방출선의 폭은 일반 은하보다 매우 넓다. (　　)

❷ 은하 전체의 광도에 대한 중심부의 광도는 (나)가 (가)보다 작다. (　　)

❸ (다)는 중심핵과 거대한 돌출부인 로브로 구성된다. (　　)

472 서술형

그림은 퀘이사 3C 273의 스펙트럼과 수소선의 비교 스펙트럼을 나타낸 것이다.

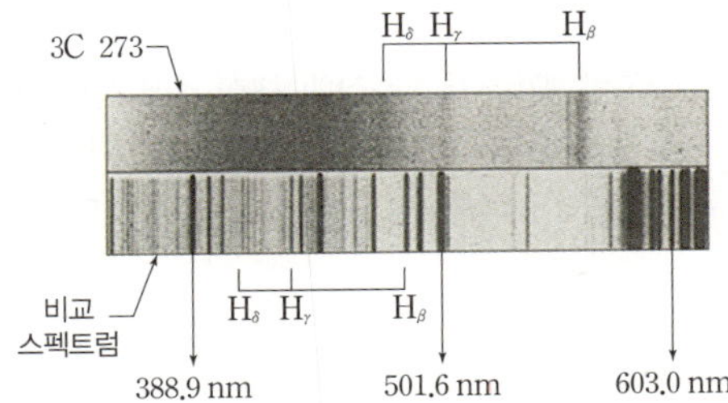

관측되는 편이의 종류를 쓰고, 퀘이사에서 이와 같은 편이가 매우 큰 값으로 나타나는 까닭을 서술하시오.

473

그림은 세이퍼트은하로 분류된 NGC 1097을 나타낸 것이다.

이에 대한 설명으로 옳은 것만을 〈보기〉에서 있는 대로 고른 것은?

보기
ㄱ. 가시광선 영역에서 막대 나선 은하로 관측된다.
ㄴ. 중심부에 블랙홀이 있을 것으로 추정된다.
ㄷ. 스펙트럼의 적색 편이량이 매우 크다.

① ㄱ   ② ㄷ   ③ ㄱ, ㄴ
④ ㄴ, ㄷ   ⑤ ㄱ, ㄴ, ㄷ

474

그림은 우주의 나이에 따른 퀘이사의 개수 변화를 나타낸 것이다.

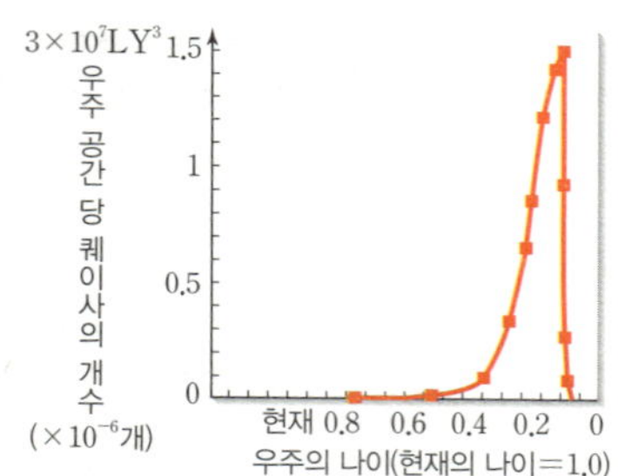

일반 은하와 비교한 퀘이사의 특징에 대한 설명으로 옳은 것만을 〈보기〉에서 있는 대로 고른 것은? (단, 우주의 나이 138억 년을 1.0 이라고 한다.)

보기
ㄱ. 후퇴 속도가 매우 크다.
ㄴ. 매우 먼 거리에 분포한다.
ㄷ. 퀘이사의 나이는 대부분 100억 년 이상이다.

① ㄱ   ② ㄷ   ③ ㄱ, ㄴ
④ ㄴ, ㄷ   ⑤ ㄱ, ㄴ, ㄷ

475 중요

그림은 허블의 분류 체계에서 타원 은하로 관측되는 은하 NGC 4486 을 가시광선과 전파로 관측한 모습을 순서 없이 나타낸 것이다.

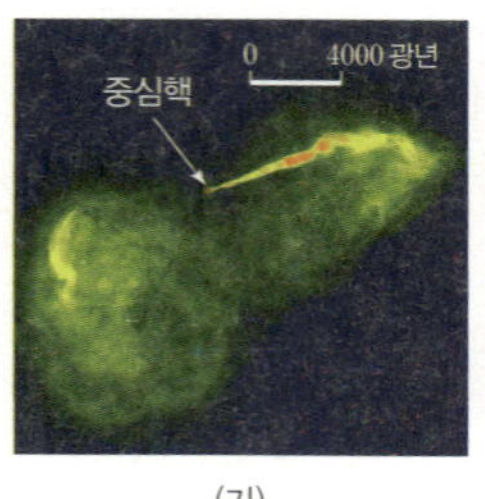

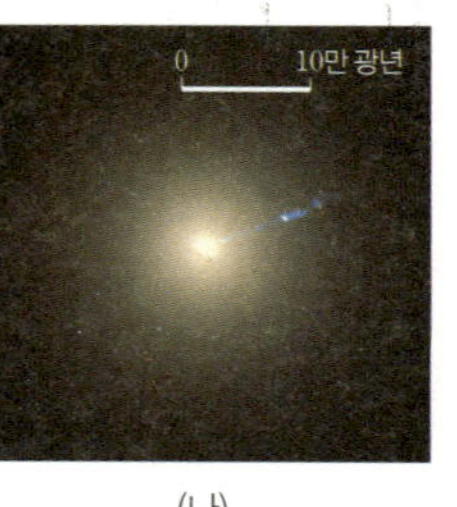

(가)   (나)

이에 대한 설명으로 옳은 것만을 〈보기〉에서 있는 대로 고른 것은?

보기
ㄱ. (가)는 전파 영상이다.
ㄴ. 중심핵 부근에서 물질의 흐름인 제트가 나타난다.
ㄷ. 보통의 은하보다 수백 배 이상 강한 전파를 방출하는 은하이다.

① ㄱ   ② ㄷ   ③ ㄱ, ㄴ
④ ㄴ, ㄷ   ⑤ ㄱ, ㄴ, ㄷ

476

그림은 두 개의 나선 은하가 충돌하는 과정에서 형성된 충돌 은하의 모습을 나타낸 것이다.

이에 대한 설명으로 옳은 것만을 〈보기〉에서 있는 대로 고른 것은?

보기
ㄱ. 은하의 상호 작용은 중력에 의해 일어난다.
ㄴ. 불규칙 은하는 나선 은하가 충돌하여 형성된다.
ㄷ. 은하의 충돌은 새로운 별의 탄생을 촉진한다.

① ㄱ   ② ㄴ   ③ ㄱ, ㄷ
④ ㄴ, ㄷ   ⑤ ㄱ, ㄴ, ㄷ

477

그림은 외부 은하를 모양에 따라 분류한 것이다.

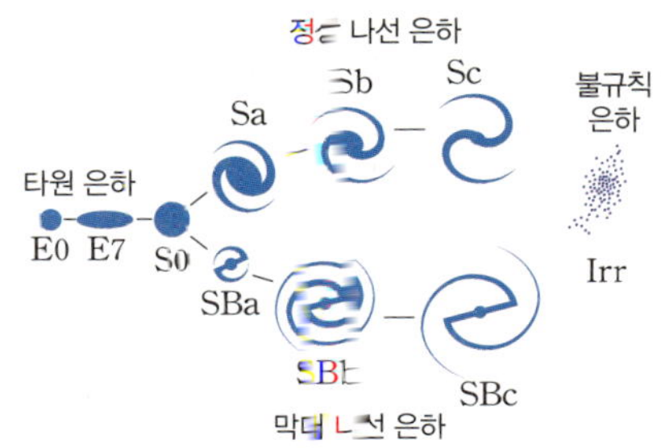

이에 대한 설명으로 옳은 것만을 〈보기〉에서 있는 대로 고른 것은?

보기

ㄱ. E7은 타원 은하의 모양이 원에 가깝다.
ㄴ. 나선 은하에서 a~c는 중심핵의 크기와 나선팔의 감긴 정도로 구분한다.
ㄷ. 정상 나선 은하는 Sa → Sb — Sc 순으로 진화한다.

① ㄴ　　　　② ㄷ　　　　③ ㄱ, ㄴ
④ ㄱ, ㄷ　　　⑤ ㄴ, ㄷ

478 고난도

그림 (가)는 은하의 모양에 따른 분류를, (나)는 각 은하에 속한 별들의 색지수 분포를 나타낸 것이다.

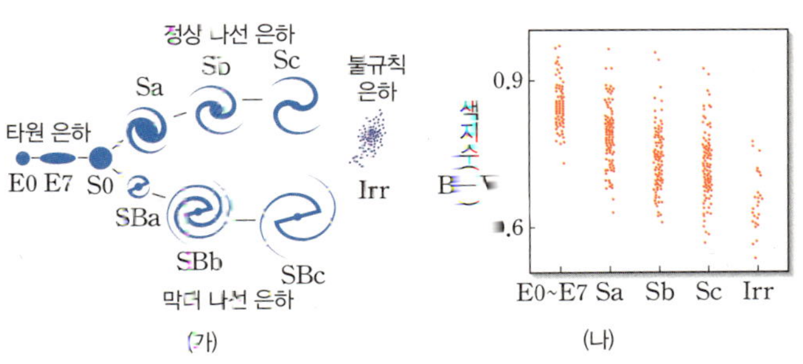

이에 대한 설명으로 옳은 것만을 〈보기〉에서 있는 대로 고른 것은?

보기

ㄱ. 별의 탄생은 불규칙 은하가 타원 은하보다 활발하다.
ㄴ. 붉은색 별의 비율은 타원 은하가 불규칙 은하보다 높다.
ㄷ. 나선 은하에서 중심핵의 크기가 작을수록 젊은 별의 비율이 높다.

① ㄱ　　　　② ㄷ　　　　③ ㄱ, ㄴ
④ ㄴ, ㄷ　　　⑤ ㄱ, ㄴ, ㄷ

479

그림 (가)는 은하 A와 B의 가시광선 영상을, (나)는 은하 A와 B의 특성을 나타낸 것이다.

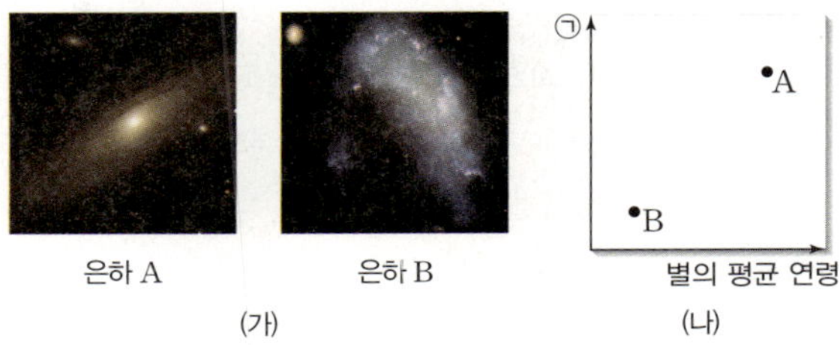

이에 대한 설명으로 옳은 것만을 〈보기〉에서 있는 대로 고른 것은?

보기

ㄱ. 은하 B는 은하 A로 진화한다.
ㄴ. $\left(\dfrac{\text{성간 물질의 질량}}{\text{은하 전체의 질량}} \right)$ 값은 A가 B보다 크다.
ㄷ. 색지수는 (나)의 ㉠으로 적절하다.

① ㄱ　　　　② ㄷ　　　　③ ㄱ, ㄴ
④ ㄴ, ㄷ　　　⑤ ㄱ, ㄴ, ㄷ

480

표는 서로 다른 특이 은하의 스펙트럼과 특징을 나타낸 것이다. (가)와 (나)는 각각 세이퍼트은하와 퀘이사의 스펙트럼 중 하나이다.

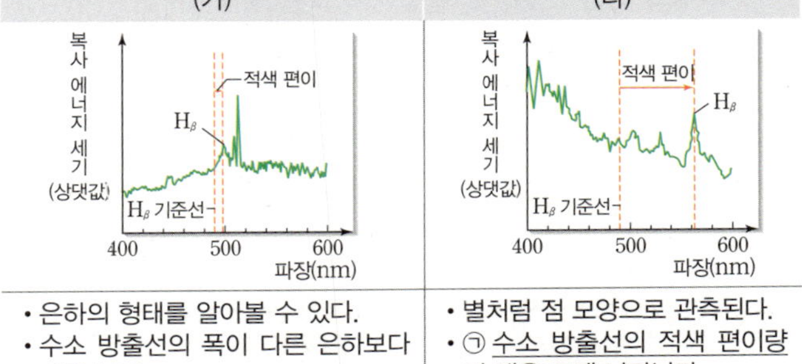

(가)	(나)
• 은하의 형태를 알아볼 수 있다. • 수소 방출선의 폭이 다른 은하보다 매우 넓다.	• 별처럼 점 모양으로 관측된다. • ㉠ 수소 방출선의 적색 편이량이 매우 크게 나타난다.

이에 대한 설명으로 옳은 것만을 〈보기〉에서 있는 대로 고른 것은?

보기

ㄱ. 은하까지의 거리는 (가)가 (나)보다 멀다.
ㄴ. (가)의 가스 구름은 매우 빠른 속도로 움직이고 있다.
ㄷ. ㉠으로부터 (나)의 후퇴 속도가 매우 빠르다는 것을 알 수 있다.

① ㄱ　　　　② ㄴ　　　　③ ㄷ
④ ㄱ, ㄴ　　　⑤ ㄴ, ㄷ

02 허블 법칙과 우주론

개념 ❶ 허블 법칙과 우주의 팽창

1. 허블 법칙

(1) **허블의 외부 은하 관측** : 허블은 대부분의 외부 은하에서 적색 편이가 관측되는 것으로부터 대부분의 외부 은하가 지구에서 멀어지고 있음을 알게 되었다.

➡ 은하의 적색 편이량($\Delta\lambda$)이 클수록 후퇴 속도(v)가 빠르다.

$$v = \frac{\Delta\lambda}{\lambda_0} \times c \ (\lambda_0 : \text{원래의 흡수선 파장}, \ c : \text{광속})$$

(2) **허블 법칙** : 은하의 후퇴 속도(v)는 그 은하까지의 거리(r)에 비례한다는 법칙

$$v = H \times r \ (H : \text{허블 상수})$$

① **허블 상수** : 외부 은하의 후퇴 속도와 거리 사이의 관계를 나타내는 비례 상수로, 우주가 얼마나 빠르게 팽창하는지를 나타낸다.

② **그래프와 허블 상수** : 그래프에서 기울기는 허블 상수로, 기울기가 클수록 허블 상수가 크다.

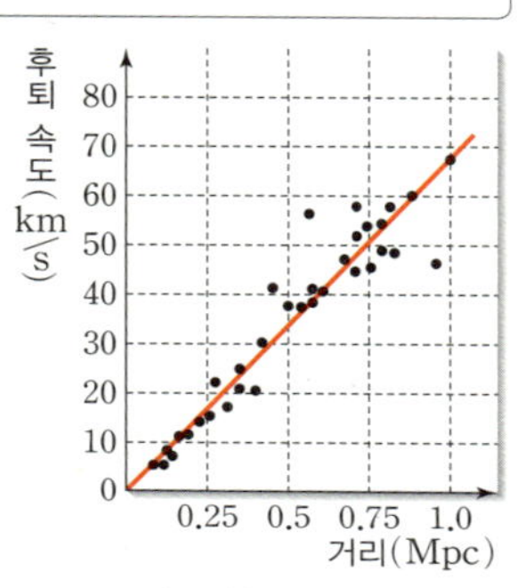

▲ 허블 법칙과 허블 상수

(3) **우주의 나이** : 우주가 일정한 속도로 팽창했다면 우주의 나이(t)는 허블 상수의 역수에 해당한다.

┌ 허블 상수를 약 68 km/s/Mpc으로 하여 구한 우주의 나이는 약 138억 년이다.

$$t = \frac{r}{v} = \frac{1}{H}$$

(4) **우주의 크기** : 관측 가능한 우주의 크기(r)는 광속(c)으로 멀어지는 은하까지의 거리이다.

$$r = \frac{c}{H}$$

2. 우주의 팽창

(1) **허블 법칙의 의미** : 우주 공간이 모든 방향에 대하여 균일하게 팽창하고 있음을 의미한다.

➡ 우주의 팽창은 공간 자체의 팽창으로, 은하와 은하 사이의 우주 공간이 팽창하면서 은하 사이의 거리가 멀어지는 것이다.

(2) **우주 팽창의 중심** : 우주에서 특별한 팽창의 중심은 존재하지 않는다.

개념 ❷ 빅뱅 우주론

1. 빅뱅 우주론(대폭발 우주론)
: 온도와 밀도가 매우 높은 한 점에서 빅뱅(대폭발)이 일어나 우주가 탄생하였고 계속 팽창하면서 냉각되어 현재의 우주가 되었다는 이론으로 가모에 의해 주장되었다.

질량의 변화	일정
밀도의 변화	감소 ➡ 부피는 커지지만 질량은 일정하기 때문
온도의 변화	하강

2. 정상 우주론(연속 창조설)
: 우주의 모습이 시간에 따라 변하지 않는다는 이론

질량의 변화	증가
밀도의 변화	일정 ➡ 우주의 팽창으로 생겨난 빈 공간에 새로운 물질이 계속 생성되어 채워지기 때문
온도의 변화	일정

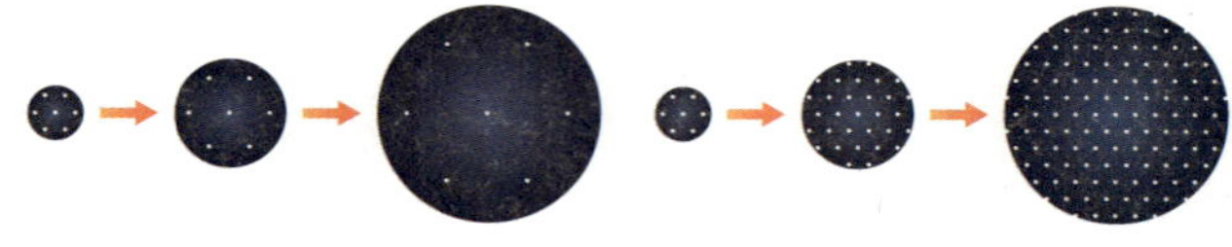

▲ 빅뱅 우주론   ▲ 정상 우주론

3. 빅뱅 우주론의 증거

(1) **우주 배경 복사** : 빅뱅 약 38만 년 후 원자가 생성되면서 물질로부터 빠져나와 우주 전체에 균일하게 퍼져 있는 빛

➡ 우주의 온도가 약 3000 K일 때 방출되었는데 우주의 팽창으로 우주의 온도가 계속 낮아져 현재는 약 2.7 K에 해당하는 전파가 균일하게 관측된다.

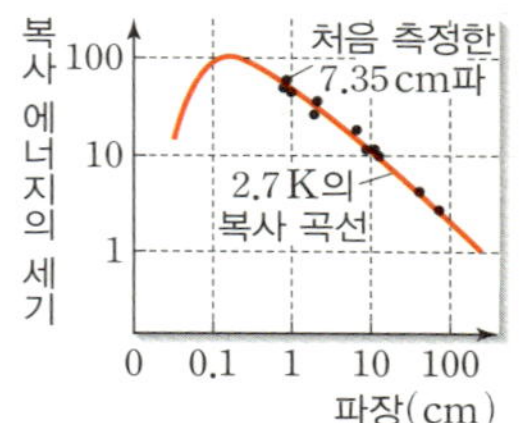

▲ 우주 배경 복사의 측정값과 이론적인 2.7 K 흑체의 복사 곡선

(2) **수소와 헬륨의 질량비** : 빅뱅 우주론에서는 우주 초기에 만들어져 우주 공간에 존재하는 수소와 헬륨의 질량비를 약 3 : 1로 예측하였는데, 이 값은 최근 별빛의 선 스펙트럼을 분석한 결과와 일치한다.

개념 ❸ 급팽창 우주와 가속 팽창 우주

1. 급팽창(인플레이션) 우주
: 우주가 탄생한 후 10^{-36}초~10^{-34}초 사이에 우주가 빛보다 빠른 속도로 팽창하였다는 급팽창 우주론은 빅뱅 우주론의 한계인 우주의 지평선 문제, 우주의 편평성 문제, 자기 홀극 문제를 설명하였다.

➡ 우주의 크기가 급팽창 이전에는 우주의 지평선보다 작았고, 급팽창 이후에는 우주의 지평선보다 커졌다고 설명한다.

(1) 우주의 지평선 문제 : 급팽창 이전의 우주 탄생 초기에는 우주의 크기가 우주의 지평선의 크기보다 작았기 때문에 양끝의 두 지점에서 정보를 충분히 교환할 수 있었다.

(2) 우주의 편평성 문제 : 우주가 둥근 풍선의 표면처럼 휘어져 있어도 관측 가능한 우주의 부분은 일부이므로 편평하게 보인다.

(3) 자기 홀극 문제 : 우주가 급격히 팽창하여 자기 홀극의 밀도가 크게 감소하였으므로 발견하기 어렵다.

2. **가속 팽창 우주** : 우주를 구성하는 물질의 중력 때문에 시간에 따라 우주의 팽창 속도가 감소할 것이라고 예상했지만 Ⅰa형 초신성 관측을 통해 우주의 팽창 속도가 점점 빨라지고 있다는 것이 밝혀졌다. → Ⅰa형 초신성은 매우 밝고 절대 밝기가 일정하므로 Ⅰa형 초신성의 거리에 따른 밝기 변화를 분석하면 과거 우주의 팽창 속도를 알 수 있다.

❶ 실제 관측한 Ⅰa형 초신성의 밝기가 등속 팽창하는 우주를 가정하고 후퇴 속도로 예상한 Ⅰa형 초신성의 밝기보다 어둡다.

❷ Ⅰa형 초신성의 거리가 예상보다 더 멀리 있으므로 우주는 가속 팽창하고 있다.

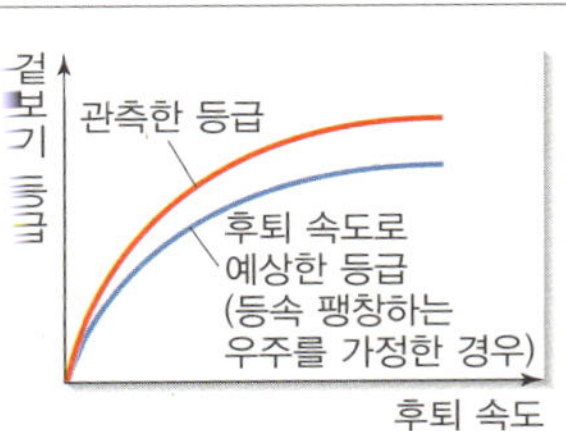

🔍 탐구 활동 외부 은하의 적색 편이와 후퇴 속도

그림 (가), (나), (다)는 여러 외부 은하들의 모습과 스펙트럼을 나타낸 것이다. 화살표(→)의 길이는 칼슘의 흡수선이 적색 편이된 정도를 나타낸다. 정지 상태에서 칼슘 흡수선의 파장은 395.1 nm이다.

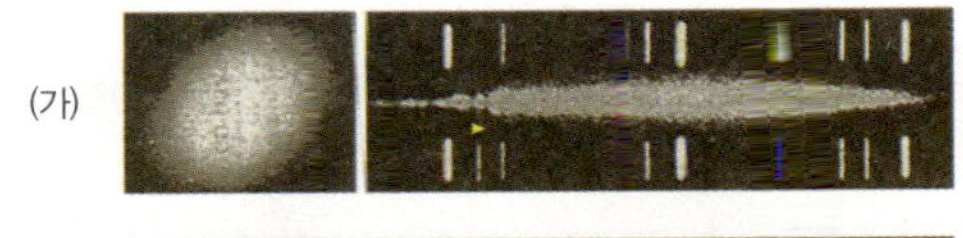

| (가) | | 거리 : 19 Mpc |
| | | $\Delta\lambda$: 2.5 nm |

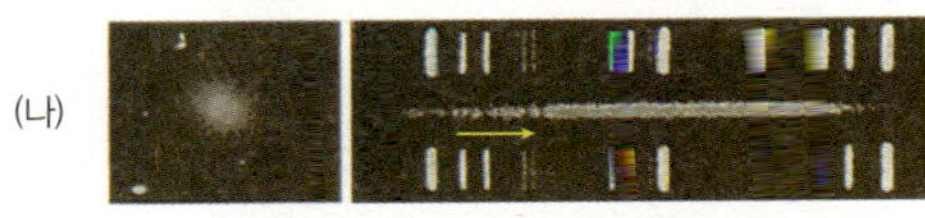

| (나) | | 거리 : 300 Mpc |
| | | $\Delta\lambda$: 20 nm |

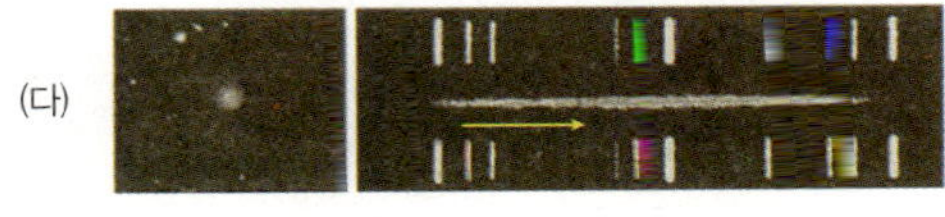

| (다) | | 거리 : 430 Mpc |
| | | $\Delta\lambda$: 30 nm |

과정 ❶ 은하의 적색 편이량과 거리의 관계를 알아본다.

❷ (나)의 편이량($\Delta\lambda$)이 20 nm일 때 후퇴 속도를 구한다.

❸ 은하의 거리와 후퇴 속도의 관계를 알아본다.

결과 (나)의 후퇴 속도

$$v = \frac{\Delta\lambda}{\lambda_0} \times c = \frac{20}{395.1} \times 3 \times 10^5 = 15\,186\ \text{km/s}이다.$$

정리 은하의 거리가 멀수록 후퇴 속도가 빨라서 적색 편이량이 크다.

481

외부 은하의 스펙트럼에서 흡수선의 적색 편이량이 클수록 은하의 후퇴 속도가 〔   〕.

482

우주가 일정한 속도로 팽창했다면 우주의 나이(t)는 허블 상수의 〔   〕에 해당한다.

483

그림은 은하까지의 거리와 은하의 후퇴 속도를 나타낸 것이다.

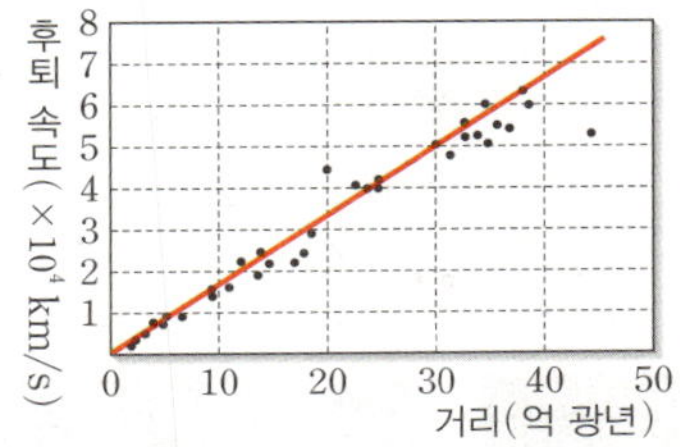

(1) 그래프에서 기울기가 의미하는 것을 쓰시오.
(2) 기울기가 클수록 허블 상수는 어떻게 변하는지 쓰시오.
(3) 거리가 r와 $2r$인 외부 은하의 후퇴 속도 비를 구하시오.

484

빅뱅 우주론에 대한 설명으로 옳은 것은 ○, 옳지 <u>않은</u> 것은 ×로 표시하시오.

(1) 우주가 팽창하는 동안 우주의 총 질량은 일정하다. (   )
(2) 우주의 온도가 약 10000 K일 때 우주 배경 복사가 방출되었다. (   )
(3) 우주에 존재하는 수소와 헬륨의 질량비는 약 3 : 1이다. (   )

485

우주가 탄생한 후 10^{-36}초 ~ 10^{-34}초 사이에 우주가 빛보다 빠른 속도로 팽창하였다는 이론을 〔   〕 우주론이라고 하는데 빅뱅(대폭발) 우주론의 한계인 우주의 지평선 문제, 우주의 〔   〕 문제, 자기 홀극 문제를 설명하였다.

486

Ⅰa형 초신성의 관측을 통해 우주가 〔   〕 팽창하고 있다는 것을 알게 되었다.

[족집게 전략] 허블 법칙에서 허블 상수를 알고, 후퇴 속도와 은하까지의 거리 관계를 이해하고 있어야 해.

487 단골 문제

그림 (가)는 외부 은하의 거리에 따른 후퇴 속도를, (나)는 은하 A와 B의 스펙트럼을 나타낸 것이다. 스펙트럼에서 화살표($\rightarrow$)의 길이는 흡수선이 적색 편이된 정도를 나타낸다.

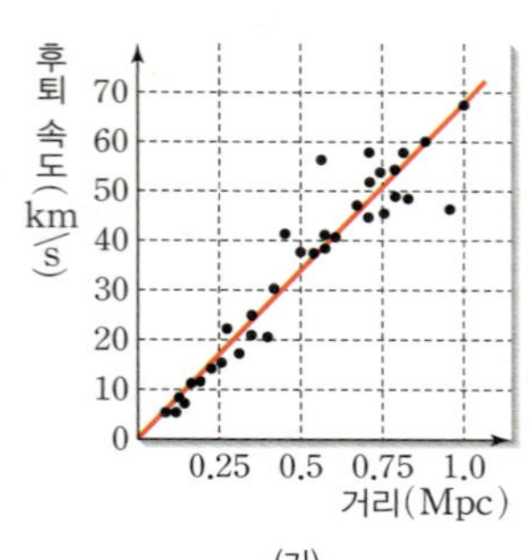

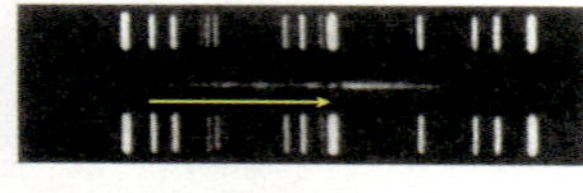

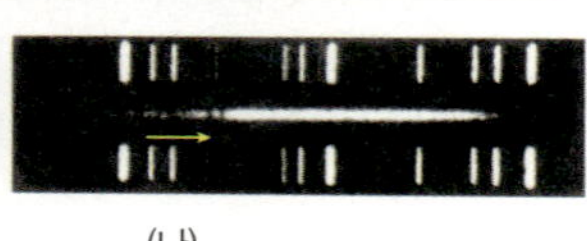

이에 대한 설명으로 옳은 것만을 〈보기〉에서 있는 대로 고른 것은?

보기

ㄱ. (가)에서 그래프의 기울기는 허블 상수이다.
ㄴ. (나)에서 후퇴 속도는 A가 B보다 크다.
ㄷ. (나)에서 은하까지의 거리는 A가 B보다 멀다.

① ㄱ   ② ㄷ   ③ ㄱ, ㄴ
④ ㄴ, ㄷ   ⑤ ㄱ, ㄴ, ㄷ

추가로 나오는 **선택지**

❶ 허블 상수는 $\dfrac{50 \text{ km/s}}{0.75 \text{ Mpc}}$ 이다.   (   )

❷ 우주의 나이는 $\dfrac{0.75 \text{ Mpc}}{50 \text{ km/s}}$ 이다.   (   )

488 중요

다음은 허블 법칙을 알아보기 위한 실험 과정이다.

[실험 과정]
(가) 풍선을 약간 불어 표면을 팽팽하게 만든다.
(나) 풍선의 표면에 은하 모양의 스티커 A를 붙인다.
(다) A로부터 같은 거리에 위치한 곳에 은하 모양의 스티커 B, C, D를 붙인다.
(라) 풍선을 크게 부풀린 후, 풍선 표면을 따라 각 스티커들 사이의 최단 거리를 측정한다.

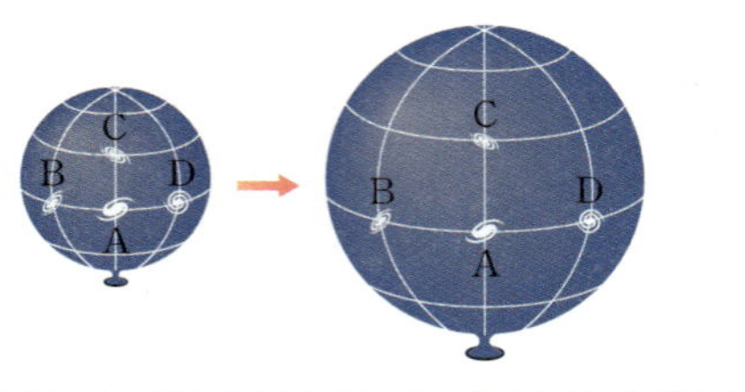

이에 대한 설명으로 옳은 것만을 〈보기〉에서 있는 대로 고른 것은?

보기

ㄱ. (다) → (라) 과정의 변화는 우주의 팽창을 의미한다.
ㄴ. B를 기준으로 거리 변화가 가장 큰 스티커는 D이다.
ㄷ. 이 실험을 통해 멀리 있는 은하일수록 후퇴 속도가 빠른 현상을 설명할 수 있다.

① ㄱ   ② ㄷ   ③ ㄱ, ㄴ
④ ㄴ, ㄷ   ⑤ ㄱ, ㄴ, ㄷ

489

그림은 은하 A에서 관측한 여러 외부 은하들의 후퇴 속도(km/s)를 나타낸 것이다.

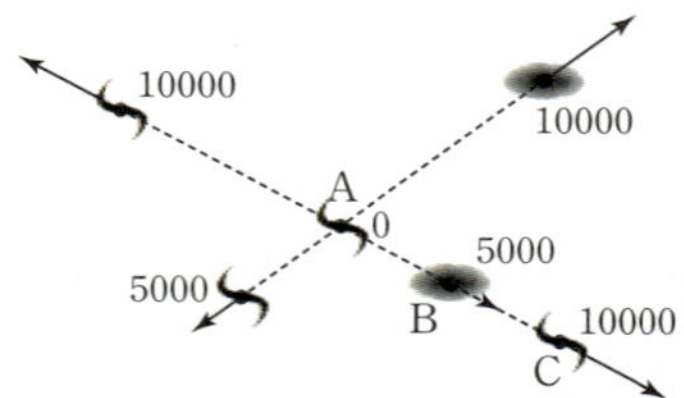

C에서 관측한 A와 B의 후퇴 속도를 옳게 짝 지은 것은?

	A	B
①	5000	5000
②	5000	10000
③	10000	5000
④	10000	10000
⑤	15000	5000

490 서술형

그림은 천문대 A, B, C에서 관측한 외부 은하까지의 거리와 후퇴 속도를 나타낸 것이다.

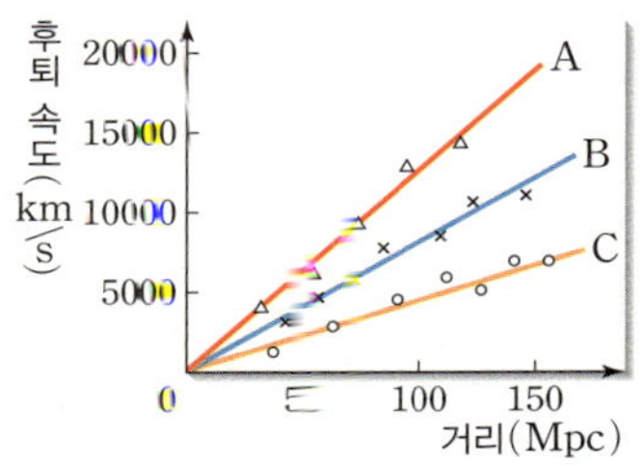

천문대 A, B, C 중 우주의 나이오 크기를 가장 작게 관측한 천문대를 쓰고, 그 까닭을 서술하시오.

491 중요

그림 (가)는 어떤 외부 은하의 스펙트럼을, (나)는 외부 은하의 거리와 후퇴 속도의 관계를 나타낸 것이다.

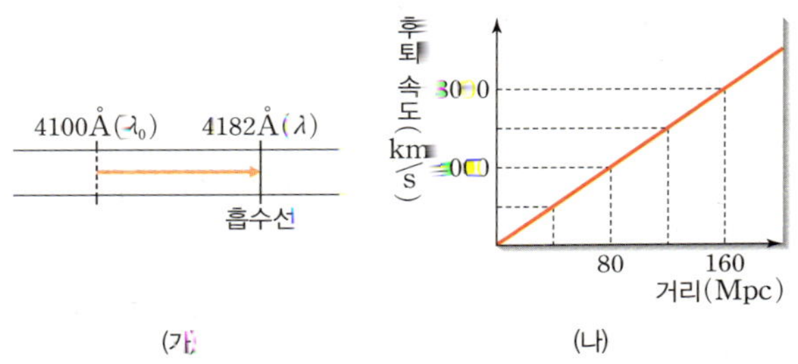

이에 대한 설명으로 옳은 것만을 〈보기〉에서 있는 대로 고른 것은? (단, 화살표(→)의 길이는 흡수선의 위치가 적색 편이된 정도를 표시한 것이고, 광속은 3×10^5 km/s이다.)

보기

ㄱ. 허블 상수는 50 km/s/Mpc이다.
ㄴ. 이 은하의 후퇴 속도는 6000 km/s이다.
ㄷ. 이 은하까지의 거리는 100 Mpc이다.

① ㄱ ② ㄷ ③ ㄱ, ㄴ
④ ㄴ, ㄷ ⑤ ㄱ, ㄴ, ㄷ

492

허블 상수를 결정하기 위해 필요한 것만을 〈보기〉에서 있는 대로 고른 것은?

보기

ㄱ. 은하의 나이 ㄴ. 은하의 질량
ㄷ. 은하의 적색 편이량 ㄹ. 은하까지의 거리

① ㄱ, ㄴ ② ㄱ, ㄷ ③ ㄱ, ㄹ
④ ㄴ, ㄷ ⑤ ㄷ, ㄹ

족집게 전략 빅뱅 우주론과 정상 우주론의 특징을 구분할 수 있어야 하고, 빅뱅 우주론의 증거인 우주 배경 복사와 우주에 존재하는 수소와 헬륨의 질량비가 3 : 1임을 알고 있어야 해.

493 단골 문제

그림 (가)와 (나)는 빅뱅 우주론과 정상 우주론을 순서 없이 나타낸 것이다. 그림에서 ·은 은하를 나타낸다.

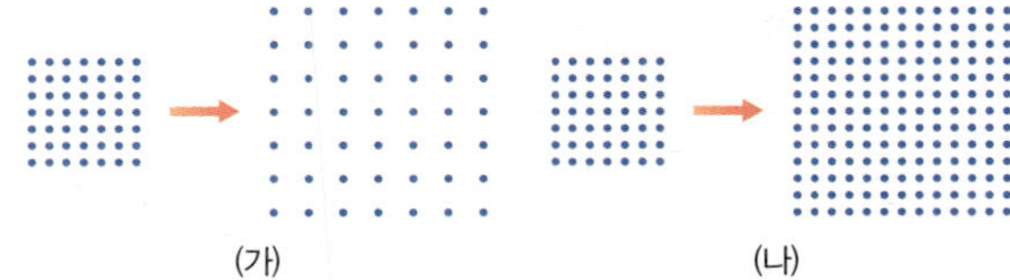

(가)와 (나)의 우주론에서 공통적으로 설명할 수 있는 것만을 〈보기〉에서 있는 대로 고른 것은?

보기

ㄱ. 우주가 팽창한다.
ㄴ. 시간이 흐를수록 우주의 밀도는 감소한다.
ㄷ. 우주 배경 복사는 초기 우주에서 방출될 때의 파장보다 긴 파장으로 검출된다.

① ㄱ ② ㄴ ③ ㄱ, ㄷ
④ ㄴ, ㄷ ⑤ ㄱ, ㄴ, ㄷ

추가로 나오는 선택지

❶ 우주에 존재하는 수소와 헬륨의 질량비 3 : 1은 (가)의 증거이다. (   )

❷ (가)와 (나)에서는 우주가 팽창할 때 생겨난 빈 공간에 새로운 물질이 계속 생성된다. (   )

494 서술형

그림은 어떤 우주론에 근거하여 시간에 따른 우주의 변화 모습을 나타낸 것이다.

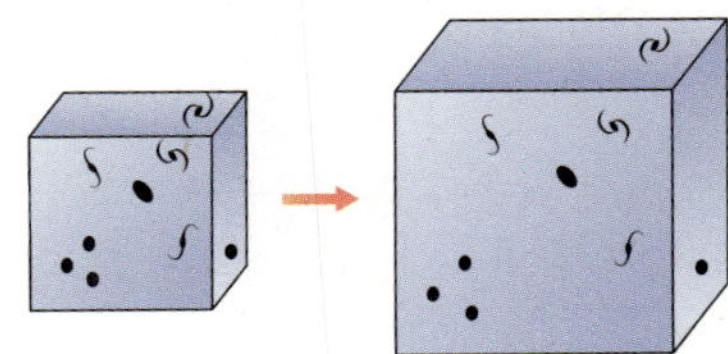

이 우주론의 이름을 쓰고, 이 우주론에서는 우주의 팽창에 따라 우주의 밀도, 온도, 질량이 어떻게 변하는지 서술하시오.

495

그림은 팽창하는 우주의 모습을 우주의 나이에 따라 나타낸 것이다. 우주의 나이가 33억 년일 때 은하 A를 출발한 빛은 우리은하에 현재 도달하였다.

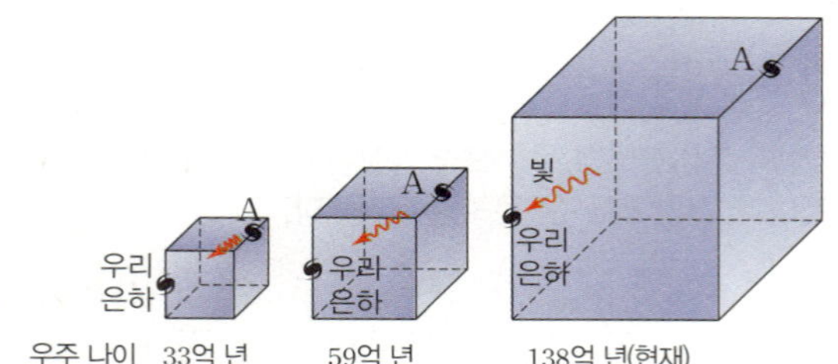

이에 대한 설명으로 옳은 것만을 〈보기〉에서 있는 대로 고른 것은?

보기

ㄱ. 현재 지구에서 관측된 A는 105억 년 전의 모습이다.
ㄴ. 은하 A를 출발한 빛의 파장은 점점 길어진다.
ㄷ. 우주 나이 33억 년일 때 우주 배경 복사의 온도는 2.7 K 보다 높았다.

① ㄱ　　　　　② ㄷ　　　　　③ ㄱ, ㄴ
④ ㄴ, ㄷ　　　　⑤ ㄱ, ㄴ, ㄷ

496

그림은 우주 배경 복사의 파장에 따른 복사 강도를 나타낸 것이다.

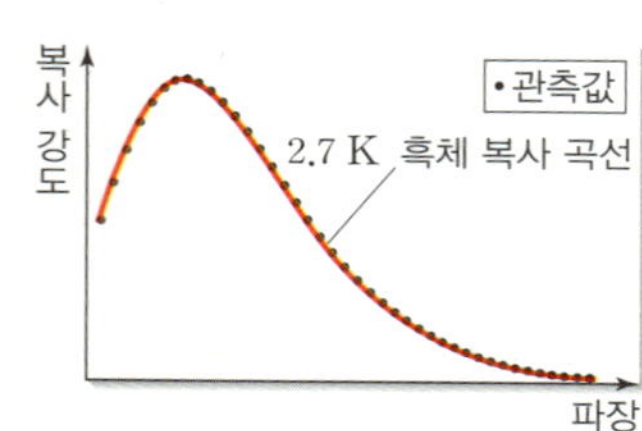

이에 대한 설명으로 옳은 것만을 〈보기〉에서 있는 대로 고른 것은?

보기

ㄱ. 우주 배경 복사는 빅뱅 우주론의 증거이다.
ㄴ. 우주 배경 복사가 방출되었던 시기에 우주의 온도는 약 3000 K이었다.
ㄷ. 우주 배경 복사의 파장은 점점 짧아질 것이다.

① ㄱ　　　　　② ㄷ　　　　　③ ㄱ, ㄴ
④ ㄴ, ㄷ　　　　⑤ ㄱ, ㄴ, ㄷ

497

그림은 초기 우주에서 헬륨 원자핵이 생성되는 과정을 나타낸 것이다.

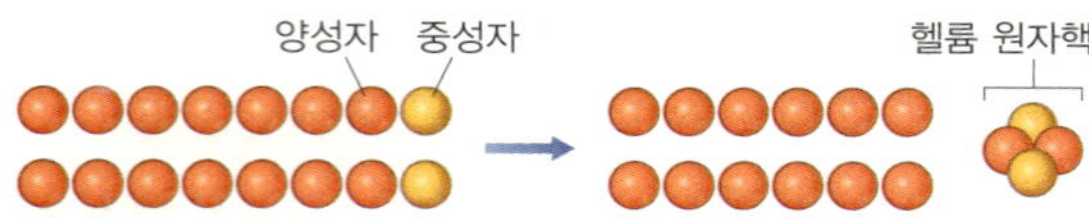

헬륨 원자핵이 생성된 후, 수소 원자핵과 헬륨 원자핵의 개수비와 질량비를 옳게 짝 지은 것은?

	개수비	질량비		개수비	질량비
①	1 : 1	1 : 1	②	3 : 1	3 : 1
③	7 : 1	3 : 1	④	12 : 1	3 : 1
⑤	12 : 1	7 : 1			

498　서술형

그림 (가)와 (나)는 서로 다른 시기의 우주 배경 복사의 파장을 비교하여 나타낸 것이다.

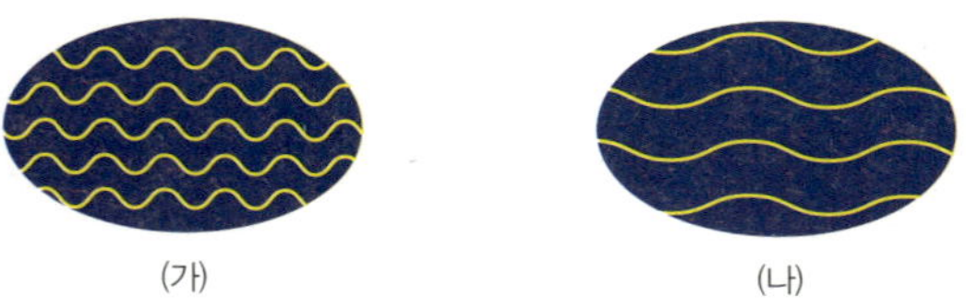

(가)와 (나) 시기의 우주의 나이와 온도를 비교하여 서술하시오.

499

빅뱅 우주론을 지지하는 증거로 옳은 것만을 〈보기〉에서 있는 대로 고른 것은?

보기

ㄱ. 약 2.7 K의 온도에 해당하는 우주 배경 복사
ㄴ. 우주에 존재하는 수소와 헬륨의 질량비 3 : 1
ㄷ. 우주의 평균 밀도가 임계 밀도보다 큰 것

① ㄱ　　　　　② ㄷ　　　　　③ ㄱ, ㄴ
④ ㄴ, ㄷ　　　　⑤ ㄱ, ㄴ, ㄷ

개념 ❸ 급팽창 우주와 가속 팽창 우주

족집게 전략 빅뱅 우주론의 문제점을 급팽창 우주론에서 어떻게 설명했는지 알고, 우주가 가속 팽창하고 있음을 어떻게 추정하게 되었는지 그 과정을 이해하고 있어야 해.

500 단골 문제

그림은 외부 은하에서 발견된 Ia형 초신성의 관측 자료를 나타낸 것이다. 모델 A와 B는 각각 등속 팽창과 가속 팽창을 가정한 우주의 모델 중 하나이다.

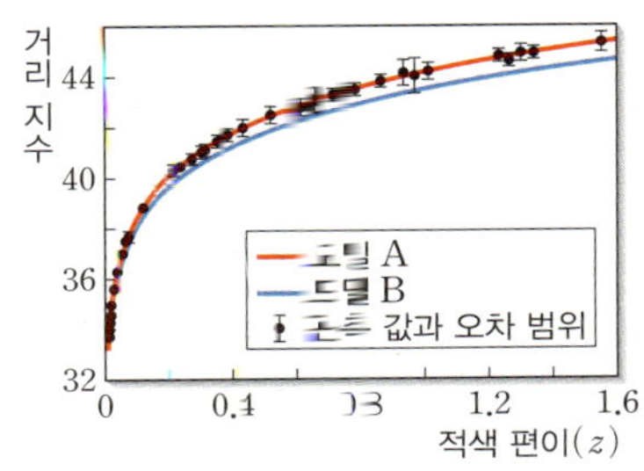

이에 대한 설명으로 옳은 것만을 〈보기〉에서 있는 대로 고른 것은?

보기

ㄱ. Ia형 초신성은 절대 등급이 일정하다.
ㄴ. 모델 A는 우주가 가속 팽창하고 있음을 알려준다.
ㄷ. 후퇴 속도가 같을 때 Ia형 초신성의 거리는 모델 A가 모델 B보다 멀다.

① ㄱ   ② ㄷ   ③ ㄱ, ㄴ
④ ㄴ, ㄷ   ⑤ ㄱ, ㄴ, ㄷ

추가로 나오는 선택지

❶ Ia형 초신성은 후퇴 속도로 예상한 것보다 밝게 관측된다.   ( )

❷ 모델 B는 우주가 등속 팽창하고 있음을 가정하여 예상한 자료이다.   ( )

❸ Ia형 초신성은 어둡게 보일수록 빠르게 멀어진다.   ( )

501 서술형

빅뱅 우주론의 한계인 우주의 지평선 문제를 해결한 우주론의 이름을 쓰고, 이 우주론에서는 우주의 지평선 문제를 어떻게 설명하였는지 서술하시오.

502 중요

그림은 서로 다른 우주 모형 (가)와 (나)에서 시간에 따른 우주의 크기 변화를 나타낸 것이다.

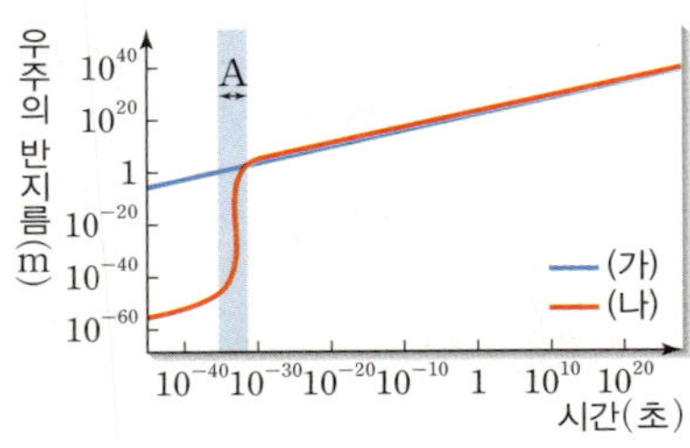

이에 대한 설명으로 옳은 것만을 〈보기〉에서 있는 대로 고른 것은?

보기

ㄱ. (가)는 우주의 팽창 속도가 빛의 속도보다 빨랐던 적이 있다.
ㄴ. (나)는 A 시기 이전에 우주의 크기가 지평선의 크기보다 작았다.
ㄷ. (나)는 빅뱅 우주론에서 설명할 수 없었던 우주의 지평선 문제를 설명할 수 있다.

① ㄴ   ② ㄷ   ③ ㄱ, ㄴ
④ ㄱ, ㄷ   ⑤ ㄴ, ㄷ

503

그림은 시간에 따른 우주의 크기 변화를 나타낸 것이다.

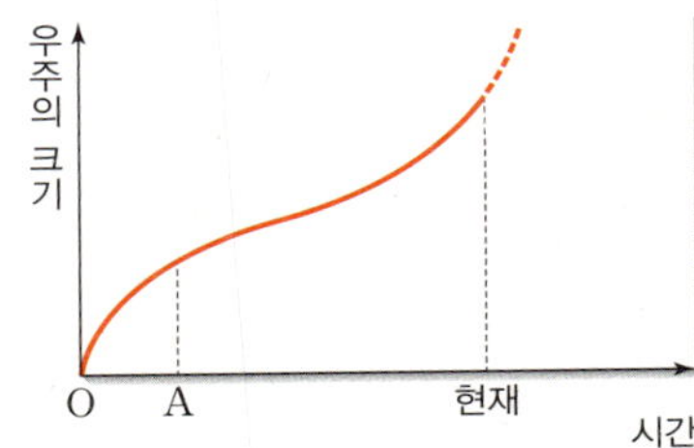

현재보다 A 시기에 큰 값을 가지는 물리량만을 〈보기〉에서 있는 대로 고른 것은?

보기

ㄱ. 우주의 팽창 속도
ㄴ. 우주의 평균 밀도
ㄷ. 우주 배경 복사의 파장

① ㄴ   ② ㄷ   ③ ㄱ, ㄴ
④ ㄱ, ㄷ   ⑤ ㄴ, ㄷ

504

그림은 같은 시선 방향에 있는 은하 A와 B의 분광 관측 결과를 나타 낸 것이다. 정지 상태에서 파장이 4100 Å인 흡수선은 은하 A와 B에 서 각각 4136 Å과 4172 Å으로 관측되었다.

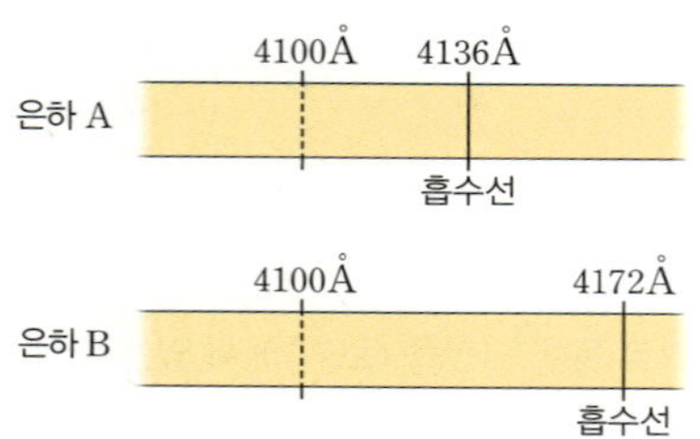

이에 대한 설명으로 옳은 것만을 〈보기〉에서 있는 대로 고른 것은?

보기

ㄱ. 은하까지의 거리는 A가 B보다 멀다.
ㄴ. 은하의 후퇴 속도는 B가 A의 2배이다.
ㄷ. A에서 B를 관측하면 흡수선의 파장은 4064 Å으로 관측될 것이다.

① ㄱ   ② ㄴ   ③ ㄱ, ㄷ
④ ㄴ, ㄷ   ⑤ ㄱ, ㄴ, ㄷ

505 고난도

그림은 은하 A와 B의 스펙트럼에서 방출선 (가)와 (나)가 편이된 것을 비교 스펙트럼과 함께 나타낸 것이다. 은하 A와 B는 같은 시선 방향에 위치하고 허블 법칙을 만족한다.

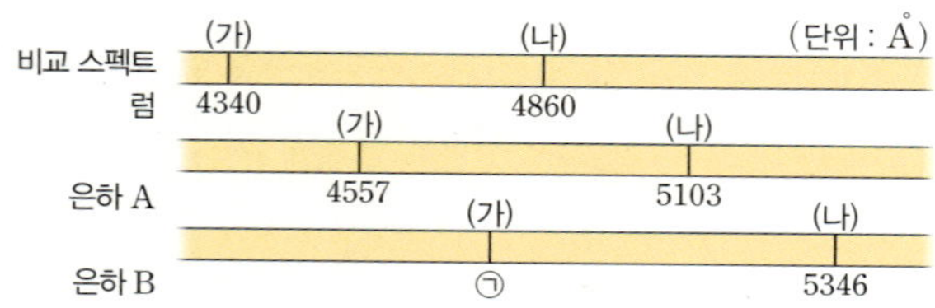

이에 대한 설명으로 옳은 것만을 〈보기〉에서 있는 대로 고른 것은? (단, 빛의 속도는 3×10^5 km/s이다.)

보기

ㄱ. ㉠은 4774 Å이다.
ㄴ. B의 후퇴 속도는 3×10^4 km/s이다.
ㄷ. A에서 B를 관측하면 방출선 (가)의 파장은 4557 Å으로 관 측될 것이다.

① ㄱ   ② ㄷ   ③ ㄱ, ㄴ
④ ㄴ, ㄷ   ⑤ ㄱ, ㄴ, ㄷ

506

그림은 허블 상수가 다른 두 경우를 가정하여 은하의 거리에 따른 후퇴 속도를 나타낸 것이다.

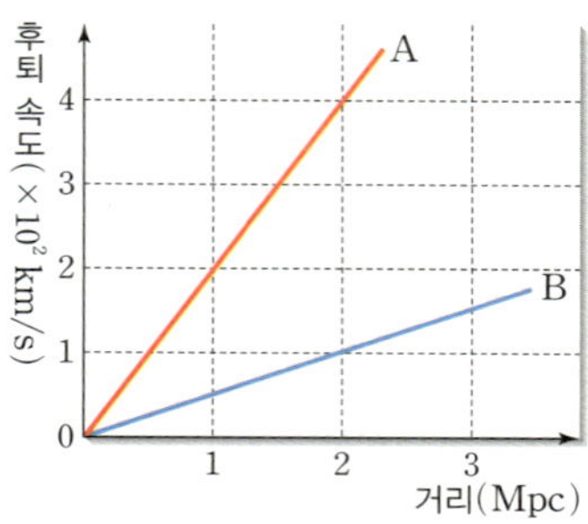

이에 대한 설명으로 옳은 것만을 〈보기〉에서 있는 대로 고른 것은?

보기

ㄱ. 허블 상수는 A가 B의 2배이다.
ㄴ. 우주의 나이는 A가 B보다 많다.
ㄷ. 같은 거리에 있는 은하의 적색 편이량은 A가 B보다 크다.

① ㄱ   ② ㄷ   ③ ㄱ, ㄴ
④ ㄴ, ㄷ   ⑤ ㄱ, ㄴ, ㄷ

507 고난도

그림은 절대 등급이 같은 외부 은하 A, B ,C의 거리에 따른 후퇴 속도 를 나타낸 것이다.

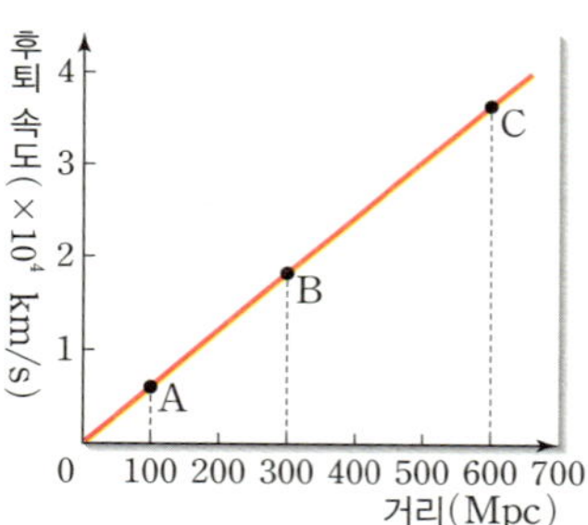

이에 대한 설명으로 옳은 것만을 〈보기〉에서 있는 대로 고른 것은?

보기

ㄱ. 겉보기 밝기는 A가 B보다 약 9배 밝다.
ㄴ. B에서 관측한 C의 후퇴 속도는 A의 후퇴 속도보다 2배 이상 크다.
ㄷ. 20억 년 전 우리은하에서 관측한 C의 후퇴 속도는 현재보다 빨랐다.

① ㄱ   ② ㄴ   ③ ㄱ, ㄷ
④ ㄴ, ㄷ   ⑤ ㄱ, ㄴ, ㄷ

508

그림은 외부 은하 A, B, C의 이동 방향과 적색 편이량(z)을 나타낸 것이다.

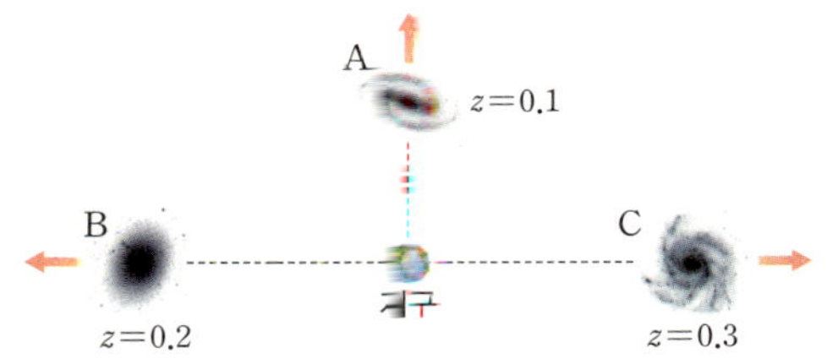

이에 대한 설명으로 옳은 것만을 〈보기〉에서 있는 대로 고른 것은?

(단, 적색 편이량 $z = \dfrac{\Delta \lambda}{\lambda}$ 이다.)

보기
- ㄱ. 지구는 우주의 중심에 위치한다.
- ㄴ. A에서 관측한 지구의 후퇴 속도는 C에서 관측한 지구의 후퇴 속도보다 느리다.
- ㄷ. 지구로부터의 거리비 B : C = 1 : 1.5이다.

① ㄱ   ② ㄴ   ③ ㄱ, ㄷ
④ ㄴ, ㄷ   ⑤ ㄱ, ㄴ, ㄷ

509

그림 (가)는 우주 배경 복사의 파장에 따른 복사 강도를, (나)는 플랑크 위성이 관측한 우주 배경 복사의 분포를 나타낸 것이다.

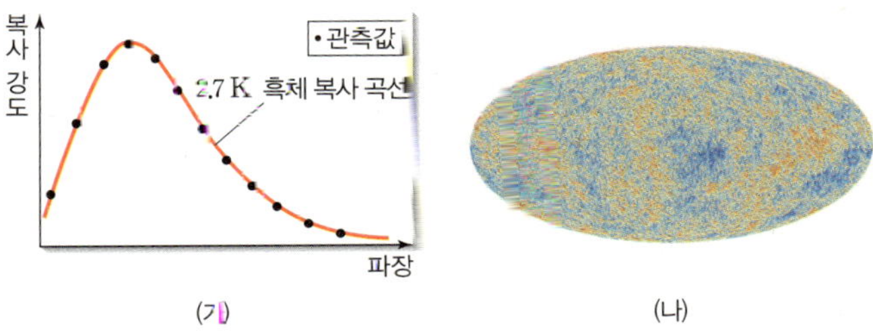

이에 대한 설명으로 옳은 것만을 〈보기〉에서 있는 대로 고른 것은?

보기
- ㄱ. (가)에서 복사 강도가 최대인 파장은 현재가 우주 초기보다 길다.
- ㄴ. (나)의 미세한 온도 차이는 초기 우주에서 물질 분포의 미세한 차이를 나타낸다.
- ㄷ. 우주에서 미세한 물질 분포의 차이로 인해 은하와 별이 생성될 수 있었다.

① ㄱ   ② ㄷ   ③ ㄱ, ㄴ
④ ㄴ, ㄷ   ⑤ ㄱ, ㄴ, ㄷ

510

그림은 초기 우주의 팽창을 나타낸 것이다.

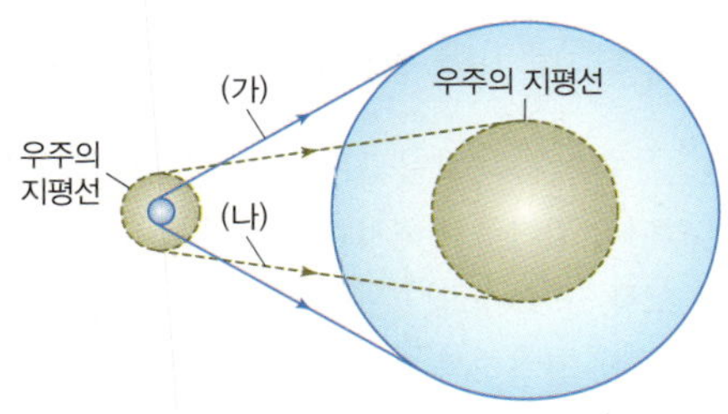

이에 대한 설명으로 옳은 것만을 〈보기〉에서 있는 대로 고른 것은?

보기
- ㄱ. (가) 우주의 팽창 속도는 광속보다 빠르다.
- ㄴ. (나) 우주는 지평선 문제를 해결하였다.
- ㄷ. 급팽창 이전에 우주의 크기는 (가)가 (나)보다 작다.

① ㄱ   ② ㄴ   ③ ㄱ, ㄷ
④ ㄴ, ㄷ   ⑤ ㄱ, ㄴ, ㄷ

511 고난도

그림은 Ia형 초신성을 관측하여 얻은 겉보기 등급과 후퇴 속도로 예상한 겉보기 등급을 비교하여 나타낸 것이다.

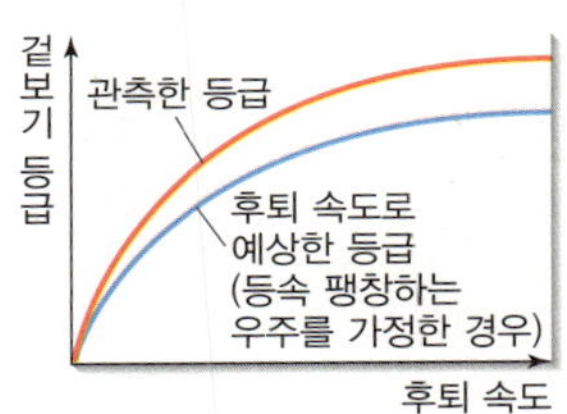

이에 대한 설명으로 옳은 것만을 〈보기〉에서 있는 대로 고른 것은?

보기
- ㄱ. Ia형 초신성은 겉보기 등급이 클수록 적색 편이가 크다.
- ㄴ. Ia형 초신성은 후퇴 속도로 예상한 것보다 더 멀리 있다.
- ㄷ. Ia형 초신성의 관측 결과로부터 현재 우주는 감속 팽창하고 있음을 알 수 있다.

① ㄱ   ② ㄷ   ③ ㄱ, ㄴ
④ ㄴ, ㄷ   ⑤ ㄱ, ㄴ, ㄷ

03 암흑 물질과 암흑 에너지

개념 ❶ 암흑 물질과 암흑 에너지

1. 암흑 물질 : 우주를 가득 채우고 있으나 빛을 방출하지 않기 때문에 보이지 않아서 중력을 통해서만 그 존재를 추정할 수 있는 물질
➡ 물질은 보통 물질과 암흑 물질로 구분되는데 보통 물질은 별, 행성처럼 전자기파 영역에서 관측 가능한 물질이고, 암흑 물질은 중력을 통해서만 존재를 확인할 수 있다.

(1) **암흑 물질의 추정 방법**
① **나선 은하의 회전 속도 곡선** : 나선 은하에서 은하 중심을 돌고 있는 별들의 회전 속도는 은하의 중심에서 멀어질수록 느려질 것으로 예상하였지만, 은하 중심에서 멀어지더라도 별들의 회전 속도가 거의 일정하게 관측되었다.
➡ **의미** : 은하 외곽부에도 많은 양의 암흑 물질이 존재하고 있다.

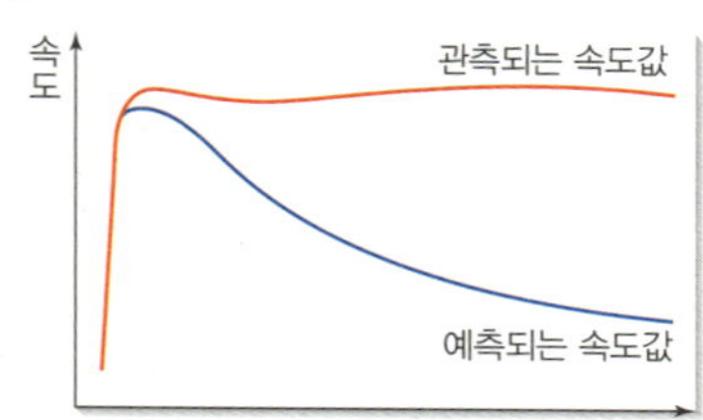

▲ 나선 은하의 회전 속도 곡선

② **중력 렌즈 현상** : 매우 먼 곳의 천체에서 방출된 빛이 지구에 도달하기 전에 강한 중력을 가진 천체 부근을 통과하면 빛이 굴절하여 한곳에 모이지 않고 여러 개의 상을 만든다.
➡ 암흑 물질이 분포하는 곳에서는 중력의 효과로 빛의 경로가 휘어지므로 중력 렌즈 현상을 이용하여 암흑 물질이 존재하고 있음을 알 수 있다.

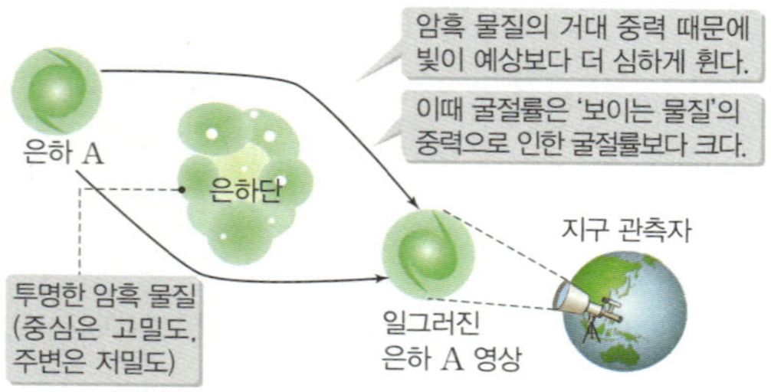

▲ 중력 렌즈 현상의 원리

③ **은하단에 속한 은하들의 이동 속도** : 은하들의 이동 속도는 매우 빠르므로 은하단에서 은하들이 탈출할 것 같지만, 암흑 물질의 영향 때문에 실제 은하들은 은하단에 묶여 있다.
(2) **암흑 물질의 역할** : 암흑 물질은 질량이 있어서 중력의 작용으로 물질을 끌어당기기 때문에 우주 초기에 별과 은하를 생성하는 데 중요한 역할을 하였다.

2. 암흑 에너지 : 우주 공간에서 중력과 반대 방향의 척력으로 작용하여 우주를 가속 팽창시키는 우주의 성분

(1) **암흑 에너지의 추정 과정**
① **가정** : 우주 안에 있는 모든 물질들은 중력을 가지고 있기 때문에 우주를 팽창시키는 특정한 에너지가 없다면 우주는 수축할 것이다.
② **관측 결과** : 현재의 우주는 70억 년 전의 우주보다 약 15 % 빠른 속도로 가속 팽창하고 있다.
③ **결론** : 중력과 반대 방향의 척력으로 작용하는 암흑 에너지가 존재하고 있다.
➡ 암흑 에너지 > 우주 공간의 물질에 의한 중력의 총합

(2) **암흑 에너지의 역할** : 우주 초기에는 우주의 크기가 매우 작아 암흑 에너지가 거의 존재하지 않았지만, 우주가 팽창하여 우주 공간의 크기가 커지면서 상대적으로 암흑 에너지의 영향이 커져 우주를 가속 팽창시키고 있다.
➡ 암흑 에너지는 우주의 빈 공간에서 나오기 때문이다.

개념 ❷ 표준 우주 모형과 우주의 미래

1. 표준 우주 모형 : 급팽창 우주론을 포함한 빅뱅 우주론에 암흑 물질과 암흑 에너지의 개념을 모두 포함하는 최신의 우주 모형
➡ 우주는 빅뱅 이후 우주 초기에 급팽창하였고, 이후 감속 팽창을 하다가 현재는 가속 팽창하고 있는데 가속 팽창의 원인은 암흑 에너지 때문으로 추정된다.

(1) **급팽창 우주** : 우주는 약 138억 년 전에 빅뱅으로 탄생하여 매우 짧은 시간 동안 급격히 팽창하였다.
(2) **감속 팽창 우주** : 급팽창 이후 우주 초기에는 암흑 물질에 의한 중력이 암흑 에너지보다 커서 우주가 감속 팽창하였다.
(3) **가속 팽창 우주** : 수십 억 년 전부터 암흑 에너지가 암흑 물질의 중력보다 상대적으로 커지면서 현재까지 우주는 가속 팽창하고 있다.

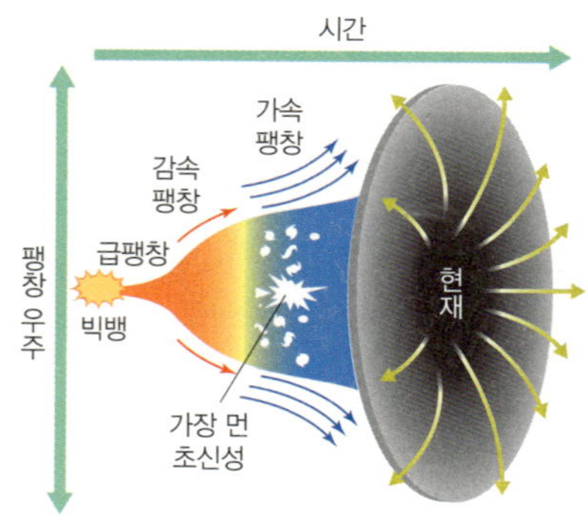

▲ 시간에 따른 우주의 팽창 속도 변화

2. 우주의 구성 물질

(1) 우주를 구성하는 물질의 분포비 : 암흑 에너지(68.3 %) > 암흑 물질(26.8 %) > 보통 물질(4.9 %)

(2) 암흑 물질의 중력 > 암흑 에너지

➡ 우주의 감속 팽창

(3) 암흑 물질의 중력 < 암흑 에너지

➡ 우주의 가속 팽창

3. 우주의 미래

(1) 임계 밀도 : 우주의 평균 밀도에 의한 중력과 우주가 팽창하는 힘이 평형을 이루어 우주의 팽창 속도가 0에 수렴할 때의 밀도

$$\Omega = \frac{\text{우주의 평균 밀도}}{\text{임계 밀도}}$$

(2) 우주의 미래 모형(암흑 에너지가 없다고 가정했을 때)

열린 우주	• 영원히 우주가 팽창하는 모형 • 우주의 평균 밀도 < 임계 밀도 → $\Omega < 1$ • 말 안장 모양의 음(−)의 곡률
평탄 우주	• 우주의 팽창 속도가 점점 감소하여 0에 수렴하는 우주의 크기가 일정하게 유지되는 모형 • 우주의 평균 밀도 = 임계 밀도 → $\Omega = 1$ • 편평한 모양의 0의 곡률
닫힌 우주	• 우주의 팽창 속도가 점점 감소하여 결국에는 수축하는 모형 • 우주의 평균 밀도 > 임계 밀도 → $\Omega > 1$ • 공 모양의 양(+)의 곡률

자료 분석 우주의 미래 모형

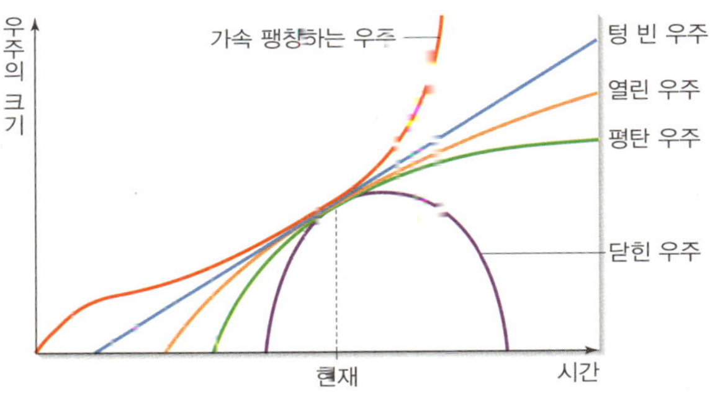

암흑 에너지가 없을 때 우주의 미래 모형은 우주의 평균 밀도에 따라 달라진다.

구분	Ω	우주 곡률	우주의 미래
가속 팽창 우주	$\Omega = 1$	0	팽창 속도가 점점 증가 ➡ 현재 관측 결과와 비슷
열린 우주	$\Omega < 1$	음(−)	우주는 계속 팽창
평탄 우주	$\Omega = 1$	0	팽창 속도가 점점 감소하여 0으로 수렴
닫힌 우주	$\Omega > 1$	양(+)	팽창 속도가 감소하다가 수축
텅 빈 우주	$\Omega = 0$	음(−)	항상 일정한 속도로 팽창

정답 및 해설 | 60쪽

512

빛을 방출하지 않기 때문에 중력을 통해서만 그 존재를 추정할 수 있는 물질을 [   ]이라고 한다.

513

우주에 있는 물질의 중력과 반대 방향의 척력으로 작용하여 우주를 가속 팽창시키는 우주의 성분을 [   ]라고 한다.

514

암흑 물질과 암흑 에너지에 대한 설명으로 옳은 것은 ○, 옳지 않은 것은 ×로 표시하시오.

(1) 중력 렌즈 현상을 이용하여 암흑 물질의 존재를 추정할 수 있다. (   )

(2) 나선 은하의 회전 속도 곡선에서 별들의 회전 속도가 거의 일정하게 관측되는 것으로부터 암흑 에너지의 존재를 추정할 수 있다. (   )

(3) 우주에서 암흑 에너지가 차지하는 비율은 빅뱅 이후의 우주 초기보다 현재 더 작다. (   )

515

표는 우주를 구성하는 요소의 분포비 나타낸 것이다.

구성 요소	분포비(%)
보통 물질	A
(가)	B
암흑 에너지	72

(1) (가)에 해당하는 요소를 쓰시오.

(2) A와 B의 크기를 부등호로 비교하시오.

516

급팽창 우주론을 포함한 빅뱅 우주론에 암흑 물질과 암흑 에너지의 개념을 모두 포함하는 최신의 우주 모형을 [   ] 모형이라고 한다.

517

암흑 에너지가 없을 때 우주의 미래는 우주의 [   ]에 따라 수축과 팽창 여부가 결정된다.

518

열린 우주, 평탄 우주, 닫힌 우주 모형 중 우주의 평균 밀도가 임계 밀도와 같을 때의 우주 모형을 쓰시오.

개념 ❶ 암흑 물질과 암흑 에너지

쪽집게 전략 나선 은하의 회전 속도 곡선과 중력 렌즈 현상으로 암흑 물질을 추정하는 방법을 이해하고, 암흑 물질과 암흑 에너지의 특성을 구분하여 알고 있어야 해.

519 단골 문제

그림 (가)는 나선 은하의 회전 속도 곡선을, (나)는 은하 무리에 의해 빛이 휘어지는 모습을 나타낸 것이다. A와 B는 각각 이론적으로 계산한 나선 은하의 회전 속도 곡선과 실제 관측된 회전 속도 곡선 중 하나이다.

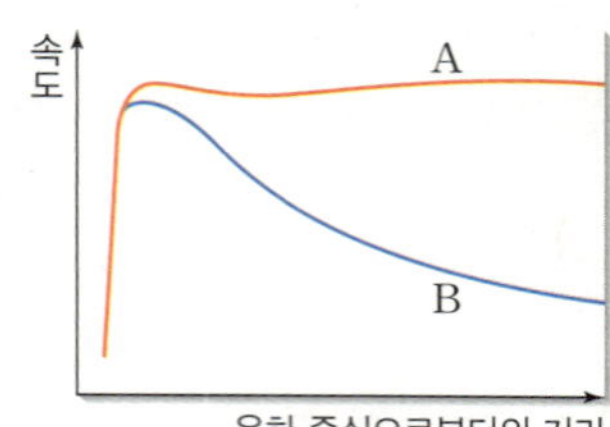

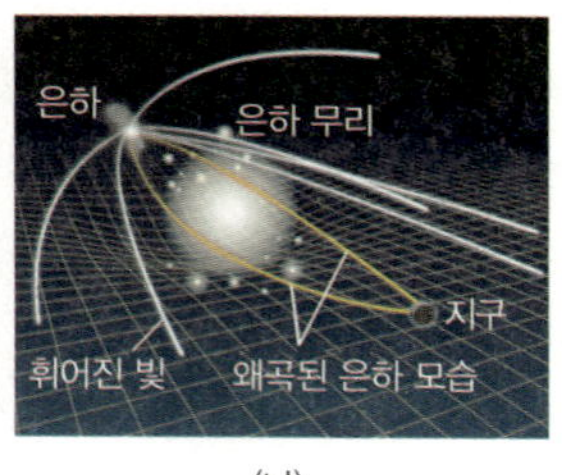

이에 대한 설명으로 옳은 것만을 〈보기〉에서 있는 대로 고른 것은?

보기

ㄱ. (가)에서 실제 관측된 회전 속도 곡선은 A이다.
ㄴ. (가)의 A와 (나)를 이용하여 암흑 물질의 존재를 추정할 수 있다.
ㄷ. (나)를 이용하여 알게 된 존재는 우주 공간에서 중력과 반대 방향으로 작용한다.

① ㄱ　　　② ㄷ　　　③ ㄱ, ㄴ
④ ㄴ, ㄷ　　⑤ ㄱ, ㄴ, ㄷ

추가로 나오는 선택지

❶ (가)에서 암흑 물질은 은하의 중심부보다 외곽부에 많이 존재하고 있음을 알 수 있다.　　　　　　　(　　　)
❷ (나)를 이용하여 알게 된 존재는 빈 공간에서 나오는 에너지이다.　　　　　　　(　　　)

520 서술형

실제 관측한 나선 은하의 회전 속도 곡선에서는 은하 중심부에서 멀어질수록 별의 회전 속도가 어떻게 변화했는지 쓰고, 그 까닭을 서술하시오.

개념 ❷ 표준 우주 모형과 우주의 미래

쪽집게 전략 우주를 구성하는 요소의 분포비와 우주의 팽창 속도의 연관성을 이해하고 있어야 해.

521 단골 문제

그림은 어떤 우주 모형에서 시간에 따른 우주의 크기와 우주를 구성하는 요소의 분포비를 나타낸 것이다.
이에 대한 설명으로 옳은 것만을 〈보기〉에서 있는 대로 고른 것은?

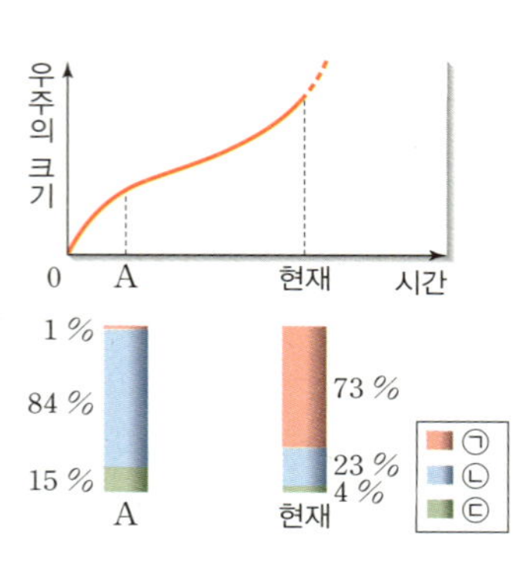

보기

ㄱ. ㉠은 암흑 에너지에 해당한다.
ㄴ. 현재 우주는 감속 팽창하고 있다.
ㄷ. 우주의 평균 밀도는 A 시기보다 현재가 작다.

① ㄱ　　　② ㄴ　　　③ ㄱ, ㄷ
④ ㄴ, ㄷ　　⑤ ㄱ, ㄴ, ㄷ

추가로 나오는 선택지

❶ A 시기에는 우주가 감속 팽창하고 있다.　　　(　　　)
❷ 현재는 ㉠의 영향보다 ㉡의 중력의 영향이 크다.　　　(　　　)

522 중요

그림은 서로 다른 우주의 미래 모형 A와 B에서 시간에 따른 우주의 크기 변화를 나타낸 것이다.
이에 대한 설명으로 옳은 것만을 〈보기〉에서 있는 대로 고른 것은?

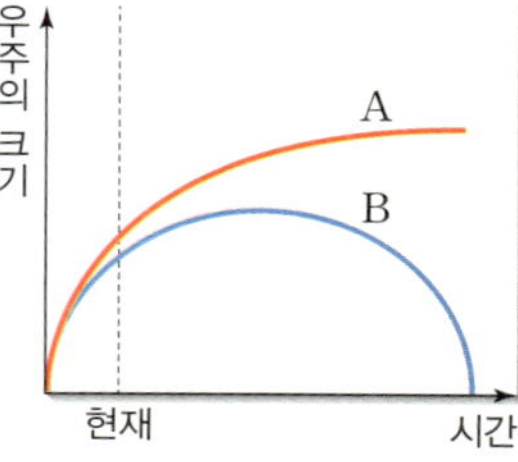

보기

ㄱ. A는 평탄 우주 모형이다.
ㄴ. 현재 B에서는 우주가 수축하고 있다.
ㄷ. B는 우주의 평균 밀도가 임계 밀도보다 작다.

① ㄱ　　　② ㄴ　　　③ ㄱ, ㄷ
④ ㄴ, ㄷ　　⑤ ㄱ, ㄴ, ㄷ

523

그림은 시간에 따른 우주를 구성하는 요소들의 분포비(%)의 변화를 나타낸 것이다.

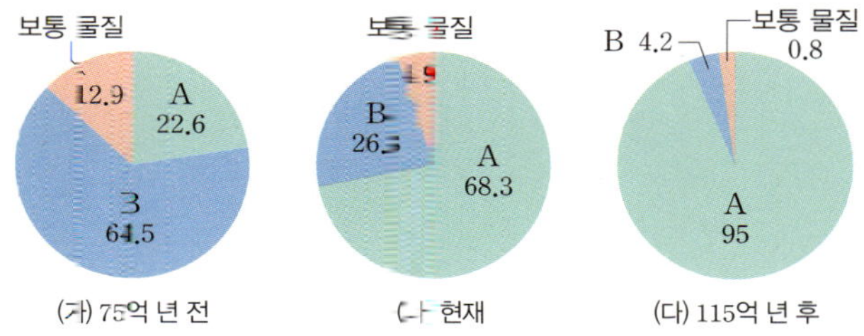

이에 대한 설명으로 옳은 것만을 〈보기〉에서 있는 대로 고른 것은?

보기

ㄱ. 115억 년 후에 우주는 현재보다 더 빠르게 팽창할 것이다.
ㄴ. 75억 년 전에는 중력에 의한 수축으로 우주의 크기가 줄어들었을 것이다.
ㄷ. 은하 중심에서 멀어져도 별들의 회전 속도가 거의 일정하게 나타나는 것으로부터 은하 외곽부에 B의 존재를 추정하였다.

① ㄱ   ② ㄴ   ③ ㄱ, ㄷ
④ ㄴ, ㄷ   ⑤ ㄱ, ㄴ, ㄷ

524

표는 현재 우주를 구성하는 요소의 분포비(%)를 나타낸 것이다.

구성 요소	분포비(%)
A	68.3
B	26.8
C	4.9

이에 대한 설명으로 옳은 것만을 〈보기〉에서 있는 대로 고른 것은?

보기

ㄱ. A의 영향으로 우주가 지속 팽창한다.
ㄴ. B는 전자기파로 관측할 수 있다.
ㄷ. C는 암흑 물질이다.

① ㄱ   ② ㄴ   ③ ㄱ, ㄷ
④ ㄴ, ㄷ   ⑤ ㄱ, ㄴ, ㄷ

525

그림은 시간에 따른 우주 팽창의 모식도를 나타낸 것이다.

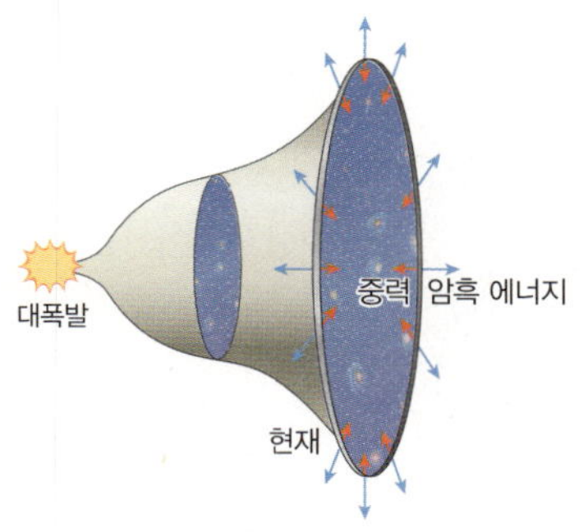

이에 대한 설명으로 옳은 것만을 〈보기〉에서 있는 대로 고른 것은?

보기

ㄱ. 현재 우주의 팽창 속도는 점점 빨라지고 있다.
ㄴ. 현재 우주는 중력의 영향보다 암흑 에너지의 영향을 크게 받는다.
ㄷ. 우주가 팽창함에 따라 암흑 에너지는 감소할 것이다.

① ㄱ   ② ㄷ   ③ ㄱ, ㄴ
④ ㄴ, ㄷ   ⑤ ㄱ, ㄴ, ㄷ

526 고난도

그림은 빅뱅 이후부터 미래의 시간까지 우주의 크기 변화에 대한 네 가지 우주 모형을 나타낸 것이다.

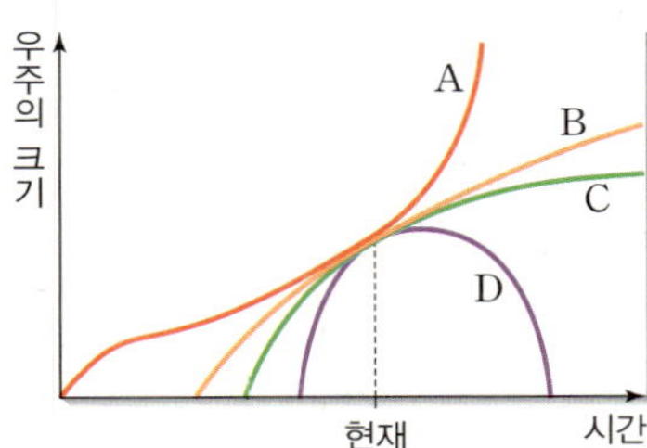

이에 대한 설명으로 옳은 것만을 〈보기〉에서 있는 대로 고른 것은?

보기

ㄱ. A는 암흑 에너지의 영향이 중력의 영향보다 큰 모형이다.
ㄴ. 현재 우주의 평균 밀도는 B가 C보다 크다.
ㄷ. A~D에서 모두 우주는 현재 팽창하고 있다.

① ㄱ   ② ㄴ   ③ ㄱ, ㄷ
④ ㄴ, ㄷ   ⑤ ㄱ, ㄴ, ㄷ

memo

BON. N제
본

지구과학Ⅰ 709Q

시험 대비 워크북

이투스북

BON. N제

BON.N제 _본

시험 대비 워크북

01. 판 구조론의 정립

527

다음은 베게너가 대륙 이동의 증거로 제시한 어떤 고생물 화석에 대한 설명을 나타낸 것이다.

글로소프테리스 화석은 고생대 말의 석탄층에서 나오는 고사리 종류의 양치식물 화석으로서 ⊙ 아프리카, 오스트레일리아, 인도, 남극, 남아메리카 대륙에서 발견된다.

이에 대한 설명으로 옳은 것만을 〈보기〉에서 있는 대로 고른 것은?

보기
ㄱ. 글로소프테리스는 공룡보다 먼저 출현하였다.
ㄴ. 글로소프테리스는 판게아의 남반구에 국한되어 서식하였다.
ㄷ. ⊙의 대륙들이 고생대 말에는 한 덩어리로 붙어 있었음을 알 수 있다.

① ㄱ   ② ㄴ   ③ ㄱ, ㄷ
④ ㄴ, ㄷ   ⑤ ㄱ, ㄴ, ㄷ

528

그림은 여러 대륙에 분포하는 고생대 말에 형성된 빙하 퇴적층을 나타낸 것이다.

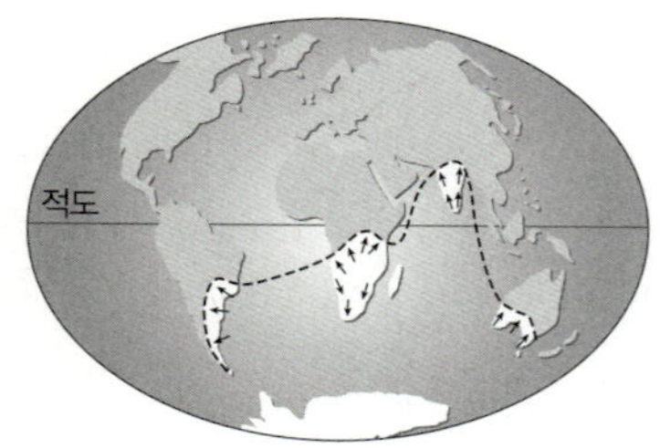

이에 대한 설명으로 옳은 것만을 〈보기〉에서 있는 대로 고른 것은?

보기
ㄱ. 대륙 이동설의 증거이다.
ㄴ. 고생대 말에 대륙은 한 덩어리로 붙어 있었다.
ㄷ. 고생대 말에 지구는 적도 부근까지 빙하층이 형성되어 있었다.

① ㄱ   ② ㄷ   ③ ㄱ, ㄴ
④ ㄴ, ㄷ   ⑤ ㄱ, ㄴ, ㄷ

529

그림은 맨틀 대류설을 모식적으로 나타낸 것이다.

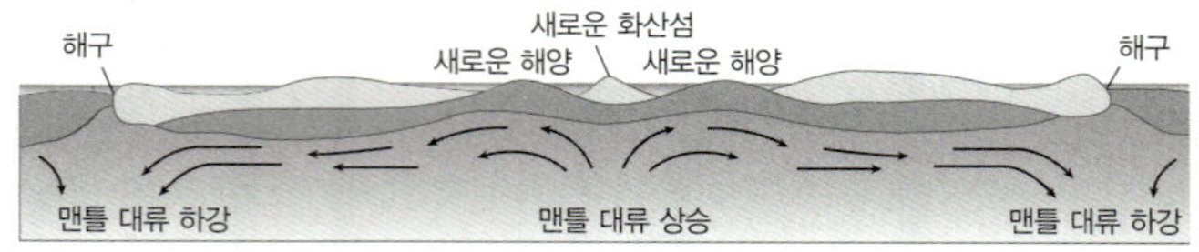

이에 대한 설명으로 옳지 않은 것은?

① 홈스가 주장하였다.
② 대륙 이동의 원동력을 맨틀 대류로 설명하였다.
③ 맨틀 대류의 하강부에서는 발산형 경계가 발달한다.
④ 맨틀 대류의 상승부에서 새로운 해양 지각이 생성된다.
⑤ 맨틀 대류의 원인은 맨틀 상하부의 온도 차이 때문에 발생하는 열대류이다.

530

그림은 맨틀 대류설에 대해 학생 A, B, C가 대화하는 모습을 나타낸 것이다.

제시한 내용이 옳은 학생만을 있는 대로 고른 것은?

① A   ② B   ③ A, C
④ B, C   ⑤ A, B, C

531

다음은 판 구조론의 정립에 대한 낱말 퀴즈를 나타낸 것이다.

[가로 열쇠]
(가) 지각은 지구의 가장 겉 표면으로 해양 지각과 ○○ ○○으로 구분된다
[세로 열쇠]
(나) 1929년 홈스에 의해 주장된 학설로 맨틀이 열대류를 하고 있다는 학설이다.
(다) 지질 시대에 생성된 암석에 분포하고 있는 잔류자기를 말한다.

이에 대한 설명으로 옳은 것만을 〈보기〉에서 있는 대로 고른 것은?

보기
ㄱ. (가)는 해양 지각보다 밀도가 크다.
ㄴ. (나)는 대륙 이동의 원동력을 제시하였다.
ㄷ. (다)는 고지자기이다.

① ㄱ 　② ㄴ 　③ ㄱ, ㄷ
④ ㄴ, ㄷ 　⑤ ㄱ, ㄴ, ㄷ

532

해저 확장설에 대한 설명으로 옳은 것만을 〈보기〉에서 있는 대로 고른 것은?

보기
ㄱ. 고지자기 줄무늬는 해령과 축의 나란하다.
ㄴ. 해령에서 멀어질수록 해저 퇴적물의 두께는 두꺼워진다.
ㄷ. 해양 지각의 나이와 해령으로부터의 거리는 반비례한다.

① ㄱ 　② ㄷ 　③ ㄱ, ㄴ
④ ㄴ, ㄷ 　⑤ ㄱ, ㄴ, ㄷ

533

음향 측심법에 대한 설명으로 옳은 것만을 〈보기〉에서 있는 대로 고른 것은?

보기
ㄱ. 음파가 해저에서 반사되어 되돌아오는 시간을 측정한다.
ㄴ. 수심은 (음파의 속력 × 반사되어 되돌아오는 시간)으로 구한다.
ㄷ. 음향 측심법과 같은 원리로 이용되는 것으로 수산업에서 이용하는 어군 탐지기가 있다.

① ㄱ 　② ㄴ 　③ ㄱ, ㄷ
④ ㄴ, ㄷ 　⑤ ㄱ, ㄴ, ㄷ

534

어느 해역에서 음파를 해저에 발사한 후 해저에 반사되어 되돌아오는 시간이 8초일 때, 이 해역의 수심은 몇 m인가? (단, 물속에서 음파의 속력은 1500 m/s이다.)

① 3000 　② 5000 　③ 6000
④ 10000 　⑤ 12000

535

그림은 해양 탐사선에서 발사한 음파가 해저에서 반사되어 되돌아오는 데 걸리는 시간을 측정하여 나타낸 것이다.

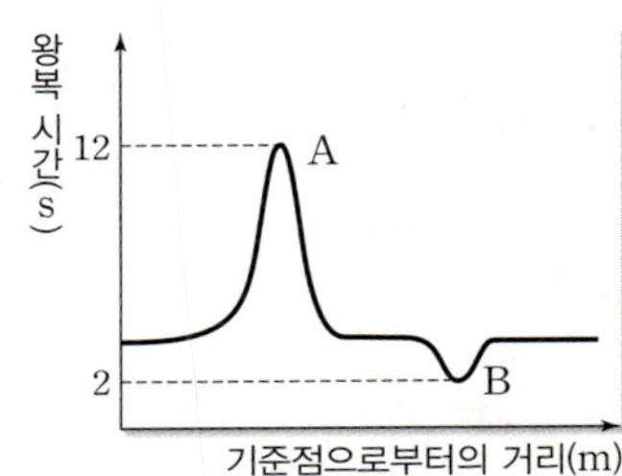

이에 대한 설명으로 옳은 것만을 〈보기〉에서 있는 대로 고른 것은? (단, 물속에서 음파의 평균 속력은 1500 m/s이다.)

보기
ㄱ. A의 수심은 약 12000 m이다.
ㄴ. 대서양 중앙부는 A보다 B에 해당한다.
ㄷ. B와 같은 지형은 주로 맨틀 대류의 상승부를 따라 나타난다.

① ㄱ 　② ㄴ 　③ ㄱ, ㄷ
④ ㄴ, ㄷ 　⑤ ㄱ, ㄴ, ㄷ

536

그림 (가)와 (나)는 해령과 해구 부근에서 음향 측심법으로 측정한 수심을 순서 없이 나타낸 것이다.

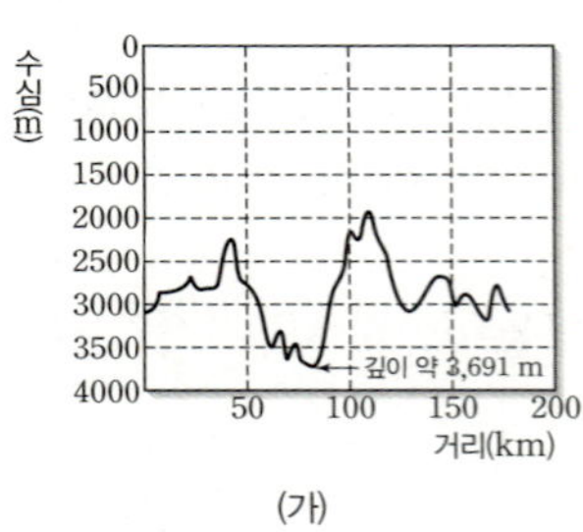
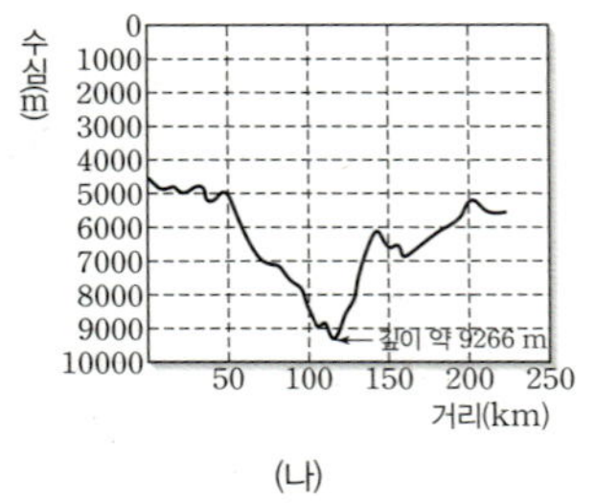

이에 대한 설명으로 옳은 것만을 〈보기〉에서 있는 대로 고른 것은?
(단, 물속에서 음파의 평균 속력은 1500 m/s이다.)

> **보기**
>
> ㄱ. (가)에서 해령 사이의 폭은 100 km이다.
> ㄴ. (나)에서는 수심이 9000 m 이상인 해구가 나타난다.
> ㄷ. 음파의 왕복 시간이 10초인 지점의 수심은 15000 m이다.

① ㄱ   ② ㄴ   ③ ㄱ, ㄷ
④ ㄴ, ㄷ   ⑤ ㄱ, ㄴ, ㄷ

537

그림은 300만 년 전부터 현재까지 어느 지역의 해양 지각에 기록된 고지자기의 분포가 형성되는 과정을 나타낸 것이다. 점선은 생성 시기가 같은 지점을 연결한 것이다.

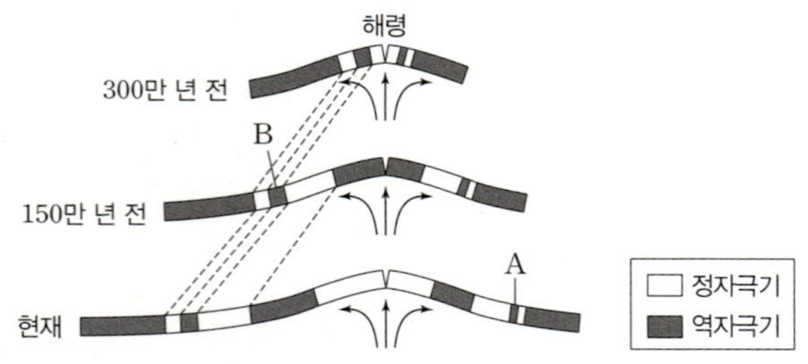

이에 대한 설명으로 옳은 것만을 〈보기〉에서 있는 대로 고른 것은?

> **보기**
>
> ㄱ. 현재의 지자기 분포는 A와 같다.
> ㄴ. A와 B가 형성될 당시 지자기 방향은 같다.
> ㄷ. 고지자기의 대칭적 분포가 나타나는 것은 해령을 중심으로 해양 지각이 확장되었기 때문이다.

① ㄱ   ② ㄴ   ③ ㄱ, ㄷ
④ ㄴ, ㄷ   ⑤ ㄱ, ㄴ, ㄷ

538

그림은 해안으로부터의 거리에 따른 해양 지각의 나이를 나타낸 것이다.

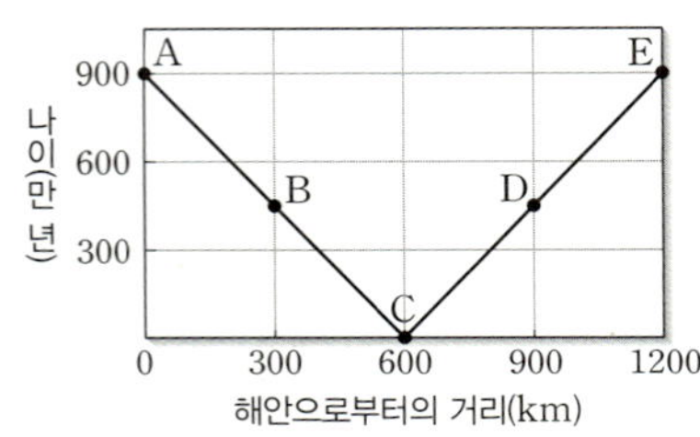

이에 대한 설명으로 옳은 것만을 〈보기〉에서 있는 대로 고른 것은?

> **보기**
>
> ㄱ. 해령은 C 부근에 위치한다.
> ㄴ. 해저 퇴적물의 두께는 E보다 D에서 두껍다.
> ㄷ. 판의 평균 이동 속력은 A−C 구간과 C−E 구간이 같다.

① ㄱ   ② ㄴ   ③ ㄱ, ㄷ
④ ㄴ, ㄷ   ⑤ ㄱ, ㄴ, ㄷ

539

그림은 판의 경계 부근에서 측정한 지각의 나이와 고지자기 분포를 나타낸 것이다.

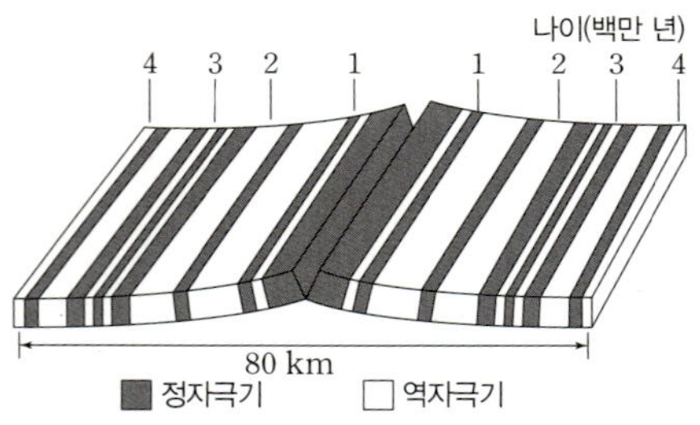

이에 대한 설명으로 옳은 것만을 〈보기〉에서 있는 대로 고른 것은?

> **보기**
>
> ㄱ. 이 지역은 수렴형 경계에 해당한다.
> ㄴ. 판의 이동 속도는 일정하지 않았다.
> ㄷ. 고지자기의 평균 역전 주기는 약 20만 년이다.

① ㄱ   ② ㄴ   ③ ㄱ, ㄷ
④ ㄴ, ㄷ   ⑤ ㄱ, ㄴ, ㄷ

540

그림은 중앙 해령 부근에서 판의 이동 방향과 속도를 나타낸 것이다. 화살표(→)의 길이는 판의 이동 속도를 나타내며, 화살표의 길이는 모두 같다.

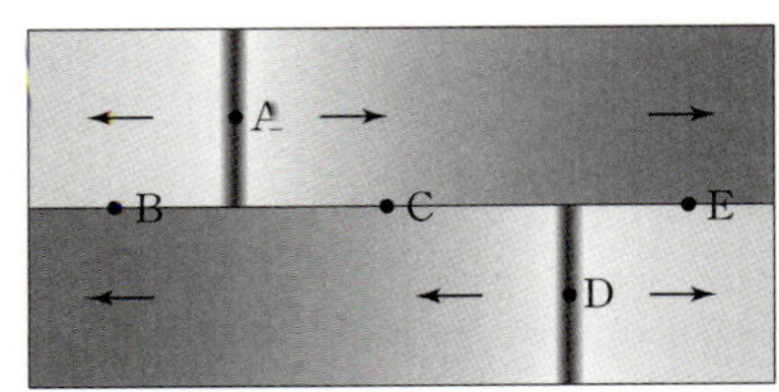

A~E 지역 중 지진이 일어나지 <u>않는</u> 곳을 있는 대로 고른 것은?

① A, C ② B, E ③ C, D
④ D, E ⑤ B, C, E

541

그림은 판의 경계에 위치한 네 지역 A~D를 나타낸 것이다.

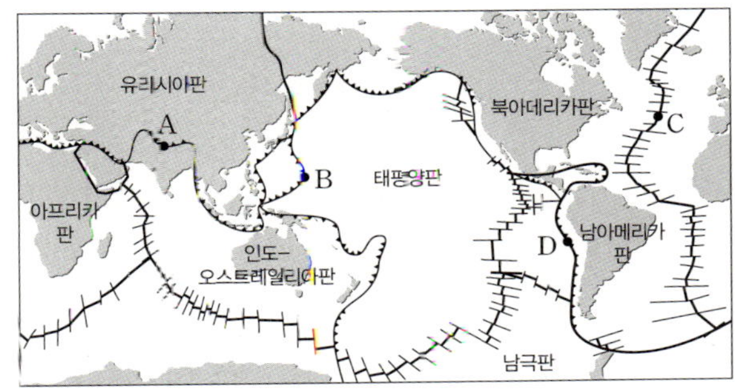

이에 대한 설명으로 옳은 것만을 〈보기〉에서 있는 대로 고른 것은?

보기
ㄱ. 화산 활동이 가장 활발한 지역은 A이다.
ㄴ. 인접한 두 판의 밀도 차이는 B보다 D에서 더 크다.
ㄷ. C에서는 수렴형 경계에서 만들어진 마그마가 분출한다.

① ㄱ ② ㄴ ③ ㄷ
④ ㄱ, ㄴ ⑤ ㄴ, ㄷ

542

그림은 변환 단층에 대하여 학생 A, B, C가 대화하는 모습을 나타낸 것이다.

제시한 내용이 옳은 학생만을 있는 대로 고른 것은?

① A ② B ③ A, B
④ B, C ⑤ A, B, C

543

그림은 필리핀판과 태평양판의 경계에서 발생한 지진의 진원 깊이를 나타낸 것이다.

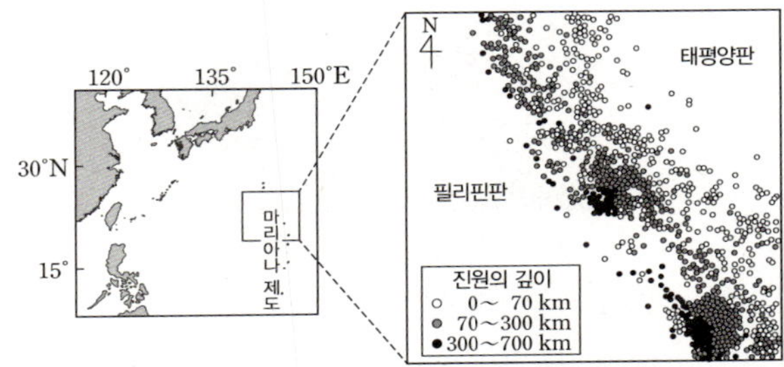

이에 대한 설명으로 옳은 것만을 〈보기〉에서 있는 대로 고른 것은?

보기
ㄱ. 이 지역에는 해구가 발달한다.
ㄴ. 태평양판이 필리핀판 아래로 섭입한다.
ㄷ. 화산 활동은 필리핀판보다 태평양판에서 많이 발생한다.

① ㄱ ② ㄷ ③ ㄱ, ㄴ
④ ㄴ, ㄷ ⑤ ㄱ, ㄴ, ㄷ

544

그림은 어느 해양 지각에서 측정한 고지자기 이상 곡선과 고지자기 줄무늬의 분포를 나타낸 것이다.

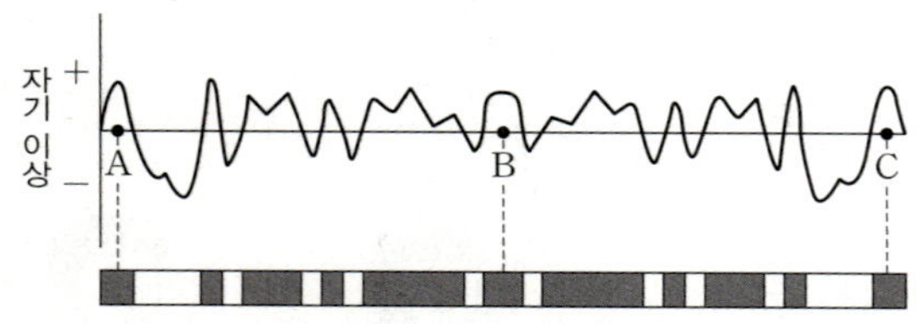

이에 대한 설명으로 옳은 것만을 〈보기〉에서 있는 대로 고른 것은?

> **보기**
> ㄱ. 지각의 나이가 가장 적은 지점은 A이다.
> ㄴ. B와 C 사이의 거리는 점점 멀어지고 있다.
> ㄷ. 자기 이상은 정자극기에 (+), 역자극기에 (−)이다.

① ㄱ   ② ㄷ   ③ ㄱ, ㄴ
④ ㄴ, ㄷ   ⑤ ㄱ, ㄴ, ㄷ

---

02. 대륙 분포의 변화

545

그림은 어느 지역에서 측정된 복각과 편각을 나타낸 것이다.

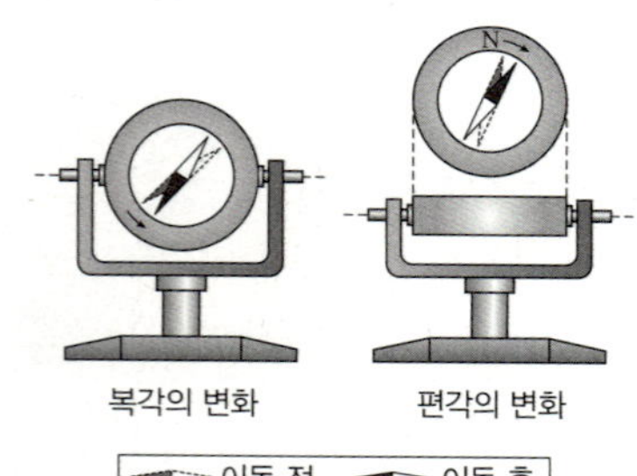

이에 대한 설명으로 옳은 것만을 〈보기〉에서 있는 대로 고른 것은?

> **보기**
> ㄱ. 이 지역은 적도 부근이다.
> ㄴ. 이 지역의 편각은 (+) 값을 갖는다.
> ㄷ. 이 지역과 동일 경도인 고위도에서 측정한 편각은 이 지역보다 크다.

① ㄱ   ② ㄷ   ③ ㄱ, ㄴ
④ ㄴ, ㄷ   ⑤ ㄱ, ㄴ, ㄷ

546

고지자기의 변화와 대륙의 이동에 대한 설명으로 옳은 것만을 〈보기〉에서 있는 대로 고른 것은?

> **보기**
> ㄱ. 지구를 덮고 있는 판은 하나로 이루어져 있다.
> ㄴ. 판이 서로 수평으로 어긋나게 이동하는 경계를 보존형 경계라고 한다.
> ㄷ. 대륙의 이동 경로는 생성 당시 자화된 암석의 복각과 생성 시기를 이용하여 알아낼 수 있다.

① ㄱ   ② ㄴ   ③ ㄱ, ㄷ
④ ㄴ, ㄷ   ⑤ ㄱ, ㄴ, ㄷ

547

그림은 어느 지괴의 현재 위치와 시기별 고지자기극 위치를 나타낸 것이다. 고지자기극은 고지자기 방향으로 추정한 지리상 북극이고, 실제 진북은 변하지 않았다.

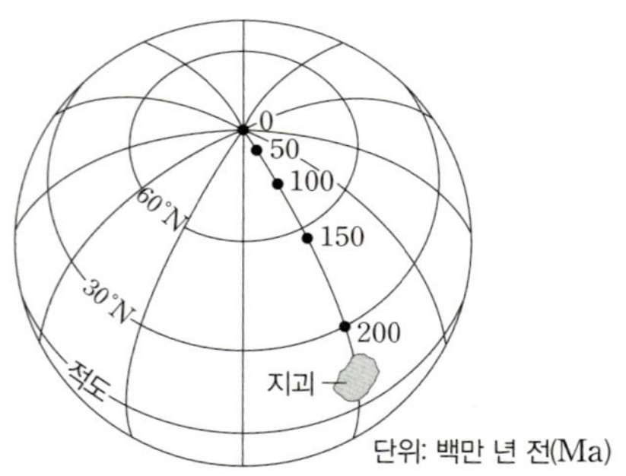

이 지괴에 대한 설명으로 옳은 것만을 〈보기〉에서 있는 대로 고른 것은?

> **보기**
> ㄱ. 200 Ma에는 약 75°N에 위치하였다.
> ㄴ. 150 Ma ~ 100 Ma 동안 고지자기 복각은 증가하였다.
> ㄷ. 200 Ma ~ 0 Ma 동안 이동 속도는 점점 빨라졌다.

① ㄱ   ② ㄴ   ③ ㄱ, ㄷ
④ ㄴ, ㄷ   ⑤ ㄱ, ㄴ, ㄷ

548

그림은 3억 년 전 이후부터 현재까지 대륙 분포의 변화를 순서 없이 나타낸 것이다.

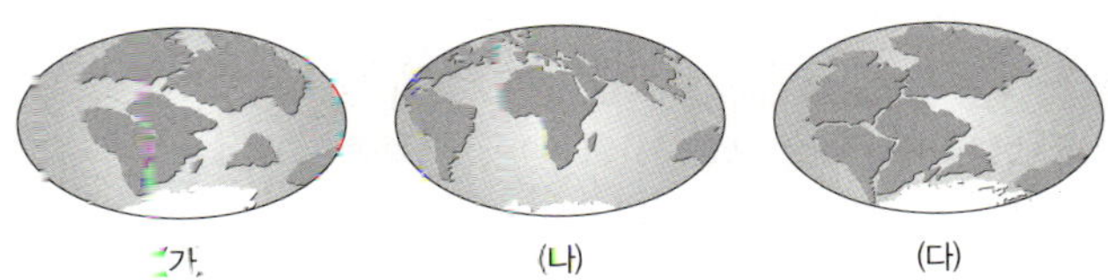

이에 대한 설명으로 옳은 것만을 〈보기〉에서 있는 대로 고른 것은?

보기
ㄱ. 판게아의 모습을 보여주는 것은 (다)이다.
ㄴ. 북대서양이 남대서양보다 먼저 형성되었다.
ㄷ. 대륙 분포의 변화는 (다) → (가) → (나) 순이다.

① ㄱ
② ㄴ
③ ㄱ, ㄷ
④ ㄴ, ㄷ
⑤ ㄱ, ㄴ, ㄷ

549

다음은 대륙 이동에 대한 어느 신문 기사 내용의 일부를 나타낸 것이다.

앞으로 1억 년 후 지구 북극 인근에서 아시아, 아메리카 등의 대륙이 하나로 합쳐진 (가) 초대륙이 탄생할 것이란 연구 결과가 나왔다.

미국 여일대 지질학자 로스 미첼 등은 "지질 활동에 따른 대륙판 이동으로 향후 5000만 년~2억 년 뒤 아메리카, 아시아, 아프리카, 호주 대륙이 하나로 연결되어 형성된 (나) 아마시아 (Amasia · 아메리카와 아시아의 합성어) 대륙이 북극 인근에 자리 잡을 것"이라고 밝혔다고 보도했다.

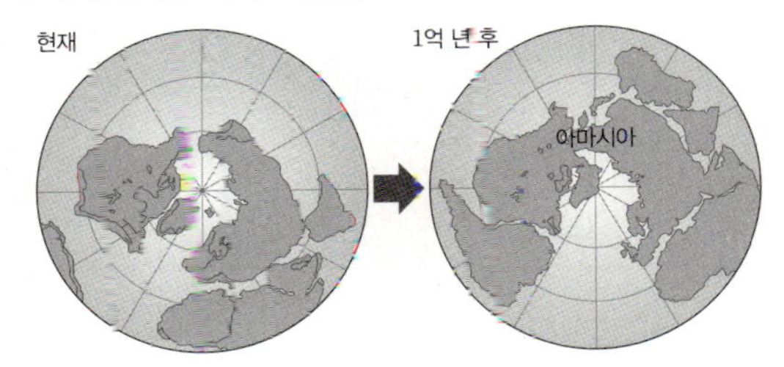

이에 대한 설명으로 옳은 것만을 〈보기〉에서 있는 대로 고른 것은?

보기
ㄱ. (가)의 과정에서 습곡 산맥이 형성될 것이다.
ㄴ. (나)는 두 번째로 형성된 초대륙이 될 것이다.
ㄷ. (나) 형성의 원동력은 맨틀 대류이다.

① ㄱ
② ㄴ
③ ㄱ, ㄷ
④ ㄴ, ㄷ
⑤ ㄱ, ㄴ, ㄷ

550

그림은 초대륙의 분리와 형성이 반복되는 과정을 나타낸 것이다.

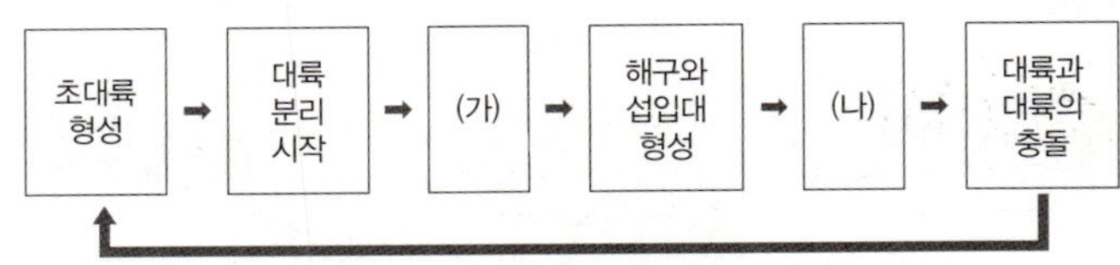

이에 대한 설명으로 옳은 것만을 〈보기〉에서 있는 대로 고른 것은?

보기
ㄱ. (가)는 발산형 경계에 의해 형성된 시기이다.
ㄴ. 오래된 해양 지각이 소멸되는 시기는 (나)이다.
ㄷ. 이와 같은 원리에 의해 형성된 최근의 초대륙이 로디니아이다.

① ㄱ
② ㄷ
③ ㄱ, ㄴ
④ ㄴ, ㄷ
⑤ ㄱ, ㄴ, ㄷ

03. 맨틀 대류와 플룸 구조론

551

그림은 판의 경계에 해당하는 동아프리카 열곡대 주변을 나타낸 것이다.

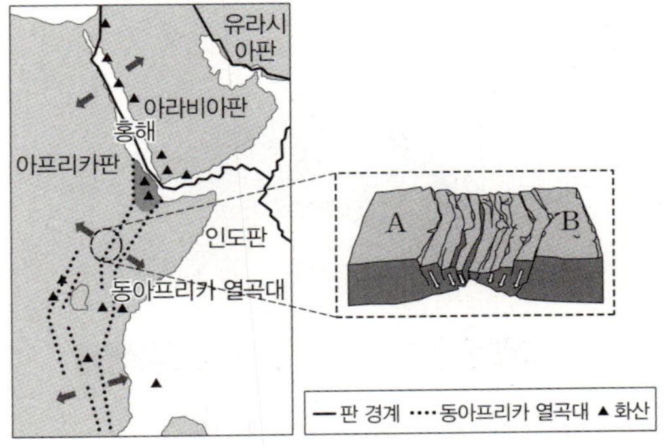

이에 대한 설명으로 옳은 것만을 〈보기〉에서 있는 대로 고른 것은?

보기
ㄱ. A와 B 사이의 거리는 멀어질 것이다.
ㄴ. 동아프리카 열곡대는 맨틀 대류의 하강부이다.
ㄷ. 열곡대를 만드는 원동력은 맨틀 대류이다.

① ㄱ
② ㄴ
③ ㄱ, ㄷ
④ ㄴ, ㄷ
⑤ ㄱ, ㄴ, ㄷ

552

그림은 판의 경계에서 주요 변동대의 위치와 판의 이동 모습을 나타낸 것이다.

이에 대한 설명으로 옳은 것만을 〈보기〉에서 있는 대로 고른 것은?

① ㄱ   ② ㄴ   ③ ㄱ, ㄷ
④ ㄴ, ㄷ   ⑤ ㄱ, ㄴ, ㄷ

553

그림은 동아프리카 열곡대를 지나는 1−2 구간의 지진파 단층 촬영 영상을 나타낸 것이다.

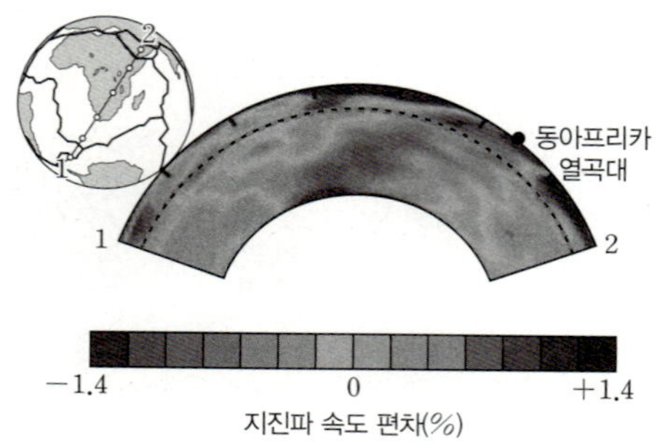

이에 대한 설명으로 옳은 것만을 〈보기〉에서 있는 대로 고른 것은?

① ㄱ   ② ㄴ   ③ ㄱ, ㄷ
④ ㄴ, ㄷ   ⑤ ㄱ, ㄴ, ㄷ

554

그림은 화산 활동으로 형성된 하와이 열도의 위치와 나이를 나타낸 것이다.

이에 대한 설명으로 옳은 것만을 〈보기〉에서 있는 대로 고른 것은?

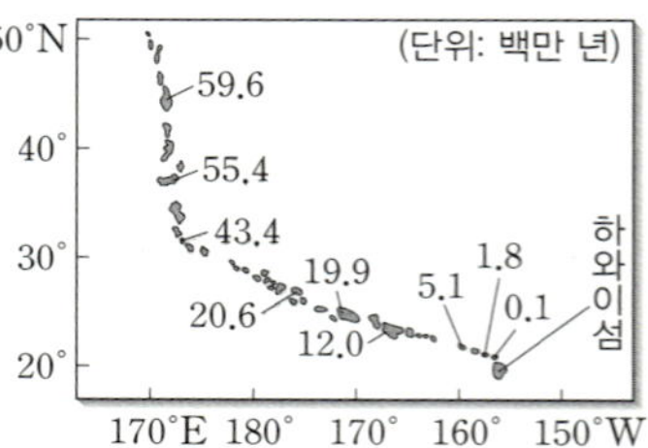

① ㄱ   ② ㄴ   ③ ㄷ
④ ㄱ, ㄷ   ⑤ ㄴ, ㄷ

04. 변동대의 마그마 활동 및 화성암

555

그림 (가)는 지하의 온도와 지구 내부에서 암석의 용융 곡선을, (나)는 변동대에서 마그마가 생성되는 장소를 나타낸 것이다.

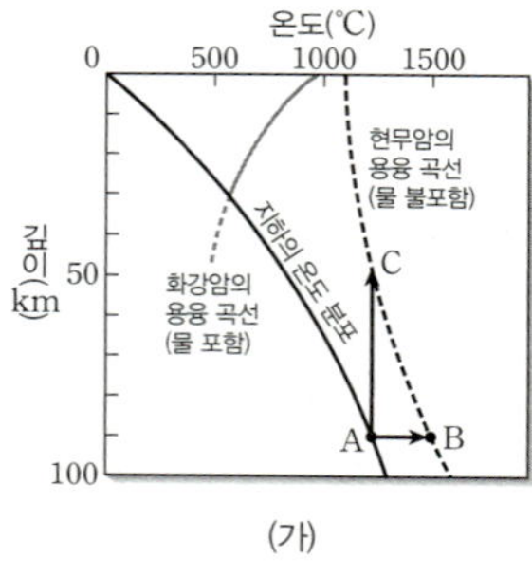
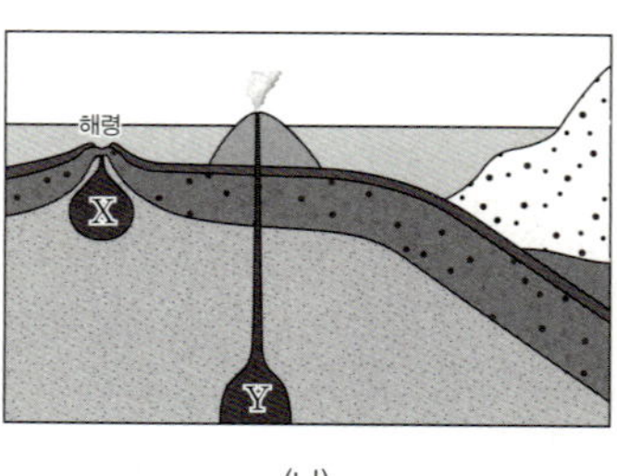

이에 대한 설명으로 옳은 것만을 〈보기〉에서 있는 대로 고른 것은?

① ㄱ   ② ㄴ   ③ ㄱ, ㄷ
④ ㄴ, ㄷ   ⑤ ㄱ, ㄴ, ㄷ

556

그림은 마그마 A와 B의 화학 조성을 질량비(%)로 나타낸 것이다. A와 B는 각각 현무암질 마그마와 유문암질 마그마 중 하나이다.

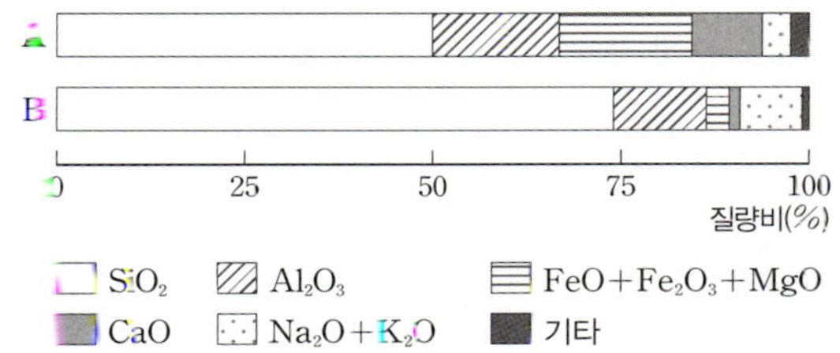

이에 대한 설명으로 옳은 것만을 〈보기〉에서 있는 대로 고른 것은?

보기
ㄱ. A는 현무암질 마그마이다.
ㄴ. $Na_2O + K_2O$의 질량비는 A가 B보다 작다.
ㄷ. 밝은 색의 광물은 A보다 B에서 많이 정출된다.

① ㄱ ② ㄷ ③ ㄱ, ㄷ
④ ㄴ, ㄷ ⑤ ㄱ, ㄴ, ㄷ

557

다음은 마그마의 생성에 대한 수업 중 선생님의 질문에 학생들이 발표하는 모습을 나타낸 것이다.

제시한 내용이 옳은 학생만을 있는 대로 고른 것은?

① 철수 ② 영희 ③ 영수
④ 철수, 영희 ⑤ 영희, 영수

558

그림은 화성암을 분류하는 과정을 나타낸 것이다.

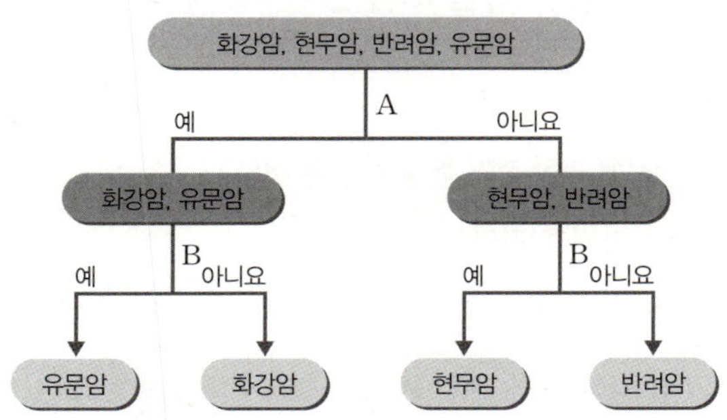

이에 대한 설명으로 옳은 것만을 〈보기〉에서 있는 대로 고른 것은?

보기
ㄱ. 유문암과 현무암은 염기성암에 해당한다.
ㄴ. 'SiO₂ 함량이 52 % 이상인가?'는 A에 적합한 구분 기준이다.
ㄷ. '세립질 조직에 해당하는가?'는 B에 적합한 구분 기준이다.

① ㄱ ② ㄷ ③ ㄱ, ㄴ
④ ㄴ, ㄷ ⑤ ㄱ, ㄴ, ㄷ

559

그림 (가)와 (나)는 우리나라의 화성암 지형이다.

(가) 제주도 주상 절리   (나) 북한산

이에 대한 설명으로 옳은 것만을 〈보기〉에서 있는 대로 고른 것은?

보기
ㄱ. 암석의 나이는 (가)가 (나)보다 많다.
ㄴ. 암석의 색은 (가)가 (나)보다 밝은 색을 띤다.
ㄷ. 암석을 이루는 광물 입자의 크기는 (가)보다 (나)가 크다.

① ㄱ ② ㄷ ③ ㄱ, ㄴ
④ ㄴ, ㄷ ⑤ ㄱ, ㄴ, ㄷ

01. 지질 구조와 퇴적 환경

560

퇴적암의 생성에 관한 설명 중 옳지 <u>않은</u> 것은?

① 암염은 화학적 퇴적암이다.
② 화산재가 쌓여 형성된 암석은 응회암이다.
③ 퇴적물이 다짐 작용을 받으면 공극이 줄어든다.
④ 퇴적물이 퇴적암이 되는 과정을 속성 작용이라고 한다.
⑤ 풍화, 침식 작용에 의해 생성된 퇴적물이 쌓여 형성된 암석을
　유기적 퇴적암이라고 한다.

561

다음은 퇴적암이 형성되는 여러 가지 과정을 순서도 형식으로 나타낸
것이다.

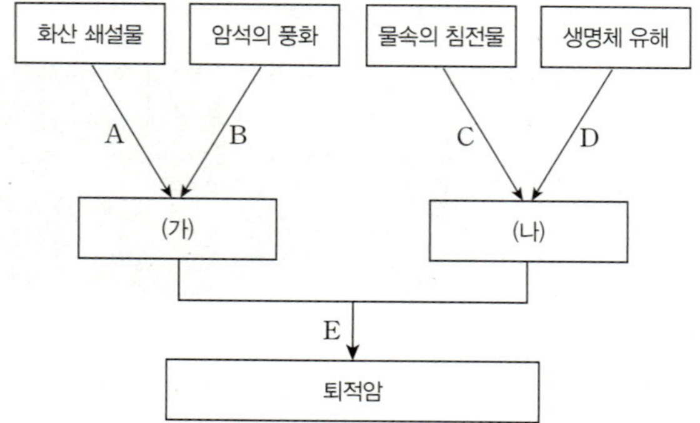

퇴적암이 형성되는 위 과정에 대한 설명으로 옳지 <u>않은</u> 것은?

① (가)는 쇄설성 퇴적물이다.
② 유기적 퇴적물은 (나)에 속한다.
③ 석회암은 B → E의 과정으로 형성된다.
④ C → E의 과정으로 형성된 암석은 화학적 퇴적암이다.
⑤ E의 과정에는 다짐 작용과 교결 작용이 포함된다.

562

다음은 (가), (나), (다) 세 종류 퇴적암의 모습과 암석을 구성하는 퇴적
물의 종류를 나타낸 것이다.

(가)	(나)	(다)
자갈, 모래, 점토로 구성되어 있다.	탄산 칼슘($CaCO_3$)으로 구성되어 있다.	화산 분출물인 화산재로 구성되어 있다.

이에 대한 설명으로 옳은 것만을 〈보기〉에서 있는 대로 고른 것은?

ㄱ. (가)는 사암이다.
ㄴ. (나)는 물에 녹아 있던 침전물이 쌓여 형성된 것이다.
ㄷ. (다)는 쇄설성 퇴적암이다.

① ㄱ　　　　　② ㄴ　　　　　③ ㄱ, ㄷ
④ ㄴ, ㄷ　　　　⑤ ㄱ, ㄴ, ㄷ

563

그림 (가)와 (나)는 퇴적 구조의 모습을 나타낸 것이다.

(가) 연흔　　　　　　　　(나) 점이 층리

이에 대한 설명으로 옳은 것만을 〈보기〉에서 있는 대로 고른 것은?

ㄱ. (가)는 횡압력을 받아 형성된 퇴적 구조이다.
ㄴ. (나)는 퇴적물의 침강 속도 차이로 형성된 것이다.
ㄷ. 퇴적 당시 물의 수심은 (가)보다 (나) 지역이 더 깊다.

① ㄱ　　　　　② ㄴ　　　　　③ ㄱ, ㄷ
④ ㄴ, ㄷ　　　　⑤ ㄱ, ㄴ, ㄷ

564

그림은 퇴적암 중 역암, 규조토(처트), 암염을 구분하는 과정을 나타낸 것이다. A와 B는 각각 역암과 규조토 중 하나이다.

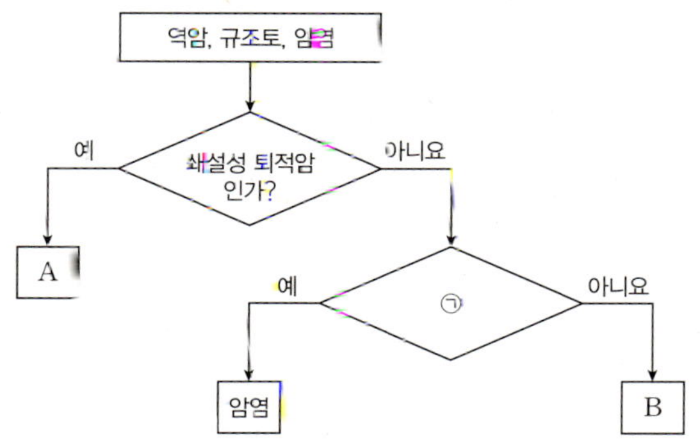

이에 대한 설명으로 옳은 것만을 〈보기〉에서 있는 대로 고른 것은?

보기
ㄱ. A의 주요 퇴적물은 자갈이다.
ㄴ. '화학적 퇴적암인가?'는 ㉠에 해당한다.
ㄷ. B는 주로 규질 생물체가 퇴적되어 생성된다.

① ㄱ   ② ㄴ   ③ ㄱ, ㄷ
④ ㄴ, ㄷ   ⑤ ㄱ, ㄴ, ㄷ

565

그림은 어느 지층에 형성된 여러 가지 단층의 모습을 나타낸 것이다.

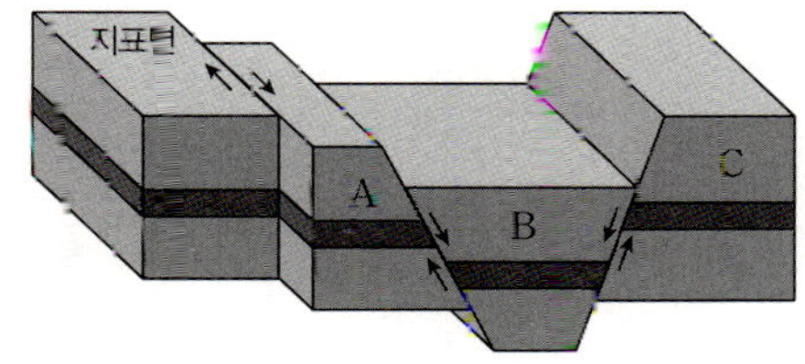

이 지층에 대한 설명으로 옳은 것만을 〈보기〉에서 있는 대로 고른 것은?

보기
ㄱ. 이 지층에는 장력이 작용하였다.
ㄴ. B는 상반이다.
ㄷ. 주향 이동 단층과 역단층, 정단층이 모두 나타난다.

① ㄱ   ② ㄷ   ③ ㄱ, ㄴ
④ ㄴ, ㄷ   ⑤ ㄱ, ㄴ, ㄷ

566

다음은 어느 지역에서 관찰한 지질 구조를 모형으로 제작한 것이다.

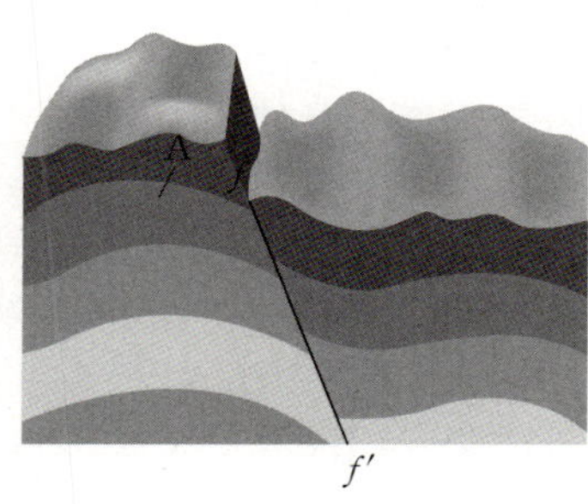

이 지역의 지질 구조에 대한 설명으로 옳은 것만을 〈보기〉에서 있는 대로 고른 것은?

보기
ㄱ. A는 배사이다.
ㄴ. $f-f'$는 역단층이다.
ㄷ. 이 지역은 과거에 횡압력과 장력을 받은 적이 있다.

① ㄱ   ② ㄴ   ③ ㄱ, ㄷ
④ ㄴ, ㄷ   ⑤ ㄱ, ㄴ, ㄷ

567

그림은 여러 가지 지질 구조가 포함된 어느 지역의 지질 단면도를 나타낸 것이다.

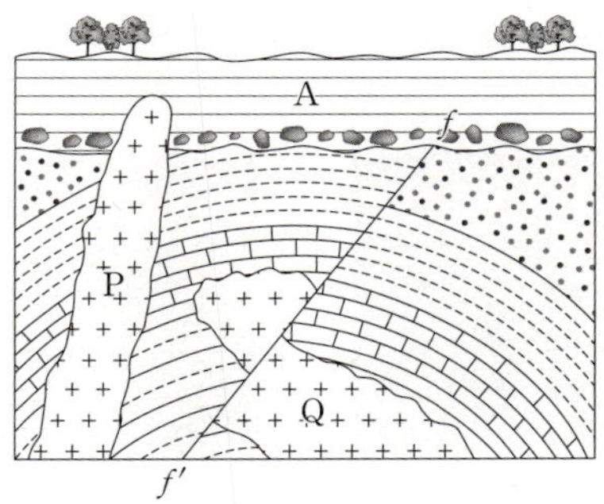

이에 대한 설명으로 옳은 것만을 〈보기〉에서 있는 대로 고른 것은?

보기
ㄱ. 배사 구조가 나타난다.
ㄴ. 단층 $f-f'$는 상반이 위로 이동하였다.
ㄷ. 이 지역은 최소한 두 번의 융기가 있었다.

① ㄱ   ② ㄴ   ③ ㄱ, ㄷ
④ ㄴ, ㄷ   ⑤ ㄱ, ㄴ, ㄷ

568

다음은 두 가지 지사학 법칙에 대한 설명이다.

> (가) 물속에서 퇴적이 일어날 때 중력의 영향을 받아 일반적으로 퇴적물은 수평으로 쌓인다는 지사학 법칙으로부터 지층이 기울어져 있거나 휘어져 있으면 퇴적물이 쌓인 후 지각 변동을 받았다고 판단할 수 있다.
>
> (나) 퇴적암에서 화석이 관찰되는 경우에는 하부 지층에서 상부 지층으로 갈수록 진화된 생물의 화석이 존재한다는 지사학 법칙으로, 연속한 지층의 상하 관계와 서로 멀리 떨어져 있는 지층의 선후 관계를 판단할 수 있다.

이에 대한 설명으로 옳은 것만을 〈보기〉에서 있는 대로 고른 것은?

보기

> ㄱ. (가)는 수평 퇴적의 법칙이다.
> ㄴ. (나)는 시상 화석을 이용하여 지층의 선후 관계를 판단한다.
> ㄷ. (가)는 상대 연령, (나)는 절대 연령을 구하는데 이용되는 법칙이다.

① ㄱ   ② ㄴ   ③ ㄱ, ㄷ
④ ㄴ, ㄷ   ⑤ ㄱ, ㄴ, ㄷ

569

그림 (가)와 (나)는 서로 다른 두 지역에서 관찰된 지질 구조를 나타낸 것이다.

(가) 부정합

(나) 관입암

이에 대한 설명으로 옳은 것만을 〈보기〉에서 있는 대로 고른 것은?

보기

> ㄱ. (가)는 경사 부정합이다.
> ㄴ. (나)에서 A는 B보다 먼저 형성된 암석이다.
> ㄷ. (가)와 (나)는 모두 화산 활동에 의해 형성된 지질 구조이다.

① ㄱ   ② ㄴ   ③ ㄱ, ㄷ
④ ㄴ, ㄷ   ⑤ ㄱ, ㄴ, ㄷ

570

그림은 인접한 세 지역 A, B, C의 지질 단면도를 나타낸 것이다. 세 지역에서 지층의 역전은 없었다.

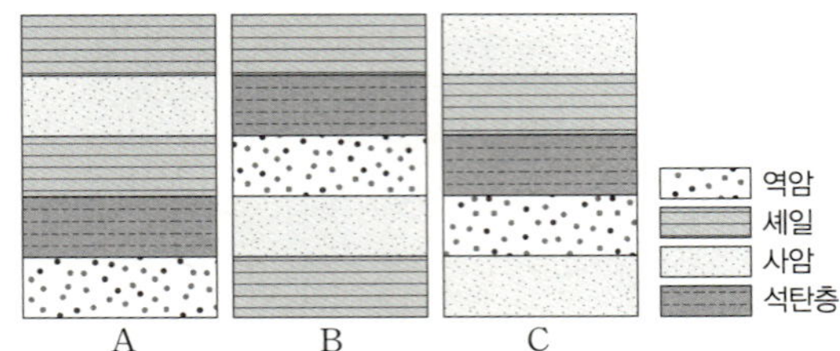

이에 대한 설명으로 옳은 것만을 〈보기〉에서 있는 대로 고른 것은?

보기

> ㄱ. 건층으로는 셰일층보다 역암층이 더 적합하다.
> ㄴ. A와 B의 사암층은 같은 시기에 형성된 층이다.
> ㄷ. 가장 오래된 지층은 B에서 나타난다.

① ㄱ   ② ㄴ   ③ ㄱ, ㄷ
④ ㄴ, ㄷ   ⑤ ㄱ, ㄴ, ㄷ

571

그림은 멀리 떨어져 있는 네 지역 A~D에서 산출된 여러 종류의 표준 화석을 지질 단면도에 기호로 나타낸 것이다.

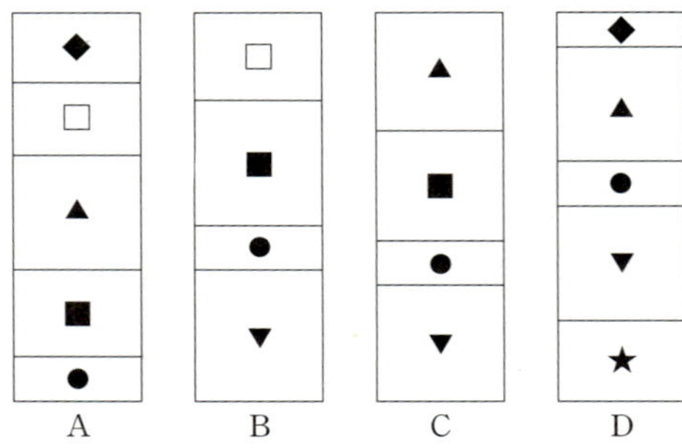

이에 대한 설명으로 옳은 것만을 〈보기〉에서 있는 대로 고른 것은?

보기

> ㄱ. 동물군 천이의 법칙이 적용되었다.
> ㄴ. 가장 오래된 지층이 포함된 지역은 D이다.
> ㄷ. 건층으로 가장 적합한 것은 ● 이 포함된 지층이다.

① ㄱ   ② ㄴ   ③ ㄱ, ㄷ
④ ㄴ, ㄷ   ⑤ ㄱ, ㄴ, ㄷ

572

그림 (가)와 (나)는 마그마 활동으로 형성된 두 지역의 지층 단면을 나타낸 것이다.

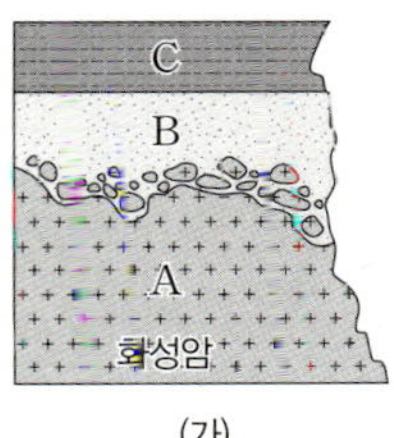
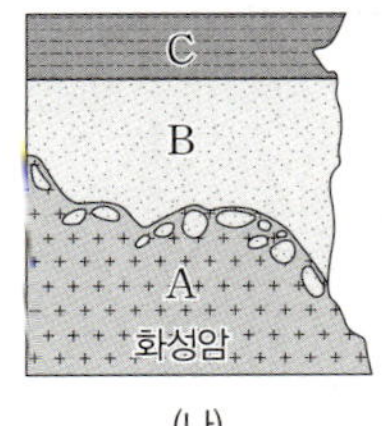

이에 대한 설명으로 옳은 것만을 〈보기〉에서 있는 대로 고른 것은?

보기
ㄱ. (가)의 암석 생성 순서는 $B \rightarrow A \rightarrow C$이다.
ㄴ. (나)에서는 포획암이 관찰된다.
ㄷ. (가)의 화성암은 분출, (나)의 화성암은 관입한 것이다.

① ㄱ　　　　② ㄴ　　　　③ ㄱ, ㄷ
④ ㄴ, ㄷ　　　⑤ ㄱ, ㄴ, ㄷ

573

그림 (가)는 어느 지역의 지질 단면도이고, (나)는 두 개의 암맥에 들어 있는 방사성 동위 원소 X의 붕괴 곡선을 나타낸 것이다. 암맥 P와 Q에 남아있는 방사성 동위 원소 X의 양은 각각 처음 양의 $\frac{1}{2}$과 $\frac{1}{4}$이다.

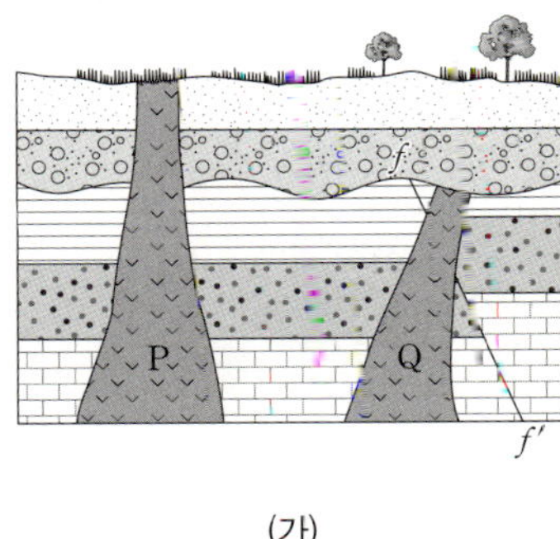
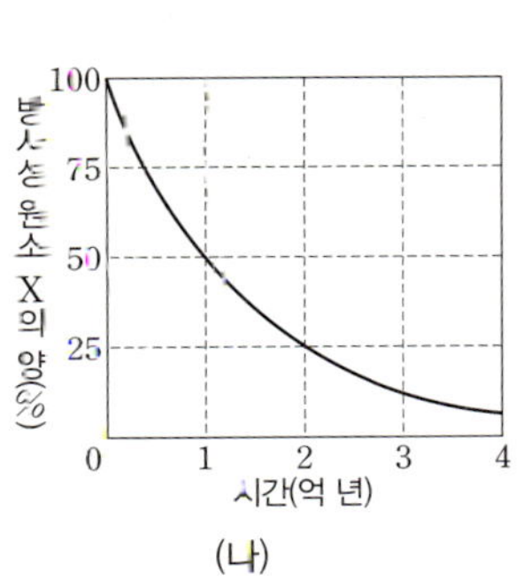

이에 대한 설명으로 옳은 것만을 〈보기〉에서 있는 대로 고른 것은?

보기
ㄱ. (가)의 단층 $f-f'$는 역단층이다.
ㄴ. 이 지역의 부정합은 신생대에 형성되었다.
ㄷ. 이 지역 지층의 선후 관계를 밝히는데 관입의 법칙이 이용되었다.

① ㄱ　　　　② ㄴ　　　　③ ㄱ, ㄷ
④ ㄴ, ㄷ　　　⑤ ㄱ, ㄴ, ㄷ

574

그림 (가)는 어느 지역의 지질 단면도를, (나)는 X에서 Y까지 암석의 연령을 나타낸 것이다.

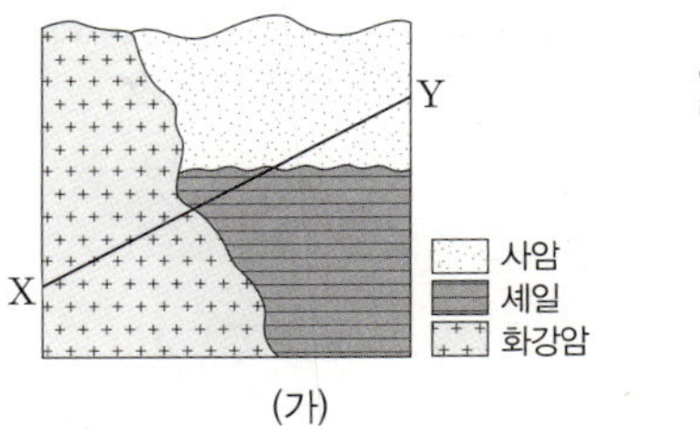
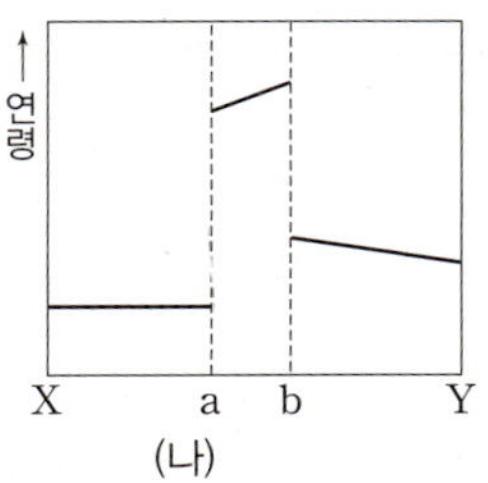

이에 대한 설명으로 옳은 것만을 〈보기〉에서 있는 대로 고른 것은?

보기
ㄱ. 세 암석 중 화강암이 가장 먼저 생성되었다.
ㄴ. 역전된 지층은 $b-Y$ 구간이다.
ㄷ. 셰일은 a와 b 사이에 존재한다.

① ㄱ　　　　② ㄷ　　　　③ ㄱ, ㄴ
④ ㄴ, ㄷ　　　⑤ ㄱ, ㄴ, ㄷ

575

그림은 시간에 따른 방사성 동위 원소의 모원소와 자원소 양의 변화를 나타낸 것이다.

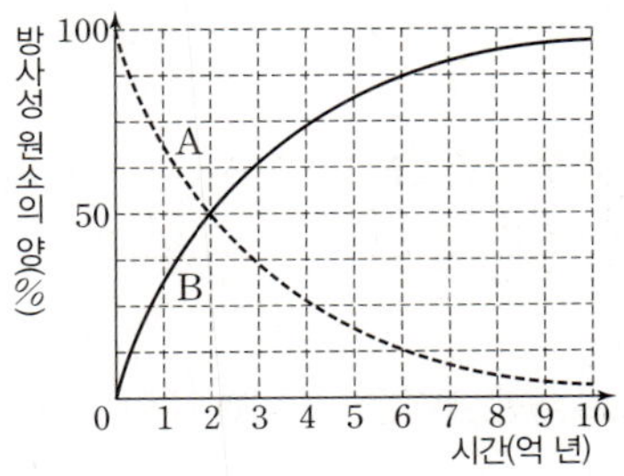

이에 대한 설명으로 옳은 것만을 〈보기〉에서 있는 대로 고른 것은?

보기
ㄱ. 이 원소의 반감기는 2억 년이다.
ㄴ. 시간이 지날수록 $\dfrac{\text{자원소의 양}}{\text{모원소의 양}}$ 값이 증가한다.
ㄷ. 연령이 4억 년인 암석에 남아있는 모원소는 처음 양의 $\frac{1}{8}$이다.

① ㄱ　　　　② ㄷ　　　　③ ㄱ, ㄴ
④ ㄴ, ㄷ　　　⑤ ㄱ, ㄴ, ㄷ

576

그림은 지질 시대의 기후 변화를 현재의 평균 기온과 비교하여 나타낸 것이다.

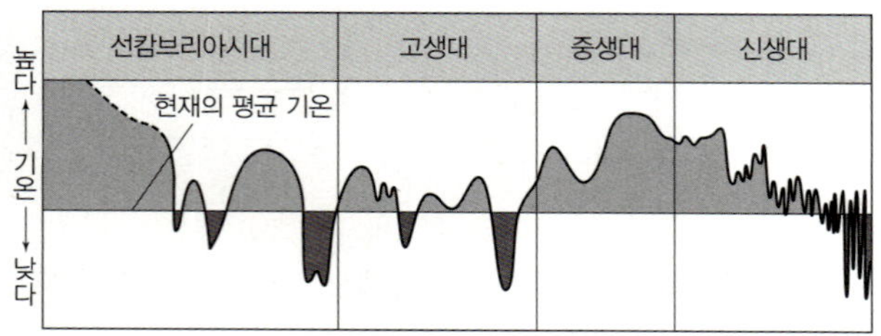

이에 대한 설명으로 옳은 것만을 〈보기〉에서 있는 대로 고른 것은?

보기

ㄱ. 지질 시대 동안 기온은 계속 낮아졌다.
ㄴ. 암모나이트가 번성한 시대에는 빙하기가 없었다.
ㄷ. 신생대 말에는 빙하기와 간빙기가 반복되었다.

① ㄱ   ② ㄷ   ③ ㄱ, ㄴ
④ ㄴ, ㄷ   ⑤ ㄱ, ㄴ, ㄷ

577

그림은 남극 빙하를 분석하여 알아낸 과거 약 40만 년 동안의 기온 편차(당시 기온−현재 기온)와 대기 중 A의 농도 변화를 나타낸 것이다.

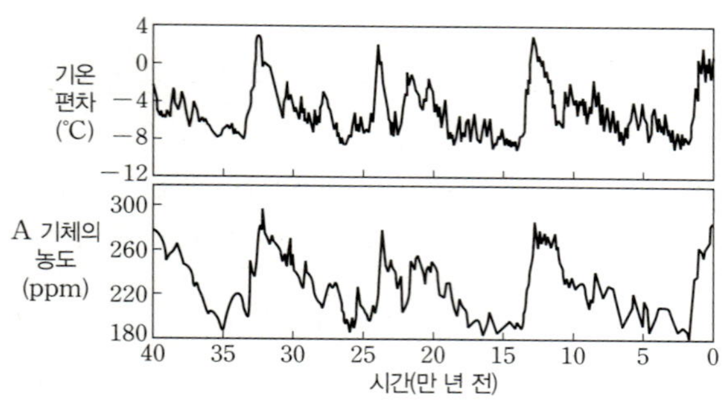

이에 대한 설명으로 옳은 것만을 〈보기〉에서 있는 대로 고른 것은?

보기

ㄱ. 약 40만 년 동안 평균 해수면이 현재보다 낮은 시기는 거의 없었다.
ㄴ. 약 18만 년 전 해수의 산소 동위 원소비($^{18}O/^{16}O$)는 현재보다 낮았을 것이다.
ㄷ. 지구의 평균 기온은 대기 중 A 기체의 농도가 계속 증가할수록 대체로 높아질 것이다.

① ㄱ   ② ㄷ   ③ ㄱ, ㄴ
④ ㄴ, ㄷ   ⑤ ㄱ, ㄴ, ㄷ

578

그림 (가)는 어느 지역의 지질 단면도이고, (나)는 두 개의 암맥에 들어 있는 방사성 동위 원소 X의 붕괴 곡선을 나타낸 것이다. 암맥 A와 B에 남아있는 방사성 동위 원소 X의 비율은 각각 $\frac{1}{2}$과 $\frac{1}{4}$이다.

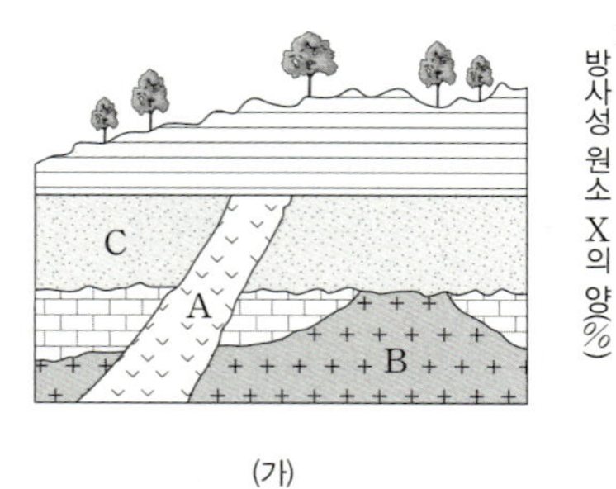

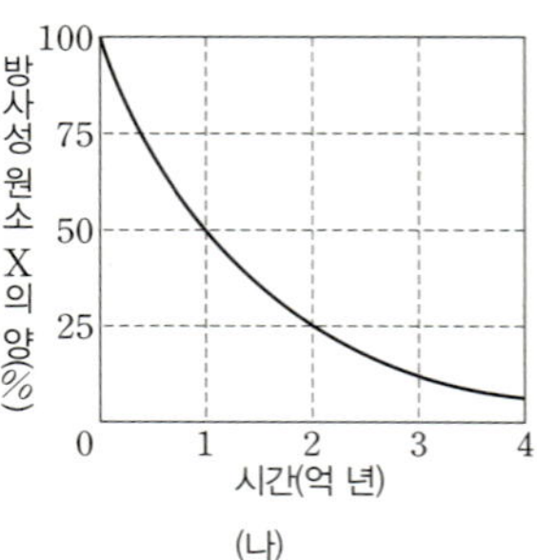

(가)   (나)

C 지층에서 산출될 수 있는 표준 화석으로 가장 적당한 것은?

① 필석 화석   ② 삼엽충 화석
③ 갑주어 화석   ④ 암모나이트 화석
⑤ 단풍잎 화석

579

그림 (가)는 고생대, 중생대, 신생대의 수륙 분포를 순서 없이 나타낸 것이고, (나)는 지질 시대를 대표하는 표준 화석이다.

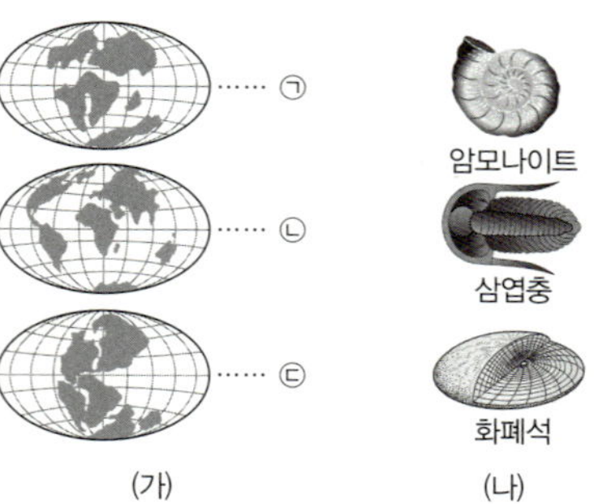

(가)에서 지질 시대에 해당하는 수륙 분포와 (나)에서 각 지질 시대의 표준 화석을 옳게 짝 지은 것은?

	(가)	(나)
①	㉠	화폐석
②	㉠	암모나이트
③	㉡	삼엽충
④	㉢	화폐석
⑤	㉢	암모나이트

580

그림은 세 개의 표준 화석을 특징과 고생물이 번성했던 지질 시대에 따라 분류하는 과정을 나타낸 것이다.

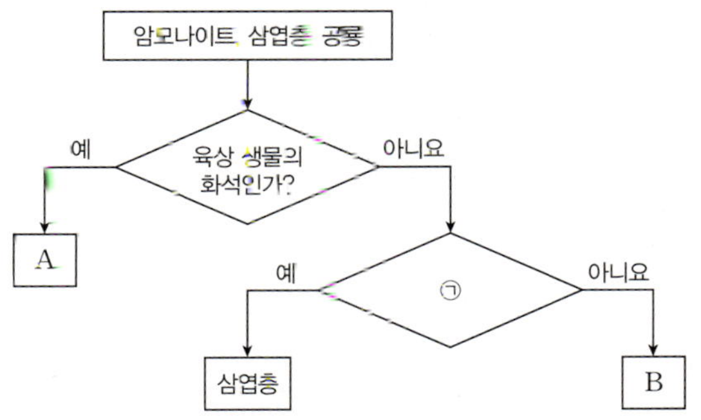

이에 대한 설명으로 옳은 것만을 〈보기〉에서 있는 대로 고른 것은?

보기
ㄱ. '고생대의 표준 화석인가?'는 ㉠에 적합한 물음이다.
ㄴ. A는 속씨식물과 함께 번성하였다.
ㄷ. 삼엽충보다 B의 생물이 지구상에 더 오랜 기간 동안 분포하였다.

① ㄱ ② ㄷ ③ ㄱ, ㄴ
④ ㄴ, ㄷ ⑤ ㄱ, ㄴ, ㄷ

581

그림 (가)는 지질 시대인 선캄브리아 시대, 고생대, 중생대, 신생대를 상대적인 길이로 구분하여 순서 없이 나타낸 것이고, (나)는 지구의 탄생 이후 생물의 출현과 번성 시기를 시간 순으로 나타낸 것이다.

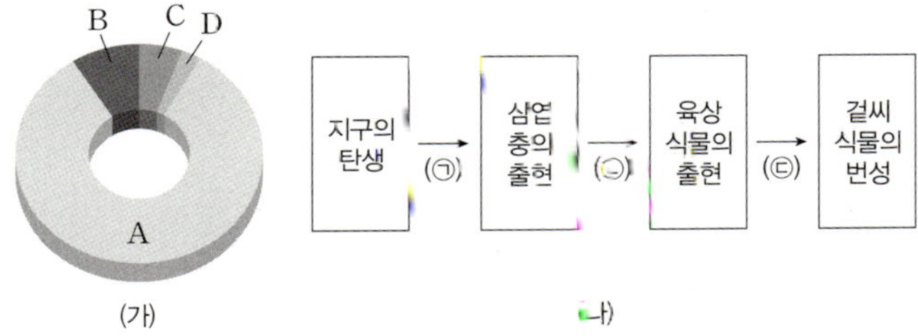

이에 대한 설명으로 옳은 것만을 〈보기〉에서 있는 대로 고른 것은?

보기
ㄱ. ㉡은 A 지질 시대에 일어났다.
ㄴ. 판게아의 형성은 ㉢ 시기에 해당한다.
ㄷ. 최초의 육상 식물이 출현한 지질 시대는 C이다.

① ㄱ ② ㄴ ③ ㄱ, ㄷ
④ ㄴ, ㄷ ⑤ ㄱ, ㄴ, ㄷ

582

그림은 지질 시대 동안 생물군 과의 수 변화와 생물의 대멸종 시기(①~⑤)를 나타낸 것이다.

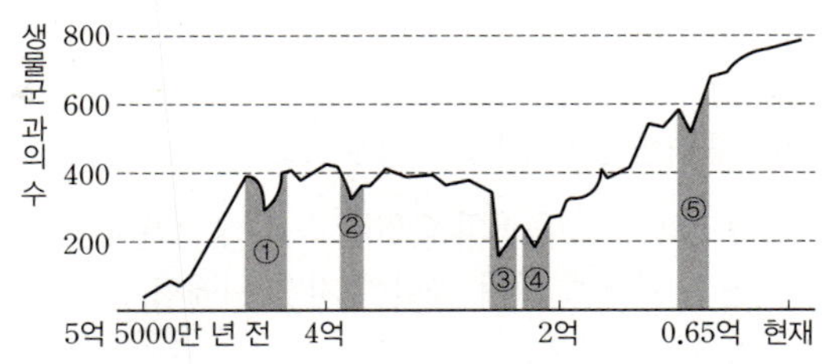

이에 대한 설명으로 옳은 것만을 〈보기〉에서 있는 대로 고른 것은?

보기
ㄱ. 공룡의 대멸종은 ⑤ 시기에 일어났다.
ㄴ. 판게아의 형성은 ① 시기에 이루어졌다.
ㄷ. ④ 시기는 고생대와 중생대를 구분하는 기준이 된다.

① ㄱ ② ㄷ ③ ㄱ, ㄴ
④ ㄴ, ㄷ ⑤ ㄱ, ㄴ, ㄷ

583

그림은 현생 누대 동안 생물의 멸종률 변화를 나타낸 것이다.

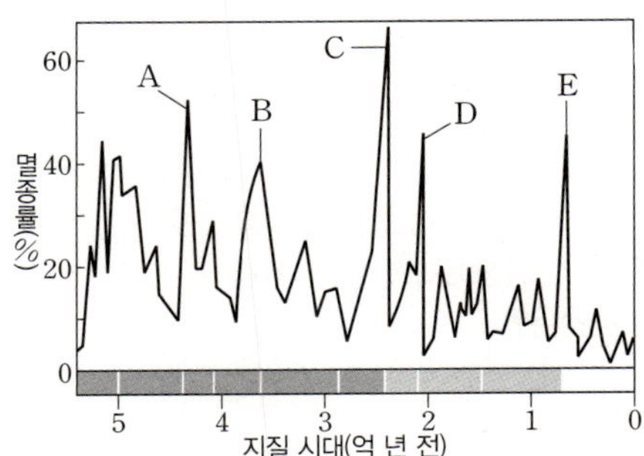

이에 대한 설명으로 옳은 것은?

① A 시기에 파충류가 멸종하였다.
② B 시기는 캄브리아기이다.
③ 가장 멸종률이 높은 C 시기는 페름기이다.
④ D 시기에 오늘날과 비슷한 수륙 분포를 형성하였다.
⑤ E 시기에 매머드가 멸종하였다.

01. 기압과 날씨 변화

584

다음 중 기단에 대한 설명으로 옳지 <u>않은</u> 것은?

① 기단은 온도와 습도가 거의 균일한 공기 덩어리이다.
② 기단은 넓은 지역에 걸쳐 균일한 지면 위에서 공기 덩어리가 오래 머물 때 생성된다.
③ 시베리아 지역에서 만들어진 기단은 한랭 건조하다.
④ 저위도 해양에서 만들어진 기단은 고온 다습하다.
⑤ 기단은 생성된 장소에서 벗어나 멀리 이동하더라도 일정한 성질이 계속 유지된다.

585

다음은 어느 기단과 관련된 농작물 피해에 대한 내용을 나타낸 것이다.

> 동쪽이 산맥으로 막혀 있는 우리나라의 ○○ 지방에서는 봄철에 동풍에 의한 농작물의 피해가 매우 커서, 심할 때는 논밭의 물고랑이 모두 마르고 식물이 죽는다. 피해가 작을 때에도 벼 잎과 이삭이 너무 빨리 마르기 때문에 벼 이삭이 싹트자마자 오그라들어 자라지 않는다.

이와 관련 깊은 기단으로 옳은 것은?

① 양쯔강 기단
② 시베리아 기단
③ 북태평양 기단
④ 오호츠크해 기단
⑤ 적도 기단

586

그림은 우리나라 주변 일기도의 일부분을 나타낸 것이다. A 지점에서의 일기 기호로 가장 적절한 것은?

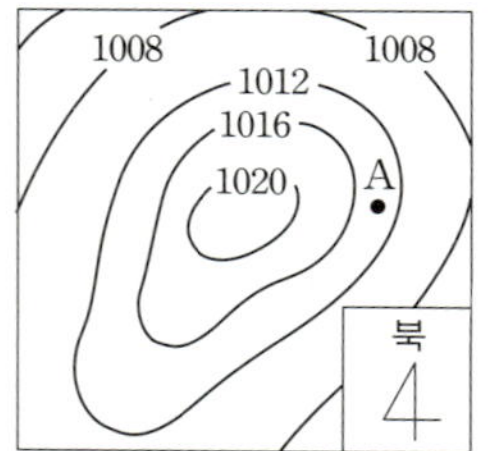

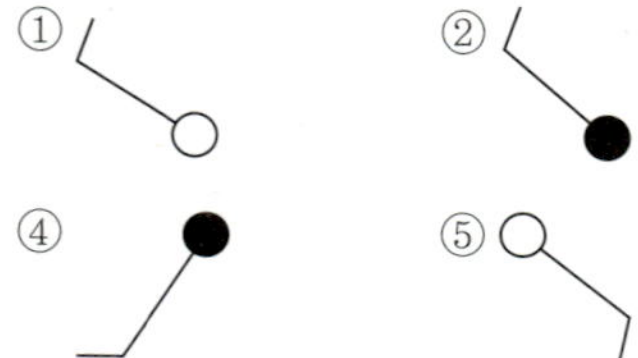
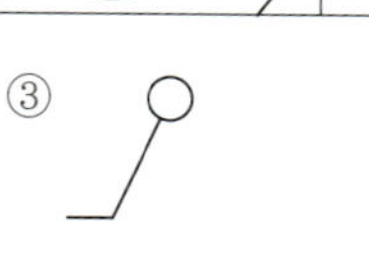

587

그림 (가)는 우리나라 날씨에 영향을 주는 기단 A~D의 위치를, (나)는 이 기단들의 온도와 습도를 비교하여 나타낸 것이다.

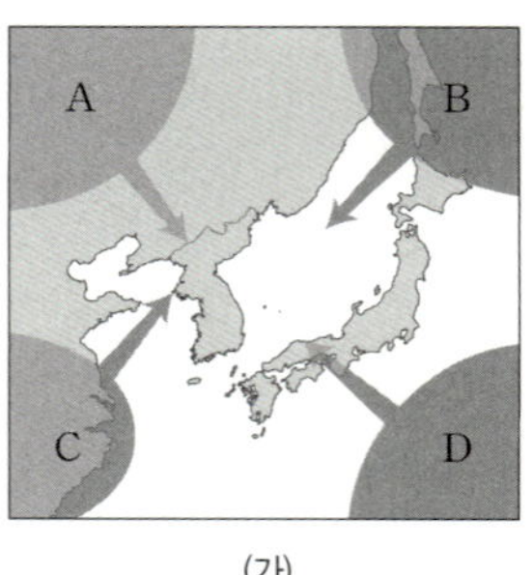

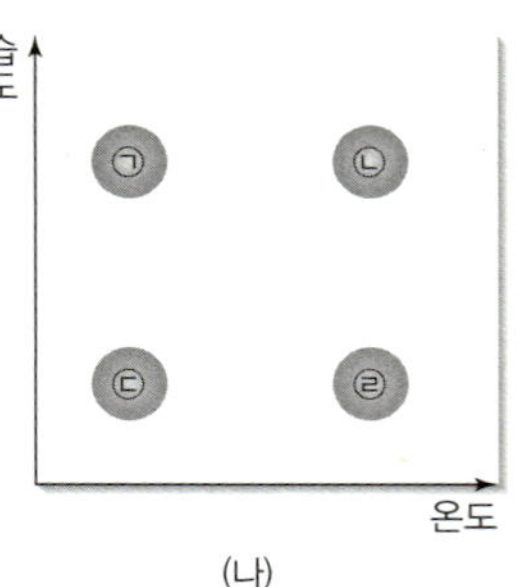

(가)   (나)

㉠~㉣에 해당하는 기단을 A~D에서 골라 옳게 짝 지은 것은?

	㉠	㉡	㉢	㉣
①	A	B	C	D
②	A	C	B	D
③	B	C	A	D
④	B	D	A	C
⑤	B	D	C	A

588

그림은 차고 건조한 기단이 황해를 지나서 우리나라로 이동하는 모습을 나타낸 것이다.

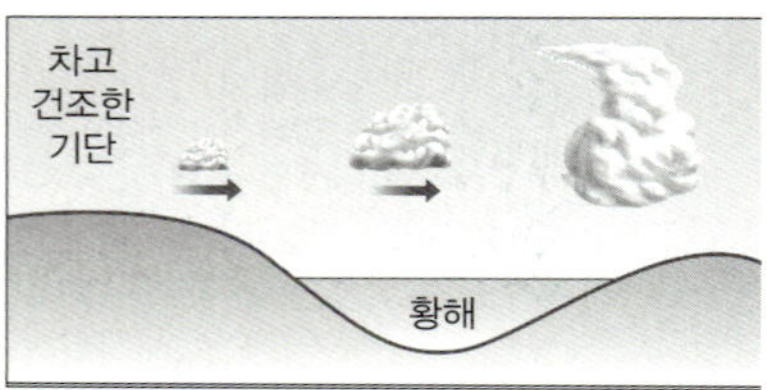

이에 대한 설명으로 옳은 것만을 〈보기〉에서 있는 대로 고른 것은?

> **보기**
> ㄱ. 이 기단은 북태평양 기단이다.
> ㄴ. 황해를 지나는 동안 기단이 점점 안정해진다.
> ㄷ. 우리나라에서는 비나 눈이 올 것이다.

① ㄱ
② ㄷ
③ ㄱ, ㄴ
④ ㄱ, ㄷ
⑤ ㄴ, ㄷ

589

그림은 온대 저기압에 동반된 어느 전선 부근의 날씨를 나타낸 것이다.
이에 대한 설명으로 옳지 않은 것은?

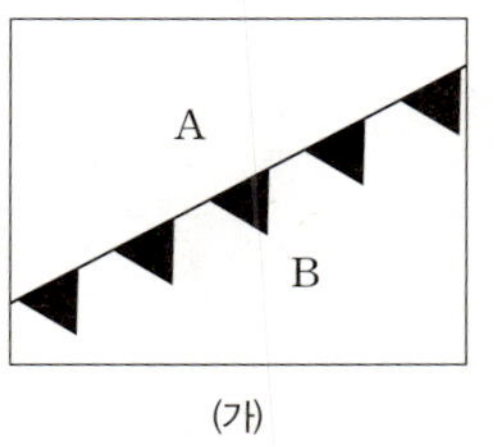

① 이 전선은 한랭 전선이다.
② A 지역은 북서풍이 분다.
③ 기온은 A 지역이 B 지역보다 낮다.
④ 앞으로 B 지역의 기압은 낮아질 것이다.
⑤ 이 전선은 B 지역을 통과할 것이다.

590

그림은 어느 날 우리나라 부근의 지상 일기도이다.

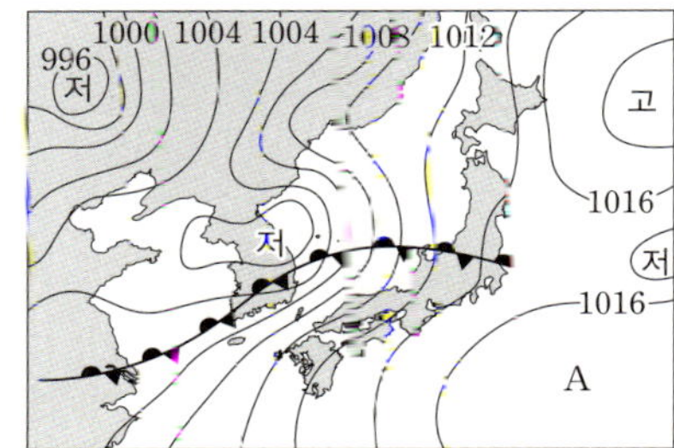

이에 대한 설명으로 옳은 것만을 〈보기〉에서 있는 대로 고른 것은?

보기
ㄱ. 제주도에는 북풍 계열의 바람이 불고 있다.
ㄴ. 우리나라의 남부 지방은 대체로 맑은 날씨가 나타난다.
ㄷ. A의 세력이 강해지면 전선은 북쪽으로 이동한다.

① ㄱ   ② ㄷ   ③ ㄱ, ㄴ
④ ㄱ, ㄷ   ⑤ ㄴ, ㄷ

591

그림은 어느 계절에 잘 나타나는 우리나라 부근의 지상 일기도이다.
이날 예상되는 날씨로 가장 적절한 것은?

① 집중 호우가 나타난다.
② 열대야 현상이 나타난다.
③ 북서풍과 한파가 나타난다.
④ 폭염 주의보가 발령될 수 있다.
⑤ 이동성 고기압에 의해 비교적 맑은 날씨가 나타난다.

592

그림 (가)와 (나)는 서로 다른 종류의 전선을 나타낸 것이다.

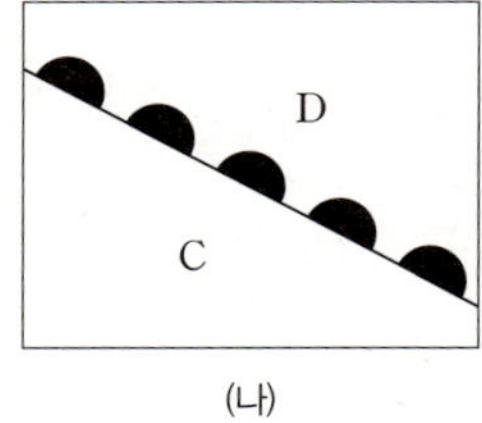

이에 대한 설명으로 옳은 것은?

① (가)는 온난 전선이다.
② 전선의 이동 속도는 (가)가 (나)보다 느리다.
③ A 지역은 B 지역보다 기온이 높다.
④ B 지역 상공에 전선면이 위치한다.
⑤ 구름은 C 지역보다 D 지역에 주로 분포한다.

593

그림은 온대 저기압을 나타낸 것이다.

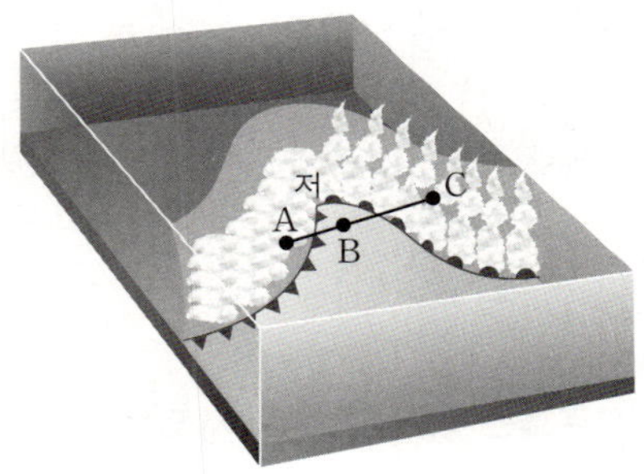

A, B, C 지역의 날씨에 대한 설명으로 옳은 것은?

① A 지역은 B 지역보다 기온이 높다.
② B 지역은 남서풍 계열의 바람이 분다.
③ C 지역에 소나기가 내린다.
④ C 지역은 전선 통과 후 기압이 높아질 것이다.
⑤ 온대 저기압의 중심은 점차 서쪽으로 이동한다.

594

그림 (가)와 (나)는 하루 간격으로 작성된 일기도를 순서 없이 나타낸 것이다.

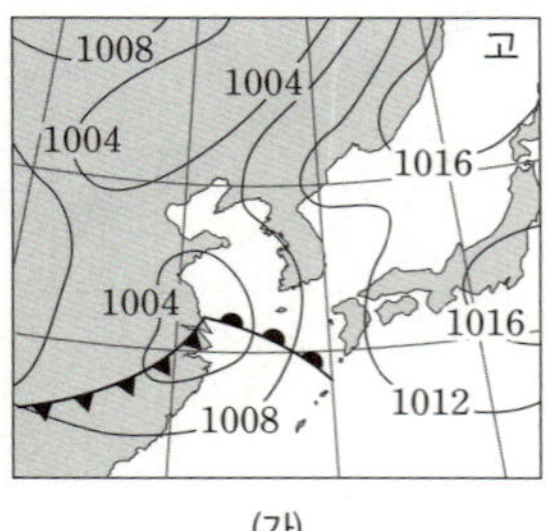 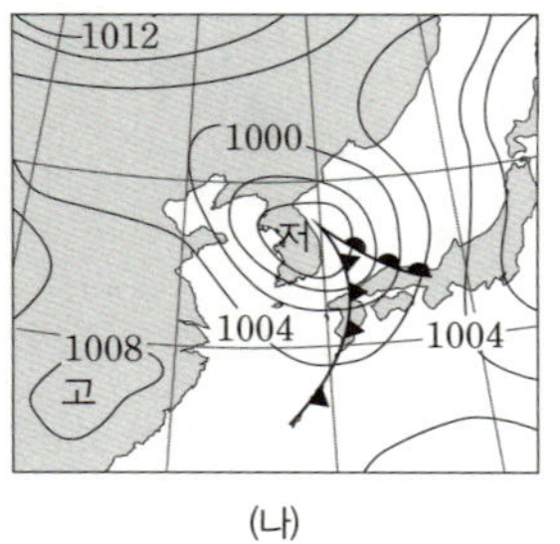

(가) (나)

이에 대한 설명으로 옳은 것만을 〈보기〉에서 있는 대로 고른 것은?

보기
ㄱ. 시간 순서는 (가) → (나)이다.
ㄴ. 제주에서 비가 내릴 가능성은 (가)보다 (나)일 때 높다.
ㄷ. 이 기간 동안 온대 저기압의 세력은 약해졌다.

① ㄱ ② ㄷ ③ ㄱ, ㄴ
④ ㄱ, ㄷ ⑤ ㄴ, ㄷ

596

그림은 어느 지역에서 전선이 통과하는 동안 나타난 기온, 기압, 풍향 변화를 나타낸 것이다.

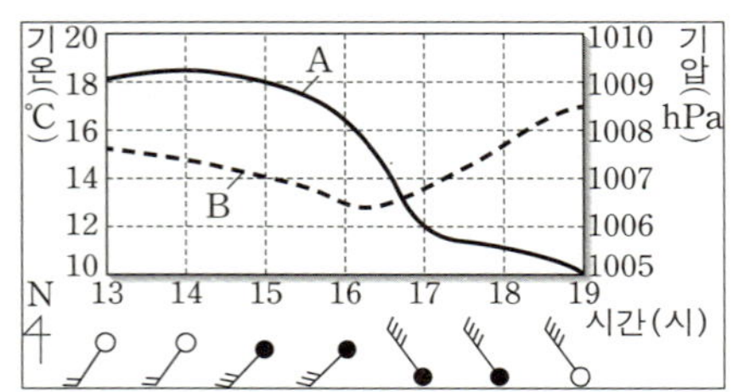

이에 대한 설명으로 옳은 것만을 〈보기〉에서 있는 대로 고른 것은?

보기
ㄱ. A는 기온, B는 기압이다.
ㄴ. 관측 시간 동안 온난 전선이 통과하였다.
ㄷ. 16~18시 사이에 이슬비가 내렸을 것이다.

① ㄱ ② ㄷ ③ ㄱ, ㄴ
④ ㄱ, ㄷ ⑤ ㄴ, ㄷ

595

그림 (가)는 어느 온대 저기압 중심의 이동 경로를, (나)의 A, B, C는 이 온대 저기압 중심이 우리나라를 통과하는 동안 ㉠과 ㉡ 중 한 지역에서 관측한 풍향과 풍속을 시간 순서 없이 나타낸 것이다.

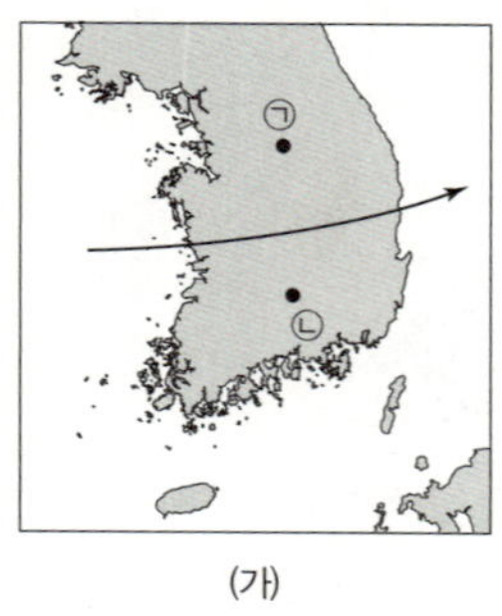 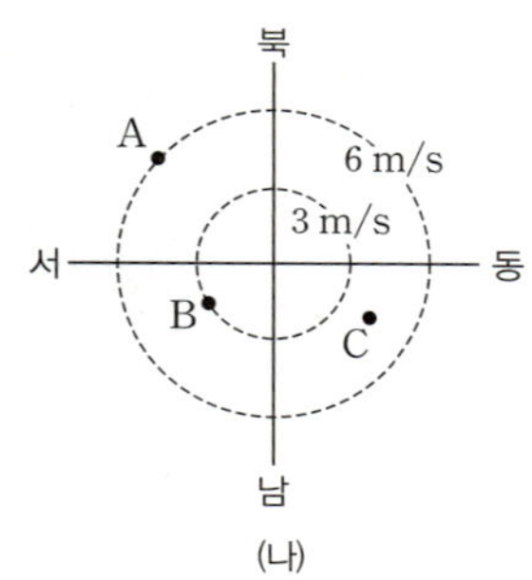

(가) (나)

이에 대한 설명으로 옳은 것만을 〈보기〉에서 있는 대로 고른 것은?

보기
ㄱ. (나)는 ㉠에서 관측한 결과이다.
ㄴ. (나)에서 관측된 순서는 C → B → A이다.
ㄷ. 관측 지점의 기압은 B일 때 가장 낮았을 것이다.

① ㄱ ② ㄷ ③ ㄱ, ㄴ
④ ㄱ, ㄷ ⑤ ㄴ, ㄷ

597

그림 (가)와 (나)는 인공위성에서 관측되는 가시 영상과 적외 영상의 원리를 순서 없이 나타낸 것이다.

 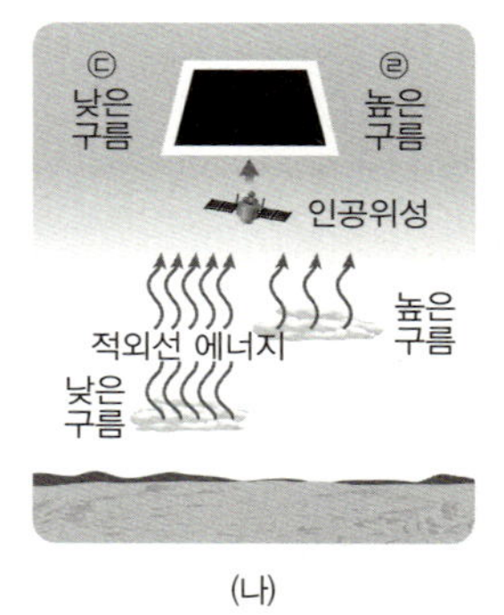

(가) (나)

이에 대한 설명으로 옳은 것만을 〈보기〉에서 있는 대로 고른 것은?

보기
ㄱ. (가)는 가시 영상이다.
ㄴ. (가)의 영상에서 ㉠은 ㉡보다 밝게 나타난다.
ㄷ. (나)의 영상에서 ㉢은 ㉣보다 어둡게 나타난다.

① ㄱ ② ㄷ ③ ㄱ, ㄴ
④ ㄴ, ㄷ ⑤ ㄱ, ㄴ, ㄷ

02. 태풍과 우리나라의 주요 악기상

598

표는 어느 해 5월에 발생한 태풍에 관한 자료이다.

일시	태풍 중심의 위치	중심 기압 (hPa)	최대 풍속 (km/h)	이동 속도 (km/h)
18일 21시	12.6°N, 133.8°E	985	112	26
19일 21시	17.1°N, 132.3°E	950	158	19
20일 21시	19.8°N, 135.3°E	940	176	22
21일 21시	24.0°N, 140.7°E	945	162	30
22일 21시	28.8°N, 149.0°E	985	90	47

이 태풍에 대한 설명으로 옳은 것은?

① 적도 해상에서 발생하였다.
② 이동 방향은 북동쪽에서 북서쪽으로 바뀌었다.
③ 중심 기압과 최대 풍속은 대체로 비례한다.
④ 전향점을 지난 후 이동 속도가 빨라졌다.
⑤ 태풍의 세력은 22일에 가장 강하다.

599

그림은 태풍의 위도별 평균 이동 속도를 나타낸 것이다.

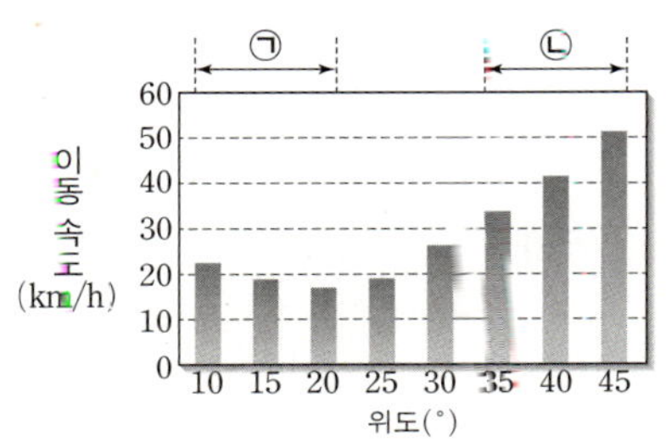

태풍의 이동 속도에 대한 설명으로 옳은 것들을 〈보기〉에서 있는 대로 고른 것은?

보기

ㄱ. 태풍의 이동 속도는 전향점에서 가장 빠르다.
ㄴ. ㉠에서 태풍은 대체로 북동쪽으로 이동한다.
ㄷ. ㉡에서 태풍의 중심 기압은 고위도로 갈수록 대체로 증가한다.

① ㄱ   ② ㄴ   ③ ㄷ
④ ㄱ, ㄷ   ⑤ ㄴ, ㄷ

600

그림은 태풍이 우리나라를 통과하는 동안에 남해안의 어느 지점 P에서 측정한 풍향을 나타낸 것이다.

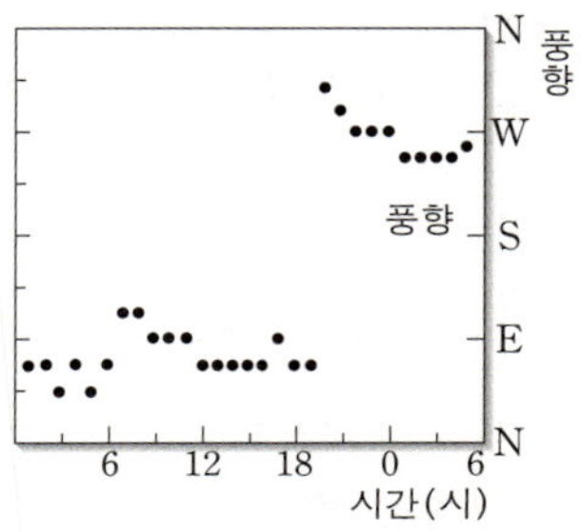

이에 대한 설명으로 옳은 것만을 〈보기〉에서 있는 대로 고른 것은?

보기

ㄱ. P에서 풍향은 서풍에서 동풍 계열로 바뀌었다.
ㄴ. 태풍의 중심부는 P를 통과하였다.
ㄷ. P의 기압은 18~21시 경에 가장 낮았다.

① ㄱ   ② ㄴ   ③ ㄱ, ㄷ
④ ㄴ, ㄷ   ⑤ ㄱ, ㄴ, ㄷ

601

그림은 어느 해 발생한 태풍이 우리나라 주변을 통과하는 동안 시각 T_1, T_2, T_3 일 때의 태풍 위치를 나타낸 것이다.

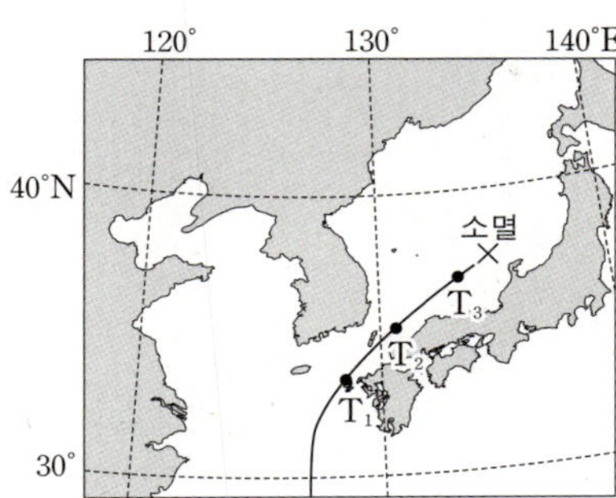

이에 대한 설명으로 옳은 것만을 〈보기〉에서 있는 대로 고른 것은?

보기

ㄱ. 중심 기압은 T_1보다 T_3일 때 높았다.
ㄴ. 태풍은 무역풍의 영향을 받아 북동쪽으로 이동하였다.
ㄷ. 태풍이 이동하는 동안 부산은 위험 반원에 위치하였다.

① ㄱ   ② ㄴ   ③ ㄷ
④ ㄱ, ㄴ   ⑤ ㄴ, ㄷ

602

표는 최근에 발생한 태풍 수의 평균값을 30년과 10년으로 구분하여 나타낸 것이다.

구분 \ 기간	1~3월	4~6월	7~9월	10~12월
30년 평균 [1986~2015년]	0.9 (0.0)	3.5 (0.4)	13.9 (2.6)	6.2 (0.1)
10년 평균 [2006~2015년]	1.1 (0.0)	3.7 (0.3)	12.7 (2.4)	5.7 (0.2)

( ) 안의 숫자는 우리나라에 영향을 준 태풍 수의 평균값이다.

이 자료에 대한 설명으로 옳은 것만을 〈보기〉에서 있는 대로 고른 것은?

보기

ㄱ. 연간 발생하는 평균 태풍 수는 최근 10년이 30년 평균보다 작다.
ㄴ. 우리나라에 영향을 주는 연간 태풍 수는 최근 10년이 30년 평균보다 작다.
ㄷ. 태풍 발생 해역의 표층 수온은 1~3월이 7~9월보다 높을 것이다.

① ㄱ   ② ㄴ   ③ ㄷ
④ ㄱ, ㄴ   ⑤ ㄴ, ㄷ

603

그림은 어느 해 우리나라에 영향을 준 두 태풍의 발생 위치와 이동 경로를 나타낸 것이다.

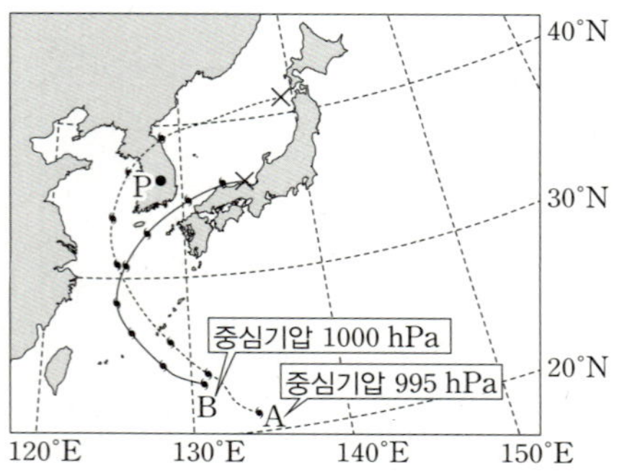

이에 대한 설명으로 옳은 것만을 〈보기〉에서 있는 대로 고른 것은?

보기

ㄱ. 태풍 발생 당시 세력은 A가 B보다 컸다.
ㄴ. P 지점은 B의 위험 반원에 위치하였다.
ㄷ. 전향점의 위치는 A가 B보다 고위도에 위치하였다.

① ㄱ   ② ㄴ   ③ ㄷ
④ ㄱ, ㄷ   ⑤ ㄴ, ㄷ

604

표는 어느 해 발생한 태풍이 우리나라를 지나가는 동안 측정된 중심 기압과 중심 풍속을, 그림은 당시 우리나라의 어느 관측소에서 측정한 풍향 및 풍속을 나타낸 것이다.

일시	중심 기압 (hPa)	중심 풍속 (km/h)
16일 09시	960	38
17일 03시	( )	20

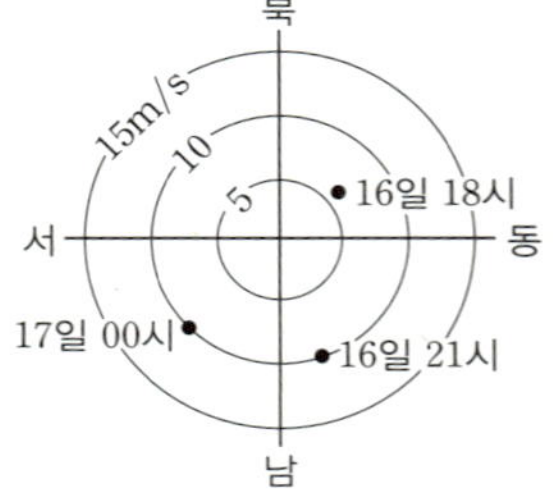

이에 대한 설명으로 옳은 것만을 〈보기〉에서 있는 대로 고른 것은?

보기

ㄱ. 17일 03시에 중심 기압은 960 hPa보다 높았다.
ㄴ. 관측소는 태풍의 위험 반원에 위치하였다.
ㄷ. 관측소와 태풍 중심 사이의 거리는 16일 18시보다 16일 21시에 가까웠다.

① ㄱ   ② ㄴ   ③ ㄱ, ㄷ
④ ㄴ, ㄷ   ⑤ ㄱ, ㄴ, ㄷ

605

그림 (가)와 (나)는 우리나라에 영향을 주는 두 저기압의 단면을 나타낸 것이다.

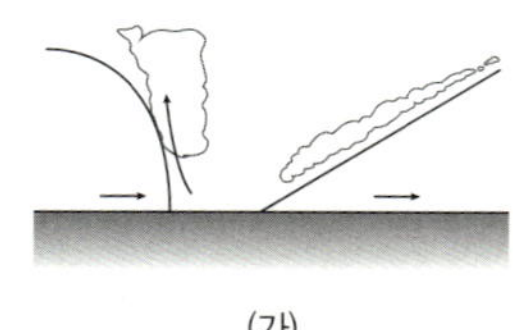

(가)

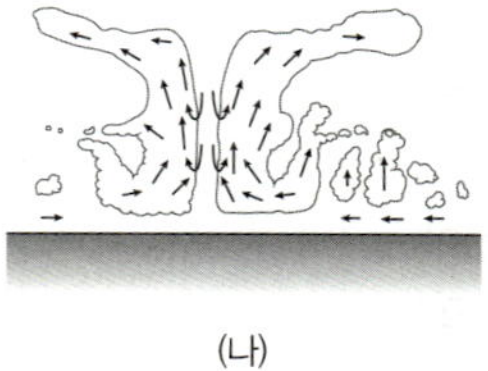

(나)

저기압 (가)와 (나)의 공통점에 대한 설명으로 옳은 것은?

① 열대 저기압이다.
② 전선을 동반한다.
③ 북반구에서만 발생한다.
④ 열대 해상에서 발생한다.
⑤ 이동하는 동안 편서풍의 영향을 받는다.

606

그림은 뇌우의 구조를 나타낸 것이다.

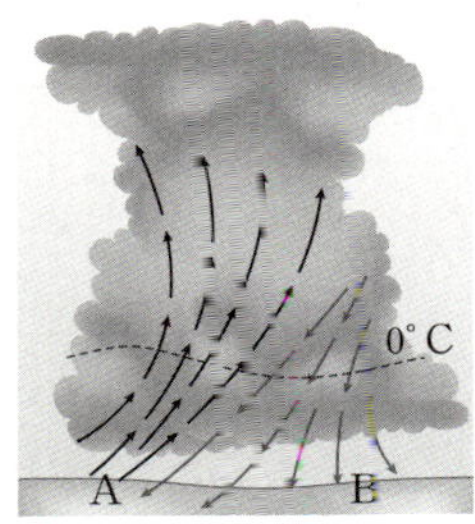

이에 대한 설명으로 옳은 것만을 〈보기〉에서 있는 대로 고른 것은?

보기
ㄱ. 발달 단계 중 적운 단계에 해당한다.
ㄴ. 강수 구역은 A보다 B에서 나타난다.
ㄷ. 뇌우는 한랭 전선이나 태풍에 동반되어 나타날 수 있다.

① ㄱ　　　　② ㄴ　　　　③ ㄱ, ㄷ
④ ㄴ, ㄷ　　　　⑤ ㄱ, ㄴ, ㄷ

607

그림 (가)와 (나)는 악기상을 나타낸 것이다.

(가) 우박

(나) 국지성 호우

(가)와 (나)의 공통점에 대한 설명으로 옳은 것만을 〈보기〉에서 있는 대로 고른 것은?

보기
ㄱ. 강한 상승 기류가 우세할 때 나타난다.
ㄴ. 악기상이 지속되는 시간은 보통 1일 이상이다.
ㄷ. 발생 시각과 범위를 비교적 정확하게 예보할 수 있다.

① ㄱ　　　　② ㄴ　　　　③ ㄱ, ㄷ
④ ㄴ, ㄷ　　　　⑤ ㄱ, ㄴ, ㄷ

608

그림은 어느 해역에서 관측된 연직 수온 분포를 나타낸 것이다.
a, b, c 구간에 대한 설명으로 옳지 <u>않은</u> 것은?

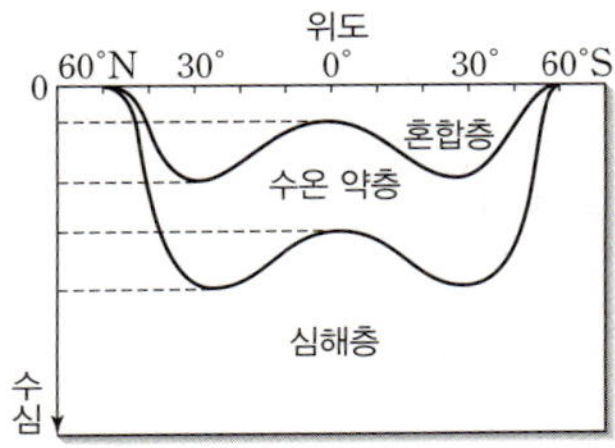

① a 구간은 주로 바람에 의한 혼합으로 형성된다.
② b 구간은 해수의 연직 운동이 매우 활발하다.
③ 해수의 밀도가 가장 큰 구간은 c이다.
④ c 구간은 계절에 따른 수온 변화가 거의 없다.
⑤ a 구간과 c 구간 사이에서는 물질 교환이 쉽게 일어나지 않는다.

609

그림은 위도별 수온의 연직 분포를 나타낸 것이다.
이에 대한 설명으로 옳은 것만을 〈보기〉에서 있는 대로 고른 것은?

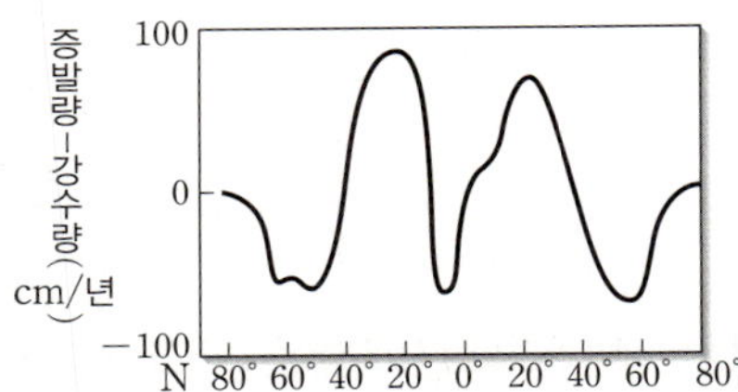

보기
ㄱ. 바람은 중위도보다 적도 부근에서 강하다.
ㄴ. 위도별 수온 차이는 표층보다 심층에서 작다.
ㄷ. 해수의 층상 구조는 고위도일수록 뚜렷하다.

① ㄱ　　　　② ㄴ　　　　③ ㄱ, ㄷ
④ ㄴ, ㄷ　　　　⑤ ㄱ, ㄴ, ㄷ

610

그림은 위도에 따른 '증발량−강수량' 값을 나타낸 것이다.
이에 대한 설명으로 옳은 것만을 〈보기〉에서 있는 대로 고른 것은?

보기
ㄱ. 적도 해역은 증발량이 강수량보다 적다.
ㄴ. 표층 염분은 30°N 부근 해역이 적도 해역보다 낮다.
ㄷ. 위도 60° 부근 해역에는 고압대가 발달한다.

① ㄱ　　　　② ㄴ　　　　③ ㄱ, ㄷ
④ ㄴ, ㄷ　　　　⑤ ㄱ, ㄴ, ㄷ

611

표는 대양 중앙부의 두 해역 A, B에서의 풍속과 표층 염분을 나타낸 것이다.

구분	A 해역	B 해역
위도	5°N	30°N
풍속(m/s)	1~2	5~6
표층 염분 (psu)	33.5	35.5

B 해역이 A 해역보다 큰 값을 갖는 것만을 〈보기〉에서 있는 대로 고른 것은?

ㄱ. 혼합층의 두께
ㄴ. 표층 해수의 밀도
ㄷ. 혼합층과 심해층의 수온 차이

① ㄱ   ② ㄷ   ③ ㄱ, ㄴ
④ ㄴ, ㄷ   ⑤ ㄱ, ㄴ, ㄷ

612

수심이 깊어질수록 대체로 증가하는 물리량으로 옳은 것은?

① 수온   ② 염분   ③ 밀도
④ 용존 산소량   ⑤ 플랑크톤

613

그림 (가)와 (나)는 우리나라 동해의 어느 해역에서 관측된 수온과 염분 분포를 순서 없이 나타낸 것이다.

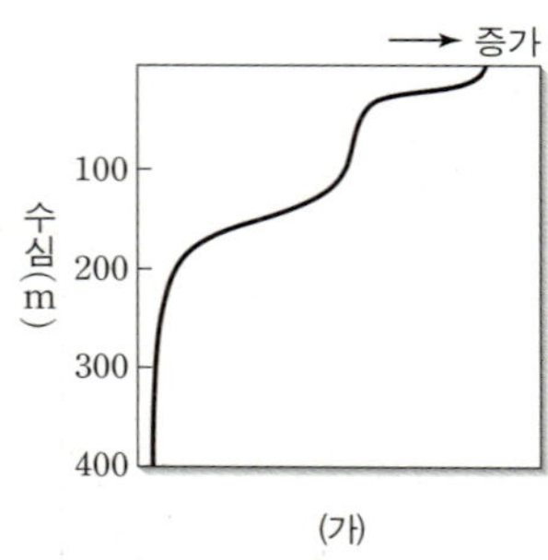
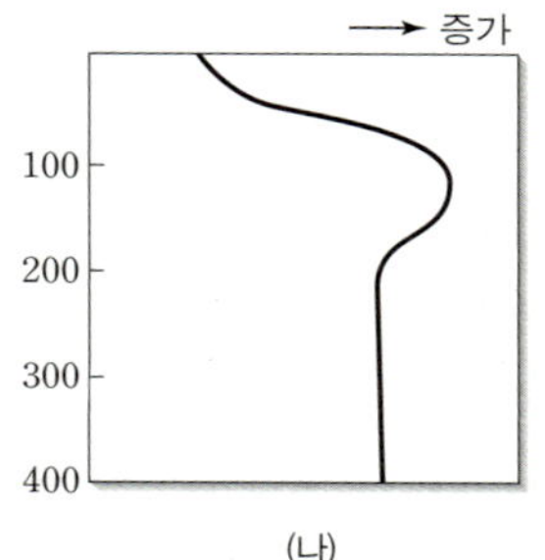

이 해역에 대한 설명으로 옳은 것만을 〈보기〉에서 있는 대로 고른 것은?

ㄱ. (가)는 염분 분포이다.
ㄴ. 심해층은 대략 200 m 깊이에서 시작된다.
ㄷ. 깊이에 따른 밀도 변화는 수심이 깊을수록 커진다.

① ㄱ   ② ㄴ   ③ ㄱ, ㄷ
④ ㄴ, ㄷ   ⑤ ㄱ, ㄴ, ㄷ

614

그림은 1968년부터 2006년까지 우리나라 주변 표층 해수의 연평균 수온과 염분의 변화 경향을 나타낸 것이다.

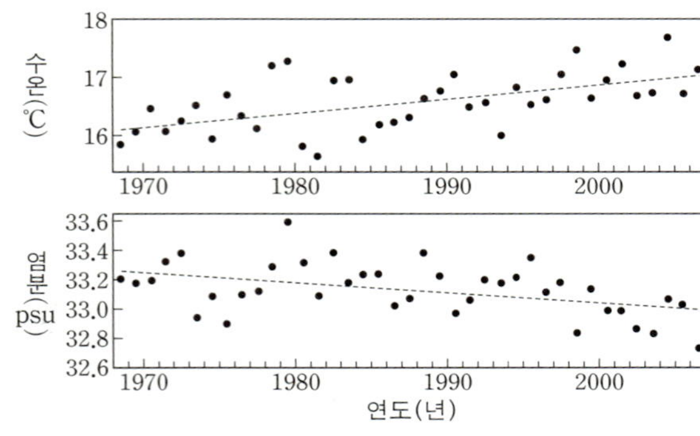

이에 대한 설명으로 옳은 것만을 〈보기〉에서 있는 대로 고른 것은?

ㄱ. 평균 해수면이 높아지고 있다.
ㄴ. 표층 해수의 밀도는 점점 증가하는 추세이다.
ㄷ. 한류성 어종의 어획량이 점점 증가한다.

① ㄱ   ② ㄴ   ③ ㄱ, ㄷ
④ ㄴ, ㄷ   ⑤ ㄱ, ㄴ, ㄷ

615

그림 (가)와 (나)는 우리나라 주변 바다의 2월과 8월의 표층 염분 분포를 나타낸 것이다.

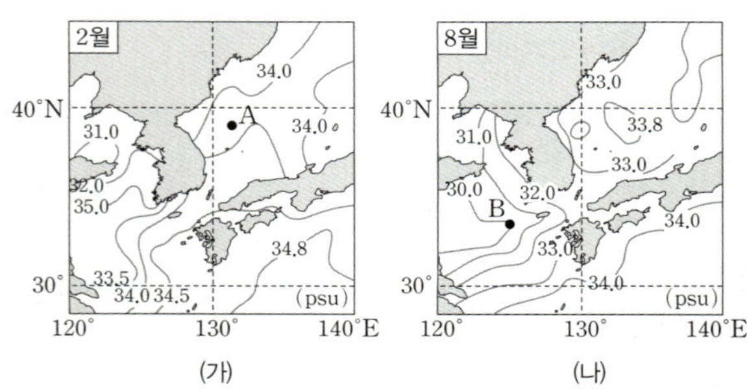

이에 대한 설명으로 옳은 것만을 〈보기〉에서 있는 대로 고른 것은?

ㄱ. (가)에서 A 해역의 표층 염분은 34 psu보다 높다.
ㄴ. (나)에서 B 해역의 표층 염분이 낮은 이유는 강물이 유입되기 때문이다.
ㄷ. 계절에 따른 표층 염분 변화량은 울릉도 부근 해역보다 제주 부근 해역에서 작다.

① ㄱ   ② ㄴ   ③ ㄷ
④ ㄱ, ㄴ   ⑤ ㄴ, ㄷ

616

그림은 위도별 표층 해수의 온도와 밀도를 순서 없이 A, B로 나타낸 것이다.

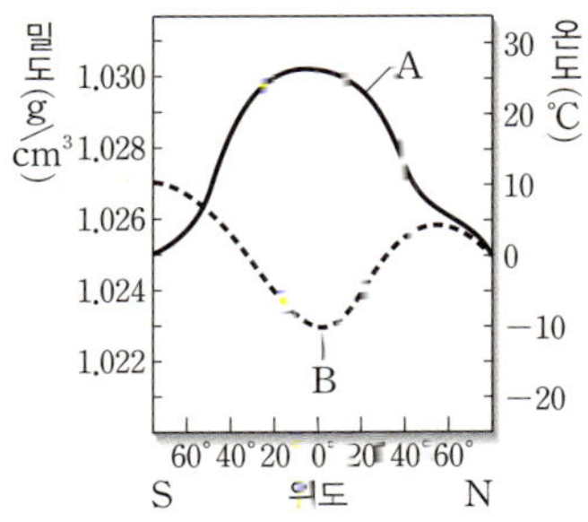

이에 대한 설명으로 옳은 것만을 〈보기〉에서 있는 대로 고른 것은?

보기
ㄱ. A는 밀도, B는 온도이다.
ㄴ. 표층 해수의 밀도는 적도보다 30° 부근에서 크다.
ㄷ. 표층 염분은 50°N 부근보다 60°N 부근에서 높다.

① ㄱ 　② ㄴ 　③ ㄱ, ㄷ
④ ㄴ, ㄷ 　⑤ ㄱ, ㄴ, ㄷ

617

그림은 동해 A, B 두 지점의 표면에서부터 수심 500 m까지 연직 방향으로 측정한 수온과 염분을 수온 염분도(T－S 도)에 나타낸 것이다.

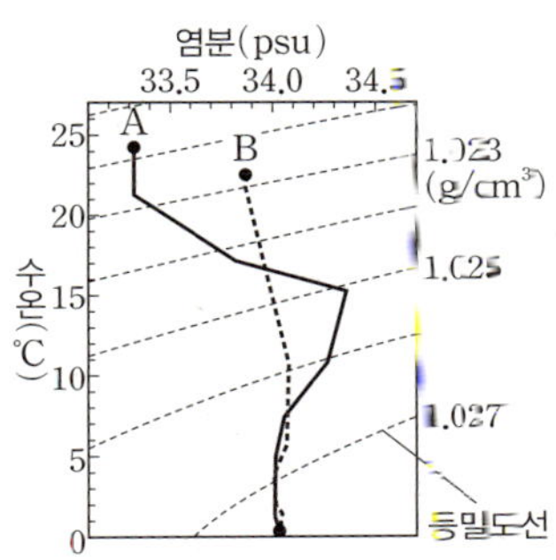

이에 대한 설명으로 옳은 것만을 〈보기〉에서 있는 대로 고른 것은?

보기
ㄱ. 두 지점의 표면 수온은 20 ℃ 이상이다.
ㄴ. 두 지점 모두 깊이에 따라 해수의 밀도가 계속 증가한다.
ㄷ. 표면 해수와 500 m 해수의 밀도 차는 A 지점이 B 지점보다 크다.

① ㄱ 　② ㄴ 　③ ㄱ, ㄷ
④ ㄴ, ㄷ 　⑤ ㄱ, ㄴ, ㄷ

618

그림은 해수에 녹아 있는 산소와 이산화 탄소의 양을 순서 없이 A, B로 나타낸 것이다.

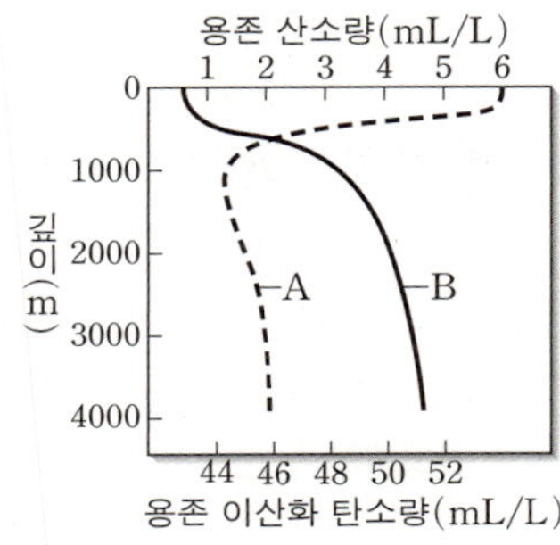

이에 대한 설명으로 옳은 것만을 〈보기〉에서 있는 대로 고른 것은?

보기
ㄱ. A는 용존 산소량이다.
ㄴ. 수심에 관계없이 이산화 탄소의 용존량이 산소보다 적다.
ㄷ. 표층에서 B의 농도가 낮은 주된 원인은 수온 때문이다.

① ㄱ 　② ㄷ 　③ ㄱ, ㄴ
④ ㄱ, ㄷ 　⑤ ㄴ, ㄷ

619

그림은 북태평양에서 관측된 표층 해수의 용존 산소량을 나타낸 것이다.

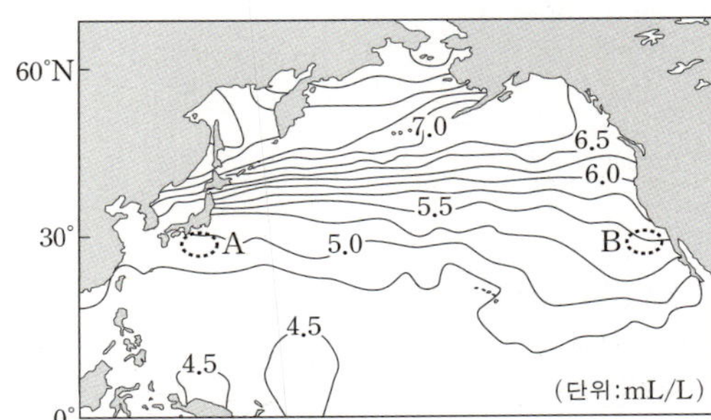

이에 대한 설명으로 옳은 것만을 〈보기〉에서 있는 대로 고른 것은?

보기
ㄱ. 용존 산소량은 저위도에서 고위도로 갈수록 대체로 증가한다.
ㄴ. A 해역에서 해류가 강해지면 용존 산소량은 증가할 것이다.
ㄷ. 표층 수온은 A 해역이 B 해역보다 높을 것이다.

① ㄱ 　② ㄷ 　③ ㄱ, ㄴ
④ ㄱ, ㄷ 　⑤ ㄴ, ㄷ

01. 대기 대순환과 해양의 순환

620

대기 대순환에 대한 설명으로 옳지 <u>않은</u> 것은?

① 북반구와 남반구에 커다란 3개의 순환이 존재한다.
② 적도 부근에서는 해들리 순환의 상승 기류가 발달한다.
③ 페렐 순환은 열대류에 의해 형성된 직접 순환이다.
④ 극동풍과 편서풍은 위도 60° 부근에서 만나 전선대를 형성한다.
⑤ 대기 대순환은 저위도의 과잉 에너지를 고위도로 운반하는 역할을 한다.

621

대기 대순환에 의해 남반구의 지표면 부근에서 부는 바람을 옳게 나타낸 것은?

① 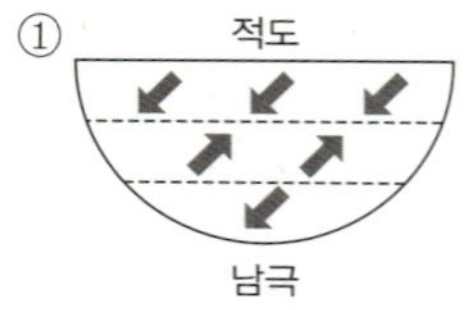

② 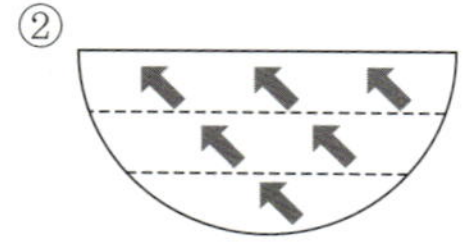

③ 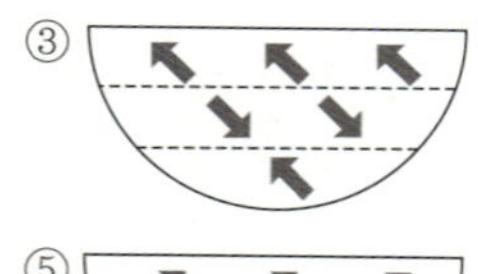

④ 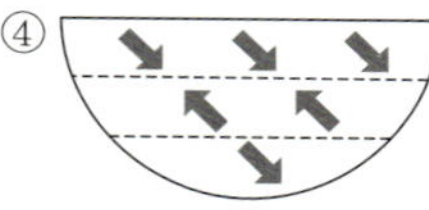

⑤ 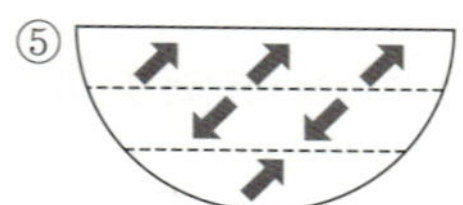

622

그림은 북태평양의 아열대 해역에서 주요 표층 해류가 흐르고 있는 A~D 해역을 나타낸 것이다. 이에 대한 설명으로 옳은 것만을 〈보기〉에서 있는 대로 고른 것은?

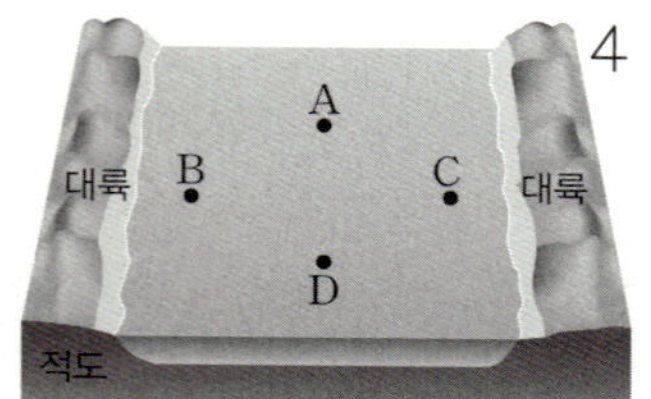

보기

ㄱ. A의 해류는 편서풍에 의해 형성되었다.
ㄴ. B에서는 난류, C에서는 한류가 흐른다.
ㄷ. 표층 해류는 A → C → D → B로 흐른다.

① ㄱ   ② ㄴ   ③ ㄱ, ㄷ
④ ㄴ, ㄷ   ⑤ ㄱ, ㄴ, ㄷ

623

그림은 대기와 해양에 의한 에너지 수송량을 나타낸 것이다. (＋)는 북쪽, (－)는 남쪽 방향을 나타낸다.

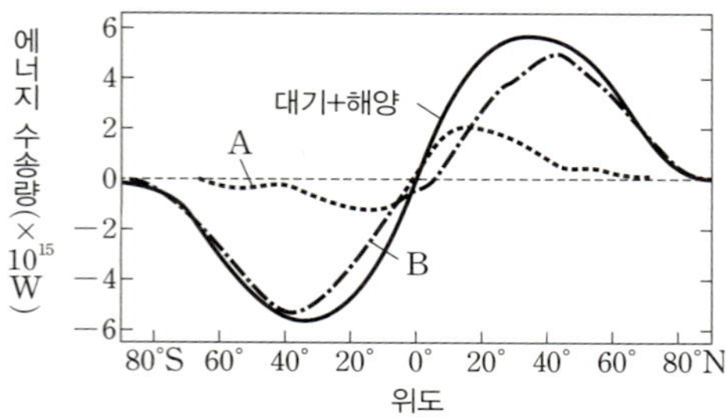

이에 대한 설명으로 옳은 것만을 〈보기〉에서 있는 대로 고른 것은?

보기

ㄱ. A는 대기에 의한 에너지 수송량이다.
ㄴ. 에너지 수송량은 한대 전선대 부근에서 최대이다.
ㄷ. 에너지 수송을 통해 위도에 따른 에너지 불균형을 해소할 수 있다.

① ㄱ   ② ㄷ   ③ ㄱ, ㄴ
④ ㄴ, ㄷ   ⑤ ㄱ, ㄴ, ㄷ

624

그림은 대기 대순환과 표층 해류를 나타낸 것이다.

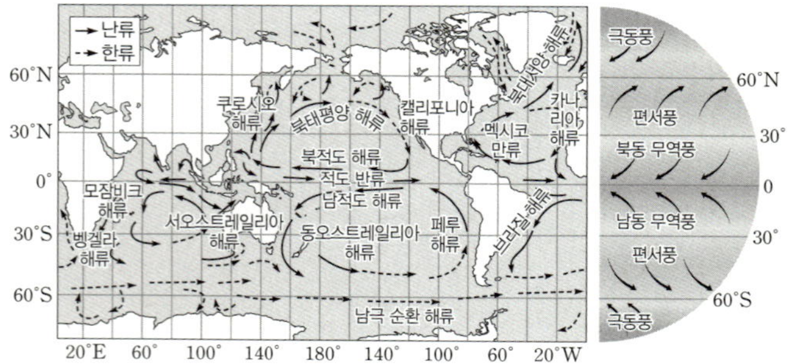

이에 대한 설명으로 옳은 것만을 〈보기〉에서 있는 대로 고른 것은?

보기

ㄱ. 북태평양 해류는 편서풍에 의해 서쪽에서 동쪽으로 흐른다.
ㄴ. 아열대 해역에서 표층 순환의 방향은 북반구와 남반구에서 같은 방향이다.
ㄷ. 대기와 해수의 순환은 지구의 에너지 평형에 중요한 역할을 한다.

① ㄱ   ② ㄷ   ③ ㄱ, ㄴ
④ ㄱ, ㄷ   ⑤ ㄴ, ㄷ

625

다음은 북반구에서 나타나는 기후의 특징이다.

> (가) 적도 지역과 위도 60°N 지역에서는 저압대가 발달한다.
> (나) 사막은 주로 위도 30°N 부근에 분포한다.
> (다) 극 지역에서는 지표 냉각에 의한 하강 기류가 우세하다.

(가)~(다)의 특징을 설명할 수 있는 대기 대순환 모형으로 가장 적절한 것은?

① 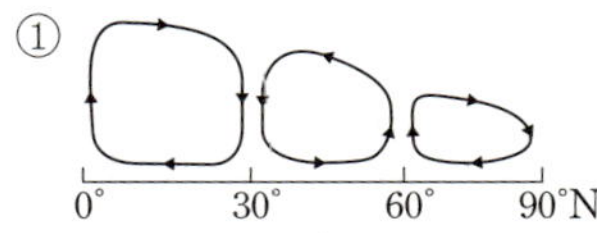

② 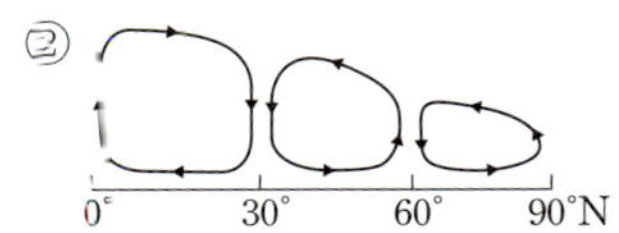

③ 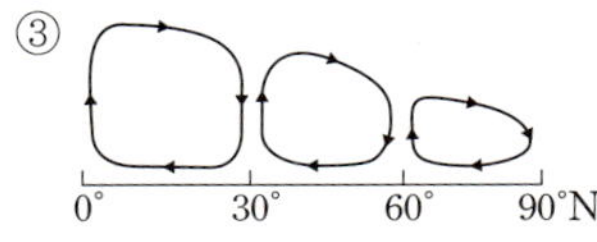

④ 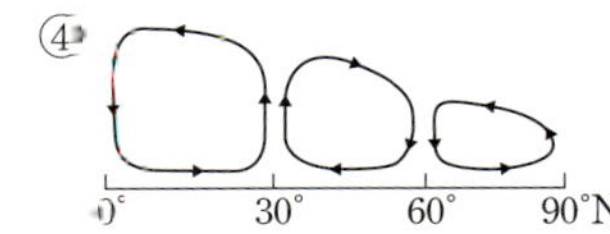

⑤ 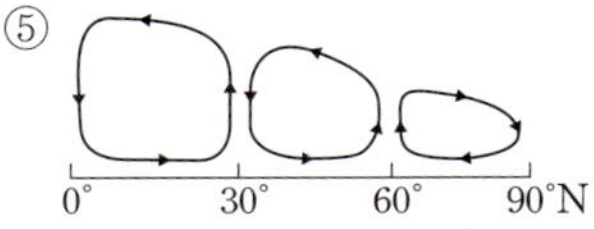

626

그림은 멕시코만류와 뉴욕과 레이캬비크의 1월 평균 기온을 나타낸 것이다.

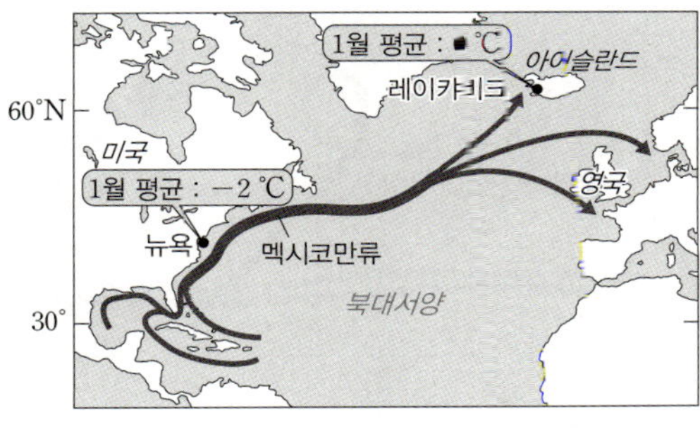

이에 대한 설명으로 옳은 것만을 <보기>에서 옳은 대로 고른 것은?

보기
> ㄱ. 멕시코만류는 극동풍에 의해 형성된 해류이다.
> ㄴ. 1월 평균 기온은 뉴욕보다 레이캬비크가 낮다.
> ㄷ. 멕시코만류는 고위도 해안 지역의 기후를 상대적으로 온화하게 해준다.

① ㄱ ② ㄷ ③ ㄱ, ㄴ
④ ㄴ, ㄷ ⑤ ㄱ, ㄴ, ㄷ

627

그림은 우리나라 주변의 해류를 나타낸 것이다.

해류 A, B, C에 대한 설명으로 옳은 것은?

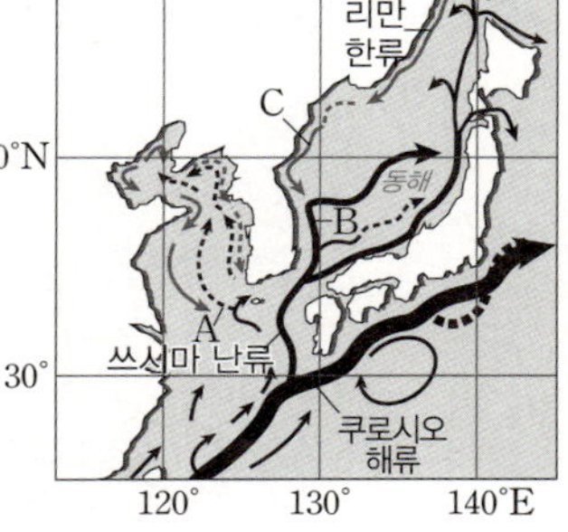

① 표층 수온은 A가 C보다 낮다.
② 표층 염분은 B가 C보다 낮다.
③ C는 겨울보다 여름에 뚜렷하게 나타난다.
④ A~C 중 용존 산소량은 C가 가장 많다.
⑤ B와 C가 만나는 해역은 어장이 황폐화된다.

628

그림 (가)와 (나)는 겨울(2월)과 여름(8월)에 우리나라 주변 해양의 표층 수온과 염분 분포를 나타낸 것이다.

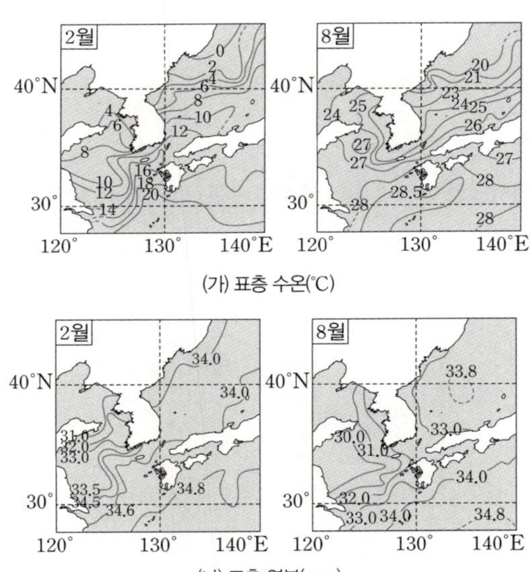

(가) 표층 수온(℃)

(나) 표층 염분(psu)

우리나라 주변 해역의 특징에 대한 설명으로 옳은 것만을 <보기>에서 있는 대로 고른 것은?

보기
> ㄱ. 동해에서 남북 간의 수온 차는 여름보다 겨울에 크다.
> ㄴ. 표층 염분은 강수량이 많은 계절에 더 높다.
> ㄷ. 계절에 따른 표층 염분 변화량은 울릉도 해역보다 제주도 해역에서 작다.

① ㄱ ② ㄴ ③ ㄱ, ㄷ
④ ㄴ, ㄷ ⑤ ㄱ, ㄴ, ㄷ

629

그림은 남대서양의 아열대 순환을 이루는 해류 A∼C를 나타낸 것이다.

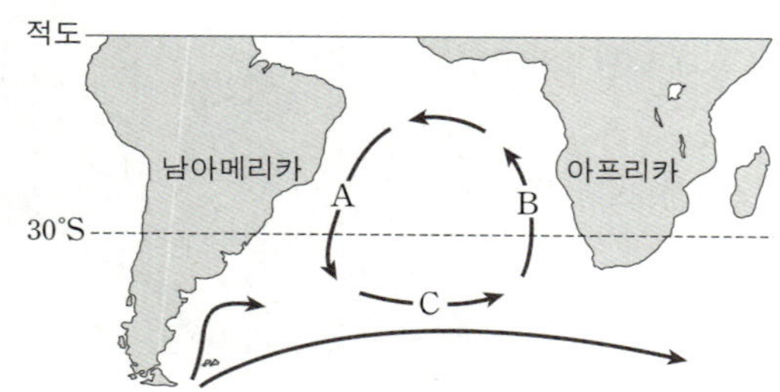

이에 대한 설명으로 옳은 것만을 〈보기〉에서 있는 대로 고른 것은?

보기

ㄱ. 표층 수온은 A가 B보다 높다.
ㄴ. C는 편서풍의 영향을 받는다.
ㄷ. 북대서양 아열대 순환은 시계 방향이다.

① ㄱ   ② ㄷ   ③ ㄱ, ㄴ
④ ㄴ, ㄷ   ⑤ ㄱ, ㄴ, ㄷ

630

그림은 대서양의 여러 수괴의 특성을 수온 – 염분도에 나타낸 것이다.

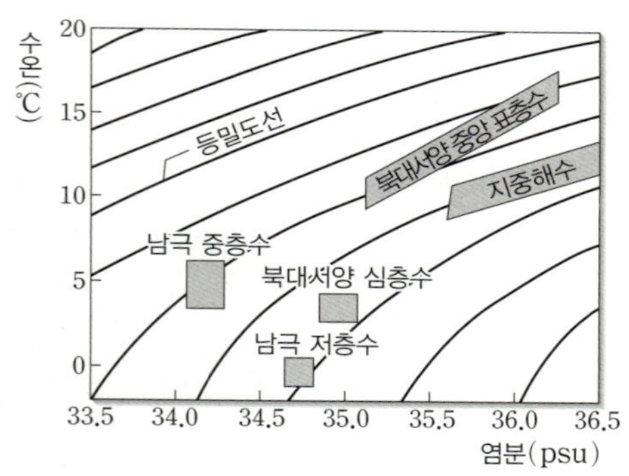

이에 대한 설명으로 옳은 것만을 〈보기〉에서 있는 대로 고른 것은?

보기

ㄱ. 남극 저층수는 북대서양의 해저면을 따라 이동할 것이다.
ㄴ. 남극 중층수와 북대서양 심층수가 만나면 남극 중층수가 밑으로 가라앉는다.
ㄷ. 지중해수가 북대서양으로 유출되면 북대서양 표층수 위로 떠오른다.

① ㄱ   ② ㄷ   ③ ㄱ, ㄴ
④ ㄴ, ㄷ   ⑤ ㄱ, ㄴ, ㄷ

631

그림은 대서양의 심층 순환을 나타낸 것이다.

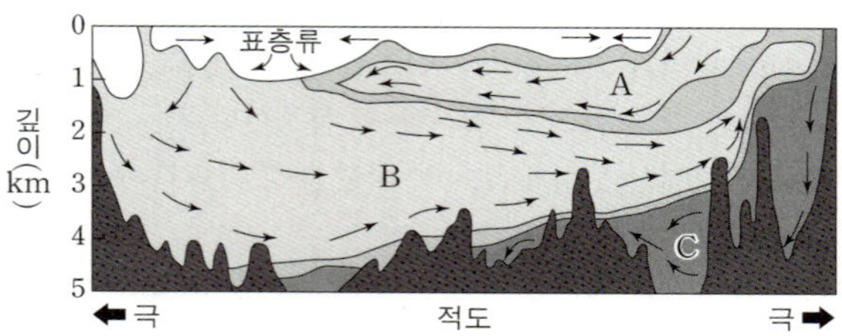

심층류 A, B, C에 대한 설명으로 옳은 것만을 〈보기〉에서 있는 대로 고른 것은?

보기

ㄱ. 심층류의 평균 유속은 표층류보다 빠르다.
ㄴ. C는 남극 부근에서 가라앉아 형성된다.
ㄷ. 해수의 밀도는 A<B<C이다.

① ㄱ   ② ㄷ   ③ ㄱ, ㄴ
④ ㄴ, ㄷ   ⑤ ㄱ, ㄴ, ㄷ

632

그림은 전 지구적인 해수의 순환을 나타낸 것이다.

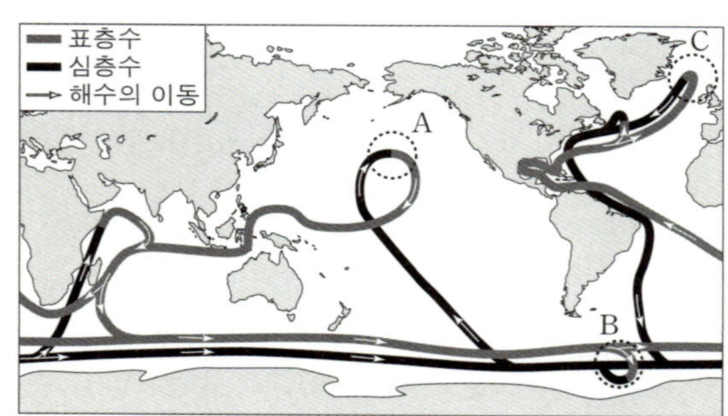

이에 대한 설명으로 옳은 것만을 〈보기〉에서 있는 대로 고른 것은?

보기

ㄱ. A 해역에서 용승이 활발할수록 영양 염류가 풍부해진다.
ㄴ. B와 C 해역에서 침강한 해수는 심층에 산소를 공급하는 역할을 한다.
ㄷ. 표층수와 심층수는 컨베이어 벨트와 같이 연결되어 전 지구를 순환한다.

① ㄱ   ② ㄷ   ③ ㄱ, ㄴ
④ ㄴ, ㄷ   ⑤ ㄱ, ㄴ, ㄷ

633

표는 '수온과 염분이 물의 밀도에 미치는 영향과 심층 순환의 발생'을 알아보기 위해 준비한 세 시료 A~C의 수온과 염분을 나타낸 것이다.

시료	수온(℃)	염분(psu)
A	30	15
B	(㉠)	30
C	㉢	(㉡)

이에 대한 설명으로 옳은 것만을 〈보기〉에서 있는 대로 고른 것은?

보기

ㄱ. A와 B를 비교하여 염분이 밀도에 미치는 영향을 알아보려면 ㉠이 20이어야 한다.
ㄴ. A와 C를 비교하여 수온이 밀드에 미치는 영향을 알아보려면 ㉡이 30이어야 한다.
ㄷ. 해수의 수온과 염분 변화는 심층 순환을 일으키는 원인이 될 수 있다.

① ㄱ ② ㄴ ③ ㄱ, ㄷ
④ ㄴ, ㄷ ⑤ ㄱ, ㄴ, ㄷ

02. 대기와 해양의 상호 작용

634

그림 (가)와 (나)는 위도가 같은 북반구 해안 지역에서 지속적인 바람에 의해 형성된 수온 분포를 나타낸 것이다.

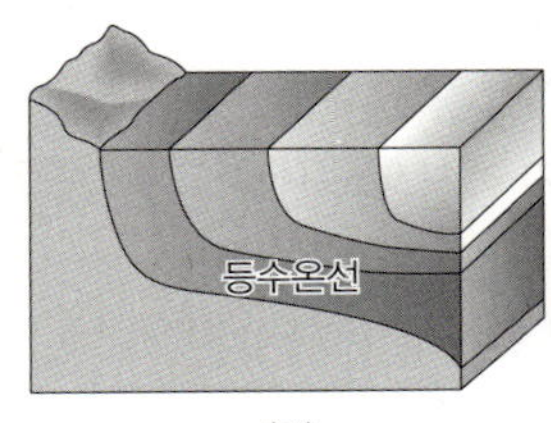

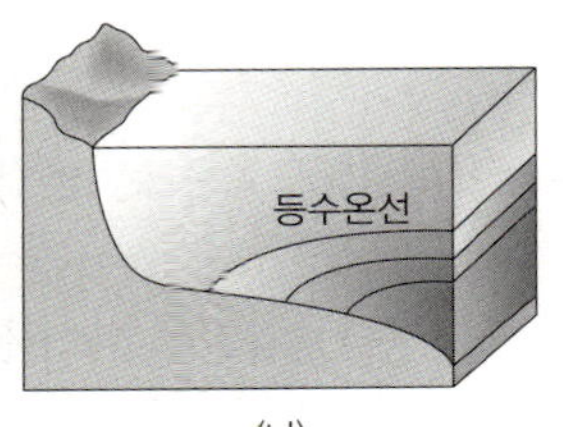

(가)   (나)

(가)와 (나)에서 각각 불고 있는 바람의 방향을 옳게 짝 지은 것은?

	(가)	(나)		(가)	(나)
①	북풍	남풍	②	남풍	북풍
③	동풍	서풍	④	서풍	동풍
⑤	동풍	남풍			

635

그림은 북반구 어느 해안에서 플랑크톤의 분포를 나타낸 것이다.

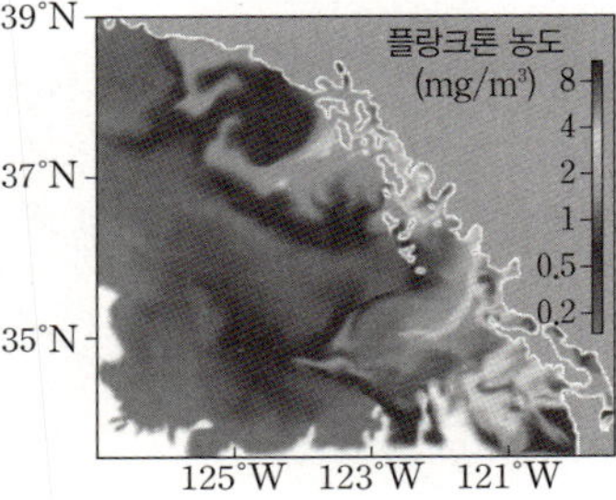

이 해역에 대한 설명으로 옳은 것만을 〈보기〉에서 있는 대로 고른 것은?

보기

ㄱ. 연안 용승이 나타난다.
ㄴ. 이 해역에 남동풍이 지속적으로 불고 있다.
ㄷ. 표층 해수의 수온은 해안에서 멀어질수록 낮아진다.

① ㄱ ② ㄷ ③ ㄱ, ㄴ
④ ㄴ, ㄷ ⑤ ㄱ, ㄴ, ㄷ

636

그림 (가)와 (나)는 바람이 지속적으로 부는 적도 부근 해역과 북반구 어느 해역을 나타낸 것이다.

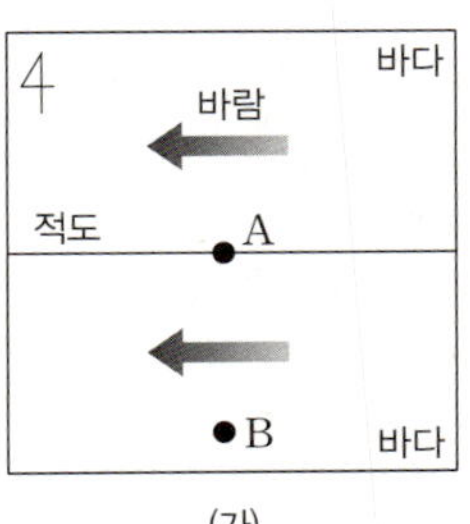

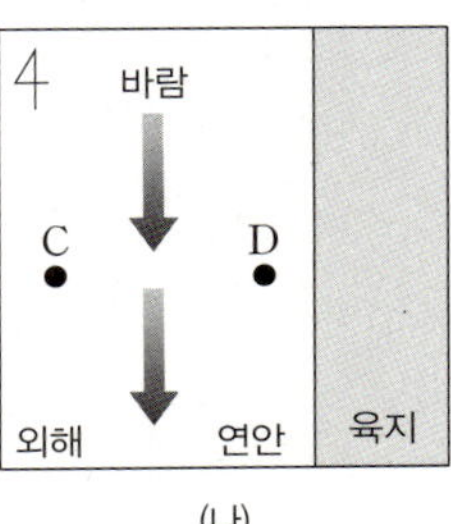

이에 대한 설명으로 옳은 것만을 〈보기〉에서 있는 대로 고른 것은?

보기

ㄱ. (가)와 (나)에서 용승이 일어난다.
ㄴ. (가)에서 표층 수온은 A가 B보다 낮다.
ㄷ. (나)에서 용존 산소량은 C가 D보다 많다.

① ㄱ ② ㄷ ③ ㄱ, ㄴ
④ ㄴ, ㄷ ⑤ ㄱ, ㄴ, ㄷ

637

그림은 어느 날 울산 앞바다에서의 표층 수온 분포를 나타낸 것이다.

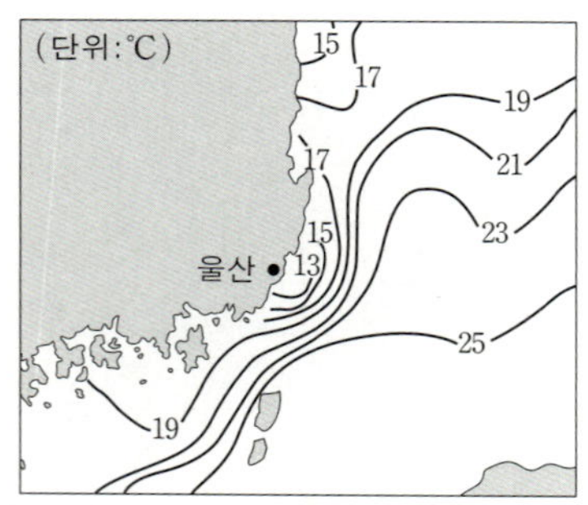

울산 앞바다에 대한 설명으로 옳은 것만을 〈보기〉에서 있는 대로 고른 것은?

보기

ㄱ. 남풍 계열의 바람이 지속적으로 불었다.
ㄴ. 해수의 침강이 일어났다.
ㄷ. 적조가 발생할 가능성이 크다.

① ㄱ　　　② ㄴ　　　③ ㄷ
④ ㄱ, ㄴ　　　⑤ ㄴ, ㄷ

638

그림은 태평양에서 용승이 활발하게 일어나는 해역 A, B, C를 나타낸 것이다.

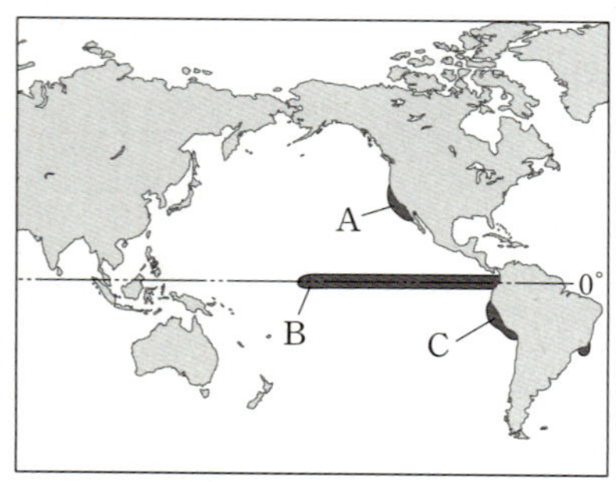

이에 대한 설명으로 옳은 것만을 〈보기〉에서 있는 대로 고른 것은?

보기

ㄱ. A와 C 부근에는 한류가 흐른다.
ㄴ. B 해역에서는 서풍 계열의 바람이 우세하다.
ㄷ. A, B, C 모두 주변의 다른 해역에 비해 안개가 자주 발생한다.

① ㄱ　　　② ㄴ　　　③ ㄷ
④ ㄱ, ㄷ　　　⑤ ㄴ, ㄷ

639

그림은 어느 시기에 위성에서 관측한 태평양 해수면의 높이 편차(관측 높이－평년 높이)를 나타낸 것이다.

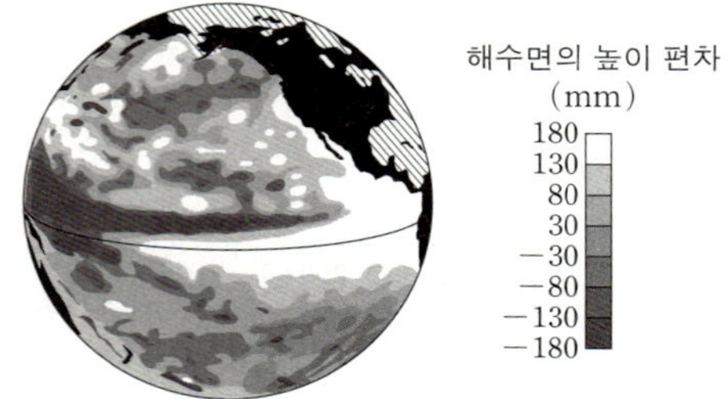

이 시기의 특징에 대한 설명으로 옳은 것만을 〈보기〉에서 있는 대로 고른 것은?

보기

ㄱ. 무역풍이 평상시보다 강하게 분다.
ㄴ. 동태평양 적도 해역에서 용승이 활발하다.
ㄷ. 서태평양 적도 해역의 강수량이 평상시보다 감소한다.

① ㄱ　　　② ㄴ　　　③ ㄷ
④ ㄱ, ㄴ　　　⑤ ㄴ, ㄷ

640

그림은 2009년부터 2011년까지 서태평양과 동태평양의 적도 부근 해역에서 관측한 해수면 높이를 나타낸 것이다.

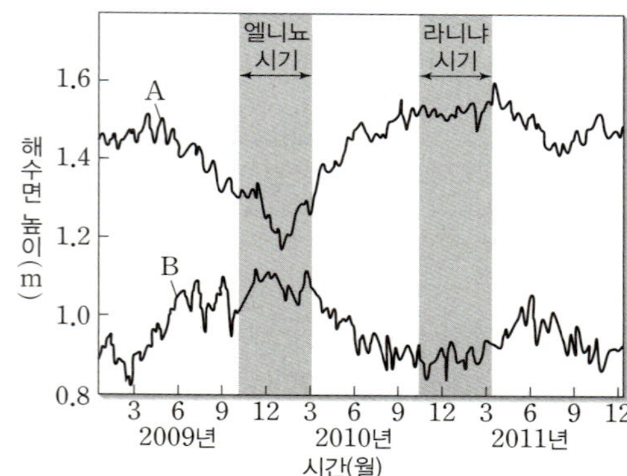

이에 대한 설명으로 옳은 것만을 〈보기〉에서 있는 대로 고른 것은?

보기

ㄱ. A는 동태평양 적도 해역에서 관측한 자료이다.
ㄴ. B를 관측한 해역의 표층 수온은 2009년 12월보다 2010년 12월에 높았다.
ㄷ. A와 B 해역의 해수면 경사는 2009년 12월보다 2010년 12월에 컸다.

① ㄱ　　　② ㄴ　　　③ ㄷ
④ ㄱ, ㄴ　　　⑤ ㄴ, ㄷ

641

그림 (가)와 (나)는 태평양 적도 부근 해역에서 관측된 구름양의 분포를 나타낸 것이다. (가)와 (나)는 각각 엘니뇨와 라니냐 시기 중 하나이다.

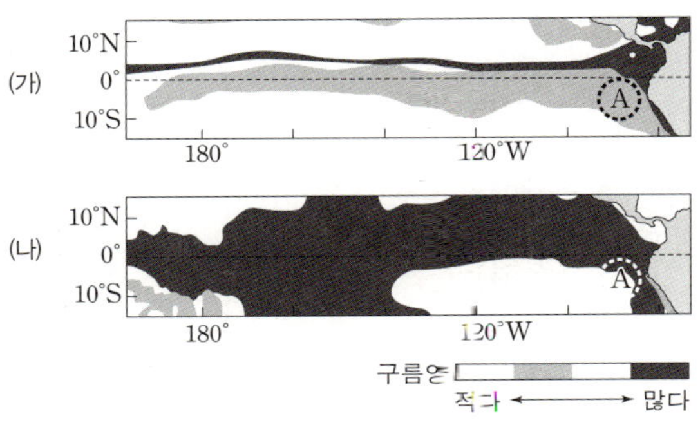

이에 대한 설명으로 옳은 것만을 〈보기〉에서 있는 대로 고른 것은?

보기

ㄱ. (가)는 엘니뇨 시기이다.
ㄴ. A 해역의 평균 기압은 (가)가 (나)보다 높다.
ㄷ. 남적도 해류의 유속은 (가)가 (나)보다 빠르다.

① ㄱ   ② ㄴ   ③ ㄱ, ㄷ
④ ㄴ, ㄷ   ⑤ ㄱ, ㄴ, ㄷ

642

그림은 어느 시기에 태평양 적도 부근 해역에서 표면 수온 편차(측정 수온-평균 수온)를 나타낸 것이다. 이 시기에 엘니뇨 또는 라니냐가 발생하였다.

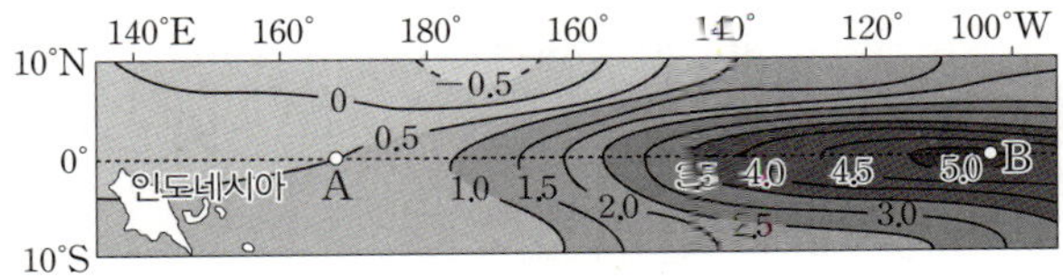

이 시기의 특징에 대한 설명으로 옳은 것만을 〈보기〉에서 있는 대로 고른 것은?

보기

ㄱ. 라니냐가 발생하였다.
ㄴ. A와 B 해역의 수온 차는 평상시보다 크다.
ㄷ. B 해역에서 혼합층과 심해층의 온도 차는 평상시보다 크다.
ㄹ. 인도네시아에서 가뭄, 산불 등의 피해가 자주 나타난다.

① ㄱ, ㄴ   ② ㄱ, ㄷ   ③ ㄴ, ㄷ
④ ㄴ, ㄹ   ⑤ ㄷ, ㄹ

643

다음은 기후 변화를 일으키는 여러 요인을 나열한 것이다.

(가) 태양 활동 변화
(나) 수륙 분포의 변화
(다) 대규모 화산 분출
(라) 대기 대순환의 변화
(마) 지구 자전축의 경사각 변화

(가)~(마) 중 기후 변화를 일으키는 지구 외적 요인과 지구 내적 요인을 옳게 짝 지은 것은?

	외적 요인	내적 요인
①	(가), (마)	(나), (다), (라)
②	(가), (라), (마)	(나), (다)
③	(나), (라)	(가), (다), (마)
④	(나), (다), (라)	(가), (마)
⑤	(다), (라), (마)	(가), (나)

644

그림 (가)와 (나)는 현재와 13000년 후 지구 공전 궤도와 자전축의 경사 방향을 나타낸 것이다.

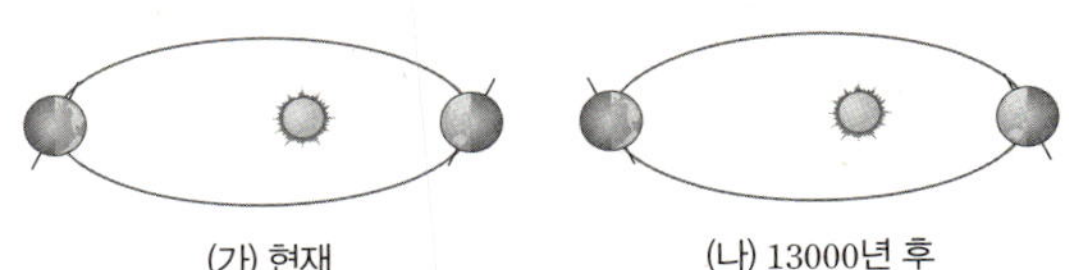

(가)와 (나)에 대한 설명으로 옳은 것만을 〈보기〉에서 있는 대로 고른 것은? (단, 자전축 경사 방향 외의 요인은 변하지 않는다고 가정한다.)

보기

ㄱ. 현재 지구가 근일점일 때 우리나라는 여름철이다.
ㄴ. 13000년 후 우리나라에서 기온의 연교차는 현재보다 크다.
ㄷ. 13000년 후 지구에 입사하는 연간 태양 복사 에너지양은 현재보다 많다.

① ㄱ   ② ㄴ   ③ ㄱ, ㄷ
④ ㄴ, ㄷ   ⑤ ㄱ, ㄴ, ㄷ

645

북반구 중위도 지역에서 기온의 연교차가 증가하는 경우만을 〈보기〉에서 있는 대로 고른 것은? (단, 현재는 지구가 근일점에 위치할 때 북반구는 겨울철이다.)

보기

ㄱ. 자전축의 경사각이 24.5°로 변한다.
ㄴ. 공전 궤도 이심률이 현재보다 작아진다.
ㄷ. 지구 자전축의 경사 방향이 세차 운동에 의해 현재와 반대가 된다.

① ㄱ 　② ㄴ 　③ ㄱ, ㄷ
④ ㄴ, ㄷ 　⑤ ㄱ, ㄴ, ㄷ

646

그림은 위도에 따른 태양 복사 에너지와 지구 복사 에너지를 나타낸 것이다.

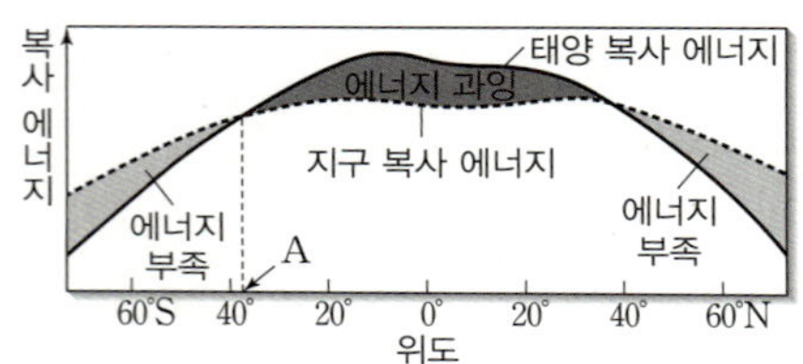

이에 대한 설명으로 옳지 않은 것은?

① 지구 전체에서 에너지 과잉량은 에너지 부족량과 같다.
② 지표면이 방출하는 에너지양은 저위도보다 고위도에서 적다.
③ 열에너지는 저위도에서 고위도로 이동한다.
④ 열에너지 이동량은 A 부근이 적도 부근보다 적다.
⑤ 열에너지 이동은 주로 대기와 해수의 순환에 의해 나타난다.

647

온실 기체와 온실 효과에 대한 설명으로 옳지 않은 것은?

① 온실 기체는 수증기, 이산화 탄소, 메테인 등이다.
② 온실 기체는 주로 태양 복사 에너지를 흡수한다.
③ 지구의 온실 효과에 미치는 영향은 이산화 탄소가 메테인보다 크다.
④ 대기 중 온실 기체의 농도는 계속 증가하는 추세이다.
⑤ 온실 효과가 커질수록 지구 온난화 현상이 심해진다.

648

그림은 지구에 입사하는 태양 복사 에너지양을 100단위라고 할 때 지구의 열수지 평형을 나타낸 것이다.

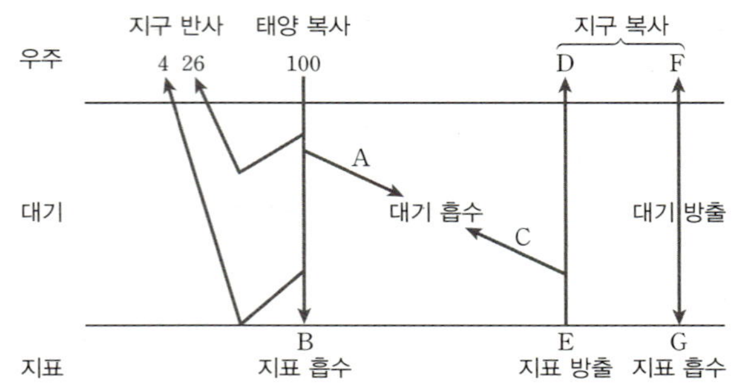

이에 대한 설명으로 옳은 것만을 〈보기〉에서 있는 대로 고른 것은?

보기

ㄱ. 지구의 반사율은 30 %이다.
ㄴ. A＋B＝D＋F 이다.
ㄷ. 대기의 온실 효과가 증가하면 E가 감소한다.

① ㄱ 　② ㄴ 　③ ㄷ
④ ㄱ, ㄴ 　⑤ ㄴ, ㄷ

649

그림은 빙하 연구로부터 알아낸 이산화 탄소와 메테인의 농도, 지구의 기온 편차(당시 기온—현재 기온)를 나타낸 것이다.

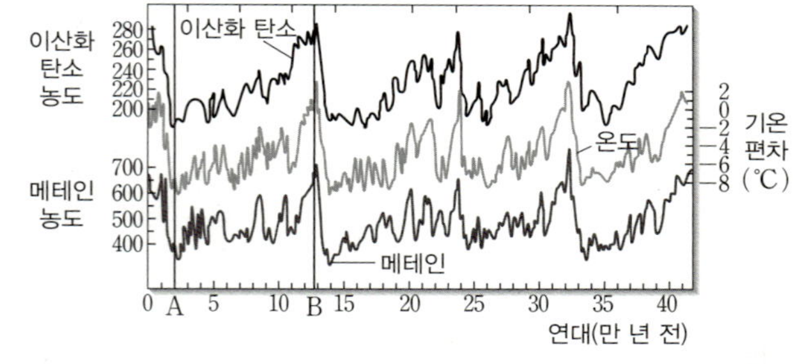

이에 대한 설명으로 옳은 것만을 〈보기〉에서 있는 대로 고른 것은?

보기

ㄱ. 이 기간 동안 지구의 평균 기온은 현재보다 대체로 낮았다.
ㄴ. 이산화 탄소와 메테인의 농도는 지구의 평균 기온과 대체로 비례하는 경향이 있다.
ㄷ. 극지방 반사율은 A 시기보다 B 시기에 높았다.

① ㄱ 　② ㄷ 　③ ㄱ, ㄴ
④ ㄴ, ㄷ 　⑤ ㄱ, ㄴ, ㄷ

650

그림은 전 세계에 분포하는 사막 지역과 사막화 지역을 나타낸 것이다.

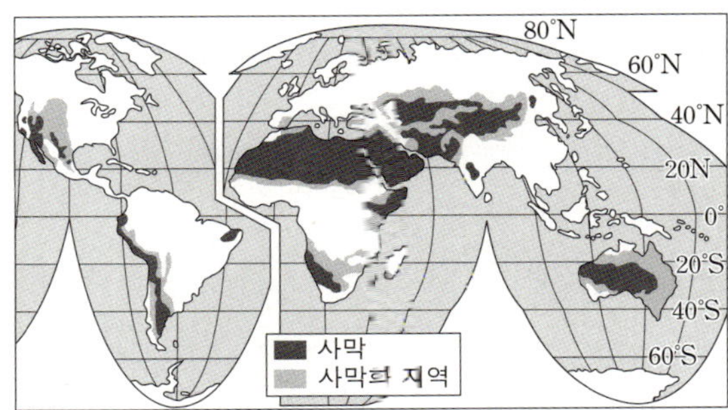

이에 대한 설명으로 옳은 것만을 〈보기〉에서 있는 대로 고른 것은?

보기

ㄱ. 사막의 면적은 고위도로 갈수록 증가하는 경향이 있다.

ㄴ. 과잉 방목과 경작지 확대는 사막화를 일으키는 인위적 요인이다.

ㄷ. 중국과 몽골 지역의 사막화는 우리나라에서 연간 황사 발생 일수를 증가시킬 것이다.

① ㄱ   ② ㄴ   ③ ㄱ, ㄷ
④ ㄴ, ㄷ   ⑤ ㄱ, ㄴ, ㄷ

651

그림은 대기 중 이산화 탄소량이 현재의 2배가 되었을 때 예상되는 기온 편차(예상 기온−평균 기온)를 나타낸 것이다.

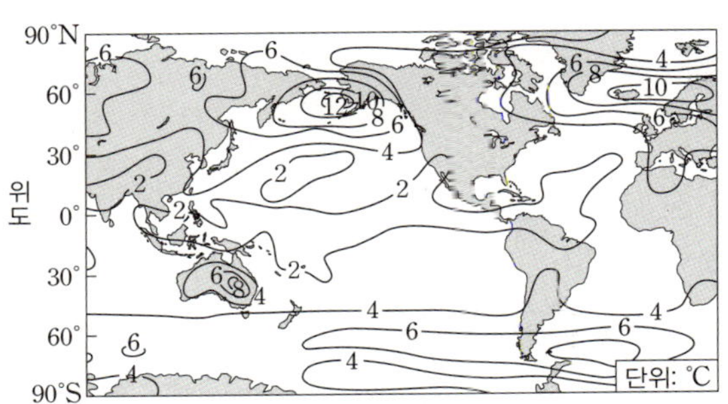

이 자료로부터 추론한 내용으로 옳은 것만을 〈보기〉에서 있는 대로 고른 것은?

보기

ㄱ. 고위도와 저위도의 온도 차는 현재보다 작아질 것이다.

ㄴ. 태풍이 발생할 수 있는 해역은 현재보다 좁아질 것이다.

ㄷ. 기상 현상에 의한 지표 환경의 변화는 현재보다 빨라질 것이다.

① ㄱ   ② ㄴ   ③ ㄱ, ㄷ
④ ㄴ, ㄷ   ⑤ ㄱ, ㄴ, ㄷ

652

그림은 대기가 있을 때 온실 효과가 일어나는 과정을 나타낸 것이다.

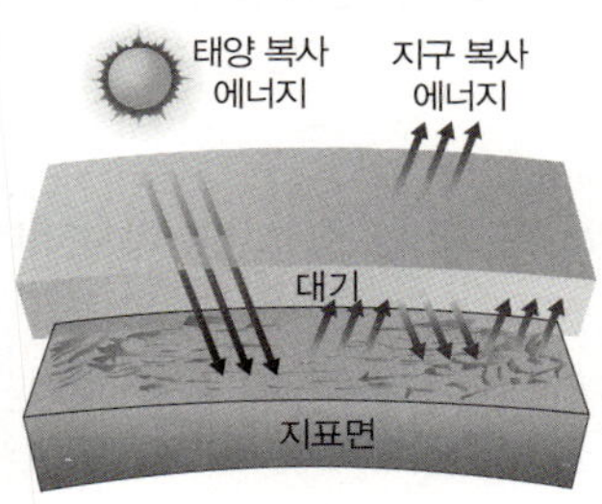

이에 대한 설명으로 옳지 않은 것은?

① 지구 대기는 가시광선보다 적외선을 잘 흡수한다.
② 지구 대기가 없다면 지구의 평균 기온은 현재보다 낮을 것이다.
③ 온실 효과가 커지면 평균 해수면이 상승할 것이다.
④ 온실 효과가 커지면 지표면의 온도는 증가한다.
⑤ 온실 기체의 양이 많아질수록 우주로 방출되는 지구 복사 에너지양이 증가한다.

653

그림은 우리나라에서 최근 80년간 관측된 연강수량과 연강수 일수를 10년 단위로 나타낸 것이다.

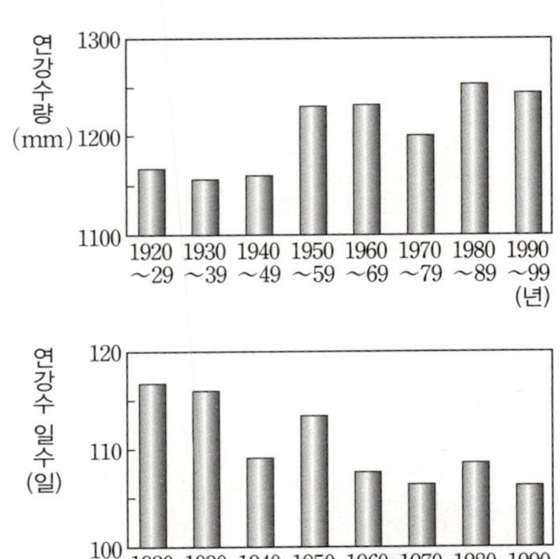

이에 대한 설명으로 옳은 것만을 〈보기〉에서 있는 대로 고른 것은?

보기

ㄱ. 연강수량은 감소하는 경향을 보인다.

ㄴ. 집중 호우의 발생 빈도는 증가하였을 것이다.

ㄷ. 계절에 따른 강수량 편차는 점점 줄어들고 있다.

① ㄱ   ② ㄴ   ③ ㄷ
④ ㄱ, ㄴ   ⑤ ㄴ, ㄷ

01. 별의 물리량과 H-R도

654

그림은 표면 온도가 다른 별의 파장에 따른 복사 에너지의 세기를 나타낸 것이다.

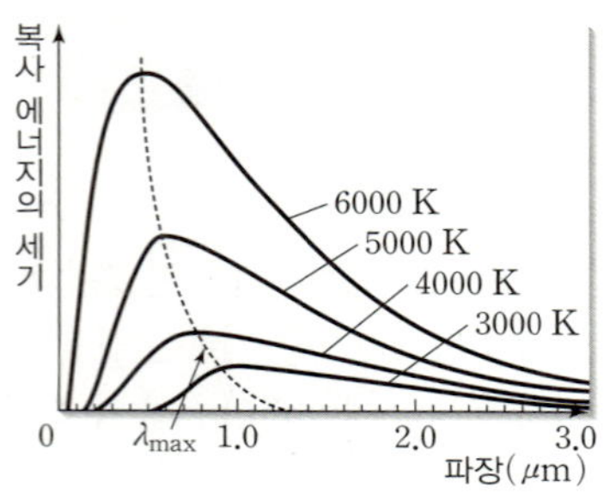

이에 대한 설명으로 옳은 것만을 〈보기〉에서 있는 대로 고른 것은? (단, λ_{max}는 복사 에너지의 세기가 최대인 파장을 나타낸다.)

보기

ㄱ. 표면 온도가 높을수록 λ_{max}이 길어진다.
ㄴ. 태양은 $1.0 \ \mu$m에서 복사 에너지가 가장 강하다.
ㄷ. 최대 복사 에너지의 파장이 길수록 색지수는 크다.

① ㄱ　　　　② ㄴ　　　　③ ㄷ
④ ㄱ, ㄷ　　　⑤ ㄴ, ㄷ

655

표는 별 (가)까지의 거리와 별 (가)를 B 필터와 V 필터로 관측한 겉보기 등급을 나타낸 것이다.

별 (가)까지의 거리(pc)	200
B 필터로 관측한 등급	$m_B=7.3$
V 필터로 관측한 등급	$m_V=6.5$

별 (가)에 대한 설명으로 옳은 것만을 〈보기〉에서 있는 대로 고른 것은? (단, 태양의 색지수는 0.65이다.)

보기

ㄱ. 색지수는 0.8이다.
ㄴ. 분광형은 F형에 가깝다.
ㄷ. 표면 온도는 태양보다 높다.

① ㄱ　　　　② ㄴ　　　　③ ㄱ, ㄷ
④ ㄴ, ㄷ　　　⑤ ㄱ, ㄴ, ㄷ

656

그림은 별의 분광형에 따른 흡수선의 종류와 세기를 나타낸 것이다.

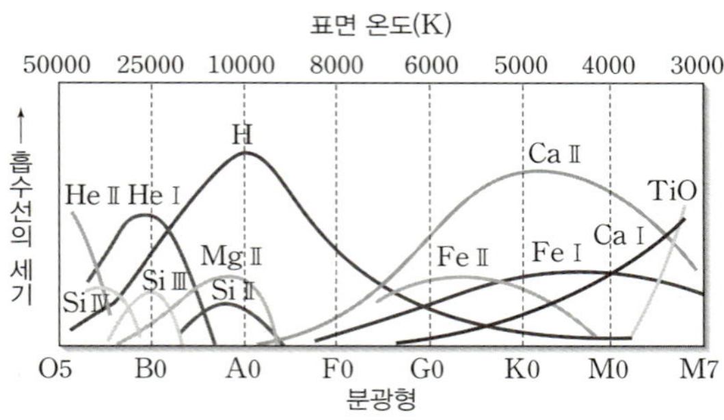

이에 대한 설명으로 옳은 것은?

① 표면 온도가 높을수록 중성 헬륨 흡수선이 강하다.
② K형, M형의 별은 수소와 헬륨이 거의 없다.
③ 분자 흡수선은 온도가 높은 별보다 낮은 별에서 강하게 나타난다.
④ 이온화된 칼슘 흡수선은 G형 별에서 가장 강하다.
⑤ 색지수가 작을수록 금속 원소들에 의한 흡수선이 강하다.

657

표는 태양, 별 A, B의 절대 등급과 색지수를 나타낸 것이다.

별	절대 등급	색지수
태양	5	0.65
A	2	0.8
B	0	1.5

이에 대한 설명으로 옳은 것은?

① 별 A, B는 주계열성에 속한다.
② 표면 온도는 태양이 A보다 높다.
③ 별의 크기는 A가 B보다 크다.
④ 태양은 B보다 100배 밝게 관측된다.
⑤ 광도 계급이 가장 작은 별은 태양이다.

658

표는 별 A, B, C의 겉보기 등급, 절대 등급, 분광형을 나타낸 것이다.

별	겉보기 등급	절대 등급	분광형
A	−1	1	B2
B	1	−1	K1
C	−1	−2	M0

이에 대한 설명으로 옳은 것만을 〈보기〉에서 있는 대로 고른 것은?

보기

ㄱ. 별의 크기는 B > C > A 이다.
ㄴ. A의 중심부에서는 헬륨이 생성된다.
ㄷ. 별까지의 거리는 A가 C보다 같다.

① ㄱ   ② ㄴ   ③ ㄱ, ㄷ
④ ㄴ, ㄷ   ⑤ ㄱ, ㄴ, ㄷ

659

그림은 주계열성의 질량과 반지름의 관계를 나타낸 것이다.

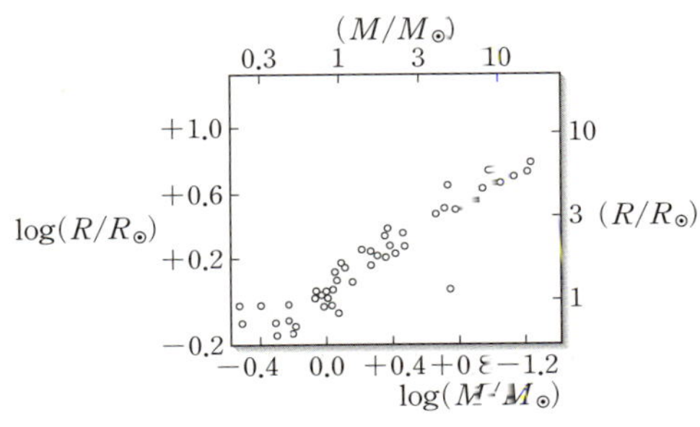

주계열성의 성질에 대한 설명으로 옳은 것만을 〈보기〉에서 있는 대로 고른 것은? (단, $M_\odot$은 태양의 질량, $R_\odot$은 태양의 반지름이다.)

보기

ㄱ. 질량이 클수록 반지름이 크다.
ㄴ. 반지름이 클수록 광도가 크다.
ㄷ. 질량이 클수록 진화 속도가 빠르다.

① ㄱ   ② ㄴ   ③ ㄱ, ㄷ
④ ㄴ, ㄷ   ⑤ ㄱ, ㄴ, ㄷ

660

표는 태양과 별 S를 분광형과 광도 계급을 기준으로 분류한 것이다.

별	태양	S
분류	G2 V	M0 Ⅲ

이에 대한 설명으로 옳은 것만을 〈보기〉에서 있는 대로 고른 것은?

보기

ㄱ. 광도는 태양이 S보다 밝다.
ㄴ. 반지름은 태양이 S보다 크다.
ㄷ. 표면 온도는 태양이 S보다 높다.

① ㄱ   ② ㄷ   ③ ㄱ, ㄴ
④ ㄴ, ㄷ   ⑤ ㄱ, ㄴ, ㄷ

661

그림은 태양 주변에 있는 별들을 H−R도에 나타낸 것이다.

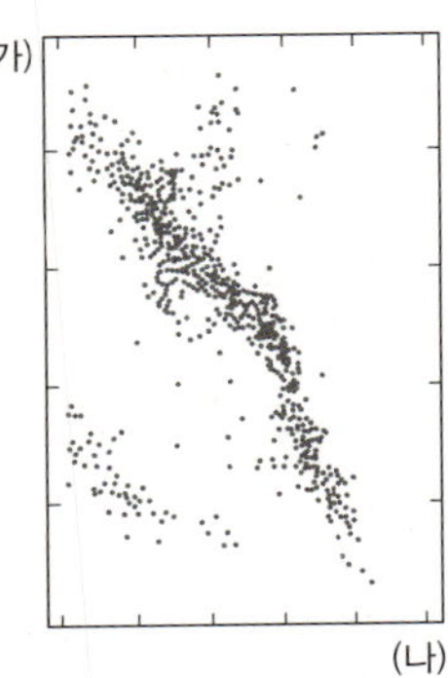

이에 대한 설명으로 옳은 것만을 〈보기〉에서 있는 대로 고른 것은?

보기

ㄱ. 광도와 절대 등급은 (가)의 물리량에 해당한다.
ㄴ. 표면 온도, 색지수, 분광형은 (나)의 물리량에 해당한다.
ㄷ. H−R도 상의 모든 별에서 수소 핵융합 반응이 일어난다.

① ㄱ   ② ㄴ   ③ ㄷ
④ ㄱ, ㄴ   ⑤ ㄴ, ㄷ

662

그림은 여러 별들을 H−R도에 나타낸 것이다.

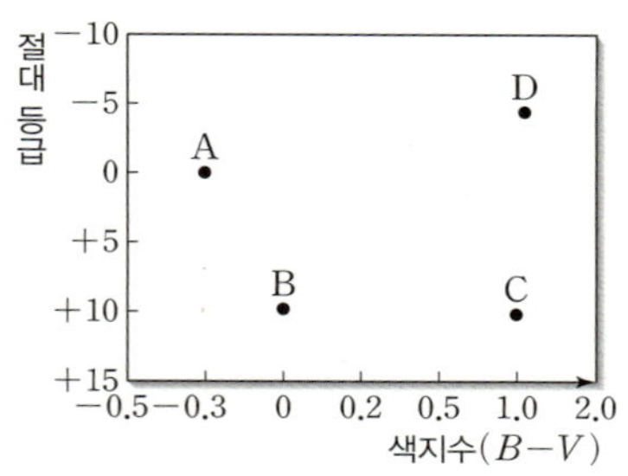

별 A~D에 대한 설명으로 옳은 것만을 〈보기〉에서 있는 대로 고른 것은?

> **보기**
>
> ㄱ. B의 표면 온도는 약 10000 K이다.
> ㄴ. 평균 밀도가 가장 작은 별은 A이다.
> ㄷ. D는 C보다 10000배 더 밝게 관측된다.

① ㄱ   ② ㄴ   ③ ㄱ, ㄷ
④ ㄴ, ㄷ   ⑤ ㄱ, ㄴ, ㄷ

663

그림은 여러 별들을 H−R도에 나타낸 것이고, 표는 어느 별의 물리량을 나타낸 것이다.

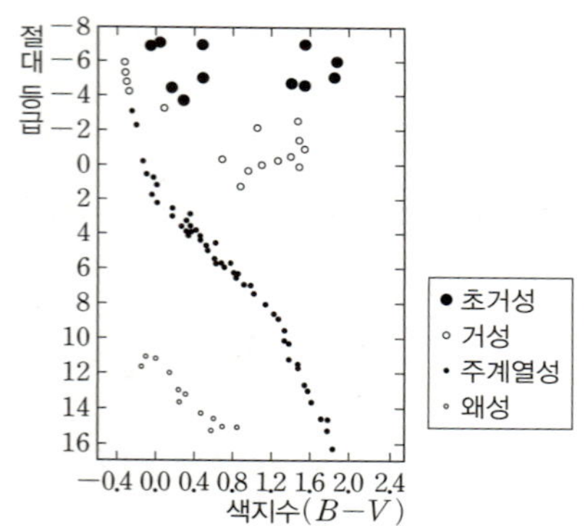

겉보기 등급	색지수($B-V$)	거리(pc)
0.5	1.85	200

이 별에 대한 설명으로 옳은 것만을 〈보기〉에서 있는 대로 고른 것은?
(단, $\log 200 ≒ 2.3$이며, 겉보기 등급(m)−절대 등급(M)=$5 \log r - 5$이다.)

> **보기**
>
> ㄱ. 절대 등급은 −6이다.
> ㄴ. 이 별은 적색 거성에 해당한다.
> ㄷ. 광도가 같은 주계열성보다 반지름이 크다.

① ㄱ   ② ㄴ   ③ ㄱ, ㄷ
④ ㄴ, ㄷ   ⑤ ㄱ, ㄴ, ㄷ

664

그림은 질량이 다른 여러 원시별의 진화 경로를 H−R도에 나타낸 것이다.
원시별이 주계열성으로 진화할 때 질량이 큰 원시별이 질량이 작은 원시별보다 더 큰 값을 갖는 물리량만을 〈보기〉에서 있는 대로 고른 것은?

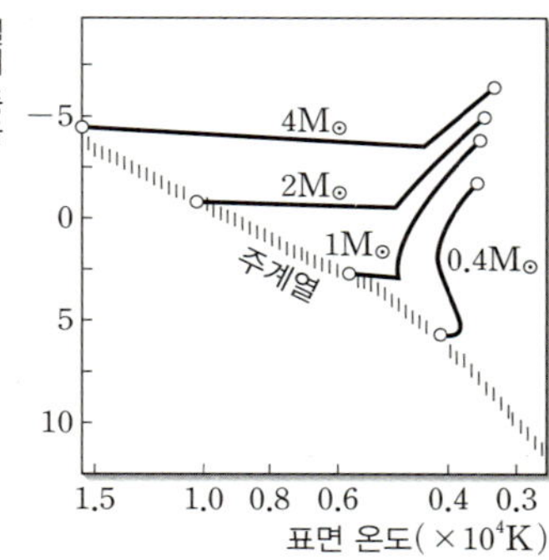

> **보기**
>
> ㄱ. 중력 수축 기간
> ㄴ. 광도 변화량
> ㄷ. 표면 온도 변화량

① ㄱ   ② ㄷ   ③ ㄱ, ㄴ
④ ㄴ, ㄷ   ⑤ ㄱ, ㄴ, ㄷ

665

그림은 질량이 다른 세 별의 주계열성 이전의 진화 과정을 나타낸 것이다.

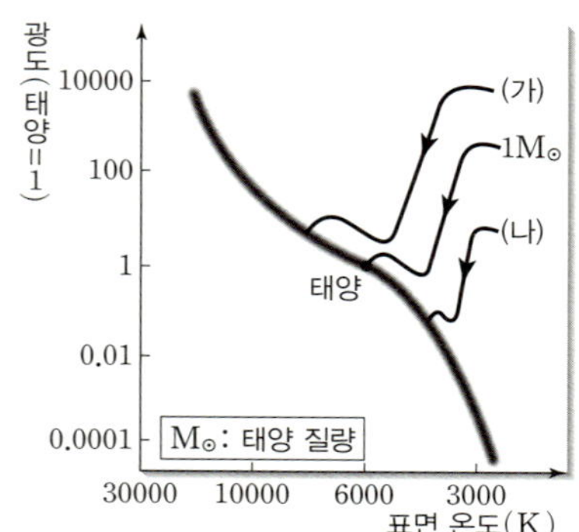

이에 대한 설명으로 옳은 것만을 〈보기〉에서 있는 대로 고른 것은?

> **보기**
>
> ㄱ. 질량은 (가)가 (나)보다 크다.
> ㄴ. 주계열성에 도달하는데 걸리는 시간은 (가)가 (나)보다 길다.
> ㄷ. 세 별의 광도가 감소하는 것은 중력 수축 효과 때문이다.

① ㄱ   ② ㄴ   ③ ㄱ, ㄷ
④ ㄴ, ㄷ   ⑤ ㄱ, ㄴ, ㄷ

666

그림은 H−R도에 태양과 질량이 비슷한 별의 진화 경로를 나타낸 것이다.

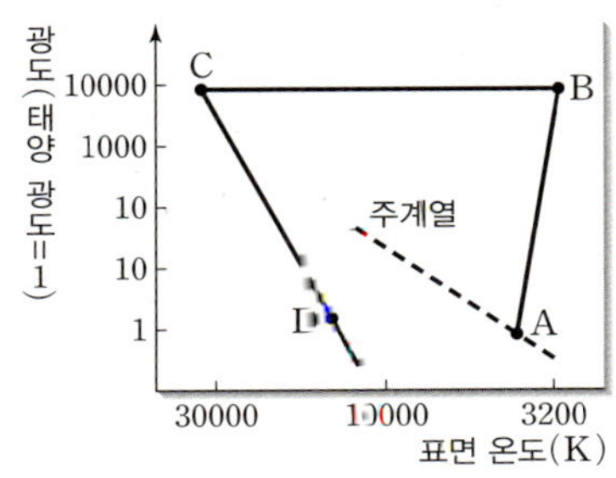

이에 대한 설명으로 옳은 것만을 〈보기〉에서 있는 대로 고른 것은?

보기

ㄱ. A는 수소 핵융합 반응으로 에너지를 생성한다.
ㄴ. 별의 크기는 C가 A의 약 100배이다.
ㄷ. 별의 밀도는 C보다 D에서 더 크다.

① ㄱ　　　　　② ㄴ　　　　　③ ㄱ, ㄷ
④ ㄴ, ㄷ　　　　⑤ ㄱ, ㄴ, ㄷ

667

그림은 주계열성의 질량에 따른 진화 경로를 H−R도에 나타낸 것이다. ㉠은 빠른 진화가 일어나는 영역이고 ㉡은 느린 진화가 일어나는 영역이다.

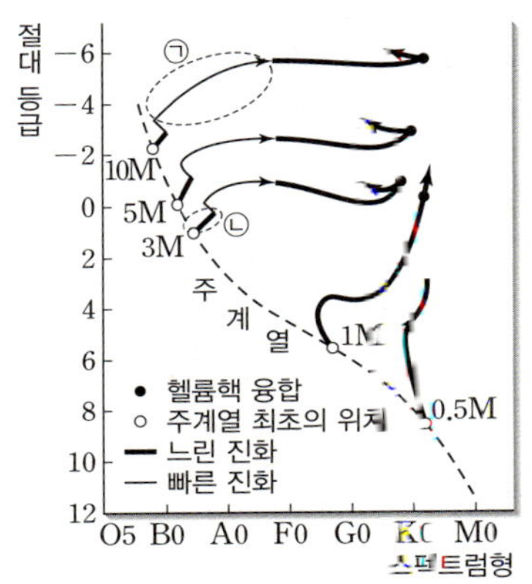

이에 대한 설명으로 옳은 것만을 〈보기〉에서 있는 대로 고른 것은?

보기

ㄱ. 주계열성은 적색 거성이나 초거성으로 진화한다.
ㄴ. 질량이 작은 별일수록 진화 속도가 느리다.
ㄷ. 관측되는 별의 수는 ㉠보다 ㉡에 해당하는 별이 더 많을 것이다.

① ㄱ　　　　　② ㄴ　　　　　③ ㄱ, ㄷ
④ ㄴ, ㄷ　　　　⑤ ㄱ, ㄴ, ㄷ

668

그림은 별의 질량에 따라 주계열 단계에 머무르는 시간을 나타낸 것이다.

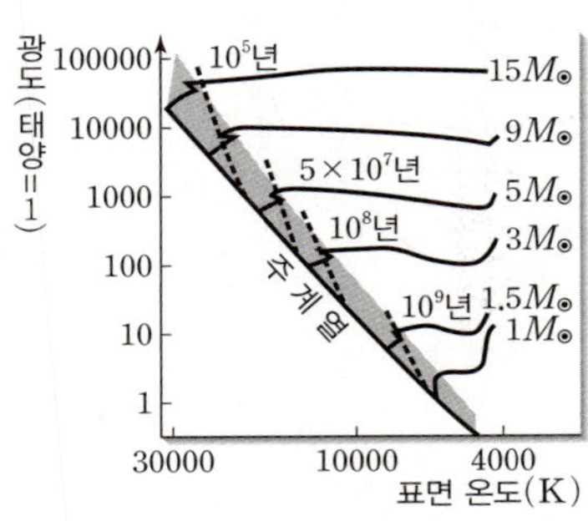

이에 대한 설명으로 옳은 것만을 〈보기〉에서 있는 대로 고른 것은? (단, $M_\odot$은 태양 질량을 나타낸다.)

보기

ㄱ. 질량이 큰 별일수록 광도가 크다.
ㄴ. 질량이 큰 별일수록 수소의 소모율이 크다.
ㄷ. 질량이 큰 별일수록 주계열 단계에 머무는 시간이 짧다.

① ㄱ　　　　　② ㄴ　　　　　③ ㄱ, ㄷ
④ ㄴ, ㄷ　　　　⑤ ㄱ, ㄴ, ㄷ

669

그림은 별의 질량에 따른 주계열 이후의 진화 과정을 H−R도에 나타낸 것이다.

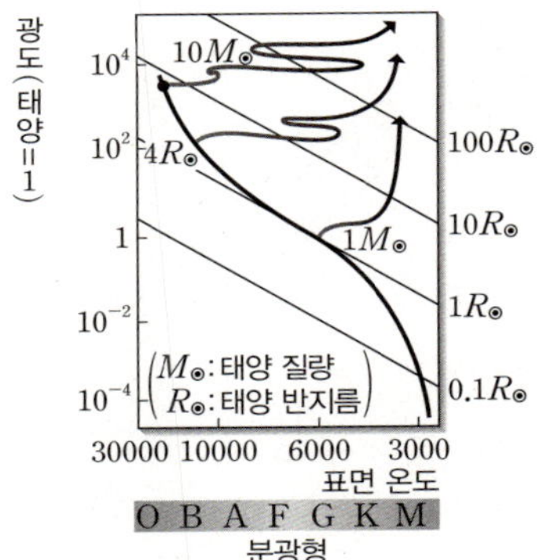

주계열성에서 거성으로 진화한 후 물리량이 증가한 것만을 〈보기〉에서 있는 대로 고른 것은?

보기

ㄱ. 광도　　　　　ㄴ. 색지수　　　　　ㄷ. 반지름

① ㄱ　　　　　② ㄷ　　　　　③ ㄱ, ㄴ
④ ㄴ, ㄷ　　　　⑤ ㄱ, ㄴ, ㄷ

670

그림 (가)는 밤하늘에서 볼 수 있는 별 중에서 매우 밝은 별들을, (나)는 태양 근처에 있는 별들을 H−R도에 나타낸 것이다.

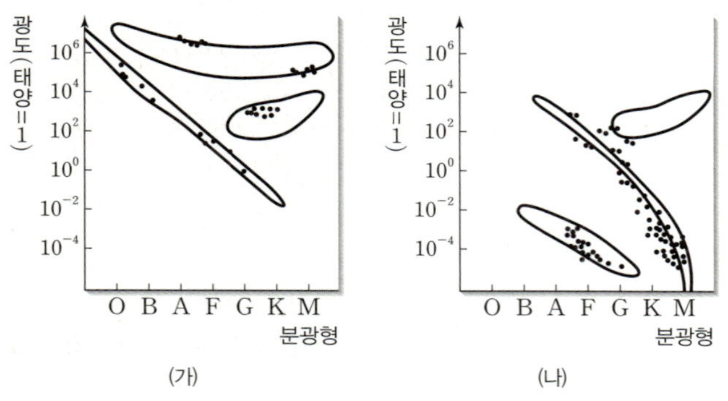

이에 대한 설명으로 옳은 것만을 〈보기〉에서 있는 대로 고른 것은?

> **보기**
>
> ㄱ. (가)에서는 주계열성 이외의 별보다 주계열성이 더 적게 분포한다.
> ㄴ. (나)에 분포하는 주계열성은 대부분 태양보다 질량이 크다.
> ㄷ. (나)에서 태양과 비슷한 표면 온도의 백색 왜성은 태양보다 광도가 작다.

① ㄱ   ② ㄴ   ③ ㄱ, ㄷ
④ ㄴ, ㄷ   ⑤ ㄱ, ㄴ, ㄷ

671

그림은 나이가 같은 별 a∼d를 H−R도에 나타낸 것이다.

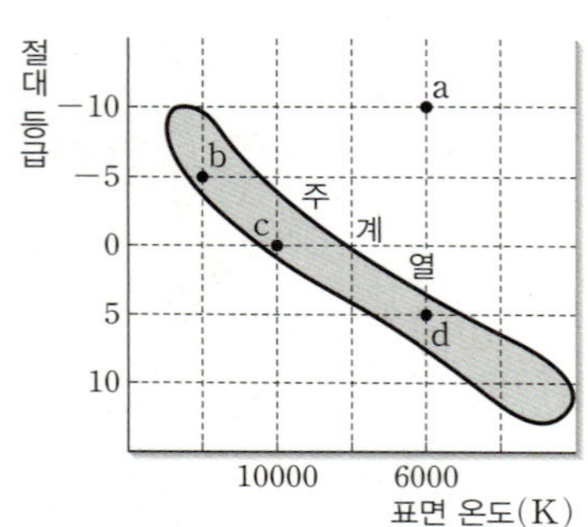

a∼d에 대한 설명으로 옳은 것만을 〈보기〉에서 있는 대로 고른 것은?

> **보기**
>
> ㄱ. 반지름은 a가 d의 1000배이다.
> ㄴ. b와 c에서 탄소 핵융합 반응이 일어난다.
> ㄷ. b∼d 중 주계열에 가장 오래 머무는 별은 d이다.

① ㄱ   ② ㄴ   ③ ㄱ, ㄷ
④ ㄴ, ㄷ   ⑤ ㄱ, ㄴ, ㄷ

672

그림은 어느 성단의 별들이 진화해 가는 과정을 순서 없이 나타낸 것이다.

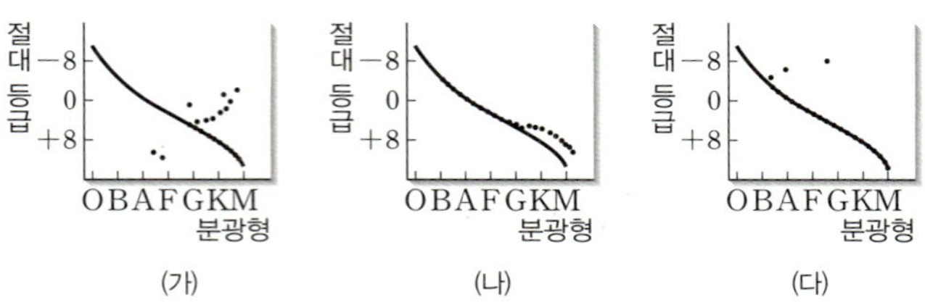

이에 대한 설명으로 옳은 것만을 〈보기〉에서 있는 대로 고른 것은?

> **보기**
>
> ㄱ. 성단은 (나)→(가)→(다) 순으로 진화한다.
> ㄴ. (가)에서 B형 별은 백색 왜성으로 관측된다.
> ㄷ. 원시별의 질량이 클수록 주계열에 먼저 도달하는 것은 (나)로부터 알 수 있다.

① ㄱ   ② ㄴ   ③ ㄷ
④ ㄱ, ㄷ   ⑤ ㄴ, ㄷ

673

그림 (가)는 질량이 큰 별의 진화 과정을, (나)는 (가)의 어느 단계에 해당하는 별의 내부를 나타낸 것이다.

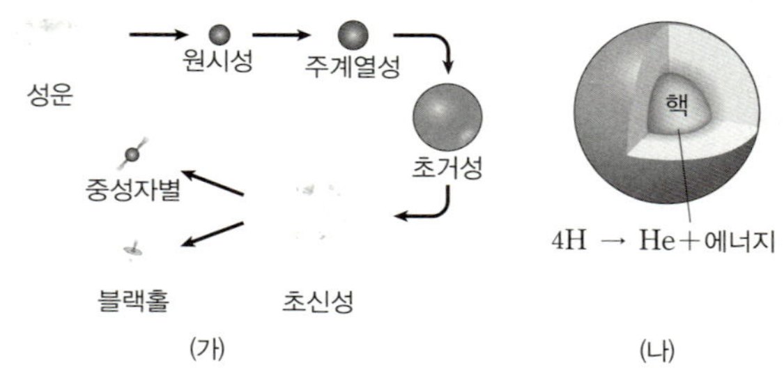

이에 대한 설명으로 옳은 것만을 〈보기〉에서 있는 대로 고른 것은?

> **보기**
>
> ㄱ. (가)에서 중심핵의 질량이 태양보다 5배 큰 별은 블랙홀로 최후를 맞이한다.
> ㄴ. (가)에서 철보다 무거운 원소는 초거성 단계에서 생성된다.
> ㄷ. 주계열성은 (나)와 같은 내부 구조를 갖는다.

① ㄱ   ② ㄴ   ③ ㄱ, ㄷ
④ ㄴ, ㄷ   ⑤ ㄱ, ㄴ, ㄷ

03. 별의 에너지원과 내부 구조

674

그림 (가)와 (나)는 서로 다른 수소 핵융합 반응을 나타낸 것이다.

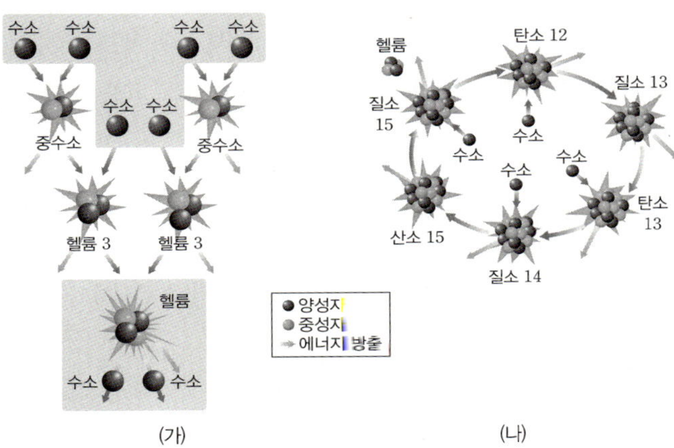

(가)   (나)

이에 대한 설명으로 옳은 것만을 〈보기〉에서 있는 대로 고른 것은?

보기

ㄱ. O형의 주계열성에서는 (가)가 우세하게 일어난다.

ㄴ. (나)는 중심부 온도가 1800만 K 이하인 별에서 우세하게 일어난다.

ㄷ. (가), (나)는 모두 4개의 수소 원자핵이 융합하여 1개의 헬륨 원자핵을 생성하는 과정이다.

① ㄱ   ② ㄷ   ③ ㄱ, ㄴ
④ ㄴ, ㄷ   ⑤ ㄱ, ㄴ, ㄷ

675

그림은 별의 중심핵 온도에 따른 여러 가지 핵융합 반응의 상대적 에너지 생성률을 나타낸 것이다.
이에 대한 설명으로 옳은 것만을 〈보기〉에서 있는 대로 고른 것은?

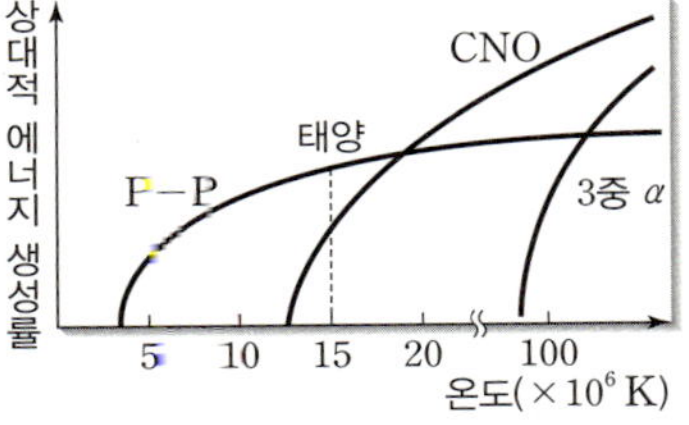

보기

ㄱ. P-P 반응과 CNO 순환 반응은 주계열성의 중심부에서 일어나는 반응이다.

ㄴ. 태양에서는 P-P 반응이 우세하게 일어난다.

ㄷ. 중심부 온도가 2000만 K 이상인 별에서는 CNO 순환 반응만 일어난다.

① ㄱ   ② ㄷ   ③ ㄱ, ㄴ
④ ㄴ, ㄷ   ⑤ ㄱ, ㄴ, ㄷ

676

그림 (가)와 (나)는 주계열성과 거성의 내부 구조를 순서 없이 나타낸 것이다.

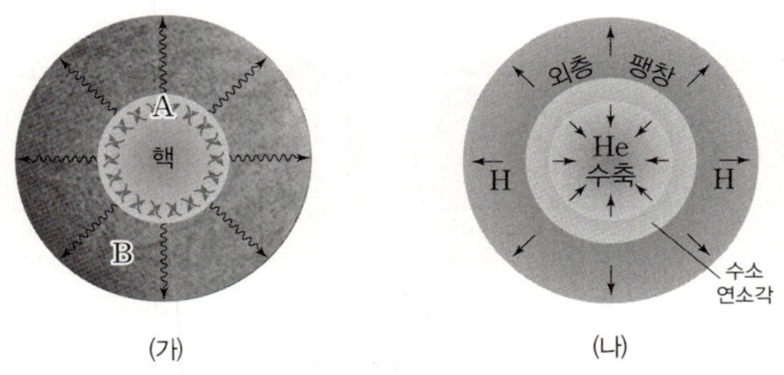

(가)   (나)

이에 대한 설명으로 옳은 것만을 〈보기〉에서 있는 대로 고른 것은?

보기

ㄱ. 별은 (가) → (나)의 순으로 진화한다.

ㄴ. (가)의 A에서는 에너지가 복사로 전달된다.

ㄷ. (가)의 중심핵에서는 CNO 순환 반응이 우세하게 일어난다.

① ㄱ   ② ㄴ   ③ ㄱ, ㄷ
④ ㄴ, ㄷ   ⑤ ㄱ, ㄴ, ㄷ

677

그림 (가)는 태양과 질량이 비슷한 별의 진화 과정을, (나)는 (가)의 A~D 단계 중 하나에 해당하는 별의 내부 구조를 나타낸 것이다.

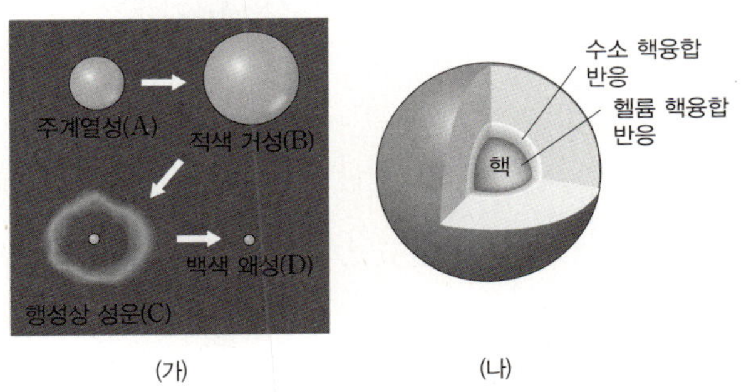

(가)   (나)

이에 대한 설명으로 옳은 것만을 〈보기〉에서 있는 대로 고른 것은?

보기

ㄱ. 별의 밀도는 D가 A보다 크다.

ㄴ. (나)는 (가)의 B에 해당한다.

ㄷ. (나) 이후 중심부에서는 탄소 핵융합 반응이 활발하게 일어난다.

① ㄱ   ② ㄷ   ③ ㄱ, ㄴ
④ ㄴ, ㄷ   ⑤ ㄱ, ㄴ, ㄷ

678

그림은 현재 태양과 적색 거성으로 진화한 태양의 중심으로부터의 거리에 따른 구성 원소의 비율을 순서 없이 나타낸 것이다.

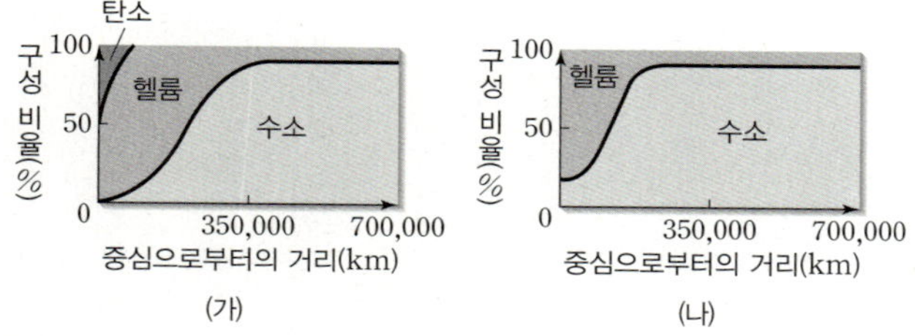

이에 대한 설명으로 옳은 것만을 〈보기〉에서 있는 대로 고른 것은?

보기
ㄱ. 현재 태양은 (나)이다.
ㄴ. (가)에서는 수소 핵융합 반응이 일어나지 않는다.
ㄷ. 중심부 온도는 (가)가 (나)보다 높다.

① ㄱ　　　　② ㄴ　　　　③ ㄱ, ㄷ
④ ㄴ, ㄷ　　　　⑤ ㄱ, ㄴ, ㄷ

679

그림은 주계열성에서 적색 거성이나 초거성으로 진화하는 과정에 나타나는 별의 내부 구조를 순서 없이 나타낸 것이다.

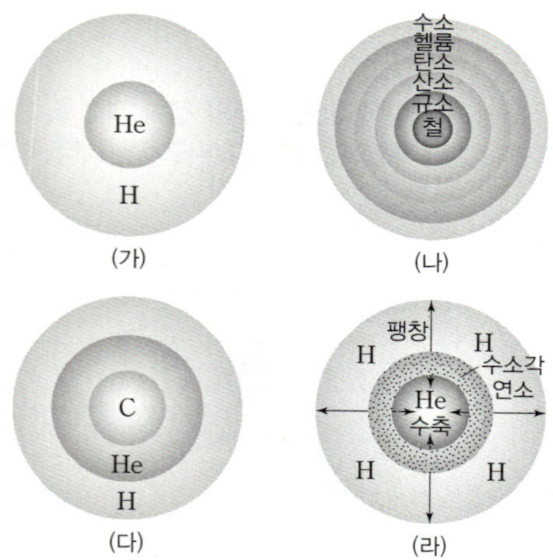

이에 대한 설명으로 옳은 것만을 〈보기〉에서 있는 대로 고른 것은?

보기
ㄱ. 태양은 (가) → (라) → (다) 순서로 진화한다.
ㄴ. 초신성으로 폭발하는 별은 (가) → (라) → (나) 순서로 진화한다.
ㄷ. (라)의 내부에서는 수소 핵융합 반응이 일어난다.

① ㄱ　　　　② ㄷ　　　　③ ㄱ, ㄴ
④ ㄴ, ㄷ　　　　⑤ ㄱ, ㄴ, ㄷ

680

그림은 별의 진화 과정을 나타낸 것이다.

이에 대한 설명으로 옳은 것만을 〈보기〉에서 있는 대로 고른 것은?

보기
ㄱ. (가) → (나) 과정에서 별의 광도가 증가한다.
ㄴ. (다) 이전의 별은 수소에서 철까지 중심부로 갈수록 점점 무거운 원소가 분포한다.
ㄷ. 태양계는 초신성 폭발 후 생성된 성운에서 형성되었다.

① ㄱ　　　　② ㄷ　　　　③ ㄱ, ㄴ
④ ㄴ, ㄷ　　　　⑤ ㄱ, ㄴ, ㄷ

04. 외계 행성계

681

그림은 A, B 두 행성의 공전 궤도면이 관측자의 시선 방향과 나란한 어떤 외계 행성계의 모습을 나타낸 것이다.

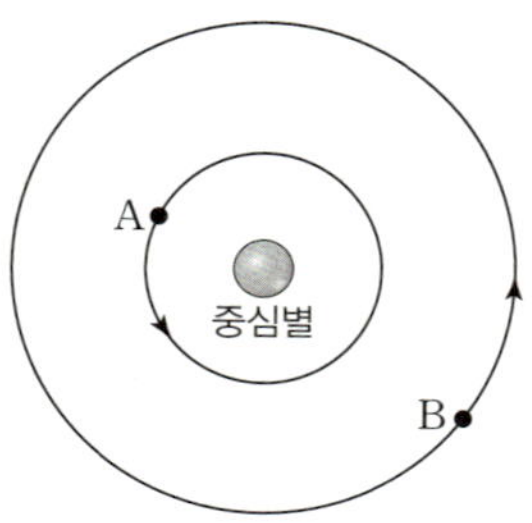

이에 대한 설명으로 옳은 것만을 〈보기〉에서 있는 대로 고른 것은?

보기
ㄱ. 식 현상이 지속되는 시간은 A가 B보다 길다.
ㄴ. 식 현상이 나타나는 주기는 A가 B보다 짧다.
ㄷ. 행성의 반지름이 2배 커지면 별의 밝기가 $\frac{1}{2}$배로 감소한다.

① ㄱ　　　　② ㄴ　　　　③ ㄱ, ㄷ
④ ㄴ, ㄷ　　　　⑤ ㄱ, ㄴ, ㄷ

682

그림 (가)는 공전 궤도면이 시선 방향과 나란한 어느 행성계를, (나)는 별빛의 도플러 효과로부터 측정한 이 행성계의 중심별의 시선 속도 변화를 나타낸 것이다.

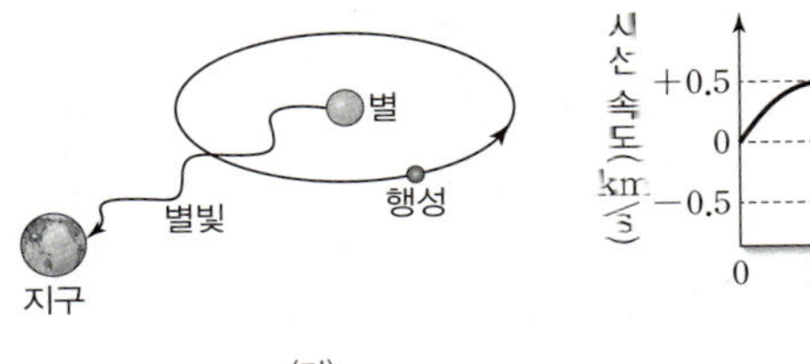
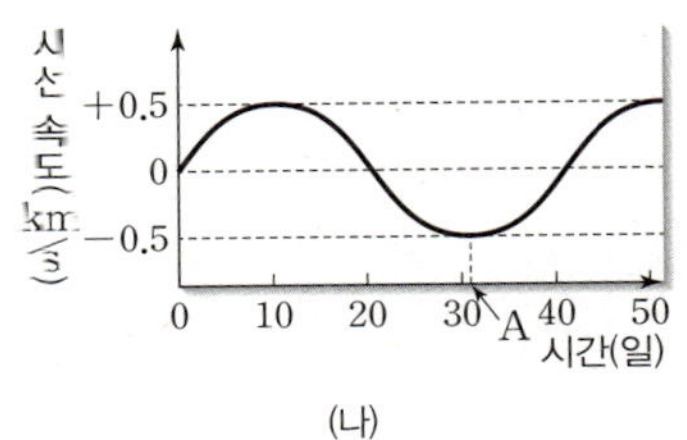

(가)　　　　　(나)

이에 대한 설명으로 옳은 것만을 〈보기〉에서 있는 대로 고른 것은?

보기
ㄱ. 행성의 공전 주기는 약 40일이다.
ㄴ. (가)에서 행성의 질량이 작을수록 (나)의 시선 속도 변화 폭이 크다.
ㄷ. (나)의 A는 (가)에서 행성이 지구와 가장 먼 거리에 있을 때이다.

① ㄱ　　　　　② ㄴ　　　　　③ ㄱ, ㄷ
④ ㄴ, ㄷ　　　　⑤ ㄱ, ㄴ, ㄷ

683

그림 (가)는 먼 천체 앞에서 별이 이동하는 모습을, (나)는 이때 먼 천체의 밝기 변화를 나타낸 것이다.

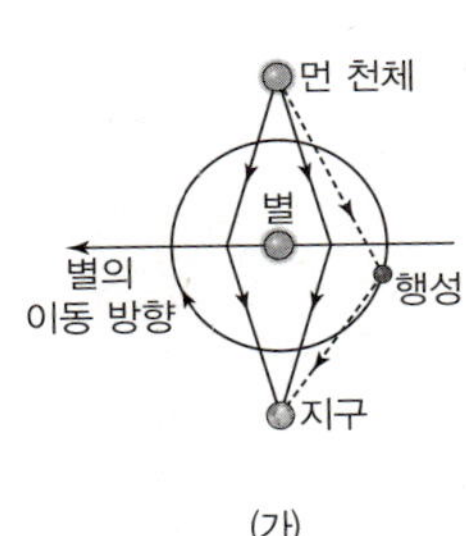
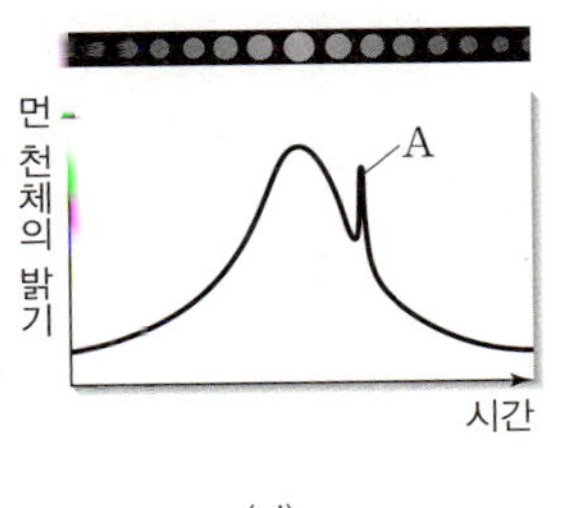

(가)　　　　　(나)

이에 대한 설명으로 옳은 것만을 〈보기〉에서 있는 대로 고른 것은?

보기
ㄱ. 먼 천체의 밝기 변화는 앞쪽 별의 중력 렌즈 현상 때문이다.
ㄴ. A는 행성의 중력 효과로 나타나는 현상이다.
ㄷ. (나)와 같은 현상은 주기적으로 관측된다.

① ㄱ　　　　　② ㄷ　　　　　③ ㄱ, ㄴ
④ ㄴ, ㄷ　　　　⑤ ㄱ, ㄴ, ㄷ

684

그림은 여러 가지 탐사 방법으로 2004~2014년까지 발견한 외계 행성들의 궤도 장반경과 질량을 나타낸 것이다.

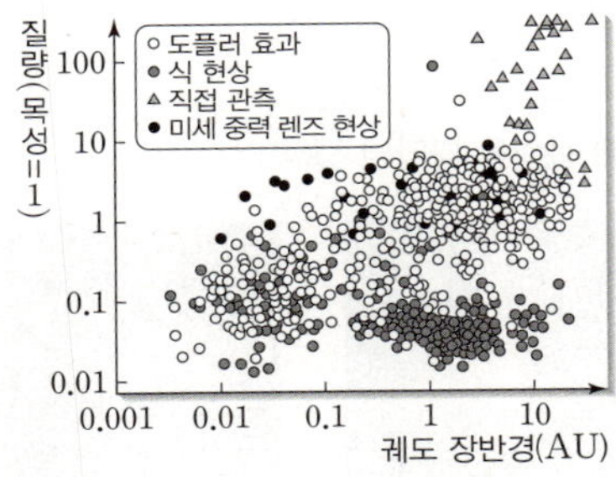

이에 대한 설명으로 옳은 것만을 〈보기〉에서 있는 대로 고른 것은?

보기
ㄱ. 외계 행성의 대부분은 지구 정도의 질량을 가지고 있다.
ㄴ. 미세 중력 렌즈 현상보다 식 현상을 이용하여 질량이 작은 외계 행성을 더 많이 찾았다.
ㄷ. 외계 행성의 궤도 장반경이 작을수록 직접 관측으로 찾는 것이 유리하다.

① ㄱ　　　　　② ㄴ　　　　　③ ㄱ, ㄷ
④ ㄴ, ㄷ　　　　⑤ ㄱ, ㄴ, ㄷ

685

그림은 주계열성인 중심별을 공전하는 5개의 행성과 생명 가능 지대를 나타낸 것이다.

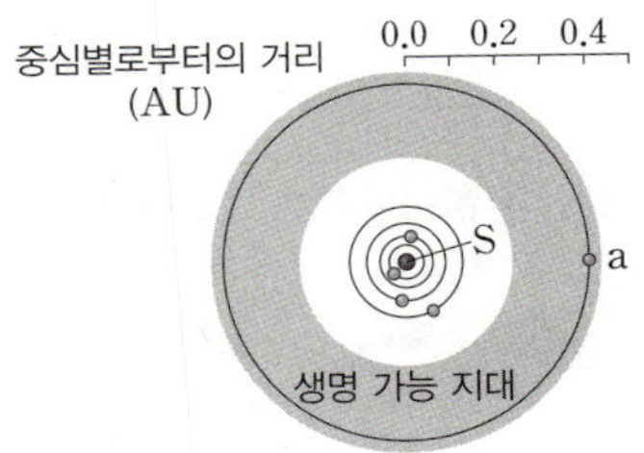

이에 대한 설명으로 옳은 것만을 〈보기〉에서 있는 대로 고른 것은? (단, 태양에서 수성까지의 거리는 0.4 AU이다.)

보기
ㄱ. S는 태양보다 질량이 작다.
ㄴ. a는 수성보다 표면 온도가 높다.
ㄷ. 생명 가능 지대에 머물 수 있는 시간은 지구가 a보다 짧다.

① ㄱ　　　　　② ㄴ　　　　　③ ㄱ, ㄷ
④ ㄴ, ㄷ　　　　⑤ ㄱ, ㄴ, ㄷ

01. 외부 은하

686

그림은 여러 외부 은하를 나타낸 것이다.

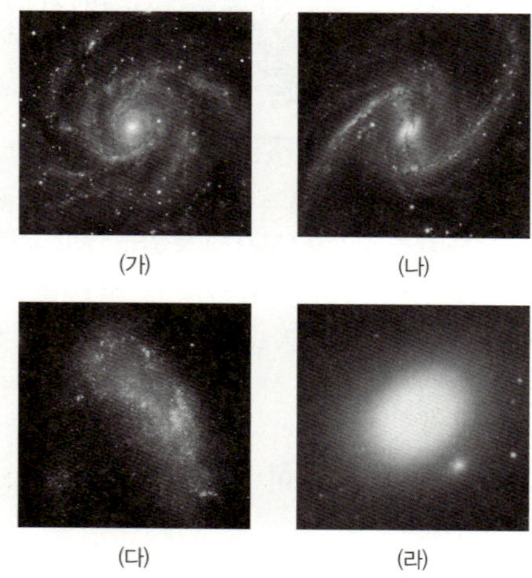

(가)　　　(나)

(다)　　　(라)

이에 대한 설명으로 옳은 것만을 〈보기〉에서 있는 대로 고른 것은?

보기

ㄱ. 우리은하는 (나)와 같은 종류의 은하이다.
ㄴ. 전파 은하는 주로 (다)로 관측된다.
ㄷ. (가)~(라) 중 성간 물질의 비율은 (라)가 가장 크다.

① ㄱ　　　② ㄴ　　　③ ㄱ, ㄷ
④ ㄴ, ㄷ　　　⑤ ㄱ, ㄴ, ㄷ

687

그림 (가)와 (나)는 나선 은하의 종류를 나타낸 것이다.

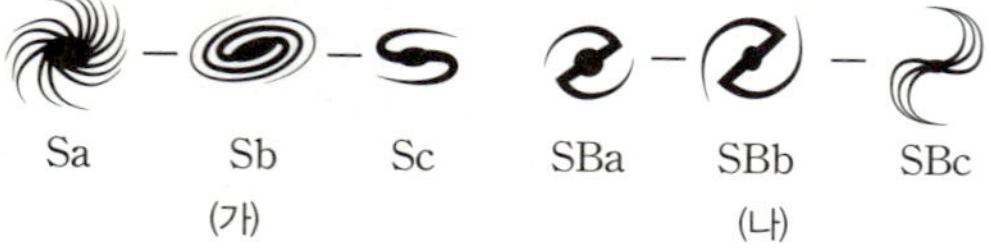

Sa　　Sb　　Sc　　SBa　　SBb　　SBc
(가)　　　　　　(나)

이에 대한 설명으로 옳은 것만을 〈보기〉에서 있는 대로 고른 것은?

보기

ㄱ. 우리은하는 (가)와 같은 은하에 속한다.
ㄴ. a → c로 갈수록 나선팔이 느슨해진다.
ㄷ. (가)와 (나) 모두 나선팔이 중심핵에서 시작된다.

① ㄱ　　　② ㄴ　　　③ ㄱ, ㄷ
④ ㄴ, ㄷ　　　⑤ ㄱ, ㄴ, ㄷ

688

그림은 서로 다른 외부 은하의 모습을 나타낸 것이다.

(가)　　　(나)　　　(다)

이에 대한 설명으로 옳은 것만을 〈보기〉에서 있는 대로 고른 것은?

보기

ㄱ. (가)에서 별의 색지수는 중심부가 나선팔보다 작다.
ㄴ. (나)는 편평도에 따라 E0~E7까지 세분한다.
ㄷ. (가)와 (다)는 중심핵의 유무로 구분된다.

① ㄱ　　　② ㄴ　　　③ ㄱ, ㄷ
④ ㄴ, ㄷ　　　⑤ ㄱ, ㄴ, ㄷ

689

그림은 우리은하를 서로 다른 방향에서 본 모습을 모식적으로 나타낸 것이다.

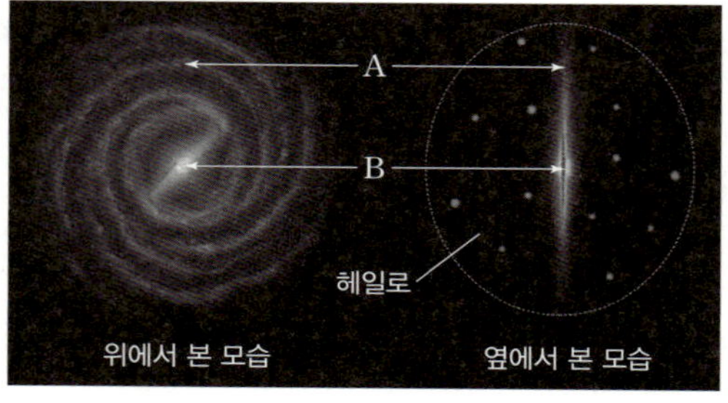

이에 대한 설명으로 옳은 것만을 〈보기〉에서 있는 대로 고른 것은?

보기

ㄱ. 우리은하는 Sb형으로 분류되고 있다.
ㄴ. 성간 물질은 B보다 A에 많다.
ㄷ. B에는 색지수가 큰 별이 주로 분포한다.

① ㄱ　　　② ㄴ　　　③ ㄱ, ㄷ
④ ㄴ, ㄷ　　　⑤ ㄱ, ㄴ, ㄷ

690

그림은 서로 다른 두 은하의 가시광선 영상을 나타낸 것이다.

(가)   (나)

이에 대한 설명으로 옳은 것만을 〈보기〉에서 있는 대로 고른 것은?

보기
ㄱ. (가)는 허블의 분류 체계에서 E이다.
ㄴ. 성간 물질의 비율은 (가)가 (나)보다 많다.
ㄷ. (나)는 은하핵에서 나선팔이 직접 뻗어 나온다.

① ㄱ   ② ㄴ   ③ ㄷ
④ ㄱ, ㄴ   ⑤ ㄴ, ㄷ

691

그림은 헤라클라스 A(3C 348)의 가시광선 영상과 전파 영상을 합성한 사진이다.

이에 대한 설명으로 옳은 것만을 〈보기〉에서 있는 대로 고른 것은?

보기
ㄱ. 일반 은하보다 매우 강한 전파를 방출한다.
ㄴ. 중심핵 양쪽에 로브라는 둥근 돌출부가 있다.
ㄷ. 허블의 분류 체계에서 타원 은하에 해당한다.

① ㄱ   ② ㄴ   ③ ㄱ, ㄷ
④ ㄴ, ㄷ   ⑤ ㄱ, ㄴ, ㄷ

692

그림 (가)는 퀘이사 3C 273과 별들을 촬영한 사진이고, (나)는 이 퀘이사의 스펙트럼과 수소선의 비교 스펙트럼을 나타낸 것이다.

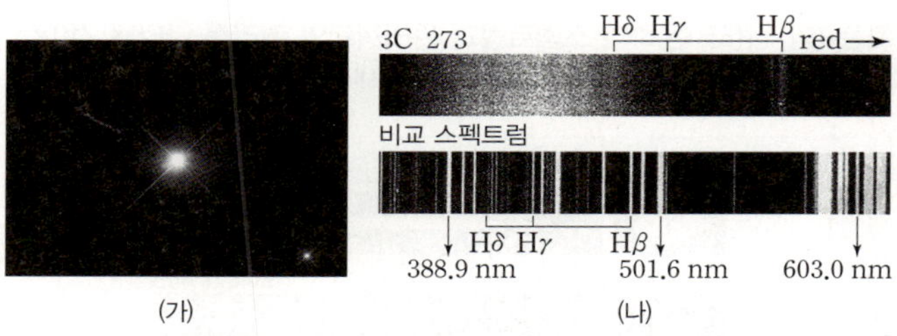

(가)   (나)

이에 대한 설명으로 옳은 것만을 〈보기〉에서 있는 대로 고른 것은?

보기
ㄱ. (가)에서 퀘이사는 별처럼 보인다.
ㄴ. (나)의 스펙트럼으로 퀘이사는 우리은하로부터 후퇴하고 있음을 알 수 있다.
ㄷ. 퀘이사는 우리은하 안에 있는 천체이다.

① ㄱ   ② ㄷ   ③ ㄱ, ㄴ
④ ㄴ, ㄷ   ⑤ ㄱ, ㄴ, ㄷ

693

그림은 충돌하는 두 은하의 모습을 나타낸 것이다.

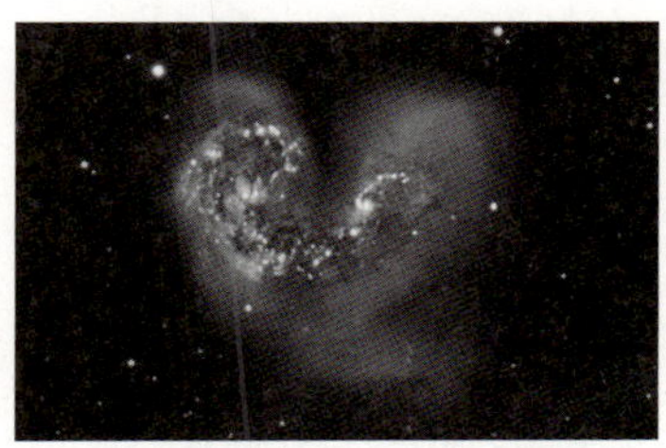

이에 대한 설명으로 옳은 것만을 〈보기〉에서 있는 대로 고른 것은?

보기
ㄱ. 은하의 충돌로 인해 은하의 형태가 변한다.
ㄴ. 은하를 이루는 별들이 직접 충돌할 가능성이 매우 크다.
ㄷ. 분자 구름이 압축되면서 새로운 별의 탄생을 촉진시킨다.

① ㄱ   ② ㄴ   ③ ㄱ, ㄷ
④ ㄴ, ㄷ   ⑤ ㄱ, ㄴ, ㄷ

694

표는 (가)~(라) 은하의 스펙트럼과 은하까지의 거리를 나타낸 것이다. 화살표(→)의 길이는 칼슘의 흡수선이 적색 편이된 정도를 나타낸다.

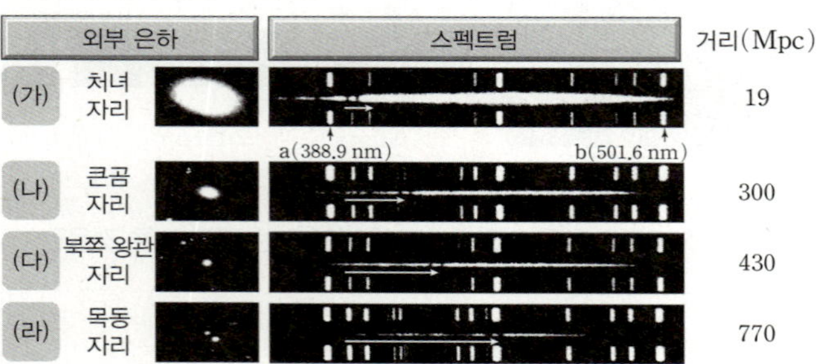

이에 대한 설명으로 옳은 것만을 〈보기〉에서 있는 대로 고른 것은?

보기

ㄱ. 은하의 적색 편이량이 클수록 거리가 멀다.

ㄴ. 은하의 후퇴 속도는 거리가 멀수록 크다.

ㄷ. (가) 은하에서 관측한 은하의 후퇴 속도는 (나)보다 (라)가 빠르다.

① ㄱ   ② ㄴ   ③ ㄱ, ㄷ

④ ㄴ, ㄷ   ⑤ ㄱ, ㄴ, ㄷ

695

그림은 외부 은하의 거리에 따른 후퇴 속도를 나타낸 것이다. 점(·)은 외부 은하이다.

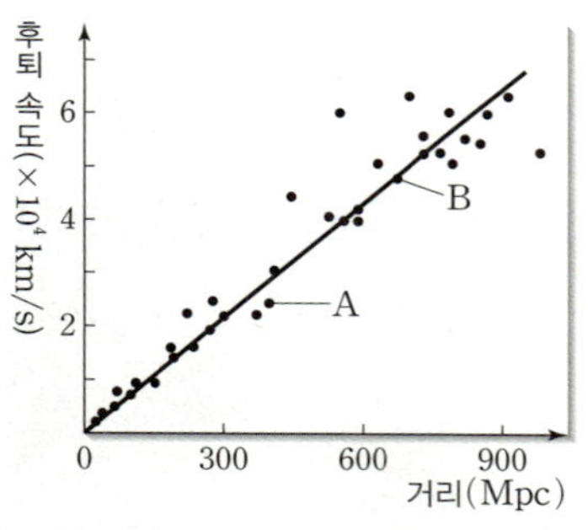

이에 대한 설명으로 옳은 것만을 〈보기〉에서 있는 대로 고른 것은?

보기

ㄱ. 후퇴 속도는 A가 B보다 빠르다.

ㄴ. A는 우주의 팽창 속도보다 느리게 후퇴하고 있다.

ㄷ. A에서 본 B의 후퇴 속도는 지구에서 본 B의 후퇴 속도보다 빠르다.

① ㄱ   ② ㄴ   ③ ㄱ, ㄷ

④ ㄴ, ㄷ   ⑤ ㄱ, ㄴ, ㄷ

696

그림은 1920년 이후 관측을 통해 구한 허블 상수의 변화를 나타낸 것이다.

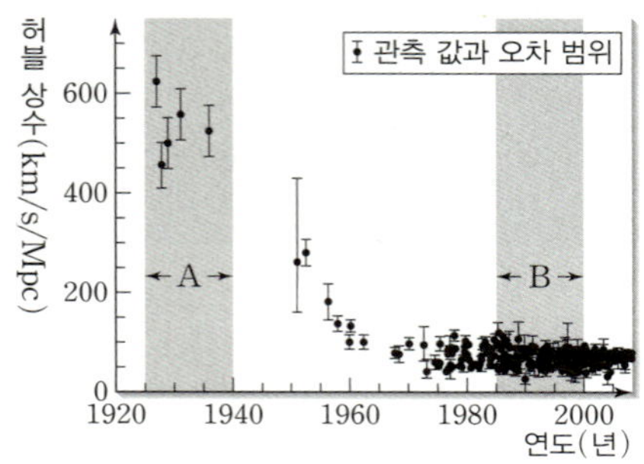

이에 대한 설명으로 옳은 것만을 〈보기〉에서 있는 대로 고른 것은?

보기

ㄱ. 허블 상수는 A 시기가 B 시기보다 크다.

ㄴ. 우주의 나이는 A 시기가 B 시기보다 크다.

ㄷ. 우주의 크기는 A 시기가 B 시기보다 크다.

① ㄱ   ② ㄴ   ③ ㄱ, ㄷ

④ ㄴ, ㄷ   ⑤ ㄱ, ㄴ, ㄷ

697

그림은 은하 A에서 관측한 은하 B, C의 시선 속도와 거리를 나타낸 것이다.

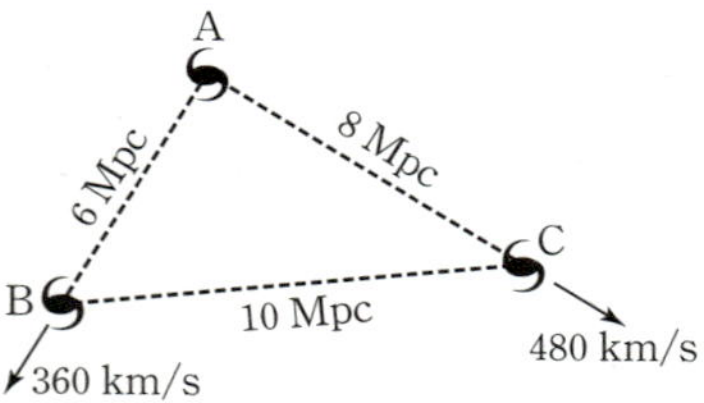

이에 대한 설명으로 옳은 것만을 〈보기〉에서 있는 대로 고른 것은?

보기

ㄱ. 허블 상수는 60 km/s/Mpc이다.

ㄴ. B에서 관측한 A와 C의 후퇴 속도의 비는 3 : 5이다.

ㄷ. C에서 관측한 B의 시선 속도와 B에서 관측한 C의 시선 속도의 크기와 방향은 같다.

① ㄱ   ② ㄷ   ③ ㄱ, ㄴ

④ ㄴ, ㄷ   ⑤ ㄱ, ㄴ, ㄷ

698

그림은 우리은하와 외부 은하 A, B, C의 위치를, 표는 우리은하로부터 A, B, C까지의 거리와 후퇴 속도를 나타낸 것이다.

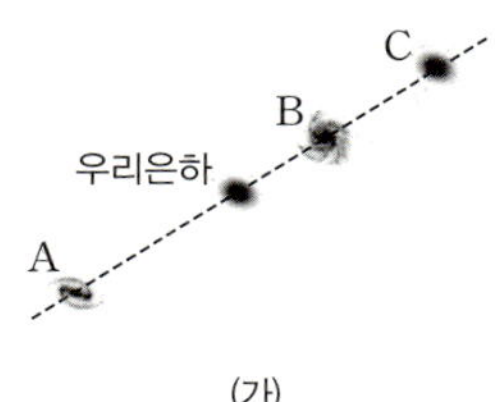

구분	우리은하로부터의 거리(Mpc)	후퇴 속도 (km/s)
A	20	1400
B	⊙	700
C	25	1750

(가)

(나)

이에 대한 설명으로 옳은 것만을 〈보기〉에서 있는 대로 고른 것은?

보기

ㄱ. ⊙은 10이다.
ㄴ. 현재 우주는 1 Mpc마다 70 km/s의 속도로 팽창하고 있다.
ㄷ. B에서 C를 관측하면 1050 km/s의 속도로 후퇴할 것이다.

① ㄱ ② ㄷ ③ ㄱ, ㄷ
④ ㄴ, ㄷ ⑤ ㄱ, ㄴ, ㄷ

699

그림 (가)와 (나)는 허블 법칙에 따라 팽창하는 우주의 모습을 풍선 모형으로 나타낸 것이다. (가)는 고무 풍선에 약간의 바람을 불어 넣은 다음 표면에 A, B, C 단추를 붙인 모습으로, A−B, B−C, A−C의 거리를 측정하였더니 1 cm, 2 cm, 3.5 cm였고, (나)는 바람을 좀 더 불어 넣은 후의 모습으로 A−B 사이의 거리는 2 cm였다.

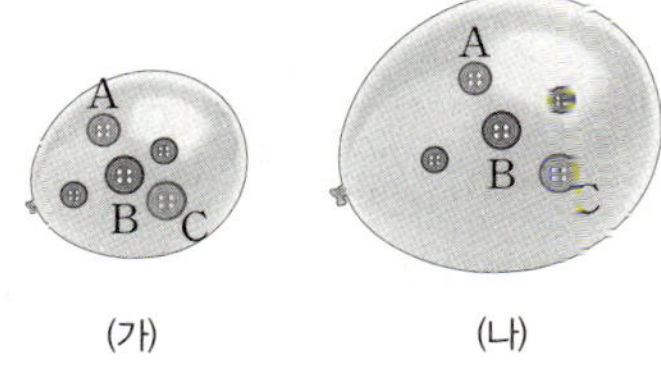

(가) (나)

이에 대한 설명으로 옳은 것만을 〈보기〉에서 있는 대로 고른 것은?

보기

ㄱ. (나)에서 B−C 사이의 거리는 3 cm이다.
ㄴ. A에서 멀어지는 속도는 C가 B보다 크다.
ㄷ. B를 기준으로 팽창하는 우주의 모습을 나타낸 것이다.

① ㄴ ② ㄷ ③ ㄱ, ㄴ
④ ㄱ, ㄷ ⑤ ㄱ, ㄴ, ㄷ

700

그림은 지구에서 관측한 두 은하 A와 B의 천구상 위치를 나타낸 것이다. A의 후퇴 속도는 700 km/s, B의 후퇴 속도는 1400 km/s, A와 B 사이의 거리는 $10\sqrt{5}$ Mpc이다. 현재 우주는 평탄한 우주라고 가정하고, A, B와 우리은하는 허블 법칙을 만족한다.

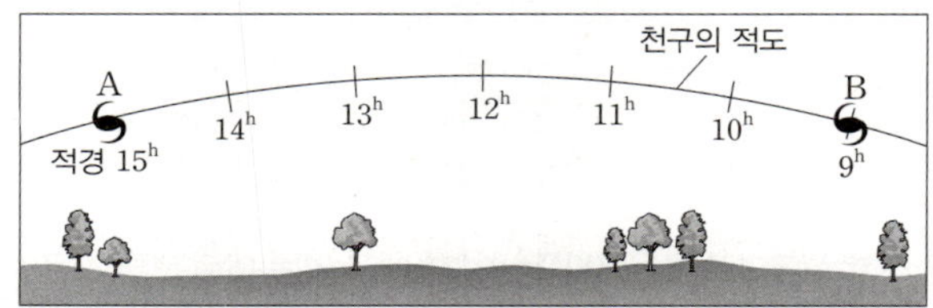

이에 대한 설명으로 옳은 것만을 〈보기〉에서 있는 대로 고른 것은?

보기

ㄱ. 우리은하에서 A까지의 거리는 10 Mpc이다.
ㄴ. A에서 관측한 B의 후퇴 속도는 $700\sqrt{5}$ km/s이다.
ㄷ. B에서 측정한 허블 상수는 $70\sqrt{5}$ km/s/Mpc이다.

① ㄱ ② ㄷ ③ ㄱ, ㄴ
④ ㄴ, ㄷ ⑤ ㄱ, ㄴ, ㄷ

701

다음은 빅뱅 우주론과 정상 우주론에 관한 설명과 그림을 순서 없이 나타낸 것이다.

(가) 르메트르와 가모는 현재 우주 내의 모든 물질이 한 곳에 모여 있다가 약 200억 년 전에 폭발하여 현재와 같은 팽창하는 우주가 형성되었다고 제안하였다.

(나) 호일은 우주는 팽창하지만 우주의 모습은 항상 현재와 같다고 제안하였다.

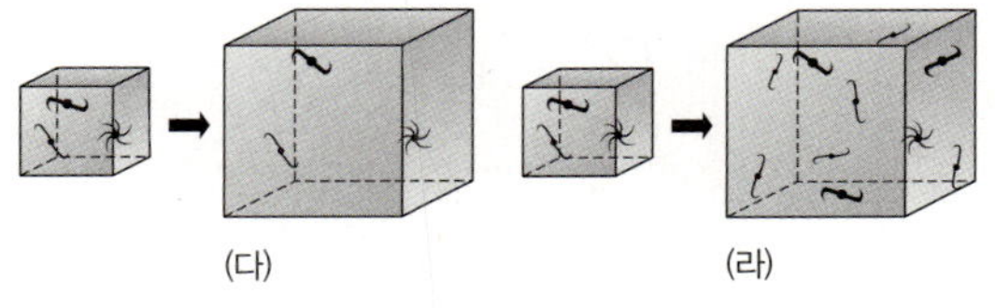

(다) (라)

이에 대한 설명으로 옳은 것만을 〈보기〉에서 있는 대로 고른 것은?

보기

ㄱ. 빅뱅 우주론은 (가)와 (라)이다.
ㄴ. (나)에서 우주의 온도와 평균 밀도는 일정하게 유지된다.
ㄷ. 우주 배경 복사는 (다)를 지지하는 증거이다.

① ㄱ ② ㄴ ③ ㄱ, ㄷ
④ ㄴ, ㄷ ⑤ ㄱ, ㄴ, ㄷ

702

그림은 플랑크 우주 망원경으로 관측한 우주 배경 복사를 나타낸 것이다.

이에 대한 설명으로 옳은 것만을 〈보기〉에서 있는 대로 고른 것은?

보기

ㄱ. 온도 분포는 우주의 밀도 차이에 의해 나타난다.
ㄴ. 우주 나이가 3분이 되었을 때 방출된 빛을 관측한 것이다.
ㄷ. 빅뱅 우주론의 증거가 된다.

① ㄱ   ② ㄴ   ③ ㄱ, ㄷ
④ ㄴ, ㄷ   ⑤ ㄱ, ㄴ, ㄷ

703

그림은 빅뱅 후 약 38만 년일 때와 현재의 우주 배경 복사에 해당하는 흑체 복사 곡선을 나타낸 것이다.

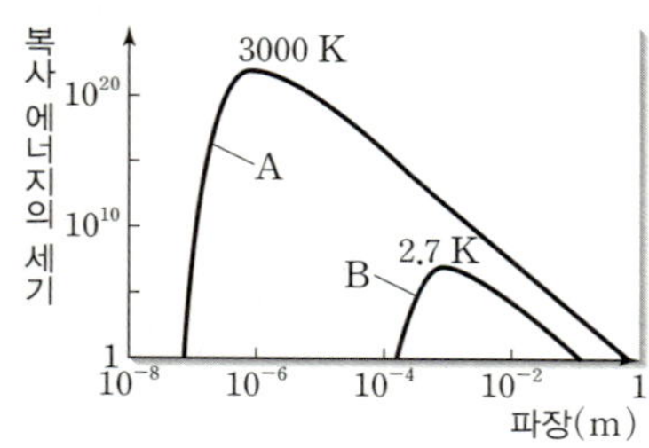

이에 대한 설명으로 옳은 것만을 〈보기〉에서 있는 대로 고른 것은?

보기

ㄱ. 현재의 우주 배경 복사는 B이다.
ㄴ. 빅뱅 후 38만 년 일 때 우주의 온도는 약 3000 K였다.
ㄷ. 빅뱅 후 38만 년부터 현재까지 우주 배경 복사의 파장은 길어졌다.

① ㄱ   ② ㄷ   ③ ㄱ, ㄴ
④ ㄴ, ㄷ   ⑤ ㄱ, ㄴ, ㄷ

704

그림은 빅뱅 이후 시간에 따른 우주의 크기 변화를 나타낸 것이다.

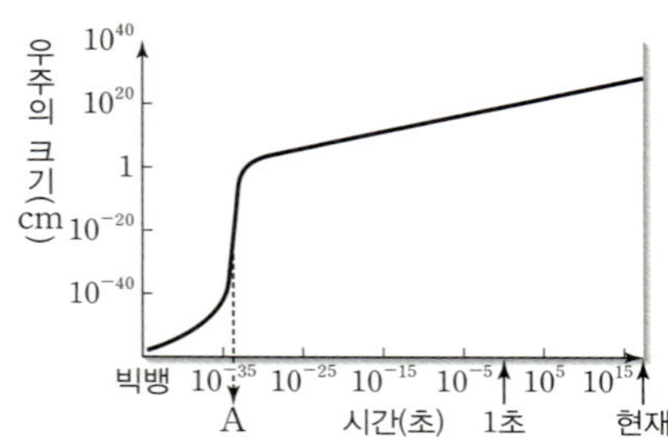

이에 대한 설명으로 옳은 것만을 〈보기〉에서 있는 대로 고른 것은?

보기

ㄱ. A 시기에 우주는 빛의 속도로 팽창하였다.
ㄴ. 우주의 팽창 속도는 일정했다.
ㄷ. 우주의 온도는 낮아졌다.

① ㄴ   ② ㄷ   ③ ㄱ, ㄴ
④ ㄱ, ㄷ   ⑤ ㄱ, ㄴ, ㄷ

03. 암흑 물질과 암흑 에너지

705

그림은 절대 등급이 일정한 Ia형 초신성의 적색 편이량과 겉보기 등급을 나타낸 것이다.

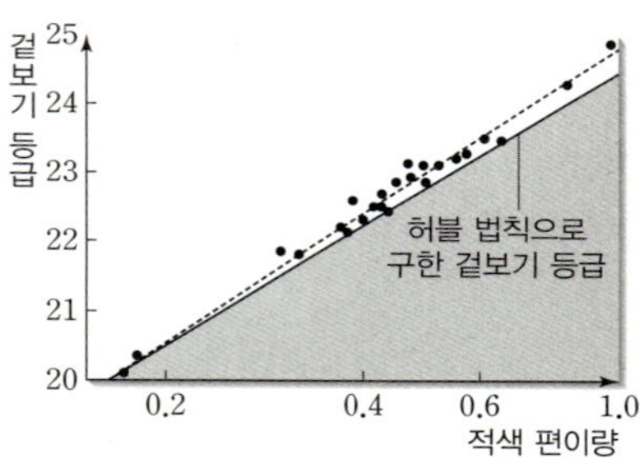

이에 대한 설명으로 옳은 것만을 〈보기〉에서 있는 대로 고른 것은?

보기

ㄱ. 멀리 있는 Ia형 초신성일수록 허블 법칙으로 구한 밝기보다 더 어둡게 보이는 경향이 있다.
ㄴ. Ia 초신성의 관측 결과는 우주의 팽창 속도가 점점 느려지고 있음을 의미한다.
ㄷ. 이러한 관측 결과는 암흑 물질로 설명할 수 있다.

① ㄱ   ② ㄴ   ③ ㄱ, ㄷ
④ ㄴ, ㄷ   ⑤ ㄱ, ㄴ, ㄷ

706

그림은 최신 관측으로 얻어진 우주 구성 요소들의 상대량을 나타낸 것이다.

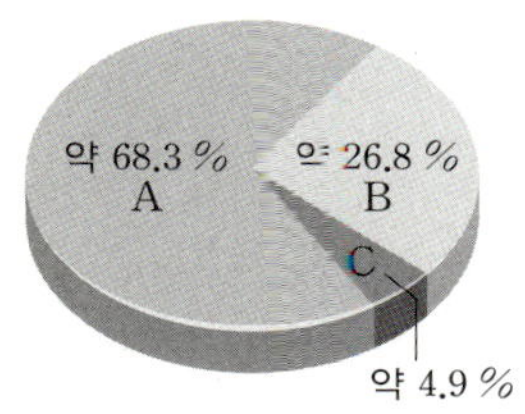

A, B, C에 대한 설명으로 옳은 것만을 〈보기〉에서 있는 대로 고른 것은?

보기

ㄱ. 가속 팽창의 원인으로 작용하는 것은 A이다.
ㄴ. 우주가 팽창함에 따라 상대량이 증가하는 것은 C이다.
ㄷ. 광학적으로 관측이 가능한 것은 B이다.

① ㄱ ② ㄷ ③ ㄱ, ㄴ
④ ㄱ, ㄷ ⑤ ㄴ, ㄷ

707

그림은 어느 가속 팽창 우주 모형에서 시간에 따른 우주 구성 요소 A, B, C의 밀도를 나타낸 것이다. A, B, C는 각각 보통 물질, 암흑 물질, 암흑 에너지 중 하나이다.

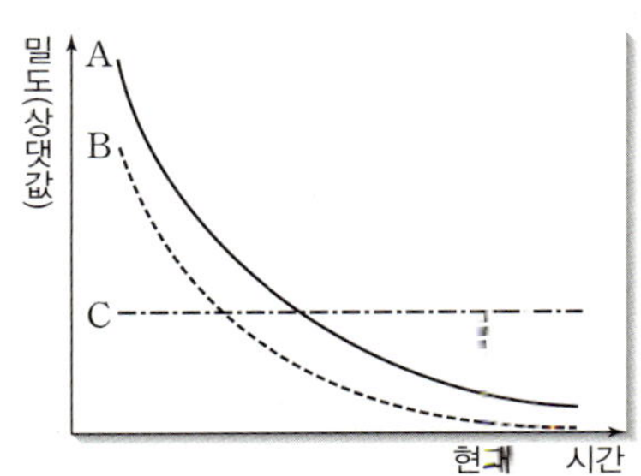

이에 대한 설명으로 옳은 것만을 〈보기〉에서 있는 대로 고른 것은?

보기

ㄱ. A는 보통 물질이다.
ㄴ. 시간에 따라 중력보다 암흑 에너지의 영향이 커진다.
ㄷ. 암흑 물질이 차지하는 비율은 시간에 따라 감소한다.

① ㄱ ② ㄷ ③ ㄱ, ㄴ
④ ㄱ, ㄷ ⑤ ㄴ, ㄷ

708

그림은 네 가지 우주 모형 A~D를 나타낸 것이다.

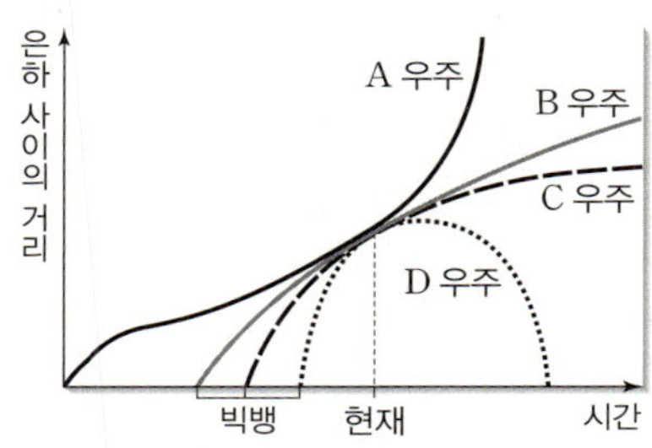

이에 대한 설명으로 옳은 것만을 〈보기〉에서 있는 대로 고른 것은?

보기

ㄱ. A는 열린 우주 모형이다.
ㄴ. 현재 우주의 평균 밀도는 C가 B보다 크다.
ㄷ. D는 암흑 에너지를 고려한 우주 모형이다.

① ㄱ ② ㄴ ③ ㄱ, ㄷ
④ ㄴ, ㄷ ⑤ ㄱ, ㄴ, ㄷ

709

그림은 세 가지 우주 모형을 분류하는 과정을 나타낸 것이다.

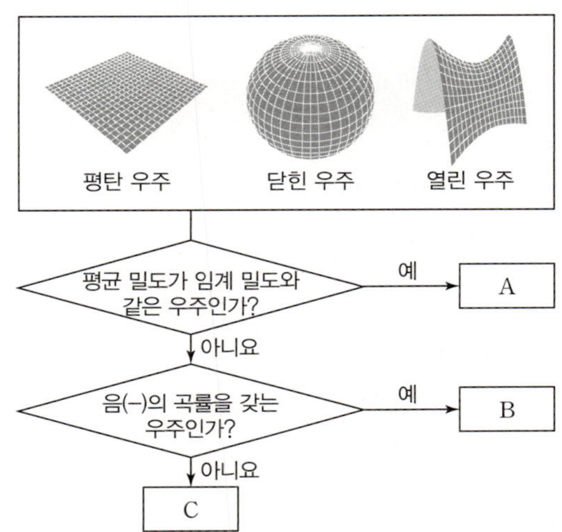

이에 대한 설명으로 옳은 것만을 〈보기〉에서 있는 대로 고른 것은?

보기

ㄱ. A는 팽창 속도가 감소하여 0에 수렴하게 된다.
ㄴ. B는 팽창하다가 다시 수축하는 우주이다.
ㄷ. 현재의 우리 우주는 C에 해당한다.

① ㄱ ② ㄷ ③ ㄱ, ㄴ
④ ㄱ, ㄷ ⑤ ㄴ, ㄷ

memo

memo

BON. N제

BON._본 **N**제

BON.본 N제

지구과학Ⅰ 709Q

모든 교과서 완벽 분석
모든 교과서 내용을 체계적으로 분석하여
시험의 적중률을 높임

필수 개념의 출제 경향 파악
족집게 전략과 단골 문제를 통해
필수 개념의 출제 경향과 대표 문제 파악

다양한 유형의 문제 수록
시험에 나올 수 있는 모든 유형의 문제 수록

1등급을 위한 시험 유형 훈련서
BON.본 N제
지구과학 I 709Q
정답 및 해설
이투스북

BON. N제

BON.N제

정답 및 해설

정답 및 해설

I. 고체 지구

I-1. 지권의 변동

01. 판 구조론의 정립

STEP 1 바로바로 **개념 확인**   본문 011쪽

001 판게아   **002** (1) 해안선 (2) 화석 (3) 빙하   **003** 고지자기
004 열곡, 변환 단층   **005** (1) ○ (2) × (3) ○

001 과거에 하나의 초대륙인 판게아가 분리되기 시작하여 오늘날과 같은 대륙 분포를 이루게 되었다는 이론이 대륙 이동설이다.

002 (1) 아프리카 서해안과 남아메리카 동해안의 해안선 모양이 유사하다.
(2) 멀리 떨어져 있는 대륙에서 같은 종류의 고생물 화석이 발견된다.
(3) 멀리 떨어져 있는 대륙을 하나로 모으면 빙하의 흔적이 남극을 중심으로 분포한다.

003 고지자기는 암석이 생성될 때 자성을 띠는 광물들이 당시 지구 자기장 방향으로 배열된 후 생성 당시 그대로 남아 있는 지구 자기이다.

004 해령 중심부에서 해양저가 확장되면서 열곡이 형성되고, 해령의 위치에 따라 속도 차이가 나므로 변환 단층이 형성된다.

005 (1) 홈스는 대륙을 이동시키는 원동력으로 맨틀 대류를 제시하였다.
(2) 해양저 확장설에 따르면 맨틀 대류의 상승부에서는 해령을 중심으로 해양 지각이 양쪽으로 이동하면서 해양저가 확장된다.
(3) 암석권은 지각과 상부 맨틀의 일부를 포함하는 약 100 km 두께의 암석으로 구성된 단단한 부분이다.

STEP 2 알짜 문제로 **실력 키우기**   본문 012～015쪽

006 ③   **007** 해설 참조   **008** ⑤   **009** ④   **010** ⑤   **011** ①
012 ③   **013** ③   **014** 해설 참조   **015** ④   **016** ③   **017** 해설 참조
018 ①   **019** ②   **020** ②   **021** ③   **022** ④

006 ③ 해령을 축으로 고지자기의 역전이 주기적으로 나타나면서 고지자기 줄무늬 분포가 대칭적으로 나타나는 것은 해양저 확장설의 증거이다.
오답 피하기 ① 남아메리카 동해안과 아프리카 서해안의 해안선 모양이 비슷한 것은 베게너가 제시한 대륙 이동의 증거이다.
② 북아메리카 대륙과 유럽 대륙에 있는 산맥의 지질 구조에 연속성이 나타나는 것은 베게너가 제시한 대륙 이동의 증거이다.

④ 멀리 떨어져 있는 여러 대륙에 남아 있는 빙하의 흔적이 남극을 중심으로 분포하는 것은 베게너가 제시한 대륙 이동의 증거이다.
⑤ 같은 종류의 고생물 화석이 멀리 떨어져 있는 여러 대륙에서 발견되는 것은 베게너가 제시한 대륙 이동의 증거이다.

추가로 나오는 선택지

❶ × ❷ ○
❶ 베게너가 제시한 대륙 이동설은 대륙 이동의 원동력을 설명하지 못하여 발표 당시에 큰 지지를 받지 못했다.
❷ 베게너는 대륙 이동설의 증거를 제시하면서 과거에 대륙이 하나로 모여 초대륙인 판게아를 형성하였다고 설명하였다.

007 베게너의 대륙 이동설은 대륙 이동의 증거는 제시하였으나 대륙 이동의 원동력은 제시하지 못했다.
모범 답안 대륙 이동의 원동력을 설명하지 못했기 때문이다.

채점 기준	배점
모범 답안과 같이 옳게 서술한 경우	100%

008 ㄱ. 베게너는 대륙 이동의 원동력을 설명하지 못해 발표 당시에 큰 지지를 받지 못하였다.
ㄴ. 판게아는 고생대 말부터 중생대 초 사이에 여러 대륙이 하나로 모여 형성된 초대륙이다.
ㄷ. 과거에 대륙이 한 덩어리였다가 분리되고 이동하여 오늘날과 같은 모습을 보이게 되었다.

009 ㄴ, ㄷ. 이 실험에서 나무 도막은 대륙, 물은 맨틀에 해당한다. 따라서 나무 도막의 움직임은 대륙의 이동을, 물이 가열되어 대류하는 것은 맨틀 대류를 나타낸다.
오답 피하기 ㄱ. 물이 가열되면 상승하여 양쪽으로 이동하므로 나무 도막 사이의 거리는 점점 멀어진다.

010 홈스는 대륙 이동의 원동력을 맨틀 내 방사성 원소의 붕괴열과 지구 중심부에서 올라오는 열에 의해 맨틀 상부와 하부에 온도 차이가 생겨 맨틀에서 열대류가 일어나고, 맨틀 위에 있는 대륙이 맨틀 대류를 따라 이동한다고 설명하였다.

011 ㄱ. 맨틀 대류의 상승부에서는 마그마의 활동으로 새로운 지각이 형성되고, 맨틀 대류의 하강부에서는 지각이 맨틀 속으로 들어가며 소멸한다.
오답 피하기 ㄴ. 홈스는 지각 하부에 존재하는 맨틀은 고체 상태이지만 매우 느린 열대류가 일어나 대륙이 이동한다고 설명하였다.
ㄷ. 맨틀 대류설이 발표될 당시에는 탐사 기술이 발달하지 않아서 맨틀 대류를 설명할 수 있는 맨틀 대류설이 증거를 찾지 못해 큰 지지를 받지 못했다.

012 ㄷ. 맨틀 대류설에서는 맨틀 내 방사성 원소의 붕괴열과 지구 중심부에서 올라오는 열에 의해 맨틀 상하부의 온도 차이가 발생하여 매우 느리게 열대류가 일어나기 때문에 맨틀 위에 놓인 대륙이 이동하는 것이라고 설명하였다.

오답 피하기 ㄱ. 변환 단층의 발견은 해양저 확장설의 증거이다.

ㄴ. 고지자기 줄무늬는 해양저 확장설의 증거이다. 홈스가 맨틀 대류설을 주장할 당시에는 맨틀 대류를 확인할 수 있는 탐사 기술이 부족하여 대륙 이동의 원동력으로 인정받지 못하였다.

013 ㄱ. 해령과 A 지점 사이, 해령과 B 지점 사이에 있는 줄무늬의 개수가 같으므로 두 지점에서 해양 지각의 나이는 비슷하다.

ㄷ. 해령을 축으로 고지자기 줄무늬가 반복적으로 나타나는 것은 지구 자기의 역전 현상이 반복되기 때문이다.

오답 피하기 ㄴ. 해령에서 멀어질수록 해저 퇴적물의 두께는 두꺼워진다. 따라서 A에서 해령 쪽으로 갈수록 해저 퇴적물의 두께는 얇아진다.

추가로 나오는 선택지

❶ ○ ❷ ○ ❸ × ❹ × ❺ ○

❶ (가)와 (나)에서 모두 고지자기 줄무늬는 해령을 축으로 대칭을 이룬다.
❷ 해령에서 생성된 해양 지각은 해령을 축으로 양쪽으로 멀어지므로 A의 해양 지각은 해령의 반대 방향으로 이동한다.
❸ 역자극기인 A가 생성될 당시 지구 자기장의 방향은 현재와 반대였다.
❹ 해양저의 확장 속도는 같은 시간 동안 더 먼 거리까지 이동한 (나)에서 더 빠르다.
❺ 해령에서 멀어질수록 수심은 깊어진다.

014 모범 답안 해령에서 생성된 새로운 해양 지각이 양쪽으로 확장되고, 지구 자기의 역전 현상이 반복되기 때문이다.

채점 기준	배점
모범 답안과 같이 옳게 서술한 경우	100%
고지자기가 해령을 축으로 대칭인 줄무늬를 이루는 까닭을 한 가지만 옳게 서술한 경우	50%

015 수심 $d = \frac{1}{2} t \times v$ 이므로 A 지점의 수심은 $9000 \text{ m}(= \frac{1}{2} \times 12 \times 1500)$ 이고, B 지점의 수심은 $1500 \text{ m}(= \frac{1}{2} \times 2 \times 1500)$ 이다.

016 ㄷ. 맨틀 대류의 하강부인 B는 수렴형 경계로, 암석권에 횡압력이 작용한다.

오답 피하기 ㄱ. A는 맨틀 대류의 상승부로 발산형 경계에 해당하며 해령과 열곡이 형성된다. 호상 열도는 수렴형 경계(B)에서 나타난다.

ㄴ. B는 수렴형 경계로 해구가 형성된다. 해구에서는 해양 지각이 맨틀 속으로 들어가며 소멸한다.

017 모범 답안 변환 단층, 해령의 위치에 따라 속도 차이가 나므로 두 판이 서로 어긋나면서 이동하여 변환 단층이 형성된다.

채점 기준	배점
변환 단층을 쓰고, 지형이 형성되는 까닭을 옳게 서술한 경우	100%
지형이 형성되는 까닭만 옳게 서술한 경우	50%
변환 단층만 쓴 경우	30%

018 ㄱ. 해령으로부터의 거리가 같은 지점에서 해저 지각의 연령이 적을수록 해저 지각의 이동 속도가 빠르다. 따라서 해저 지각의 이동 속도는 동태평양에서 가장 빠르다.

오답 피하기 ㄴ. 고지자기 분포가 현재와 같으면 정자극기, 현재와 반대이면 역자극기이다. A는 역자극기이므로 현재와 지자기 방향이 반대이다.

ㄷ. 북대서양 해저 지각은 5백만 년 동안 이동 거리가 100 km보다 작으므로 평균 이동 속도는 2 cm/년보다 느리다.

019 판 구조론은 (가) 대륙 이동설 → (다) 맨틀 대류설 → (나) 해양저 확장설 → (라) 판 구조론의 순서로 정립되었다.

(가) 초대륙인 판게아가 분리되고 이동하여 현재와 같은 대륙 분포가 되었다는 학설은 대륙 이동설이다.

(나) 해령에서 고온의 맨틀 물질이 상승하여 새로운 해양 지각이 생성되고, 해령을 중심으로 양쪽으로 멀어짐에 따라 해저가 확장된다는 학설은 해양저 확장설이다.

(다) 맨틀 내 온도 차이로 맨틀에서 열대류가 일어나 맨틀 위에 있는 대륙이 맨틀 대류를 따라 이동한다는 학설은 맨틀 대류설이다.

(라) 지구 표면을 이루는 10여 개의 크고 작은 판이 서로 다른 방향으로 움직이면서 판의 경계에서 지진, 화산 활동 등의 지각 변동이 일어난다는 이론은 판 구조론이다.

추가로 나오는 선택지

❶ × ❷ ○

❶ 고지자기 줄무늬 분포는 해양저 확장설의 증거이다.
❷ (나)는 헤스와 디츠가 설명한 해양저 확장설이고, (다)는 홈스가 설명한 맨틀 대류설이다.

020 ② 홈스는 맨틀 대류에 의해 대륙이 이동한다는 맨틀 대류설을 주장하였다.

오답 피하기 ①, ③ 헤스와 디츠는 해령에서 고온의 맨틀 물질이 상승하여 새로운 해양 지각이 생성되고 해령을 중심으로 양쪽으로 멀어짐에 따라 해저가 확장된다는 해양저 확장설을 주장하였다.

④ 윌슨, 모건, 아이작 등에 의해 지구 표면은 10여 개의 크고 작은 판으로 이루어져 있고, 판이 서로 다른 방향과 속도로 움직이면서 판의 경계에서 지진, 화산 활동과 같은 지각 변동이 일어난다는 판 구조론이 정립되었다.

⑤ 베게너는 과거에 여러 대륙이 모여 하나의 초대륙인 판게아를 형성하였으며, 약 2억 년 전부터 분리되고 이동하여 현재와 같은 대륙 분포가 되었다는 대륙 이동설을 주장하였다.

021 ㄱ. A는 지각과 상부 맨틀을 포함하는 단단한 암석으로 구성된 암석권이다.

ㄴ. B는 맨틀 대류가 일어나는 연약권에 해당한다.

오답 피하기 ㄷ. B는 고체 상태로, 온도가 높아 부분 용융되어 유동성을 띠기 때문에 이곳에서 맨틀 대류가 일어난다.

자료 정리

판의 구조
(1) 암석권 : 지각과 상부 맨틀의 일부를 포함하는 약 100 km 두께의 부분으로, 암석권은 여러 조각으로 나뉘어져 있는데 각각의 크고 작은 조각을 판이라고 한다.
(2) 연약권 : 암석권의 바로 아래 상부 맨틀의 물질이 부분 용융되어 고체 상태이지만, 유동성을 띠는 부분이다.

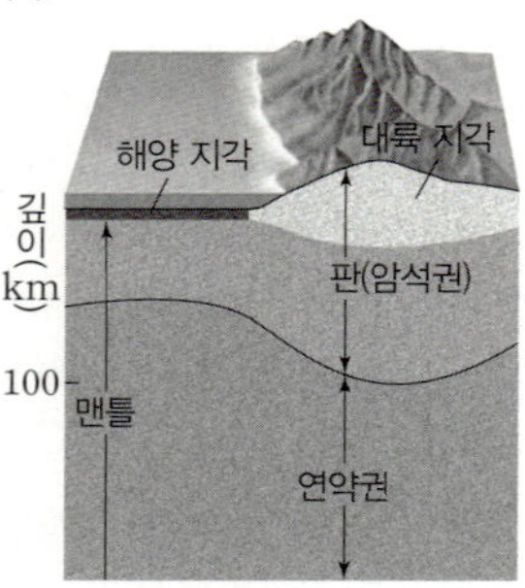

---

022 (가)에서는 두 판이 서로 어긋나게 이동하는 보존형 경계로 변환 단층이 발달한다. (나)에서는 두 판이 서로 멀어지는 발산형 경계로 해령이 발달한다. (다)에서는 두 판이 서로 가까워지는 수렴형 경계로 해구가 발달한다.

STEP 3 **1등급**을 위한 **실전 완벽 대비** 본문 016 ~ 017쪽

023 ① **024** ⑤ **025** ① **026** ⑤ **027** ③ **028** ⑤ **029** ②
030 ⑤

---

023 ㄴ. 베게너는 과거에 하나였던 대륙이 시간이 지나면서 분리되어 오늘날과 같은 대륙 분포를 이루게 되었다는 대륙 이동설을 주장하였으나 대륙 이동의 원동력을 설명하지 못해 발표 당시에는 인정을 받지 못하였다.

오답 피하기 ㄱ. 대륙 이동설은 대륙 이동의 증거로 지질 구조의 연속성, 고생물 화석의 분포, 해안선의 일치 등을 제시하였다.

ㄷ. 베게너는 약 2억 년 전부터 하나였던 대륙이 분리되기 시작하여 현재와 같은 대륙 분포를 이루게 되었다고 주장하였다.

024 베게너는 대륙 이동설을 주장하면서 여러 가지 증거를 제시하였다.

ㄱ. 북반구의 저위도에 위치한 인도 대륙에서 빙하의 흔적이 발견된 것으로 보아 과거에 인도 대륙은 남극 대륙 부근에 위치했을 것으로 추정된다.

ㄴ. 남아메리카 동해안과 아프리카 서해안의 해안선이 일치하는 것은 과거에 두 대륙이 붙어 있었음을 암시한다.

ㄷ. 그림에서 고생물 화석의 분포 면적이 가장 넓은 것은 글로소프테리스 화석이다. 멀리 떨어진 대륙에서 같은 종류의 고생물 화석이 산출되는 것은 과거에 대륙들이 붙어 있었음을 암시한다.

025 대륙 이동의 원리를 알아보기 위한 실험에서 대류 현상에 의해 멀어지는 나무 도막은 대륙 지각에 해당하며, 물은 부분 용융되어 있는 맨틀에 해당한다. 암석권과 연약권은 판 구조론에서 등장한 용어이다.

026 ㄴ. A 해령으로부터의 거리가 ⓐ인 곳은 역자극기이므로 현재의 지자기 방향과 반대이다.

ㄷ. 해령으로부터의 거리 80 km인 지점은 A에서도 정자극기, B에서도 정자극기이다.

오답 피하기 ㄱ. 해령으로부터의 거리가 같은 지점에서 지각의 나이가 적을수록 해양 지각의 이동 속도가 빠르다. 따라서 해양 지각의 이동 속도는 A보다 B가 빠르다.

자료 정리

고지자기 줄무늬의 분포
(1) 고지자기 줄무늬의 분포 : 해령과 거의 나란하며, 해령을 축으로 대칭을 이룬다.
→ 해령에서 생성된 새로운 해양 지각이 양쪽으로 확장되고, 지구 자기의 역전 현상이 반복되기 때문이다.
(2) 정자극기와 역자극기 : 지자기 분포가 현재와 같으면 정자극기, 현재와 반대이면 역자극기이다.

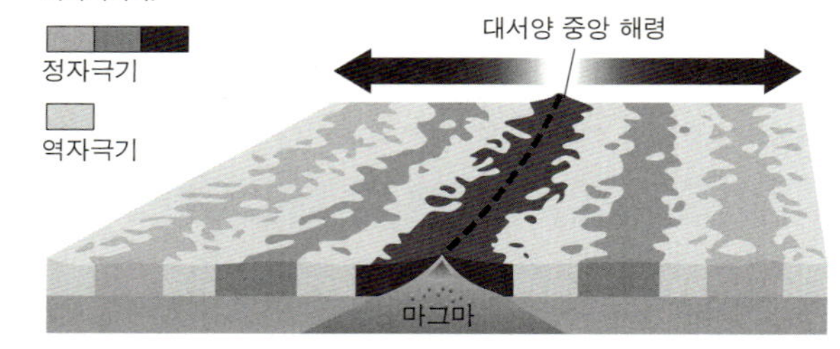

---

027 ㄱ. 이 지형은 중심부(지점 5)의 수심이 얕은 봉우리 형태의 해령이다. 해구는 중심부의 수심이 깊은 골짜기 형태의 해저 지형이다.

ㄷ. 초음파의 왕복 시간이 길수록 수심은 깊다. 따라서 초음파의 왕복 시간과 수심은 비례 관계이다.

오답 피하기 ㄴ. 음향 측심법에서 수심 $d = \frac{1}{2} \times$ 음파의 왕복 시간 $\times$ 음파의 평균 속도이다. 따라서 지점 5의 수심은 $1125\,\mathrm{m}(= \frac{1}{2} \times 1.5 \times 1500)$이다.

028 판 구조론이 정립되는 과정에서 윌슨은 변환 단층의 존재를 밝혀냈으며 판이라는 용어를 최초로 사용하였다. 홈스는 맨틀 대류설을 주장하였으며, 헤스는 해양저 확장설을 주장하였다.

029 발산형 경계에서는 마그마가 분출하여 새로운 해양 지각이 생성되고, 오래된 해양 지각은 해구에서 소멸한다. 따라서 해령으로부터 멀어질수록, 해구에 가까울수록 지각의 나이가 많아진다. B가 해령에서 가장 멀리 떨어져 있으므로 지각의 나이가 가장 많다.

030 ㄱ. 이 지역은 해양판이 대륙판 아래로 섭입하면서 해구와 호상 열도를 형성하는 수렴형 경계이다.

ㄴ. 호상 열도는 판의 경계를 따라 해구와 나란하게 발달한다.

ㄷ. 해양판이 대륙판 아래로 섭입하는 섭입대를 따라 지진이 발생하므로, 해구에서 대륙 쪽으로 갈수록 진원의 깊이는 깊어진다.

02. 대륙 분포의 변화

<table>
<tr><td>STEP 1</td><td>바로바로 개념 확인</td><td>본문 019쪽</td></tr>
</table>

031 편각　**032** 복각, 0　**033** (1) × (2) ○ (3) ○ (4) ×
034 판게아　**035** (1) × (2) ○ (3) ○　**036** 속도

031 편각은 지구 표면 한 지점의 수평면 위에서 진북과 자북 사이의 각이다.

032 복각은 나침반의 자침(자기력선의 방향)이 수평면과 이루는 각이다. 복각은 자기 적도에서 0°이고, 자북극에서 +90°이다.

033 (1) 암석이 생성될 당시 자성을 띠는 광물들은 지구 자기장과 같은 방향으로 자화된다.
(2) 과거 지리상 북극에서 자북이 어느 방향에 있었는지는 고지자기의 편각을 측정하여 추정할 수 있다.
(3) 암석이 생성될 당시의 위도는 암석의 나이와 고지자기의 복각을 측정하여 추정할 수 있다.
(4) 유럽 대륙과 북아메리카 대륙에서 측정한 자북극의 이동 경로가 다른 것은 두 대륙이 과거 어느 시기에 서로 붙어 있었기 때문이다.

034 로디니아 초대륙을 이루던 대륙이 분리되고 이동하다가 약 2억 4천만 년 전에 대륙이 다시 모여 형성된 초대륙을 판게아라고 한다.

035 (1) 약 2억 년 전에는 판게아가 분리되기 시작하였다.
(2) 약 1억 5천만 년 전에는 대서양이 확장되면서 아프리카 대륙과 남아메리카 대륙이 분리되었다.
(3) 약 5천만 년 전에는 인도 대륙이 유라시아판과 충돌하며 히말라야산맥을 형성하였으며, 현재와 유사한 수륙 분포를 형성하였다.

036 미래의 대륙과 해양 분포는 현재 판의 이동 속도와 이동 방향을 분석하여 예측할 수 있다.

<table>
<tr><td>STEP 2</td><td>알짜 문제로 실력 키우기</td><td>본문 020쪽</td></tr>
</table>

037 ⑤　**038** 해설 참조　**039** ⑤　**040** ①

037 ㄱ, ㄷ. 지질 시대 동안 같은 시기에 자북극은 하나뿐이었다. 유럽 대륙과 북아메리카 대륙에서 측정한 자북극의 이동 경로를 겹쳐 보면, 두 대륙이 과거 어느 시기에 서로 붙어 있었음을 알 수 있다.

ㄴ. 유럽 대륙과 북아메리카 대륙에서 측정한 자북극의 이동 경로를 이용하여 대륙의 이동 경로를 복원할 수 있다.

추가로 나오는 선택지

❶ × ❷ ○

❶ 지질 시대 동안 같은 시기에 자북극은 하나뿐이었다.
❷ 과거에 북아메리카 대륙과 유럽 대륙은 붙어 있었던 시기가 있었으므로 습곡 산맥의 분포가 두 대륙에서 연속성을 갖는다.

038 지질 시대 동안 자북극은 하나뿐이었으므로 두 대륙이 이동하지 않았다면 자북극의 겉보기 이동 경로가 어긋나고 있는 현상을 설명할 수 없다.

모범 답안 자북극은 하나뿐인데 자북극의 이동 경로가 다르게 나타나는 것은 두 대륙이 붙어 있다가 분리되어 이동하였기 때문이다.

채점 기준	배점
자북극은 하나뿐이므로 대륙이 이동하였을 것이라고 서술한 경우	100%
대륙이 이동하였기 때문이라고만 서술한 경우	50%

039 ㄱ. (가)는 판게아에서 대륙들이 분리되어 이동하고 있는 모습이므로 (가) 이전에는 대서양의 면적이 더 좁았다.

ㄴ. (가) 이후에는 북아메리카 대륙과 유라시아 대륙 사이의 간격이 멀어지면서 대서양의 면적이 더 넓어져 현재와 더욱 유사한 수륙 분포를 형성한다.

ㄷ. (가)는 약 5천만 년 전의 대륙 분포 모습이고, (나)는 약 2억 4천만 년 전 판게아가 형성되어 있을 때의 대륙 분포 모습이다.

추가로 나오는 선택지

❶ ○ ❷ ×

❶ 약 2억 4천만 년 전에 형성된 초대륙은 판게아이다.
❷ 지구 전체 해안선의 길이는 대륙이 서로 분리되어 있는 (가)가 대륙이 하나로 모여 판게아를 형성하고 있던 (나)보다 길다.

040 ① 약 2억 4천만 년 전에 판게아가 형성되었으며, 약 2억 년 전에 판게아가 분리되기 시작하였다.

오답 피하기 ② 인도 대륙은 약 1억 5천만 년 전에 남극 대륙에서 분리되어 북쪽으로 이동하였다.

③ 약 5천만 년 전에는 인도 대륙이 유라시아판과 충돌하며 히말라야산맥을 형성하였으며 현재와 유사한 대륙 분포를 형성하였다.

④ 미래의 대륙과 해양의 분포는 현재 판의 이동 속도와 이동 방향을 분석하여 예측할 수 있다.

⑤ 초대륙의 형성과 분리는 약 3억 년~약 5억 년을 주기로 반복되는 것으로 추정된다.

STEP 3 1등급을 위한 실전 완벽 대비   본문 021쪽

041 ①   **042** ③   **043** ①   **044** ⑤

041 ㄱ. 이 시기는 나침반 N극이 북극 방향을 가리키므로 현재와 지구 자기장의 방향이 같은 정자극기이다.

[오답 피하기] ㄴ. 고지자기의 정자극기와 역자극기는 해령을 중심으로 줄무늬의 형태로 대칭적으로 나타나는데 줄무늬의 간격이 일정하지 않다. 즉, 고지자기의 역전 주기는 일정하지 않다.

ㄷ. 이 시기는 정자극기로 현재와 같이 나침반 자침의 N극은 북극 방향을 가리킨다.

042 ㄱ. 인도 대륙은 고생대 말에 남극 대륙과 붙어 있었다. 이후 인도 대륙은 북쪽으로 이동하여 현재와 같은 대륙 분포를 보이게 되었다.

ㄷ. 일정한 기간 동안 인도 대륙이 북쪽으로 이동한 거리가 점점 짧아지고 있으므로, 이 기간 동안 인도 대륙의 이동 속도는 점점 느려졌다.

[오답 피하기] ㄴ. 복각은 자기 적도에서 0°이고 고위도로 갈수록 증가하는데 자북극에서는 +90°이고, 자남극에서는 −90°이다. 약 5500만 년 전까지는 남반구에 위치한 상태에서 북상하였으므로 복각의 절댓값이 작아졌고, 약 3800만 년 전 이후에는 북반구에 위치한 상태에서 북상하였으므로 복각의 절댓값이 증가하였다. 따라서 이 기간 동안 인도에서 복각의 절댓값은 감소하다가 증가하였다.

043 ㄴ. 어느 시기이건 자북극은 하나뿐이므로 현재 세 대륙에서 측정한 자북극은 모두 같다.

[오답 피하기] ㄱ. 지질 시대 동안 자북극은 하나뿐이었다. 따라서 약 5억 2천만 년 전에 자북극도 한 곳뿐이다.

ㄷ. C의 이동 경로는 A의 이동 경로와 많이 다르기 때문에 두 자북극의 이동 경로를 하나로 겹쳐서 비교하기 어렵다. 따라서 대륙의 이동을 추정하는 데는 C의 이동 경로보다 B의 이동 경로를 A의 이동 경로와 함께 겹쳐서 비교하는 것이 유리하다.

044 ㄱ. 초대륙의 형성과 분리는 약 3억 년~약 5억 년을 주기로 반복되는 것으로 추정된다.

ㄴ. 열곡대는 판과 판이 멀어지는 발산형 경계에서 나타나는 지형이다. 초대륙에 열곡대가 발달하면 대륙이 분리된다.

ㄷ. 판이 하나로 모이면서 초대륙이 형성되는 과정에서 판과 판이 충돌하여 거대한 습곡 산맥을 형성하는 조산 운동이 일어난다.

---

03. 맨틀 대류와 플룸 구조

STEP 1 바로바로 개념 확인   본문 023쪽

045 (1) ○ (2) × (3) × (4) ×   **046** 플룸 구조론   **047** 차가운 플룸
048 (가) 차가운 플룸 (나) 뜨거운 플룸 (다) 뜨거운 플룸   **049** 상승
050 판 구조론, 플룸 구조론

045 (1) 연약권은 고체이지만 온도가 높아 유동성을 띠고 있으므로, 연약권 위에 놓인 판은 맨틀 대류를 따라 이동한다.

(2) 맨틀 대류는 연약권을 이루는 상부 맨틀 내의 온도 차이에 의해 일어나는 현상이다.

(3) 맨틀 대류의 상승부에서는 마그마가 분출하여 새로운 해양 지각이 형성된다.

(4) 하와이섬과 같이 판의 내부에서 일어나는 화산 활동은 플룸 구조론으로 설명한다.

046 플룸 구조론은 맨틀 내부에서 온도 차이로 인한 밀도 변화 때문에 플룸의 상승이나 하강이 일어나 지구 내부의 변동이 일어난다는 이론이다.

047 차가운 플룸은 하강하는 저온의 맨틀 물질인데, 수렴형 경계에서 섭입된 물질이 상부 맨틀과 하부 맨틀의 경계 부근에서 쌓여 있다가 가라앉아 맨틀과 외핵의 경계부까지 도달하는 하강류이다.

048 현재 아시아 대륙 아래에서는 차가운 플룸이 하강하고, 남태평양과 아프리카 대륙 아래에서는 뜨거운 플룸이 상승하고 있다. 따라서 (가)는 차가운 플룸, (나)와 (다)는 뜨거운 플룸이다.

049 지진파의 속도는 온도가 높은 지역에서 느리고, 온도가 낮은 지역에서는 빠르다. 주변의 맨틀보다 온도가 높은 플룸 상승류에서는 지진파의 속도가 느리다.

050 판이 섭입하기 전 지표에서 일어나는 수평 운동과 판의 섭입 과정에서 일어나는 수직 운동은 판 구조론(상부 맨틀의 운동)으로 설명하고, 지구 내부에서 일어나는 대규모의 수직 운동은 플룸 구조론으로 설명한다.

STEP 2 알짜 문제로 실력 키우기   본문 024쪽

051 ⑤   **052** ③   **053** ①   **054** 해설 참조

051 ⑤ 판의 내부에서 일어나는 화산 활동으로 형성된 하와이 열도는 판 구조론으로 설명할 수 없다. 하와이 열도의 형성 원인은 플룸 구조론으로 설명할 수 있다.

 ① 연약권 내에서 일어나는 맨틀 대류로 인해 연약권 위에 놓인 판이 이동한다.
② 발산형 경계에서 형성되는 해령에서는 판을 밀어내는 힘이 작용한다.
③ 수렴형 경계에서 형성되는 해구에서는 판을 잡아당기는 힘이 작용한다.
④ 맨틀 대류의 상승부에서는 마그마가 분출하여 새로운 해양 지각이 형성되는 해령이 형성된다.

추가로 나오는 선택지

❶ 고체 ❷ 중력
❶ 맨틀은 고체 상태이지만 온도가 높아 유동성을 띠므로 대류가 일어날 수 있다.
❷ 해저면 경사에서는 중력의 영향으로 판이 미끄러지는 힘이 판 이동의 원동력으로 작용한다.

052 학생 A : 해구에서는 냉각되어 저온·고밀도의 판이 중력에 의해 침강하면서 판을 잡아당기는 힘이 작용한다.
학생 C : 맨틀 대류의 상승부에서는 발산형 경계가 형성되고, 하강부에서는 수렴형 경계가 형성된다.
 학생 B : 연약권 내에서 일어나는 대류에 의해 연약권 위에 놓인 판이 맨틀 대류를 따라 이동한다.

053 ㄱ. 하와이 열도를 이루는 섬들은 열점에서 형성된 후 판의 이동을 따라 움직인 것이다. 따라서 열점에 가까이 있는 하와이섬이 가장 나이가 적고 열점에서 멀어질수록 나이가 많아진다.
 ㄴ. 현재 화산 활동은 열점 부근에 위치한 하와이섬에서 가장 활발하다. 카우아이섬은 열점으로부터 멀리 이동하였으므로 화산 활동 가능성이 가장 낮다.
ㄷ. 열점은 뜨거운 플룸에 의해 형성된 지형이다.

추가로 나오는 선택지

❶× ❷○ ❸× ❹○
❶ 하와이 열도는 열점을 기준으로 북서쪽으로 배열되어 있으므로 태평양판의 이동 방향은 북서쪽이다.
❷ 태평양판의 이동 방향은 하와이 열도의 배열로부터 알 수 있다.
❸ 열점은 이동하지 않고 고정되어 있다.
❹ 앞으로 하와이섬은 태평양판을 따라 북서쪽으로 이동하고, 현재의 하와이섬 자리에는 새로운 화산섬이 형성될 것이다.

054 열점, 열점에서는 뜨거운 플룸이 상승하면서 마그마를 생성하기 때문에 판의 내부에서도 화산 활동이 일어날 수 있다.

채점 기준	배점
열점을 쓰고, 열점에서 화산 활동이 일어날 수 있는 까닭을 플룸 구조론과 관련지어 옳게 서술한 경우	100%
열점에서 화산 활동이 일어날 수 있는 까닭만 플룸 구조론과 관련지어 옳게 서술한 경우	50%
열점만 쓴 경우	30%

055 ⑤　056 ①　057 ②　058 ⑤

055 ㄱ. A는 발산형 경계로, 마그마가 분출하면서 판을 양쪽으로 밀어내는 힘이 작용한다.
ㄴ. B는 수렴형 경계로, 침강하는 판의 무게에 의해 잡아당기는 힘이 작용한다.
ㄷ. 발산형 경계인 A에서는 해령이 발달하고, 수렴형 경계인 B에서는 해구가 발달한다.

056 ㄱ. 차가운 플룸은 하강하는 저온의 맨틀 물질로, 주로 해구에서 섭입하는 물질이 상부 맨틀과 하부 맨틀의 경계 부근에 쌓여 있다가 가라앉으면서 형성된다. 따라서 차가운 플룸은 (가) → (나) → (다) 순으로 형성된다.
 ㄴ. 섭입대에서 차가운 플룸이 형성되는 과정이다.
ㄷ. 차가운 플룸은 수렴형 경계인 섭입대 부근에서 형성된다.

057 ㄷ. 대서양 중앙 해령은 뜨거운 플룸이 상승하는 곳으로 발산형 경계에 해당한다.
 ㄱ. 아시아 대륙의 하부에서는 차가운 플룸이 하강하고 있으므로 열점이 형성되지 않는다. 열점은 뜨거운 플룸이 상승하는 곳에서 형성된다.
ㄴ. 플룸은 맨틀과 외핵 사이의 경계에서 지각 부근까지 작용하는 맨틀 전체에서 일어나는 물질의 이동이다.

058 ㄱ. 맨틀 전체에서 일어나는 맨틀 대류는 플룸 구조론으로 설명하고, 연약권 내의 맨틀 대류는 판 구조론(상부 맨틀의 운동)으로 설명한다.
ㄴ. 판이 섭입되기 전까지 지표면에서 판의 운동은 판 구조론으로 설명하고, 판이 섭입된 후 맨틀 대류를 포함한 지구 내부의 운동은 플룸 구조론으로 설명한다.
ㄷ. 판의 내부에 위치한 열점에서 일어나는 화산 활동은 플룸 구조론으로 설명하고, 판의 경계에서 일어나는 지각 변동은 판 구조론으로 설명한다.

자료 정리

판 구조론(상부 맨틀의 운동)과 플룸 구조론의 비교

구분	판 구조론	플룸 구조론
설명	판의 섭입 전 지표에서 일어나는 수평 운동 설명	지구 내부에서 일어나는 대규모의 수직 운동 설명
원동력	방사성 물질의 붕괴열과 맨틀 상하부 깊이에 따른 온도 차이로 발생하는 상부 맨틀 내의 열대류	상승하는 뜨거운 플룸과 하강하는 차가운 플룸에 의해 발생하는 거대 규모의 대류
범위	연약권 내에서 발생	맨틀 전체에서 발생
지형	해령, 해구, 변환 단층	열점

04. 변동대의 마그마 활동 및 화성암

STEP 1　바로바로 개념 확인　　본문 027쪽

059 순상　**060** ㉠ 상승, ㉡ 감소, ㉢ 공급, ㉣ 높아　**061** (1) × (2) ○
(3) ○　**062** (가) 현무암 (나) 유문암 (다) 반려암 (라) 화강암　**063** 신
생, 중생

059 현무암질 마그마는 온도가 높고 점성이 작으며 화산 가스 함량이
적어서 비교적 조용히 분출하며 순상 화산이나 용암 대지를 형성한다.

060 마그마는 온도가 상승할 때, 압력이 감소할 때, 물의 공급으로 인
해 지하의 온도가 그 곳에 존재하는 암석의 용융점보다 높아질 때 생성
된다.

061 (1) 해령에서는 맨틀 물질이 상승할 때 압력이 감소하여 맨틀의 용
융점이 지하의 온도보다 낮아져 현무암질 마그마가 생성된다.
(2) 뜨거운 플룸이 상승하는 열점에서는 맨틀 물질이 상승할 때 압력 감
소로 현무암질 마그마가 생성된다.
(3) 해양 지각이 섭입할 때 함수 광물에서 방출된 물이 맨틀에 공급되면
맨틀의 용융점이 낮아져 현무암질 마그마가 생성된다.

062 (가)는 염기성암이면서 화산암이므로 현무암이고, (나)는 산성암
이면서 화산암이므로 유문암이다. (다)는 염기성암이면서 심성암이므로
반려암이고, (라)는 산성암이면서 심성암이므로 화강암이다.

063 우리나라의 화산암 지형은 대부분 신생대에 일어난 화산 활동으
로 생성된 현무암으로 이루어져 있다. 반면 심성암 지형은 대부분 중생
대에 생성된 화강암이 지표에 노출된 후 풍화 침식 작용을 받아 형성되
었다.

STEP 2　알짜 문제로 실력 키우기　　본문 028 ~ 031쪽

064 ⑤　**065** 해설 참조　**066** ⑤　**067** ①　**068** ①　**069** ①
070 ⑤　**071** ③　**072** 해설 참조　**073** ③　**074** 해설 참조
075 ③　**076** ③　**077** ⑤　**078** ②　**079** ⑤　**080** ⑤

064 ㄴ. 열점에서 마그마는 맨틀 물질의 상승에 의한 압력 감소로 생
성되므로, 하와이 열도에서 마그마는 C → D 과정으로 생성된다.
ㄷ. 같은 압력 조건에서 물을 포함하지 않은 맨틀의 용융점은 물을 포함
한 맨틀의 용융점보다 높다.
오답 피하기 ㄱ. 해령에서 마그마는 맨틀 물질의 상승에 의한 압력 감
소로 생성되므로, 해령에서 마그마는 C → D 과정으로 생성된다.

❶ × ❷ ○ ❸ ×
❶ 섭입대에서 해양 지각이 섭입할 때 물이 맨틀에 공급되면 맨틀의 용
융점이 낮아져 현무암질 마그마가 생성된다.
❷ 지하 깊은 곳으로 갈수록 지하의 온도는 상승한다.
❸ 물이 포함된 화강암의 용융점은 압력이 높아질수록 낮아지므로 압력
에 반비례한다.

065 （모범 답안） 온도 상승, 압력 감소, 물의 공급으로 마그마가 생성되
는 지하의 온도가 그 곳에 존재하는 암석의 용융점보다 높아질 때 마그
마가 생성된다.

채점 기준	배점
온도 상승, 압력 감소, 물의 공급을 모두 포함하여 옳게 서술한 경우	100%
세 가지 중 두 가지만 포함하여 옳게 서술한 경우	50%
세 가지 중 한 가지만 포함하여 옳게 서술한 경우	30%

066 (가)는 유문암질 마그마, (나)는 현무암질 마그마이다.
ㄱ. 유문암질 마그마는 온도가 낮고 SiO_2 함량이 높다. 따라서 SiO_2 함
량은 A에 해당한다.
ㄴ. 마그마의 온도가 높은 (나)는 현무암질 마그마이다.
ㄷ. 마그마의 점성은 온도가 높은 (나)보다 온도가 낮은 (가)가 크다.

067 ㄱ. 해령에서는 맨틀 물질의 상승에 따라 압력이 감소하면서 현무
암질 마그마가 생성된다.
오답 피하기 ㄴ. 열점에서는 뜨거운 플룸의 상승류를 따라 맨틀 물질이
상승할 때 압력 감소로 현무암질 마그마가 생성된다.
ㄷ. 섭입대 부근에서는 해양 지각이 섭입할 때 물이 맨틀에 공급되면서
맨틀의 용융점이 낮아져 현무암질 마그마가 생성된다.

068 ㄴ. 깊이에 따른 지하의 온도 분포를 통해 깊이 들어갈수록 지하
의 온도가 높아진다는 것을 알 수 있다.
오답 피하기 ㄱ. 깊이 50 km보다 얕은 곳에서 암석의 용융 곡선이 지
하의 온도 분포 곡선과 만나 마그마를 생성할 조건을 가지는 것은 물을
포함한 화강암의 용융 곡선이다. 따라서 이 암석은 화강암이다.
ㄷ. 마그마가 생성되기 위한 조건은 온도 상승, 압력 하강, 물의 공급이
다. C의 조건은 온도 하강의 조건이므로 마그마의 생성 조건이 아니다.

069 학생 B : 화강암은 심성암으로 마그마가 지하 깊은 곳에서 천천
히 식어 생성된 암석이다.
오답 피하기 학생 A : 열점의 마그마는 판의 경계가 아닌 곳에서 생성
된 마그마의 예이다.
학생 C : 해령에서 분출하는 마그마는 맨틀 물질 상승에 따라 압력이
감소하여 생성된 현무암질 마그마이다.

070 ⑤ 해령에서 생성되는 마그마는 맨틀 물질의 상승에 따른 압력 감소로 생성된 현무암질 마그마이다. 섞여 물이 첨가되어 용융점이 낮아져 생성된 마그마는 섭입대에서 생성되는 현무암질 마그마이다.

오답 피하기 ① 하와이 열도는 뜨거운 플룸의 상승으로 열점에서 생성된 마그마가 분출하여 형성되었다.

② 마그마가 생성되는 환경에 따라 화학 조성이나 조직이 달라지므로 화성암의 종류가 달라진다.

③ 마그마는 화학 조성에 따라 현무암질, 안산암질, 유문암질 마그마로 분류된다.

④ 해령에서는 맨틀 물질이 상승하여 압력이 감소하면서 현무암질 마그마가 생성된다.

071 A는 해령, B는 열점, C는 섭입대, D는 대륙 지각 하부이다.

ㄱ. 해령(A)에서는 맨틀 대류의 상승류를 따라 맨틀 물질이 상승할 때 압력 감소로 현무암질 마그마가 생성된다.

ㄷ. 섭입대(C)에서는 해양 지각이 섭입할 때 함수 광물에서 방출된 물이 맨틀에 공급되면서 맨틀의 용융점이 낮아져 부분 용융이 일어나므로 현무암질 마그마가 생성된다.

오답 피하기 ㄴ. 열점(B)에서는 뜨거운 플룸의 상승류를 따라 맨틀 물질이 상승할 때 압력 감소로 현무암질 마그마가 생성된다. 대륙 지각 하부(D)에서는 섭입대(C)에서 생성된 현무암질 마그마가 상승하면서 지각 하부를 용융시켜 유문암질 마그마가 생성되거나 현무암질 마그마와 유문암질 마그마가 혼합되어 안산암질 마그마가 생성된다.

072 모범 답안 하와이 열도는 열점에서 일어나는 화산 활동으로 형성된 화산섬들로, 열점에서는 뜨거운 플룸의 상승류를 따라 맨틀 물질이 상승할 때 압력 감소로 현무암질 마그마가 생성된다.

채점 기준	배점
플룸의 종류와 압력 조건을 모두 고려하여 열점에서 마그마가 생성되는 과정을 옳게 서술한 경우	100%
하와이 열도가 열점에서 형성된 화산섬이라는 것을 포함하여 맨틀 물질이 상승할 때 압력 감소로 마그마가 생성된다고만 서술한 경우	50%

073 ㄱ. 어두운색을 띠는 현무암과 반려암은 염기성암이다.

ㄷ. 산성암인 밝은색 암석이 염기성암인 어두운색 암석보다 SiO_2 함량이 많다.

오답 피하기 ㄴ. 조립질 조직인 화강암은 심성암이고, 세립질 조직인 유문암은 화산암이다. 화산암은 심성암보다 마그마의 냉각 속도가 빠르다.

추가로 나오는 선택지

❶ 심성 ❷ 현무암

❶ 화강암은 지하 깊은 곳에서 마그마가 천천히 냉각하여 굳어져 생성되므로 구성하는 입자의 크기가 큰 조립질의 심성암이다.

❷ 반려암은 어두운색의 유색 광물을 많이 포함하는 현무암질 마그마가 굳어서 생성된다.

074 모범 답안 화성암은 SiO_2 함량(화학 조성)과 조직을 기준으로 분류한다. SiO_2 함량을 기준으로는 염기성암, 중성암, 산성암으로, 조직을 기준으로는 화산암, 반심성암, 심성암으로 분류한다.

채점 기준	배점
화성암의 분류 기준 2가지를 쓰고, 각 기준에 따라 화성암의 분류를 모두 옳게 서술한 경우	100%
화성암의 분류 기준 2가지만 옳게 쓴 경우	50%

자료 정리

화성암의 분류

(1) 조직에 따른 분류 : 화성암의 생성 장소에 따라 마그마의 냉각 속도가 달라 광물 입자의 크기가 달라진다.

(2) 화학 조성(SiO_2 함량)에 따른 분류 : SiO_2 함량이 52 % 이하인 염기성암, SiO_2 함량이 52 %~63 %인 중성암, SiO_2 함량이 63 % 이상인 산성암으로 분류한다.

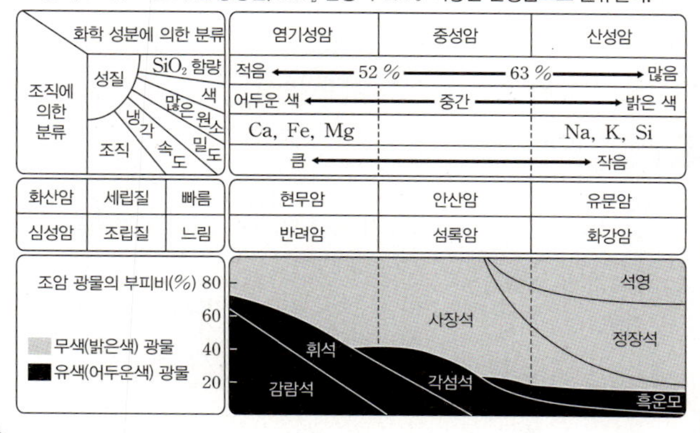

075 (가) 세 화성암 중 SiO_2 함량이 52 % 이상인 암석은 산성암인 화강암뿐이다. 화강암의 SiO_2 함량은 63 % 이상이다.

(나) 세 화성암 중 SiO_2 함량이 52 % 이하이면서 마그마가 지표 부근에서 빠르게 냉각되면서 굳어져 생성된 암석은 염기성암이면서 세립질 암석인 현무암이다.

(다) 세 화성암 중 SiO_2 함량이 52 % 이하이면서 마그마가 지하 깊은 곳에서 천천히 냉각되어 생성된 암석은 염기성암이면서 조립질 암석인 반려암이다.

076 ③ 현무암질 마그마는 현무암과 반려암, 안산암질 마그마는 안산암과 섬록암, 유문암질 마그마는 유문암과 화강암을 생성한다. 유문암은 SiO_2 함량비가 63 % 이상인 산성암이고, 안산암은 SiO_2 함량비가 52 %~63 %인 중성암이다.

오답 피하기 ① 화강암은 SiO_2 함량비가 63 % 이상인 산성암이며 지하 깊은 곳에서 생성된 심성암이다.

② 반려암은 지하 깊은 곳에서 마그마가 천천히 냉각되어 생성된 심성암이다.

④ 현무암은 유색 광물의 함량이 많아 어두운색을 띠고, 유문암은 무색 광물의 함량이 많아 밝은색을 띤다.

⑤ 유문암은 세립질이고, 화강암은 조립질이므로 유문암은 화강암보다 마그마의 냉각 속도가 빠르다.

077 ㄱ. SiO_2 함량이 많은 암석일수록 사장석, 정장석, 석영 등의 무색 광물이 많아 밝은색을 띤다.

ㄴ. 마그마의 냉각 속도는 화산암인 안산암이 심성암인 섬록암보다 빠르다.

ㄷ. 유색 광물이 차지하는 부피비는 유문암질 마그마에 의해 생성된 화강암보다 현무암질 마그마에 의해 생성된 현무암에서 크다.

078 ㄷ. 마그마의 냉각 속도가 빠를수록 광물 결정의 크기는 작아진다. 따라서 마그마의 냉각 속도는 C가 D보다 빠르다.

오답 피하기 ㄱ. SiO_2 함량이 많을수록 무색 광물의 함량이 많아 밝은색을 띤다. 따라서 SiO_2 함량은 암석의 색이 밝은 C가 A보다 많다.

ㄴ. 광물 결정의 크기가 크고, 어두운색을 띠는 화성암 B는 염기성암이면서 심성암인 반려암이다. 광물 결정의 크기가 크고, 밝은색을 띠는 화성암 D는 산성암이면서 심성암인 화강암이다.

자료 정리

조직에 따른 화성암의 분류
화성암의 생성 장소에 따라 마그마의 냉각 속도가 달라 광물 입자의 크기가 달라진다.

화산암	세립질 조직이나 유리질 조직이 나타난다. ➡ 마그마가 지표 부근에서 빠르게 냉각되어 굳으면서 생성되었기 때문이다. 현무암, 안산암, 유문암
반심성암	반상 조직이 나타난다. ➡ 마그마가 비교적 얕은 깊이에서 냉각되어 굳으면서 생성되었기 때문이다. 휘록암, 섬록 반암, 석영 반암
심성암	조립질 조직이 나타난다. ➡ 마그마가 지하 깊은 곳에서 천천히 냉각되어 굳으면서 생성되었기 때문이다. 반려암, 섬록암, 화강암

079 (가)는 심성암 지형인 북한산의 인수봉이고, (나)는 화산암 지형인 제주도의 주상 절리대이다.

ㄴ. (가)에서는 지하 깊은 곳에서 생성된 화강암이 상부 지층의 침식 작용으로 융기하여 지표에 노출되면서 암석 주위의 압력이 감소하여 암석이 팽창하면서 형성된 판상 절리가 발달하고, (나)에서는 마그마가 지표로 분출한 후 빠르게 냉각하면서 형성된 주상 절리가 발달한다.

ㄷ. 제주도의 주상 절리대는 신생대에 있었던 화산 활동에 의해 분출한 용암이 빠르게 식으면서 형성되었다.

오답 피하기 ㄱ. (가)의 화강암은 마그마가 지하 깊은 곳에서 천천히 냉각되면서 굳어져 생성되었다.

추가로 나오는 선택지

❶ × ❷ ○

❶ 마그마가 빠르게 냉각되면서 형성된 절리는 (나)의 주상 절리이다.

❷ (가)는 중생대의 화성 활동으로 생성된 화강암으로 이루어져 있고, (나)는 신생대의 화산 활동으로 생성된 현무암으로 이루어져 있다.

080 ⑤ 화강암은 지하 깊은 곳에서 생성된 후 상부 지층이 침식 작용을 받아 융기하여 지표로 노출되었다. 이 과정에서 화강암 지형에서는 판상 절리가 형성되었다.

오답 피하기 ① 우리나라에 분포하는 화산암 지형은 대부분 신생대에 화산 활동으로 현무암질 마그마가 분출하여 생성된 현무암으로 이루어져 있다.

② 북한산과 설악산에는 심성암인 화강암이 주로 분포한다.

③ 우리나라에서 심성암 지형은 우리나라의 전 지역에 걸쳐 넓게 분포하고 있다.

④ 우리나라에 분포하는 대부분의 화강암 지형은 중생대에 화성 활동으로 형성된 것이다.

STEP **3** 1등급을 위한 실전 완벽 대비 본문 032 ~ 033쪽

081 ④ **082** ② **083** ⑤ **084** ① **085** ③ **086** ⑤ **087** ⑤
088 ④

081 ④ 뜨거운 플룸의 상승류에 의한 마그마의 생성 과정은 압력 감소에 의한 과정인 B이다.

오답 피하기 ①, ⑤ 열점과 해령에서 마그마는 압력 감소에 의한 B의 과정으로 생성된다.

②, ③ 섭입대의 현무암질 마그마는 차가운 플룸의 하강에 의해 생성된 마그마이다. 섭입대의 현무암질 마그마는 판의 섭입 과정에서 물의 공급에 따른 맨틀 용융점의 하강으로 생성되는 C의 과정으로 생성된다.

082 (가) 섭입대에서는 해양 지각이 섭입할 때 함수 광물에서 방출된 물이 맨틀에 공급되어 맨틀의 용융점이 낮아지고, 그 결과 맨틀에서 부분 용융이 일어나 현무암질 마그마가 생성된다.

(나) 열점에서는 뜨거운 플룸의 상승류를 따라 맨틀 물질이 상승할 때 압력 감소로 현무암질 마그마가 생성된다.

(다) 해령은 발산형 경계이다. 해령에서는 맨틀 물질이 상승할 때 압력 감소로 현무암질 마그마가 생성된다.

083 ㄱ. 물을 포함한 화강암의 용융 곡선과 지하의 온도 분포 곡선이 만나는 위치가 (가)보다 (나)에서 얕다. 따라서 화강암질 마그마는 (가)보다 (나)에서 더 얕은 곳에서 생성될 것이다.

ㄴ. 암석권에서 깊이에 따른 지하 온도 증가율은 (가)보다 (나)에서 더 크다.

ㄷ. (나)에서는 암석권 내에서 지하의 온도 분포가 물을 포함한 화강암의 용융 곡선과 만나고, 현무암의 용융 곡선과도 만난다. 따라서 현무암질과 화강암질 마그마가 모두 생성될 수 있다.

084 ㄴ. (나)에서는 맨틀 물질의 상승에 따른 압력 감소로 현무암질 마그마가 생성된다.

오답 피하기 ㄱ. (가)는 열점으로, 뜨거운 플룸의 상승에 따른 압력 감소로 현무암질 마그마가 생성된다.

ㄷ. 섭입대인 (다)에서 생성된 마그마에 의한 화산 활동으로 형성된 화산섬들은 호상 열도이다. 호상 열도는 판의 경계를 따라 나란하게 형성되므로 호상 열도의 배열을 이용해 판의 이동 방향은 알 수 없다. 판의 이동 방향은 열점에서 생성된 마그마의 분출로 형성된 화산섬의 배열을 이용하여 알 수 있다.

085 ㄱ. (가)는 화학 조성이다. 화성암은 화학 조성인 SiO_2 함량을 기준으로 염기성암, 중성암, 산성암으로 분류한다.

ㄷ. (다)는 심성암이다. 화강암과 반려암은 지하 깊은 곳에서 마그마가 천천히 냉각되어 조립질 조직이 나타나는 심성암이다.

오답 피하기 ㄴ. (나)는 조립질이다. 조립질 조직은 주로 심성암에서 나타나는 특징이다. 화산암에서는 세립질 조직이 나타난다.

086 ㄱ. 산성암인 화강암은 중성암인 섬록암보다 사장석, 정장석, 석영 등의 무색 광물의 함량비가 크므로 밝은색을 띤다.

ㄴ. 화산암인 현무암은 세립질 조직을 이루고, 심성암인 반려암은 조립질 조직을 이룬다.

ㄷ. 유색 광물인 휘석의 부피비는 산성암보다 염기성암에서 크기 때문에 염기성암은 산성암보다 어두운색을 띤다.

087 (가)는 밝은색을 띠며 광물 입자의 크기가 큰 화강암이고, (나)는 어두운색을 띠며 광물 입자의 크기가 작은 현무암이다.

ㄴ. 마그마의 냉각 속도는 광물 입자의 크기가 작은 (나)가 (가)보다 빠르다.

ㄷ. 유색 광물인 감람석과 휘석의 함량비는 어두운색을 띠는 (나)가 (가)보다 높다.

오답 피하기 ㄱ. SiO_2 함량은 무색 광물의 함량비가 높은 (가)가 (나)보다 높다.

088 ㄴ. (가)는 점성이 작고 유동성이 큰 현무암질 마그마에 의해 생성되었고, (나)는 점성이 크고 유동성이 작은 유문암질 마그마에 의해 생성되었다.

ㄷ. 설악산 울산바위는 마그마가 지하 깊은 곳에서 천천히 냉각되어 굳어 조립질 조직을 이루는 화강암으로 구성되어 있다.

오답 피하기 ㄱ. 한탄강 주상 절리는 밀도가 큰 유색 광물을 많이 포함하는 현무암으로 구성되어 있고, 설악산 울산바위는 밀도가 작은 무색 광물을 많이 포함하는 화강암으로 구성되어 있다.

I-2. 지구의 역사

01. 지질 구조와 퇴적 환경

STEP 1 바로바로 **개념 확인**   본문 035쪽

089 속성, 교결   **090** (1) ㉢ (2) ㉡ (3) ㉠ (4) ㉣ (5) ㉤   **091** (1) ◯ (2) ✕ (3) ◯ (4) ◯   **092** (1) 정단층 (2) 판상 절리 (3) 경사 부정합 (4) 포획암

089 퇴적물이 물리적, 화학적, 생물학적 작용에 의해 퇴적암이 되는 과정을 속성 작용이라고 한다. 속성 작용에는 다짐 작용과 교결 작용이 있다.

090 역암은 자갈, 셰일은 점토, 사암은 모래, 응회암은 화산재, 석회암은 탄산 칼슘을 주요 퇴적물로 하여 이루어져 있다.

091 (1) 두껍게 쌓인 퇴적물의 압력에 의해 입자들이 치밀하게 다져지는 작용을 다짐 작용이라고 하는데, 이때 입자 사이의 공극이 감소한다.
(2) 사암, 역암, 셰일 등은 쇄설성 퇴적암에 속한다.
(3) 대륙대, 심해저, 깊은 호수 등과 같이 수심이 깊은 환경에서 입자의 낙하 속도 차이에 의해 형성된 퇴적 구조를 점이 층리라고 한다.
(4) 퇴적 구조를 통해 퇴적 당시의 환경과 지층의 역전 여부를 판단할 수 있다.

092 (1) 지층에 장력이 작용하여 상반이 아래로 내려간 단층을 정단층, 횡압력을 받아 상반이 위로 올라간 단층을 역단층이라고 한다.
(2) 판상 절리는 심성암이 융기하는 과정에서 암석에 작용하는 압력이 감소하여 형성된 절리이다.
(3) 부정합의 종류에는 평행 부정합, 경사 부정합, 난정합이 있다.
(4) 포획암은 마그마가 관입할 때 주변 암석에서 떨어져 나와 마그마 속으로 유입되어 있는 다른 종류의 암석 조각이다.

STEP 2 알짜 문제로 **실력 키우기**   본문 036 ~ 039쪽

093 ⑤   **094** ④   **095** ③   **096** ④   **097** ①   **098** ②   **099** 해설 참조   **100** ⑤   **101** ⑤   **102** ⑤   **103** ①   **104** 해설 참조   **105** ④   **106** ①   **107** ③   **108** ②   **109** 해설 참조   **110** ⑤   **111** ①

093 ㄱ. A층의 퇴적 구조는 연흔이다. 연흔은 수심이 얕은 곳에서 물결 자국이 퇴적물 표면에 남아 형성된 퇴적 구조이다.

ㄴ. B층의 퇴적 구조는 건열이다. 건열은 지층이 퇴적될 당시에 건조한 기후 환경에 노출되었음을 알려 준다.

ㄷ. C층의 퇴적 구조는 사층리이다. 사층리는 지층이 퇴적될 당시 물이 흐른 방향이나 바람의 방향을 알려준다.

추가로 나오는 선택지

❶ ○ ❷ ○ ❸ × ❹ ×

❶ 연흔(A)과 사층리(C)는 수심이 얕은 곳에서 잘 형성된다.
❷ 퇴적물의 표면이 갈라져 있는 B는 건열이고, 층리가 기울어진 상태로 쌓인 C는 사층리이다.
❸ 사층리에서 지평면과 수직에 가깝게 만나는 부분이 상층이고, 완만하게 만나는 부분이 하층이다. C층에서는 지층의 역전이 없었다.
❹ 사층리는 바람이 불어가거나 물이 흘러가는 방향 쪽의 비탈면에 퇴적물이 쌓이면서 형성된다.

094 퇴적물이 다짐 작용과 교결 작용을 받아 퇴적암이 생성된다. 두껍게 쌓인 퇴적물의 압력에 의해 입자들이 치밀하게 다져지는 A는 다짐 작용이다. 퇴적물 속의 수분이나 지하수에 녹아 있던 교결 물질이 침전되면서 입자들을 단단히 연결시키는 B는 교결 작용이다.

095 ③ 셰일은 점토 입자가 쌓여 형성된 쇄설성 퇴적암이다.
오답 피하기 ①, ② 화학적 퇴적암은 해수에 용해된 물질이 침전 과정(A)을 거쳐 퇴적된 후 퇴적물이 속성 작용(B)을 받아 생성된다.
④ 해수에 용해된 물질의 침전으로 생성된 퇴적암은 화학적 퇴적암이다.
⑤ 교결 작용에 사용되는 교결 물질로는 규질물, 석회 물질, 산화 철 등이 있다.

096 ④ 응회암은 화산재가 퇴적되어 생성된 퇴적암이다.
오답 피하기 ①, ②, ③, ⑤ 처트는 규질이나 규질 생물체가, 역암은 자갈이, 사암은 모래가, 암염은 염화 나트륨이 퇴적되어 생성된 퇴적암이다.

097 (가) 셰일은 점토가 퇴적되어 생성된 쇄설성 퇴적암이다.
(나) 염화 나트륨(NaCl)이 주요 구성 물질인 화학적 퇴적암은 암염이다.
(다) 탄산 칼슘($CaCO_3$)으로 구성된 화학적 퇴적암은 석회암이다.

098 퇴적 환경에는 육상 환경, 연안 환경, 해양 환경이 있다.
② 대륙붕과 대륙 사면은 해양 환경에 해당한다.
오답 피하기 ① 빙하는 육상 환경이고, 삼각주는 연안 환경이다.
③ 호수와 선상지는 육상 환경, 대륙붕은 해양 환경이다.
④ 호수와 빙하는 육상 환경이고, 대륙 사면은 해양 환경이다.
⑤ 빙하는 육상 환경이고, 대륙붕과 대륙 사면은 해양 환경이다.

099 사층리에서는 지표면과 수직에 가깝게 만나는 부분이 상층이고, 완만하게 만나는 부분이 하층이다.
모범 답안 사층리, 이 지층은 역전되지 않았으므로 사층리가 형성될 당시에 바람은 A 쪽에서 B 쪽으로 불었을 것이다.

채점 기준	배점
사층리를 쓰고, 지층의 역전 여부를 판단하여 바람의 방향을 옳게 서술한 경우	100%
지층의 역전 여부를 판단하여 바람의 방향만 옳게 서술한 경우	50%
사층리만 쓴 경우	30%

100 ㄴ. 퇴적 구조를 이용하여 지각 변동을 받은 지층의 역전 여부를 판단할 수 있다.
ㄷ. 퇴적 구조를 이용하여 지층이 퇴적될 당시의 환경을 알 수 있다.
오답 피하기 ㄱ. 퇴적 구조만 이용해서는 지층의 생성 시기를 알 수 없다. 지층의 생성 시기는 지사학 법칙 등을 이용하여 알 수 있다.

101 ㄱ. 마이산에서는 역암이 생성된 후 자갈이나 바위 등이 떨어져 나가고 그곳을 중심으로 풍화가 집중되어 구멍이 점점 커지면서 형성된 타포니 구조가 발견된다.
ㄴ. 진안군 마이산은 중생대에 퇴적된 지형이고, 제주도 수월봉은 신생대에 퇴적된 지형이다. 따라서 (가)가 (나)보다 먼저 형성되었다.
ㄷ. 수월봉은 화산 활동으로 분출된 화산 분출물이 퇴적된 응회암층의 퇴적 지형이다. 수월봉에서는 화산재가 겹겹이 쌓여 형성된 층리가 관찰된다.

102 (가)는 습곡, (나)는 단층이다.
ㄱ. 습곡에서 위로 볼록하게 휘어진 부분인 A는 배사이다.
ㄴ. 단층면을 경계로 B는 상반, C는 하반이다. 이 단층은 횡압력을 받아 상반이 위로 올라간 역단층이다.
ㄷ. 습곡과 역단층은 모두 횡압력을 받아 형성되었다.

추가로 나오는 선택지

❶ ○ ❷ ×

❶ (나)는 단층면을 기준으로 하반에 대해 상반이 위로 올라갔으므로 지층이 횡압력을 받아 형성된 역단층이다.
❷ (나)에서 상반과 하반을 같은 위치에 놓고 비교해 보면, B와 C 지층은 같은 위치에 놓이므로 두 지층은 같은 지질 시대에 형성되었을 가능성이 높다.

103 ① 틈을 경계로 지반의 이동이 없는 것을 절리라 하고, 이동이 있는 것을 단층이라고 한다.
오답 피하기 ② 상반이 아래로 내려간 단층은 정단층이고, 상반이 위로 올라간 단층은 역단층이다.
③ 부정합면을 경계로 상하 지층이 나란한 것은 평행 부정합이다.
④ 습곡 구조에서 지층이 위로 볼록하게 휘어진 부분을 배사라고 하고, 아래로 오목하게 휘어진 부분을 향사라고 한다.
⑤ 마그마가 급격히 냉각되면서 수축하는 과정에서 형성된 절리는 주상 절리이다.

104 지층이 힘을 받아 끊어지면서 형성된 단층에는 정단층과 역단층 등이 있다.

[모범 답안] 정단층은 지층이 장력을 받아 상반이 아래로 내려가면서 형성되고, 역단층은 지층이 횡압력을 받아 상반이 위로 올라가면서 형성된다.

채점 기준	배점
정단층과 역단층의 형성 과정을 지층에 작용하는 힘의 종류와 상반의 이동 방향을 모두 포함하여 옳게 서술한 경우	100%
정단층과 역단층의 형성 과정 중 한 가지만 옳게 서술한 경우	50%

105 정단층은 장력, 역단층은 횡압력을 받아 형성된다. 따라서 정단층은 발산형 경계, 역단층은 수렴형 경계에서 발달한다. 주향 이동 단층은 지층이 수평 방향으로 이동한 단층으로, 보존형 경계의 변환 단층이 이에 해당한다.

단층의 종류

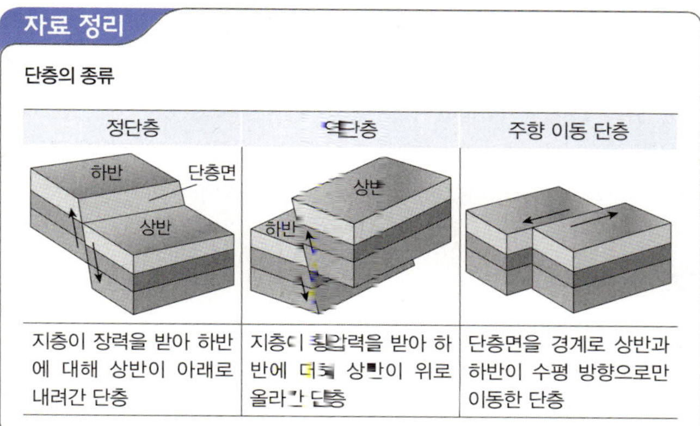

106 ㄱ. (가)는 상반이 아래로 내려간 정단층이다.

[오답 피하기] ㄴ. (나)는 습곡축면이 수평면에 대해 거의 수직인 정습곡이다.

ㄷ. (가)는 장력, (나)는 횡압력을 받아 형성되었다.

107 제주도의 주상 절리는 마그마의 급격한 냉각에 의한 수축 작용으로 형성되었다.

ㄱ, ㄷ. 제주도의 주상 절리는 화산암인 현무암이 생성되는 과정에서 마그마가 급격히 냉각되면서 수축할 때 형성된 절리이다.

[오답 피하기] ㄴ. 절리는 틈인 절리면을 경계로 지반의 이동이 없는 지질 구조이다. 틈을 경계로 지반의 이동이 나타나는 것은 단층이다.

108 ㄷ. (가)는 현무암과 같은 화산암에서 잘 나타나는 주상 절리이고, (나)는 화강암과 같은 심성암에서 잘 나타나는 판상 절리이다.

[오답 피하기] ㄱ, ㄴ. (가)는 마그마가 급격히 냉각 수축되는 과정에서 형성된 주상 절리로, 현무암과 같은 화산암에서 잘 나타난다. (나)는 지하 깊은 곳의 암석이 융기하는 과정에서 형성된 판상 절리로, 화강암과 같은 심성암에서 잘 나타난다.

주상 절리와 판상 절리

암석이 지각 변동에 의해 어떤 힘을 받을 때나 마그마가 급격히 냉각되어 수축할 때 형성된 균열이나 틈이 규칙적으로 반복되어 나타나는 것을 절리라고 한다.

주상 절리	판상 절리

단면이 주로 육각형인 기둥 모양을 이루고 있으며, 용암이 빠르게 냉각된 화산암에서 잘 나타나는데, 우리나라에서는 제주도와 한탄강의 현무암 지형에서 잘 나타난다.	지하 깊은 곳에서 생성된 심성암이 지표로 노출되면 암석을 누르고 있던 압력이 낮아지면서 절리가 발달한다. 우리나라에서는 북한산, 설악산 등의 화강암 지형에서 잘 나타난다.

109 [모범 답안] 수면 아래에서 퇴적물이 연속적으로 퇴적된 후 지각 변동으로 지층이 융기하여 수면 위로 노출된 지층이 풍화와 침식 작용을 받은 후, 다시 지층이 수면 아래로 침강하여 새로운 지층이 퇴적되면서 부정합이 형성된다.

채점 기준	배점
단어를 모두 포함하여 부정합의 형성 과정을 옳게 서술한 경우	100%
단어는 모두 포함하지 않았지만 부정합의 형성 과정을 옳게 서술한 경우	50%

110 ㄱ. 부정합면을 경계로 아래 지층과 위 지층은 시간적 격차가 크다.

ㄴ. 기저 역암은 부정합면 아래 지층의 풍화 침식 작용에 의해 형성된 잔유물이다. 따라서 기저 역암은 부정합면 아래에 위치한 B 지층의 암석과 같은 종류이다.

ㄷ. 기저 역암이 발견되고 부정합면을 경계로 상하 지층이 경사를 이루고 있으므로, 이 지역에서는 경사 부정합이 관찰된다.

111 ㄴ. A는 관입암으로, 관입한 마그마가 천천히 식어 굳어진 암석으로 심성암이다.

[오답 피하기] ㄱ. 이 지질 구조는 관입과 포획이다.

ㄷ. 관입암 내부에 존재하는 포획암은 마그마가 관입할 때 주변 암석에서 떨어져 나와 마그마 속으로 유입되어 화성암에 포함되어 있는 다른 종류의 암석 조각이다. 따라서 A의 내부에 존재하는 포획암은 A보다 먼저 생성되었다.

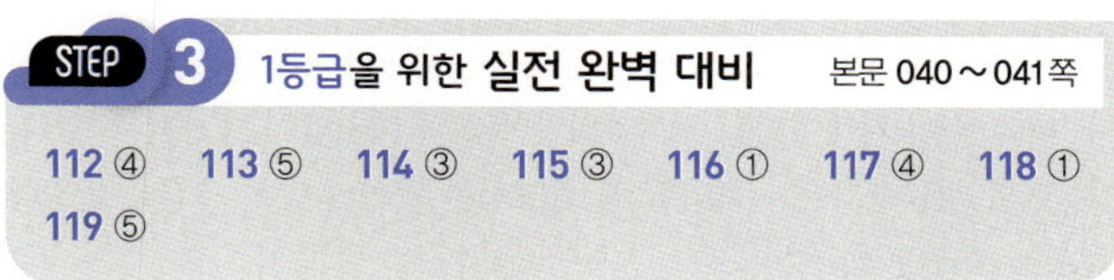

112 ④ 교결 물질(㉠)에는 규질, 석회 물질, 산화 철 등이 있다.

오답 피하기 ① 퇴적물이 다져지는 과정에서 공극은 작아진다.
② 다져진 퇴적물을 붙여 주는 과정을 교결 작용이라고 한다.
③ 퇴적물이 다져지는 과정에서 퇴적층의 밀도가 증가한다.
⑤ 교결 작용은 높은 열과 압력을 필요로 하지 않는다.

113 ㄴ. 건열이 나타나는 셰일층이 형성되는 동안에 기후는 건조했다.
ㄷ. 사층리가 형성된 사암층에서는 퇴적 당시의 퇴적물 이동 방향과 물의 흐름이나 바람의 이동 방향을 알 수 있다.

오답 피하기 ㄱ. 점이 층리는 입자의 크기가 클수록 아래쪽에 퇴적되고 위로 갈수록 입자의 크기가 작아지는 퇴적 구조이다. 이 지역의 역암층에는 다양한 크기의 입자가 혼재되어 있다.

114 퇴적 구조의 단면을 통해 (가)의 점이 층리와 (다)의 건열은 역전이 없었고, (나)의 연흔과 (라)의 사층리에서 지층의 역전이 일어났다는 것을 알 수 있다.

115 ㄱ. (가)는 점이 층리로, 수심이 깊은 물속에서 입자의 크기에 따른 낙하 속도 차이에 의해 형성된 퇴적 구조이다.
ㄷ. (나)의 사층리는 역전되지 않았고, (라)의 사층리는 지층이 역전되었다.

오답 피하기 ㄴ. (나)는 물이나 바람의 흐름 방향을 알려 주는 사층리로, 그림에서 보면 횡압력을 받은 흔적이 없다. (다)는 층리면에 횡압력이 작용하여 형성된 습곡 구조이다.

116 정단층은 장력을, 역단층은 횡압력을 받아 형성된 것이다. 틈을 경계로 절리는 지반의 이동이 없고, 단층은 이동이 있다. 따라서 (가)는 정단층, (나)는 역단층, (다)는 판상 절리이다.

117 이 지층에서는 정단층과 부정합이 나타난다.
학생 A : 장력에 의한 단층은 정단층이고, 횡압력에 의한 단층은 역단층이다.
학생 B : 부정합면의 위에서는 기저 역암이 발견된다.

오답 피하기 학생 C : 기저 역암은 침식된 지층의 일부가 새롭게 퇴적된 지층의 하부에서 관찰되는 것이다.

118 ㄱ. (가)에서는 부정합 형성 이후에 마그마의 관입이 일어났고, (나)에서는 부정합 형성 이전에 마그마의 관입이 일어났다.

오답 피하기 ㄴ. 관입한 암석은 관입당한 암석보다 나중에 생성된 암석이다. (가)에서 화강암은 석회암보다 나중에 생성되었다.
ㄷ. (나)에서 지층의 생성 순서는 셰일 → 화강암 → 석회암 순이다.

119 ㄱ. 관입당한 석회암은 관입한 화성암보다 먼저 생성되었다.
ㄴ. 마그마가 관입하여 석회암과 접촉한 부분에서 변성 작용이 일어난다. 따라서 이 지역에서는 석회암의 변성암인 대리암이 발견될 수 있다.
ㄷ. 포획암은 마그마가 관입할 때 관입당한 주변의 암석 조각이 마그마 속으로 포획된 것이다.

02. 상대 연령과 절대 연령

STEP 1 바로바로 개념 확인 · 본문 043쪽

120 (1) 수평 퇴적 (2) 아래쪽 (3) 역암   **121** (가) 분출 (나) 관입
122 (1) ○ (2) × (3) ○ (4) ×

120 (1) 물속에서 퇴적이 일어날 때 일반적으로 퇴적물이 중력의 영향을 받아 수평으로 쌓인다는 것은 수평 퇴적의 법칙이다.
(2) 지층 누중의 법칙은 지층이 쌓일 때 아래쪽은 위쪽보다 먼저 퇴적되었다는 것으로, 지층의 역전이 없었다면 아래쪽에 있는 지층이 먼저 퇴적된 것이다.
(3) 부정합면 위에는 기저 역암이 나타나기도 하며, 상하 두 지층에서 산출되는 화석군이 급격하게 달라진다.

121 (가)에서 화성암 위층에서는 변성 흔적이 나타나지 않으므로 마그마가 지표로 분출한 후 새로운 지층이 퇴적되어 형성된 지층이다. 지하 깊은 곳에서 마그마의 관입이 일어나면 관입한 마그마 주변에서는 변성 작용이 일어난다. 따라서 마그마 관입이 일어난 주변에서 모두 변성 흔적이 나타나는 (나)는 마그마의 관입이 일어난 것이다.

122 (1) 지층의 대비는 여러 지역에 분포하는 지층들을 서로 비교하여 시간적인 선후 관계를 판단하는 것으로, 암상에 의한 대비와 화석에 의한 대비가 있다.
(2) 방사성 동위 원소는 온도나 압력 등 외부 환경 변화에 관계 없이 일정한 속도로 붕괴한다.
(3) 시간이 지남에 따라 모원소의 양은 감소하고 자원소의 양은 증가하므로, 암석에 포함된 모원소와 자원소의 비율을 측정하여 반감기를 구하면 암석의 절대 연령을 측정할 수 있다.
(4) 오래된 지질 시대 암석의 절대 연령은 ^{238}U, ^{235}U, ^{40}K, ^{87}Rb 등 반감기가 긴 원소를 이용하여 측정한다.

STEP 2 알짜 문제로 실력 키우기 · 본문 044~046쪽

123 ⑤   **124** 해설 참조   **125** ③   **126** ④   **127** ③   **128** ③
129 해설 참조   **130** ②   **131** ②   **132** ①   **133** ②   **134** ⑤
135 ③

123 지층의 역전은 없었고, 관입의 법칙에 따라 관입한 암석은 관입당한 암석보다 나중에 생성되었으므로 B가 가장 나중에 생성되었으며 A는 C보다 나중에 생성되었다. 부정합의 법칙에 따라 기저 역암이 나타나는 부정합면 아래의 C가 D보다 먼저 생성되었다. 따라서 지층의 생성 순서는 C → A 관입 → 부정합 → D → E → B 관입이다.

❶ ○ ❷ × ❸ ○ ❹ ×

❶ 지층 D에서 기저 역암이 나타나는 것으로 보아 지층 C와 지층 D 사이에는 퇴적 시기에 오랜 시간적 격차가 있음을 알려주는 부정합면이 있다.

❷ 기저 역암은 부정합면 아래쪽에 존재하는 지층 C의 풍화 산물이다.

❸ 지층 C는 수평 방향으로 퇴적된 후 지각 변동을 받아 경사져 있다.

❹ 이 지역의 지층에서는 화석이 발견되지 않고 있으므로 지사학 법칙 중 동물군 천이의 법칙은 이용할 수 없고, 지층 누중의 법칙, 관입의 법칙, 부정합의 법칙을 이용하여 지층의 선후 관계를 판단한다.

124 관입과 분출은 마그마와 접한 암석의 변성 범위를 통해 구별할 수 있다.

(모범 답안) 관입이 일어난 경우에는 관입한 마그마와 접촉하고 있는 모든 부분에서 변성 흔적과 포획암이 나타난다. 반면 분출이 일어난 경우에는 지표로 분출하여 굳은 화산암 위에 퇴적된 지층에서 변성 흔적이 나타나지 않고, 화산암 성분의 기저 역암이 발견되기도 한다.

채점 기준	배점
마그마와 접촉한 암석의 변성 범위와 기저 역암을 포함하여 옳게 서술한 경우	100%
마그마와 접촉한 암석의 변성 범위만 포함하여 서술한 경우	50%

자료 정리

관입과 분출

(1) 관입 : 관입암의 위쪽 지층에도 변성 부분이 나타나며, 관입암 내에서 포획암이 관찰될 수 있다.

(2) 분출 : 분출암의 위쪽 지층에서는 변성 부분이 나타나지 않고 분출암 내에서 포획암이 관찰되지 않으며, 분출암의 침식 작용으로 생성된 기저 역암이 관찰될 수 있다.

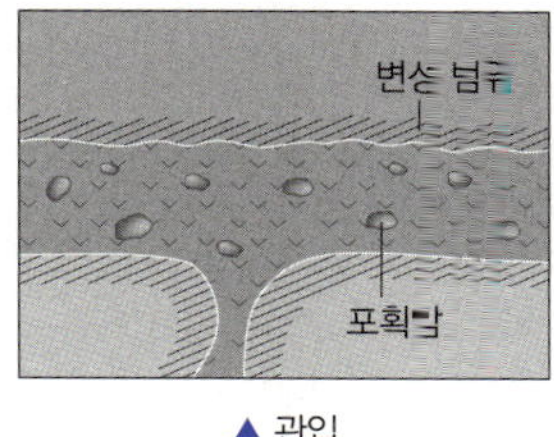

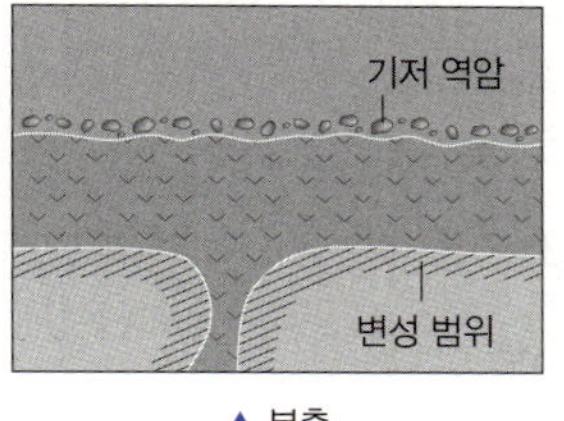

125 ③ 퇴적이 연속으로 일어난 경우 상하 두 지층의 관계를 정합이라 하고, 퇴적이 중단되면서 상하 두 지층 사이의 시간적 간격이 큰 경우 두 지층의 관계를 부정합이라고 한다.

(오답 피하기) ① 물속에서 퇴적이 일어날 때 일반적으로 퇴적물이 중력의 영향을 받아 수평으로 쌓인다는 것은 수평 퇴적의 법칙이다.

② 화성암이 관입한 경우에는 관입당한 암석이 관입한 암석보다 먼저 생성되었다는 관입의 법칙이 적용된다.

④ 오래된 지층에서 새로운 지층으로 갈수록 더욱 진화된 생물의 화석군이 산출된다는 것은 동물군 천이의 법칙이다.

⑤ 지층이 역전되지 않았으면 아래쪽에 있는 지층이 위쪽에 있는 지층보다 먼저 퇴적되었다는 것은 지층 누중의 법칙이다.

126 이 지역에서는 부정합면이 관찰되고, 관입이 일어났으므로 부정합의 법칙과 관입의 법칙을 이용하여 지층의 상대 연령을 측정할 수 있다. 또한, 아래쪽 지층이 먼저 쌓였으므로 지층 누중의 법칙을 이용할 수 있다.

127 지층 누중의 법칙은 지층이 쌓일 때 아래쪽이 위쪽보다 먼저 퇴적되었다는 것이다. 즉, 지층의 역전이 없었다면 지층 누중의 법칙에 따라 아래쪽에 있는 지층이 먼저 퇴적된 것이다. 반면 지층이 역전되었다면 퇴적 구조나 표준 화석을 관찰하여 지층의 상하를 판단한다.

128 비교적 가까운 지역 간의 지층 대비에는 지층을 구성하는 암석의 종류나 열쇠층을 이용하여 판단한다.

ㄱ. 세 지역에서 가장 오래된 지층은 (가) 지역의 가장 아래에 분포하는 사질 셰일층이다.

ㄷ. 열쇠층은 인접한 지역에서 모두 나타나며 짧은 시기 동안 넓게 분포하는 응회암층, 석회암층 등을 이용한다. 따라서 응회암층은 세 지역의 지층을 대비하는 열쇠층으로 적합하다.

(오답 피하기) ㄴ. (가) 지역의 사질 셰일은 응회암보다 먼저 생성되었고, (나) 지역의 사질 셰일은 응회암보다 나중에 생성되었으므로, (가) 지역의 사질 셰일이 (나) 지역의 사질 셰일보다 먼저 생성되었다.

129 (모범 답안) 관입의 법칙에 따라 관입당한 C 지층이 퇴적된 후 A가 관입하였다. 이후 지층이 융기와 침강을 하여 부정합이 형성되었고, D 지층이 퇴적된 후 B가 분출하였다.

채점 기준	배점
관입과 부정합을 모두 포함하여 생성 순서를 옳게 서술한 경우	100%
관입과 부정합의 표현 없이 지층의 생성 순서만 옳게 서술한 경우	50%

130 반감기를 통해 D는 2억 년 전에, F는 1억 년 전에 생성된 암석임을 알 수 있다.

ㄴ. F에 포함된 모원소와 자원소의 비가 1 : 1이므로, 반감기를 한 번 거쳤다. 따라서 F의 절대 연령은 1억 년이다.

(오답 피하기) ㄱ. 관입의 법칙에 따라 관입당한 암석인 E가 관입한 암석인 D보다 먼저 생성되었다.

ㄷ. G 지층의 절대 연령은 1억 년~2억 년 사이이므로, G에서는 약 6000년 전에 만들어진 화석이 산출될 수 없다.

❶ ○ ❷ ○ ❸ ×

❶ 모원소와 자원소의 비가 1 : 3인 D는 반감기를 2번 거쳤다.

❷ 이 지역에서는 융기 → 침강을 통해 형성된 부정합면이 두 번 나타나므로 최소한 3번의 융기가 있었다.

❸ 관입한 암석은 관입당한 암석보다 나중에 형성되므로 D는 C와 E보다 나중에 생성되었고, F는 가장 나중에 생성되었다. 따라서 지층의 생성 순서는 A → B → C → E → D → G → F이다.

131 ㄷ. ^{14}C와 같은 불안정한 방사성 동위 원소는 반감기가 짧고, ^{238}U, ^{235}U, ^{40}K, ^{87}Rb 등의 상대적으로 안정한 방사성 동위 원소는 반감기가 길다.

오답 피하기 ㄱ. 방사성 동위 원소는 온도나 압력 등 외부 환경 변화에 관계없이 일정한 속도로 붕괴하므로, 반감기는 깊이 변화에 관계없이 일정하다.

ㄴ. 방사성 동위 원소의 종류에 따라 반감기는 다르다. ^{238}U, ^{235}U, ^{40}K, ^{87}Rb 등 반감기가 긴 원소는 오래된 지질 시대 암석의 절대 연령을 측정할 때 이용하고, ^{14}C와 같은 반감기가 짧은 원소는 가까운 지질 시대 암석의 절대 연령을 측정할 때 이용한다.

132 ① 방사성 동위 원소는 온도나 압력 등 외부 환경에 따라 붕괴 속도가 변하지 않고 일정하다.

오답 피하기 ② ^{238}U, ^{235}U, ^{40}K, ^{87}Rb 등 반감기가 긴 원소는 오래된 지질 시대 암석의 절대 연령을 측정할 때 이용한다.

③, ⑤ 방사성 동위 원소가 붕괴할 때 시간이 지남에 따라 모원소의 양은 감소하고 자원소의 양은 증가하므로, 암석에 포함된 모원소와 자원소의 비율을 측정하여 반감기를 구하면 암석의 절대 연령을 측정할 수 있다.

④ 여러 지역에 분포하는 지층들을 서로 비교하여 시간적인 선후 관계를 판단하는 것은 지층의 대비로, 암상에 의한 대비와 화석에 의한 대비가 있다.

133 ㄴ. 방사성 동위 원소가 붕괴할 때 불안정한 모원소의 양은 감소하고 안정한 자원소의 양은 증가하므로 A와 B 중 더 안정한 원소는 B이다.

ㄷ. 모원소인 A 원소의 함량이 처음 양의 절반으로 줄어드는 데 걸리는 시간이 반감기이므로, 방사성 동위 원소 X의 반감기는 2억 년이다.

오답 피하기 ㄱ. 시간이 지남에 따라 점점 감소하고 있는 A는 모원소이다.
ㄹ. 암석 속의 A와 B의 함량비가 1 : 3이면 반감기가 2번 경과하였으므로, 암석의 절대 연령은 4억 년이다.

134 ㄴ. ^{40}K의 반감기는 약 13억 년인데, 현재 지구의 나이는 약 46억 년으로 ^{40}K가 반감기를 3번 경과한 시간(약 39억 년)보다 길다. 따라서 현재 지구에 존재하는 ^{40}K의 총량은 처음 양의 $\frac{1}{8}$보다 적다.

ㄷ. ^{14}C와 같은 반감기가 짧은 원소는 가까운 지질 시대 암석의 절대 연령을 측정할 때 이용한다. 반면 ^{238}U, ^{235}U, ^{40}K, ^{87}Rb 등 반감기가 긴 원소는 오래된 지질 시대 암석의 절대 연령을 측정할 때 이용한다.

오답 피하기 ㄱ. 방사성 동위 원소는 온도나 압력 등 외부 환경 변화에 관계없이 일정한 속도로 붕괴한다.

135 ㄱ. 방사성 동위 원소 X의 반감기는 모원소의 양이 처음 양의 절반이 되는 데 걸린 시간인 2억 년이다.

ㄴ. 암석이 생성되어 10억 년이 지나면 반감기가 5번 경과한 시간이므로 모원소와 자원소의 함량비는 1 : 31이다.

오답 피하기 ㄷ. 암석의 나이보다 방사성 동위 원소의 반감기가 너무 길면 붕괴한 양이 너무 적어 측정이 어렵다. 방사성 동위 원소 X의 반감기는 2억 년으로 약 7천만 년 전에 생성된 암석의 절대 연령보다 길기 때문에 약 7천만 년 전에 생성된 암석의 절대 연령은 방사성 동위 원소 X로 측정하기 어렵다.

STEP 3 1등급을 위한 실전 완벽 대비   본문 047쪽

136 ③   **137** ④   **138** ⑤   **139** ①

136 (가)는 관입, (나)는 분출이다. 관입에서는 기존의 암석 조각이 화성암 속에서 포획암으로 발견될 수 있고, 분출에서는 화성암의 조각이 기저 역암으로 발견될 수 있다.

ㄱ. 관입에서는 기존의 암석 조각이 관입한 화성암 속에서 포획암으로 발견될 수 있다. 따라서 포획암은 (가)에서 나타날 수 있다.

ㄴ. (가)에서 지층의 생성 순서는 A → C → B이다. 관입한 B가 가장 나중에 생성되었다.

오답 피하기 ㄷ. 관입이 일어난 경우에는 관입한 마그마와 접촉하고 있는 모든 부분에서 변성 흔적과 포획암이 나타난다. 반면 분출이 일어난 경우에는 지표로 분출하여 굳은 화산암 위에 퇴적된 지층에서 변성 흔적이 나타나지 않고, 화산암 성분의 기저 역암이 발견되기도 한다. (가)에서는 화성암의 모든 주변에서 변성 부분이 나타나므로 관입한 경우에 해당한다. (나)는 화성암 위쪽에서 변성 부분이 나타나지 않으므로 분출한 경우에 해당한다.

137 암모나이트 화석이 포함된 지층과 삼엽충 화석이 포함된 지층을 열쇠층(건층)으로 대비해 보면, 가장 오래된 지층은 (나)의 최하층이고, 가장 젊은 지층은 (다)의 최상층임을 알 수 있다.

138 ⑤ 부정합면에서 발견되는 기저 역암의 원암은 부정합면 아래에 퇴적된 지층의 암석이므로 C이다.

오답 피하기 ① 방사성 동위 원소 X의 반감기는 처음 양의 절반으로 줄어드는 데 걸리는 시간인 1억 년이다.
② 반감기를 2회 거친 화성암 Q의 절대 연령은 2억 년이다.
③ 이 지역에서 부정합면이 발견되므로 과거에 침식을 받은 적이 있다.
④ 지층 누중의 법칙, 관입의 법칙, 부정합의 법칙을 통해 (가)에서 지층의 생성 순서는 C → Q → B → A → P임을 알 수 있다.

139 ㄱ. 하반에 대하여 상반이 위로 올라간 단층이므로 단층 $f-f'$은 역단층이다.

오답 피하기 ㄴ. 반감기를 2회 거친 화성암 A의 절대 연령은 1억 1400만 년이고, 반감기를 1회 거친 화성암 B의 절대 연령은 5700만 년이다. 그러므로 이 지역의 부정합은 1억 1400만 년 전~5700만 년 전 사이에 형성되었다.
ㄷ. 이 지역 지층의 형성 순서는 C → D → A → E → B이다.

03. 지질 시대의 환경과 생물

140 지각 변동   **141** (1) × (2) ◐ (3) ◖   **142** (1) 온난한 (2) 높았다
(3) 크다   **143** (1) 스트로마톨라이트 (2) 온난, 빙하 (3) 오존층 (4) 중
생대

140 지질 시대는 지구가 탄생한 약 46억 년 전부터 현재까지의 기간
으로, 생물계의 급격한 변화를 알려 주는 표준 화석, 대규모 지각 변동
을 알려 주는 부정합, 기후 변화 등을 이용하여 구분할 수 있다.

141 (1) 표준 화석은 생존 기간이 짧고 넓은 지역에 걸쳐 분포하며 개
체 수가 많은 생물의 화석이다.
(2) 지질 시대는 누대 → 대 → 기로 구분하는데, 지질 시대를 구분하는
가장 큰 시간 단위는 누대이다.
(3) 나무의 나이테를 조사하여 고기후를 연구할 때 기온이 높고 강수량
이 많으면 나이테 사이의 폭이 넓고 밀도가 낮다.

142 (1) 지층의 퇴적물에 활엽수의 꽃가루 화석이 많이 분포한다면, 이
지층은 온난한 시기에 퇴적된 것이다.
(2) 빙하 속 공기를 분석했을 때 이산화 탄소의 농도가 높은 시기에 지구
의 기온은 높았다.
(3) 온난한 기후일 때는 해수에서 ^{18}O의 증발량이 증가하는데 대기 중의
수증기가 눈으로 내려 빙하가 생성되므로 온난한 시기에 생성된 빙하
속 산소 동위 원소비(^{18}O / ^{16}O)는 크다. 반면 한랭한 기후일 때는 해수
에서 ^{18}O의 증발량이 감소하므로 빙하 속 산소 동위 원소비는 작다.

143 (1) 스트로마톨라이트는 선캄브리아 시대에 남세균이 얕은 바다에
서 층상으로 쌓여 만들어진 화석이다.
(2) 고생대 초기에는 석회암, 증발암이 발견되는 것으로 보아 기후가 온
난하였고, 말기에는 남반구의 넓은 지역에 빙하가 분포하는 것으로 보
아 빙하기가 있었다.
(3) 고생대의 실루리아기에 최초의 육상 식물이 출현한 것은 대기 중에
오존층이 형성되어 자외선이 차단되었기 때문이다.
(4) 중생대의 기후는 지질 시대 중 가장 온난했으며 빙하기가 없었다.

144 ①   **145** 해설 참조   **146** ③   **147** 해설 참조   **148** ②
149 ⑤   **150** ⑤   **151** ◯   **152** 해설 참조   **153** ③   **154** ④
155 해설 참조   **156** ①   **157** ②

---

144 A 지층과 B 지층에서는 (가) 화석이 공통적으로 발견되고, 방추
충 화석은 C 지층에서만 발견되며, D 지층과 E 지층에서는 (라) 화석
이 공통적으로 발견된다. 따라서 지층 A~E는 A - B, C, D - E의 세
지질 시대로 구분할 수 있다.

❶ × ❷ ◯ ❸ ×

❶ 고생대 바다에서 번성하였던 방추충 화석이 산출되는 C층은 고생대
에 형성되었다.

❷ C층에서는 고생대의 바다에서 번성하였던 방추충 화석이 산출되므
로 C층은 바다에서 퇴적된 지층이다.

❸ 표준 화석은 생존 기간이 짧고, 넓은 지역에 걸쳐 분포하며 개체 수가
많은 생물의 화석이다. 따라서 지층 A~E에 걸쳐 산출되는 (다)는 표준
화석으로 적합하지 않다.

---

145 (모범 답안) 생물계의 급격한 변화(주로 표준 화석)와 대규모의 지
각 변동(주로 부정합)을 기준으로 지질 시대를 구분한다.

채점 기준	배점
생물계의 급격한 변화(표준 화석)와 대규모의 지각 변동(부정합)을 모두 서술한 경우	100%
생물계의 급격한 변화(표준 화석)와 대규모의 지각 변동(부정합) 중 한 가지만 서술한 경우	50%

146 ㄱ. 생존 기간이 짧고 분포 면적이 넓은 A는 표준 화석이다. 표준
화석은 지층의 생성 시기 판단에 이용된다.
ㄷ. B는 생존 기간이 길고 분포 면적이 좁은 시상 화석으로 여러 지질
시대의 지층에 걸쳐 산출된다. 시상 화석을 이용하여 생물이 살았던 당
시의 환경을 추정할 수 있다.

(오답 피하기) ㄴ. 지층의 대비에는 표준 화석인 A가 시상 화석인 B보다
유용하다.

자료 정리

표준 화석과 시상 화석

표준 화석	시상 화석
• 생존 기간이 짧고, 넓은 지역에 걸쳐 분포	• 생존 기간이 길고, 특정 환경에 제한적으로 분포
➡ 지층의 생성 시기 판단	➡ 당시의 환경을 추정
• 삼엽충(고생대), 암모나이트와 공룡(중생대), 매머드(신생대)	• 고사리 : 따뜻하고 습한 육지 • 산호 : 따뜻하고 수심이 얕은 바다

147 (가) 매머드는 신생대, (나) 삼엽충과 완족류는 고생대, (다) 공룡
은 중생대의 생물이다.

(모범 답안) (가)는 신생대, (나)는 고생대, (다)는 중생대이므로, 지질 시
대의 순서는 (나) → (다) → (가)이다.

채점 기준	배점
지질 시대의 이름을 쓰고, 순서를 옳게 서술한 경우	100%
지질 시대의 이름과 순서 중 한 가지만 옳게 서술한 경우	50%

148 ② 지질 시대를 구분하는 가장 큰 시간 단위는 누대이며, 지질 시대는 누대 → 대 →기 순으로 구분한다.

오답 피하기 ① 누대를 기준으로 지질 시대는 오래된 시대부터 시생 누대, 원생 누대, 현생 누대로 구분하며, 현생 누대는 대를 기준으로 고생대, 중생대, 신생대로 구분한다.

③ 시생 누대는 생물이 많지 않았고, 여러 차례 지각 변동을 받아 현생 누대보다 산출되는 화석이 적다.

④ 표준 화석은 생존 기간이 짧고, 넓은 지역에 걸쳐 분포하며 개체 수가 많은 생물의 화석이다.

⑤ 지질 시대 중 가장 긴 시간을 차지하고 있는 선캄브리아 시대는 시생 누대와 원생 누대로 구분된다.

149 ㄱ. 한랭할 때 해수에서 원자량이 18로 무거운 산소 원자(^{18}O)의 증발량은 적다.

ㄴ. 산소 동위 원소비(^{18}O / ^{16}O)는 A 시기가 B 시기보다 작다. 따라서 대륙 빙하의 면적은 한랭한 A 시기가 온난한 B 시기보다 넓었다.

ㄷ. 온난한 시기에는 ^{18}O의 증발량이 증가하므로 온난한 시기에 생성된 빙하의 산소 동위 원소비(^{18}O / ^{16}O)는 한랭한 시기보다 크다.

자료 정리

빙하 시추물 분석

(1) 빙하 속 공기 분석 : 대기 중 이산화 탄소의 농도가 높은 시기에 지구의 기온이 높았다.

(2) 빙하를 구성하는 물 분자의 산소 동위 원소 비(^{18}O / ^{16}O) 분석 : 온난한 시기에는 크고, 한랭한 시기에는 작다.

➡ A 시기는 한랭한 시기이고, B 시기는 온난한 시기이다.

---

150 ㄱ. 그림에서 보면 선캄브리아 시대 말기에 빙하기가 있었다.

ㄴ. 중생대에는 평균 기온보다 기온이 낮았던 적이 없으므로, 중생대에는 온난한 기후가 지속되었으며 빙하기가 없었다.

ㄷ. 신생대 전기에는 기후가 온난하였으나 후기에는 4번의 빙하기와 3번의 간빙기가 반복되었다.

151 현생 누대는 고생대, 중생대, 신생대로 나뉜다. 선캄브리아 시대는 원생 누대와 시생 누대를 통합한 지질 시대이다.

ㄱ. 삼엽충은 고생대의 표준 화석으로, 고생대인 A 시대에 번성하였다.

오답 피하기 ㄴ. 해양 생물이 가장 많이 멸종한 시기는 판게아가 형성된 시기인 고생대 말이다.

ㄷ. 중생대인 B 시대에는 기후가 전체적으로 온난하였으며 빙하기가 없었다. B 시대 말에는 운석 충돌로 기후의 급격한 변화 등에 의해 생물 대멸종이 일어난 것으로 추정되고 있다.

추가로 나오는 **선택지**

❶ ○ ❷ ○ ❸ ×

❶ A 시대 말기에는 해양 생물의 수가 급격히 감소하고 있으므로, A 시대는 고생대이다.

❷ 고생대 말기에는 판게아 형성과 대규모 화산 분출에 따른 기후 변화로 해양 생물종의 대부분이 멸종하였다.

❸ C 시대는 신생대로, 전기에는 기후가 대체로 온난하였으나 후기에는 대체로 한랭하였다.

---

152 판게아가 형성된 시기는 고생대 말이다. 고생대 말에는 빙하기가 있었다.

모범 답안 고생대, 고생대에는 대기 중에 오존층이 형성되어 자외선이 차단되었기 때문에 최초의 육상 식물이 출현할 수 있게 되었다.

채점 기준	배점
고생대를 쓰고, 최초의 육상 식물이 출현하게 된 원인을 옳게 서술한 경우	100%
최초의 육상 식물이 출현하게 된 원인만 옳게 서술한 경우	50%
고생대만 쓴 경우	30%

153 ③ 고생대에는 실루리아기에 대기 중에 오존층이 형성되면서 자외선이 차단되었기 때문에 최초의 육상 식물이 출현할 수 있었다.

오답 피하기 ① 중생대 기후는 전체적으로 온난했으며 빙하기가 없었다.

② 신생대 후기인 제4기에 빙하기와 간빙기가 여러 차례 반복되었다.

④ 시조새는 중생대의 표준 화석이다.

⑤ 고생대 말에 여러 대륙이 하나로 모여 초대륙인 판게아가 형성되면서 대규모 조산 운동이 있었다.

154 A 학생 : 남세균이 얕은 바다에서 층상으로 쌓여 만들어진 스트로마톨라이트는 선캄브리아 시대의 화석이다.

B 학생 : 고생대의 데본기는 갑주어, 폐어 등 어류가 번성하여 어류의 시대라고 한다.

오답 피하기 C 학생 : 중생대는 전체적으로 기후가 온난하였고, 빙하기가 없었다. 따라서 중생대에 있었던 공룡의 멸종 원인을 빙하기 때문이라고 할 수 없다. 중생대 말에 있었던 생물 대멸종의 원인은 운석 충돌로 인한 급격한 기후 변화 등으로 추정하고 있다.

155 지질 시대는 생물계의 급격한 변화(주로 표준 화석)와 대규모의 지각 변동(주로 부정합)을 기준으로 구분한다.

모범 답안 D와 E 사이의 경계층, D와 E 사이에서 부정합면이 존재하고, 두 지층 사이를 경계로 화석 a, c, f가 사라지고 새로운 화석 e가 산출되기 시작한다. 따라서 D와 E 사이가 지질 시대를 구분하는 경계로 가장 적합하다.

채점 기준	배점
지질 시대의 구분이 되는 경계를 쓰고, 그 까닭을 옳게 서술한 경우	100%
지질 시대의 구분이 되는 경계만 옳게 쓴 경우	50%

156 삼엽충은 고생대, 암모나이트는 중생대, 화폐석은 신생대의 표준 화석이다.

ㄱ. 고생대 삼엽충과 중생대 암모나이트는 모두 해양 생물이다. 따라서 A와 D는 모두 바다에서 퇴적되었다.

오답 피하기 ㄴ. 화폐석은 신생대의 표준 화석이다. B는 중생대 지층인 D보다 먼저 퇴적되었으므로, B에서는 신생대의 표준 화석인 화폐석이 발견될 수 없다.

ㄷ. 지사학 법칙을 이용하여 이 지역 지층의 상대 연령을 측정하면, 지층의 생성 순서는 A → B → D − E → C → F이다. 따라서 가장 나중에 형성된 지층이나 암석은 F이다.

157 삼엽충과 방추충은 고생대, 암모나이트는 중생대, 화폐석은 신생대의 표준 화석이다.

ㄴ. (가)에서 가장 나중에 퇴적된 지층은 암모나이트 화석이 산출되는 석회암층으로 중생대 지층이다. 그러나 (나)의 사암층은 화폐석 화석이 산출되는 석회암층보다 나중에 형성된 것이므로 신생대 지층이다.

오답 피하기 ㄱ. 부정합면을 경계로 상하 지층 사이에는 큰 시간 간격이 있다. (나) 지역의 최하단에 있는 셰일층에서는 고생대의 삼엽충 화석이 발견되고 그 위에 있는 석회암층에서는 신생대의 화폐석 화석이 발견되어 두 지층 사이에는 가장 큰 시간 간격이 나타난다.

ㄷ. (가)의 석회암층에서는 중생대의 암모나이트 화석이 발견되고, (나)의 석회암층에서는 신생대의 화폐석 화석이 발견되므로, 두 지층은 서로 다른 지질 시대에 형성되었다.

STEP 3 1등급을 위한 실전 완벽 대비   본문 053쪽

158 ②   159 ②   160 ⑤   161 ③

158 A는 선캄브리아 시대, B는 고생대, C는 중생대, D는 신생대이다.

ㄷ. 중생대인 C 시대에는 기후가 대체로 온난하였고 빙하기가 없었다. 신생대인 D 시대의 제4기에는 4번의 빙하기와 3번의 간빙기가 있었다.

오답 피하기 ㄱ. 판게아는 고생대 말기에 형성되었다. 따라서 B 시대 말기에 판게아가 형성되었다.

ㄴ. 시간 비율이 가장 큰 선캄브리아 시대에는 여러 차례의 지각 변동을 받아 남아 있는 화석의 종류가 매우 적다.

159 A는 고생대, B는 중생대, C는 신생대이다.

ㄷ. 화폐석은 신생대의 표준 화석이므로 C 시대에 번성하였다.

오답 피하기 ㄱ. 고생대인 A 시대의 실루리아기에는 대기 중에 오존층이 형성되어 해양 생물과 더불어 육상에서도 생물이 함께 서식하였다.

ㄴ. (가)는 판게아가 형성되었을 때의 수륙 분포 모습이므로, 고생대인 A 시대 말기에 해당한다.

선캄브리아 시대	대륙들이 하나로 모여 초대륙을 형성하였다가 분리되기를 반복하였다.
고생대	말기에 판게아를 형성하면서 대규모 조산 운동과 대규모 화산 분출이 일어났다. ➡ 이로 인해 생물 대멸종이 일어났다.
중생대	트라이아스기 말부터 판게아가 분리되기 시작하였고, 쥐라기 초에 대서양이 형성되기 시작하였다.
신생대	판게아에서 분리된 인도 대륙과 아프리카 대륙이 유라시아 대륙과 충돌하여 히말라야산맥과 알프스산맥이 형성되었다.

160 ㄱ. (가)의 A에서는 속씨식물인 단풍잎 화석이 산출되고, (나)의 C에서는 화폐석 화석이 산출되므로, 두 지층은 모두 신생대에 퇴적된 지층이다.

ㄴ. B의 삼엽충과 D의 암모나이트는 모두 해양 생물이다.

ㄷ. 고생대의 표준 화석인 삼엽충 화석이 발견된 (가) 지역의 B 지층이 가장 오래되었다.

161 ㄱ. 선캄브리아 시대의 스트로마톨라이트가 산출되는 (가) 지역에 가장 오래된 지층이 있다.

ㄷ. 중생대 육상에 살던 공룡의 발자국 화석이 발견된 (다) 지역의 지층은 중생대의 육성층이다.

오답 피하기 ㄴ. (나) 지역에서는 고생대의 삼엽충 화석이 산출되므로, 신생대의 화폐석 화석이 같은 지층에서 발견될 수 없다.

선캄브리아 시대	• 남세균 출현 ➡ 스트로마톨라이트 형성 • 다세포 생물 출현 ➡ 에디아카라 동물군 화석 형성
고생대	• 삼엽충, 완족류, 필석류 번성 • 오존층의 형성으로 최초의 육상 식물 출현 • 말기에 판게아 형성으로 생물 대멸종
중생대	• 공룡과 암모나이트 번성, 시조새 출현 • 말기에 운석 충돌로 생물 대멸종 • 겉씨식물 번성
신생대	• 화폐석과 매머드 번성, 인류의 조상 출현 • 속씨식물 번성

II. 대기와 해양

II-1. 대기와 해양의 변화

01. 기압과 날씨 변화

STEP 1 **바로바로 개념 확인** 본문 057쪽

162 하강, 시계 **163** (1) ㉢ (2) ㉠ (3) ㉣ (4) ㉡ **164** 적운
165 (1) ○ (2) × (3) ○ **166** 강 **167** (1) 밝게 (2) 밝게

162 고기압에서는 하강 기류가 있어 날씨가 맑다. 하강한 공기는 지상 부근 하층 대기에서 시계 방향(북반구 기준)으로 불어 나간다.

163 우리나라의 계절별 날씨에 영향을 미치는 기단에는 봄철과 가을철에 양쯔강 기단, 여름철에 북태평양 기단, 겨울철에 시베리아 기단, 초여름에 오호츠크해 기단이 있다.

164 한랭한 기단이 따뜻한 수면 위로 이동하면 기단의 하층이 가열되어 기층이 불안정해지므로 적운형 구름이 발달한다.

165 (1) 온대 저기압은 찬 기단과 따뜻한 기단이 만나는 정체 전선 상의 파동으로부터 발생한다. 온대 저기압 중심의 남서쪽으로 한랭 전선, 남동쪽으로 온난 전선이 발달한다.
(2), (3) 이동 속도가 빠른 한랭 전선이 온난 전선과 겹쳐지면 폐색 전선이 형성된다.

166 일기도에서 등압선 간격이 좁을수록 바람의 세기가 강하며, 전선을 경계로 이웃한 두 기단의 성질이 다르므로 전선 양쪽은 기온, 풍향, 강수량 등의 기상 요소가 크게 차이가 난다.

167 (1) 가시 영상은 구름 또는 지표에서 반사된 햇빛의 세기를 나타내며, 두꺼운 구름인 적운형 구름은 햇빛을 많이 반사하기 때문에 가시 영상이 밝게 관측된다.
(2) 적외 영상은 구름 또는 지표에서 방출한 적외선 에너지를 나타내며, 고도가 높은 구름은 온도가 낮아서 밝게 관측된다.

STEP 2 **알짜 문제로 실력 키우기** 본문 058 ~ 061쪽

168 ④	**169** ⑤	**170** ③	**171** ⑤	**172** 해설 참조	**173** ②
174 ②	**175** ⑤	**176** ①	**177** ③	**178** ③	**179** 해설 참조
180 ③	**181** ①	**182** ⑤	**183** ⑤	**184** ③	**185** ⑤
186 해설 참조					

168 A는 하강 기류가 나타나는 고기압, B는 상승 기류가 나타나는 저기압이다.
④ 흐린 날씨는 고기압 A보다 저기압 B에서 나타난다.
오답 피하기 ① 고기압 A는 주변 지역보다 기압이 높다.
②, ③ 고기압은 지표면이 냉각될 때, 저기압은 지표면이 가열될 때 주로 형성된다.
⑤ 지표 부근에서 바람은 고기압 A에서 저기압 B로 분다.

추가로 나오는 선택지
❶ × ❷ × ❸ ○
❶ A에서는 하강 기류에 의해 구름이 소멸한다.
❷ B에서는 바람이 시계 반대 방향으로 불어 들어간다.
❸ B의 지상에서는 공기의 수렴이 일어나고, 상공에서는 공기의 발산이 일어난다.

169 북반구와 남반구에서는 고기압과 저기압 주변에서 부는 바람의 회전 방향이 서로 반대이다. 따라서 남반구에 위치한 지역에서는 바람이 저기압 중심부를 향해 시계 방향으로 불어 들어간다.

170 (가)의 A는 정체성 고기압인 시베리아 고기압이다. (나)의 B는 봄, 가을철에 우리나라 주변을 통과하는 이동성 고기압이다.

171 A는 시베리아 기단, B는 오호츠크해 기단, C는 양쯔강 기단, D는 북태평양 기단이다.
⑤ B와 D는 습도가 높은 해양성 기단이고, A와 C는 습도가 낮은 대륙성 기단이다.
오답 피하기 ① A는 시베리아 기단으로 한랭 건조하다.
② 겨울철에는 주로 시베리아 기단 A의 영향을 받는다.
③ 장마철에는 오호츠크해 기단 B와 북태평양 기단 D의 영향을 받는다.
④ C는 봄, 가을철 날씨에 영향을 미치는 온난 건조한 양쯔강 기단이다. 여름철 무더운 날씨는 북태평양 기단 D의 영향으로 나타난다.

추가로 나오는 선택지
❶ ○ ❷ × ❸ ○
❶ A는 시베리아 기단으로, 겨울철 한파에 영향을 미친다.
❷ B는 오호츠크해 기단으로, 초여름에 장마 전선을 형성하는 데 영향을 미친다.
❸ C는 온난 건조한 양쯔강 기단으로, 우리나라의 봄·가을 날씨에 영향을 미친다.

172 공기 덩어리가 지표면의 성질이 거의 일정한 넓은 지역에 오랫동안 머물게 되면 지표면의 영향을 받아 기온과 습도 등 성질이 거의 비슷한 공기 덩어리가 되는데, 이를 기단이라고 한다. 기단이 발원지로부터 다른 곳으로 이동하면 기단의 변질이 일어난다.

모범 답안 (가) 기단은 온도와 습도가 비슷한 거대한 공기 덩어리로, 넓은 지역에 오랫동안 머물 때 잘 형성된다.

(다) 발원지에서 형성된 기단이 다른 곳으로 이동할 때 지표면의 성질에 따라 기단의 성질도 변한다.

채점 기준	배점
(가), (다)의 틀린 부분을 모두 옳게 고쳐 서술한 경우	100%
(가), (다) 중 한 가지만 옳게 고쳐 서술한 경우	50%

173 A는 시베리아 기단, B는 양쯔강 기단, C는 오호츠크해 기단, D는 북태평양 기단이다. A와 B는 건조한 대륙성 기단이다.

② A와 B는 대륙에서 형성된 건조성 기단이다.

오답 피하기 ① A는 시베리아 기단이다.

③ C는 한랭 다습한 오호츠크해 기단이다.

④ ㉠은 정체성 고기압인 오호츠크해 기단이다.

⑤ 장마철에 영향을 미치는 기단은 오호츠크해 기단 C와 북태평양 기단 D이다.

174 한랭 건조한 시베리아 기단이 황해를 지나면서 기단의 하층부가 가열되면 기층이 불안정해지면서 적란운이 발달한다. 이로 인해 서해안 지역에 폭설이 내릴 수 있다.

175 온대 저기압에서는 일반적으로 찬 공기가 남하하는 남서쪽으로 한랭 전선이 발달하고, 따뜻한 공기가 북상하는 남동쪽으로 온난 전선이 발달한다.

⑤ C 지역은 온난 전선이 통과한 후 기온이 높아지고, 기압은 낮아진다.

오답 피하기 ① A 지역은 한랭 전선의 뒤쪽으로 북서풍이 분다.

② 기온은 따뜻한 공기가 있는 B 지역에서 가장 높다.

③ C 지역은 온난 전선의 앞쪽으로 층운형 구름이 발달한다.

④ 한랭 전선의 뒤쪽인 A에서는 소나기가, 온난 전선의 앞쪽인 C에서는 이슬비가 내리고 있다.

❶ × ❷ × ❸ ○

❶ A 지역에서는 적운형 구름의 영향으로 좁은 지역에 소나기가 내린다.

❷ B 지역은 한랭 전선이 통과한 후 기온이 낮아진다.

❸ 온대 저기압이 이동함에 따라 C 지역의 풍향은 시계 방향(남동풍 → 남서풍 → 북서풍)으로 변한다.

176 온난 전선의 앞쪽에서는 따뜻한 공기가 찬 공기 위로 오르면서 전선면을 따라 층운형 구름이 형성된다. 따라서 온난 전선이 접근하면 구름의 높이가 점점 낮아진다.

177 A와 B 사이에는 찬 공기가 파고들면서 형성된 한랭 전선이 위치한다.

③ A 지역은 한랭 전선의 뒤쪽이며, 적란운이 발달한다.

오답 피하기 ①, ② ㉠은 찬 공기가 따뜻한 공기 쪽으로 이동하여 따뜻한 공기 밑으로 파고들 때 형성되는 한랭 전선이며, 찬 공기가 동쪽으로 이동하므로 전선은 동쪽으로 이동한다.

④ 한랭 전선의 뒤쪽인 A 지역에 소나기가 내린다.

⑤ 앞으로 A 지역은 전선이 동쪽으로 이동함에 따라 기압이 높아진다.

178 (가)는 찬 공기가 따뜻한 공기 밑으로 파고들면서 형성된 한랭 전선이고, (나)는 따뜻한 공기가 찬 공기 위를 타고 오르면서 형성된 온난 전선이다.

③ 전선면의 기울기는 한랭 전선이 온난 전선보다 급하다.

오답 피하기 ① (가)에서는 찬 공기 A가 따뜻한 공기 B 밑으로 파고든다.

② (나)에서 기압은 따뜻한 공기가 있는 온난 전선 뒤쪽(C)이 온난 전선 앞쪽(D)보다 낮다.

④ 전선의 이동 속도는 한랭 전선이 온난 전선보다 빠르다.

⑤ 비는 (가)에서 전선 통과 후에, (나)에서 전선 통과 전에 내린다.

전선과 날씨

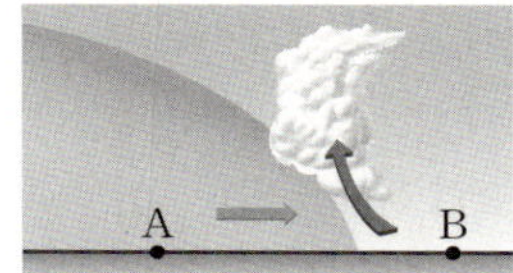

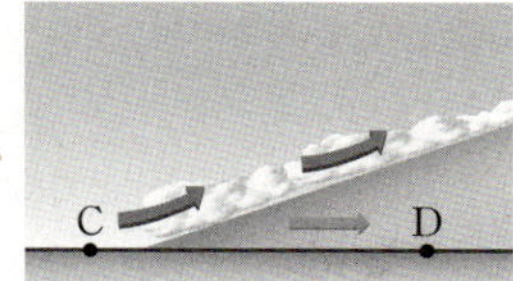

| (가) 한랭 전선 | (나) 온난 전선 |

(가) : A와 B 사이에 한랭 전선이 위치하며, 전선은 B 쪽으로 이동하고 있다.
➡ 전선 통과 후 B 지역은 기온이 낮아지고 기압이 높아지며, 소나기가 내린다.
(나) : C와 D 사이에 온난 전선이 위치하며, 전선은 D 쪽으로 이동하고 있다.
➡ 전선 통과 후 D 지역은 기온이 높아지고 기압이 낮아지며, 날씨가 맑아진다.

179 (가)는 온난 전선의 앞쪽에서, (나)는 온난 전선과 한랭 전선 사이에서, (다)는 한랭 전선의 뒤쪽에서 나타나는 날씨이다.

모범 답안 (가) → (나) → (다), (가)와 (나) 시기 사이에 온난 전선이 통과하였고, (나)와 (다) 시기 사이에 한랭 전선이 통과하였다.

채점 기준	배점
(가)~(다)의 시간 순서와 전선 통과 시기 및 종류를 모두 옳게 서술한 경우	100%
(가)~(다)의 시간 순서만 옳게 나열한 경우	50%

180 우리나라 주변의 고기압과 저기압은 편서풍의 영향을 받아 대체로 서쪽에서 동쪽으로 이동한다.

ㄱ. 제주도 남쪽을 지나간 고기압은 이동성 고기압이다.

ㄷ. 19일에서 20일 사이에 한랭 전선이 제주도를 통과하였다. 따라서 제주도의 풍향은 시계 방향(남서풍 → 북서풍)으로 변하였다.

오답 피하기 ㄴ. 19일 오전에 제주도는 날씨가 맑았을 것이다.

181 온대 저기압은 정체 전선 상의 파동으로부터 형성되며, 파동이 발달함에 따라 한랭 전선과 온난 전선이 형성된다. 그 후 한랭 전선이 온난 전선과 겹쳐져 폐색 전선이 형성되면서 점차 소멸한다.

ㄱ. 온대 저기압은 (나) → (가) → (다) 순으로 발달한다.

오답 피하기 ㄴ. 단위 시간당 강수량은 한랭 전선 뒤쪽인 A 지역이 온난 전선 앞쪽인 B 지역보다 많다.

ㄷ. (다)에서는 이동 속도가 빠른 한랭 전선과 온난 전선이 겹쳐져 폐색 전선이 형성되었다.

182 (가)는 겨울철, (나)는 여름철의 전형적인 일기도이다. (가)에서는 시베리아 고기압의 영향으로 한파, 강풍이 나타날 수 있고, (나)에서는 북태평양 고기압의 영향으로 열대야, 폭염 등이 나타날 수 있다.

⑤ (나)일 때 우리나라에서는 열대야, 폭염 등이 나타날 수 있다.

오답 피하기 ① (가)는 서고동저형의 기압 배치가 나타나는 겨울철 일기도이다.

② (나)에서 우리나라는 북태평양 고기압의 영향으로 남동풍이 우세하다.

③ 바람의 세기는 등압선 간격이 조밀한 (가)일 때 더 강하다.

④ (가)와 (나)의 고기압은 모두 정체성 고기압이다.

추가로 나오는 선택지

❶ ○ ❷ ○ ❸ ✕

❶ (가)의 고기압은 한랭 건조한 시베리아 고기압이다.

❷ (나)일 때 우리나라는 고온 다습한 북태평양 고기압의 영향을 받는다.

❸ (가)일 때 한랭 건조한 시베리아 기단이 따뜻한 황해 위를 지나면서 기단의 변질이 일어나 서해안에 폭설이 내릴 수 있다.

183 전선을 경계로 기온, 기압, 풍향 등이 급격하게 바뀌므로 A와 B 사이에 전선이 존재하며, B에서 비가 내리고 있으므로 이 전선은 온난 전선이다.

⑤ A에서 남서풍, B에서 남동풍이 불고 있으므로 A와 B 사이에 온난 전선이 위치해 있다.

오답 피하기 ① A의 기온은 23 ℃, B의 기온은 19 ℃, C의 기온은 21 ℃이다.

② B에서는 남동풍이 약 5 m/s의 세기로 불고 있다.

③ 구름의 양은 A<C<B 이다.

④ B와 C는 온난 전선의 앞쪽에 위치한다. 따라서 구름의 높이는 온난 전선에서 가까운 곳에 위치한 B보다 C에서 높다.

184 온대 저기압은 편서풍의 영향을 받아 대체로 서쪽에서 동쪽으로 이동한다.

ㄱ. B에서는 소나기가 내리고 북서풍이 분다. 따라서 (나)는 B에서 관측하였다.

ㄴ. A~D 중 구름의 양이 가장 적은 곳은 온난 전선과 한랭 전선 사이에 위치한 C이다.

오답 피하기 ㄷ. (가)의 저기압은 편서풍의 영향을 받아 동쪽으로 이동한다. 따라서 저기압의 북쪽에 위치한 A 지역의 풍향은 점점 시계 반대 방향으로 변한다.

185 A는 고기압, B는 저기압이다. 서고동저형 기압 배치가 나타나는 일기도는 겨울철 일기도이다.

ㄴ. 현재 제주도에서는 고기압 A의 영향으로 북서풍이 분다.

ㄷ. 서고동저형의 기압 배치는 겨울철에 잘 나타난다.

오답 피하기 ㄱ. A는 주변보다 기압이 높으므로 하강 기류가 나타나고, B는 주변보다 기압이 낮으므로 상승 기류가 나타난다.

186 가시 영상은 구름 또는 지표에서 반사된 햇빛의 세기를 나타내므로 구름이 두꺼울수록 밝게 보인다. 적외 영상은 구름 또는 지표의 온도가 높을수록 어둡게 나타나므로 고도가 높은 구름일수록 온도가 낮아 밝게 보인다.

모범 답안 가시 영상에서 밝은 흰색으로 관측되는 구름은 두꺼운 적운형 구름이고, 적외 영상에서 밝은 흰색으로 관측되는 구름은 고도가 높은 상층 구름이다.

채점 기준	배점
가시 영상과 적외 영상의 특징을 모두 옳게 서술한 경우	100%
가시 영상과 적외 영상의 특징 중 한 가지만 옳게 서술한 경우	50%

STEP 3 **1등급을 위한 실전 완벽 대비** 본문 062~063쪽

187 ① **188** ⑤ **189** ① **190** ③ **191** ③ **192** ③ **193** ①
194 ③

187 A와 B는 다습한 해양성 기단이고, C와 D는 건조한 대륙성 기단이다. B와 D는 온도가 높은 기단이고, A와 C는 온도가 낮은 기단이다. 따라서 A는 오호츠크해 기단, B는 북태평양 기단, C는 시베리아 기단, D는 양쯔강 기단이다.

ㄱ. A는 온도가 낮고, 습도가 높은 오호츠크해 기단이다.

오답 피하기 ㄴ. 우리나라를 지나는 이동성 고기압은 주로 양쯔강 기단인 D의 영향으로 발달한다.

ㄷ. A와 B 두 기단이 만나서 장마 전선이 형성되며, 이로 인해 초여름에 많은 비가 내린다.

188 (나)는 시베리아 고기압이 발달한 겨울철 일기도이다. 시베리아 기단이 따뜻한 바다 위를 지나면 변질될 수 있다.

ㄴ. 시베리아 기단이 황해 위를 지나는 동안 기단의 하층이 가열되면서 기층이 불안정해진다.

ㄷ. 우리나라의 서해안 지역에 적란운이 발달하면서 많은 양의 눈이 내릴 수 있다.

오답 피하기 ㄱ. 일기도에서 서고동저형의 기압 배치가 나타나므로 겨울철에 관측한 일기도이다.

189 (가)에서는 한랭 건조한 기단의 하층이 열과 수증기를 공급받아 기층이 점차 불안정해지고, (나)에서는 온난 다습한 기단의 하층이 냉각되어 기층이 점차 안정해진다.

ㄴ. (나)에서는 찬 대륙에 의해 든난한 기단이 냉각되어 안개가 발생할 수 있다.

오답 피하기 ㄱ. (가)에서 기단이 이동할 때 따뜻한 바다로부터 수증기를 공급받아 습도가 높아진다.

ㄷ. (가)에서 기단은 불안정해지고 (나)에서 기단은 안정해진다.

190 제주도 남쪽에 정체 전선이 발달해 있으며, 이 전선은 북태평양 기단의 세력이 강해짐에 따라 점차 북쪽으로 이동한다.

ㄷ. 정체 전선 남쪽에 위치한 북태평양 기단의 세력이 강해지면 전선은 북상할 것이다.

오답 피하기 ㄱ. 현재 우리나라는 동해 북부에 위치한 오호츠크해 기단의 영향을 받고 있다.

ㄴ. 서울에서는 동쪽에 위치한 오호츠크해 기단의 영향을 받아 동풍 계열의 바람이 분다. 또 서울 주변에 형성되어 있는 등압선 분포를 보면 서쪽보다 동쪽의 기압이 높으므로 서울에서는 동풍 계열의 바람이 우세하다는 것을 알 수 있다.

191 전선면의 경사와 형성된 구름으로부터 이 전선은 온난 전선임을 알 수 있으며 온난 전선은 B 쪽으로 이동한다.

ㄱ. 온난 전선의 뒤쪽인 A 지역에 따뜻한 공기, 앞쪽인 B 지역에 찬 공기가 있다.

ㄷ. 온난 전선이 C 지역으로 이동할수록 C 지역 상공에 위치한 전선면의 높이는 점점 낮아진다.

오답 피하기 ㄴ. 온난 전선의 앞쪽에 위치한 B 지역에서는 이슬비가 내린다.

192 온대 저기압은 편서풍의 영향을 받아 동쪽으로 이동하므로 관측 순서는 (가) → (나)이다.

ㄱ. 관측 기간 동안 온대 저기압의 중심 기압이 낮아졌으므로 저기압의 세력은 점점 강해졌다.

ㄷ. 이 기간 동안 한랭 전선이 부산 지역을 통과하였다. 따라서 부산의 풍향은 시계 방향(남서풍에서 북서풍)으로 변했다.

오답 피하기 ㄴ. 제주도의 기압은 (가)에서 약 1016~1020 hPa이고, (나)에서 약 1012~1016 hPa이다.

193 온대 저기압에 동반된 전선이 통과함에 따라 풍향은 남동풍 → 남서풍 → 북서풍으로 변한다.

ㄱ. (가)에서 남서풍, (나)에서 남동풍, (다)에서 북서풍이 분다. 따라서 관측 순서는 (나) → (가) → (다)이다.

오답 피하기 ㄴ. (가)일 때 남서풍이 불고, 비교적 맑은 날씨가 나타나므로 온난 전선과 한랭 전선 사이에 위치한다. 따라서 관측 지점의 상공에는 전선면이 존재하지 않는다.

ㄷ. 가시 영상에서는 구름의 두께가 두꺼우면 밝게, 구름의 두께가 얇으면 어둡게 나타난다. (다)는 한랭 전선의 뒤쪽이며 적란운이 발달하여 구름의 두께가 두껍다. 한편 (나)는 온난 전선의 앞쪽으로 난층운이 발달하여 구름의 두께가 적란운보다 얇다. 따라서 가시 영상에서 관측하면, 이 지역은 (나)보다 (다)일 때 밝게 나타난다.

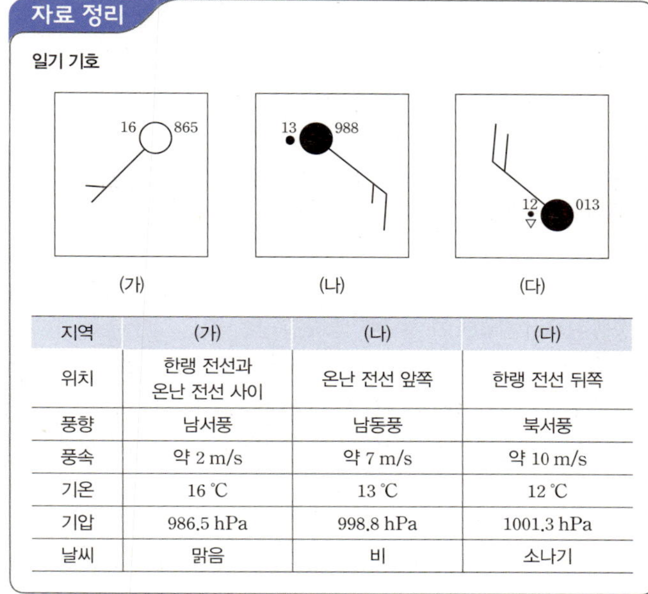

자료 정리

일기 기호

지역	(가)	(나)	(다)
위치	한랭 전선과 온난 전선 사이	온난 전선 앞쪽	한랭 전선 뒤쪽
풍향	남서풍	남동풍	북서풍
풍속	약 2 m/s	약 7 m/s	약 10 m/s
기온	16 ℃	13 ℃	12 ℃
기압	986.5 hPa	998.8 hPa	1001.3 hPa
날씨	맑음	비	소나기

194 (가)의 가시 영상에서는 구름의 두께가 두꺼울수록, (나)의 적외 영상에서는 구름의 높이가 높을수록 밝게 나타난다.

ㄱ. (가)의 가시 영상에서는 반사된 햇빛의 양을 측정하는데, 햇빛의 반사율이 클수록 밝은 흰색으로 나타난다.

ㄷ. (가)와 (나)에서 제주도 부근이 모두 밝게 나타나므로 이 지역의 구름은 두껍고, 높은 곳까지 형성되어 있다. 따라서 제주도 부근에는 적란운이 발달해 있음을 알 수 있다.

오답 피하기 ㄴ. (나)의 적외 영상에서는 구름의 높이가 높은 상층운보다 구름의 높이가 낮은 하층운이 더 어둡게 나타난다.

자료 정리

위성 영상

가시 영상	적외 영상
·구름 또는 지표에서 반사된 햇빛의 세기를 나타내는 영상으로 구름의 두께를 분석하는 데 이용 ➡ 두꺼운 구름일수록 햇빛을 더 많이 반사하기 때문에 적운형 구름이 층운형 구름보다 밝게 관측 ·밤에는 관측 불가능	·구름 또는 지표에서 방출한 적외선 영역의 에너지를 나타내는 영상으로 구름의 높이를 분석하는 데 이용 ➡ 상층 구름은 온도가 낮아서 밝게 관측되고, 하층 구름은 온도가 높아서 어둡게 관측 ·밤에도 관측 가능

02. 태풍과 우리나라의 주요 악기상

STEP 1 바로바로 개념 확인 본문 065쪽

195 태풍 **196** 오른 **197** (1) × (2) ○ (3) ○ **198** 숨은열(응결열)
199 적운, 성숙, 성숙 **200** (1) ㉢ (2) ㉡ (3) ㉠

195 열대 해상에서 발생하는 열대 저기압 중에서 세력이 강하여 중심 부근 최대 풍속이 17 m/s 이상인 것을 태풍이라고 한다.

196 태풍 진행 방향의 오른쪽을 위험 반원, 진행 방향의 왼쪽을 안전 반원(가항 반원)이라고 한다.

197 (1) 태풍의 가장자리에서 중심부로 갈수록 기압은 계속 낮아지며 태풍의 눈에서 기압이 가장 낮다.
(2) 태풍은 반지름이 약 500 km에 이르고, 전체적으로 상승 기류가 발달하여 중심부로 갈수록 두꺼운 적란운이 발달한다.
(3) 태풍의 중심에서는 약한 하강 기류가 나타나 날씨가 맑고 바람이 약한데, 이 영역을 태풍의 눈이라고 한다.

198 태풍의 에너지원은 수증기가 응결할 때 방출하는 숨은열(응결열)이다. 태풍이 육지에 상륙하면 수증기의 공급이 줄어들어 세력이 급격히 약해진다.

199 뇌우의 발달 과정은 적운 단계 → 성숙 단계 → 소멸 단계를 거치는데 성숙 단계에서는 상승 기류와 하강 기류가 함께 나타난다.

200 (1) 우박은 얼음 알갱이가 적란운 내에서 상승과 하강을 반복하면서 성장한다.
(2) 국지성 호우로 인해 홍수, 산사태 등의 피해 발생할 수 있다.
(3) 겨울철에 시베리아 기단의 변질로 서해안 지역에 폭설이 발생하는 경우가 있다.

STEP 2 알짜 문제로 실력 키우기 본문 066~068쪽

201 ⑤	202 해설 참조	203 ③	204 ③	205 ①	206 ③
207 ⑤	208 ①	209 해설 참조	210 ②	211 ①	212 ②
213 ①	214 해설 참조				

201 태풍은 무역풍대에서 북서쪽으로 진행하다가 편서풍대에서 북동쪽으로 진행한다. 태풍이 진로를 바꾸는 위치를 전향점이라 하는데, 전향점을 지난 후에는 이동 속도가 빨라진다.
⑤ 태풍은 북태평양 고기압의 가장자리를 따라 이동하므로 북태평양 고기압의 세력이 강할수록 태풍은 서쪽으로 치우쳐 이동한다.

오답 피하기 ① 태풍(열대 저기압)은 전선을 동반하지 않는다.
②, ③ 발생 초기에는 무역풍의 영향으로 북서쪽으로 이동하고, 30°N 부근에 도달한 이후에는 편서풍의 영향으로 북동쪽으로 이동하며 포물선 경로를 그린다.
④ 태풍이 우리나라 부근을 통과하는 시기는 대체로 7월~8월이므로 주로 여름철에 영향을 준다.

추가로 나오는 선택지

❶ × ❷ ○ ❸ 전향점
❶ 6월에서 10월로 갈수록 북태평양 고기압의 세력이 약화되면서 태풍의 이동 경로는 점점 동쪽으로 치우친다.
❷ 무역풍대에서는 북서쪽으로, 편서풍대에서는 북동쪽으로 진행한다.
❸ 전향점은 태풍의 이동 방향이 바뀌는 위치이다.

202 태풍 진행 방향의 오른쪽 지역은 태풍 내의 풍향이 태풍의 이동 방향과 일치하므로 풍속이 매우 강하여 위험 반원이라고 한다.

모범 답안 담레이와 볼라벤, 담레이와 볼라벤은 제주도의 서쪽 지역을 통과하였으므로 제주도는 태풍 진행 방향의 오른쪽 반원인 위험 반원에 위치하였다.

채점 기준	배점
담레이와 볼라벤을 고르고, 위험 반원에 있었음을 옳게 서술한 경우	100%
담레이와 볼라벤만 고른 경우	50%

203 열대 저기압은 위도가 5°~25°이며 수온이 27 °C 이상인 열대 해상에서 발생하며, 중심 부근의 최대 풍속이 17 m/s 이상인 것을 태풍이라고 한다.
ㄷ. 열대 해역에서 발생한 열대 저기압은 주로 고위도로 이동한다.
오답 피하기 ㄱ. 적도 해역에서는 지구 자전에 의한 전향력이 나타나지 않으므로 태풍이 발생하지 않는다.
ㄴ. A 해역에서 태풍이 발생하지 않는 까닭은 A 해역의 평균 수온이 27 °C보다 낮기 때문이다.

204 태풍은 무역풍의 영향으로 북서쪽으로 진행하다가 전향점을 지난 후 편서풍의 영향으로 북동쪽으로 진행한다.
ㄱ. 태풍이 진로를 바꾸는 위치를 전향점이라고 한다. 전향점은 무역풍대와 편서풍대 사이에 있는 중위도 고압대 부근에 위치한다.
ㄷ. 무역풍대에서 태풍이 이동할 때, C 지점은 태풍 중심의 오른쪽에 위치하므로 풍향은 점차 시계 방향으로 변한다.
오답 피하기 ㄴ. A 지점은 안전 반원, B 지점은 위험 반원에 속하므로 풍속은 A 지점보다 B 지점에서 빠르다.

205 태풍의 눈에서는 약한 하강 기류가 나타나 날씨가 맑고 바람이 약하지만 기압은 태풍의 눈에서 가장 낮다.
ㄱ. 기압은 태풍 중심에 위치한 B에서 가장 낮으므로 A가 B보다 높다.

오답 피하기 ㄴ. 풍속은 태풍의 눈에 위치한 B에서 약하고, 태풍의 중심 부근에 위치한 C에서 강하다.

ㄷ. A와 C에서는 상승 기류에 의해하고 태풍의 눈에 위치한 B에서는 약한 하강 기류가 나타난다.

추가로 나오는 선택지

❶ ○ ❷ × ❸ ○

❶ 태풍의 눈인 B에서는 하강 기류가 있어 바람이 약하고 대체로 맑다.

❷ 태풍의 눈인 B는 기압이 가장 낮으므로 지상에서 바람은 B를 향해 시계 반대 방향으로 불어 들어간다.

❸ 상승한 공기는 상층에서 시계 방향으로 불어 나가면서 발산한다.

---

206 A는 열대 해상에서 수증기가 공급되어 발생하고, 중심 부근의 최대 풍속이 17 m/s 이상인 태풍이다.

③ 열대 해상에서 발생한 열대 저기압으로, 그림에서 태풍의 눈이 뚜렷하게 보인다.

오답 피하기 ①, ② 열대 저기압인 태풍은 전선을 동반하지 않는다.

④, ⑤ 태풍의 눈이 발달한 A에서는 날씨가 비교적 맑고, 바람이 약하게 분다. 풍속은 태풍 중심 부근(태풍의 눈 주변)에서 가장 강하다.

---

207 태풍이 북상하고 있으므로 진행 방향의 오른쪽(동쪽) 반원은 위험 반원, 왼쪽(서쪽) 반원은 안전 반원이다.

ㄱ. 기압은 태풍의 눈에서 가장 낮고, 풍속은 태풍의 눈에서 약하다. 따라서 A는 기압, B는 풍속이다.

ㄴ. 중심에 풍속이 매우 약한 지역이 존재하므로 태풍의 눈이 뚜렷하게 발달해 있다.

ㄷ. 태풍 진행 방향의 오른쪽이 위험 반원이므로 평균 풍속은 동쪽이 서쪽보다 크다.

---

208 태풍이 북쪽으로 이동하고 있으므로 A는 안전 반원, C는 위험 반원에 위치한다.

ㄴ. A, B, C 중에서 단위 시간당 강수량은 태풍의 눈이 위치한 B에서 가장 적다.

오답 피하기 ㄱ. 태풍 중심을 향해 시계 반대 방향으로 바람이 불어 들어가므로 A에서는 북풍 계열의 바람이 분다.

ㄷ. C는 태풍 내의 풍향이 태풍의 진행 방향과 일치하는 위험 반원에 해당한다.

---

209 태풍의 세력이 유지되려면 지속적인 수증기 공급이 필요한데 태풍이 육지에 상륙하면 수증기 공급이 감소하고, 지표면과의 마찰이 증가하여 세력이 급격히 약해지면서 소멸한다.

모범 답안 태풍의 중심 기압은 높아진다. 태풍의 에너지원은 수증기의 숨은열(응결열)인데 태풍이 육지에 상륙하면 수증기와 열을 공급받지 못하여 세력이 점차 약해지기 때문이다.

채점 기준	배점
태풍의 중심 기압의 변화를 옳게 쓰고, 그 원인을 에너지원과 관련지어 옳게 서술한 경우	100%
태풍의 중심 기압의 변화만 옳게 쓴 경우	50%

210 (가)는 소멸 단계, (나)는 적운 단계, (다)는 성숙 단계이다. 적운 단계에서는 수증기가 공급되어 적운이 발달하고, 성숙 단계에서는 소나기, 우박, 번개 등이 동반된다. 소멸 단계에서는 약한 비가 내리면서 구름이 점차 소멸한다.

ㄷ. 천둥과 번개는 주로 성숙 단계인 (다)에서 발생한다.

오답 피하기 ㄱ. 뇌우의 발달 과정은 적운 단계 (나) → 성숙 단계 (다) → 소멸 단계 (가)이다.

ㄴ. (나)는 적운 단계로 강수 현상은 거의 나타나지 않는다.

추가로 나오는 선택지

❶ × ❷ × ❸ 성숙

❶ 강수 구역은 하강 기류 구역에서 나타난다.

❷ 뇌우는 강한 상승 기류에 의해 형성된다.

❸ 상승 기류와 하강 기류가 함께 나타나는 성숙 단계에서 소나기와 우박이 발생한다.

---

211 우박은 겨울이나 여름보다 봄(3월~5월), 가을(10월~11월)에 더 많이 발생하며, 강한 상승 기류가 있을 때 잘 발생한다.

ㄴ. 우박은 강한 상승 기류가 있을 때 잘 형성되므로 온난 전선보다 한랭 전선 부근에서 잘 발생한다.

오답 피하기 ㄱ. 우박은 봄(3월~5월), 가을(10월~11월)에 많이 발생한다.

ㄷ. 고온 다습한 기단의 영향을 받는 한여름에는 우박이 거의 발생하지 않는다.

---

212 뇌우는 태풍에 동반되어 강한 상승 기류에 의해 형성된다. 한편, 황사는 태풍과 관련이 없으므로 A는 황사, B는 강풍, C는 뇌우이다.

213 국지성 호우는 주로 여름철에, 폭설은 겨울철에 잘 나타난다. 한랭 전선 뒤쪽에서는 뇌우, 돌풍, 소나기 등이 나타날 수 있다.

ㄱ. 국지성 호우, 뇌우, 폭설은 모두 적란운이 발달할 때 잘 나타난다.

오답 피하기 ㄴ. 국지성 호우는 주로 여름철에 발생한다.

ㄷ. 뇌우와 국지성 호우는 강한 상승 기류가 나타나는 한랭 전선에 동반되어 나타날 수 있다.

---

214 황사는 모래나 황토 등이 상층 편서풍을 타고 멀리까지 날아가 떨어지는 현상으로, 얼었던 토양이 녹기 시작하는 봄철에 주로 발생한다.

모범 답안 봄철에는 황사 발원지에서 얼었던 토양이 녹기 시작하면서 잘게 부서지고, 강한 바람과 상승 기류에 의해 다량의 먼지가 상층으로 올라가기 때문이다.

채점 기준	배점
토양이 잘게 부서지는 현상과 강한 바람 및 상승 기류에 대한 개념을 모두 포함하여 옳게 서술한 경우	100%
토양이 잘게 부서지는 현상과 강한 바람 및 상승 기류에 대한 개념 중 한 가지만 포함하여 옳게 서술한 경우	50%

STEP 3 **1등급**을 위한 실전 완벽 대비 본문 069쪽

215 ① **216** ⑤ **217** ⑤ **218** ⑤

215 제주도는 위험 반원에 위치하였으므로 풍향이 시계 방향으로 변한다.
ㄱ. 제주도는 태풍 진행 방향의 오른쪽에 위치하였으므로 위험 반원에 있었다.

오답 피하기 ㄴ. (가)에서 태풍은 27일 15시경에 전향점에 위치하였다. 따라서 태풍의 중심 기압은 전향점을 통과한 후에 높아졌다.
ㄷ. 바람은 태풍 중심을 향하여 시계 반대 방향으로 불어 들어가며, 태풍이 통과함에 따라 제주도에서 풍향은 시계 방향으로 변한다. 따라서 관측한 순서는 ㉠ → ㉡ → ㉢이다.

216 수증기의 응결 과정에서 발생한 숨은열(응결열)로 인해 발달한 태풍의 상층 영역은 전반적으로 평상시보다 높은 기온을 나타낸다.
ㄱ. 태풍의 중심에는 하강 기류에 의해 기온이 주변부보다 더 높은 영역이 존재한다. 따라서 중심에는 태풍의 눈이 발달해 있다.
ㄴ. 숨은열(응결열)에 의해 관측 기온이 평균 기온보다 높게 나타나는 영역이 고도 10 km 이상까지 나타난다. 따라서 태풍의 적란운은 대류권 계면 부근까지 발달함을 알 수 있다.
ㄷ. 태풍의 중심 부근에서 기온이 높은 까닭은 수증기의 응결에 의해 많은 양의 에너지가 방출되기 때문이다.

자료 정리

태풍의 연직 기온 편차(관측 기온 − 평균 기온)

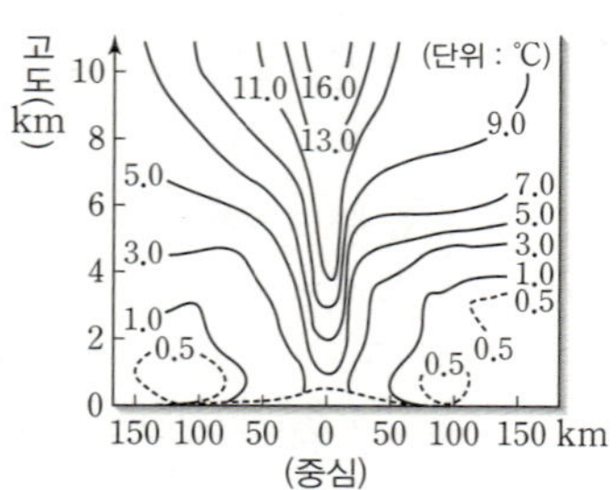

(1) 기온 : 태풍 중심부 > 주변부 ➡ 태풍의 중심부에 태풍의 눈이 발달해 있으며, 태풍의 눈에서는 하강 기류(단열 압축)가 나타나 기온이 주변보다 높다.
(2) 태풍에서 적란운이 형성되는 높이 : 중위도 지역에서 대류권 계면은 약 11 km 부근에 위치하는데, 태풍의 연직 기온 편차가 양(+)의 값인 영역이 고도 10 km 이상까지 나타난다. ➡ 태풍의 적란운은 대류권 계면 부근까지 형성된다.

217 뇌우의 성숙 단계에서 강수 구역은 주로 하강 기류가 나타나는 지역에 형성된다.
ㄴ. 강수 현상은 주로 하강 기류가 발달하는 A에서 나타난다.
ㄷ. 뇌우에서는 강한 상승 기류가 발달하므로 구름은 대류권 계면 부근(높이 약 11 km)까지 형성된다.

오답 피하기 ㄱ. 상승 기류와 하강 기류가 모두 나타나므로 뇌우의 발달 단계 중 성숙 단계에 해당한다.

218 우리나라에서 강수는 주로 여름철에 집중적으로 발생한다. 특히 집중 호우 빈도수가 비교적 높은 편이며, 내륙보다 해안에서 빈번하다.
ㄱ, ㄴ. 일반 강수의 빈도수는 대체로 해안보다 내륙 지역에서 높고, 집중 호우는 해안 지역, 특히 남해안에서 많이 발생한다.
ㄷ. 그림에서 (가)의 빈도수 척도 값이 (나)의 빈도수 척도 값보다 크다. 우리나라에서는 여름철에 대체로 (나)의 집중 호우 빈도수보다 (가)의 일반 강수 빈도수가 높다.

03. 해수의 성질

STEP 1 바로바로 개념 확인 본문 071쪽

219 수온 **220** (1) ○ (2) ○ (3) × **221** 커 **222** 수온 약층
223 (1) × (2) ○ (3) × **224** (1) 크다 (2) 낮게 (3) 높게

219 저위도와 중위도 지방의 해수는 수온의 연직 분포에 따라 혼합층, 수온 약층, 심해층으로 구분할 수 있다.

220 염분의 증가 요인에는 증발량 증가, 극지방에서 일어나는 해수의 결빙이 있고, 염분의 감소 요인에는 강수량 증가, 육지로부터 담수의 유입, 극지방에서 일어나는 해빙 등이 있다.
(1) 증발량이 강수량보다 많아서 (증발량−강수량) 값이 클수록 표층 염분이 높다.
(2) 대륙의 연안은 육지로부터 담수가 유입되므로 육지에서 먼 해양보다 표층 염분이 낮다.
(3) 극지방에서 해수의 결빙이 일어나면 염분이 높아지고, 해빙이 일어나면 염분은 낮아진다.

221 해수의 밀도는 주로 수온과 염분에 의해 결정되는데, 수온이 낮을수록, 염분이 높을수록, 수압이 높을수록 해수의 밀도는 커진다.

222 수온 약층은 수심이 깊어질수록 수온이 급격히 낮아지는 층이므로 다른 층에 비해 밀도가 급격하게 변한다.

223 (1) 기체의 용해도는 수온과 염분에 반비례한다.
(2) 표층의 용존 산소는 대기와 식물성 플랑크톤의 광합성에 의해 공급되고, 심층의 용존 산소는 극지방에서 침강한 해수에 의해 공급된다.
(3) 용존 이산화 탄소량은 수심이 깊어질수록 수온은 낮아지며 수압은 높아지기 때문에 점점 증가한다.

224 (1) 황해는 수심이 얕아 수온의 연교차가 동해보다 크게 나타난다.
(2) 표층 염분은 강수량이 많은 여름철에 낮아진다.
(3) 표층 염분은 난류가 흐르는 해역에서 높게 나타난다.

225 ③	226 해설 참조	227 ①	228 ②	229 ②	230 ③
231 해설 참조	232 ⑤	233 ③	234 ④	235 ④	236 해설 참조
237 ①	238 해설 참조	239 ⑤	240 ⑤	241 ⑤	242 ②
243 ①					

225 B 해역은 A 해역에 비해 표층 수온이 높고, 바람이 강하여 혼합층이 두껍게 형성되어 있다.
ㄱ. 평균 풍속은 혼합층이 두껍게 형성된 B 해역에서 더 크다.
ㄷ. 표층 수온은 B 해역이 A 해역보다 높다. 따라서 태양 복사 에너지의 입사량은 B 해역이 더 많다.

오답 피하기 ㄴ. 수온 약층은 깊이에 따라 수온이 급격하게 변하는 층이다. 따라서 수온 약층의 두께는 A 해역이 B 해역보다 두껍다.

추가로 나오는 선택지
❶ ○ ❷ × ❸ ○
❶ 혼합층은 태양 복사 에너지에 의한 가열의 영향을 많이 받으므로, 수온의 연교차는 혼합층에서 크다.
❷ 연직 운동이 가장 활발한 층은 혼합층이다.
❸ 해수의 밀도는 수온이 가장 높은 혼합층에서 가장 작고, 수온이 가장 낮은 심해층에서 가장 크다.

226 수온 약층은 깊이에 따라 수온이 급격히 낮아져 밀도가 증가하는 층이다. 따라서 수온 약층은 매우 안정하여 혼합층과 심해층 사이의 물질과 에너지의 교환을 차단한다.

모범 답안 B층, B층은 수온 약층에 해당하며 깊어질수록 수온이 낮아져 밀도가 증가하므로 매우 안정한 층이다.

채점 기준	배점
B층을 쓰고, B층이 가장 안정한 까닭을 옳게 서술한 경우	100%
B층만 쓴 경우	50%

227 표층 해수의 수온에 가장 큰 영향을 미치는 요인은 태양 복사 에너지이다. 태평양 중위도 해역에서는 난류의 영향으로 서쪽 연안이 동쪽 연안보다 표층 해수의 수온이 높다.
ㄱ. 표층 수온 분포는 태양 복사 에너지의 영향을 크게 받으므로 대체로 위도와 나란한 경향이 있다.

오답 피하기 ㄴ. 위도에 따른 수온 변화는 등수온선이 밀집해 있는 위도 40° 부근에서 가장 크다.
ㄷ. 태평양 중위도 해역에서는 난류가 흐르는 서쪽 연안이 한류가 흐르는 동쪽 연안보다 수온이 대체로 높다.

228 우리나라 주변 바다에서 남북 간의 수온 차는 한류가 강하게 발달하는 겨울철에 더 크고, 표층과 심해층의 수온 차는 표층 수온이 높아지는 여름철에 더 크다.
ㄷ. 심해층에서는 연중 수온 변화가 거의 나타나지 않기 때문에 표층과 심해층의 수온 차는 표층 수온이 높아지는 여름철에 가장 크다.

오답 피하기 ㄱ. 수온의 연교차는 수심이 얕은 황해에서 가장 크게 나타난다. 남해는 난류의 영향으로 비교적 수온의 연교차가 작다.
ㄴ. 우리나라 주변 바다에서 남북 간의 수온 차는 2월이 8월보다 크다.

229 ㄴ. 수온 약층에서는 수온이 급격하게 변하므로 등수온선이 밀집해 있다. 따라서 수온 약층은 (나)에서, 즉 8월에 훨씬 뚜렷하게 나타난다.

오답 피하기 ㄱ. (가)에서 표층 수온은 해안이 먼 바다보다 낮고, (나)에서 표층 수온은 해안과 먼 바다에서 거의 차이 나지 않는다. 따라서 표층 수온의 연교차는 해안이 먼 바다보다 크다.
ㄷ. 연안 용승이 일어나면 연안에서 먼 바다로 갈수록 표층 수온이 높아진다. 따라서 8월에는 연안 용승이 일어나지 않았음을 알 수 있다.

230 A는 혼합층, B는 수온 약층, C는 심해층이다.
ㄱ. 적도 해역은 중위도 해역에 비해 혼합층의 두께가 얇으므로 바람의 세기가 약하다.
ㄴ. 수온 약층(B)에서는 연직 혼합이 잘 일어나지 않는다. 따라서 수온 약층은 혼합층(A)과 심해층(C) 사이의 물질과 에너지의 교환을 차단하는 역할을 한다.

오답 피하기 ㄷ. 고위도 해역은 혼합층과 심해층의 수온 차가 거의 없어 해수의 밀도 차이가 저위도 해역에 비해 작다.

231 혼합층의 두께는 주로 바람에 의해 결정된다. 우리나라에서는 겨울철에 평균 풍속이 가장 강하여 혼합층이 두껍게 발달한다.

모범 답안 겨울철, 혼합층의 두께는 바람이 강할수록 두껍게 발달하는데 우리나라에서 바람의 세기는 겨울철에 가장 강하게 불기 때문이다.

채점 기준	배점
겨울철을 쓰고, 겨울철에 혼합층이 두꺼운 까닭을 옳게 서술한 경우	100%
겨울철만 쓴 경우	50%

232 (증발량－강수량) 값이 위도 20°～30° 부근에서 가장 크므로, 위도 20°～30° 부근 해역에서 표층 염분이 높고, 대륙에서는 위도 20°～30° 부근에 사막이 발달한다.
ㄱ. 적도 해역에서 (증발량－강수량) 값은 대체로 음(－)의 값이므로 증발량보다 강수량이 많다.
ㄴ. (증발량－강수량) 값은 30°N 해역이 50°N 해역보다 크므로 표층 염분은 30°N 해역에서 더 높을 것이다.
ㄷ. 위도 20°～30° 부근의 대륙에서는 강수량보다 증발량이 많아 사막이 발달할 것이다.

추가로 나오는 선택지

❶ ○ ❷ × ❸ ×

❶ 표층 염분은 중위도 고압대에 위치하여 증발량이 강수량보다 많은 위도 20°~30° 부근에서 가장 높다.

❷ 표층 염분은 (증발량−강수량) 값에 비례한다.

❸ 극지방은 기온이 낮아 증발량이 적고, 해빙이 일어나므로 대체로 표층 염분이 낮다. 반면 결빙이 일어나는 극지방 해역은 표층 염분이 높다.

233 염분의 증가 요인에는 증발량 증가, 결빙 등이 있고, 염분의 감소 요인에는 강수량 증가, 하천수 유입, 해빙 등이 있다.

(다) 고압대에 위치하여 맑은 날씨가 지속되면 강수량이 감소하여 표층 염분이 높아진다.

(라) 해수의 결빙이 나타나면 주변 해수의 염분이 높아진다.

오답 피하기 (가) 육지에서 다량의 하천수가 유입되면 표층 염분이 낮아진다.

(나) 빙하가 녹아 바다로 유입되면 표층 염분이 낮아진다.

234 우리나라는 여름철에 강수량이 집중되어 표층 염분이 낮으므로 (가)는 8월, (나)는 2월의 표층 염분 분포이다.

ㄴ. 연평균 표층 염분은 하천수의 유입량이 많은 황해에서 가장 낮다.

ㄷ. 동해의 표층 염분은 담수가 유입되는 대륙 연안보다 먼 바다에서 대체로 높게 나타난다.

오답 피하기 ㄱ. (가)는 (나)보다 표층 염분이 대체로 낮으므로 8월의 표층 염분 분포이다.

235 표층 염분에 가장 큰 영향을 주는 요인은 증발량과 강수량이며, 표층 염분은 (증발량−강수량) 값이 클수록 높게 나타난다.

ㄴ. 표층 염분은 (증발량−강수량) 값에 비례하므로 (강수량−증발량) 값이 큰 해역일수록 대체로 표층 염분이 낮다.

ㄷ. (증발량−강수량) 값이 적도를 경계로 대칭적인 분포를 보이므로, 표층 염분도 적도를 경계로 대체로 대칭적인 분포를 보인다.

오답 피하기 ㄱ. 적도 해역은 증발량에 비해 강수량이 많으므로 중위도 해역보다 표층 염분이 낮게 나타난다.

236 표층 염분 분포에 가장 큰 영향을 미치는 요인은 (증발량−강수량) 값이다.

모범 답안 태평양은 대서양보다 (증발량−강수량) 값이 작기 때문에 표층 염분은 태평양이 대서양보다 낮다.

채점 기준	배점
(증발량−강수량) 값의 차이를 비교하여 옳게 서술한 경우	100%
태평양과 대서양의 증발량 차이만 비교하여 서술한 경우	50%

237 A는 수온, B는 염분, C는 밀도이다. 밀도 C는 수온 A에 반비례하는 경향이 뚜렷하게 나타난다.

ㄴ. B는 표층 염분이므로 증발량과 강수량에 가장 큰 영향을 받는다.

오답 피하기 ㄱ. 해수의 밀도는 C이다.

ㄷ. 해수의 밀도(C)는 염분(B)보다 수온(B)의 영향을 더 크게 받는다.

추가로 나오는 선택지

❶ × ❷ × ❸ ○

❶ 해수의 밀도는 수온이 낮을수록 크다.

❷ 해수의 밀도는 염분이 높을수록 크다.

❸ 해수의 밀도는 표층 수온이 낮은 적도 부근 해역에서 가장 작다.

238 해수의 밀도는 주로 수온과 염분에 의해 결정되는데, 수온에 반비례하고, 염분에 비례한다.

모범 답안 C>A>B, 해수의 밀도는 수온이 낮을수록, 염분이 높을수록 높은데, 수온은 같지만 염분이 높은 A가 B보다 밀도가 크고, 염분은 같지만 수온이 낮은 C가 A보다 밀도가 크다.

채점 기준	배점
해수의 밀도를 옳게 비교하고, 그렇게 판단한 까닭을 옳게 서술한 경우	100%
해수의 밀도만 옳게 비교한 경우	50%

239 A 해역은 풍속이 가장 약하여 혼합층의 두께가 얇고, B 해역은 아열대 고압대에 위치하여 (증발량−강수량) 값이 크다. C 해역은 고위도에 위치하여 해수의 온도가 가장 낮다.

ㄱ. 혼합층의 두께는 풍속이 가장 약한 A에서 가장 얇다.

오답 피하기 ㄴ. (강수량−증발량) 값은 아열대 고압대에 위치하는 B 해역에서 가장 작다.

ㄷ. 해수의 밀도는 염분보다 수온에 의해 더 크게 좌우되므로 A와 C에서 해수의 밀도는 수온에 의해 결정된다. 표층 해수의 밀도는 수온이 높은 A보다 수온이 낮은 C에서 더 크다.

240 수온-염분도에서 해수의 밀도는 오른쪽 아래로 갈수록 커진다.

ㄴ. B와 C의 밀도가 같으므로, B가 수온은 변하지 않고 염분만 높아지면 C보다 밀도가 커진다.

ㄷ. 수온과 염분이 다르지만 밀도가 같은 두 해수가 섞이면 혼합된 해수의 밀도는 섞이기 전 해수의 밀도보다 커진다. 따라서 B와 C 해수가 혼합된 해수의 밀도는 B보다 크다.

오답 피하기 ㄱ. 해수의 밀도는 A가 가장 작다.

241 수심이 깊어질수록 수온이 급격하게 낮아지는 구간은 수온 약층에 해당한다.

ㄱ. 수온이 급격하게 낮아지는 150 m~800 m 구간은 수온 약층에 해당한다.

ㄴ. 800 m~2000 m 구간에서는 수온은 거의 변하지 않지만, 염분이 증가하여 밀도가 증가한다.

ㄷ. 2000 m ~ 5000 m 구간에 있는 해수의 수온과 염분 변화 방향은 등밀도선과 거의 나란하다. 따라서 2000 m ~ 5000 m 구간의 해수는 밀도가 거의 일정하다.

242 해수 내의 용존 기체량은 수온의 영향을 가장 크게 받으며 해수 중에 존재하는 생물 활동이나 침강하는 해수에 의해서도 영향을 받는다.
ㄴ. A는 이산화 탄소, B는 산소이다.

오답 피하기 ㄱ. 기체의 용해도는 수온에 반비례하므로, 두 기체는 표층 수온이 낮을수록 해수에 잘 녹는다.
ㄷ. 극지방에서 침강한 찬 해수로 인해 용존 산소량이 증가하기 때문에 수심 800 m ~ 1000 m 보다 깊은 심해층에서는 산소(B)의 농도가 증가한다.

추가로 나오는 선택지

❶ × ❷ ○

❶ 용존 산소량은 광합성 작용과 대기로부터 산소를 공급 받는 표층 부근에서 가장 많다.

❷ 기체 용해도는 산소보다 이산화 탄소가 커서 용존 이산화 탄소량은 용존 산소량보다 전체적으로 많다.

243 표층의 용존 산소량은 수온이 낮을수록 많다.
ㄱ. 고위도로 갈수록 수온이 낮아지므로 용존 산소량이 증가한다.

오답 피하기 ㄴ. 위도에 따른 용존 산소량의 변화는 등치선이 밀집해 있는 중위도 해역에서 크다.
ㄷ. 용존 산소량은 표층에서 가장 많고, 수심 1000 m 부근에서 가장 작다. 1000 m보다 훨씬 깊은 심해층에서는 극지방에서 침강한 해수에 의해 산소가 공급되므로 용존 산소량이 약간 증가한다.

STEP 3 1등급을 위한 실전 완벽 대비 본문 076 ~ 077쪽

244 ① 245 ⑤ 246 ⑤ 247 ① 248 ④ 249 ⑤ 250 ③ 251 ③

244 해수의 온도 차가 클수록 밀도 차도 크게 나타나므로 상하층 간의 밀도 차는 겨울보다 여름에 크게 나타난다.
ㄱ. 이 해역에서 혼합층은 겨울에 두껍다. 따라서 평균 풍속은 겨울이 여름보다 강하다.

오답 피하기 ㄴ. 수온 약층이 시작되는 깊이에서 해수의 온도는 8월에 가장 높다. 한편, 수온 약층이 끝나는 깊이에서 해수의 온도는 계절에 관계없이 거의 비슷하다. 따라서 수온 약층이 시작되는 깊이와 끝나는 깊이에서 해수의 밀도 차는 8월에 가장 크다.
ㄷ. 수온의 연교차는 수심이 얕을수록 크게 나타난다.

245 ⑤ 두 해수 모두 우리나라 주변에 있으므로 A 해수가 B 해수에 비해 염분이 낮은 주요 원인은 하천수의 유입이다.

오답 피하기 ① 수온 - 염분도에서 A의 밀도는 약 1.019 g/cm^3 ~ 1.021 g/cm^{3}이고, B의 밀도는 약 1.023 g/cm^3 ~ 1.025 g/cm^{3}이다.
② B는 C보다 수온이 훨씬 높으므로 저위도 해역의 해수이다.
③ C는 A에 비해 수온이 낮고, 염분이 높은 해수이다.
④ B와 C는 모두 A보다 해수의 밀도가 크다. 따라서 B와 C를 혼합하면, 혼합된 해수의 밀도는 A보다 크다.

246 표층 해수의 온도는 봄에 더 낮고, 염분은 가을에 더 낮다.
ㄴ. 봄보다 가을에 깊이에 따른 수온 변화가 더 크게 나타난다. 따라서 수온 약층은 가을에 더 뚜렷하게 발달한다.
ㄷ. 가을에는 표층 염분이 봄에 비해 크게 감소했다. 따라서 담수의 유입량은 봄보다 가을에 더 많았을 것이다.

오답 피하기 ㄱ. 표층 해수의 밀도는 수온이 낮고, 염분이 높은 봄에 더 크다.

247 X는 수온, Y는 염분이다. 수온 약층은 깊이에 따른 밀도 차가 클수록 안정하다.
ㄱ. ㉡일 때 깊이에 따라 수온이 거의 일정한 혼합층이 150 m까지 형성되어 있다. 따라서 혼합층은 두께는 ㉠보다 ㉡일 때 두껍다.

오답 피하기 ㄴ. 수심이 깊어질수록 해수의 밀도가 증가하므로 등밀도선의 수치는 아래로 갈수록 커진다. 따라서 수심 300 m 해수의 밀도는 ㉠보다 ㉡일 때 작다.
ㄷ. 깊이에 따른 수온 변화가 클수록 밀도 차가 커지므로 수온 약층의 안정도가 커진다. 따라서 수온 약층의 안정도는 밀도 차가 큰 ㉠일 때 더 크다.

자료 정리

수온 - 염분도(T-S도) 해석

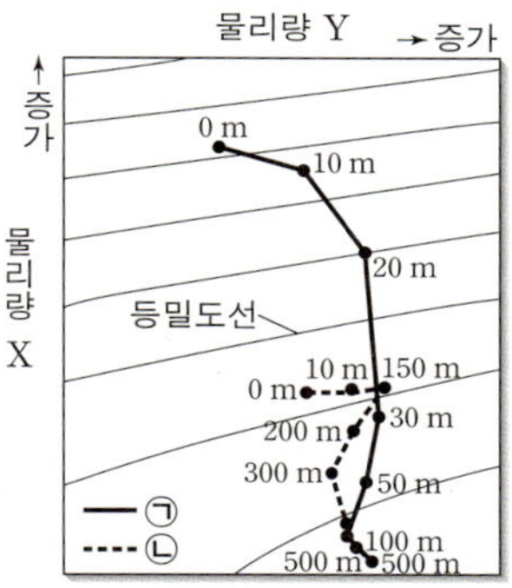

(1) 수온은 깊이에 따라 감소하므로 X는 수온이고, Y는 염분이다.
(2) 혼합층의 두께는 ㉠보다 ㉡일 때 두껍다.
(3) 수온 약층은 수온 변화가 큰 ㉠일 때 더 강하게 발달해 있다.

248 표층 수온은 B에서 가장 높으므로 ㉠은 B에서 측정하였다. 하천수 유입의 영향으로 염분은 A가 C보다 낮다. 따라서 ㉡은 A, ㉢은 C에서 측정하였다.

ㄴ. 표층 해수의 밀도는 B(1.025 g/cm³~1.026 g/cm³)가 C(1.026 g/cm³~1.027 g/cm³)보다 작다.

ㄷ. A는 수심이 얕고 대륙의 영향을 크게 받으므로 계절에 따른 수온과 염분의 변화가 가장 크다. 따라서 표층 해수에서 밀도의 연교차는 A가 C보다 크다.

오답 피하기 ㄱ. ⓒ은 C에서 관측하였다.

249 A는 깊이에 따라 계속 증가하므로 밀도이다. C는 깊어질수록 계속 감소하므로 수온이다.

ㄱ. A는 밀도, C는 수온이므로, B는 염분이다.

ㄴ. 바람에 의해 혼합층이 두꺼워지면 밀도가 더 큰 층과 섞이므로 ㉠층의 밀도는 현재보다 커진다.

ㄷ. 해수의 안정도는 ㉡층보다 밀도 증가가 더 크게 나타나는 ㉢층에서 크다.

250 표층 해수의 용존 산소량은 수온과 생물 활동(광합성과 호흡)에 의해 크게 영향을 받는다. 심해층에서는 침강 해수에 의해 산소를 공급받는다.

ㄱ. 표층 수온이 낮을수록 용존 산소량이 많으므로 A는 고위도 해역, B는 저위도 해역에서 관측한 것이다.

ㄷ. 심층에서 용존 산소량이 증가하는 것은 극지방에서 침강한 해수가 심층에 산소를 공급하기 때문이다.

오답 피하기 ㄴ. 용존 산소량은 식물성 플랑크톤의 광합성과 대기로부터의 산소 공급으로 인해 해수의 표층에서 가장 많고, 수심 1 km까지 깊어질수록 점차 감소한다.

251 B 해역에는 저온·저염분의 한류가, A 해역에는 고온·고염분의 난류가 흐른다.

ㄷ. 표층 해수에 포함된 플랑크톤 농도는 한류가 흐르는 B 해역에서 더 높다.

오답 피하기 ㄱ, ㄴ. 표층 수온과 표층 염분은 모두 난류가 흐르는 A 해역에서 더 높다.

II-2. 대기와 해양의 상호 작용

01. 대기 대순환과 해양의 순환

STEP 1 바로바로 개념 확인   본문 079쪽

252 (1) ⓒ, ⓑ (2) ㉠, ⓒ (3) ㉡, ⓐ   **253** 아열대   **254** (1) ○ (2) ○ (3) ✕
255 (1) ○ (2) ○ (3) ✕   **256** 밀도   **257** (나)>(다)>(가)

252 (1) 0°~30° 사이에서는 해들리 순환이 형성되어 지상에서는 무역풍이 분다.

(2) 30°~60° 사이에서는 페렐 순환이 형성되어 지상에서는 편서풍이 분다.

(3) 60°~90° 사이에서는 극순환이 형성되어 지상에서는 극동풍이 분다.

253 아열대 순환은 적도와 중위도 사이의 해역에서 무역풍과 편서풍에 의해 형성된 순환으로, 북반구에서는 시계 방향으로 일어난다.

254 (1) 적도를 경계로 북반구와 남반구에서 표층 순환은 대체로 대칭적인 분포를 보인다.

(2) 북태평양에서 아열대 순환은 무역풍대의 해류와 편서풍대의 해류로 이루어진 순환으로 시계 방향이다.

(3) 남반구에서는 남극 대륙이 있어 아한대 순환이 나타나지 않는다.

255 (1) 우리나라 주변 난류의 근원인 쿠로시오 해류의 지류가 동중국해에서 갈라져 나와 북상하여 황해 난류, 동한 난류를 형성한다.

(2) 우리나라의 동해에서는 동한 난류와 북한 한류가 만나 조경 수역이 형성되어 좋은 어장을 형성한다.

(3) 북한 한류는 동한 난류보다 용존 산소량은 많지만 염분은 낮다.

256 수온과 염분 변화에 따른 해수의 밀도 차이에 의해 일어나는 순환을 심층 순환이라고 한다.

257 남극 저층수는 남극 대륙 주변의 웨델해에서 형성되며 밀도가 가장 큰 해수이다. 북대서양 심층수는 그린란드 부근 해역에서 형성되어 위도 60°S까지 남쪽으로 이동하며 남극 중층수보다 밀도가 크다. 남극 중층수는 50°S~60°S 근처에서 형성되어 북쪽으로 이동한다.

STEP 2 알짜 문제로 실력 키우기   본문 080~083쪽

258 ③   **259** 해설 참조   **260** ②   **261** ④   **262** ③   **263** ②
264 해설 참조   **265** ①   **266** ③   **267** ④   **268** ⑤   **269** ④
270 ⑤   **271** ⑤   **272** ①   **273** 해설 참조   **274** ②   **275** ⑤

258 (가), (나), (다) 중에서 연간 강수량은 고압대가 발달한 (나)에서 가장 적고, 저압대가 발달한 (가)과 (다)에서 많다.

ㄱ. 상승 기류는 저압대가 발달하는 (가)와 (다)에서 나타난다.

ㄴ. A와 C는 가열과 냉각에 의한 열대류에 의해 형성된 직접 순환이다.

오답 피하기 ㄷ. 연간 강수량은 (나) < (가) < (다) 이다.

추가로 나오는 선택지

❶ ○ ❷ × ❸ 편서풍

❶ 60°N 부근에서는 극 지역에서 낙하하는 공기와 중위도 지역에서 북 상하는 공기가 수렴하여 상승하므로 저압대인 한대 전선대가 발달한다.

❷ 30°N지역에서는 고압대가 형성되므로 주변 지역에 비해 대체로 기 압이 높다.

❸ 30°N~60°N 사이에는 페렐 순환(B)이 형성되어 지상에서는 편서 풍이 분다.

259 저위도 지방(위도 38° 이하)은 태양 복사 에너지 흡수량이 지구 복사 에너지 방출량보다 많아서 에너지 과잉이고, 고위도 지방(위도 38° 이상)은 태양 복사 에너지 흡수량이 지구 복사 에너지 방출량보다 적어서 에너지 부족이다.

모범 답안 ⓒ, 지구에서 에너지는 저위도에서 고위도로 이동하는데, 에 너지 부족인 위도 ⓒ은 고위도이고, 에너지 과잉인 ⑤은 저위도이므로 에너지는 위도 ⓒ에서 고위도인 ⓒ으로 이동한다.

채점 기준	배점
ⓒ을 쓰고, 에너지가 ⓒ으로 이동하는 까닭을 옳게 서술한 경우	100%
ⓒ만 쓴 경우	50%

260 위도에 따라 흡수되는 태양 복사 에너지양의 차이와 지구 자전의 영향으로 대류권에서는 전 지구적인 규모로 대기의 순환이 나타나는데, 이를 대기 대순환이라고 한다.

② 적도 수렴대에서는 북동 무역풍과 남동 무역풍이 불어 들어온다.

오답 피하기 ① 지구 자전에 의한 전향력의 영향으로 북반구와 남반구 에 각각 3개의 순환 세포가 형성된다.

③ 극동풍과 편서풍은 위도 60° 부근에서 만나 한대 전선대를 형성한다.

④ 북반구 중위도 지역에서는 편서풍이 우세하게 분다.

⑤ 대기 대순환에 의해 저위도에서 고위도로 열에너지가 수송되어 지구 의 에너지 평형에 기여한다.

261 (가)는 자전하지 않는 지구, (나)는 자전하는 지구에서 일어나는 대기 대순환을 나타낸 것이다.

ㄴ. 지구 자전의 영향으로 각 반구에서는 3개의 거대한 순환 세포로 이 루어진 대기 대순환이 나타난다.

ㄷ. (가)와 (나)에서 모두 저위도의 과잉 에너지가 대기 대순환에 의해 고위도로 운반된다.

오답 피하기 ㄱ. (가)에서 북반구의 지상에서는 주로 고위도에서 저위 도로 북풍이 분다.

262 A는 북적도 해류, B는 쿠로시오 해류, C는 북태평양 해류, D는 캘리포니아 해류이다. A는 무역풍, C는 편서풍에 의해 형성되었으며, B는 난류, D는 한류이다.

③ C는 편서풍에 의해 형성된 북태평양 해류이다.

오답 피하기 ① A~D는 아열대 순환을 형성한다.

② A는 무역풍에 의해 형성된 북적도 해류이다.

④ 용존 산소량은 수온에 반비례하므로 A가 C보다 적다.

⑤ 수온과 염분은 난류인 B가 한류인 D보다 대체로 높다.

추가로 나오는 선택지

❶ ○ ❷ × ❸ 시계

❶ A는 무역풍에 의해 형성된 북적도 해류이다.

❷ B는 쿠로시오 해류로 난류이고, D는 캘리포니아 해류로 한류이다.

❸ 북태평양의 아열대 순환은 시계 방향으로 순환하며 적도를 기준으로 북반구와 남반구에서 표층 순환은 대체로 대칭적인 분포를 보인다.

263 ㄱ. 표층 해류는 대기 대순환으로 부는 바람의 영향을 받아 발생 한다.

ㄹ. 표층 순환은 적도를 경계로 대체로 대칭으로 나타나는데, 아열대 순 환은 북반구에서 시계 방향, 남반구에서 시계 반대 방향으로 순환한다.

오답 피하기 ㄴ. 쿠로시오 해류는 저위도에서 고위도로, 캘리포니아 해 류는 고위도에서 저위도로 흐른다.

ㄷ. 북태평양에서 아열대 순환은 시계 방향, 아한대 순환은 시계 반대 방향으로 흐른다.

264 콜럼버스는 바람과 해류를 이용하여 대서양을 항해하였다. 특히 아열대 순환은 시계 방향으로 순환하므로 유럽에서 아메리카 대륙으로 갈 경우에는 무역풍이 부는 해역을 이용하였고, 유럽으로 되돌아올 경 우에는 편서풍이 부는 해역을 이용하였다.

모범 답안 ⑤ 항로에서는 북적도 해류와 무역풍을 이용하여 서쪽으로 항해하였고, ⓒ 항로에서는 북대서양 해류와 편서풍을 이용하여 동쪽으 로 항해하였다.

채점 기준	배점
표층 해류와 바람의 종류를 모두 옳게 서술한 경우	100%
표층 해류와 바람의 종류 중 한가지만 옳게 서술한 경우	50%

265 남극 순환 해류는 편서풍에 의해 동쪽으로 흐르는 해류이다.

ㄱ. 쿠로시오 해류는 우리나라로 유입되는 난류의 근원이다.

오답 피하기 ㄴ. 무역풍에 의해 형성된 해류는 동쪽에서 서쪽으로 흐르 는 북적도 해류와 남적도 해류이다. 적도 반류는 해수면의 경사로 형성 된 해류로 무역풍과 반대 방향으로 흐른다.

ㄷ. 남극 순환 해류는 편서풍에 의해 형성되었다.

266 A는 쿠로시오 해류, B는 캘리포니아 해류, C는 북적도 해류이다.

③ C는 무역풍에 의해 형성된 북적도 해류이다.

오답 피하기 ① A는 저위도에서 고위도로 흐르는 난류이다.
② B는 캘리포니아 해류이다.
④ 용존 산소량은 표층 수온에 반비례하므로 B>A>C이다.
⑤ 편서풍에 의해 형성된 해류는 서쪽에서 동쪽으로 흐른다.

267 A는 쿠로시오 해류, B는 동한 난류, C는 북한 한류이다.
④ C는 북한 한류로, 여름보다 겨울에 강하게 발달한다.

오답 피하기 ① A는 우리나라 주변에 흐르는 난류의 근원인 쿠로시오 해류이다.
② B는 동한 난류로 북한 한류인 C보다 염분이 높다.
③ C는 한류, B는 난류이므로 용존 산소량은 C가 더 많다.
⑤ 동해에는 한류와 난류가 만나 조경 수역이 형성된다.

268 A는 육지에서 유입되는 하천수의 영향으로 염분이 가장 낮은 중국 연안류이고, C는 B보다 저온 저염분의 북한 한류이다. B는 고온 고염분의 쓰시마 난류이다.

269 표층 해수에는 많은 양의 용존 산소가 존재하는데, 표층 해수가 침강하여 발생하는 심층 순환을 통해 심해에 산소가 공급된다.
④ 심층 순환을 통해 표층에서 침강한 해수가 심층에 산소를 공급한다.

오답 피하기 ① A는 위도 60°S 근처에서 형성된 남극 중층수이다.
② 해수의 밀도는 남극 저층수(C)가 북대서양 심층수(B)보다 크다.
③ 고위도에서 침강한 해수는 심층에서 저위도로 이동한다.
⑤ 심층 순환의 주요 발생 원인은 수온과 염분 차이에 의한 밀도 차이다.

추가로 나오는 선택지

❶ ○ ❷ ○ ❸ × ❹ 심층수, 저층수
❶ 해수의 밀도는 남극 중층수(A)가 가장 작고, 남극 저층수(C)가 가장 크다.
❷ B는 북대서양 심층수로 그린란드 부근 해역에서 침강하면서 형성되어 남쪽으로 이동한다.
❸ 심층 순환은 표층 순환에 비해 유속이 매우 느리다.
❹ B는 북대서양 심층수이고, C는 남극 저층수이다.

270 수온과 염분 변화에 따른 해수의 밀도 차에 의해 일어나는 순환을 심층 순환이라고 한다. 따라서 심층 순환을 일으키는 주요 원인은 해수의 밀도 차이다.

271 심층 순환은 유속이 매우 느리므로 직접 관측하기 어렵고, 수온과 염분 및 밀도를 조사하여 간접적으로 흐름을 알아낸다.
⑤ 해수의 이동 속도는 심층보다 표층에서 훨씬 빠르다.

오답 피하기 ① A 해역은 따뜻한 적도 부근 해역이고, B 해역보다 고위도 해역이다.

② B 해역에서는 밀도가 커진 표층 해수가 침강한다.
③ 수온 약층은 수온 변화가 급격하게 일어나는 층으로 표층과 심층 사이에 온도 차이가 큰 A 해역에서 잘 발달한다.
④ 심층 순환은 표층 순환과 연결되어 열에너지를 수송하여 남북 간의 열수지 불균형을 해소시키는 역할을 한다.

272 해수의 밀도는 수온이 낮을수록, 염분이 높을수록 크며, 밀도가 큰 해수일수록 침강이 잘 일어난다.
ㄱ, ㄷ. 수조에 있는 물의 밀도가 작거나 종이컵에 부은 물의 밀도가 클수록 침강 현상이 잘 나타난다. 따라서 ㉠ 대신 뜨거운 물을 사용하거나, ㉡ 대신 차가운 소금물을 사용하면 된다.

오답 피하기 ㄴ, ㄹ. ㉠ 대신 상온의 소금물을 사용하거나, ㉡ 대신 뜨거운 소금물을 사용하면 수조의 물과 종이컵에 부은 물의 밀도 차가 줄어들어 침강이 약해진다.

273 해수의 밀도가 커지면 침강이 활발하게 일어난다. 따라서 해수의 온도가 낮아지거나, 염분이 높아지면 침강이 일어날 수 있다.

모범 답안 해수의 냉각으로 수온이 낮아져 밀도가 커지면 침강이 일어날 수 있다. 또 해수가 결빙하면 주변 해수는 염분이 높아져 밀도가 커지기 때문에 침강이 일어날 수 있다.

채점 기준	배점
두 가지 경우를 모두 옳게 서술한 경우	100%
한 가지만 옳게 서술한 경우	50%

274 인도양과 태평양에서는 심층수가 표층으로 상승하고, 그린란드 해역과 남극 주변 해역에서 표층수가 침강하여 심층수를 형성한다.
ㄴ. 북대서양의 그린란드 주변 해역에서 침강한 해수는 북대서양 심층수를 형성한다.

오답 피하기 ㄱ. 인도양에서는 심층수가 상승하여 표층수와 연결된다.
ㄷ. 극지방에서 수온이 높아지면 침강이 일어나기 어려워지므로 심층 순환이 약해질 것이다.

275 ㄱ. 심층 순환은 열에너지를 저위도에서 고위도로 운반하여 지구의 에너지 평형에 기여한다.
ㄴ. 용존 산소가 풍부한 표층 해수를 심해로 운반하여 심해층에 산소를 공급해 주는 역할을 한다.
ㄷ. 해양은 지구의 기후를 조절해 주는 중요한 역할을 한다. 특히 심층 순환은 지구 전체의 열수지 균형을 유지하는 데 매우 중요하다.

STEP 3 **1등급**을 위한 **실전 완벽 대비** 본문 084~085쪽

276 ② 277 ⑤ 278 ⑤ 279 ④ 280 ⑤ 281 ③ 282 ③
283 ②

276 100년 후에는 해들리 순환이 현재보다 고위도로 확장되어 아열대 고압대의 위치가 현재보다 고위도에서 나타난다.

ㄴ. 극순환과 페렐 순환이 만나는 위치에서 한대 전선대가 형성되므로, 100년 후 한대 전선대의 위치는 현재보다 고위도로 이동한다.

 ㄱ. 100년 후에는 간접 순환인 페렐 순환은 현재보다 순환의 규모가 작아진다.

ㄷ. 건조 기후는 아열대 고압대에서 나타나므로 100년 후에 건조 기후가 나타나는 지역의 위도는 현재보다 높아진다.

277 A는 난류인 쿠로시오 해류이고, B는 한류인 캘리포니아 해류이다. 고위도로 수송하는 열에너지의 양은 A가 B보다 많다.

ㄴ. 편서풍(㉠)에 의해 형성된 해류는 동쪽으로, 무역풍(㉡)에 의해 형성된 해류는 서쪽으로 흐른다.

ㄷ. 위도 45°N 부근에서는 아열대 순환의 난류와 아한대 순환의 한류가 만나 조경 수역이 형성된다.

 ㄱ. 북태평양의 서쪽에서 흐르는 A 해류(난류)는 B 해류(한류)에 비해 열 수송량이 많다

자료 정리

표층 순환과 대기 대순환에 의한 바람

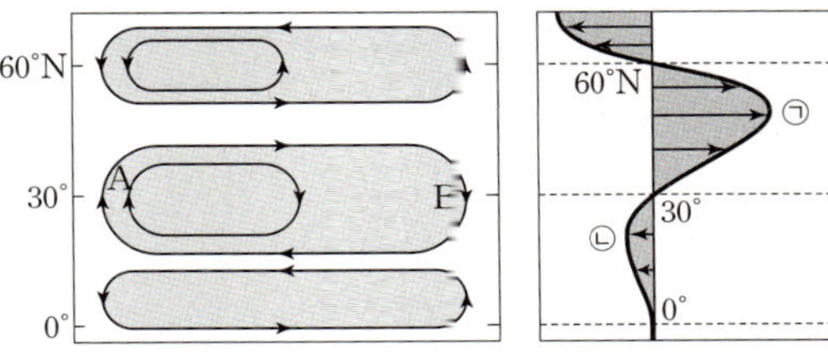

(1) 열대 순환 : 북반구에서는 북적도 해류와 적도 반류에 의해 시계 반대 방향으로, 남반구에서는 남적도 해류와 적도 반류에 의해 시계 방향으로 순환한다.
(2) 아열대 순환 : 무역풍(㉡)과 편서풍(㉠)에 의해 형성된 순환이다.
  ➡ 북반구에서는 시계 방향, 남반구에서는 시계 반대 방향으로 일어난다.
(3) 아한대 순환 : 편서풍(㉠)과 극동풍에 의해 형성된 순환이다.
  ➡ 북반구에서만 나타나며 시계 반대 방향으로 일어난다.

278 A에서 쿠로시오 해류, B에서 오야시오 해류, C에서 캘리포니아 해류, D에서 카나리아 해류, E에서 북적도 해류가 흐른다.

ㄱ. 해수의 용존 산소량은 수온이 낮을수록 많으므로 B(고위도 한류)>C(한류)>A(난류)이다.

ㄴ. 대양의 동쪽에서 흐르는 캘리포니아 해류(C)와 카나리아 해류(D)는 모두 한류이다.

ㄷ. 북적도 해류(E)는 무역풍의 영향으로 동쪽에서 서쪽으로 흐른다.

279 A 해역에는 오야시오 해류, B 해역에는 쿠로시오 해류가 흐르며, 두 해류가 만나 조경 수역을 형성한다.

ㄴ. B 해역을 흐르는 쿠로시오 해류 중 일부가 갈라져 나와 동해로 유입되어 동한 난류를 형성한다.

ㄷ. 해들리 순환에 의해 부는 무역풍이 강할수록 C 해역에서 흐르는 북적도 해류도 강해진다.

 ㄱ. A 해역에서는 한류가, B 해역에서는 난류가 흐른다.

280 ㄴ. A 해역에서 북대서양 심층수, B 해역에서 남극 저층수가 형성되므로 침강하는 해수의 밀도는 A 해역보다 B 해역에서 크다.

ㄷ. 태평양과 인도양에는 심층수가 표층으로 상승하는 해역이 있다.

 ㄱ. A 해역에서 해수의 결빙이 활발해지면 침강이 더 잘 일어나서 심층 순환이 강화된다.

281 ㄱ. A에서는 남극 순환 해류가 서쪽에서 동쪽으로 흐른다.

ㄴ. B에서는 표층수의 결빙이 일어나 주변 해수의 밀도가 증가하여 남극 저층수가 생성된다.

 ㄷ. 남극 대륙 주변에서 침강한 해수는 해저를 따라 적도 쪽으로 이동한다.

282 남극 저층수는 남극 중층수에 비해 더 고위도 해역에서 형성된다.
ㄱ. (나)에서 북대서양 심층수의 염분은 34.8 psu~35 psu 사이이고, 남극 저층수의 염분은 34.6 psu보다 낮다.

ㄷ. 심층 순환을 일으키는 주요 원인은 수온과 염분의 차이에 의한 밀도 차이이다.

 ㄴ. 남극 중층수는 위도 50°S~60°S 부근 해역에서, 남극 저층수는 남극 대륙 주변의 웨델해에서 형성된다.

283 A는 남극 중층수, B는 북대서양 심층수, C는 남극 저층수이다.
ㄷ. 남극 저층수(C)는 해저를 따라 대체로 적도 쪽(북쪽 방향)으로 이동한다.

 ㄱ. A는 해수의 밀도가 가장 작으므로 남극 중층수이다.

ㄴ. 해수의 밀도는 남극 저층수(C)가 가장 크다.

자료 정리

대서양의 심층 순환

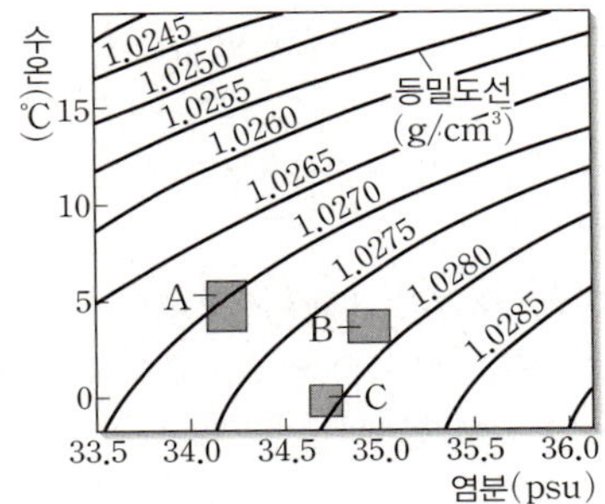

(1) A : 남극 중층수 ➡ 위도 50°S~60°S 부근 해역에서 형성되어 수심 약 1000 m 깊이를 따라 적도(북쪽) 방향으로 이동한다.
(2) B : 북대서양 심층수 ➡ 그린란드 부근 해역에서 형성되며, 수심 약 1500 m~4000 m 사이에서 위도 60°S까지 남쪽으로 이동한다.
(3) C : 남극 저층수 ➡ 남극 대륙 주변의 웨델해 해역에서 형성되며, 해저를 따라 북쪽으로 이동한다.

02. 대기와 해양의 상호 작용

STEP 1 바로바로 개념 확인   본문 087쪽

284 동   **285** 용승, 침강   **286** (1) × (2) ○ (3) ○   **287** 엘니뇨
288 (가) 라니냐 (나) 엘니뇨   **289** 남방 진동

284 해수면 위에서 바람이 일정하게 불 때 북반구에서 표층 해수의 평균적인 이동 방향은 풍향의 오른쪽 90° 방향이다. 따라서 북반구에서 남풍이 불고 있을 때 표층 해수의 평균적인 이동 방향은 동쪽이다.

285 용승은 표층 해수의 발산에 의해 심층의 찬 해수가 표층으로 올라오는 현상이고, 침강은 표층 해수의 수렴에 의해 표층 해수가 심층으로 내려가는 현상이다.

286 (1) 북반구에서 고기압이 위치한 중심 해역에서는 표층 해수의 수렴으로 인해 침강이 일어난다.
(2) 적도 해역에서 북동 무역풍은 해수를 북쪽으로, 남동 무역풍은 해수를 남쪽으로 이동시키므로 적도 해역에서는 부족해진 해수를 채우기 위해 용승이 일어난다.
(3) 태풍의 강한 바람이 해수를 주변으로 발산시키면 그 중심에서 용승이 일어난다.

287 엘니뇨는 적도 부근 동태평양의 표층 수온이 평년보다 0.5 ℃ 이상 높은 상태로 5개월 이상 지속되는 현상이다.

288 (가)에서는 적도 부근의 동태평양 해역에서 표층 수온이 낮게 나타나므로 라니냐 시기에 해당하고, (나)에서는 적도 부근의 동태평양 해역부터 중앙 해역에 이르는 넓은 범위에서 표층 수온이 높게 나타나므로 엘니뇨 시기에 해당한다.

289 남방 진동은 적도 부근의 동태평양과 서태평양의 기압 분포가 반대로 나타나는 주기적인 현상으로, 엘니뇨와 남방 진동은 대기와 해양의 상호 작용으로 나타나므로 엘니뇨 남방 진동(ENSO)이라고도 한다.

STEP 2 알짜 문제로 실력 키우기   본문 088 ~ 090쪽

290 ⑤   **291** 해설 참조   **292** ⑤   **293** ②   **294** ③   **295** ③
296 ①   **297** 해설 참조   **298** ⑤   **299** 해설 참조   **300** ③
301 ①   **302** ⑤   **303** 해설 참조   **304** ⑤

290 북반구 대륙의 동해안에서 남풍이 불면 해수가 먼 바다로 이동하여 용승이 일어나므로, 표층 수온은 연안에서 먼 바다로 갈수록 높아진다.
ㄱ. 남풍이 불고 있으므로 표층 해수의 평균적인 이동 방향은 풍향의 오른쪽인 동쪽이다.

ㄴ. 해수가 해안에서 먼 바다로 이동하므로 연안에서는 심층의 찬 해수가 표층으로 올라오는 용승이 나타난다.
ㄷ. 연안 용승이 일어나므로 해안에서 먼 바다로 갈수록 수온이 점점 높아진다.

추가로 나오는 선택지

❶ ○ ❷ ○ ❸ ×
❶ 북반구에서 에크만 수송은 풍향의 오른쪽 직각 방향으로 일어나므로, 에크만 수송이 일어나는 방향은 동쪽이다.
❷ 연안 용승에 의해 플랑크톤의 양이 풍부한 심층수가 표층으로 올라온다.
❸ 이 해안에서는 용승이 일어나고 있으므로, 해안에서 멀어질수록 용존 산소량은 감소한다.

291 지속적으로 불고 있는 바람에 의한 표층 해수의 평균적인 이동 방향은 북반구의 경우 바람 방향의 오른쪽 90° 방향이고, 남반구의 경우 바람 방향의 왼쪽 90° 방향이다.

모범 답안 용승, 남반구에서 표층 해수의 평균적인 이동 방향은 풍향의 왼쪽 90° 방향이므로, 표층 해수는 남풍의 왼쪽 90° 방향인 먼 바다 쪽으로 이동하여 연안에서는 용승이 일어난다.

채점 기준	배점
용승을 쓰고, 그 까닭을 남반구에서 바람에 의해 일어나는 표층 해수의 평균적인 이동 방향과 관련지어 옳게 서술한 경우	100%
용승만 쓴 경우	50%

292 표층 해수의 평균적인 이동 방향은 북반구에서 바람 방향의 오른쪽 90° 방향으로 나타나는데, 이를 에크만 수송이라고 한다.
ㄱ. 북반구에서 바람이 지속적으로 불 때, 표면 해수는 풍향에 대하여 오른쪽 45° 방향으로 이동한다.
ㄴ, ㄷ. 북반구에서 수심이 깊어질수록 해수의 이동 방향은 점점 오른쪽으로 편향되며, 결과적으로 바람에 의한 표층 해수의 평균 이동 방향은 풍향의 오른쪽 직각 방향이다.

293 ② 표층 해수가 먼 바다에서 연안으로 이동해 오면 연안에서는 해수의 침강이 나타난다.
오답 피하기 ① 용승이 일어나면 심층에서 표층으로 영양 염류가 공급된다.
③ 적도 해역에서는 북동 무역풍과 남동 무역풍에 의해 적도 용승이 나타난다.
④, ⑤ 용승이 일어나는 해역에서는 표층 수온이 감소하여 용존 산소량이 증가한다. 또 표층 수온이 하강하므로 대기가 냉각되어 안개가 자주 발생할 수 있다.

294 적도 해역에서는 무역풍에 의해 적도 용승이 일어나므로 표층 수온은 A보다 B에서 낮다.

③ B 해역에서는 표층 해수가 저수면으로부터 멀어지는 방향으로 이동하여 발산하므로 용승이 일어난다.

오답 피하기 ①, ②은 북동 무역풍이다. 따라서 A 해역에서 해수는 에크만 수송에 의해 북서쪽으로 이동한다.
④, ⑤ B 해역에서는 용승이 일어나므로 표층 수온은 A 해역보다 B 해역에서 낮고, 그에 따라 용존 산소량은 A 해역보다 B 해역에서 많다.

295 북풍 계열의 바람에 의해 해수가 연안에서 먼 바다로 이동하였다. 이로 인해 해안에서 플랑크톤의 농도가 높게 나타났다.
ㄱ. 연안 용승이 일어났으므로 북풍 계열의 바람이 지속적으로 불었다.
ㄷ. 연안 용승에 의해 표층 해수의 수온은 해안에서 멀어질수록 높아진다.
오답 피하기 ㄴ. 연안에서는 용승이 일어나 플랑크톤의 농도가 높다.

296 (가)에서는 시계 반대 방향으로 바람이 불어 중심에서 바깥쪽으로 에크만 수송이 일어나므로 용승이 나타난다. 이와 반대로 (나)에서는 시계 방향으로 바람이 불어 중심에서 침강이 나타난다.
ㄱ. (가)의 중심부에는 저기압이 발달하므로 주변보다 기압이 낮다.
오답 피하기 ㄴ. (나)의 중심부에는 고기압이 발달하여 바람이 시계 방향으로 불어 나간다.
ㄷ. (나)에서는 침강이 일어나므로 중심부의 표층 수온이 높다.

297 용승 해역에서는 따뜻한 표층 해수의 두께가 얇아지고, 침강 해역에서는 따뜻한 표층 해수의 두께가 두꺼워진다.
모범 답안 용승이 일어나면 심층의 찬 해수가 상승하므로 수온 약층이 시작되는 깊이가 얕아지고, 침강이 일어나면 표층의 따뜻한 해수가 밑으로 내려가므로 수온 약층이 시작되는 깊이가 깊어진다.

채점 기준	배점
용승과 침강에 의해 수온 약층이 시작되는 깊이 변화를 모두 옳게 서술한 경우	100%
용승과 침강에 의해 수온 약층이 시작되는 깊이 변화 중 한 가지만 옳게 서술한 경우	50%

298 태평양 적도 부근 해역에서는 평상시 무역풍에 의해 따뜻한 해수가 서쪽으로 이동하고, 동쪽 연안에서는 용승이 활발하다.
ㄱ. 따뜻한 해수가 A 해역으로 이동하고 B 해역에서는 용승이 일어나므로, 표층 수온은 A 해역에서 더 높다.
ㄴ, ㄷ. 무역풍(㉠)이 강력지면 남적도 해류(㉡)와 페루 연안의 용승(㉢) 현상도 강해진다.

❶ ○ ❷ ○ ❸ ×
❶ 무역풍(㉠)이 약해지면 강수 구역은 동쪽으로 이동한다.
❷ 라니냐 시기에는 평상시보다 더 많은 양의 따뜻한 해수가 서태평양 해역으로 이동하므로 A 해역의 강수량이 평상시보다 많아진다.
❸ 엘니뇨 시기에는 평상시에 비해 A 해역의 해수면은 낮아지고 B 해역의 해수면은 높아지므로, 두 해역 간의 높이 차이는 평상시보다 감소한다.

299 태평양 적도 부근 해역의 중앙부에서 동쪽 연안에 이르는 해역에 따뜻한 해수가 분포하므로 엘니뇨 시기임을 알 수 있다.
모범 답안 엘니뇨 시기에 동태평양의 연안 지역에서는 평소보다 강수량이 증가하여 홍수가 발생할 수 있고, 서태평양의 연안 지역에서는 평소보다 강수량이 감소하여 가뭄이 발생할 수 있다.

채점 기준	배점
동태평양 연안 지역과 서태평양 연안 지역에서 발생할 수 있는 기상 이변을 모두 옳게 서술한 경우	100%
동태평양 연안 지역과 서태평양 연안 지역에서 발생할 수 있는 기상 이변 중 한 가지만 옳게 서술한 경우	50%

300 ㄱ, ㄴ. 라니냐 시기에는 평상시보다 무역풍이 강하여 따뜻한 해수가 서쪽에 더 두껍게 분포한다. 따라서 A 해역에서는 수온 약층이 시작되는 깊이가 평상시보다 깊다.
오답 피하기 ㄷ. 라니냐가 발생했을 때 B 해역에서는 용승이 활발해져 플랑크톤의 농도가 높아진다.

301 A일 때는 적도 부근 동태평양 해역의 표층 수온이 평상시보다 높으므로 엘니뇨 시기에 해당하고, B일 때는 표층 수온이 평상시보다 낮으므로 라니냐 시기에 해당한다.
ㄱ. 무역풍의 세기는 엘니뇨 시기(A)보다 라니냐 시기(B)에 강하다.
오답 피하기 ㄴ. 페루 해역의 강수량은 라니냐 시기(B)보다 엘니뇨 시기(A)에 많다.
ㄷ. 엘니뇨 시기에는 오스트레일리아에서 하강 기류가 발달하여 강수량이 감소하므로 가뭄, 산불 등의 피해가 자주 발생한다.

302 적도 부근의 동태평양 해역(B 해역)에서 표층 수온이 낮으므로, 이 시기는 용승이 강하게 일어나는 라니냐 시기이다.
⑤ 라니냐 시기에는 A 해역과 B 해역 사이의 해수면 높이 차가 평상시보다 커진다.
오답 피하기 ① 라니냐가 발생하였다.
②, ③, ④ 라니냐 시기에는 적도 부근의 서태평양 해역(A 해역)의 강수량이 평상시보다 많아지고, 적도 부근의 동태평양 해역(B 해역)의 표층 수온은 강한 용승에 의해 평상시보다 낮다. 이 시기에는 무역풍이 강해지므로 동쪽에서 서쪽으로 흐르는 해류가 평상시보다 강하다.

303 엘니뇨 시기에는 다윈의 해면 기압이 평상시보다 높고, 타히티섬의 해면 기압이 평상시보다 낮다. 따라서 남방 진동 지수(타히티의 해면 기압─다윈의 해면 기압)는 음(─)의 값이 된다.
모범 답안 엘니뇨 시기에는 남방 진동 지수(타히티섬의 해면 기압─다윈의 해면 기압)가 음(─)의 값을 갖고, 라니냐 시기에는 양(＋)의 값을 가지므로 남방 진동 지수는 라니냐 시기가 엘니뇨 시기보다 크다.

채점 기준	배점
두 시기의 남방 진동 지수를 옳게 비교하여 서술한 경우	100%
라니냐 시기가 엘니뇨 시기보다 크다고만 서술한 경우	50%

304 ㄱ. 적도 부근 서태평양 해역에서 다습한 기후가 나타나므로 라니냐가 발생하였다.

ㄴ. 라니냐 시기에는 무역풍이 평상시보다 강하다.

ㄷ. 태평양 적도 부근 해역의 표층 수온 변화는 기권과의 상호 작용을 통해 전 지구적인 기후 변동을 일으킬 수 있다.

STEP **3** **1등급을 위한 실전 완벽 대비**　　　본문 091쪽

305 ①　**306** ⑤　**307** ②　**308** ⑤

305 에크만 수송은 북반구에서는 풍향에 대해 오른쪽 직각으로, 남반구에서는 풍향에 대해 왼쪽 직각으로 나타난다.

ㄱ. 에크만 수송 방향이 북반구에서 북쪽, 남반구에서 남쪽이므로 두 해역에서 모두 동풍이 불고 있다.

오답 피하기　ㄴ. (나)에서 해수는 적도를 중심으로 양쪽 옆으로 멀어지고 있으므로 찬 해수의 용승이 일어나고 있다.

ㄷ. 표층 수온은 용승이 일어나는 적도 해역이 주변 해역보다 낮다.

306 (가)에서는 고기압성 바람에 의해 중심부에서 침강이 일어나고, (나)에서는 저기압성 바람에 의해 중심부에서 용승이 일어난다.

ㄱ. (가)에서 고기압성 바람에 의해 중심부로 에크만 수송이 일어나고 있다.

ㄴ. (나)에서 표층 해수가 중심에서 바깥쪽으로 이동하므로 해수의 발산이 일어난다.

ㄷ. 중심부에서 수온 약층의 깊이는 침강이 일어나는 (가)가 용승이 일어나는 (나)보다 깊다.

자료 정리

고기압과 저기압에 의한 침강과 용승

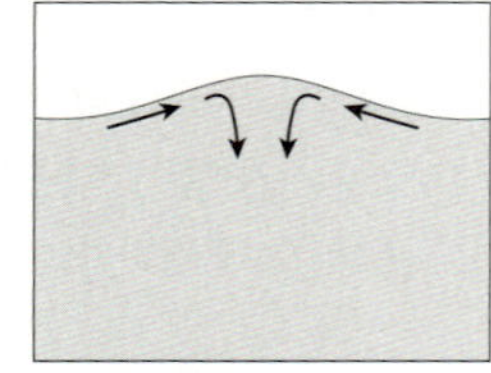 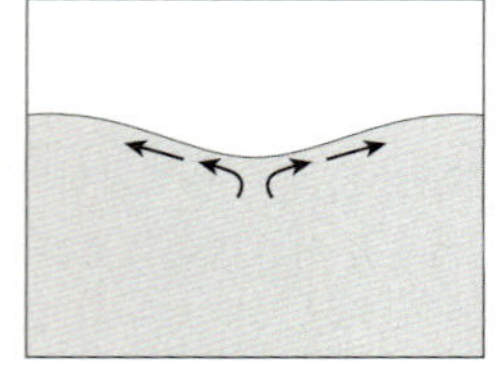

(가) 고기압성 바람　　　　(나) 저기압성 바람

(가) : 침강 ➡ 북반구의 고기압에서 바람이 시계 방향으로 불면, 표층 해수는 바깥쪽에서 고기압 중심으로 이동하여 수렴이 일어나 중심 해역에서 침강이 일어난다.

(나) : 용승 ➡ 북반구의 저기압에서 바람이 시계 반대 방향으로 불면, 표층 해수는 저기압 중심에서 바깥쪽으로 이동하여 발산이 일어나 중심 해역에서 용승이 일어난다.

---

307 (가)는 동쪽 해역에서 용승이 약해지는 엘니뇨 시기, (나)는 동쪽 해역에서 용승이 활발한 라니냐 시기에 해당한다.

② 동서 간의 기압 차는 무역풍이 약해지는 엘니뇨 시기가 라니냐 시기보다 작다.

오답 피하기　① (가)는 엘니뇨 시기에 해당한다.

③ (가)에서 서쪽 연안은 하강 기류가 우세하여 가뭄이 자주 발생한다.

④ (나)에서 동쪽 연안의 용승은 평상시보다 강화된다.

⑤ 동쪽 연안에서 해수의 용존 산소량은 표층 수온이 더 낮은 라니냐 시기인 (나)가 (가)보다 많다.

308 A 시기는 타히티섬의 해면 기압이 평상시보다 높은 시기이므로 라니냐 시기에 해당하고, B 시기는 오스트레일리아 다윈의 해면 기압이 평상시보다 높은 시기이므로 엘니뇨 시기에 해당한다.

ㄴ. 적도 부근 서태평양 해역(오스트레일리아 다윈의 연안)에서는 엘니뇨 시기인 B 시기에 하강 기류가 우세했다.

ㄷ. 남태평양의 중앙부에 위치한 타히티섬 부근 해역에서는 엘니뇨 시기에 표층 수온이 높아진다.

오답 피하기　ㄱ. 남방 진동 지수가 양(＋)의 값인 A 시기에는 라니냐가 발생하였다.

---

03. 지구 기후 변화

STEP **1** **바로바로 개념 확인**　　　본문 093쪽

309 세차　**310** (1) 증가　(2) 감소, 하강　(3) 겨울철, 감소　**311** 온실 효과
312 온실 기체, 지구 온난화　**313** (1) ○ (2) ○ (3) × (1) ○

309 세차 운동에 의해 약 26000년을 주기로 지구의 자전축은 지구 자전 방향과 반대 방향으로 회전한다.

310 (1) 지구 자전축의 방향이 13000년 후 현재와 반대로 되면 지구가 근일점에 위치할 때 북반구의 계절은 여름철이고, 원일점에 위치할 때 북반구의 계절은 겨울철이므로 이때 북반구에서 기온의 연교차는 증가한다.

(2) 지구 자전축의 기울기가 현재보다 커지면 북반구 중위도 지역에서 겨울철 태양의 남중 고도는 감소하여 겨울철 기온은 하강하고 북반구에서 여름철 태양의 남중 고도는 증가하여 여름철 기온은 상승하므로, 이때 기온의 연교차는 증가한다.

(3) 현재 지구가 근일점에 위치할 때 북반구에서의 계절은 겨울철인데, 지구 공전 궤도 이심률이 커지면 근일점에서 태양과 지구 사이의 거리가 감소하여 겨울철 기온이 상승한다.

311 온실 효과는 수증기, 이산화 탄소, 메테인 등의 온실 기체가 지구 복사 에너지를 흡수하였다가 지표로 재복사하기 때문에 지구의 평균 기온이 높게 유지되는 현상이다. 이때 대기는 짧은 파장의 태양 복사(가시광선)는 잘 통과시키지만, 긴 파장의 지구 복사(적외선)는 대부분 흡수한 후 지표로 재복사한다.

312 지구 온난화는 수증기, 이산화 탄소, 메테인 등의 대기 중 온실 기체가 증가함에 따라 지구의 평균 기온이 상승하는 현상으로, 주요 원인은 화석 연료 소비량의 증가이다.

313 (1) 해수의 열팽창과 대륙 빙하의 융해로 해수면이 상승하여 해안 지역에 침수 피해가 발생하고 있다.
(2) 지구 온난화의 영향으로 기상 이변의 횟수와 강도가 증가하고 있으며, 그에 따른 피해가 증가하고 있다.
(3) 화산 활동과 지진 등의 지각 변동은 지구 온난화 현상과 직접적인 관련이 없다.
(4) 평균 기온 상승은 우리나라가 지구 전체보다 더 빠른 속도로 진행되었으며 강수량도 대체로 증가하였다.

314 ③	315 해설 참조	316 ⑤	317 ②	318 ①	319 ③
320 ⑤	321 ⑤	322 ④	323 ⑤	324 해설 참조	325 ⑤
326 해설 참조	327 ③	328 ⑤	329 ②	330 ③	331 ②
332 ③	333 ③	334 ⑤			

314 북반구는 (가)일 때 근일점에서 겨울, 원일점에서 여름이고, (나)일 때는 근일점에서 여름, 원일점에서 겨울이다.
ㄱ. 현재 우리나라는 A일 때 태양의 남중 고도가 낮고, 일조 시간이 짧은 겨울철이다.
ㄷ. 26000년 후 지구 자전축의 방향은 현재와 같으므로, 근일점일 때 우리나라의 계절은 현재와 같은 겨울철이다.

오답 피하기 ㄴ. 북반구에서 기온의 연교차는 근일점에서 여름이 되는 (나)일 때 더 크다.

추가로 나오는 선택지

❶ ○ ❷ ○ ❸ ×

❶ 북반구에 위치한 서울에서 태양의 남중 고도는 겨울철인 A보다 여름철인 B일 때 높다.
❷ 현재는 남반구에서 근일점일 때 여름철이고, 원일점일 때 겨울철이다. 그런데 13000년 후에는 남반구에서 근일점일 때 겨울철이고, 원일점일 때 여름철이다. 따라서 남반구에서 기온의 연교차는 (가) > (나)이다.
❸ 세차 운동은 기후 변화를 일으키는 천문학적 요인에 해당하므로 지구 외적 요인이다.

315 태양 흑점 수의 변화는 태양 활동 변화와 밀접한 관련이 있으며, 흑점 수가 변하면 지구에 도달하는 태양 에너지양도 달라지므로, 이는 지구 기후 변화의 원인이 된다.

모범 답안 빙하기, 태양 흑점 수가 많을 때 태양 활동이 활발한데, (가)에서는 태양 흑점 수가 거의 없으므로 태양 활동이 약해서 태양 복사 에너지가 지구에 적은 양이 도달하므로 기온이 낮은 빙하기였을 것이다.

채점 기준	배점
빙하기를 쓰고, 그 까닭을 옳게 서술한 경우	100%
빙하기만 쓴 경우	50%

316 ⑤ 빙하 면적의 변화는 지구의 반사율을 변화시키는 요인이므로 지구 내적 요인에 해당한다.

오답 피하기 ①, ②, ③, ④ 지구 자전축의 기울기 변화, 지구의 공전 궤도 이심률 변화, 지구 자전축의 경사 방향 변화, 태양 활동 변화는 모두 지구의 기후 변화를 일으키는 외적 요인으로 천문학적 요인에 해당한다.

317 ㄴ. 자전축 기울기가 21.5°로 작아지면, 우리나라에서는 겨울철 태양의 남중 고도가 높아져 겨울철 평균 기온이 증가한다.

오답 피하기 ㄱ. 자전축 기울기가 커지더라도 지구와 태양 사이의 거리는 일정하므로, 지구가 받는 연평균 태양 복사 에너지양은 변하지 않는다.
ㄷ. 자전축 기울기가 커지면 북반구와 남반구에서 모두 기온의 연교차가 증가한다.

318 공전 궤도 이심률은 공전 궤도의 납작한 정도를 나타내는 값으로, 이심률이 작을수록 원 궤도에 가까워 근일점 거리와 원일점 거리의 차가 작아진다.
ㄴ. 공전 궤도 이심률이 작아지면 근일점 거리(겨울)가 멀어지고, 원일점 거리(여름)가 가까워지므로 우리나라에서 기온의 연교차는 더 커진다.

오답 피하기 ㄱ, ㄷ. 공전 궤도 이심률이 작아져 공전 궤도가 원 궤도에 가까워지면 태양의 겉보기 크기 변화량도 작아진다.

자료 정리

지구 공전 궤도 이심률의 변화에 따른 북반구에서 기후 변화

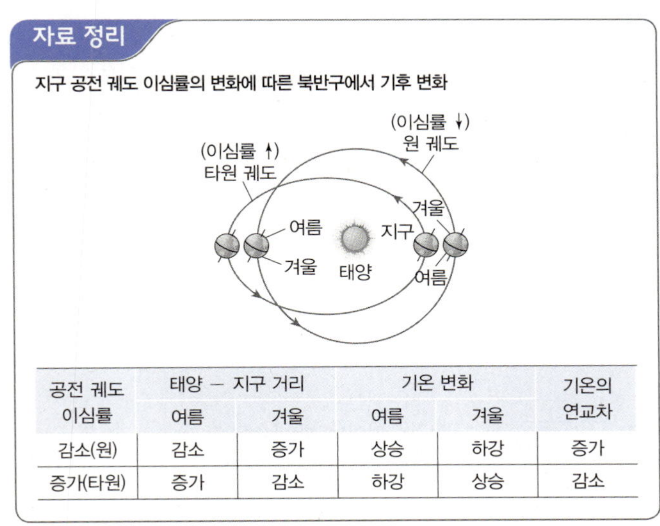

공전 궤도 이심률	태양 − 지구 거리		기온 변화		기온의 연교차
	여름	겨울	여름	겨울	
감소(원)	감소	증가	상승	하강	증가
증가(타원)	증가	감소	하강	상승	감소

319 화산 가스에 포함된 수증기와 이산화 탄소는 온실 효과를 일으켜 지구의 평균 기온을 높이는 역할을 하고, 화산재는 햇빛의 반사율을 증가시켜 지구의 평균 기온을 낮추는 역할을 한다.

ㄱ. 지구의 평균 기온이 낮아졌으므로 이러한 변화를 일으킨 주요 화산 분출물은 햇빛을 차단한 화산재이다.

ㄷ. 강력한 화산 분출이 일어나면 다량의 화산재가 성층권까지 도달할 수 있으며, 성층권에서 햇빛을 차단하는 역할을 한다.

오답 피하기 ㄴ. 화산 분출 직후 기온이 하강하였으므로 햇빛의 반사율이 증가하였다.

320 ㄱ. 화산 폭발이 일어날 때 분출한 용암에 의해 지표면이 덮이면 지표면의 반사율이 변할 수 있다.

ㄴ. 화산재는 대기 상층까지 이동한 후 대기 순환을 통해 지구 전역으로 확산될 수 있다.

ㄷ. 화산 가스에는 온실 효과를 일으키는 수증기, 이산화 탄소 등의 온실 기체가 포함되어 있다.

321 ㄴ, ㄷ. 기후 변화를 일으키는 지구 내적 요인에는 수륙 분포의 변화, 화산 활동, 지표면 상태의 변화 등이 있다.

오답 피하기 ㄱ. 지구의 자전축 경사각이 증가하는 것은 지구의 기후 변화를 일으키는 지구 외적 요인이다.

322 지표면의 상태 변화에 따른 햇빛의 반사율 변화는 지구의 기후를 변화시키는 요인이 된다.

ㄴ. 도시화는 지표의 반사율을 변화시켜 기후 변화를 일으킨다.

ㄷ. 숲은 토양이나 사막 모래에 비해 햇빛의 반사율이 낮다. 따라서 과도한 삼림 벌채는 지표의 반사율을 증가시키는 역할을 한다.

오답 피하기 ㄱ. 물은 토양이나 빙하에 비해 햇빛의 반사율이 낮으므로 해수면이 상승하면 지구의 반사율은 감소한다.

323 초대륙 형성, 판의 이동 등은 수륙 분포의 변화를 일으켜 대기와 해수의 순환에 영향을 미친다.

ㄱ. 판게아가 형성되면 대기와 해수의 순환이 달라져 지구의 기후 변화를 일으킨다.

ㄴ. 대규모 화산 활동이나 습곡 산맥 형성은 지표의 반사율과 지표면 상태를 변화시키므로 지표면이 흡수하는 태양 복사 에너지양이 달라진다.

ㄷ. 대륙 분포 변화, 화산 활동, 습곡 산맥 형성 등은 모두 기후 변화의 지구 내적 요인에 해당한다.

324 **모범 답안** 화산 폭발이 일어날 때 방출된 화산 가스 속 온실 기체는 지구의 평균 기온을 높이고, 화산재는 대기의 상층에서 햇빛을 반사시켜 지구의 평균 기온을 낮춘다.

채점 기준	배점
화산 가스와 화산재에 의한 지구의 평균 기온 변화를 모두 옳게 서술한 경우	100%
화산 가스와 화산재에 의한 지구의 평균 기온 변화 중 한 가지만 옳게 서술한 경우	50%

자료 정리

지구 기후 변화의 지구 내적 요인

수륙 분포의 변화	판의 운동에 의한 수륙 분포의 변화로 대기와 해류의 순환이 바뀌면서 기후가 변한다.
대규모 화산 폭발	대기로 분출된 화산재에 의한 햇빛의 반사율 증가 ⇨ 지구의 평균 기온 하강
지표면 상태의 변화	• 빙하 면적 감소 ⇨ 지표면의 반사율 감소 ⇨ 지구의 평균 기온 상승 • 사막의 면적 증가 ⇨ 지표면의 반사율 증가 ⇨ 지구의 평균 기온 하강

325 겨울철은 여름철보다 화석 연료 사용량이 많고, 광합성이 감소하여 대기 중 이산화 탄소의 농도가 높다.

ㄱ, ㄴ. 우리나라에서 이산화 탄소의 농도는 화석 연료 사용량이 많은 겨울철에 더 높다. 이산화 탄소 농도의 연교차는 북반구와 남반구에서 반대로 나타나므로 지구 전체의 평균은 우리나라보다 작다.

ㄷ. 이 기간 동안 이산화 탄소의 연평균 농도가 계속 상승하였으므로 지구의 평균 기온도 계속 상승하였을 것이다.

추가로 나오는 선택지

❶ ○ ❷ × ❸ 이산화 탄소

❶ 이산화 탄소의 농도가 증가하는 동안 지구의 평균 기온은 상승하였으므로, 이 기간 동안 지구의 평균 해수면은 상승하였다.

❷ 여름철에는 식물의 광합성 작용이 활발하지만 겨울철에는 광합성 작용이 감소하고 화석 연료 사용량이 증가하므로 대기 중 이산화 탄소의 농도는 겨울철이 여름철보다 높다.

❸ 화석 연료의 과다한 사용으로 대기 중에 이산화 탄소의 양이 증가하면 지구 온난화가 발생하여 지구의 평균 기온이 높아진다.

326 대기에 퍼져 있는 $1 \, nm \sim 100 \, \mu m$의 작은 액체나 고체 입자를 에어로졸이라고 하는데, 화석 연료의 연소와 산업화로 대기 중에 에어로졸이 많아졌다. 에어로졸은 태양 복사 에너지를 산란시키고, 응결핵으로 작용하여 구름의 양을 늘려 지구의 반사율을 증가시킨다.

모범 답안 이산화 탄소는 온실 효과를 증가시켜 지구의 평균 기온을 높이고, 에어로졸은 햇빛의 반사율을 증가시켜 지구의 평균 기온을 낮춘다.

채점 기준	배점
이산화 탄소와 에어로졸의 영향을 모두 옳게 서술한 경우	100%
이산화 탄소와 에어로졸의 영향 중 한 가지만 옳게 서술한 경우	50%

327 ㄱ. 지구는 전체적으로 복사 평형을 이루고 있지만, 위도에 따라 에너지 불균형이 나타난다. 태양 복사 에너지 흡수량의 위도별 차이는 지구 복사 에너지 방출량의 위도별 차이보다 크다. 따라서 저위도에서는 에너지 과잉, 고위도에서는 에너지 부족이 나타난다.

ㄴ. 해수와 대기의 순환에 의해 저위도의 남는 에너지가 고위도로 수송된다.

 ㄷ. 지구 온난화는 주로 온실 기체에 의한 지구 복사 에너지의 흡수와 대기의 재복사 때문에 일어난다. 따라서 지구 온난화 현상은 태양 복사 에너지 흡수량과 직접적인 관련이 없다.

328 우주, 대기, 지표에서는 각각 에너지 흡수량과 에너지 방출량이 같은 복사 평형 상태를 유지하고 있다.
⑤ 대기 중 온실 기체가 증가하면 대기에서 지표로 재복사되는 에너지양이 증가한다.
 ① 대기에 의한 반사율은 25 %이고, 지표에 의한 반사율은 5 %이다.
② 태양 복사는 주로 가시광선, 지구 복사의 주로 적외선이다.
③ 물의 상태 변화로 이동한 에너지양은 숨은열 23이다.
④ 지표에서는 에너지 흡수량과 에너지 방출량이 같으므로, $50+\bigcirc$ $=23+7+102+12$이다. 따라서 대기의 재복사 에너지 $\bigcirc$은 94이다.

329 극지방의 빙하량이 감소하고 있는 주요 원인은 화석 연료 사용으로 인한 대기의 온실 효과 증가로 지구 온난화가 발생하기 때문이다.
ㄴ. 이 기간 동안 그린란드에서 빙하량 변화가 음(−)의 값이므로, 빙하는 융해량이 결빙량보다 많았다. 따라서 이 기간 동안 빙하의 융해로 해수면이 상승했을 것이다.
 ㄱ. 빙하 면적이 감소하고 있으므로 극지방의 반사율은 감소했을 것이다.
ㄷ. 빙하량 변화의 주요 원인은 인간 활동에 의한 지구 온난화 현상 때문이다.

330 대기 중 이산화 탄소량이 증가(㉠)하여 지구 온난화가 발생하면 해수의 온도가 상승하여 이산화 탄소의 용해도가 감소(㉡)한다. 또 지구 온난화로 극지방의 빙하량이 감소하면 태양 빛의 지표 반사율이 감소(㉢)한다.

331 ② 지진은 지구 내부 에너지에 의해 발생하는 현상이므로 지구 온난화와 관련이 없다.
 ①, ③, ④, ⑤ 최근 우리나라에서는 지구 온난화에 의한 영향으로 열대야 발생 일수가 증가하고, 주요 작물의 재배 지역이 북상하고 있으며, 해수면 상승으로 해안가의 침수 현상이 자주 나타난다. 또한 주변 바다에서는 한류성 어종이 감소하고 있다.

332 ㄱ. 수증기, 이산화 탄소, 메테인 등은 온실 기체이므로, 대기 중 수증기량이 증가하면 온실 효과가 커진다.
ㄷ. 지구 온난화는 대기 중 온실 기체가 증가함에 따라 온실 효과가 증대되어 지구의 평균 기온이 상승하는 현상이다.
 ㄴ. 지구 대기에 의한 흡수율은 파장이 짧은 태양 복사 에너지보다 파장이 긴 지구 복사 에너지가 더 높다.

333 ㄱ. 해수의 온도가 높아지므로 해수의 열팽창에 의해 해수면 높이가 상승한다.
ㄷ. 해수의 온도가 높아지므로 동한 난류의 영향이 강해지면서 한류와 난류가 만나는 조경 수역의 위치가 점차 북상한다.
 ㄴ. 이 기간 동안 표층 수온이 높아지는 추세이고, 표층 염분이 일정하다고 가정했으므로 해수의 밀도는 낮아진다.

334 ㄱ, ㄴ. 기후 변화를 해결하기 위한 노력으로 대기 중의 이산화 탄소를 줄일 수 있도록 자원 재활용을 실천하고, 화석 연료 사용량을 줄이기 위한 대체 에너지 개발이 필요하다.
ㄷ. 이산화 탄소를 포집 및 저장할 수 있는 기술을 개발하여 대기 중 이산화 탄소의 농도를 줄여 지구 온난화의 영향을 줄일 수 있다.

STEP 3 **1등급을 위한 실전 완벽 대비** 본문 098 ~ 099쪽

| 335 ⑤ | 336 ① | 337 ④ | 338 ② | 339 ③ | 340 ③ | 341 ⑤ |
| 342 ① | | | | | | |

335 북반구 중위도 지역에서는 (가)와 (다)일 때 원일점에서 여름이고, (나)일 때 근일점에서 여름이다.
ㄱ. (나)일 때 북반구 중위도 지역은 근일점에서 여름이 되고, 자전축의 경사각도 (다)보다 크므로 여름철 기온이 가장 높다.
ㄴ. (가)일 때 남반구 중위도 지역은 겨울철에 원일점에 위치하고, (다)보다 태양의 남중 고도가 낮아 (다)보다 기온이 낮다.
ㄷ. 지구는 구형이며, 공전 궤도의 이심률은 변하지 않았으므로 연간 지구에 입사하는 태양 복사 에너지양은 (가) ~ (다)일 때 모두 같다.

지구 기후 변화의 지구 외적 요인
(1) 지구의 세차 운동(지구 자전축의 방향 변화)에 따른 지구 기후 변화 : 약 26000년을 주기로 지구의 자전축이 회전한다.

구분	위치	현재의 계절	13000년 후의 계절	기온의 연교차
북반구	근일점	겨울	여름	증가
	원일점	여름	겨울	
남반구	근일점	여름	겨울	감소
	원일점	겨울	여름	

(2) 지구 자전축의 기울기 변화에 따른 지구 기후 변화 : 약 41000년을 주기로 지구 자전축의 기울기가 21.5° ~ 24.5° 사이에서 변한다.

자전축 기울기	태양의 남중 고도		기온 변화		기온의 연교차
	여름	겨울	여름	겨울	
감소	감소	증가	하강	상승	감소
증가	증가	감소	상승	하강	증가

336 1만 년 전과 비교하여 1만 년 후에 공전 궤도 이심률이 작아졌으므로 근일점 거리가 멀어지고, 원일점 거리는 가까워진다.

ㄴ. 원일점 거리가 더 가까워지므로 원일점에서 태양의 겉보기 크기는 커진다.

오답 피하기 ㄱ. 공전 궤도의 긴반지름은 변하지 않으므로 지구의 공전 주기는 일정하다.

ㄷ. 태양의 남중 고도 변화는 지구 자전축의 경사각이 달라질 때 나타난다. 그런데 지구 자전축 경사각은 변하지 않으므로 우리나라에서 겨울철 태양의 남중 고도는 달라지지 않는다.

337 (가)와 (나)는 모두 기후 변화를 일으키는 지구 내적 요인에 해당한다.

ㄴ. 판의 운동에 의한 수륙 분포의 변화는 대기와 해수의 순환에 영향을 준다.

ㄷ. '과도한 토지 이용'은 지표면의 반사율을 변화시키므로 ㉠의 예로 적절하다.

오답 피하기 ㄱ. (가)는 대기 중 온실 기체량을 변화시키므로 기후 변화를 일으키는 지구 내적 요인이다.

338 지구에 입사하는 태양 복사 에너지 100단위 중 30단위는 우주 공간으로 반사되고, 20단위는 대기에 흡수되며, 50단위는 지표면에 흡수된다.

ㄷ. 지표면이 흡수하는 에너지양은 태양 복사 E보다 대기의 재복사 F가 더 많다.

오답 피하기 ㄱ. 지표의 반사율보다 구름의 반사율이 크므로 B가 A보다 많다.

ㄴ. 대기는 태양 복사(가시광선)보다 지구 복사(적외선)를 더 많이 흡수하므로 D>C이다.

자료 정리

지구의 열수지 평형

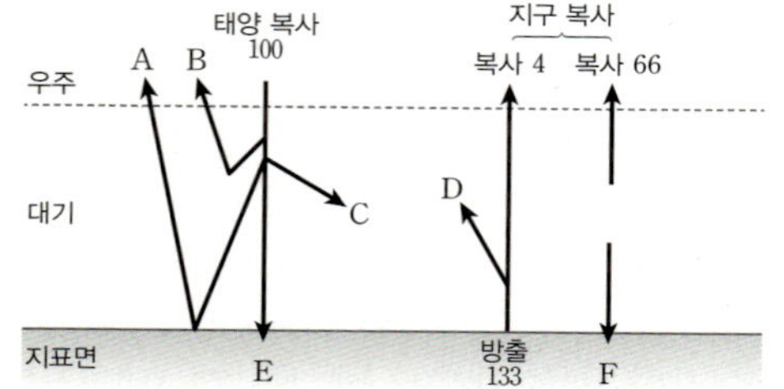

(1) 우주 : 태양 복사 에너지 100단위 중 20(C)단위는 대기에 흡수, 50(E)단위는 지표면에 흡수, 30단위(A+B)는 반사된다.
(2) 대기 : 태양으로부터 20(C)단위, 지표면으로부터 129(D)단위를 흡수한다. 한편, 우주로 66단위, 지표면으로 83(F)단위를 방출한다.
(3) 지표면 : 태양으로부터 50(E)단위, 대기로부터 83(F)단위를 흡수한다. 한편, 대기로 129(D)단위, 우주로 4단위를 방출한다.

---

339 이 기간 동안 온실 효과 증가로 지구의 평균 기온은 높아졌을 것이고, 극지방의 빙하량은 감소했을 것이다.

ㄱ. 북반구에 분포하는 대륙 면적은 남반구보다 훨씬 넓기 때문에 인간 활동에 의한 이산화 탄소의 배출량과 광합성 작용의 변화가 커서 이산화 탄소 농도의 계절 변화는 북반구가 남반구보다 더 크다.

ㄴ. 이 기간 동안 화석 연료 사용량이 증가했으므로 지권의 탄소량은 감소하였을 것이다.

오답 피하기 ㄷ. 이 기간 중 극지방의 빙하량 감소로 반사율은 감소했을 것이다.

340 대기 중 이산화 탄소는 온실 효과를 일으키며, 이산화 탄소가 해수에 녹으면 탄산 이온을 형성하여 해양 산성화 현상을 일으킬 수 있다.

ㄱ. 대기에 잔류하는 이산화 탄소량(A)이 증가할수록 온실 효과가 증대되어 지구 온난화가 심해진다.

ㄴ. 대기로 배출된 이산화 탄소 중 일부는 식물의 광합성 작용에 의해 유기물 형태로 생물권에 저장된다.

오답 피하기 ㄷ. 해양에 녹아 들어가는 이산화 탄소량(C)이 증가할수록 해수의 pH는 낮아진다.

341 지구의 기온 변화는 온실 기체만 고려했을 때의 변화보다 자연적 요인까지 모두 고려했을 때의 변화와 유사하다.

ㄱ. 지구의 기온 상승은 최근 들어 더 급격해지는 경향이 나타나고 있다.

ㄴ. 2000년대에 관측 기온은 온실 기체만 고려했을 때보다 작고, 자연적 요인만 고려했을 때보다 크다. 따라서 자연적 요인은 기온 상승폭을 완화시켜 주는 역할을 했다.

ㄷ. 2000년 이후 관측 기온의 변화 경향은 인위적 요인에 더 밀접한 경향을 보인다. 따라서 미래에 지구의 평균 기온에 미치는 영향은 인위적 요인이 자연적 요인보다 크다는 것을 추론할 수 있다.

342 지난 120년간 지구의 해수면 상승률은 2 mm/년보다 작다. 우리나라의 평균 해수면 상승률이 2.48 mm/년인데 서해안과 동해안은 이 값보다 작고, 남해안은 이 값보다 크다.

ㄱ. 해수면이 지속적으로 상승하고 있으므로 지구 전체의 총 빙하량은 감소하고 있을 것이다.

오답 피하기 ㄴ. 최근 30년간 우리나라의 평균 해수면 상승률은 2.48 mm/년이고, 지난 120년간 지구의 평균 해수면 상승률은 2 mm/년보다 작다. 따라서 최근 30년간 우리나라의 평균 해수면 상승률은 지난 120년간 지구의 평균 해수면 상승률보다 크다.

ㄷ. 우리나라의 평균 해수면 상승률은 2.48 mm/년이므로 남해안의 상승률이 가장 커야 한다. 따라서 우리나라 주변 해역에서 해수면 상승률은 남쪽이 북쪽보다 크다.

III. 우주

III-1. 별과 외계 행성계

01. 별의 물리량과 H-R도

STEP 1 바로바로 개념 확인   본문 103쪽

343 (1) 파란, 작다. (2) 흡수 (3) A, G   **344** (1) × (2) × (3) ○
345 64배   **346** (가) 주계열성 (나) 적색 거성 (다) 백색 왜성 (라) 주계열성

343 (1) 빈의 변위 법칙에 따라 흑체의 표면 온도(T)가 높을수록 최대 에너지를 방출하는 파장(λ_{max})이 짧아진다. 따라서 표면 온도가 높은 별은 파란색으로 보이고 색지수가 음($-$)의 값이다.
(2) 고온의 광원에서 나온 빛이 저온·저밀도의 기체를 통과하면서 흡수 스펙트럼이 생성된다.
(3) 별의 표면 온도에 따른 흡수선의 종류와 세기를 기준으로 고온에서부터 O, B, A, F, G, K, M형 7가지 분광형으로 분류한다.

344 (1) 별에 따라 표면 온도가 다르기 때문에 스펙트럼에서 관측되는 흡수선의 종류가 서로 다르다. A형 별에서는 수소 흡수선이 가장 강하게 나타나지만, M형 별에서는 수소 흡수선이 거의 나타나지 않는다.
(2) 별의 광도는 별이 단위 시간 동안 표면에서 방출하는 에너지의 총량으로, 별의 표면적($4\pi R^2$)과 흑체 단위 시간 동안 단위 면적에서 방출하는 에너지양(σT^4)을 곱하여 구할 수 있다.
(3) H-R도의 주계열에서 왼쪽 위에 있는 별일수록 질량이 크고 수명이 짧다.

345 광도 $L=4\pi R^2 \cdot \sigma T^4$이다. 즉, 광도는 반지름($R$)의 제곱과 표면 온도($T$)의 네제곱에 비례한다. 어느 별의 반지름과 표면 온도 모두 태양의 2배이므로, $L=R^2 \cdot T^4 = 2^2 \times 2^4 = 64$이다. 즉, 이 별의 광도는 태양의 64배이다.

346 H-R도의 왼쪽 위에서 대각선 방향으로 오른쪽 아래까지 이어지는 좁은 띠 모양으로 분포하는 (가)와 (라)는 주계열성이다. H-R도에서 주계열성의 오른쪽 위에 분포하는 (나)는 적색 거성이다. H-R도에서 주계열성의 왼쪽 아래에 분포하는 (다)는 백색 왜성이다.

STEP 2 알짜 문제로 실력 키우기   본문 104~107쪽

347 ③   **348** 해설 참조   **349** ③   **350** ①   **351** ③, ⑤   **352** 해설 참조   **353** ⑤   **354** ①   **355** ③   **356** ③   **357** 해설 참조   **358** ①   **359** ②   **360** ③   **361** ③   **362** 해설 참조   **363** ①   **364** ①   **365** ⑤

347 별은 표면 온도가 높을수록 파란색을 띤다.
ㄱ. (가)의 표면 온도는 12000 K으로 O형인 (나)보다 낮고, A형인 (라)보다 높으므로, (가)의 분광형인 ㉠은 B형이다.
ㄷ. 분광형은 고온에서 저온 순으로 O, B, A, F, G, K, M형이다. 따라서 분광형이 K형인 (마)의 표면 온도 ㉡은 G형인 태양보다 낮다.
오답 피하기 ㄴ. 표면 온도가 30000 K인 (나)는 분광형이 O형으로, 파란색으로 보인다.

추가로 나오는 선택지
❶ × ❷ ○ ❸ ×
❶ (가)의 표면 온도는 O형인 (나)보다 낮고, A형인 (라)보다 높으므로, (가)는 B형으로 청백색을 띤다.
❷ 태양과 표면 온도가 가장 비슷한 별은 분광형이 G형으로 태양과 같은 (다)이다.
❸ (마)는 분광형이 K형으로, (가)~(마) 중 표면 온도가 가장 낮으므로 색지수는 가장 크다.

348 사진 등급(B 등급)과 안시 등급(V 등급)의 차이를 색지수라고 하는데 별의 표면 온도가 높을수록 색지수가 작다. 고온의 파란색 별은 색지수(B−V)가 음($-$)의 값이다.
모범 답안 빈의 변위 법칙에 따라 별의 표면 온도가 높을수록 짧은 파장의 에너지를 많이 방출하여 사진 등급이 작아지므로 색지수 값은 작아진다.

채점 기준	배점
빈의 변위 법칙과 관련지어 색지수가 감소하는 까닭을 옳게 서술한 경우	100%
사진 등급이 작아지기 때문이라고만 서술한 경우	50%

349 ㄱ. 고온·고밀도 상태에서 가열된 물체가 내는 빛에서는 모든 파장의 영역에 걸쳐 빛이 연속적인 띠로 나타나는 연속 스펙트럼(A)이 나타난다.
ㄷ. 기체의 종류가 같다면 흡수 스펙트럼(B)과 방출 스펙트럼(C)에 나타나는 선의 위치와 형태가 같다.
오답 피하기 ㄴ. B와 같이 연속 스펙트럼을 만드는 물체와 관측자 사이에 저온·저밀도의 가스가 있을 때 흡수 스펙트럼이 나타난다.

350 별의 표면 온도에 따라 원소들이 특정한 흡수선을 형성하기 때문에 별들마다 다양한 흡수 스펙트럼이 나타난다.
ㄱ. 칼슘(Ca II), 철(Fe I, Fe II) 등의 금속선은 표면 온도가 낮은 별에서 강하게 나타난다. 따라서 금속선은 표면 온도가 높은 B0형보다 표면 온도가 낮은 K0형에서 더 강하게 나타난다.
오답 피하기 ㄴ. 태양의 분광형은 G2형으로, 태양의 스펙트럼에서는 이온화된 칼슘(Ca II) 흡수선이 가장 강하게 나타난다. A형 별에서는 헬륨(He I)선이 가장 강하게 나타난다.
ㄷ. 수소선이 가장 강하게 나타나는 별의 분광형은 A형으로, A형 별은 흰색을 띤다.

351 별의 표면 온도에 따라 별을 이루는 원소들이 각각 가능한 이온화 단계에서 스펙트럼에 특정한 흡수선을 형성한다. 분광형은 별의 표면 온도에 따른 흡수선의 종류와 세기로 분류한 것이다. 따라서 별빛 스펙트럼에 나타난 흡수선의 위치와 세기로부터 분광형과 표면 온도를 알 수 있다.

352 모범 답안 (가)＞(나)＞(다), 별의 표면 온도는 분광형이 O형에 가까울수록 높은데 (가)는 수소와 헬륨선이 잘 나타나므로 O형이고, (나)는 산소선이 잘 나타나므로 G형이고, (다)는 여러 가지 분자선이 나타나므로 M형이다.

채점 기준	배점
별의 표면 온도를 옳게 비교하고, 그 까닭을 옳게 서술한 경우	100%
별의 표면 온도만 옳게 비교한 경우	50%

353 분광형과 광도 계급을 알면 H－R도에서 별의 종류나 별의 크기에 대한 정보를 알 수 있다.

ㄴ. 별의 평균 밀도는 초거성인 (가)가 주계열성인 (나)보다 작다.

ㄷ. 두 별은 모두 분광형이 A형이므로, 두 별의 스펙트럼에서 모두 수소 흡수선이 가장 강하게 나타난다.

오답 피하기 ㄱ. 광도 계급의 I은 초거성, V는 주계열성이다. 따라서 광도는 초거성인 (가)가 주계열성인 (나)보다 크다.

자료 정리

H－R도와 광도 계급

(1) 광도 계급 : 분광형이 같은 별이라도 광도 계급에 따라 광도와 반지름이 다를 수 있다.
➡ 초거성 I은 밝기에 따라 다시 Ia(밝은 초거성)와 Ib(덜 밝은 초거성)로 나눈다.
(2) 광도 : I → Ⅶ로 갈수록 작아진다.
(3) 반지름 : I → Ⅶ로 갈수록 작아진다.

---

354 절대 등급은 별을 모두 10 pc의 거리에 있다고 가정하여 나타낸 별의 밝기로 정한 등급이다.

① (겉보기 등급－절대 등급) 값이 클수록 별까지의 거리가 멀다. (겉보기 등급－절대 등급) 값은 (가)가 8.1이고, (나)가 6.4이므로 별까지의 거리는 (가)가 (나)보다 멀다.

오답 피하기 ② 표면 온도가 낮을수록 붉은색을 띤다. 따라서 표면 온도가 더 낮은 (나)가 (가)보다 더 붉게 보인다.

③ 광도가 가장 큰 별은 절대 등급이 가장 작은 (가)이다.

④ 별의 반지름 $R \propto \dfrac{\sqrt{L}}{T^2}$($L$: 광도, T : 표면 온도)이다. 별의 등급이 1등급 작아질수록 별의 밝기는 약 2.5배 밝아진다. (가)가 (나)보다 절대 등급이 2등급 작으므로 광도는 (가)가 (나)의 2.5^2배이고, 표면 온도는 (가)가 (나)의 약 3.4배이다. 따라서 반지름은 (가)가 (나)의 약 0.22배($=\dfrac{\sqrt{2.5^2}}{3.4^2}$)이다.

⑤ 표면 온도가 3500 K인 (나)의 분광형은 K형으로, O형보다 M형에 가깝다.

추가로 나오는 선택지

❶ ◯ ❷ ✕

❶ (가)의 절대 등급은 －8이고, 태양의 절대 등급은 4.8이므로 (가)는 태양보다 약 2.5^{13}배(약 150000배) 밝다.

❷ 흑체가 단위 시간 동안 단위 면적에서 방출하는 에너지양은 표면 온도의 네제곱에 비례하므로 세 별 중 (가)가 가장 크다.

---

355 ㄱ. 겉보기 등급이 작은 C가 A보다 밝게 관측된다.

ㄷ. (겉보기 등급－절대 등급) 값이 클수록 별까지의 거리가 멀다. 따라서 별까지의 거리가 가장 먼 D에서 (겉보기 등급－절대 등급) 값이 가장 크다.

오답 피하기 ㄴ. 별의 밝기는 별까지의 거리의 제곱에 반비례한다. B와 D의 겉보기 등급은 같은데 거리는 D가 B의 100배이므로 실제 밝기는 D가 B의 10000배이다.

356 ③ 광도 계급이 작을수록 광도와 반지름은 크고, 밀도는 작다.

오답 피하기 ① 주계열성인 태양의 광도 계급은 V이다.

② Ia는 밝은 초거성의 광도 계급이다.

④ 분광형이 같을 때 별의 크기가 클수록 H－R도의 위쪽에 위치하므로 광도 계급이 작다.

⑤ 분광형이 B형이고 광도 계급이 Ⅶ인 별은 백색 왜성에 해당하므로 태양보다 반지름이 작다.

357 모범 답안 C＞B＞A, 별의 반지름 $R \propto \dfrac{\sqrt{L}}{T^2}$($L$: 광도, T : 표면 온도)이므로, A의 반지름은 1, B는 2.5, C는 $\sqrt{10}$이다.

채점 기준	배점
반지름을 큰 것부터 순서대로 나열하고, 그 까닭을 옳게 서술한 경우	100%
반지름을 큰 것부터 순서대로 옳게 나열만 한 경우	50%

358 ㄱ. 별의 표면 온도가 높을수록 최대 에너지를 방출하는 파장이 짧은 쪽으로 이동한다.

오답 피하기 ㄴ. 표면 온도가 높을수록 파란색을 띠므로 표면 온도가 더 높은 B는 A보다 파란색을 띤다.

ㄷ. A와 B의 광도가 같으므로 별의 반지름은 표면 온도가 더 높은 B가 A보다 더 작다.

359 ② 주계열성은 질량이 클수록 광도가 크므로 H-R도상에서 왼쪽 위에 위치한다. 따라서 질량은 (가)가 (라)보다 크다.

[오답 피하기] ① 주계열성에서 질량이 큰 별은 H-R도의 왼쪽 위에 위치하고, 질량이 작은 별은 오른쪽 아래에 위치한다. 질량이 클수록 수소 소모율이 커서 수명이 짧으므로, 질량이 큰 (가)가 (라)보다 수명이 짧다.
③ H-R도에서 평균 밀도는 오른쪽 위에서 왼쪽 아래로 갈수록 커진다. 따라서 별의 평균 밀도는 백색 왜성이 적색 거성보다 크다.
④ H-R도에서 표면 온도는 왼쪽으로 갈수록 높으므로, (가) > (나) > (라) 순이다.
⑤ 별의 반지름 $R \propto \dfrac{\sqrt{L}}{T^2}$인데, (나)는 (가)보다 광도($L$)는 크고 표면 온도($T$)는 낮으므로, 반지름은 (나)가 (가)보다 크다.

추가로 나오는 선택지

❶○ ❷○ ❸×

❶ (가)와 (다)는 분광형이 같으므로 표면 온도가 같다. 그런데 (가)는 (다)보다 절대 등급이 10등급 작으므로 광도는 10000배 크다. 따라서 별의 반지름은 (가)가 (다)보다 100배 크다.
❷ 질량-광도 관계는 주계열성에서 성립하므로, (가)와 (라)에서는 질량-광도 관계가 성립한다.
❸ 적색 거성인 (나)의 중심부에서는 헬륨 핵융합 반응이 일어나고, 백색 왜성인 (다)의 중심부에서는 핵융합 반응이 일어나지 않는다. 수소 핵융합 반응은 주계열성의 중심부에서 일어난다.

360 ③ H-R도의 세로축에서 위로 갈수록 별의 광도가 크고, 절대 등급이 작다.

[오답 피하기] ① H-R도는 가로축에 별의 분광형(표면 온도, 색지수)을, 세로축에 별의 광도(절대 등급)를 축으로 하여 별의 분포를 나타낸 그래프이다.
② H-R도의 가로축에서 왼쪽으로 갈수록 별의 표면 온도가 높고, 색지수가 작으며, 파란색을 띤다.
④ H-R도상에서 오른쪽 위로 갈수록 별의 반지름과 광도가 크고 밀도가 작다.
⑤ H-R도상에서 주계열성은 왼쪽 위에 분포할수록 표면 온도가 높고 광도, 반지름, 질량이 모두 크다.

361 (가)와 (나)는 광도가 같으므로 표면 온도가 낮은 (나)의 반지름이 더 크다. (가)와 (다)는 주계열성이므로 왼쪽 위에 분포하는 (가)가 (다)보다 반지름이 더 크다. 따라서 별의 크기는 (나) > (가) > (다) 순이다.

362 H-R도의 주계열에서 왼쪽 위로 갈수록 별의 표면 온도가 높고 광도, 반지름, 질량이 크다. 또 별의 분광형이 같을 때 H-R도의 세로축에서 위로 갈수록 절대 등급은 작아지고 광도는 커진다. 별의 반지름 $R \propto \dfrac{\sqrt{L}}{T^2}$($L$: 광도, T : 표면 온도)이다.

[모범 답안] (나), 적색 거성인 (나)는 주계열성인 (가)와 (다)보다 반지름이 크고 H-R에서 오른쪽 위에 분포하므로 밀도가 가장 작다.

채점 기준	배점
(나)를 쓰고, 밀도를 옳게 비교하여 서술한 경우	100%
밀도만 옳게 비교하여 서술한 경우	50%
(나)만 쓴 경우	30%

363 별의 절대 등급과 분광형을 알면 H-R도 상에서 별의 위치를 알 수 있다.
ㄴ. 북극성은 절대 등급이 -3.6등급으로 H-R도에서 태양보다 위에 위치하는 초거성이다. 따라서 반지름은 북극성이 태양보다 크다.

[오답 피하기] ㄱ. 분광형이 F형인 북극성은 G형인 태양보다 표면 온도가 높다.
ㄷ. 광도 계급이 V인 태양과 직녀성(베가)은 주계열성이고, 광도 계급이 I인 북극성은 초거성이다.

364 ㄱ. 별의 약 90 %가 주계열성으로 분포한다.
ㄴ. 별 S는 태양과 같은 그룹이므로 주계열성이다. 따라서 별 S의 광도 계급은 V이다.

[오답 피하기] ㄷ. 광도 계급이 가장 작은 그룹은 (나)의 초거성이다.
ㄹ. 광도는 반지름의 제곱과 표면 온도의 네제곱에 비례한다. 두 별의 표면 온도는 거의 비슷한데 (나)가 (다)보다 광도가 더 큰 것은 반지름이 더 크기 때문이다.

365 ㄱ. 주계열성은 질량이 작을수록 수명이 길다. 따라서 수명은 질량이 작은 A가 B보다 길다.
ㄴ. A는 태양보다 절대 등급이 5등급 낮으므로 태양보다 100배 더 밝다.
ㄷ. 주계열성은 질량이 클수록 표면 온도가 높다. 표면 온도는 질량이 작은 A가 B보다 낮다.

<table>
<tr><td colspan="8">STEP 3 1등급을 위한 실전 완벽 대비   본문 108~109쪽</td></tr>
</table>

366 ③   **367** ④   **368** ⑤   **369** ③   **370** ④   **371** ③   **372** ③   **373** ①

366 색지수는 사진 등급(B 등급)과 안시 등급(V 등급)의 차이로, 표면 온도가 높을수록 색지수가 작다.
ㄱ. 색지수가 0인 별의 표면 온도는 10000 K이므로 파란색 별은 10000 K보다 표면 온도가 높고 색지수는 음($-$)의 값이다.
ㄷ. 표면 온도가 6000 K인 별의 색지수는 양($+$)의 값이므로 B 등급이 V 등급보다 크다.

[오답 피하기] ㄴ. 주계열성은 표면 온도가 높을수록 질량이 크고 광도가 크므로 수명은 짧다. 따라서 별의 수명은 표면 온도가 높고 질량이 큰 X가 Y보다 짧다.

367 ㄴ. H-R도에서 오른쪽 위로 갈수록 밀도가 작아진다. 따라서 평균 밀도는 거성인 A가 백색 왜성인 D보다 작다.

ㄷ. 별의 반지름 $R \propto \dfrac{\sqrt{L}}{T^2}$($L$: 광도, T : 표면 온도)이다. 반지름을 구하는 공식에 표의 값을 대입하면 다음과 같다.

별	표면 온도 (D=1)	광도 (D의=1)	반지름 (D=1)
B	1	10000	100
C	0.5	100	40
D	1	1	1

따라서 반지름의 비 B : C : D=100 : 40 : 1이다.

오답 피하기 ㄱ. 별 A~D의 표면 온도와 절대 등급을 H-R도에 나타내면 A는 거성, B와 C는 주계열성, D는 백색 왜성에 해당한다.

368 ㄴ. (나)는 K0형 별이므로, 태양보다 표면 온도가 낮고 질량이 작으므로 태양보다 수명이 길다.

ㄷ. (가)는 A형 별이므로, (나)보다 별의 중심부 온도가 높고 에너지 생성률이 크다.

오답 피하기 ㄱ. 분광형이 A형으로 표면 온도가 높은 (가)가 K형으로 표면 온도가 낮은 (나)보다 색지수가 작다.

자료 정리

분광형에 따른 흡수선의 종류와 세기

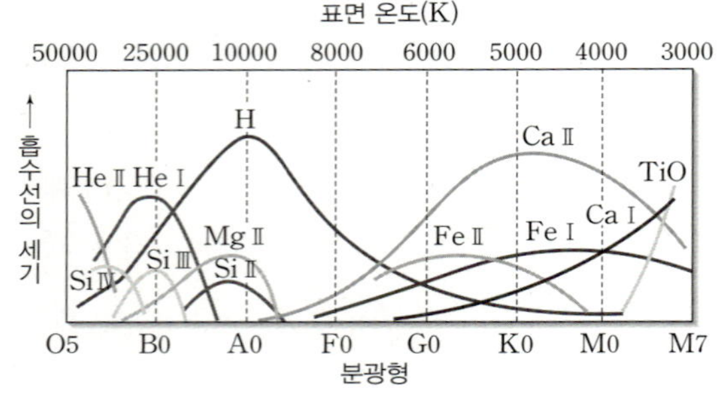

(1) 분광형과 표면 온도 : 별에 따라 표면 온도가 다르기 때문에 스펙트럼에서 관측되는 흡수선의 종류가 서로 다르다.
➡ 별의 흡수선을 기준으로 구분한 분광형으로부터 표면 온도를 알 수 있다.

(2) 분광형에 따른 흡수선의 특징

O형	이온화된 헬륨(He II)흡수선이 강하다.
A형	수소(H) 흡수선이 가장 강하다.
G형	태양(G형)에서는 이온화된 칼슘(Ca II) 흡수선이 강하다.
K형	금속 원소들(Ca II, Fe I 등)에 의한 흡수선이 나타난다.
M형	• 수소 흡수선이 거의 나타나지 않는다. • 산화 타이타늄(TiO)의 분자 흡수선이 강하다.

369 흡수선의 폭은 원자들의 충돌이 많을수록 넓어진다. 표면 온도가 같은 별의 밀도는 초거성< 적색 거성< 주계열성이다. 따라서 원자들의 충돌은 초거성< 적색 거성< 주계열성이므로 흡수선의 폭은 초거성< 적색 거성< 주계열성이다.

370 ㄴ. 별의 반지름 $R \propto \dfrac{\sqrt{L}}{T^2}$($L$: 광도, T : 표면 온도)이다. A는 B보다 100배 밝고, 표면 온도는 약 1.7배 높다. 따라서 반지름은 A가 B보다 약 3.5배 크다.

ㄷ. 거리 지수인 $(m-M)$ 값이 클수록 멀리 있는 별이므로 겉보기 등급(m)이 같은 경우에는 절대 등급(M)이 작을수록 멀리 있는 별이다. 따라서 절대 등급이 작은 A가 B보다 더 멀리 있다.

오답 피하기 ㄱ. A가 B보다 표면 온도가 높으므로 색지수는 작다. 색지수(B—V)는 사진 등급(B 등급)과 안시 등급(V 등급)의 차이인데 별의 표면 온도가 높을수록 색지수가 작다. 고온의 파란색 별은 색지수가 음(—)의 값이고, 저온의 붉은색 별은 색지수가 양(+)의 값이다.

371 ㄱ. $m-M=-5+5 \log r$(m : 겉보기 등급, M : 절대 등급, r : 별까지의 거리)와 같은 관계식이 별까지의 거리와 별의 등급 사이에 성립한다. 이 관계식에 세 별의 물리량을 대입하여 계산하면 A의 절대 등급은 0.8, B의 절대 등급은 0.1, C의 절대 등급은 3.9이다. 따라서 광도는 절대 등급이 작은 B가 A보다 크다.

별	겉보기 등급	거리(pc)	절대 등급	색지수
A	5.8	100	0.8	1.34
B	0.1	10	0.1	0.00
C	8.9	100	3.9	0.43

ㄷ. B와 C의 절대 등급과 색지수를 H-R도에 적용하면 두 별은 주계열성임을 알 수 있다. 그런데 B가 C보다 광도가 크므로 질량은 B가 C보다 크다.

오답 피하기 ㄴ. 색지수가 클수록 표면 온도가 낮다. A는 C보다 표면 온도는 낮고 광도가 크므로 반지름이 더 크다.

372 ㄱ. 별의 반지름 $R \propto \dfrac{\sqrt{L}}{T^2}$($L$: 광도, T : 표면 온도)이다. (가)와 (나)의 광도는 같은데 표면 온도는 (가)가 (나)보다 매우 높으므로 반지름은 (가)가 더 작다.

ㄷ. 수소 흡수선은 A형 별에서 가장 강하게 나타난다. 따라서 색지수가 0으로 A형에 가까운 (가)에서 수소 흡수선이 더 강하게 나타난다.

오답 피하기 ㄴ. (가)와 (나)의 광도가 같으므로 두 별의 절대 등급도 같다. 그런데 두 별의 겉보기 등급도 같다고 하였으므로 지구에서 두 별까지의 거리는 거의 같다.

373 (가)는 주계열성, (나)는 초거성, (다)는 적색 거성, (라)는 백색 왜성이다.

ㄱ. 수소의 비율은 주계열성에서 가장 높다. 따라서 별을 구성하는 수소의 비율은 (가)가 가장 크다.

오답 피하기 ㄴ. H-R도의 오른쪽 위에 있는 별일수록 반지름이 크므로, 반지름의 크기는 (나)>(다)>(라) 순이다.

ㄷ. (라)는 백색 왜성으로, 백색 왜성의 중심부에서는 핵융합 반응이 일어나지 않는다.

STEP 1 바로바로 개념 호·연
본문 111쪽

374 낮고, 높은 　**375** 주계열 　**376** (1) × (2) ○ (3) ○ 　**377** 일정, 짧다 　**378** (1) (가) (2) (가) 　**379** 중성자

374 별은 우주 공간에서 성간 물질이 모여 구름처럼 보이는 성운 중 기체 밀도가 높고 온도가 낮은 암흑 성운 내부에서 탄생한다. 성간 기체의 밀도가 크면 중력이 크게 작용하여 뭉쳐지고 온도가 낮으면 기체가 서로 밀어내는 압력이 낮아지기 때문이다.

375 주계열성은 중심부 온도가 1000만 K 이상으로 중심부에서 수소 핵융합 반응이 일어나는 별이다.

376 (1) 원시별의 질량이 클수록 중력 수축이 많이 일어나 수소 핵융합 반응이 시작되는 1000만 K에 빠르게 도달하므로 주계열에 도달하는 데 걸리는 시간이 짧다.
(2) 원시별의 에너지원은 중력 수축이 일어날 때 발생하는 에너지로, 원시별이 중력 수축을 계속하여 중심부 온도가 1000만 K에 도달하면 주계열성으로 진화한다.
(3) 태양보다 질량이 큰 원시별은 주계열성으로 진화할 때 광도는 거의 변하지 않지만, 표면 온도가 크게 상승하여 주계열의 왼쪽 상단에 도달한다.

377 주계열성은 내부 압력과 중력이 평형 상태인 정역학 평형 상태를 이루고 있기 때문에 별의 크기가 일정하고, 질량이 클수록 중심부 온도가 높아 수소 연소 효율이 크기 때문에 수소를 매우 빠르게 소모하므로 수명이 짧다.

378 (1) (가)는 주계열성의 내부 구조이고, (나)는 적색 거성으로 진화하는 과정의 내부 구조이다. 현재 태양은 중심부에서 수소 핵융합 반응이 일어나는 주계열성이다.
(2) 별은 일생의 대부분을 주계열 단계에서 보낸다.

379 태양보다 질량이 매우 큰 별은 초거성을 거쳐 초신성으로 폭발한 이후 중심핵의 질량이 태양 질량의 3배보다 작은 경우에는 중성자로 이루어진, 밀도가 매우 큰 중성자별로 최후를 맞이한다.

STEP 2 알짜 문제로 실력 키우기
본문 112 ~ 115쪽

380 ① 　**381** ② 　**382** 해설 참조 　**383** ⑤ 　**384** ③ 　**385** ④
386 해설 참조 　**387** ④ 　**388** ③ 　**389** ③ 　**390** 해설 참조
391 ③ 　**392** ① 　**393** ① 　**394** ① 　**395** ① 　**396** ③ 　**397** ①

380 별의 진화 경로는 별의 질량에 따라 다르다.
① A는 원시별보다 주계열성에서 표면 온도가 크게 증가하므로 색지수는 작아진다.
(오답 피하기) ② 주계열에 도달하는 데 가장 짧은 시간이 걸리는 원시별은 질량이 가장 큰 A이다.
③ C는 태양보다 질량이 작으므로 주계열에 도달하는 데 걸리는 시간은 태양 정도의 질량을 가진 별보다 길다.
④ 별의 광도는 크기와 표면 온도에 의해 결정된다. D에서 표면 온도는 거의 일정한데 광도가 감소한 것은 크기가 감소하기 때문이다.
⑤ 원시별에서 주계열로 진화하는 동안 A~D 모두 절대 등급이 증가하였으므로 광도가 감소했음을 알 수 있다.

추가로 나오는 선택지
❶ ○ ❷ × ❸ ○ ❹ ×
❶ 원시별의 질량이 클수록 광도가 크고 표면 온도가 높은 주계열성이 되므로 별의 질량은 A>B>C>D이다.
❷ 별의 수명은 질량이 작을수록 길므로 D>C>B>A이다.
❸ 절대 등급의 변화 폭은 원시별의 질량이 큰 A가 D보다 작다.
❹ 태양 질량의 0.08배보다 작은 원시별은 주계열성에 도달하지 못하고 계속 수축하여 갈색 왜성이 된다.

381 별의 진화 과정을 결정하는 데 가장 중요한 물리량은 별의 질량이다. 별의 질량에 따라 중력 수축에 의한 중심부 온도가 정해져 에너지 생성률이 달라진다. 따라서 별의 질량에 따라 별의 수명과 진화 과정이 결정된다.

382 성운 내부에서 기체의 밀도가 크면 중력이 크게 작용하여 뭉쳐지고, 온도가 낮으면 기체가 서로 밀어내는 압력이 낮아져 별이 탄생할 수 있다.
(모범 답안) 온도가 낮고 밀도가 높은 곳, 원시별의 질량이 클수록 중력 수축이 빠르게 일어나므로 주계열성에 더 빠르게 도달한다.

채점 기준	배점
원시별의 탄생 조건을 쓰고, 원시별의 질량과 주계열성에 도달하는 데 걸리는 시간 관계를 옳게 서술한 경우	100%
원시별의 질량과 주계열성에 도달하는 데 걸리는 시간 관계만 옳게 서술한 경우	50%
원시별의 탄생 조건만 옳게 쓴 경우	30%

383 ㄱ. 원시별은 중력 수축하여 주계열성으로 진화하므로 주계열성 C는 원시별 A보다 반지름이 작다.
ㄴ. 주계열성의 중심부 온도는 수소 핵융합 반응이 시작되는 1000만 K 이상이다.
ㄷ. 슈테판·볼츠만 법칙에 따라 흑체가 단위 시간 동안 단위 면적에서 방출하는 에너지양은 표면 온도의 네제곱에 비례한다. 원시별 A가 주계열성 C로 진화하면 표면 온도가 높아지므로 단위 시간 동안 단위 면적에서 방출하는 에너지양이 많아진다.

자료 정리

질량에 따른 원시별의 진화 속도와 진화 경로

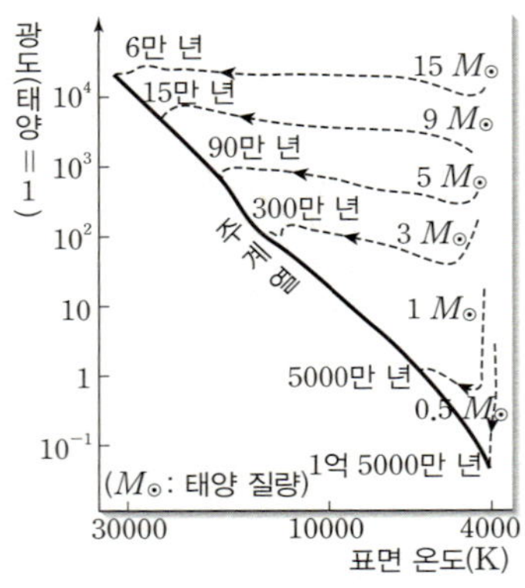

태양보다 질량이 큰 원시별	광도는 거의 변하지 않지만, 표면 온도가 크게 상승하여 주계열의 왼쪽 상단에 도달한다. ➡ H-R도에서 수평 방향으로 진화
태양과 질량이 비슷한 원시별	처음에는 광도가 크게 감소하고, 이후 표면 온도가 상승하여 주계열에 도달한다.
태양보다 질량이 작은 원시별	광도는 크게 감소하지만, 표면 온도는 약간 상승하여 주계열의 오른쪽 하단에 도달한다. ➡ H-R도에서 수직 방향으로 진화
태양 질량의 0.08배 이하인 원시별	중심부 온도가 낮아 수소 핵융합 반응이 일어나지 못하므로 주계열성에 도달하지 못하고 계속 수축하여 갈색 왜성이 된다.

384 원시별의 질량이 클수록 주계열성으로 빠르게 도달하고 광도가 크고 표면 온도가 높은 주계열성이 된다. 주계열성은 H-R도에서 왼쪽 위에서 오른쪽 아래로 이어지는 좁은 띠 영역에 분포하는데 원시별의 질량이 클수록 주계열성으로 빠르게 도달하고 H-R도에서 왼쪽 위에 분포하는 주계열성으로 진화한다.

ㄱ. H-R도 상에서 주계열의 왼쪽 상단에 도달하는 원시별 A가 B보다 주계열성이 되었을 때 중심부 온도가 높다.

ㄴ. B가 주계열성으로 진화했을 때 광도는 현재 태양의 광도와 비슷하므로, 태양의 진화 경로는 B와 유사하다.

오답 피하기 ㄷ. 주계열성이 되는 데 걸리는 시간은 원시별의 질량이 클수록 짧다.

385 ④ 철보다 무거운 원소는 초신성 폭발 과정에서 만들어진다.

오답 피하기 ① 태양은 (나)와 같이 주계열성 → 적색 거성 → 행성상 성운 → 백색 왜성의 과정으로 진화할 것이다.

② 질량이 작은 별이 주계열성으로 더 오랫동안 머물러 있다.

③ 분광형이 O형인 주계열성은 질량이 매우 큰 별이므로 (가)와 같은 과정으로 진화한다.

⑤ 주계열성에서 거성으로 진화할 때 태양과 질량이 비슷한 별은 표면 온도 변화보다 광도 변화가 크기 때문에 H-R도에서 수직 방향의 변화가 크다. 반면 태양보다 질량이 매우 큰 별은 광도 변화보다 표면 온도 변화가 크기 때문에 H-R도에서 수평 방향의 변화가 크다.

---

❶ ○ ❷ × ❸ ○

❶ 주계열 단계에서 수소 연소 효율은 질량이 큰 (가)가 질량이 작은 (나)보다 크다.

❷ (가)는 주계열성에서 거성으로 진화할 때 표면 온도 변화가 광도 변화보다 크므로 색지수의 변화 폭은 (가)가 (나)보다 크다.

❸ (가)와 같이 태양보다 질량이 매우 큰 별의 진화 과정의 경우, 별의 내부에서는 최종적으로 철이 생성될 수 있다.

---

386 별의 질량에 따라 진화 경로가 다르다.

모범 답안 태양과 질량이 비슷한 별은 주계열성 이후 적색 거성을 거쳐 행성상 성운과 백색 왜성으로 최후를 맞이한다. 반면 태양보다 질량이 매우 큰 별은 주계열성 이후 초거성 단계를 거쳐 초신성으로 폭발한 후 중성자별이나 블랙홀로 최후를 맞이한다.

채점 기준	배점
태양과 질량이 비슷한 별과 태양보다 질량이 매우 큰 별의 진화 과정을 모두 옳게 서술한 경우	100%
태양과 질량이 비슷한 별과 태양보다 질량이 매우 큰 별의 진화 과정 중 한 가지만 옳게 서술한 경우	50%

387 ④ 주계열성은 H-R도상에서 왼쪽 위에서 오른쪽 아래로 이어지는 좁은 띠 모양으로 분포하는데, 질량이 큰 별은 왼쪽 위에 위치한다.

오답 피하기 ① 주계열성은 질량이 클수록 에너지 생성률이 높아 광도가 크다.

② 주계열성은 중력과 내부 압력(기체 압력의 차이에 의한 힘)이 평형을 이루고 있으므로 크기가 일정하게 유지된다.

③ 주계열성의 중심부에서는 수소 핵융합 반응이 일어난다.

⑤ 태양보다 질량이 매우 큰 별의 중심부 온도는 매우 높기 때문에 무거운 원소를 만들어내는 핵융합 반응이 계속 일어나 철까지 만들어진다.

388 ㄱ. 별의 중심부 쪽을 향하는 A는 중력이고, 별의 바깥쪽을 향하는 B는 내부 압력이다.

ㄴ. 주계열성의 질량이 클수록 많은 에너지를 생성하므로 내부 압력(B)이 더 크다.

오답 피하기 ㄷ. 중심부에서 수소가 모두 소진되면 내부 압력(B)의 크기가 감소하면서 상대적으로 중력의 크기가 커져 중심핵은 수축한다.

389 ㄱ. ㉠은 백색 왜성이고, ㉡은 중성자별이다. 백색 왜성은 중성자별보다 밀도가 작다.

ㄷ. 별이 초신성으로 폭발할 때 매우 많은 양의 에너지가 발생하므로 이때 금, 우라늄 등의 철보다 무거운 원소가 생성된다.

오답 피하기 ㄴ. (가)는 태양과 질량이 비슷한 별의 진화 과정이고, (나)는 태양보다 질량이 매우 큰 별의 진화 과정이다. 별은 질량이 클수록 진화 속도가 빠르므로, (가)의 진화 과정보다 (나)의 진화 과정 속도가 더 빠르다.

390 모범 답안 반비례, 질량이 클수록 중심부 온도가 높아 수소 연소 효율이 크기 때문에 수소를 매우 빠르게 소모하므로 수명이 짧다.

채점 기준	배점
주계열성의 질량과 수명의 관계를 옳게 쓰고, 그 까닭을 옳게 서술한 경우	100%
주계열성의 질량과 수명의 관계만 옳게 쓴 경우	50%

391 ㄷ. 원시별이 진화하여 주계열성이 되는 과정에서 중력 수축에 의해 반지름이 감소하고, 주계열성이 진화하여 거성이 되는 과정에서는 수소 외곽층의 팽창으로 반지름이 증가한다.

오답 피하기 ㄱ. 원시별의 에너지원은 중력 수축 에너지이다.

ㄴ. 주계열성에서 거성으로 진화하는 동안 중심핵은 수축하고 중심핵을 둘러싼 수소층에서는 수소 핵융합 반응이 일어나 별은 팽창하게 된다.

392 ㄱ. 별은 일생의 대부분을 A 단계인 주계열성에서 머무른다.

오답 피하기 ㄴ. 이 별은 주계열성(A) → 적색 거성 → B → 백색 왜성으로 진화하고 있으므로, B 단계는 행성상 성운이 생성되는 단계이다.

ㄷ. 철보다 무거운 원소는 태양보다 질량이 매우 큰 별이 초거성으로 진화한 이후 초신성으로 폭발할 때 생성된다.

393 ㄱ. 태양과 질량이 비슷한 별은 주계열성 → 적색 거성 → 행성상 성운 → 백색 왜성으로 진화한다.

오답 피하기 ㄴ. (나)는 별이 주계열성에서 적색 거성으로 진화하는 단계로, 별의 중심부는 수축하고 중심핵을 둘러싼 수소층에서 수소 핵융합 반응이 일어나면서 별의 크기가 커진다.

ㄷ. 헬륨으로 이루어진 중심핵이 수축하면서 방출된 에너지가 중심핵 주변의 수소층으로 전달되어 A에서는 수소 핵융합 반응이 일어난다.

394 ㄱ. 주계열성에서 질량이 큰 별이 중심부 온도가 높고 에너지 생성률이 높아 광도가 크다.

오답 피하기 ㄴ. 질량이 큰 별일수록 수소의 소모율이 커서 주계열 단계에 머무르는 시간이 짧다.

ㄷ. H – R도의 오른쪽 아래에 위치한 (다)는 태양보다 질량이 작은 별이므로 초신성으로 폭발하지 않는다.

395 (가)는 초신성 폭발, (나)는 행성상 성운이다.

ㄱ. 행성상 성운으로 진화하는 별은 질량이 작아서 별의 수명은 길다.

오답 피하기 ㄴ. (가)의 중심별은 중성자별이나 블랙홀이고, (나)의 중심별은 백색 왜성이다. 따라서 중심별의 밀도는 (가)가 (나)보다 크다.

ㄷ. 초신성으로 폭발하는 (가)가 물질들을 우주로 더 빠르게 방출한다.

396 ㄱ. 초신성 폭발은 태양보다 질량이 매우 큰 별의 진화 과정에서 나타난다.

ㄹ. 태양계에는 철보다 무거운 원소가 포함되어 있으므로, 태양계는 초신성 폭발 후 우주로 방출된 물질이 모여 있는 성운에서 형성되었다.

오답 피하기 ㄴ. (가)는 초신성 폭발이 일어나기 전이므로 별 ㉠은 초거성 단계이다.

ㄷ. (가) → (나) 과정에서 별은 초거성에서 초신성 폭발로 진화한 것이므로 중심별의 크기는 감소한다.

397 별의 중심핵 질량이 태양 질량의 1.44배보다 작으면 백색 왜성으로, 1.44배보다 크면 중성자별이나 블랙홀로 진화한다.

① ㉠은 백색 왜성이므로 주계열성인 태양보다 밀도가 크다.

오답 피하기 ② 백색 왜성의 중심부에서는 핵융합 반응이 일어나지 않는다.

③ 중성자별이나 블랙홀은 광도가 너무 작거나 가시광선을 방출하지 않아 H – R도에 나타나지 않는다.

④ 백색 왜성이 되는 별은 초신성 폭발을 하지 않는다.

⑤ 철보다 무거운 원소는 중성자별의 내부가 아니라 초신성 폭발 과정에서 만들어진다.

STEP 3 **1등급을 위한 실전 완벽 대비**   본문 116 ~ 117쪽

398 ③   **399** ⑤   **400** ⑤   **401** ③   **402** ③   **403** ②   **404** ②

405 ⑤

398 성단을 이루고 있는 별들의 나이는 같은데 질량에 따라 진화 속도가 달라진다.

ㄱ. (가)는 주계열성으로 내부 압력과 중력이 평형을 이루는 정역학 평형 상태에 있다.

ㄴ. (가)는 태양보다 질량이 매우 큰 주계열성이므로 초거성 단계에서 핵융합 반응을 통해 철 핵이 만들어질 수 있다.

오답 피하기 ㄷ. (나)는 주계열에 도달하지 않은 원시별로 중심부에서는 수소 핵융합 반응이 일어나지 않고 중력 수축만 일어난다.

399 주계열성은 정역학 평형 상태이므로 별의 크기가 일정하게 유지된다.

ㄱ. (가)는 주계열성의 내부 구조이다. 별은 진화 과정 중 대부분의 시간을 주계열 단계에서 보낸다.

ㄴ. (나)는 주계열성에서 적색 거성으로 진화하는 단계로, 중심핵에서는 중력이 내부 압력(기체 압력의 차이에 의한 힘)보다 크기 때문에 중력 수축이 일어난다.

ㄷ. (나) 이후 중심부 온도가 1억 K에 도달하면 헬륨 핵융합 반응에 의해 탄소 핵이 생성된다.

400 (가)는 태양보다 질량이 매우 큰 별, (나)는 태양과 질량이 비슷한 별의 진화 경로이다.

ㄱ. 별의 밀도는 블랙홀 > 중성자별 > 백색 왜성 순이다.

ㄴ. A 단계는 주계열성이므로 질량과 상관없이 두 별 모두 중심부 온도가 1000만 K 이상으로 중심부에서 수소 핵융합 반응이 일어난다.

ㄷ. 별의 진화 속도는 질량이 큰 별이 빠르다.

401 주계열성에서 거성으로 진화하는 과정에서 반지름은 증가하고 표면 온도는 낮아진다. 따라서 주계열성에서 거성으로 진화하는 과정은 H−R도에서 오른쪽 위로 이동하는 경로를 거친다.

ㄱ. 주계열성에서 거성으로 진화하는 과정에서 광도가 증가하므로 절대 등급은 감소한다.

ㄴ. 주계열성에서 거성으로 진화하는 과정에서 팽창에 의해 표면 온도가 낮아지므로 색지수는 증가한다.

오답 피하기 ㄷ. 반지름이 커지면서 별의 평균 밀도는 감소한다.

402 같은 성운에서 동시에 생성된 별의 나이는 같다.

ㄱ. A는 백색 왜성, B는 주계열성, C는 거성이므로 밀도는 A가 가장 크다.

ㄷ. 광도가 가장 큰 별은 절대 등급이 가장 작은 C이다.

오답 피하기 ㄴ. 질량이 큰 초거성(C)의 내부에서는 중심부 온도가 높기 때문에 핵융합 반응이 순차적으로 일어나 탄소, 산소, 철 등의 원소를 생성할 수 있다.

403 A는 질량이 큰 주계열성, B는 거성이다.

ㄷ. 중심부에서 수소가 차지하는 비율은 주계열성이 거성보다 크다.

오답 피하기 ㄱ. H−R도에 A의 절대 등급과 색지수를 표시하면 A는 주계열성임을 알 수 있다.

ㄴ. H−R도에 B의 절대 등급과 색지수를 표시하면 B는 거성임을 알 수 있다. 주계열성이 진화하여 거성이 된다.

404 태양과 질량이 비슷한 별의 진화 경로이다.

② 별은 일생에서 주계열성인 (나)에 머무르는 시간이 가장 길다.

오답 피하기 ① 원시별이 주계열성으로 되는 과정에서 중력 수축이 일어나 별의 크기가 감소한다.

③ H−R도에서 오른쪽 위에 있을수록 별의 반지름이 크다. 따라서 별은 (다) 단계에서 가장 크다.

④ (라)는 행성상 성운으로, 적색 거성 단계에서 별의 바깥층 물질이 우주 공간으로 방출되어 만들어진 것이다.

⑤ 별은 (마) 단계 이후에 더 이상 핵융합 반응을 하지 않으므로 에너지를 방출하면서 표면 온도와 광도가 계속 감소한다.

405 별은 질량에 따라 진화 단계와 진화 속도가 결정된다.

ㄱ. 모든 주계열성의 중심부에서는 수소 핵융합 반응이 일어난다.

ㄴ. 별의 질량이 클수록 중심부 온도가 높아져 순차적인 핵융합 반응을 통해 점차 무거운 원소가 생성된다.

ㄷ. 태양과 질량이 비슷한 별은 헬륨 핵융합 반응을 통해 탄소 핵을 형성한 후 더 이상 핵융합 반응이 일어나지 않고 백색 왜성으로 진화한다.

03. 별의 에너지원과 내부 구조

STEP 1 바로바로 개념 확인   본문 119쪽

406 중력 수축, 수소 핵융합   **407** (1) ○ (2) × (3) ×   **408** 높
409 (1) (나) (2) (가)   **410** 탄소, 철

406 원시별의 에너지원은 중력 수축에 의한 에너지로 일부는 내부 온도를 높이는 데 사용되고, 일부는 복사 에너지로 방출된다. 주계열성은 수소 핵융합 반응으로 에너지를 생성한다.

407 (1) 4개의 수소 원자핵이 융합하여 1개의 헬륨핵을 만드는 과정에서 줄어든 질량이 에너지로 전환된다.

(2) 수소 원자핵 4개의 질량의 합은 헬륨 원자핵 1개의 질량보다 크다.

(3) 별의 중심부 온도가 1800만 K 이하인 별에서는 탄소·질소·산소 순환 반응(CNO 순환 반응)은 적게 일어나고, 양성자·양성자 반응(P−P 반응)이 우세하게 일어난다.

408 질량이 큰 별일수록 중력 수축에 의해 중심부 온도가 더 높아지므로 헬륨 이후에 탄소, 네온, 산소, 규소 등 헬륨보다 무거운 원소의 핵융합 반응이 일어날 수 있다.

409 (가)는 태양 질량의 2배 이하인 별의 내부 구조이고, (나)는 태양 질량의 2배 이상인 별의 내부 구조이다.

(1) 태양 질량의 2배 이상인 별의 중심부에서는 CNO 순환 반응이 우세하게 일어난다.

(2) 쌀알무늬는 별의 표면 아래에서 일어나는 대류 현상에 의해 나타난다. 따라서 가장 바깥층에 대류층이 존재하는 (가)의 표면에서 쌀알무늬를 쉽게 관찰할 수 있다.

410 태양과 질량이 비슷한 별의 중심핵에서는 헬륨 핵융합 반응을 통해 탄소로 이루어진 핵이 생성되고 더 이상의 핵융합 반응이 일어나지 않는다. 반면 태양보다 질량이 매우 큰 별은 중심부 온도가 충분히 높아져서 철로 구성된 중심핵이 만들어진다.

STEP 2 알짜 문제로 실력 키우기   본문 120∼123쪽

411 ⑤   **412** ⑤   **413** ④   **414** ④   **415** ②   **416** ⑤   **417** ③
418 ⑤   **419** 해설 참조   **420** ⑤   **421** ①   **422** 해설 참조
423 ①   **424** ⑤   **425** ⑤   **426** ①   **427** ③   **428** ⑤

411 수소 핵융합 반응은 4개의 수소 원자핵이 융합하여 1개의 헬륨 원자핵을 생성하는 반응이다.

⑤ 수소 핵융합 반응은 주계열성의 중심부에서 일어나고, 적색 거성에서는 중심핵을 둘러싸고 있는 수소층에서 수소 핵융합 반응이 일어난다.

 ① 수소 핵융합 반응이 일어나기 전 수소 원자핵 4개의 총질량(㉠)이 헬륨 원자핵 1개의 질량(㉡)보다 크다.

②, ③ 수소 핵융합 반응은 중심부 온도가 1000만 K인 이상인 주계열성의 중심핵에서 일어나는 반응이다.

④ 헬륨 원자핵은 2개의 양성자와 2개의 중성자로 이루어져 있어 질량은 수소 원자핵의 약 4배이다.

추가로 나오는 선택지

❶ ○ ❷ × ❸ ○

❶ 수소 핵융합 반응에서 전환된 에너지의 양 $E = (㉠ - ㉡)c^2$이다.

❷ 중심부 온도가 1800만 K 이상인 별에서는 수소 핵융합 반응의 한 종류인 탄소·질소·산소 순환 반응(CNO 순환 반응)을 통해 헬륨이 생성된다. 이때 탄소, 질소, 산소는 촉매의 역할을 한다.

❸ 주계열성의 중심부에서 수소가 모두 소진되면 중심핵이 수축하면서 발생한 에너지가 중심핵을 둘러싸고 있는 수소층을 가열하여 이 수소층에서 수소 핵융합 반응이 일어나 별이 팽창한다.

---

412 ⑤ 원시별의 질량이 클수록 중력 수축 효과가 커서 중심부 온도가 높아진다.

 ① 원시별은 내부 압력보다 중력의 크기가 더 커서 수축하게 된다.

② 원시별의 에너지원은 중력 수축 에너지이고, 중력 수축으로 중심부 온도가 1000만 K에 도달하면 수소 핵융합 반응이 시작된다.

③ 중력 수축 에너지의 일부는 복사 에너지로 방출되고 나머지는 원시별 내부의 온도를 높이는 데 사용된다.

④ 3개의 헬륨 원자핵이 융합하여 1개의 탄소 원자핵이 생성되는 탄소 핵융합 반응은 거성의 내부에서 일어나는 반응이다.

---

413 ㄴ, ㄷ. 중력 수축 에너지는 중력에 의해 수축하면서 위치 에너지의 감소로 생성된 에너지이다. 이때 중력 수축에 의해 생성된 에너지의 일부는 내부 온도를 높이는 데 사용되고 나머지는 복사 에너지의 형태로 방출되어 별이 밝게 빛난다.

 ㄱ. 원시 성운이 수축하여 원시별이 되므로 밀도는 원시별이 원시 성운보다 크다.

---

414 우라늄은 철보다 무거운 원소로, 철보다 무거운 원소는 초신성 폭발 과정에서 만들어진다. 별의 중심부에서 핵융합 반응으로 헬륨, 산소, 마그네슘 등이 생성되며 별의 중심부에서 핵융합 반응으로 생성될 수 있는 가장 무거운 원소는 철이다.

---

415 ② 주계열성은 중력과 내부 압력(기체 압력의 차이에 의한 힘)의 크기가 같아 일정한 크기를 유지한다.

 ① 주계열성은 수소 핵융합 반응을 통해 에너지를 생성하며 빛을 방출한다.

③ 태양과 질량이 비슷한 별은 중심부 온도가 충분히 높아지지 않기 때문에 헬륨 핵융합 반응으로 탄소 핵을 생성한 이후 행성상 성운을 거쳐 백색 왜성으로 진화한다.

④, ⑤ 태양보다 질량이 매우 큰 별의 중심부에서는 순차적인 핵융합 반응을 통해 최종적으로 철을 생성한다. 금, 납, 우라늄 등의 철보다 무거운 원소는 초신성으로 폭발하는 과정에서 생성된다.

---

416 ㄱ. CNO 순환 반응도 수소 핵융합 반응이므로, 4개의 양성자(수소 원자핵)가 융합하여 1개의 헬륨 원자핵을 만든다.

ㄴ. 태양보다 질량이 커서 중심부 온도가 1800만 K 이상인 별의 중심부에서는 CNO 순환 반응이 우세하게 일어난다.

ㄷ. CNO 순환 반응에서 탄소는 반응 전 후에 변화가 없으므로 촉매로 작용하였다.

---

417 ㄱ. 수소 핵융합 반응은 4개의 수소 원자핵(양성자)이 융합하여 1개의 헬륨 원자핵(양성자 2개＋중성자 2개)을 생성하는 반응이다. 수소 핵융합 반응은 모든 주계열성의 중심부에서 일어난다.

ㄴ. 수소 원자핵 4개의 질량 합은 6.7456×10^{-27} kg이고, 헬륨 원자핵 1개의 질량은 6.6954×10^{-27} kg이므로 결손된 질량은 0.0502×10^{-27} kg이다. 따라서 결손된 질량의 비율은 약 0.7 %이다.

 ㄷ. 핵융합 반응으로 생성된 에너지(E)는 광속을 c, 결손된 질량을 Δm이라 할 때, $E = \Delta mc^2$으로 구할 수 있다.

---

418 핵융합 반응이 일어나는 원자핵이 무거울수록 원자핵 사이에 작용하는 전기적 반발력이 더 커지기 때문에 핵융합 반응에 필요한 온도가 높다.

⑤ 태양과 질량이 비슷한 별은 중심부 온도가 충분히 높아지지 않기 때문에 탄소로 이루어진 핵이 만들어진 후 핵융합 반응이 멈춘다.

 ① 질량이 큰 별은 중력 수축으로 중심부 온도를 충분히 높일 수 있으므로 보다 무거운 원소의 생성이 가능하고 중심부로 갈수록 무거운 원소가 존재한다.

② 무거운 원소일수록 원자핵 사이에 전기적 반발력이 더 크므로 핵융합 반응을 하기 위해 더 높은 온도가 필요하다.

③ 수소 핵융합 반응을 통해 수소보다 무거운 헬륨이 생성되는 것처럼 핵융합 반응으로 생성된 원소는 연료로 사용되는 원소보다 무겁다.

④ 수소 핵융합 반응이 일어나기 위해 필요한 최소한의 온도는 1000만 K 이상이다.

---

419 **모범 답안** 초거성, 무거운 원소일수록 원자핵이 무거워 원자핵 사이에 작용하는 전기적 반발력이 더 커지기 때문에 핵융합 반응에 필요한 온도가 높다.

채점 기준	배점
초거성을 쓰고, 핵융합 반응에 필요한 온도가 높은 까닭을 옳게 서술한 경우	100%
핵융합 반응에 필요한 온도가 높은 까닭만 옳게 서술한 경우	50%
초거성만 쓴 경우	30%

420 ㄴ, ㄷ. (가)는 적색 거성, (나)는 초거성의 내부 구조이다. 중심부 온도, 질량, 광도는 (나)가 (가)보다 크다. 광도가 클수록 절대 등급은 작다.

오답 피하기 ㄱ. 태양보다 질량이 매우 큰 별의 중심부에서는 핵융합 반응으로 철이 생성될 수 있다. 따라서 질량은 (나)가 (가)보다 크다.

추가로 나오는 선택지

❶ × ❷ ○ ❸ ×

❶ (가)는 백색 왜성으로 진화할 것이다.
❷ (나)에서는 중심으로 갈수록 헬륨, 탄소, 네온, 산소, 규소, 철 순으로 무거운 원소가 분포한다.
❸ 중심부에 철 핵이 존재하는 (나)는 태양보다 질량이 매우 큰 별에 해당하므로 (나)가 주계열 단계에 있을 때 중심부에서는 탄소·질소·산소 순환 반응(CNO 순환 반응)이 우세하게 일어났을 것이다.

421 주계열성에서 거성으로 진화할 때의 내부 구조이다.
① 팽창과 수축을 반복하는 단계는 맥동 변광성으로 적색 거성 이후이다.
오답 피하기 ② 헬륨 핵 수축으로 중심부 온도가 상승한다.
③, ⑤ 중심핵을 둘러싸고 있는 수소층에서 수소 핵융합 반응이 일어나 내부 압력이 증가하여 팽창하면 광도가 증가하게 된다.
④ 중심부에서 수소를 모두 소모하여 헬륨으로 이루어진 별의 중심핵에서 중력 수축이 일어나는 단계이다.

422 **모범 답안** 주계열성은 내부 압력이 중력과 평형을 이루는 정역학 평형 상태이므로 크기가 일정하고, 적색 거성의 바깥층은 내부 압력이 중력보다 커서 팽창한다.

채점 기준	배점
주계열성과 거성의 바깥층의 크기 변화를 정역학 평형 상태와 관련지어 옳게 서술한 경우	100%
주계열성과 거성의 바깥층의 크기 변화 중 한 가지만 옳게 서술한 경우	50%

423 ㄱ. A는 별의 내부 온도가 상승하면 별 내부의 기체 압력의 차로 인해 바깥쪽으로 팽창하려는 힘인 내부 압력이다.

오답 피하기 ㄴ. 모든 주계열성은 내부 압력과 중력이 평형을 이루는 정역학 평형 상태를 이루고 있다.
ㄷ. 중심핵에서 핵융합 반응이 멈추면 내부 압력이 감소하여 중력보다 작아지면서 중심핵은 중력 수축을 하게 된다.

424 ㄱ. (가)는 태양 질량의 2배 이하인 별의 내부 구조이고, (나)는 태양 질량의 2배 이상인 별의 내부 구조이다. 따라서 중심부 온도는 (나)가 (가)보다 높다.
ㄴ. (나)에서는 단위 시간 동안 매우 많은 에너지가 생성되어 별의 중심부와 표면 사이의 온도 차이가 매우 크기 때문에 탄소·질소·산소 순환 반응(CNO 순환 반응)이 우세하게 일어난다. 반면 (가)에서는 양성자·양성자 반응(P–P 반응)이 우세하게 일어난다.

ㄷ. 대류는 별의 중심부와 표면 사이의 온도 차이가 클 때 에너지를 효과적으로 전달하는 방법이다. (나)는 중심부의 온도가 매우 높기 때문에 대류층이 중심부에서 나타난다.

자료 정리

질량에 따른 주계열성의 내부 구조
(1) 주계열성의 내부 구조 : 별의 질량에 따라 에너지 전달 방식(대류, 복사)이 다르기 때문에 내부 구조가 다르다.
(2) 대류 : 별의 중심부와 표면 사이의 온도 차이가 매우 클 때 에너지를 효율적으로 전달한다.
(3) 복사 : 별의 중심부와 표면 사이의 온도 차이가 작을 때 에너지를 효율적으로 전달한다.

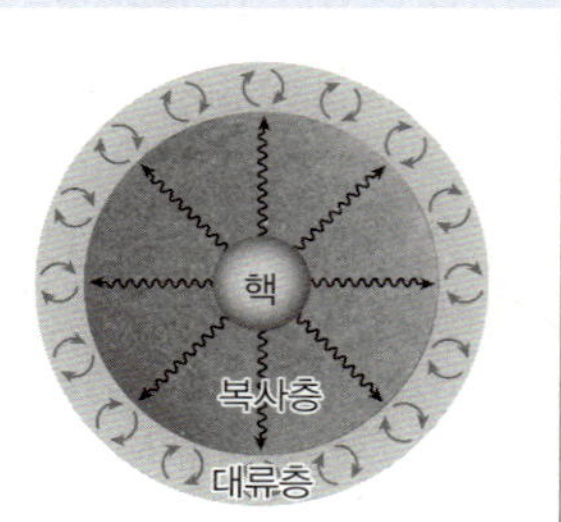

| 중심핵에서 생성된 에너지가 중심으로부터 표면까지 거리의 약 70 %에 이르는 거리까지는 복사로 전달되고, 바깥층에서는 대류로 표면까지 전달된다. | 중심부에서는 대류로 전달되고, 바깥층에서는 복사로 전달된다. |

425 태양과 질량이 비슷한 별은 주계열성 → 적색 거성 → 행성상 성운 → 백색 왜성으로 진화한다.
⑤ 적색 거성은 중심부가 중력 수축하면서 생성된 에너지가 중심핵을 둘러싸고 있는 수소층에 전달된 후 이 층에서 수소 핵융합 반응이 일어나면서 내부 압력이 중력보다 커져 별이 팽창한다.
오답 피하기 ① 가장 오래 머물러 있는 단계는 주계열성이다.
② 태양 정도의 질량을 가진 별이 주계열성에 있을 때 분광형은 G형이다.
③ 태양은 탄소 핵융합 반응을 할 만큼 중심부 온도가 높아지지 않는다.
④ 행성상 성운의 중심부에는 백색 왜성이 존재한다.

426 주계열성의 중심부에서 수소가 모두 소진되면 중력 수축에 의해 중심부 온도가 상승한다.
ㄱ. (가)는 수소 핵융합 반응이 끝난 후 헬륨 핵융합 반응이 일어나기 전에 헬륨으로 이루어진 중심핵이 수축하는 단계이다. (나)는 헬륨 핵융합 반응으로 탄소나 산소가 생성되는 단계이다. 따라서 (가) → (나) 순서로 진화가 일어난다.
오답 피하기 ㄴ. (가)의 중심부에서는 중력이 내부 압력보다 커서 수축하고, 중심핵을 둘러싸고 있는 수소층에서는 수소 핵융합 반응이 일어나 내부 압력이 중력보다 커서 팽창하게 된다.
ㄷ. 태양과 질량이 비슷한 별에서는 (나) 이후 헬륨보다 무거운 원소에 의한 핵융합 반응이 일어나지 않는다.

427 ㄱ. 핵융합 반응이 일어나는 모든 별에서는 수소 핵융합 반응에 의해 헬륨이 생성된다. 따라서 (가)는 헬륨이다. 주계열성 진화 단계에 따라 헬륨 핵융합 반응이 일어나는 장소는 다르며 중심부 온도가 높을수록 바깥으로 밀려난다.

ㄴ. 헬륨 핵융합 반응은 온도가 1억 K 이상인 곳에서 일어난다.

 ㄷ. 주계열성에서는 헬륨이 중심부에서 생성되고, 주계열성 이후 단계에서는 중심부 온도가 높을수록 바깥으로 밀려난다.

428 태양보다 질량이 매우 큰 별에서 모든 핵융합 반응이 끝난 상태의 내부 구조이다.

ㄱ. 별의 질량이 클수록 진화 속도가 빠르다.

ㄴ. 중심부에서 철이 만들어질 수 있는 별은 주계열 단계에서의 질량이 태양보다 매우 큰 별이다.

ㄷ. 질량이 큰 별일수록 중력 수축에 의해 중심부의 온도가 더 높아지므로 헬륨 이후에 더 무거운 원소들의 핵융합 반응이 일어나서 다양한 원소가 생성된다.

STEP 3 1등급을 위한 실전 완벽 대비 　　본문 124~125쪽

| 429 ③ | 430 ① | 431 ③ | 432 ② | 433 ② | 434 ③ | 435 ③ |
| 436 ③ |

---

429 ㄱ, ㄴ. 양성자·양성자 반응(P-P 반응)은 양성자의 직접적인 충돌에 의해 헬륨 원자핵이 생성되는 반응이다. 양성자·양성자 반응에서는 양성자(^{1}H)와 양성자가 충돌하는 (가) 과정이 2번 일어나서 헬륨(^{4}He) 원자핵 1개가 만들어진다.

 ㄷ. 양성자·양성자 반응은 중심부 온도가 1800만 K보다 낮은 별에서 우세하게 일어난다.

430 A는 양성자·양성자 연쇄 반응(P-P 반응)이고, B는 탄소·질소·산소 순환 반응(CNO 순환 반응)이다.

ㄱ. A는 B보다 낮은 온도에서도 일어나는 반응이므로, 양성자·양성자 반응에 해당한다.

 ㄴ. 태양의 중심부 온도는 약 1500만 K으로 양성자·양성자 반응이 우세하게 일어나고, 탄소·질소·산소 순환 반응은 질량이 커서 중심부 온도가 1800만 K 이상인 별에서 우세하게 일어난다.

ㄷ. 온도에 따른 상대적 에너지 생성률의 기울기가 A보다 B가 더 크다. 따라서 온도에 따른 핵융합 반응 효율의 변화율은 A보다 B가 높다.

431 ㄱ. 2개의 헬륨 원자핵이 융합하여 베릴륨 원자핵을 만들고 다시 1개의 헬륨 원자핵이 융합하여 1개의 탄소 원자핵을 생성한다. 즉, 3개의 헬륨 원자핵이 융합하여 1개의 탄소 원자핵을 생성하는 과정이다.

ㄷ. 별의 중심부에서 헬륨 핵융합 반응이 일어날 때 중심핵을 둘러싸고 있는 수소층에서는 수소 핵융합 반응으로 헬륨이 생성된다.

 ㄴ. 중심부 온도가 약 1억 K일 때 헬륨 핵융합 반응이 일어난다.

432 ㄴ. 탄소·질소·산소 순환 반응에서는 탄소가 촉매 역할을 하므로 탄소·질소·산소 순환 반응이 일어나고 있는 이 별의 중심부에는 탄소가 존재한다.

 ㄱ. 탄소, 질소, 산소가 촉매의 역할을 하며 수소 원자핵 4개를 융합시켜 헬륨 원자핵 1개를 생성하는 탄소·질소·산소 순환 반응이다.

ㄷ. 탄소, 산소, 질소는 반응에 관여하지만 생성되는 물질은 헬륨 원자핵이다. 탄소, 산소, 질소는 수소 핵융합 반응으로 생성되지 않는다.

433 (가)는 태양 질량의 2배 이하인 별, (나)는 태양 질량의 2배 이상인 별의 내부 구조이다.

ㄴ. 에너지 생성률이 낮은 (가)가 (나)보다 주계열에 머무는 시간이 길다.

 ㄱ. (가)는 중심핵, 복사층, 대류층 순으로 이루어져 있고, (나)는 중심핵, 대류층, 복사층 순으로 이루어져 있다. 따라서 A는 복사에 의해서 에너지가 전달되는 층이다.

ㄷ. 질량이 작은 별은 중심부에서 P-P 반응이 우세하고, 질량이 큰 별은 중심부 온도가 높아 CNO 순환 반응이 우세하다.

434 ㄱ. A와 B는 주계열성인데 H-R에서 오른쪽 아래에 위치하는 B는 A보다 질량이 작으므로 (나)는 B의 내부 구조와 같다.

ㄴ. A와 B는 모두 주계열성이므로 정역학 평형 상태를 이루고 있다.

 ㄷ. B는 태양과 질량이 비슷한 주계열성이므로 중심부에서는 양성자·양성자 반응(P-P 반응)이 우세하게 일어난다.

435 ㄱ. (가)는 태양보다 질량이 매우 큰 별이 초거성으로 진화한 이후의 내부 구조이고, (나)는 태양과 질량이 비슷한 별이 적색 거성으로 진화한 이후 중심부에서 모든 핵융합 반응이 멈춘 후의 내부 구조이다. 따라서 별의 질량은 (가)가 (나)보다 크다.

ㄷ. (가)는 초신성 폭발을 거쳐 중성자별이나 블랙홀로 최후를 맞이한다. 반면 (나)는 행성상 성운을 거쳐 백색 왜성으로 최후를 맞이한다.

 ㄴ. 중심부 온도는 질량이 클수록 높다. 따라서 중심부 온도는 (가)가 (나)보다 높다.

436 광도 계급에 따라 (가)는 Ia이므로 밝은 초거성이고, (나)는 V이므로 주계열성이고, (다)는 III이므로 거성이다.

ㄱ. 색지수는 표면 온도가 낮을수록 크다. 분광형은 고온에서부터 O, B, A, F, G, K, M형으로 분류한다. 분광형이 M형인 (가)보다 A형인 (나)의 표면 온도가 더 높으므로 색지수는 (가)가 (나)보다 크다.

ㄷ. 주계열성에서는 수소 핵융합 반응으로 헬륨이 생성된다. 거성에서는 헬륨 핵융합 반응으로 탄소가 생성된다. 따라서 (나)보다 (다)의 중심부에서 일어나는 핵융합 반응으로 더 무거운 원소가 생성된다.

 ㄴ. 반지름은 주계열성인 (나)보다 거성인 (다)가 더 크다.

04. 외계 행성계

STEP 1 바로바로 **개념 확인**　　　본문 127쪽

437 (1) 중심별의 시선 속도 변화를 이용하는 방법　(2) 식 현상을 이용하는 방법　(3) 미세 중력 렌즈 현상을 이용하는 방법　**438** (1) ×　(2) ○　(3) ×　**439** 멀어지고, 넓어진다.　**440** 식 현상　**441** (1) 프로키온　(2) 베가

437 (1) 중심별과 행성이 공통 질량 중심을 중심으로 공전할 때 중심별의 시선 속도 변화를 이용하여 행성을 탐사한다.
(2) 행성이 별 주위를 공전할 때 식 현상이 일어나면서 별의 밝기가 감소하는 것을 관측하여 행성을 탐사한다.
(3) 뒤쪽 별의 별빛이 앞쪽에 위치한 별이나 행성의 중력에 의해 미세하게 굴절되어 뒤쪽 별의 밝기가 불규칙하게 증가하는 미세 중력 렌즈 현상을 관측하여 행성을 탐사한다.

438 (1) 식 현상을 이용하는 방법에서는 행성의 반지름이 클수록 중심별의 밝기 변화가 커서 행성 탐사에 유리하다.
(2) 행성의 질량이 클수록 별의 시선 속도 변화가 크게 나타난다. 따라서 중심별의 시선 속도 변화를 이용하는 방법에서는 행성의 질량이 클수록 유리하다.
(3) 같은 시선 방향에 놓인 두 천체 중 앞쪽 별의 중력의 영향으로 발생한 미세 중력 렌즈 현상에 의해 뒤쪽 별의 밝기가 증가한다.

439 생명 가능 지대는 중심별 주위에서 물이 액체 상태로 존재할 수 있는 거리의 범위이다. 중심별의 광도가 클수록 생명 가능 지대는 별에서부터 멀어지고 폭은 넓어진다.

440 여러 가지 외계 행성 탐사 방법으로 현재까지 발견된 외계 행성 중 중심별의 시선 속도 변화와 식 현상을 이용한 방법으로 관측된 외계 행성의 수가 가장 많고, 태양과 질량이 비슷한 중심별의 주변에서 관측된 외계 행성이 가장 많다.

441 (1) 주계열성은 질량이 클수록 H−R도의 왼쪽 위에 위치하고, 질량이 클수록 수명이 짧다. 별의 수명이 스피카는 1000만 년~1억 년이고, 베가는 1억 년~10억 년이며, 프로키온은 10억 년~100억 년이다.
(2) 생명 가능 지대의 폭은 별의 광도가 클수록 넓어지므로, 베가에서 생명 가능 지대의 폭이 가장 넓다.

STEP 2 알짜 문제로 **실력 키우기**　　　본문 128 ~ 130쪽

442 ③　**443** ③　**444** ①　**445** ①　**446** 해설 참조　**447** ③
448 ④　**449** ⑤　**450** ⑤　**451** ①　**452** ⑤　**453** 해설 참조
454 ③　**455** 해설 참조　**456** ⑤

442 (가)는 중심별의 시선 속도 변화를 이용하는 방법이고, (나)는 식 현상을 이용하는 방법이다.
ㄱ. 중심별이 관측자의 시선 방향으로 접근하고 있으므로 청색 편이가 관측된다.
ㄴ. 중심별의 시선 속도 변화 주기와 별의 밝기 변화 주기는 행성의 공전 주기에 해당한다.
오답 피하기 ㄷ. (가)는 중심별의 시선 속도 변화를 관측하고, (나)는 식 현상이 일어날 때 중심별의 밝기 변화를 관측하여 행성의 존재를 찾는다.

추가로 나오는 선택지
❶ ○　❷ ×　❸ ×
❶ 행성의 질량이 클수록 별의 시선 속도 변화가 커지므로 외계 행성의 존재 여부를 확인하기 쉽다.
❷ 외계 행성이 중심별 주변을 공전하면서 식 현상이 일어날 때 공통 질량 중심을 회전하는 공전 주기는 별과 행성이 같다.
❸ (가)와 (나) 모두 행성의 공전 궤도면이 시선 방향과 나란할 때 이용할 수 있다.

443 행성의 공전 궤도면이 관측자의 시선 방향과 일치한다.
ㄱ, ㄷ. 행성이 중심별의 앞쪽을 지날 때 식 현상이 나타나고, 행성과 같은 주기로 중심별이 공전하면서 시선 속도의 변화가 나타므로 두 가지 탐사 방법을 이용하여 행성의 존재를 확인할 수 있다.
오답 피하기 ㄴ. 미세 중력 렌즈 현상을 이용하는 탐사 방법은 두 개의 별이 같은 시선 방향에 있을 때 이용할 수 있다.

444 스펙트럼에 나타나는 별빛 흡수선의 파장 변화를 관측하여 행성의 존재와 공전 주기를 알 수 있다.
ㄴ. (나)와 (라)에서는 파장 변화가 나타나지 않으므로, 이 시기에 별은 관측자의 시선 방향에 수직 방향(접선 방향)으로 이동하고 있다.
오답 피하기 ㄱ. 행성의 질량이 클수록 행성과 중심별 사이의 공통 질량 중심은 중심별에서 멀어지므로 중심별의 공전 반경이 커지게 되어 파장 변화($\Delta\lambda_{max}$)가 커진다.
ㄷ. (다)에서 별빛의 파장이 적색 편이가 나타나는 것은 별이 지구로부터 멀어지고 있다는 것이다. 중심별과 행성은 서로 반대쪽에서 같은 방향으로 공전하고 있으므로, 별이 지구로부터 멀어질 때 행성은 지구에 가까워지는 방향으로 이동한다.

445 뒤쪽 별의 밝기 증가가 불규칙하게 일어나는 것은 미세 중력 렌즈 현상을 일으키는 앞쪽 별이 행성을 가지고 있기 때문이다.
ㄱ. (가)에서는 별의 밝기가 증가하는 구간이 2회 나타나므로 한 번은 행성에 의한 미세 중력 렌즈 현상 때문임을 알 수 있다. 따라서 (가)는 앞쪽 별이 행성을 가지고 있을 때의 광도 변화 곡선이다.
오답 피하기 ㄴ. (나)에서는 앞쪽 별에 의한 미세 중력 렌즈 현상이 나타나서 별의 밝기가 증가한다.

ㄷ. A와 B 중 행성에 의한 미세 중력 렌즈 현상으로 밝기가 변하는 것
은 밝기가 변하는 시간이 짧은 B이다.

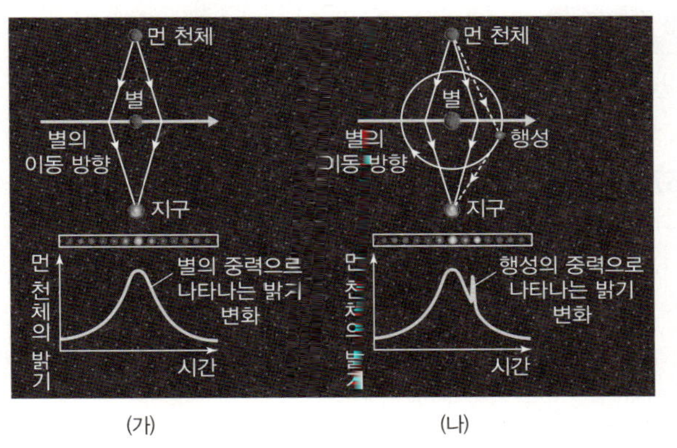

(가) 앞쪽에 있는 별의 중력에 의한 미세 중력 렌즈 현상으로 인해 먼 천체의 빛이 더 밝
게 보인다.
(나) 앞쪽에 있는 별 주위를 공전하고 있는 행성의 중력에 의한 미세 중력 렌즈 현상으
로 인해 먼 천체의 빛에 추가적인 밝기 변화가 나타난다.
➡ 별 주위에 행성이 존재하는지 알 수 있다.

446 외계 행성이 많이 발견되는 별의 질량은 대부분 태양의 0.8배
~1.4배인 것으로 태양의 질량과 비슷하다.

[모범 답안] 중심별의 질량이 너무 크면 주변에 행성이 존재하더라도 중
심별의 시선 속도 변화량, 식 현상에 따른 중심별의 밝기 변화량이 매우
작기 때문에 행성의 존재를 확인하기 어렵다.

채점 기준	배점
간접적인 탐사 방법 두 가지를 모두 포함하여 옳게 서술한 경우	100%
간접적인 방법에서 나타나는 변화량이 매우 작기 때문이라고만 서술한 경우	50%

447 중심별 주위를 공전하는 행성이 별의 앞면을 통과할 때 식 현상이
일어나 별의 밝기가 감소한다.
ㄱ. 행성의 반지름이 클수록 별의 밝기가 크게 감소하므로 a가 커진다.
ㄴ. 행성의 공전 궤도 반지름이 커지면 공전 주기가 길어지므로 b가
커진다.
[오답 피하기] ㄷ. 밝기가 최대로 감소할 때 별과 행성은 관측자의 시선
방향에 수직으로 움직이므로 시선 속도 변화가 나타나지 않는다.

448 ㄴ. 행성의 공전 궤도면이 시선 방향에 대해 약간 기울어져 있을
경우 공전 궤도 반지름이 커지면 행성이 중심별을 가리는 식 현상이 일
어나지 않을 확률이 커지기 때문에 식 현상을 이용하는 탐사 방법은 행
성의 공전 궤도 반지름이 작을수록 유리하다.
ㄷ. 시선 속도 변화를 이용하여 발견한 외계 행성은 대체로 식 현상을
이용하여 발견한 외계 행성보다 공전 궤도 반지름이 크다. 공전 궤도 반
지름이 크지만 질량이 작은 행성들은 발견되기 어렵다.

 ㄱ. 중심별로부터 약 10 AU 이상 떨어져 있는 외계 행성
은 직접 촬영하여 발견하였다.

449 ⑤ 행성의 공전 궤도면이 관측자의 시선 방향과 수직일 때는 도플
러 효과가 나타나지 않기 때문에 관측이 불가능하다.
[오답 피하기] ① 식 현상을 이용하는 방법은 행성의 반지름이 클수록 별
의 밝기 변화가 크므로 행성을 찾기 쉽다.
② 미세 중력 렌즈 현상을 이용하여 관측자의 시선 방향과 공전 궤도면
이 나란하지 않은 행성, 공전 궤도 장반경이 큰 행성, 질량이 작은 행성
을 찾을 수 있다.
③ 식 현상을 이용하는 방법으로는 행성의 반지름과 행성의 대기 성분
을 추정할 수 있고, 중심별의 시선 속도 변화를 이용하는 방법으로는 행
성의 질량을 추정할 수 있다.
④ 외계 행성의 거리가 가까운 경우에는 외계 행성에서 반사된 별빛이
나, 행성 자체의 복사 에너지를 직접 관측한다.

450 생명 가능 지대는 중심별로부터 액체 상태의 물이 존재할 수 있는
거리의 범위이다.
ㄴ. 주계열성은 표면 온도가 높을수록 광도가 크고 질량이 커서 수명이
짧다. 행성 B의 중심별이 태양보다 질량이 작으므로 수명은 행성 B의
중심별이 더 길다.
ㄷ. 중심별의 광도는 태양이 B의 중심별보다 크므로 같은 면적에서 받
는 에너지양은 A가 B보다 많다.
[오답 피하기] ㄱ. 행성 A는 생명 가능 지대보다 중심별에 가까우므로 온
도가 높아서 물이 기체 상태로 존재할 것이다.

❶ ○ ❷ × ❸ ×
❶ 중심별의 광도가 클수록 생명 가능 지대는 중심별에서 멀어지고 폭
은 넓어진다.
❷ 행성 A의 중심별인 태양이 적색 거성으로 진화하면 광도가 커지므
로 생명 가능 지대는 현재보다 멀어진다.
❸ 태양의 표면 온도가 4000 K으로 낮아진다면 태양에서 생명 가능 지
대까지의 거리보다 태양에서 지구까지의 거리가 더 멀기 때문에 지구의
온도가 낮아서 물은 고체 상태로 존재할 것이다.

451 이 별 주위에 형성된 생명 가능 지대의 거리 범위는 0.95 AU ~
1.15 AU이다.
ㄴ. 이 별의 생명 가능 지대의 폭은 0.2 AU이다. 별의 질량이 2배 커지
면 생명 가능 지대의 폭은 0.2 AU보다 넓어진다.
[오답 피하기] ㄱ. 별의 생명 가능 지대가 태양계와 비슷하다. 따라서 별
의 광도는 태양과 비슷하므로 별의 절대 등급은 태양과 비슷하다.
ㄷ. 별의 질량이 작아지면 생명 가능 지대는 1 AU보다 가까운 곳에 위
치한다.

452 중심별의 질량이 클수록 생명 가능 지대의 거리는 멀어지고 폭은 넓어진다.

ㄴ, ㄷ. A는 태양보다 질량이 크기 때문에 별의 표면 온도는 A가 태양보다 높고, 액체 상태의 물이 존재할 수 있는 생명 가능 지대의 거리는 A가 태양보다 멀다.

오답 피하기 ㄱ. 별의 질량이 클수록 에너지 소모율이 커서 수명이 짧다.

453 모범 답안 기체, 중심별의 질량이 클수록 생명 가능 지대의 거리는 멀어지고 폭은 넓어진다.

채점 기준	배점
물의 상태를 쓰고, 생명 가능 지대의 거리와 폭의 변화 경향을 옳게 서술한 경우	100%
생명 가능 지대의 거리와 폭의 변화 경향만 옳게 서술한 경우	50%
물의 상태만 옳게 쓴 경우	30%

454 ③ 중심별의 질량이 매우 큰 경우에는 별의 진화 속도가 빠르기 때문에 행성에 생명체가 존재하기 어렵다. 반면 중심별의 질량이 매우 작은 경우에는 생명 가능 지대까지의 거리가 매우 가까워 행성의 공전 주기와 자전 주기가 같아져 밤낮의 변화가 거의 없으므로 생명체가 존재하기 어렵다.

오답 피하기 ① 행성이 생명 가능 지대에 위치하여 행성 표면에 액체 상태의 물이 존재해야 한다.

② 행성에 생명체가 탄생하여 진화하기 위한 환경이 오랫동안 유지되기 위해서는 중심별의 질량이 너무 크거나 작지 않아야 한다.

④ 적절한 두께의 대기가 존재하면 유해한 자외선을 차단하고, 온실 효과를 일으켜 행성의 온도를 유지하고 일교차를 줄여서 생명체를 보호한다.

⑤ 행성에 자기장이 존재하면 우주에서 들어오는 유해한 고에너지 입자를 차단하여 생명체를 보호한다.

455 모범 답안 스피카, 백조자리 61 B는 질량이 매우 작기 때문에 생명 가능 지대까지의 거리가 매우 가까워 행성의 공전 주기와 자전 주기가 같아져 밤낮의 변화가 거의 없으므로 생명체가 존재하기 어렵다.

채점 기준	배점
스피카를 쓰고, 외계 생명체가 백조자리 61 B에 존재하기 어려운 까닭을 옳게 서술한 경우	100%
스피카만 쓴 경우	50%

456 ⑤ 세티(SETI) 프로젝트에서는 지상에 설치된 전파 망원경을 이용하여 인공적인 전파를 찾는 연구가 진행되고 있다.

오답 피하기 ① 태양계 내의 생명체 탐사를 위해 행성이나 위성에 탐사정을 보내 탐사한다.

② 지구의 극한 환경에 사는 생명체를 연구하여 생명체에 대한 지식을 넓히고 생명체가 존재할 수 있는 조건을 연구하고 있다.

③ 세티(SETI) 프로젝트는 외계의 지적 생명체가 전파로 신호를 보낸다는 가정 아래 탐사하는 활동이다.

④ 외계 생명체 탐사 활동은 지구에서 생명체가 어떻게 탄생하여 진화하였는지 연구하는 데 도움이 된다.

STEP 3 **1등급을 위한 실전 완벽 대비** 본문 131쪽

457 ③ **458** ② **459** ③ **460** ③

457 (가)는 식 현상을 이용하는 방법이고, (나)는 중심별의 시선 속도 변화를 이용하는 방법이다.

ㄱ. (가)는 행성의 크기가 크고, 별의 크기가 작을수록 별의 밝기 변화량이 크므로 행성을 찾는 데 유리하다.

ㄷ. (가)와 (나)는 별의 밝기 변화 주기와 시선 속도 변화 주기를 이용하여 행성의 공전 주기를 구할 수 있다.

오답 피하기 ㄴ. (나)는 행성의 질량이 클수록 별의 시선 속도 변화가 커서 외계 행성을 확인하기 쉽다.

458 식 현상을 이용하여 외계 행성을 탐사하는 방법이다.

ㄴ. 중심별의 밝기 감소량은 (가)가 (나)보다 작으므로, $\left(\dfrac{\text{행성의 반지름}}{\text{중심별의 반지름}} \right)$ 값은 (가)가 (나)보다 작다.

오답 피하기 ㄱ. 중심별의 밝기가 감소하는 시간은 (가)가 (나)보다 길기 때문에 공전 속도는 (가)가 (나)보다 느리다. 따라서 공전 주기는 (가)가 (나)보다 길다.

ㄷ. 행성의 공전 궤도 반지름이 클수록 별의 크기에 대한 행성의 크기 비가 감소하기 때문에 별의 밝기가 적게 줄어들어 행성을 찾기 어렵다.

459 중심별의 질량이 클수록 생명 가능 지대까지의 거리는 멀어지고 폭은 넓어진다. 생명 가능 지대보다 중심별에 가까운 영역은 표면 온도가 매우 높아 물이 대부분 기체 상태로 존재한다. 반면 생명 가능 지대보다 중심별에서 먼 영역은 표면 온도가 매우 낮아 물이 대부분 고체 상태로 존재한다. 현재 태양계 행성 중 생명 가능 지대에 위치한 지구에서만 액체 상태의 물이 존재한다.

ㄱ. a~c는 모두 생명 가능 지대에 위치하므로 물이 액체 상태로 존재할 수 있다.

ㄷ. 중심별의 질량이 클수록 생명 가능 지대는 멀어지고 폭은 넓어진다.

오답 피하기 ㄴ. 중심별의 질량이 클수록 별의 진화 속도가 빠르기 때문에 행성에서 생명체가 존재하기 어렵다.

460 ㄱ. 별의 광도가 증가하면 생명 가능 지대는 멀어진다. 현재부터 40억 년 동안 태양계의 생명 가능 지대가 점점 멀어지는 것은 태양의 광도가 증가한다는 것을 의미한다.

ㄷ. 40억 년 후에는 태양계의 생명 가능 지대에 화성이 속해 있다.

오답 피하기 ㄴ. 20억 년 후에는 태양계의 생명 가능 지대가 1 AU보다 멀어지므로 지구에는 물이 액체 상태로 존재할 수 없다.

01. 외부 은하

STEP 1 바로바로 **개념 확인** 본문 133쪽

461 모양(형태) **462** (1) ○ (2) × (3) × **463** (1) (가) (2) 중심부
(3) (나) **464** (1) 타원 (2) 적색 (3) 빠른 (4) 크기

461 허블은 외부 은하를 모양(형태)에 따라 타원 은하, 나선 은하, 불규칙 은하로 분류하였다.

462 (1) 우리은하는 은하핵을 가로지르는 막대 구조가 있는 막대 나선 은하에 속한다.
(2) 타원 은하는 성간 물질이 거의 없어 타원 은하에서는 새로운 별이 탄생하기 어렵다.
(3) 불규칙 은하에는 성간 물질과 나이가 적은 별들이 많이 분포한다.

463 (가)는 불규칙 은하, (나)는 타원 은하, (다)는 막대 나선 은하이다.
(1) 현재까지 관측된 은하 중 차지하는 비율이 가장 큰 것은 나선 은하(약 77 %)이고, 비율이 가장 작은 것은 불규칙 은하(약 3 %)이다.
(2) 나선 은하의 나선팔에는 성간 물질이 많아 새로운 별이 탄생하므로 나이가 적은 파란색 별이 주로 분포한다. 은하핵에는 나이가 많은 붉은색 별이 주로 분포한다.
(3) 타원 은하는 편평도에 따라 E0~E7로 세분하는데, 모양이 구에 가까운 것은 E0이고, 가장 납작한 것은 E7이다.

464 (1) 전파 은하는 가시광선 영역에서 대부분 타원 은하로 관측된다.
(2) 퀘이사는 매우 멀리 있어서 하나의 별처럼 관측되는 특이 은하로, 적색 편이가 매우 크게 나타난다.
(3) 세이퍼트은하는 스펙트럼 속에서 넓은 방출선이 나타난다. 이것은 은하 내의 가스 구름이 매우 빠른 속도로 움직이고 있다는 것을 의미한다.
(4) 은하가 충돌하더라도 별의 크기보다 별 사이의 공간이 크기 때문에 은하 내부에 있는 별들이 서로 충돌할 가능성은 거의 없다.

STEP 2 알짜 문제로 **실력 키우기** 본문 134~136쪽

465 ⑤ **466** 해설 참조 **467** ② **468** ⑤ **469** ③ **470** ⑤
471 ③ **472** 해설 참조 **473** ③ **474** ⑤ **475** ⑤ **476** ③

465 허블은 외부 은하를 모양에 따라 타원 은하(C), 나선 은하(D), 불규칙 은하(B)로 분류하였다.
⑤ 타원 은하(C)는 성간 물질이 거의 없고, 불규칙 은하(B)는 성간 물질이 많아 새로운 별이 활발하게 생성되고 있다.

오답 피하기 ① A는 나선 은하와 타원 은하를 포함하고 B는 불규칙 은하이므로, A와 B의 분류 기준은 모양의 규칙성 여부이다.
② C는 타원 은하로 편평도에 따라 E0~E7로 세분한다.
③ D는 막대 나선 은하와 정상 나선 은하를 포함한다. 따라서 C와 D의 분류 기준은 나선팔의 유무이다.
④ E와 F는 나선 은하에 속하고 은하핵과 나선팔을 가지고 있다.

추가로 나오는 선택지

❶ ○ ❷ × ❸ ○

❶ 우리은하는 막대 나선 은하(F)에 속한다.
❷ 은하의 진화와 모양은 아무 관련이 없다.
❸ 현재까지 관측된 외부 은하 중 나선 은하(D)의 비율이 가장 높다.

466 나선 은하는 중심부와 나선팔에 분포하는 별의 종류와 성간 물질의 양이 다르다.

모범 답안 은하의 중심부에는 나이가 많아 붉은색을 띠는 별이 많이 분포하여 평균 색지수가 크다. 반면 은하의 나선팔에는 나이가 적어 파란색을 띠는 별이 많이 분포하여 평균 색지수가 작다.

채점 기준	배점
별의 나이, 색, 평균 색지수를 모두 옳게 비교하여 서술한 경우	100%
별의 나이, 색, 평균 색지수 중 두 가지만 옳게 비교하여 서술한 경우	50%
별의 나이, 색, 평균 색지수 중 한 가지만 옳게 비교하여 서술한 경우	30%

467 ㄱ. 막대 나선 은하는 SB이고 나선팔의 감긴 정도와 은하핵의 크기에 따라 a~c로 세분한다. 우리은하는 SBb로 분류된다.
ㄷ. 우리은하의 나선팔(A)에는 나이가 적고 파란색을 띠는 별이 주로 분포한다.

오답 피하기 ㄴ. A는 나선팔, B는 은하핵이다. 성간 물질은 은하핵보다 나선팔에 주로 분포한다.
ㄹ. 우리은하는 막대 모양의 구조에서 나선팔이 뻗어 나오는 막대 나선 은하이다. 나선팔이 은하핵에서 직접 뻗어 나오는 은하는 정상 나선 은하이다.

468 타원 은하는 나선팔이 없는 타원 모양의 은하로, 성간 물질이 거의 없어 새로운 별이 탄생하기 어렵다. 타원 은하는 은하를 구성하는 별들의 질량이 적고, 비교적 나이가 많은 별들로 이루어져 있어 대체로 붉은색을 띤다.

469 타원 은하는 편평도에 따라 E0~E7로 세분하는데, E7로 갈수록 편평도가 증가하여 납작한 모양을 한다.
ㄱ. A는 규칙적인 모양이 없으므로 불규칙 은하이다.
ㄷ. C와 D는 모두 나선 은하로, 은하핵과 나선팔을 가지고 있다.

오답 피하기 ㄴ. B는 나선팔이 없으므로 타원 은하이다. 타원 은하는 편평도에 따라 세분한다.

470 현재까지 관측된 외부 은하의 비율은 나선 은하 > 타원 은하 > 불규칙 은하이다.

ㄴ. (나)는 정상 나선 은하로, 현재까지 가장 많이 관측되었다.

ㄷ. (라)는 불규칙 은하로, 대마젤란은하와 소마젤란은하는 불규칙은하에 속한다.

오답 피하기 ㄱ. 나선 은하의 a, b, c는 나선팔이 감긴 정도와 은하핵의 크기에 따라 세분한 것이다.

471 (가)는 세이퍼트은하, (나)는 퀘이사, (다)는 전파 은하이다.

ㄱ, ㄷ. (나)는 우주 초기에 생성된 은하로 매우 멀리 있어 적색 편이가 매우 크게 관측된다.

오답 피하기 ㄴ. (다)는 전파 은하로 가시광선 영역에서 대부분 타원 은하로 관측된다.

추가로 나오는 선택지

❶ ○ ❷ × ❸ ○

❶ 세이퍼트은하의 스펙트럼에서 폭이 넓은 방출선이 나타나는 것으로부터 세이퍼트은하의 중심부에 블랙홀이 있을 것으로 추정하고 있다.

❷ 은하 전체의 광도에 대한 중심부의 광도는 퀘이사가 세이퍼트은하보다 크다.

❸ (다)는 중심에 핵이 있고, 로브라고 불리는 거대한 돌출부가 제트로 이어지고 있는 전파 은하이다.

472 모범 답안 적색 편이, 우주 탄생 초기에 생성된 퀘이사는 매우 먼 곳에서 매우 빠른 속도로 멀어져 가고 있기 때문이다.

채점 기준	배점
적색 편이를 쓰고, 편이가 매우 큰 값으로 나타나는 까닭을 옳게 서술한 경우	100%
적색 편이만 쓴 경우	50%

473 ㄱ. 세이퍼트은하인 NGC 1097은 가시광선 영역에서 중심핵에 막대 모양의 구조를 가지고 있는 막대 나선 은하로 관측된다.

ㄴ. 세이퍼트은하의 중심부에는 블랙홀이 있어 은하 내의 가스 구름이 매우 빠른 속도로 회전하고 있다.

오답 피하기 ㄷ. 스펙트럼의 적색 편이가 매우 큰 천체는 퀘이사이다.

474 ㄱ, ㄴ. 퀘이사는 우주 초기에 생성된 은하로 매우 멀리 있어 후퇴 속도가 빠르고 적색 편이가 매우 크다.

ㄷ. 그림에서 퀘이사는 우주의 나이가 $0 \sim 0.2$일 때 대부분 생성되었다. '$1.0 : 138$억 년 $= 0.2 : x$억 년'에서 퀘이사는 대부분 우주 탄생 이후 27.6억 년 이전에 생성되었으므로 퀘이사의 나이는 대부분 100억 년 이상이다.

475 ㄱ, ㄴ. (가)는 중심핵에서 제트가 뻗어 나오는 모습이 관측되고 있으므로 전파 영상이다. (나)는 가시광선 영상이다.

ㄷ. 전파 은하는 중심부에 있는 블랙홀에 의한 강력한 중력으로 물질이 빨려 들어갈 때 일반 은하의 수백~수백만 배 이상의 강한 전파를 방출한다.

476 ㄱ. 은하의 충돌은 상호 작용하는 중력에 의해 일어난다.

ㄷ. 은하가 충돌하는 과정에서 별끼리의 충돌은 일어나지 않지만 거대한 분자 구름들은 충돌하고 압축되면서 별의 탄생을 촉진한다.

오답 피하기 ㄴ. 불규칙 은하는 은하가 충돌하여 형성된 은하가 아니다.

STEP 3 1등급을 위한 실전 완벽 대비   본문 137쪽

477 ①   **478** ⑤   **479** ②   **480** ⑤

477 정상 나선 은하는 중심핵의 크기와 나선팔의 감긴 정도에 따라 Sa, Sb, Sc로 세분한다. 타원 은하는 은하 모양의 편평도에 따라 E0~E7로 세분하는데, E7로 갈수록 편평도가 커지며 은하의 모양이 납작해진다.

ㄴ. 나선 은하의 a~c는 중심핵의 크기와 나선팔의 감긴 정도로 세분하며, c로 갈수록 중심핵의 크기가 작고 나선팔의 감김이 느슨해진다.

오답 피하기 ㄱ. E7은 타원 은하의 편평도가 가장 클 때로 타원 은하의 모양이 가장 납작할 때이다.

ㄷ. 모양에 따른 은하의 분류는 진화 단계와는 무관하다.

478 (나)에서 색지수는 E0~E7 > Sa > Sb > Sc > Irr 순이다.

ㄱ. 성간 물질이 많이 분포하는 불규칙 은하에서는 성간 물질이 적게 분포하는 타원 은하보다 별의 탄생이 활발하다.

ㄴ. 타원 은하가 불규칙 은하보다 색지수가 크므로 붉은색 별의 비율이 더 높다.

ㄷ. 나선 은하에서는 Sa보다 Sc에서 중심핵의 크기가 작다. 색지수는 Sa보다 Sc가 작으므로 중심핵의 크기가 작을수록 나이가 적고 파란색을 띠는 별의 비율이 높다.

479 A는 타원 은하, B는 불규칙 은하이다.

ㄷ. A는 나이가 많은 붉은색의 별이 많이 분포하므로 색지수가 크다. B는 나이가 적은 파란색의 별이 많이 분포하므로 색지수가 작다. 따라서 색지수는 (나)의 ㉠으로 적절하다.

오답 피하기 ㄱ. 허블의 은하 분류 체계에서 은하의 모양은 은하의 진화 순서와 무관하다.

ㄴ. 은하 전체의 질량에 대한 성간 물질의 질량의 비는 성간 물질이 많이 분포하는 불규칙 은하인 B가 A보다 크다.

480 (가)는 세이퍼트은하이고, (나)는 퀘이사에 해당한다.

ㄴ. (가)에서 수소 방출선의 폭이 다른 은하보다 넓다는 것은 은하 내의 가스 구름이 매우 빠른 속도로 움직이고 있다는 것을 의미한다.

ㄷ. (나)에서 수소 방출선의 적색 편이가 매우 크므로, ㉠으로부터 (나)의 후퇴 속도가 매우 빠르다는 것을 알 수 있다.

오답 피하기 ㄱ. 은하까지의 거리는 적색 편이가 매우 큰 (나)가 (가)보다 멀다.

자료 정리

세이퍼트은하와 퀘이사의 스펙트럼 특징

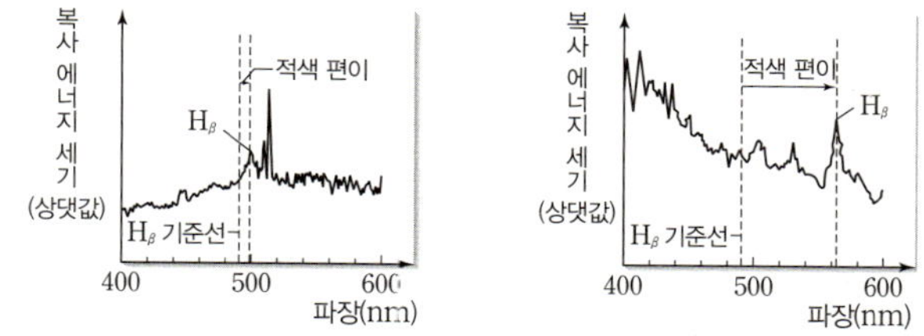

(가) 세이퍼트은하의 스펙트럼 (나) 퀘이사의 스펙트럼

(1) 세이퍼트은하의 스펙트럼 : 수소 방출선의 폭이 일반 은하보다 매우 넓다.
➡ 은하 내의 가스 구름이 매우 빠른 속도로 움직이고 있다.
(2) 퀘이사의 스펙트럼 : 수소 선 스펙트럼의 적색 편이량이 매우 크다.
➡ 퀘이사는 매우 먼 거리에 있으며 우주 탄생 초기의 천체이다.

02. 허블 법칙과 우주론

STEP 1 바로바로 개념 확인 본문 139쪽

481 빠르다 **482** 역수 **483** (1) 허블 상수 (2) 증가 (3) 1 : 2
484 (1) ◯ (2) × (3) ◯ **485** 급팽창, 편평성 **486** 가속

481 스펙트럼에서 흡수선의 적색 편이량이 클수록 은하의 후퇴 속도가 빠르다. 허블 법칙에 따르면 멀리 있는 은하일수록 은하의 후퇴 속도가 빠르므로 적색 편이량이 더 크다.

482 우주의 팽창 속도가 일정하다면 우주의 나이는 허블 상수의 역수에 해당한다.

483 (1) 그래프에서 기울기$\left(\frac{\text{후퇴 속도}}{\text{거리}}\right)$는 허블 상수이다.
(2) 기울기가 클수록 허블 상수는 증가한다. 기울기가 크다는 것은 같은 거리의 은하인 경우 후퇴 속도가 더 빠르다는 것이므로 기울기가 클수록 우주의 팽창 속도가 빠르다.
(3) 은하의 후퇴 속도는 은하까지의 거리에 비례하므로 거리가 2배 차이가 나는 경우 후퇴 속도 비는 1 : 2이다.

484 (1) 빅뱅 우주론에서 우주의 총 질량은 일정하며 우주가 팽창함에 따라 우주의 밀도와 온도는 감소한다.
(2) 우주 배경 복사는 우주의 온도가 약 3000 K일 때 방출된 빛이다.
(3) 빅뱅 우주론에서 초기의 빅뱅 핵융합에 의해 생성된 수소와 헬륨의 질량비는 약 3 : 1이다.

485 우주가 탄생한 후 10^{-36}초~10^{-34}초 사이에 우주가 빛보다 빠른 속도로 팽창하였다는 이론을 급팽창 우주론이라고 한다. 급팽창 우주론은 빅뱅 우주론의 한계인 우주의 지평선 문제, 우주의 편평성 문제, 자기 홀극 문제를 설명하였다.

486 Ia형 초신성의 관측 결과, 초신성의 거리가 예상보다 더 멀리 있으므로 우주가 가속 팽창하고 있음을 알 수 있다.

STEP 2 알짜 문제로 실력 키우기 본문 140~143쪽

487 ⑤ **488** ⑤ **489** ③ **490** 해설 참조 **491** ③ **492** ⑤
493 ① **494** 해설 참조 **495** ⑤ **496** ③ **497** ④ **498** 해설 참조 **499** ③ **500** ⑤ **501** 해설 참조 **502** ⑤ **503** ①

487 허블 상수는 우주가 얼마나 빠르게 팽창하고 있는지를 나타낸다.
ㄱ. 거리에 따른 후퇴 속도의 그래프에서 기울기는 허블 상수이다.
ㄴ. A가 B보다 적색 편이가 더 크므로 후퇴 속도는 A가 B보다 더 크다.
ㄷ. 허블 법칙에 따르면 후퇴 속도가 클수록 멀리 있는 은하이다.

추가로 나오는 선택지

❶ ○ ❷ ○

❶ 허블 상수 $H=\frac{v}{r}=\frac{50\ \text{km/s}}{0.75\ \text{Mpc}}\fallingdotseq 66.7\ \text{km/s/Mpc}$이다.

❷ 우주의 나이는 허블 상수의 역수이다. 따라서 우주의 나이(t)는 $t=\frac{1}{H}=\frac{0.75\ \text{Mpc}}{50\ \text{km/s}}$이다.

488 실험에서 풍선이 커지는 것은 우주의 팽창을 의미한다.
ㄱ. (다) → (라)에서 풍선이 커지면서 은하 사이의 거리가 멀어지는 것은 우주 공간의 팽창을 의미한다.
ㄴ, ㄷ. B를 기준으로 거리 변화(후퇴 속도)가 가장 큰 것은 가장 멀리 있는 D이다. 따라서 이 실험을 통해 멀리 있는 은하일수록 후퇴 속도가 크게 나타나는 현상을 설명할 수 있다.

489 은하의 후퇴 속도는 거리에 비례한다. C에서 관측한 A의 후퇴 속도는 10000 km/s이고, B의 후퇴 속도는 5000 km/s이다.

490 그래프에서 기울기$\left(\frac{\text{후퇴 속도}}{\text{거리}}\right)$는 허블 상수를 나타낸다.

모범 답안 A, 우주의 나이와 우주의 크기는 허블 상수에 반비례한다. 따라서 기울기가 가장 커서 허블 상수가 가장 큰 A에서 측정한 우주의 나이와 우주의 크기가 가장 작다.

채점 기준	배점
A를 쓰고, A가 우주의 나이와 크기를 가장 작게 관측한 천문대인 까닭을 옳게 서술한 경우	100%
A만 쓴 경우	50%

491 은하의 후퇴 속도 $v=\frac{\Delta\lambda}{\lambda}\times c$로 구할 수 있다.
ㄱ. (나)에서 허블 상수는 그래프의 기울기로, 50 km/s/Mpc이며 우주의 팽창 속도에 해당한다.

ㄴ. 이 은하의 $\lambda = 4100$ Å이고, $\varDelta\lambda = 82$ Å이다. 따라서 후퇴 속도 $v = \dfrac{82}{4100} \times 3 \times 10^5 = 6000$ km/s이다.

오답 피하기 ㄷ. 이 은하까지의 거리 $r = \dfrac{6000 \text{ km/s}}{50 \text{ km/s/Mpc}} = 120$ Mpc 이다.

492 허블 상수는 은하까지의 거리와 후퇴 속도를 이용하여 구한다. 후퇴 속도는 적색 편이량을 측정하여 구할 수 있다.

493 ㄱ. 빅뱅 우주론과 정상 우주론에서 우주의 공간은 팽창한다.

오답 피하기 ㄴ. (가) 우주는 시간이 갈수록 우주의 밀도가 감소하지만 (나) 우주는 시간이 흘러도 우주의 밀도가 일정하게 유지된다.

ㄷ. 빅뱅 우주론에서는 우주가 팽창하면서 온도가 낮아지므로 우주 배경 복사가 방출될 때의 파장보다 길어진 상태로 관측될 것이라고 예측했는데, 예측한 값과 비슷한 파장에서 우주 배경 복사가 관측되었다. 정상 우주론에서 우주의 온도는 일정하다.

추가로 나오는 선택지

❶ ○ ❷ ×

❶ 우주 배경 복사와 우주에 존재하는 수소와 헬륨의 질량비 3 : 1은 빅뱅 우주론의 증거이다.

❷ 우주가 팽창할 때 생겨난 빈 공간에 새로운 물질이 계속 생성되어 우주의 질량은 증가하고 밀도는 일정한 우주론은 정상 우주론 (나)이다.

494 빅뱅 우주론에 따르면 우주 공간이 팽창하더라도 우주의 총 질량은 일정하게 유지된다.

모범 답안 빅뱅 우주론, 우주가 팽창함에 따라 우주의 밀도와 온도는 감소하고 질량은 일정하다.

채점 기준	배점
빅뱅 우주론을 쓰고, 우주의 밀도, 온도, 질량의 변화를 모두 옳게 서술한 경우	100%
빅뱅 우주론을 쓰고, 우주의 밀도, 온도, 질량의 변화 중 두 가지만 옳게 서술한 경우	70%
빅뱅 우주론을 쓰고, 우주의 밀도, 온도, 질량의 변화 중 한 가지만 옳게 서술한 경우	50%
빅뱅 우주론만 쓴 경우	30%

495 우주의 팽창은 공간의 팽창을 의미한다.

ㄱ. 105억 년 전에 출발한 빛이 현재 지구에 도달한 것이므로 우리가 보는 A는 105억 년 전의 모습이다.

ㄴ, ㄷ. 우주가 팽창함에 따라 우주의 온도는 낮아졌고, A를 출발한 빛의 파장은 우주 공간이 팽창하면서 파장이 길어진다.

496 우주 배경 복사는 우주 초기에 방출된 복사 에너지가 우주 전체에 균일하게 퍼져 있는 빛이다.

ㄱ. 우주 배경 복사는 우주의 모든 방향에서 같은 온도의 복사 에너지가 방출되는 것으로, 빅뱅 우주론의 결정적인 증거이다.

ㄴ. 우주 배경 복사가 방출되었을 때 우주의 온도는 약 3000 K으로, 빅뱅 이후 약 38만 년이 지났을 때이다.

오답 피하기 ㄷ. 우주가 팽창함에 따라 우주의 온도는 점점 낮아지므로 우주 배경 복사의 파장은 점점 길어질 것이다.

497 빅뱅의 초기 우주에서 양성자 수 : 중성자 수=7 : 1이다. 헬륨 원자핵은 양성자 2개와 중성자 2개로 이루어졌다. 헬륨 원자핵 생성 이전에는 '양성자 수 : 중성자 수=14 : 2'에서 헬륨 원자핵이 생성된 후에는 '양성자 수(수소 원자핵) : 헬륨 원자핵=12 : 1'가 된다. 따라서 수소와 헬륨의 개수비는 12 : 1이고, 질량비는 12 : 4=3 : 1이다.

498 모범 답안 우주가 팽창함에 따라 온도는 낮아지고 우주 배경 복사의 파장은 길어진다. 따라서 파장이 짧은 (가)가 (나)보다 우주의 온도가 높고, (가)가 (나)보다 이전의 시기이므로 우주의 나이가 더 적을 때이다.

채점 기준	배점
우주의 나이와 온도를 모두 옳게 비교하여 서술한 경우	100%
우주의 나이와 온도 중 한 가지만 옳게 비교하여 서술한 경우	50%

499 ㄱ, ㄴ. 빅뱅 우주론을 지지하는 결정적인 증거에는 약 2.7 K에 해당하는 우주 배경 복사, 수소와 헬륨의 질량비 3 : 1이 있다.

오답 피하기 ㄷ. 우주의 평균 밀도가 임계 밀도보다 큰 경우에는 우주의 팽창 속도가 점점 감소하여 결국에는 우주가 수축하는 모형으로, 우주가 등속 팽창하고 있다는 빅뱅 우주론과는 관련이 없다.

500 ㄱ. Ia형 초신성은 백색 왜성이 일정한 질량에 도달하면 폭발을 일으켜 광도가 같으므로 절대 등급이 일정하다.

ㄴ. 모델 A는 Ia형 초신성의 관측 결과와 비슷하므로 우주가 가속 팽창하고 있음을 알려준다. 모델 B는 우주가 등속 팽창하고 있다고 예상한 것이다.

ㄷ. 후퇴 속도가 같아서 적색 편이가 같을 때, 거리 지수가 클수록 더 멀리 있는 것이다. 따라서 A가 B보다 더 멀리 있다.

자료 정리

Ia형 초신성 관측과 가속 팽창 우주

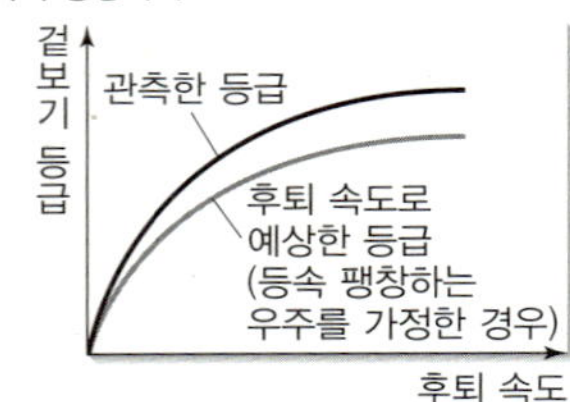

(1) Ia형 초신성과 가속 팽창 우주 : Ia형 초신성은 매우 밝으며 절대 밝기가 일정하므로 Ia형 초신성의 거리에 따른 밝기 변화를 분석하여 과거 우주의 팽창 속도를 알 수 있다.

(2) 관측 결과 : 적색 편이량을 측정하여 관측한 Ia형 초신성의 밝기가 등속 팽창하는 우주를 가정하고 후퇴 속도로 예상한 밝기보다 어둡게 관측되었다.

(3) 결과의 의미 : Ia형 초신성이 예상보다 더 멀리 있으므로 우주가 가속 팽창하고 있다는 것을 알 수 있다.

❶ × ❷ ○ ❸ ○

❶ Ia형 초신성은 후퇴 속도로 예상한 것보다 어둡게 관측된다. 이는 Ia형 초신성의 거리가 예상보다 더 멀리 있다는 것을 의미한다.

❷ 모델 B는 우주가 등속 팽창하그 있음을 가정하여 예상한 것이다.

❸ Ia형 초신성은 어둡게 보일수록 멀리 있으므로 빠르게 멀어진다.

501 급팽창 우주론은 우주가 탄생한 후 약 10^{-36}초 ~ 10^{-34}초 사이에 빛보다 빠른 속도로 급격하게 팽창하였다는 이론이다.

모범 답안 급팽창 우주론, 우주 탄생 초기 급팽창 이전에는 우주의 크기가 우주의 지평선의 크기보다 작았기 때문에 양끝의 두 지점에서 정보를 충분히 교환할 수 있었다고 설명하였다.

채점 기준	배점
급팽창 우주론을 쓰고, 우주의 지평선 문제를 설명하는 과정을 옳게 서술한 경우	100%
우주의 지평선 문제를 설명하는 과정만 옳게 서술한 경우	50%
급팽창 우주론만 쓴 경우	30%

502 ㄴ. 급팽창 우주론인 (나)에서는 급팽창 이전에 우주의 크기가 우주의 지평선 크기보다 매우 작았다고 설명한다.

ㄷ. 급팽창 우주론은 빅뱅 우주론의 한계인 우주의 지평선 문제, 우주의 편평성 문제, 자기 홀극 문제 등을 설명하였다.

오답 피하기 ㄱ. (가)는 빅뱅 우주론으로, 우주는 빛의 속도로 팽창하고 있다고 설명한다. 반면 (나)는 A 시기에 우주가 빛보다 빠른 속도로 팽창하였다. 우주 공간 내에서 어떤 물체가 빛보다 빠른 속도로 운동하는 것은 불가능하지만 공간 자체의 팽창 속도는 빛보다 빠를 수 있다.

503 A 시기 전후로 그래프의 기울기가 감소하므로 A 시기에는 우주가 감속 팽창하고, 현재를 전후로 그래프의 기울기는 증가하므로 현재 우주는 가속 팽창하고 있다.

ㄴ. 우주가 팽창하는 동안 우주의 총 질량은 일정하므로 우주가 팽창하는 동안 우주의 평균 밀도는 감소한다. A 시기는 현재보다 우주가 덜 팽창했을 때이므로 우주의 평균 밀도는 현재보다 크다.

오답 피하기 ㄱ. 우주가 A 시기에는 감속 팽창하고, 현재는 가속 팽창하므로, 우주의 팽창 속도는 현재가 더 크다.

ㄷ. 우주가 팽창하는 동안 우주의 온도는 낮아졌으므로 현재보다 A 시기에 우주의 온도는 높았을 것이다. 따라서 우주 배경 복사의 파장은 현재보다 A 시기에 더 짧다.

504 적색 편이가 클수록 멀리 있는 은하이며 후퇴 속도가 빠르다.

ㄴ. 흡수선 파장의 편이량은 후퇴 속도와 비례한다. 편이량은 B가 A보다 2배 크므로 후퇴 속도는 B가 A의 2배이다.

오답 피하기 ㄱ. 파장의 편이량이 A는 36 Å이고 B는 72 Å이므로, B가 A보다 2배 멀리 있다.

ㄷ. A와 B는 같은 시선 방향에 있다. 그런데 B의 후퇴 속도가 A의 2배이므로, A에서 B를 관측하면 흡수선의 파장은 36 Å 길어진 4136 Å으로 관측될 것이다.

505 ㄱ. 방출선 (가)와 (나)의 정지 상태에서 파장과 편이량의 비율은 $\dfrac{486}{4860} = \dfrac{x}{4340}$이므로, 은하 B의 방출에서 (가)의 편이량 $x = 434$ Å이다.

따라서 ㉠은 4774 Å($=4340+434$)이다.

ㄴ. 은하의 후퇴 속도 $v = \dfrac{\varDelta\lambda}{\lambda} \times c$로 구할 수 있다.

$v = \dfrac{\varDelta\lambda}{\lambda} \times c = \dfrac{486}{4860} \times 3 \times 10^5 = 3 \times 10^4$ km/s이다.

ㄷ. A에서 B를 관측하면 두 은하에서 편이량의 차이만큼 B의 방출선의 파장이 적색 편이되어 관측될 것이다. 두 은하에서 방출선 (가)의 편이량의 차이는 217 Å이므로 A에서 B를 관측할 때 방출선 (가)의 파장은 4557 Å($=4340+217$)이다.

506 은하의 거리에 따른 후퇴 속도의 그래프에서 기울기는 허블 상수이다.

ㄷ. 은하의 거리가 같을 때 후퇴 속도는 A가 B보다 빠르므로, 적색 편이량은 A가 B보다 크다.

오답 피하기 ㄱ, ㄴ. 우주의 나이는 허블 상수의 역수이다. 허블 상수는 A가 B의 4배이므로, 우주의 나이는 B가 A의 4배이다.

507 ㄱ. 밝기는 거리의 제곱에 반비례한다. 절대 등급이 같은 A와 B의 거리가 3배 차이가 나므로 밝기는 9배 차이가 난다.

오답 피하기 ㄴ. A와 B 사이의 거리는 B와 C 사이의 거리의 $\dfrac{1}{1.5}$배이므로 B에서 관측한 C의 후퇴 속도는 A의 후퇴 속도의 1.5배이다.

ㄷ. 우주의 팽창에 의해 20억 년 전에는 우리은하와 C 사이의 거리가 현재보다 가까웠다. 따라서 후퇴 속도는 현재보다 느렸을 것이다.

508 ㄴ. 후퇴 속도는 거리에 비례한다. A와 지구 사이의 거리가 C와 지구 사이의 거리보다 작기 때문에 A에서 관측한 지구의 후퇴 속도는 C에서 관측한 지구의 후퇴 속도보다 느리다.

ㄷ. 지구에서 B와 C의 거리비 B : C = 0.2 : 0.3 = 1 : 1.5이다.

오답 피하기 ㄱ. 우주 팽창의 특별한 중심은 없다. 모든 은하가 공간의 팽창에 의해 서로 멀어지고 있을 뿐이다.

509 우주 배경 복사 분포에서 미세한 온도 차이가 난다.

ㄱ. 우주 초기는 현재보다 온도가 높기 때문에 우주 배경 복사의 최대 에너지 파장은 우주 초기가 현재보다 짧다.

ㄴ. (나)의 미세한 온도 차이는 초기 우주의 물질 분포가 미세하게 불균일했기 때문에 나타난다.

ㄷ. 미세한 물질 분포의 차이로 인해 밀도가 큰 부분을 중심으로 중력 수축이 일어나 은하와 별 등이 생성되었다.

510 (가)는 급팽창 우주론에서 우주의 크기 변화이고, (나)는 기존 빅뱅 우주론에서 우주의 크기 변화이다. 급팽창 우주론에서는 급팽창 이전에 우주의 크기가 우주의 지평선 크기보다 작았기 때문에 우주의 양 끝의 두 지점에서 정보를 충분히 교환할 수 있었다는 것으로 우주의 지평선 문제를 설명하였다.

ㄱ. 급팽창 우주론인 (가)에서는 빅뱅 이후 약 10^{-36}초~10^{-34}초 사이에 우주가 빛보다 빠른 속도로 팽창하였다고 설명한다.

ㄷ. 우주의 크기는 급팽창 이전에는 (가)가 (나)보다 작았고, 급팽창 이후에는 (가)가 (나)보다 크다.

오답 피하기 ㄴ. (나)는 기존 빅뱅 우주론에서의 우주의 크기 변화로, 우주의 지평선 문제를 설명하지 못한다.

자료 정리

급팽창 우주와 우주의 지평선 문제

(1) (가) : 급팽창 우주론에서 우주의 크기 변화
(2) (나) : 기존 빅뱅 우주론에서 우주의 크기 변화
(3) 급팽창 시기 : 우주가 빛보다 빠른 속도로 팽창하였다.
(4) 우주의 지평선 문제 해결 : 빅뱅 직후 급팽창이 일어나기 전까지는 우주의 크기가 우주의 지평선보다 크기가 작았기 때문에 우주의 양쪽 끝지점에서 정보를 충분히 교환할 수 있었다.

511 절대 밝기가 일정한 Ia형 초신성을 관측하여 분석한 결과로부터 우주의 팽창 속도는 점점 빨라지고 있음을 알 수 있다.

ㄱ. 후퇴 속도가 빠를수록 적색 편이는 크게 나타난다. 그림에서 보면 Ia형 초신성의 겉보기 등급이 클수록 후퇴 속도가 빠르게 나타난다. 따라서 Ia형 초신성은 겉보기 등급이 클수록 적색 편이가 크다.

ㄴ. 후퇴 속도로 예상한 Ia형 초신성의 겉보기 등급보다 실제 관측한 Ia형 초신성의 겉보기 등급이 크다. 이것은 실제 Ia형 초신성의 밝기가 예상한 것보다 어둡게 관측된 것으로, Ia형 초신성이 예상한 것보다 더 멀리 있다는 것을 의미한다.

오답 피하기 ㄷ. Ia형 초신성의 관측 결과에서는 Ia형 초신성의 거리가 예상보다 더 멀리 있으므로, 현재 우주는 가속 팽창하고 있음을 알 수 있다.

03. 암흑 물질과 암흑 에너지

STEP 1 **바로바로 개념 확인** 본문 147쪽

512 암흑 물질   **513** 암흑 에너지   **514** (1) ○ (2) × (3) ×
515 (1) 암흑 물질 (2) B>A   **516** 표준 우주   **517** 평균 밀도
518 평탄 우주

512 암흑 물질은 우주를 가득 채우고 있으나 빛을 방출하지 않기 때문에 보이지 않아서 중력을 통해서만 그 존재를 추정할 수 있는 물질이다.

513 우주가 가속 팽창하기 위해서는 우주에 있는 물질의 중력과 반대 방향으로 작용하는 힘이 존재해야 한다. 이와 같은 우주의 성분을 암흑 에너지라고 한다.

514 (1) 암흑 물질은 보이지 않으나 질량이 있으므로 중력적인 방법으로 그 존재를 추정할 수 있다. 암흑 물질이 분포하는 곳에서는 중력의 효과로 빛의 경로가 휘어지므로 중력 렌즈 현상을 이용하여 암흑 물질이 존재하고 있음을 알 수 있다.
(2) 나선 은하에서 은하 중심을 돌고 있는 별들의 회전 속도는 은하의 중심에서 멀어질수록 느려질 것으로 예상하였지만, 은하 중심에서 멀어지더라도 별들의 회전 속도가 거의 일정하게 관측되었다. 이것으로부터 은하 외곽부에도 많은 양의 암흑 물질이 존재하고 있음을 알 수 있다.
(3) 우주 팽창 초기에는 암흑 에너지보다 암흑 물질의 비율이 커서 우주가 감속 팽창하였다. 현재는 암흑 에너지가 암흑 물질의 비율보다 커서 우주가 가속 팽창하고 있다.

515 (1) (가)는 암흑 물질로, 빛을 방출하지 않기 때문에 보이지 않지만 질량이 있으므로 중력적인 방법으로 그 존재를 추정할 수 있다.
(2) 암흑 물질의 분포비(B)는 약 26.8 %이고, 보통 물질의 분포비(A)는 약 4.9 %이다.

516 표준 우주 모형은 급팽창 우주론을 포함한 빅뱅 우주론에 암흑 물질과 암흑 에너지의 개념을 모두 포함하는 최신의 우주 모형이다.

517 암흑 에너지가 없을 때 우주의 미래 모형은 우주의 평균 밀도에 따라 결정된다.

518 우주의 평균 밀도가 임계 밀도와 같으면 팽창 속도는 점점 감소하여 0에 수렴하는 평탄 우주 모형에 해당한다.

열린 우주	• 우주의 평균 밀도 < 임계 밀도 • 영원히 우주가 팽창하는 모형
평탄 우주	• 우주의 평균 밀도 = 임계 밀도 • 우주의 팽창 속도가 0에 수렴하는 모형
닫힌 우주	• 우주의 평균 밀도 > 임계 밀도 • 우주의 팽창 속도가 감소한 후 수축하는 모형

519 ㄱ, ㄴ. (가)에서 은하의 중심에서 멀어져도 별의 회전 속도 곡선이 일정하게 유지되는 A는 실제 관측된 회전 속도 곡선이다. B는 은하 중심부에 질량이 대부분 모여 있기 때문에 별들의 회전 속도 곡선이 일정 부분 이후부터는 은하 중심에서 멀어질수록 회전 속도가 느려질 것이라고 예상한 곡선이다. 실제 관측된 회전 속도가 A처럼 나온 것으로부터 은하 외곽부에 암흑 물질이 있을 것으로 추정되고 있다. 또 암흑 물질이 분포하는 곳에서 중력의 영향으로 빛의 경로가 휘어지는 현상인 중력 렌즈 현상으로부터 암흑 물질을 추정할 수 있다.

오답 피하기 ㄷ. (나)를 이용하여 알게 된 존재는 암흑 물질이다. 암흑 물질은 우주 공간에서 중력과 같은 방향으로 작용한다.

추가로 나오는 선택지

❶ ○   ❷ ×

❶ 나선 은하의 회전 속도 곡선에서 은하 외곽부에서 별들의 회전 속도 곡선이 일정하게 유지되는 것으로부터 암흑 물질은 은하의 중심부보다 외곽부에 많이 존재하고 있음을 추정할 수 있다.

❷ (나)를 이용하여 알게 된 존재는 중력에 영향을 미치는 암흑 물질이다. 우주의 빈 공간에서 나오는 에너지는 암흑 에너지이다.

520 모범 답안   일정하게 유지 은하의 외곽부에 많은 양의 암흑 물질이 존재하고 있기 때문이다.

채점 기준	배점
별의 회전 속도 변화를 옳게 쓰고, 그 까닭을 옳게 서술한 경우	100%
별의 회전 속도 변화만 옳게 쓴 경우	50%

521 ㉠은 암흑 에너지이고, ㉡은 암흑 물질이고, ㉢은 보통 물질이다.
ㄱ. 우주가 팽창함에 따라 빈 공간에 의한 암흑 에너지는 증가한다. 따라서 A 시기보다 현재 비율이 더 큰 ㉠은 암흑 에너지이다.
ㄷ. 우주의 밀도는 우주의 크기가 작은 A 시기보다 현재가 작다.

오답 피하기 ㄴ. 그래프의 기울기는 우주의 팽창 속도를 나타낸다. A 시기 부근에서는 기울기가 점점 완만해지고 있으므로 A 시기에 우주는 감속 팽창하고, 현재 부근에서는 기울기가 점점 급해지고 있으므로 현재 우주는 가속 팽창하고 있다.

추가로 나오는 선택지

❶ ○   ❷ ×

❶ A 시기 부근에서는 그래프의 기울기가 점점 완만해지고 있으므로 A 시기에 우주는 감속 팽창하고 있다.

❷ 현재는 암흑 에너지(㉠)의 영향이 암흑 물질(㉡)에 의한 중력의 영향보다 커서 우주가 가속 팽창하고 있다.

522 ㄱ. A는 우주의 팽창 속도가 점점 감소하다가 0에 수렴하여 우주의 크기가 일정하게 유지되는 평탄 우주이고, B는 우주의 팽창 속도가 점점 감소하여 결국에는 우주가 수축하는 닫힌 우주이다.

오답 피하기 ㄴ. 그림에서 보면 현재 B에서 우주는 팽창하고 있다.
ㄷ. B는 닫힌 우주이므로 우주의 평균 밀도가 임계 밀도보다 크다.

523 ㄱ. 115억 년 후에 우주는 현재보다 암흑 에너지(A)의 분포비가 상대적으로 높기 때문에 더 빠르게 팽창할 것이다.
ㄷ. 나선 은하에서 은하 중심을 돌고 있는 별들의 회전 속도는 은하의 중심에서 멀어질수록 느려질 것으로 예상하였지만, 은하 중심에서 멀어지더라도 별들의 회전 속도가 거의 일정하게 관측되었는데, 이로부터 은하 외곽부에도 많은 양의 암흑 물질(B)이 존재하고 있음을 추정하였다.

오답 피하기 ㄴ. 75억 년 전에는 암흑 에너지(A)의 분포비가 암흑 물질(B)의 분포비보다 적었기 때문에 이때 우주는 감속 팽창하였을 것이다.

524 ㄱ. A는 현재 가장 많은 분포비를 차지하고 있으므로 암흑 에너지이다. 암흑 에너지는 우주 공간에서 중력과 반대 방향의 척력으로 작용하는 우주의 성분으로, 현재는 암흑 물질에 의한 중력의 영향보다 암흑 에너지의 영향이 커서 우주는 가속 팽창하고 있다.

오답 피하기 ㄴ. B는 암흑 물질로, 빛을 방출하지 않아서 보이지 않으므로 중력을 통해서만 존재를 추정할 수 있다.
ㄷ. C는 별, 은하 등 주변에서 쉽게 관찰할 수 있는 대상을 구성하는 물질인 보통 물질이다.

525 ㄱ. 현재 우주는 가속 팽창하고 있다.
ㄴ. 현재 우주는 암흑 물질에 의한 중력의 영향보다 암흑 에너지의 영향이 상대적으로 더 크기 때문에 가속 팽창하고 있다.

오답 피하기 ㄷ. 암흑 에너지는 팽창에 의한 빈 공간에서 나오는 에너지이다. 우주가 팽창함에 따라 우주의 부피가 증가하면서 빈 공간이 차지하는 비율이 증가하므로 암흑 에너지는 증가할 것이다.

526 A는 가속 팽창하는 우주, B는 열린 우주, C는 평탄 우주, D는 닫힌 우주이다.
ㄱ. 암흑 에너지의 영향이 암흑 물질로 인한 중력의 영향보다 커지면 A와 같이 우주는 가속 팽창한다.
ㄷ. 네 가지 우주 모형에서 모두 우주는 현재 팽창하고 있다. A와 B는 현재 이후에도 계속 팽창할 것이다. 반면 C는 우주의 팽창 속도가 점점 감소하다가 0에 수렴하여 우주의 크기가 일정하게 유지될 것이고, D는 팽창 속도가 점점 감소하여 결국에는 우주가 수축하여 줄어들 것이다.

오답 피하기 ㄴ. 현재 우주의 평균 밀도에 따라 우주의 미래가 결정된다. 우주의 평균 밀도의 크기는 D>C>B 순이다.

중단원 확인 문제

I-1. 지권의 변동
02 ~ 09쪽

527 ⑤	528 ③	529 ③	530 ①	531 ④	532 ③	533 ③
534 ③	535 ④	536 ②	537 ④	538 ④	539 ②	540 ②
541 ②	542 ③	543 ③	544 ④	545 ④	546 ④	547 ①
548 ⑤	549 ③	550 ①	551 ③	552 ②	553 ①	554 ①
555 ③	556 ⑤	557 ⑤	558 ④	559 ②		

527 여러 대륙에서 발견되는 동일한 생물의 화석은 과거 여러 대륙이 하나로 붙어 있었음을 알려 준다.
ㄱ. 고생대 말에 살았던 글로소프테리스는 중생대에 번성했던 공룡보다 먼저 출현하였다.
ㄴ. 글로소프테리스 화석이 발견된 지역인 남아메리카, 오스트레일리아, 아프리카 대륙 등은 판게아의 남반구에 위치해 한 덩어리로 붙어 있었다.
ㄷ. 같은 종류의 생물 화석이 발견되는 ㉠의 대륙들은 고생대 말에 한 덩어리로 붙어 있었음을 알 수 있다.

528 고생대 말에 남극, 남아메리카, 인도, 오스트레일리아, 아프리카 대륙은 서로 붙어 있었다. 이때 빙하 퇴적층이 형성되었다가 대륙이 갈라져 이동하면서 현재와 같은 분포가 되었다.
ㄱ. 여러 대륙에서 발견되는 고생대 말 빙하층은 대륙 이동설의 증거이다.
ㄴ. 고생대 말에 대륙은 한 덩어리로 붙어 있었기 때문에 현재와 같은 고생대 말 빙하층의 분포를 보인다.
오답 피하기 ㄷ. 여러 대륙에서 현재와 같은 고생대 말 빙하층이 발견되는 것은 과거에 이 대륙들이 하나로 붙어 있었기 때문이지 지구 전체가 적도 부근까지 빙하층으로 형성되어 있었기 때문이 아니다.

529 ③ 맨틀 대류의 하강부는 수렴형 경계로 오래된 해양 지각이 소멸된다.
오답 피하기 ① 맨틀 대류설은 1929년에 홈스가 주장하였다.
② 맨틀 대류설이 등장하면서 대륙 이동의 원동력이 설명되었다.
④ 맨틀 대류의 상승부는 발산형 경계로 새로운 지각이 생성된다.
⑤ 맨틀 대류는 맨틀 내 상하부의 온도 차이 때문에 발생하는 열대류이다.

530 학생 A : 맨틀 대류의 상승부는 장력에 의해 대륙이 분리되어 양쪽으로 이동하므로 새로운 지각이 생성된다.
오답 피하기 학생 B : 맨틀 대류의 하강부에서는 해구와 습곡 산맥이 발달한다. 해령과 열곡은 맨틀 대류의 상승부로 발산형 경계에서 나타나는 지형이다.
학생 C : 맨틀 대류설은 1929년 발표 당시 학설을 뒷받침할 결정적인 증거를 제시하지 못해 한계에 부딪혔다.

531 (가)는 대륙 지각, (나)는 맨틀 대류설, (다)는 고지자기이다.

ㄴ. 맨틀 대류설은 훗날 대륙 이동의 원동력을 설명해 준다.
ㄷ. (다)는 고지자기이다.
오답 피하기 ㄱ. 대륙 지각인 (가)는 해양 지각보다 밀도가 작다.

532 ㄱ. 고지자기 줄무늬는 해령과 거의 나란하고, 해령을 축으로 대칭을 이룬다.
ㄴ. 해령에서 멀어질수록 해저 퇴적물의 두께는 두꺼워진다.
오답 피하기 ㄷ. 해령으로부터 멀어질수록 해양 지각의 나이는 많아진다. 따라서 해양 지각의 나이와 해령으로부터의 거리는 비례 관계이다.

533 ㄱ. 음향 측심법은 음파가 해저에서 반사되어 되돌아오는 시간을 측정하여 수심을 측정하는 방법이다.
ㄷ. 음향 측심법의 원리가 일상 생활에 적용되는 예로는 수산업에서 이용하는 어군 탐지기가 있다.
오답 피하기 ㄴ. 수심은 $(\frac{1}{2} \times$ 음파의 속력 $\times$ 반사되어 되돌아오는 시간$)$으로 구한다.

534 음향 측심법을 이용하여 측정하는 수심 $= \frac{1}{2} \times$ 음파의 속력 $\times$ 반사되어 되돌아오는 시간이다. 따라서 이 해역에서 측정한 수심은 $6000\,m(= \frac{1}{2} \times 8 \times 1500)$이다.

535 ㄴ. 대서양 중앙부는 해령이 발달해 있다. 따라서 A보다 B에 해당한다. A는 주변보다 수심이 깊은 지역이다.
ㄷ. B는 음파의 왕복 시간이 가장 짧은 곳으로 수심이 주변 지역보다 얕다. 따라서 해령으로 추측된다. 이와 같은 지형은 주로 맨틀 대류의 상승부를 따라 나타난다.
오답 피하기 ㄱ. 음향 측심법을 이용하여 측정하는 수심 $= \frac{1}{2} \times$ 음파의 속력 $\times$ 반사되어 되돌아오는 시간이다. 따라서 A의 수심은 $\frac{1}{2} \times 12 \times 1500 = 9000\,m$이다.

536 (가)는 해령, (나)는 해구이다.
ㄴ. 음향 측심법으로 관측한 해저 지형의 모습을 통해 (나)가 해구라는 것을 알 수 있다. (나)에서는 수심이 9000 m 이상인 해구가 나타난다.
오답 피하기 ㄱ. (가)에서 해령 사이의 폭은 약 50 km이다.
ㄷ. 음향 측심법을 이용하여 측정하는 수심 $= \frac{1}{2} \times$ 음파의 속력 $\times$ 반사되어 되돌아오는 시간이다. 따라서 음파의 왕복 시간이 10초인 지점의 수심은 7500 m이다.

537 ㄴ. A와 B는 모두 역자극기에 해당하므로 A와 B가 생성될 당시 지자기 방향은 같다.
ㄷ. 고지자기의 대칭적 분포가 나타나는 것은 해령을 중심으로 해양 지각이 확장되었기 때문이다. 따라서 고지자기 분포는 해저 확장설의 증거가 된다.

오답 피하기 ㄱ. 현재의 지자기 분포와 같은 것을 정자극기, 현재의 지자기 분포와 반대 방향인 것을 역자극기라고 한다. 따라서 A가 생성될 당시의 지자기 분포는 현재와 반대이다.

538 해저 퇴적물의 두께는 해령으로부터 멀어질수록 두꺼워진다. 해양 지각의 연령이 0 부근인 곳이 해령이다.

ㄱ. 해양 지각의 연령이 0 부근인 ○는 해령이 분포하는 발산형 경계에 해당한다.

ㄷ. 판의 평균 이동 속력은 해안으로부터의 거리와 연령에 대한 비로 알 수 있다. 따라서 A−C 구간과 C−E 구간의 판의 이동 속력은 같다.

오답 피하기 ㄴ. 해저 퇴적물의 두께는 해령으로부터 멀어질수록 두꺼워진다. 따라서 해령으로부터의 거리가 먼 E가 D보다 해저 퇴적물의 두께가 두껍다.

539 고지자기 줄무늬는 해령을 축으로 대칭적으로 분포한다.

ㄴ. 정자극기와 역자극기의 간격이 일정하지 않으므로 이 기간 동안 판의 이동 속도는 일정하지 않았다.

오답 피하기 ㄱ. 고지자기 줄무늬는 해령을 축으로 대칭적으로 분포한다. 따라서 이 지역은 해령이 나타나는 발산형 경계에 해당한다.

ㄷ. 400만 년 동안 고지자기 역전이 13번 있었으므로 고지자기의 평균 역전 주기는 약 31만 년이다.

540 A와 D는 발산형 경계인 해령으로, 이 지역에서는 지진이 발생한다. C는 두 판이 서로 어긋나게 이동하는 변환 단층으로 이 지역에서는 지진이 발생한다. B와 E에서는 인접한 두 판이 같은 방향으로 이동하므로 지진이나 화산 활동이 발생하지 않는다.

541 ㄴ. 해양판과 해양판이 만나는 판의 경계인 B보다 해양판과 대륙판이 만나는 판의 경계인 D에서 두 판의 밀도 차이가 더 크다.

오답 피하기 ㄱ. A 지역은 대륙판과 대륙판이 만나 습곡 산맥을 형성한 곳으로 화산 활동이 거의 일어나지 않는다.

ㄷ. C는 대서양 중앙 해령으로 발산형 경계에 해당한다. 따라서 발산형 경계에서 만들어진 마그마가 분출한다.

542 학생 A : 변환 단층은 해령을 수직으로 자르는 방향으로 판의 이동 방향과 나란하게 나타나므로 변환 단층을 통해 판의 이동 방향을 알 수 있다.

학생 B : 변환 단층은 해령과 해령 사이에 존재하는 단층으로 지각이 서로 어긋나는 경계이다.

오답 피하기 학생 C : 변환 단층에서 천발 지진은 활발하게 일어난다. 반면 변환 단층은 마그마의 생성과 관련이 없는 지형으로 화산 활동은 일어나지 않는다.

543 ㄱ. 이 지역은 해양판과 해양판이 만나는 수렴형 경계로 해구가 발달한다.

ㄴ. 지진의 분포가 필리핀판 쪽으로 갈수록 심발 지진이 활발한 것으로 보아 베니오프대의 경사가 태평양판에서 필리핀판으로 기울어져 있음을 알 수 있다. 따라서 태평양판이 필리핀판 아래로 섭입한다.

오답 피하기 ㄷ. 화산 활동은 베니오프대를 따라 형성된 마그마에 의해 발생하므로 태평양판보다 필리핀판에서 많이 발생한다.

544 ㄴ. 고지자기 줄무늬 분포가 B를 중심으로 대칭을 이룬다. 따라서 B가 해령이다. 해령을 중심으로 해저가 확장되므로 B와 C 사이의 거리는 멀어지고 있다.

ㄷ. 해령인 B 부근의 고지자기 분포가 정자극기이다. 따라서 고지자기 이상은 정자극기에 (+), 역자극기에 (−)이다.

오답 피하기 ㄱ. 해령에서 새로운 해양 지각이 생성되므로 지각의 나이가 가장 적은 곳은 해령인 B이다.

545 ㄴ. 진북에 대해 자북이 동쪽에 위치할 때를 동편각, 서쪽에 위치할 때를 서편각이라고 한다. 동편각은 (+), 서편각은 (−)로 나타낸다.

ㄷ. 동일 경도상에서 고위도로 갈수록 편각은 증가한다. 따라서 이 지역과 동일 경도인 고위도에서 측정한 편각은 이 지역보다 크다.

오답 피하기 ㄱ. 이 지역은 복각에서 나침반의 N극이 수평면에 대하여 아래로 내려갔으므로 북반구에 해당한다.

546 ㄴ. 보존형 경계는 판이 서로 수평으로 어긋나게 이동하는 경계로 해령에 대해 수직인 방향으로 발달하며 천발 지진이 활발하다.

ㄷ. 복각은 북반구에서 (+), 남반구에서 (−) 값을 가지며, 자극에 가까울수록 복각은 증가한다. 대륙의 이동 경로는 형성 당시 자화된 암석의 복각과 생성 시기를 이용하여 알아낼 수 있다.

오답 피하기 ㄱ. 지구를 덮고 있는 판은 여러 개의 판으로 나뉘어져 있고 이 판은 맨틀 대류의 영향으로 이동하고 있다.

자료 정리

복각

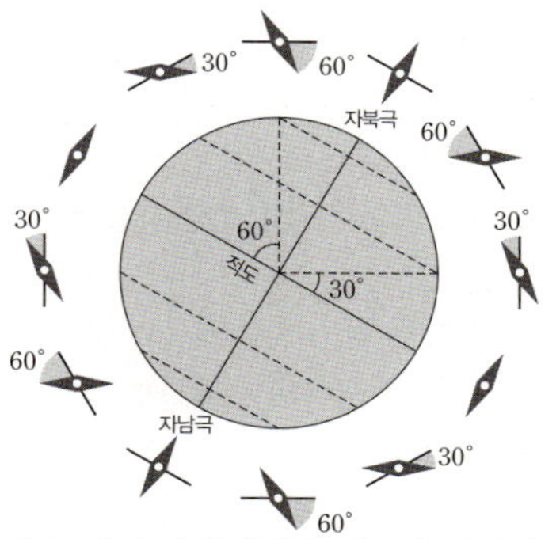

30° 60° 자북극 60° 30° 30° 30° 60° 적도 30° 60° 자남극 30° 60°

- 나침반의 자침은 지구 자기력선의 방향과 나란하게 배열되므로 지표상에서 자침은 수평면에 일정한 각도로 기울어진다.
- 북반구에서는 나침반의 N극이, 남반구에서는 S극이 지표 쪽으로 기울어진다.
- 복각은 자기 적도에서 0°이며, 자북극(+90°)이나 자남극(−90°)으로 갈수록 복각의 절대값은 증가한다.

547 ㄱ. 200 Ma에 고지자기극의 위치와 지괴의 위치가 위도 상 약 15° 차이가 나므로 200 Ma에 이 지괴는 약 75°N에 위치하였다.

오답 피하기 ㄴ. 150 Ma∼100 Ma 동안 이 지괴는 고지자기극과 더 멀어졌으므로 북반구 고위도에서 저위도로 이동하여 복각은 감소하였다.
ㄷ. 200 Ma∼0 Ma 동안 이 지괴는 고위도에서 저위도로 이동하였으며 이동 속도는 점점 느려졌다.

548 ㄱ. 과거에 하나로 모여 있던 거대한 초대륙을 판게아라고 한다. 따라서 판게아의 모습을 보여주는 것은 (다)이다.
ㄴ. 북아메리카와 유럽 대륙이 분리되면서 북대서양이 남대서양보다 먼저 형성되었다.
ㄷ. 과거에 하나의 초대륙으로 이루어져 있던 대륙들이 점차 갈라져 이동하면서 현재와 같은 대륙의 분포가 형성되었다. 따라서 대륙 분포의 변화는 (다) → (가) → (나) 순이다.

549 ㄱ. 대륙의 이동에 의해 초대륙이 형성되면서 판의 충돌에 의해 조산 운동이 일어나므로, (가)의 과정에서 습곡 산맥이 형성될 것이다.
ㄷ. 초대륙인 아마시아의 형성은 대륙 이동에 의한 현상으로 대륙 이동의 원동력은 맨틀 대류이다.

오답 피하기 ㄴ. 약 3억 년∼5억 년을 주기로 초대륙은 주기적으로 형성을 반복했다. 이미 약 12억 년∼8억 년 전에 로디니아, 약 2억 7천만 년 전에 판게아와 같은 초대륙이 있었다.

550 ㄱ. (가)는 대륙이 분리되기 시작하면서 해령을 중심으로 새로운 해양 지각이 형성되는 시기로, 발산형 경계에 의해 형성된 시기이다.
ㄴ. (나)는 해구와 섭입대가 형성된 이후 해구 부근에서 오래된 해양 지각이 소멸되는 시기이다.

오답 피하기 ㄷ. 로디니아는 약 12억 년∼8억 년 전에, 판게아는 약 2억 7천 만 년 전에 형성된 초대륙이다. 따라서 최근에 형성된 초대륙은 판게아이다.

551 ㄱ. 발산형 경계인 열곡을 가운데 두고 있는 A와 B 사이의 거리는 멀어질 것이다.
ㄷ. 발산형 경계인 열곡대를 만드는 판 이동의 원동력은 맨틀 대류이다.

오답 피하기 ㄴ. 동아프리카 열곡대는 발산형 경계이므로 맨틀 대류의 상승부에 해당한다.

552 ㄴ. (나)는 해령으로, 마그마가 상승하면서 판을 밀어내는 힘이 작용한다.

오답 피하기 ㄱ. 판의 경계 중 (가)와 (다)는 수렴형 경계이고, (나)는 발산형 경계, (라)는 보존형 경계에서 일어나는 지각 변동에 해당한다.
ㄷ. (다)는 대륙판이 해양판 아래로 섭입하는 수렴형 경계로, 이곳에서는 차가운 플룸이 형성된다.

553 ㄱ. 지진파 속도 분포를 이용한 지진파 단층 촬영을 통해 맨틀의 온도 분포를 알 수 있다. 이 구간에는 주변보다 지진파의 속도가 느린 구간이 나타나므로 이 구간에서는 뜨거운 플룸이 상승한다.

오답 피하기 ㄴ. 동아프리카 열곡대는 발산형 경계로 열곡대에서 판을 밀어내는 힘이 작용한다.
ㄷ. 동아프리카 열곡대 부근은 지진파의 속도 편차가 (−) 값을 나타내므로 주변보다 지진파의 속도가 느리다.

554 ㄱ. 하와이 열도는 판의 내부에서 일어나는 열점에 의한 화산 활동으로 형성되었다.

오답 피하기 ㄴ. 하와이 열도의 배열 방향이 바뀐 것으로 보아 열도가 형성되는 동안 판의 이동 방향은 일정하지 않았음을 알 수 있다.
ㄷ. 하와이 열도는 열점에 의한 화산 활동에 의해 형성된 것으로 섬들의 배열 방향을 통해 판의 이동 방향을 알 수 있다. 현재 판의 이동 방향은 북서쪽이다. 따라서 앞으로 생기는 화산섬은 하와이섬보다 남동쪽에 위치할 것이다.

555 ㄱ. 암석이나 맨틀에 물이 포함되면 물질의 용융점을 낮춘다. 따라서 물을 포함하지 않은 화강암의 용융 온도는 물을 포함한 화강암보다 높다.
ㄷ. Y의 마그마는 열점의 마그마로 압력 감소인 A → C 과정에 의해 생성된다.

오답 피하기 ㄴ. X의 마그마는 해령을 형성하는 마그마로 A → C 과정에 의해 생성된다.

556 ㄱ. 유색 광물의 함량비가 높고 SiO_2 함량비가 52 % 이하인 A는 현무암질 마그마이며, 유색 광물의 함량비가 낮고 SiO_2 함량비가 63 % 이상인 B는 유문암질 마그마이다.
ㄴ. 산성암에 함량이 높은 Na_2O+K_2O의 질량비는 A가 B보다 작다.
ㄷ. 무색 광물은 유문암질 마그마인 B가 현무암질 마그마인 A보다 많이 정출된다.

557 영희: (나)는 열점의 마그마로 압력 감소에 의해 형성된 현무암질 마그마이며 그 위치가 고정되어 있다.

영수: (다)에서는 섭입대에서 형성된 현무암질 마그마가 대륙 지각의 화강암과 만나 안산암질 마그마가 형성된다.

오답 피하기 철수: (가)는 해령을 형성하는 마그마로 압력 감소에 의해 형성된 마그마이다. 물의 공급에 의해 용융점이 낮아져 형성된 마그마는 섭입대에서 형성된 마그마이다.

558 ㄴ. A를 기준으로 화강암과 유문암의 산성암과 현무암과 반려암의 염기성암으로 분류되었다. 따라서 'SiO_2 함량이 52 % 이상인가?'는 A에 적합한 분류 기준이다.
ㄷ. B를 기준으로 화산암인 유문암, 현무암과 심성암인 화강암, 반려

암으로 분류되었다. 따라서 '세립질 조직에 해당하는가?'는 B에 적합한 분류 기준이다.

오답 피하기 ㄱ. 유문암은 SiO_2 함량이 63 % 이상인 산성암이고, 현무암은 SiO_2 함량이 52 % 이하인 염기성암에 해당한다.

559 (가)의 제주도 주상 절리는 현무암으로, (나)의 북한산은 화강암으로 이루어졌다.

ㄷ. 암석을 이루는 광물 입자의 크기는 현무암인 (가)보다 화강암인 (나)가 크다.

오답 피하기 ㄱ. 제주도 주상 절리는 신생대 현무암으로, 북한산은 중생대 화강암으로 이루어졌다. 따라서 암석의 나이는 (가)보다 (나)가 많다.
ㄴ. 암석의 색은 유색 광물을 많이 포함하고 있는 현무암인 (가)는 어두운 색을 띠고, 무색 광물을 많이 포함하고 있는 화강암인 (나)는 밝은 색을 띤다.

<table>
<tr><td colspan="2">I-2. 지구의 역사</td><td align="right">10 ~15쪽</td></tr>
</table>

560 ⑤	**561** ③	**562** ④	**563** ④	**564** ⑤	**565** ③	**566** ③
567 ⑤	**568** ①	**569** ①	**570** ③	**571** ⑤	**572** ④	**573** ③
574 ②	**575** ③	**576** ④	**577** ②	**578** ④	**579** ②	**580** ①
581 ②	**582** ①	**583** ③				

560 ⑤ 풍화, 침식 작용에 의해 생성된 퇴적물이 쌓여 형성된 암석을 쇄설성 퇴적암이라고 한다. 유기적 퇴적암은 생물의 유해 등 유기물이 쌓여서 형성된 암석이다.

오답 피하기 ① 암염은 물이 증발하면서 침전하여 형성된 화학적 퇴적암이다.
② 화산재가 쌓여 형성된 암석을 응회암이라고 한다.
③, ④ 퇴적물이 퇴적암이 되는 과정을 속성 작용이라고 하며 속성 작용 중 다짐 작용을 받으면 공극이 줄어든다.

561 ③ 석회암은 화학적 또는 유기적 퇴적물에 의해 형성된 퇴적암이다. 따라서 C → E 또는 D → E의 과정으로 형성된다.

오답 피하기 ① 화산 쇄설물과 암석의 풍화에 의해 형성된 퇴적물은 쇄설성 퇴적물이다.
② 생명체의 유해는 유기적 퇴적물로, 생물의 유해나 골격의 일부가 쌓여서 만들어진 퇴적암은 유기적 퇴적암이다.
④ 화학적 퇴적암은 C → E의 과정으로 형성된다.
⑤ 퇴적물이 퇴적암이 되는 E 과정은 다짐 작용과 교결 작용으로 이루어진 속성 작용이다.

562 ㄴ. (나)는 탄산 칼슘으로 이루어진 화학적 퇴적암인 석회암이다. 석회암은 물에 녹아 있던 침전물이나 생물의 유해가 쌓여 형성된 것이다.
ㄷ. 화산재가 쌓여 형성된 (다)는 쇄설성 퇴적암인 응회암이다.

오답 피하기 ㄱ. 자갈, 모래, 점토로 이루어진 (가)는 쇄설성 퇴적암인 역암이다.

563 ㄴ. 위로 갈수록 입자의 크기가 작아지는 퇴적 구조인 점이 층리 (나)는 퇴적물의 침강 속도 차이로 형성된 것이다.
ㄷ. 점이 층리는 수심이 깊은 곳, 연흔은 수심이 얕은 곳에서 잘 형성된다. 퇴적 당시 물의 수심은 (가)보다 (나) 지역이 더 깊다.

오답 피하기 ㄱ. 연흔은 횡압력을 받아 형성된 것이 아니고, 대기와 접하는 표층의 물결 자국이 바닥에 남아 형성된 물결 모양의 퇴적 구조이다.

564 A는 역암, B는 규조토이다.
ㄱ. A는 자갈, 모래, 점토가 퇴적되어 형성된 역암으로 주요 퇴적물은 자갈이다.
ㄴ. 암염은 화학적 퇴적암, 규조토는 유기적 퇴적암이다. 따라서 '화학적 퇴적암인가?'는 ㉠에 해당한다.
ㄷ. 규조토 B는 주로 규질 생물체가 퇴적되어 생성된다.

565 ㄱ, ㄴ. 단층면을 기준으로 위쪽에 위치한 것을 상반이라고 한다. 이 지층에서는 B가 상반이다. 이 지층은 장력에 의한 정단층과, 지층이 수평 방향으로 이동한 주향 이동 단층이 나타난다.

오답 피하기 ㄷ. 이 지층에서는 정단층과 주향 이동 단층이 나타나며, 역단층은 나타나지 않는다.

566 ㄱ. 습곡에서 지층이 위로 휘어진 부분을 배사, 아래로 휘어진 부분을 향사라고 한다. A는 위로 휘어진 부분이므로 배사이다.
ㄷ. 이 지역은 습곡이 나타난 것으로 보아 과거에 횡압력을 받은 적이 있고, 정단층이 형성된 것으로 보아 장력을 받은 적이 있다.

오답 피하기 ㄴ. $f-f'$는 상반인 단층의 우측 지층이 아래로 내려갔으므로 정단층이다.

자료 정리

단층의 종류

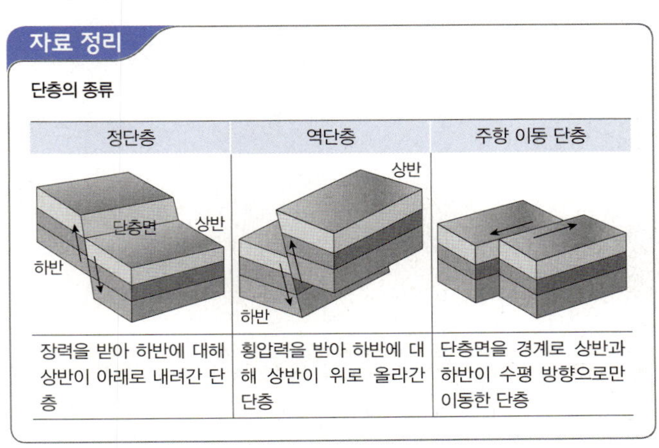

567 ㄱ, ㄴ. 이 지역에서는 습곡에서 지층이 위로 휘어진 배사 구조가 나타나고, 횡압력에 의해 상반이 위로 이동한 역단층이 나타난다.

ㄷ. 한 개의 부정합이 나타나고, 퇴적이 이루어진 지층이 융기하여 육지로 나타난 것이므로 이 지역은 최소한 두 번의 융기가 있었다.

568 ㄱ. (가)는 수평 퇴적의 법칙, (나)는 동물군 천이의 법칙에 대한 설명이다.

오답 피하기 ㄴ. 동물군 천이의 법칙은 표준 화석을 이용하여 지층의 선후 관계를 파악한다.

ㄷ. (가), (나)와 같은 지사학의 법칙을 이용하여 지층의 선후 관계인 상대 연령을 판단할 수 있다. 절대 연령은 방사성 동위 원소의 반감기를 이용하여 측정한다.

569 ㄱ. (가)는 부정합면 아래의 지층이 경사져 있는 경사 부정합이다.

오답 피하기 ㄴ. 관입한 암석은 관입당한 암석보다 나중에 형성된 암석이다. B가 관입당한 암석으로 관입한 암석인 A보다 먼저 형성된 것이다.

ㄷ. (가)의 부정합은 퇴적－융기－침식－침강－퇴적 작용에 의해 형성된 것이고, (나)의 관입암은 화산 활동에 의해 형성된 것이다.

570 ㄱ. 건층은 넓은 지역에 걸쳐 분포하고 짧은 시간 동안 퇴적된 지층이어야 한다. 셰일층은 같은 지역에서도 여러 시기에 나타나므로 건층으로 적합하지 않다. 건층으로는 셰일층보다 역암층이 더 적합하다.

ㄷ. 역암층을 건층으로 지층을 대비해 보았을 때 가장 오래된 지층은 B에서 나타난다.

오답 피하기 ㄴ. A의 사암층은 건층인 역암층보다 나중에 형성된 것이고, B의 사암층은 건층인 역암층보다 먼저 형성된 것이다. 따라서 같은 시기에 형성된 층이 아니다.

571 건층은 넓은 지역에 걸쳐 분포하고 짧은 시간 동안 퇴적된 지층이 적합하다. 서로 멀리 떨어진 지역에서 산출된 화석을 이용해 지층의 선후 관계를 비교하는 것은 동물군 천이의 법칙이 적용된 것이다.

ㄱ. 지층의 대비에 표준 화석이 사용되었으므로 동물군 천이의 법칙이 적용되었다.

ㄴ. 건층을 ●이 포함된 층으로 하였을 때 가장 오래된 지층이 포함된 지역은 D이다.

ㄷ. 건층으로 가장 적합한 것은 네 지역에 모두 분포하는 지층인 ●이 포함된 지층이다.

572 마그마 활동에 의한 분출암에서는 기저 역암이, 관입암에서는 포획암이 나타난다.

ㄴ. (가)에서는 기저 역암이, (나)에서는 포획암이 관찰된다.

ㄷ. 기저 역암이 나타나는 (가)의 화성암은 A가 분출된 후 침식 작용을 받은 후 B가 퇴적된 것이다. 포획암이 나타나는 (나)의 화성암은 B가 형성되어 있던 지역에 A가 관입한 것이다.

오답 피하기 ㄱ. 분출암인 A가 나타난 (가) 지역의 암석 생성 순서는 A→B→C이다.

573 ㄱ. (가)의 단층 $f-f'$는 상반이 위로 올라간 역단층이다.

ㄷ. 이 지역 지층의 선후 관계를 밝히는데 관입의 법칙, 지층 누중의 법칙, 부정합의 법칙이 이용되었다.

오답 피하기 ㄴ. P는 1억 년 전, Q는 2억 년 전에 형성된 암석이다. 따라서 부정합은 중생대에 형성되었다.

574 ㄷ. 그림 (나)에서 구간 X－a에는 화강암, a－b에는 셰일, b－Y에는 사암이 분포한다.

오답 피하기 ㄱ. 암석은 연령이 많은 것부터 순서대로 셰일 → 사암 → 화강암 순으로 생성되었다. 따라서 세 암석 중 셰일이 가장 먼저 생성되었다.

ㄴ. 그림 (나)에서 셰일층(a－b 구간)은 위로 갈수록 연령이 증가하므로 지층이 역전되었음을 알 수 있다. b－Y 구간에서는 위로 갈수록 연령이 감소하므로 지층의 역전이 없었다.

575 시간이 지남에 따라 양이 줄어드는 A는 모원소이고, 양이 늘어나는 B는 자원소이다.

ㄱ. 그림에서 모원소의 양이 절반으로 줄어드는 데 걸린 시간은 2억 년이다. 따라서 이 원소의 반감기는 2억 년이다.

ㄴ. 시간이 지날수록 모원소의 양이 줄어들고 자원소의 양이 늘어난다. 따라서 $\dfrac{자원소의\ 양}{모원소의\ 양}$ 의 값은 증가한다.

오답 피하기 ㄷ. 반감기를 2회 지나면 모원소의 양은 처음 양의 $\dfrac{1}{4}$로 줄어든다.

576 ㄴ. 암모나이트가 번성한 지질 시대는 중생대이다. 중생대는 대체로 온난하였으며, 빙하기가 없었다.

ㄷ. 신생대 말인 제4기에는 4번의 빙하기와 3번의 간빙기가 반복되어 나타났다.

오답 피하기 ㄱ. 지질 시대 동안 기온은 온난과 한랭이 불규칙적으로 반복되었다. 기온이 점점 높아지거나 낮아지는 일정한 경향성은 없다.

577 과거 약 40만 년 동안 A 기체는 180～300 ppm 사이에서 변화하므로 이산화 탄소이다.

ㄷ. 대기 중 A 기체의 농도 변화와 기온 편차의 변화는 대체로 비례하므로 A 기체가 지속적으로 증가하면 지구의 평균 기온은 상승할 것이다.

오답 피하기 ㄱ. 평균 기온은 과거 약 40만 년 동안 현재보다 낮은 시기가 더 많았으므로 평균 해수면도 현재보다 낮은 시기가 더 많았다.

ㄴ. 약 18만 년 전에는 현재보다 지구의 평균 기온이 낮았으므로 극 지역과 대륙에 빙하가 많았을 것이다. 이때 무거운 물 분자보다 증발이 잘 일어나는 가벼운 물 분자가 빙하에 더 많이 저장되므로 빙하의 산소 동

위 원소비($^{18}O / ^{16}O$)는 현재보다 낮았으며 바다로 되돌아오는 가벼운 물 분자의 양이 감소하여 해수의 산소 동위 원소비는 현재보다 높았을 것이다.

578 ④ C 지층은 1억 년 전과 2억 년 전 사이에 해당하는 중생대 지층이다. 따라서 암모나이트, 공룡 등의 화석이 산출될 수 있다.

[오답 피하기] ①, ②, ③ 필석, 삼엽충, 갑주어는 모두 고생대의 표준 화석으로 약 2억 5천만 년 전 이전의 지층에서 산출된다.
⑤ 단풍잎 화석은 신생대의 화석으로 약 6천 6백만 년 전 이후의 지층에서 산출된다.

579 ㉠은 중생대, ㉡은 신생대, ㉢은 고생대의 수륙 분포에 해당한다. 따라서 ㉠은 중생대 표준 화석인 암모나이트, ㉡은 신생대 표준 화석인 화폐석, ㉢은 고생대 표준 화석인 삼엽충과 연결된다.

580 A는 공룡, B는 암모나이트이다.
ㄱ. 고생대 표준 화석인 삼엽충과 중생대 표준 화석인 암모나이트를 구별하는데 '고생대 표준 화석인가?'는 적합한 물음이다.

[오답 피하기] ㄴ. 중생대 표준 화석인 공룡과 함께 번성했던 식물은 겉씨식물이다. 속씨식물은 신생대에 번성하였다.
ㄷ. 고생대가 중생대보다 시간적 길이가 길다. 따라서 삼엽충이 암모나이트보다 지구상에 더 오랜 기간 동안 분포하였다.

581 A는 선캄브리아 시대, B는 고생대, C는 중생대, D는 신생대이다.
ㄴ. 판게아는 고생대 말에 형성되었다. (나)에서 육상 식물의 출현은 고생대, 겉씨식물의 번성은 중생대이므로 고생대 말에 해당하는 시기는 ㉢이다.

[오답 피하기] ㄱ. 삼엽충의 출현과 육상 식물의 출현은 모두 고생대인 B 시대에 일어났다.
ㄷ. 최초의 육상 식물은 고생대에 출현하였다. 따라서 지질 시대는 B 이다.

582 ㄱ. 공룡은 중생대에 번성했던 육상 생물로 중생대 말에 멸종하였다. 따라서 ⑤ 시기에 멸종하였다.

[오답 피하기] ㄴ. 판게아는 고생대 말에 형성되었다. 따라서 ③ 시기에 해당한다.
ㄷ. 고생대와 중생대의 경계는 약 2억 5천만 년 전이므로 ③ 시기에 해당한다.

583 ③ 가장 멸종률이 높은 C 시기는 약 2억 5천만 년 전으로 고생대 말에 해당하는 페름기이다.

[오답 피하기] ① A 시기는 4억 년 전과 5억 년 전 사이로 고생대에 해당한다. 파충류는 중생대에 등장하여 번성했다.

② B 시기는 고생대 후기에 해당하는 석탄기이다. 캄브리아기는 고생대 초이다.
④ D 시기는 중생대 초에 해당한다. 오늘날과 비슷한 수륙 분포를 형성한 것은 신생대 이후이다.
⑤ E 시기는 신생대 초에 해당한다. 매머드가 멸종한 시기는 신생대 말이다.

지질 시대의 수륙 분포
· 고생대 : 말기에 판게아를 형성하면서 대규모 조산 운동이 일어났다.
· 중생대 : 트라이아스기 말부터 판게아가 분리되기 시작하였고, 쥐라기 초에 대서양이 형성되기 시작하였다.
· 신생대 : 판게아에서 분리된 인도 대륙과 아프리카 대륙이 유라시아 대륙과 충돌하여 히말라야산맥과 알프스산맥이 형성되었다.

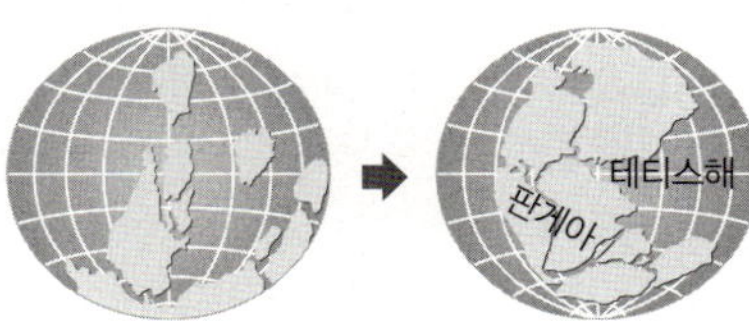

▲ 고생대의 수륙 분포 변화

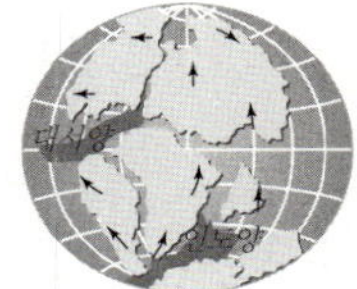
▲ 중생대의 수륙 분포

▲ 신생대의 수륙 분포

II-1. 대기와 해양의 변화　　16 ～ 23쪽

584 ⑤	585 ④	586 ①	587 ④	588 ②	589 ④	590 ②
591 ③	592 ⑤	593 ②	594 ①	595 ⑤	596 ①	597 ⑤
598 ④	599 ③	600 ④	601 ①	602 ④	603 ④	604 ⑤
605 ⑤	606 ④	607 ①	608 ②	609 ②	610 ①	611 ③
612 ③	613 ②	614 ①	615 ④	616 ②	617 ⑤	618 ①
619 ④						

584 ⑤ 기단이 발원지를 떠나 다른 지역으로 이동하면 점차 변질될 수 있다.

오답 피하기 ①, ② 기단은 넓은 지역에 걸쳐 균일한 지면 위에서 공기 덩어리가 오래 머물 때 생성되는데, 기단은 온도와 습도가 거의 균일하다. ③, ④ 시베리아 기단은 고위도의 대륙에서 만들어진 한랭 건조한 기단이고, 북태평양 기단은 저위도 해양에서 만들어진 고온 다습한 기단이다.

585 ④ 오호츠크해 기단은 한랭 다습한 해양성 기단으로 늦은 봄철에 동풍이 불 때 우리나라 날씨에 영향을 미치거나, 초여름 장마철에 영향을 미치는 기단이다.

586 등압선의 중심부로 갈수록 기압이 높아지므로 고기압이 발달해 있다. 북반구 고기압에서는 비교적 날씨가 맑고, 바람이 시계 방향으로 불어나온다. 따라서 A 지점에서는 북서풍이 불고, 비교적 하늘이 맑다.

587 우리나라의 날씨에 영향을 미치는 기단에는 시베리아 기단, 오호츠크해 기단, 양쯔강 기단, 북태평양 기단이 있다. A는 한랭 건조한 시베리아 기단(ⓒ)이고, B는 한랭 다습한 오호츠크해 기단(㉠)이다. C는 온난 건조한 양쯔강 기단(㉣)이고, D는 고온 다습한 북태평양 기단(ⓛ)이다.

588 차고 건조한 시베리아 기단이 황해를 지나는 동안 기단의 하층부가 불안정해진다.

ㄷ. 황해를 지나면서 기단의 하부가 가열되어 적란운이 형성되면 우리나라에 비나 눈이 올 수 있다.

오답 피하기 ㄱ, ㄴ. 이 기단은 한랭한 대륙성 기단이므로 시베리아 기단이며, 따뜻한 바다를 지나면서 기단의 하층부가 가열되어 불안정해진다.

589 한랭 전선은 점차 오른쪽으로 이동하여 B 지역을 통과한다.

④ 한랭 전선이 B 지역을 통과하면 기압이 상승한다.

오답 피하기 ① 이 전선은 찬 공기가 따뜻한 공기 아래로 파고들면서 형성된 한랭 전선이다.

② 한랭 전선 뒤쪽에 위치한 A 지역에서는 북서풍이 분다.

③ 기온은 찬 공기가 위치한 A 지역이 따뜻한 공기가 위치한 B 지역보다 낮다.

⑤ 이 전선은 찬 공기에 의해 점차 오른쪽으로 이동하여 B 지역을 통과할 것이다.

590 이날 우리나라의 남부 지방에 정체 전선이 발달해 있다. 이 전선은 북태평양 고기압(A)이 강해지면 북상한다.

ㄷ. A는 북태평양 고기압이다. A의 세력이 강해지면 정체 전선은 북쪽으로 이동한다.

오답 피하기 ㄱ. 제주도에서는 북태평양 고기압의 영향으로 남풍 계열의 바람이 분다.

ㄴ. 우리나라의 남부 지방은 정체 전선의 영향으로 흐리고 비가 내릴 것이다.

591 서고동저형의 기압 배치가 나타나므로 전형적인 겨울철 일기도이다.

③ 시베리아 고기압의 영향으로 북서풍이 불고, 한파가 나타날 수 있다.

오답 피하기 ①, ②, ④ 집중 호우, 열대야, 폭염 주의보는 북태평양 고기압이 발달하는 여름철에 잘 나타난다.

⑤ 이동성 고기압에 의해 비교적 맑은 날씨가 잘 나타나는 계절은 가을철이다.

592 (가)는 한랭 전선, (나)는 온난 전선이다. 한랭 전선의 후면인 A 지역에는 적란운, 온난 전선의 전면인 D 지역에는 층운형 구름이 분포한다.

⑤ (나)에서 구름은 온난 전선의 앞쪽인 D 지역에 발달한다.

오답 피하기 ① (가)는 찬 공기가 아래로 파고드는 한랭 전선이다.

② 전선의 이동 속도는 한랭 전선인 (가)가 온난 전선인 (나)보다 빠르다.

③ 기온은 찬 공기가 있는 A 지역이 따뜻한 공기가 있는 B 지역보다 낮다.

④ 한랭 전선에서 전선면은 찬 공기가 있는 A 지역 상공에 위치한다.

593 주로 한대 전선대에서 잘 형성되는 온대 저기압은 한랭 전선과 온난 전선을 동반하며, 편서풍의 영향으로 서쪽에서 동쪽으로 이동한다.

② A 지역은 북서풍, B 지역은 남서풍, C 지역은 남동풍이 분다.

오답 피하기 ① 기온은 한랭 전선 뒤쪽에 위치한 A 지역이 B 지역보다 낮다.

③ 온난 전선 앞쪽에 위치한 C 지역에서는 이슬비가 내린다.

④ C 지역은 전선 통과 후, 기온이 상승하고 저기압의 중심부에 가까워지면서 기압이 낮아진다.

⑤ 온대 저기압의 중심은 편서풍의 영향으로 점차 동쪽으로 이동한다.

594 온대 저기압은 보통 폐색 전선이 형성될 무렵을 전후하여 중심 기압이 가장 낮고, 세력도 가장 강하다.

ㄱ. 우리나라 주변에서 온대 저기압은 주로 동쪽으로 이동하므로 일기도를 작성한 순서는 (가) → (나)이다.

오답 피하기 ㄴ. 제주에서 비가 내릴 가능성은 온난 전선 앞쪽에 위치

해 있는 (가)일 때 높다. (나)일 때는 한랭 전선으로부터 멀리 떨어져 있
어 비가 올 가능성이 희박하다.
ㄷ. 온대 저기압이 (가) → (나)로 가면서 중심부의 기압이 낮아지면서
세력이 강해졌다.

595 저기압이 통과하는 동안 남동 계열의 바람이 불었으므로 ⓛ에서
관측하였다. 따라서 ⓛ에서 바람은 남동풍 → 남서풍 → 북서풍 순으로
불었다.
ㄴ. 바람을 관측한 순서는 C(남동풍) → B(남서풍) → A(북서풍)이다.
ㄷ. ⓛ에서 기압은 한랭 전선과 온난 전선 사이에 위치하여 남서풍이 부
는 B일 때 가장 낮았을 것이다. 이 시기에 저기압의 중심부에서 가장
가깝다.
 ㄱ. (나)에서 B와 C일 때 남풍 계열의 바람이 불었다. 따
라서 (나)는 ⓛ에서 관측한 결과이다.

596 16시 이전에 남서풍, 17시 이후에 북서풍이 불었다. 따라서 16
시~17시 사이에 한랭 전선이 통과하였다.
ㄱ. 한랭 전선이 통과하면 기온은 낮아지고, 기압은 상승한다. 따라서
A는 기온, B는 기압이다.
 ㄴ, ㄷ. 16~17시 사이에 한랭 전선이 통과하였으므로 전
선이 통과한 직후 소나기가 내릴 것이다.

597 가시 영상에서는 두꺼운 구름일수록 밝게 나타나며, 적외 영상에
서는 고도가 높은 구름일수록 밝게 나타난다.
ㄱ, ㄴ. (가)에서는 반사된 빛을 관측하므로 가시광선 영상에 해당한다.
따라서 두꺼운 구름 ㉠이 얇은 구름 ⓛ보다 밝게 나타난다.
ㄷ. (나)에서는 적외선 에너지를 관측하므로 적외 영상에 해당한다. 따
라서 고도가 낮은 구름 ㉢은 고도가 높은 구름 ㉣보다 어둡게 나타난다.
(주의 : 적외 영상에서는 적외선이 강할수록—온도가 높을수록 어둡게
나타난다.)

598 태풍은 18일~19일까지 북서쪽으로 진행하였고, 19일~22일까
지 북동쪽으로 진행하였다. 따라서 19일 무렵에 전향점을 통과하였다.
④ 태풍이 전향점을 지난 후 편서풍대에서 이동 속도가 빨라졌다.
 ① 태풍은 5°~25°의 열대 해상에서 발생한다.
② 이동 방향은 북서쪽에서 북동쪽으로 바뀌었다.
③ 중심 기압이 낮을수록 최대 풍속이 강하므로 대체로 반비례한다.
⑤ 20일에는 태풍의 중심 기압이 가장 낮고, 풍속이 가장 강했다. 따라
서 이 시기에 태풍의 세력이 가장 강했다.

599 태풍은 ㉠에서 무역풍의 영향으로 북서쪽으로, ⓛ에서 편서풍의
영향으로 북동쪽으로 이동한다. 편서풍대에서는 태풍이 고위도로 이동
함에 따라 수증기 공급량이 감소하면서 세력이 약해진다.
ㄷ. 편서풍대에 위치한 ⓛ에서 태풍은 고위도로 갈수록 세력이 약해지
므로 중심 기압이 증가한다.

 ㄱ. 태풍은 대체로 전향점에서 이동 속도가 느리다.
ㄴ. 무역풍대에 위치한 ㉠에서 태풍은 대체로 북서쪽으로 이동한다.

600 태풍 중심부가 통과할 경우, 통과 전과 후에 풍향은 정반대로 바
뀐다. 자료에서 18시~21시 사이에 풍향이 180° 바뀌었다는 것을 확인
할 수 있다.
ㄴ, ㄷ. 태풍의 중심부는 18시~21시 사이에 P 지점을 통과하였으며,
이때 P 지점의 기압은 가장 낮았을 것이다.
 ㄱ. P에서 풍향은 태풍 통과 전에 대체로 동풍, 통과 후에
대체로 서풍이 불었다.

601 태풍 진행 방향의 오른쪽은 태풍의 풍속에 진행 속도가 더해져 바
람이 상대적으로 강하게 불어 위험 반원이라고 한다.
ㄱ. 태풍의 중심 기압은 세력이 약해질수록 점점 높아진다. 따라서 T₁
보다 T₃일 때 중심 기압이 높다.
 ㄴ. 태풍은 편서풍의 영향을 받아 북동쪽으로 이동하였다.
ㄷ. 부산은 태풍 진행 방향의 왼쪽에 위치하였으므로 안전 반원에 위치
하였다.

602 최근에 발생한 태풍 수의 평균값을 비교하면 1986년~2015년
(30년) 사이에 연평균 24.5개 발생했으며, 2006년~2015년(10년) 사
이에 연평균 23.2개 발생했다.
ㄱ, ㄴ. 연간 발생하는 평균 태풍 수와 우리나라에 영향을 주는 평균 태
풍 수는 모두 최근 10년이 30년 평균보다 적다.
 ㄷ. 열대 해역의 표층 수온이 높을수록 열대 저기압이 자
주 형성되어 태풍으로 발달할 가능성이 크다. 따라서 태풍 발생 해역의
표층 수온은 태풍 발생 수가 많은 7~9월에 더 높다.

603 태풍의 중심 기압이 낮을수록 세력이 강하다. A의 전향점은 30°
보다 고위도에, B의 전향점은 30°보다 저위도에 위치한다.
ㄱ. 태풍 발생 당시의 중심 기압은 A가 B보다 낮았으므로 태풍의 세력
은 A가 B보다 컸다.
ㄷ. 태풍의 진행 경로가 바뀌는 전향점의 위치는 A가 B보다 고위도에
위치하였다.
 ㄴ. B는 P 지점의 오른쪽으로 통과하였으므로 P는 안전
반원에 위치하였다.

604 관측소에서 풍향은 시계 방향으로 변하였으며, 풍속은 16일 18시
보다 16일 21시에 더 강했다.
ㄱ. 중심 풍속은 16일 09시보다 17일 03시에 작았으므로 중심 기압은
16일 09시보다 17일 03시에 높았다. 따라서 960 hPa보다 높다.
ㄴ. 태풍이 지나가는 동안 관측소에서 풍향은 시계 방향(북동풍 → 남동
풍 → 남서풍)으로 바뀌었다. 따라서 관측소는 태풍의 위험 반원에 위치
하였다.

ㄷ. 태풍 중심에 가까울수록 풍속이 강하므로 관측소와 태풍 중심 사이의 거리는 16일 18시보다 16일 21시에 가까웠다.

605 (가)는 한랭 전선과 온난 전선을 동반한 온대 저기압이고, (나)는 태풍의 눈이 발달한 열대 저기압이다.
⑤ 우리나라 부근에서 (가)는 편서풍의 영향으로 동쪽으로, (나)는 편서풍의 영향으로 북동쪽으로 이동한다.
오답 피하기 ① (가)는 온대 저기압, (나)는 열대 저기압이다.
② (가)는 전선을 동반하지만, (나)는 전선을 동반하지 않는다.
③ (가)와 (나)는 북반구와 남반구에서 모두 발생한다.
④ (가)는 한대 전선대 부근에서, (나)는 열대 해상에서 잘 발생한다.

606 천둥, 번개, 소나기를 동반하는 거대한 적란운을 뇌우라고 한다. 뇌우는 대기가 매우 불안정한 상태에서 공기가 상승할 때 발생하며, 적운 단계 → 성숙 단계 → 소멸 단계를 거친다.
ㄴ, ㄷ. 뇌우는 강한 상승 기류에 의해 형성되며, 한랭 전선이나 태풍에 동반되어 나타날 수 있다. 뇌우에서 강수 구역은 하강 기류가 나타나는 B에서 주로 나타난다.
오답 피하기 ㄱ. 상승 기류와 하강 기류가 동시에 나타나는 성숙 단계에 해당한다.

607 우박과 국지성 호우는 강한 상승 기류에 의해 생성된 뇌우에 동반되어 잘 나타난다.
ㄱ. (가)와 (나)는 모두 강한 상승 기류가 우세하여 적란운이 발달할 때 나타난다.
오답 피하기 ㄴ, ㄷ. (가)와 (나)의 악기상이 지속되는 시간은 보통 수 시간 이내이며, 규모와 지속이 비교적 짧기 때문에 발생 시각과 범위를 정확하게 예보하기가 어렵다.

608 a는 혼합층, b는 수온 약층, c는 심해층이다.
② b 구간은 수온 약층으로 해수의 연직 운동이 일어나기 어려운 안정한 층이다.
오답 피하기 ① a 구간은 주로 바람에 의한 혼합으로 형성된 혼합층이다.
③ 해수의 밀도는 수심이 깊어질수록 증가한다.
④ c 구간은 심해층으로 연중 수온이 거의 일정한 층이다.
⑤ 수온 약층(b)에서는 연직 운동이 억제되기 때문에서 a 구간과 c 구간 사이에서 물질 교환이 어렵다.

609 바람이 강할수록 혼합층의 두께는 두꺼워진다. 고위도에서는 표층 수온이 낮아 수온 약층이 나타나지 않는다.
ㄴ. 심해층은 태양 복사 에너지의 영향을 거의 받지 않으므로 위도별 수온 차이가 거의 없다.
오답 피하기 ㄱ. 바람은 적도 부근보다 혼합층이 더 두꺼운 중위도에서 강하게 분다.

ㄷ. 고위도 해역은 깊이에 따른 수온 차이가 거의 나타나지 않으므로 층상 구조가 뚜렷하지 않다.

610 해수의 표층 염분은 증발량과 강수량에 큰 영향을 받으며, (증발량−강수량)이 클수록 표층 염분이 높게 나타난다.
ㄱ. 적도 해역은 증발량에 비해 강수량이 더 많기 때문에 (증발량−강수량)이 음(−)의 값을 갖는다.
오답 피하기 ㄴ. 위도 30° 부근 해역에서는 (증발량−강수량)이 가장 크게 나타나므로 적도 해역에 비해 표층 염분이 높다.
ㄷ. 위도 60° 부근 해역에는 극동풍과 편서풍이 수렴하는 고위도 저압대가 발달한다.

611 해수의 밀도는 수온에 반비례하고, 염분에 비례한다.
ㄱ, ㄴ. B 해역은 A 해역보다 바람이 강하므로 혼합층이 두껍고, 표층 해수의 수온이 낮고 염분이 높으므로 해수의 밀도가 크다.
오답 피하기 ㄷ. 심해층의 수온은 연중 일정하며, 위도에 따른 차이가 거의 없으므로 A, B 두 해역에서 심해층의 수온은 거의 같다. 혼합층의 수온은 저위도에 위치한 A 해역이 B 해역보다 높다. 따라서 혼합층과 심해층의 수온 차이는 A 해역에서 더 크다.

612 수심이 깊어질수록 수온이 대체로 감소하고, 압력은 증가한다.
③ 밀도가 큰 해수일수록 깊은 곳에 분포한다.
오답 피하기 ① 수온은 수심에 대체로 반비례한다.
② 해수의 연직 염분 분포는 수심과 직접적인 관계가 없다.
④ 용존 산소량은 표층에 가장 많고, 깊어질수록 감소하다가 다시 증가하며 수심 1000 m 부근에서 최소가 된다.
⑤ 플랑크톤은 산소가 풍부한 표층에 풍부하다.

613 (가)는 수온 분포, (나)는 염분 분포이다. 깊이에 따른 밀도 변화는 수온이 급변하는 수온 약층에서 가장 크다.
ㄴ. 심해층은 수온 변화가 없는 일정한 층으로 대략 200 m 깊이에서 시작된다.
오답 피하기 ㄱ. (가)는 수심이 깊어질수록 감소하므로 수온 분포이다.
ㄷ. 깊이에 따른 밀도 변화는 수온 약층에서 가장 크게 나타난다.

614 (가)와 (나)에서 우리나라 주변 표층 해수의 수온은 높아지고, 염분은 낮아지는 추세이다.
ㄱ. 수온이 상승하고 있으므로 평균 해수면은 높아진다.
오답 피하기 ㄴ. 수온이 상승하고, 염분이 낮아지므로 밀도는 감소하는 추세이다.
ㄷ. 표층 수온의 상승으로 한류성 어종의 어획량이 점점 감소한다.

615 우리나라는 여름철에 강수량이 많기 때문에 겨울철에 비해 표층 염분이 낮게 나타난다. 또한 하천수가 주로 유입되는 황해에서 표층 염

분 변화량이 크다.

ㄱ. (가)에서 A 해역은 34.0 psu 등수치선의 안쪽에 위치하므로 염분이 34.0 psu보다 높다.

ㄴ. (나)에서 B 해역의 표층 염분이 낮은 이유는 중국에서 많은 양의 하천수가 유입되기 때문이다.

오답 피하기 ㄷ. 계절에 따른 표층 염분 변화량은 여름철에 유입되는 하천수의 영향으로 제주 부근 해역에서 매우 크게 나타난다.

616 표층 수온은 고위도로 갈수록 낮아진다. 따라서 A는 수온, B는 밀도이다.

ㄴ. 표층 해수의 밀도(B)는 적도보다 30° 부근에서 크다.

오답 피하기 ㄱ. A는 수온, B는 밀도이다.

ㄷ. 60°N 해역은 50°N 해역보다 수온과 밀도가 모두 낮다. 수온은 밀도에 반비례하므로 60°N 해역에서 염분이 더 낮아야 밀도가 작을 수 있다. 따라서 표층 염분은 50°N 부근보다 60°N 부근에서 낮다.

617 표면 해수의 밀도는 A 지점이 B 지점보다 작고, 깊이 500 m에서는 두 지점의 해수 밀도가 거의 같다.

ㄱ. 밀도가 가장 낮은 지점의 수온이 표면 수온에 해당한다. 따라서 두 지점의 표면 수온은 20 ℃ 이상이다.

ㄴ. 수심이 깊어질수록 밀도가 큰 해수가 존재하므로 두 지점 모두 깊이에 따라 해수의 밀도가 계속 증가한다.

ㄷ. A, B 지점의 수심 500 m에 있는 해수의 밀도는 같다. 한편, 표면 해수의 밀도는 A 지점이 B 지점보다 작다. 따라서 표면 해수와 500 m 해수의 밀도 차는 A 지점이 B 지점보다 크다.

618 용존 산소는 수심 100 m 부근에서 최소가 되고, 용존 이산화 탄소는 수심이 깊어질수록 증가한다.

ㄱ. A는 용존 산소이고, B는 용존 이산화 탄소이다.

오답 피하기 ㄴ. 해수에 녹아 있는 기체량을 비교하면 모든 수심에서 용존 이산화 탄소량이 용존 산소량보다 많다.

ㄷ. 표층에서 용존 이산화 탄소량의 농도가 낮은 주된 원인은 광합성에 의해 소모되기 때문이다.

619 용존 산소량은 수온에 반비례하므로 고위도로 갈수록 대체로 증가하고, 한류가 흐르는 해역이 난류가 흐르는 해역보다 높게 나타난다.

ㄱ. 용존 산소량은 수온에 반비례하므로 저위도에서 고위도로 갈수록 대체로 증가한다.

ㄷ. 표층 수온은 난류가 흐르는 A 해역이 한류가 흐르는 B 해역보다 높다.

오답 피하기 ㄴ. A 해역에서 흐르는 난류가 강해지면 수온이 상승하여 용존 산소량은 감소할 것이다.

620 ③	621 ③	622 ⑤	623 ②	624 ④	625 ①	626 ②
627 ④	628 ①	629 ⑤	630 ①	631 ④	632 ⑤	633 ③
634 ②	635 ①	636 ③	637 ①	638 ④	639 ③	640 ③
641 ④	642 ⑤	643 ①	644 ②	645 ⑤	646 ④	647 ②
648 ④	649 ③	650 ④	651 ③	652 ⑤	653 ②	

620 지구의 대기권에서는 위도에 따라 흡수되는 태양 복사 에너지양의 차이와 지구 자전의 영향으로 전 지구적인 규모로 순환이 나타나는데, 이를 대기 대순환이라고 한다.

③ 페렐 순환은 해들리 순환과 극순환 사이에서 형성된 간접 순환이다.

오답 피하기 ① 북반구와 남반구에 각각 커다란 3개의 순환 세포가 존재한다.

② 적도 부근에서는 해들리 순환의 상승 기류가 나타나는 적도 저압대가 발달한다.

④ 극동풍과 편서풍은 위도 60° 부근에서 만나 한대 전선대를 형성한다.

⑤ 대기 대순환은 저위도의 과잉 에너지를 고위도로 운반하여 지구의 에너지 평형에 기여한다.

621 대기 대순환은 적도를 경계로 대칭으로 나타난다. 0°～30° 사이에서는 무역풍, 30°～60° 사이에서는 편서풍, 60°～90° 사이에서는 극동풍이 분다.

622 아열대 해역에서 표층 해류는 대기 대순환으로 부는 바람의 영향을 받아 발생한다. 위도 0°～30° 해역에서는 무역풍의 영향으로 서쪽으로 해류가 흐르고, 위도 30°～60° 해역에서는 편서풍의 영향으로 동쪽으로 해류가 흐른다. 이 해류는 대륙의 분포 때문에 시계 방향으로 순환하는 환류를 형성한다.

ㄱ. A의 해류는 편서풍에 의해 형성된 북태평양 해류이다.

ㄴ. B에서는 난류인 쿠로시오 해류가, C에서는 한류인 캘리포니아 해류가 흐른다.

ㄷ. 북태평양 아열대 해역에서는 표층 해류가 시계 방향(A → C → D → B)으로 흐른다.

623 해양에 의한 에너지 수송량은 저위도에서 많고, 대기에 의한 에너지 수송량은 중위도에서 많다. 따라서 A는 해양, B는 대기에 의한 에너지 수송량이다.

ㄷ. 대기와 해양에 의한 에너지 수송을 통해 위도별 에너지 불균형을 해소할 수 있다.

오답 피하기 ㄱ. A는 해양에 의한 에너지 수송량이다.

ㄴ. 에너지 수송량은 위도 40° 부근에서 최대이다.

624 태평양과 대서양의 아열대 해역에서는 환류가 적도를 경계로 북반구와 남반구에 대칭적으로 분포한다.

ㄱ. 북태평양 해류는 편서풍에 의해 위도 40° 부근에서 서쪽에서 동쪽으로 흐르는 해류이다.

ㄷ. 대기와 해수의 순환은 저위도에서 고위도로 에너지를 수송하여 지구의 에너지 평형에 중요한 역할을 한다.

오답 피하기 ㄴ. 아열대 해역에서 표층 순환의 방향은 북반구에서 시계 방향, 남반구에서 시계 반대 방향이다.

625 대기 대순환을 이루는 순환으로 해들리 순환(위도 0°~30°), 페렐 순환(위도 30°~60°), 극순환(위도 60°~90°)이 있다. 적도와 위도 60°N에서는 상승 기류가, 30°N과 극 지역에서는 하강 기류가 우세하므로 북반구에서 3개의 순환 세포가 나타난다.

626 해류는 이동하는 동안 주변 지역의 기후에 영향을 준다. 특히 난류는 겨울철에 영국과 아이슬란드 등 고위도 해안 지역의 기후를 상대적으로 온화하게 만들어 준다.

ㄷ. 멕시코만류는 뉴욕보다 고위도 해안에 위치한 레이캬비크의 겨울철 기후를 온화하게 해주는 역할을 한다.

오답 피하기 ㄱ, ㄴ. 멕시코만류는 저위도에서 고위도로 흐르는 난류이다.

627 A는 황해 난류, B는 동한 난류, C는 북한 한류이다.

④ A~C 중 용존 산소량은 한류인 C가 가장 많다.

오답 피하기 ① 표층 수온은 난류인 A가 한류인 C보다 높다.

② 표층 염분은 난류인 B가 한류인 C보다 높다.

③ C(북한 한류)는 겨울에 특히 강하게 나타난다.

⑤ B와 C 해류가 만나는 동해의 중부 연안 해역은 좋은 어장이 형성되는 조경 수역을 이룬다.

628 우리나라 주변 해역에서 표층 수온은 여름이 겨울보다 높고, 표층 염분은 여름이 겨울보다 낮다.

ㄱ. 동해에서 남북 간의 수온 차는 여름에 6 ℃ 정도이고, 겨울에 12 ℃ 정도이다.

오답 피하기 ㄴ. 표층 염분은 강수량이 많은 여름철에 낮게 나타난다.

ㄷ. 계절에 따른 표층 염분 변화량은 동해(울릉도 해역)보다 하천수 유입이 많은 황해와 남해(제주도 해역)에서 크다.

629 A는 저위도에서 고위도로 흐르는 난류(브라질 해류)이고, B는 고위도에서 저위도로 흐르는 한류(벵겔라 해류)이다. C는 남극 순환 해류의 일부로, 편서풍에 의해 서쪽에서 동쪽으로 흐른다.

ㄱ. 표층 수온은 난류인 A가 한류인 B보다 높다.

ㄴ. C는 편서풍에 의해 서쪽에서 동쪽으로 흐르는 해류이다.

ㄷ. 표층 순환은 적도를 경계로 대칭적으로 나타난다. 따라서 북대서양의 아열대 순환은 시계 방향이다.

630 수괴의 평균 밀도는 남극 저층수>북대서양 심층수>지중해수>남극 중층수>북대서양 중앙 표층수 순이다.

ㄱ. 남극 저층수는 밀도가 가장 크므로 북서양의 해저면을 따라 이동할 것이다.

오답 피하기 ㄴ. 남극 중층수와 북대서양 심층수가 만나면 밀도가 더 큰 북대서양 심층수가 아래로 가라앉는다.

ㄷ. 지중해수는 북대서양 중앙 표층수보다 밀도가 크고, 북대서양 심층수보다 밀도가 작다. 따라서 지중해수가 북대서양으로 유출되면 북대서양 중앙 표층수와 북대서양 심층수 사이에 위치한다.

631 A는 남극 중층수, B는 북대서양 심층수, C는 남극 저층수이다. 남극 저층수는 남극 대륙 주변의 웨델해에서 겨울철에 결빙이 일어나면서 해수가 심층으로 가라앉아 형성된다.

ㄴ. C는 남극 부근에서 가라앉아 형성된 남극 저층수이다.

ㄷ. 밀도가 큰 해수일수록 더 아래쪽에 분포하므로 해수의 밀도는 A<B<C이다.

오답 피하기 ㄱ. 평균 유속은 심층류가 표층류에 비해 훨씬 느리다.

632 해양에서 일어나는 전 지구적인 순환은 지구의 열수지 평형에 기여하고, 심층에 산소를 공급해주는 역할을 한다.

ㄱ. 심층수에는 영양 염류가 풍부하므로 A 해역에서 용승이 활발할수록 표층에서 영양 염류가 많아진다.

ㄴ. B와 C 해역에서 침강한 차가운 해수는 산소가 풍부하여 심층에 산소를 공급하는 역할을 한다.

ㄷ. 표층수와 심층수는 컨베이어 벨트와 같이 연결되어 거대한 순환을 이루고 있으며, 전 지구를 순환하는데 1000년 이상 걸린다.

633 두 물리량 사이의 관계를 알아보려면 두 물리량 이외의 다른 물리량을 동일하게 변인 통제해야 한다.

ㄱ. 염분이 밀도에 미치는 영향을 알아보려면 A와 B의 수온이 동일해야 하므로 ㉠이 20이어야 한다.

ㄷ. 수온과 염분 변화는 해양의 심층 순환을 일으키는 원인이다.

오답 피하기 ㄴ. 수온이 밀도에 미치는 영향을 알아보려면 A와 C의 염분이 동일해야 하므로 ㉡이 15가 되어야 한다.

634 연안 용승이 일어나는 해역에서는 표층 수온이 연안보다 먼 바다에서 높고, 연안 침강이 일어나는 해역에서는 연안에서 따뜻한 표층수가 많아진다. 따라서 (가)에서 용승, (나)에서 침강이 일어났다. (가)에서 연안 용승이 일어났으므로 해수는 해안에서 먼 바다 쪽으로 이동하였고, (나)에서 침강이 일어났으므로 해수는 먼 바다에서 해안 쪽으로 이동하였다. 따라서 에크만 수송을 고려하면 (가)에서 남풍, (나)에서 북풍이 불었다.

635 이 해역에서 북서풍이 지속적으로 불면, 연안 용승이 일어나 영양

염류가 증가하여 플랑크톤이 많아진다.
ㄱ. 먼 바다에서 연안으로 올수록 플랑크톤이 많아지므로 연안 용승이
일어났다.

오답 피하기 ㄴ. 이 해역에서 연안 용승이 일어나려면 북서풍이 지속적
으로 불어야 한다.
ㄷ. 연안 용승이 일어날 경우, 표층 해수의 수온은 연안에서 먼 바다로
갈수록 높아진다.

636 (가)에서는 적도 용승, (나)에서는 연안 용승이 일어난다.
ㄱ. (가)에서는 무역풍에 의해 적도 용승이 일어나고, (나)에서는 북풍에
의해 연안 용승이 일어난다.
ㄴ. (가)에서 표층 수온은 용승이 일어나는 A가 B보다 낮다.

오답 피하기 ㄷ. (나)에서 용존 산소량은 표층 수온이 낮은 D가 C보다
많다.

637 울산 앞바다의 표층 수온이 연안에서 먼 바다로 갈수록 증가하므
로 연안 용승이 일어났음을 알 수 있다.
ㄱ. 표층 해수가 동쪽으로 이동하려면 남풍 계열의 바람이 지속적으로
불어야 한다.

오답 피하기 ㄴ. 해수의 용승이 일어났다.
ㄷ. 적조는 수온이 높고, 부영양화가 나타날 때 플랑크톤이 이상 번식하
여 나타난다. 용승에 의해 적조가 발생하는 경우는 드물다.

638 A는 캘리포니아 연안, B는 적도, C는 페루 연안이다. 세 지역 모
두 용승이 활발한 지역이다.
ㄱ. A에서는 한류인 캘리포니아 해류, C에는 한류인 페루 해류가 흐른다.
ㄷ. 용승이 발생하면 표층 수온이 낮아져 주변의 다른 해역에 비해 안개
가 자주 발생한다.

오답 피하기 ㄴ. B 해역 부근에서는 동풍 계열 무역풍이 불고, 무역풍
에 의해 적도 용승이 나타난다.

639 동태평양 해역의 해수면 높이가 평상시보다 높다. 따라서 이 해역
의 표층 수온이 평상시보다 높아진 엘니뇨 시기이다.
ㄷ. 엘니뇨 시기에는 서태평양 적도 해역의 강수량이 평상시보다 줄어
든다.

오답 피하기 ㄱ. 엘니뇨 시기에는 무역풍이 평상시보다 약하게 분다.
ㄴ. 엘니뇨 시기에는 동태평양 적도 해역에서 평상시보다 용승이 억제
된다.

640 엘니뇨 시기에는 서태평양의 해수면 높이가 평상시보다 낮아지
고, 동태평양의 해수면 높이가 평상시보다 높아진다. 따라서 A는 서태
평양, B는 동태평양에서 관측한 자료이다.
ㄷ. 동서 방향의 해수면 경사는 라니냐 시기가 엘니뇨 시기보다 크다.
따라서 A와 B 해역의 해수면 경사는 엘니뇨 시기인 2009년 12월보다
라니냐 시기인 2010년 12월에 컸다.

오답 피하기 ㄱ. A는 서태평양, B는 동태평양에서 관측한 자료이다.
ㄴ. 동태평양 해역의 표층 수온은 엘니뇨 시기인 2009년 12월에 더 높
았다.

641 동태평양 연안의 구름양은 (가)가 (나)보다 적으므로 (가)는 라니
냐 시기, (나)는 엘니뇨 시기에 해당한다.
ㄴ. 동태평양 페루 연안(A)의 평균 기압은 라니냐 시기인 (가)일 때 더
높다.
ㄷ. 남적도 해류의 유속은 무역풍이 강하게 부는 라니냐 시기일 때 더
빠르다.

오답 피하기 ㄱ. (가)는 라니냐, (나)는 엘니뇨 시기이다.

642 동태평양 해역의 수온 편차가 (+)이므로 평상시보다 높아졌다.
따라서 엘니뇨가 발생하였다.
ㄷ. 엘니뇨 시기에는 동태평양 해역(B)의 표층 수온이 상승하여 혼합층
과 심해층의 온도 차가 평상시보다 커진다.
ㄹ. 엘니뇨 시기에는 서쪽 연안(인도네시아 연안)에서 가뭄 , 산불 등의
피해가 자주 발생한다.

오답 피하기 ㄱ. 이 시기는 엘니뇨 시기에 해당한다.
ㄴ. 평상시에는 B 해역에서 용승이 활발하여 A 해역과 B 해역의 수온
차가 크다. 엘니뇨 시기에는 B 해역의 수온이 상승하여 A 해역과의 수
온 차가 줄어든다.

643 기후 변화를 일으키는 요인은 크게 지구 외적 요인과 지구 내적
요인으로 구분할 수 있다. 태양 활동 변화와 지구 자전축의 경사각 변화
는 기후 변화를 일으키는 지구 외적 요인에 해당한다. 수륙 분포의 변
화, 대규모 화산 분출, 대기 대순환의 변화 등은 기후 변화를 일으키는
지구 내적 요인에 해당한다.

644 13000년 후에 우리나라는 지구가 근일점일 때 여름철, 원일점 일
때 겨울철이 된다.
ㄴ. 북반구는 현재 근일점일 때 겨울철이지만, 13000년 후에는 근일점
일 때 여름철이 된다. 따라서 우리나라에서 기온의 연교차는 현재보다
13000년 후에 크다.

오답 피하기 ㄱ. 현재 지구가 근일점일 때 북반구에 위치한 우리나라는
겨울철이다.
ㄷ. 지구의 공전 궤도가 변하지 않으므로 지구에 입사하는 연간 태양 복
사 에너지양은 현재와 13000년 후에 같다.

645 지구 자전축의 경사각이 커지는 경우, 공전 궤도 이심률이 작아지
는 경우, 자전축의 경사 방향이 현재와 반대가 되는 경우에 북반구에서
기온의 연교차는 현재보다 증가한다.
ㄱ. 자전축의 경사각이 23.5°에서 24.5°로 커지면 기온의 연교차는 증
가한다.

ㄴ. 공전 궤도 이심률이 현재보다 작아지면, 근일점 거리가 멀어지므로 북반구는 겨울철에 태양까지의 거리가 현재보다 멀어진다. 따라서 기온의 연교차가 증가한다.

ㄷ. 지구 자전축의 경사 방향이 세차 운동에 의해 현재와 반대가 되면 근일점에서 여름이 되므로 기온의 연교차가 증가한다.

646 대기와 해수의 순환에 의해 에너지는 저위도에서 고위도로 이동하며, 이때 이동하는 에너지양은 A 부근에서 가장 많다.

④ 저위도에서 고위도로 이동하는 에너지양은 중위도 지역이 적도나 극에 비해 많다.

 ① 지구 전체에서 에너지 과잉량은 에너지 부족량과 같은 상태이다.

② 지표면이 방출하는 에너지양은 평균 기온이 높은 저위도가 고위도보다 많다.

③, ⑤ 열에너지 이동은 주로 대기와 해수의 순환에 의해 일어나며, 항상 온도가 높은 곳에서 낮은 곳으로 이동한다.

647 온실 기체는 파장이 짧은 가시광선보다 파장이 긴 적외선을 잘 흡수한다.

② 온실 기체는 주로 가시광선보다 적외선을 잘 흡수하므로 태양 복사 에너지보다 지구 복사 에너지를 잘 흡수한다.

 ① 수증기, 이산화 탄소, 메테인 등은 대표적인 온실 기체이다.

③ 이산화 탄소는 메테인보다 대기 중의 농도가 훨씬 높기 때문에 지구의 온실 효과에 미치는 영향도 더 크다.

④, ⑤ 화석 연료 사용량이 증가하면서 대기 중 온실 기체의 농도는 계속 증가하는 추세이다. 이로 인해 온실 효과가 커지면서 지구 온난화 현상이 심해지고 있다.

648 태양에서 지구로 입사하는 에너지 100단위 중 30단위는 반사되며 나머지 70단위가 지구에 흡수된다. 지구는 열수지 평형 상태이므로 지구에서 우주로 방출되는 에너지도 70단위가 되어야 한다.

ㄱ. 지구에서 반사되는 에너지는 대기 반사 26과 지표 반사 4를 합쳐 30단위이므로 반사율은 30%이다.

ㄴ. 태양 복사 100단위 중에서 30단위가 반사되므로 A＋B＝70단위이고, 우주 공간에서도 열수지 평형 상태이므로 지구에서 우주로 방출되는 에너지도 70단위이다. 따라서 D＋F＝70이다.

 ㄷ. 대기의 온실 효과가 증가하면 대기의 재복사(G)와 지표 방출(E)이 증가한다.

649 A 시기는 B 시기보다 기온 편차가 작았으므로 지구의 평균 기온이 더 낮은 빙하기에 해당한다.

ㄱ. 이 기간 동안 지구의 기온 편차는 대부분 (−)였다. 따라서 지구의 평균 기온은 현재보다 대체로 낮았다.

ㄴ. 이산화 탄소와 메테인의 농도는 기온 편차가 클수록 높으므로 지구의 평균 기온과 대체로 비례한다.

 ㄷ. 빙하기에 해당하는 A 시기에는 극지방의 얼음 면적이 더 넓어 반사율이 컸을 것이다.

650 사막과 사막화 지역은 아열대 고압대가 위치하는 위도 20°∼30° 부근에 많이 분포한다.

ㄴ. 과잉 방목, 경작지 확대, 숲 훼손 등은 토양의 사막화를 일으키는 인위적 요인에 해당한다.

ㄷ. 중국과 몽골 지역의 사막화는 황사 발원지의 면적을 증가시키므로 우리나라에서 연간 황사 발생 일수를 증가시킬 수 있다.

 ㄱ. 사막은 주로 아열대 고압대에 분포한다.

651 온실 효과 증가로 예상되는 고위도 지역의 온도 상승 폭이 저위도 지역의 온도 상승 폭보다 크다.

ㄱ. 온실 효과로 인한 온도 상승이 고위도에서 더 크게 나타나므로 위도 간 온도 차는 현재보다 작아질 것이다.

ㄷ. 지구의 평균 기온이 높아지면 대기의 총 에너지양이 증가하여 기상 현상이 훨씬 활발해진다. 그에 따라 지표 환경의 변화도 현재보다 활발하게 일어날 것이다.

 ㄴ. 태풍은 수온이 27 ℃ 이상인 열대 해역에서 발생한다. 해수의 온도가 높아지면 태풍이 발생할 수 있는 해역이 현재보다 넓어진다.

652 지구는 복사 평형 상태이므로 지구에서 우주로 방출하는 지구 복사 에너지양은 우주에서 지구로 들어온 태양 복사 에너지양과 같다.

⑤ 온실 기체의 양이 많아져 온실 효과가 증가하더라도 우주로 방출되는 지구 복사 에너지은 증가하지 않는다. 따라서 우주로 방출되는 지구 복사 에너지양은 일정하다.

 ①, ③, ④ 지구 대기는 지구 복사를 흡수하여 지표로 재복사한다. 이를 온실 효과라고 하는데, 온실 효과가 커질수록 지표면의 온도가 증가하며, 평균 해수면이 상승한다.

② 지구 대기가 없다면 온실 효과가 없기 때문에 지구의 평균 기온은 현재보다 낮을 것이다.

653 이 기간 동안 우리나라에서는 연강수량이 대체로 증가하고, 연강수 일수는 대체로 감소하였다. 따라서 여름철에 비가 집중적으로 내리는 경향이 뚜렷해지고 있음을 추론할 수 있다.

ㄴ. 연강수량은 증가하고 연강수 일수가 감소하였으므로 강수 형태 중 집중 호우의 발생 빈도는 증가하였을 것이다.

 ㄱ. 이 기간 동안 연강수량은 대체로 증가하는 경향이 있다.

ㄷ. 총 강수량은 증가하고, 강수 일수는 감소하였으므로 특정 시기에 비가 더 많이 내렸음을 의미한다.

654 ③	655 ①	656 ③	657 ②	658 ②	659 ⑤	660 ②
661 ④	662 ①	663 ③	664 ②	665 ③	666 ③	667 ⑤
668 ⑤	669 ⑤	670 ③	671 ②	672 ③	673 ③	674 ②
675 ③	676 ③	677 ③	678 ⑤	679 ⑤	680 ④	681 ②
682 ①	683 ③	684 ②	685 ⑤			

654 표면 온도가 높아질수록 플랑크 곡선 아래의 면적이 넓어지고 최대 에너지를 방출하는 파장은 짧아진다.

ㄷ. 최대 복사 에너지의 파장이 길수록 별의 표면 온도는 낮아지므로 색지수는 커진다.

오답 피하기 ㄱ. 표면 온도가 높아질수록 플랑크 곡선에서 최대 복사 에너지를 방출하는 파장이 짧아진다.

ㄴ. 태양의 표면 온도는 약 6000 K이므로 최대 복사 에너지 파장은 약 0.5 μm이다.

655 색지수는 B−V이며 색지수가 클수록 표면 온도가 낮다.

ㄱ. 색지수는 $m_B-m_V=7.3-6.5=0.8$이다.

오답 피하기 ㄴ, ㄷ. 분광형이 G형인 태양의 색지수가 0.65이므로 이 별은 태양보다 표면 온도가 낮다. 따라서 분광형은 K형이나 M형이다.

656 별의 표면 온도에 따라 대기를 구성하는 기체들의 이온화되는 정도가 다르기 때문에 별마다 다양한 흡수 스펙트럼이 나타난다.

③ 분자 흡수선은 온도가 낮은 M형에서 강하다.

오답 피하기 ① 중성 헬륨선(He I)은 B형에서 강하게 나타난다.

② K형, M형 별에서 수소와 헬륨의 흡수선이 약한 것은 수소와 헬륨이 거의 없어서가 아니고 표면 온도에 따라 원소들이 이온화되는 정도가 다르기 때문에 흡수선의 강도가 다르게 나타난다.

④ 이온화된 칼슘 흡수선(Ca II)은 K형 별에서 가장 강하다.

⑤ 색지수가 클수록(G, K, M형) 금속 원소들에 의한 흡수선이 강하다.

657 색지수가 작고 절대 등급이 작을수록 H−R도의 왼쪽 위에 위치한다.

② 색지수가 클수록 표면 온도가 낮은 별이다. A와 B는 태양보다 표면 온도가 낮은 별이다.

오답 피하기 ① A, B는 태양보다 표면 온도는 낮은데 광도가 큰 것은 반지름이 크기 때문이고 거성, 초거성에 해당한다.

③ 표면 온도가 낮은데 광도가 더 큰 B가 A보다 반지름이 크다.

④ B는 태양보다 절대 등급이 5등급 작으므로 광도가 태양의 100배이다.

⑤ 광도 계급이 가장 큰 별은 주계열성인 태양이다.

658 A는 주계열성, B와 C는 적색 거성이다.

ㄴ. 중심부에서 헬륨이 생성되는 별은 주계열성이므로 A이다.

오답 피하기 ㄱ. C가 표면 온도는 가장 낮지만 광도가 가장 큰 것은 반

지름이 크기 때문이다. 별의 반지름은 C > B > A 이다.

ㄷ. 별까지의 거리는 (겉보기 등급−절대 등급)의 값이 클수록 멀다. 가장 멀리 있는 별은 B이고 A가 가장 가까운 별이다.

659 주계열성은 질량−반지름 관계가 성립한다. 질량이 클수록 반지름이 큰 별이다.

ㄱ, ㄴ. 주계열성은 질량이 큰 별일수록 반지름이 크고, 질량이 클수록 광도가 크다.

ㄷ. 주계열성은 광도가 큰 별이 수소의 소모율이 크기 때문에 진화 속도는 빠르고 수명이 짧다.

660 광도 계급에서 V는 주계열성이고, III은 거성이다.

ㄷ. 분광형이 G2인 태양은 분광형이 M0인 S보다 표면 온도가 높다.

오답 피하기 ㄱ. 별의 광도는 거성인 S가 태양보다 밝다.

ㄴ. S는 거성이므로, 반지름은 태양이 S보다 작다.

661 H−R도는 표면 온도와 광도로 별의 분포를 나타낸 그래프이다.

ㄱ. H−R도의 세로축은 광도, 절대 등급으로, 위로 갈수록 광도가 커진다.

ㄴ. H−R도의 가로축은 표면 온도, 색지수, 분광형으로, 왼쪽으로 갈수록 표면 온도는 높아지고 색지수는 작아지며 분광형은 O형에 가까워진다.

오답 피하기 ㄷ. H−R도에 분포하는 별 중 중심부에서 수소 핵융합 반응이 일어나는 별은 주계열성이다. 적색 거성, 초거성, 백색 왜성 등의 중심부에서는 수소 핵융합 반응이 일어나지 않는다.

662 A와 C는 주계열성, D는 거성, B는 백색 왜성에 해당한다.

ㄱ. B는 색지수가 0이므로 표면 온도는 약 10000 K이다.

오답 피하기 ㄴ. 평균 밀도는 거성<주계열성<백색 왜성 순서로 커진다. 따라서 평균 밀도가 가장 작은 별은 D이다.

ㄷ. D는 C보다 절대 등급이 약 15등급 작으므로 광도는 약 10^6배 밝다.

663 색지수 1.85, 절대 등급 −6인 별은 적색 초거성이다. 적색 초거성은 표면 온도는 낮지만 반지름이 매우 커서 광도는 큰 별이다.

ㄱ. 절대 등급은 절대 등급과 겉보기 등급의 관계식으로부터 구할 수 있다. 겉보기 등급(m)−절대 등급(M)=5 log$r$−5이므로,

$0.5-M=5 \log 200-5$이고,

$M=-5(2.3)+5+0.5$

　$=-11.5+5.5=-6$이다.

ㄷ. 적색 초거성은 표면 온도는 낮지만 반지름이 커서 광도가 큰 별이다. 광도가 같은 주계열성보다 반지름이 크다.

오답 피하기 ㄴ. 색지수 1.85, 절대 등급 −6인 별은 적색 초거성이다.

664 원시별의 질량이 클수록 H−R도에서 수평 방향으로 진화하고,

질량이 작을수록 수직 방향으로 진화한다.

ㄷ. 원시별의 질량이 클 때 수평 방향으로 진화하므로 표면 온도의 변화가 크다.

오답 피하기 ㄱ. 원시별의 질량이 클수록 중력 수축이 많이 일어나 주계열에 빨리 도달하므로 중력 수축 기간이 짧다.

ㄴ. 원시별의 질량이 작을 때 수직 방향으로 진화하므로 광도 변화가 크다.

665 원시별의 질량에 따라 주계열에 도달하는 위치가 다르다.

ㄱ. 원시별의 질량이 클수록 주계열의 왼쪽 위에 도달한다. 따라서 별의 질량은 (가)가 (나)보다 크다.

ㄷ. 세 별의 광도가 감소하는 것은 원시별의 중력 수축으로 크기가 감소하기 때문이다.

오답 피하기 ㄴ. 원시별의 질량이 클수록 중력 수축 효과가 크고 주계열에 빨리 도달하게 된다.

666 태양 정도의 질량을 가진 별은 주계열성 — 거성 — 행성상 성운 — 백색 왜성으로 진화한다.

ㄱ. A는 주계열성이므로 별의 중심부에서 수소 핵융합 반응이 일어난다.

ㄷ. 별의 밀도는 백색 왜성인 D가 가장 크다.

오답 피하기 ㄴ. 별의 광도는 반지름의 제곱에 비례하고 표면 온도의 네제곱에 비례한다. C의 광도가 A의 약 10000배이므로 표면 온도가 같은 경우 반지름이 약 100배 차이가 난다. C는 A보다 표면 온도가 2배 이상 높기 때문에 반지름은 최대 2.5배 정도 더 크다.

667 주계열성의 질량에 따라 진화 속도가 다르다. 질량이 클수록 진화 속도가 빠르다.

ㄱ. 태양과 질량이 비슷한 별은 주계열성 이후 적색 거성으로 진화하고, 태양보다 질량이 매우 큰 별은 주계열성 이후 초거성으로 진화한다.

ㄴ. 별의 질량이 작을수록 거성으로 진화하는 동안 느린 진화 구간이 차지하는 비율이 높다.

ㄷ. ㉠은 빠른 진화가 일어나는 영역이므로, 관측되는 별의 수는 ㉠보다 ㉡에 해당하는 별이 더 많을 것이다.

668 ㄱ. 주계열성은 H—R도에서 왼쪽 위에 분포할수록 광도와 질량이 모두 크다.

ㄴ, ㄷ. 별의 질량이 클수록 중심부 온도가 높아 수소 연소 효율이 크기 때문에 수소를 매우 빠르게 소모하므로 주계열성의 수명이 짧다. 즉 별이 주계열에 머무르는 시간이 짧다.

669 ㄱ. H—R도의 세로축에서 위쪽으로 갈수록 광도는 커진다. 별이 주계열성에서 거성으로 진화하는 경우 H—R도의 오른쪽 위로 이동하므로 이 과정에서 광도는 커진다.

ㄴ. H—R도의 가로축에서 왼쪽으로 갈수록 색지수는 작아진다. 별이 주계열성에서 거성으로 진화하는 경우 H—R도의 오른쪽 위로 이동하므로 이 과정에서 색지수는 커진다.

ㄷ. 주계열성의 중심부에서 수소가 모두 소진되면 헬륨 핵은 수축하고 이때 발생한 에너지가 중심핵을 둘러싸고 있는 수소층을 가열한다. 이로 인해 수소층에서 수소 핵융합 반응이 일어나 별의 바깥층은 팽창한다. 따라서 별이 주계열성에서 거성으로 진화하는 동안 반지름은 증가한다.

670 ㄱ. (가)에서 대각선 방향의 띠 모양으로 분포하는 별들은 주계열성이고 주계열성보다 오른쪽에 분포하는 별들은 적색 거성, 거성보다 더 위에 분포하는 별들은 초거성이다. 그림에서 보면 주계열성의 별이 초거성과 적색 거성을 합한 것보다 적은 양으로 분포하고 있음을 알 수 있다.

ㄷ. (나)에서 태양과 비슷한 표면 온도를 갖는 백색 왜성의 광도는 10^{-4} 보다 작지만 태양의 광도는 1이므로 태양과 비슷한 표면 온도의 백색 왜성은 태양보다 광도가 작다.

오답 피하기 ㄴ. 태양은 분광형이 G형인 별이다. (나)에서 주계열성은 태양의 분광형인 G형을 기준으로 질량이 큰 왼쪽 위보다 질량이 작은 오른쪽 아래에 많이 분포한다.

671 나이가 같은 별은 질량에 따라 별의 진화 단계가 다르다.

ㄱ. a가 d보다 절대 등급이 15등급 작으므로 광도는 10^{6}배 밝다. 따라서 반지름은 10^{3}배 크다.

ㄷ. 주계열에서 오른쪽 아래에 있는 별일수록 질량이 작고 주계열에 오래 머문다.

오답 피하기 ㄴ. b~d는 주계열성이므로 별의 중심부에서 수소 핵융합 반응이 일어난다.

672 별의 질량이 클수록 주계열에 먼저 도달하고, 주계열에서 거성으로 먼저 진화한다.

ㄷ. 원시별의 질량이 클수록 중력 수축이 많이 일어나 중심부 온도가 빠르게 상승하여 주계열에 먼저 도달한다. (나)에서 원시별의 질량이 작은 경우 아직 주계열성에 도달하지 않은 모습을 볼 수 있다.

오답 피하기 ㄱ. 별의 질량이 클수록 주계열에 먼저 도달하고, 주계열에서 거성으로 먼저 진화한다. 따라서 성단은 (나)→(다)→(가) 순으로 진화한다.

ㄴ. (가)에서 B형 별은 초거성 단계를 거쳐 초신성 폭발을 한 후 중성자별이나 블랙홀로 진화한다.

673 ㄱ. 태양보다 중심핵의 질량이 3배 이상 큰 별은 블랙홀로 최후를 맞이한다.

ㄷ. 주계열성의 중심부에서는 4개의 수소가 융합하여 1개의 헬륨을 생성하는 수소 핵융합 반응이 일어나고 있다. 따라서 (나)는 주계열성의 내부 구조이다.

오답 피하기 ㄴ. 철보다 무거운 금, 우라늄 등의 원소는 초신성 폭발 과정에서 생성된다.

674 (가)는 양성자·양성자 반응(P−P 반응)이고, (나)는 탄소·질소·산소 순환 반응(CNO 순환 반응)이다.

ㄷ. (가)와 (나)는 모두 수소 핵융합 반응으로 4개의 수소가 융합하여 1개의 헬륨핵을 생성한다.

오답 피하기 ㄱ. O형 별은 질량이 매우 크고 중심부 온도가 높은 별이므로 CNO 순환 반응이 우세하게 일어난다.

ㄴ. 중심부 온도가 1800만 K보다 낮은 별에서는 P−P 반응이 우세하게 일어나고, 중심부 온도가 1800만 K보다 높은 별에서는 CNO 순환 반응이 우세하게 일어난다.

675 핵융합 반응의 종류는 중심부 온도에 의해 결정된다.

ㄱ. P−P 반응과 CNO 순환 반응은 주계열성의 중심부에서 일어나는 수소 핵융합 반응이다.

ㄴ. 태양의 중심 온도는 약 1500만 K이므로 CNO 순환 반응보다 P−P 반응이 우세하게 일어난다.

오답 피하기 ㄷ. 중심부 온도가 2000만 K 이상인 주계열성은 P−P 반응보다 CNO 순환 반응이 우세하게 일어나지만 P−P 반응도 일어난다.

676 (가)는 주계열성, (나)는 거성의 내부 구조이다.

ㄱ. 별의 진화는 주계열성 이후에 적색 거성이나 초거성으로 진화한다.

ㄷ. 태양보다 질량이 2배 이상인 별의 내부 구조는 대류핵과 복사층으로 이루어져 있고 중심핵에서는 CNO 순환 반응이 우세하게 일어난다.

오답 피하기 ㄴ. (가)는 주계열성의 내부 구조가 대류핵과 복사층으로 이루어져 있고 A에서는 대류로 에너지가 전달된다.

677 태양의 마지막은 탄소 핵을 가진 백색 왜성으로 진화한다.

ㄱ. 별의 밀도는 백색 왜성(D)이 가장 크다.

ㄴ. (나)는 중심핵에서 헬륨 핵융합 반응을 하고 수소 껍질에서 수소 핵융합 반응을 하므로 적색 거성 단계의 내부 구조이다.

오답 피하기 ㄷ. (나) 이후 중심핵에서 탄소와 산소로 이루어진 핵을 형성하지만 더 이상 핵융합 반응이 일어나지 않는다.

678 ㄱ. 현재 태양은 중심부에서 수소 핵융합 반응으로 헬륨이 생성되는 (나)이다.

ㄷ. 중심부 온도는 헬륨 핵융합 반응이 일어나는 (가)가 (나)보다 높다.

오답 피하기 ㄴ. (가)에서는 중심핵을 둘러싸고 있는 수소층에서 수소 핵융합 반응이 일어난다.

679 (가)는 주계열성, (나)는 태양보다 질량이 매우 큰 별의 초거성, (다)는 적색 거성, (라)는 주계열성에서 거성으로 진화하는 단계의 내부 구조이다.

ㄱ. 태양은 주계열성에서 적색 거성을 거쳐 백색 왜성으로 최후를 맞이한다. 적색 거성에서는 헬륨 핵융합 반응을 통해 탄소 핵이 형성된 후 모든 핵융합 반응이 끝난다. 따라서 태양은 (가) → (라) → (다)의 순으로 진화한다.

ㄴ. 초신성으로 폭발하는 별은 헬륨보다 무거운 원소에 의한 여러 가지 핵융합 반응이 단계적으로 일어나 최종적으로 철로 이루어진 핵이 형성된 후 모든 핵융합 반응이 끝난다. 따라서 초신성으로 폭발하는 별은 (가) → (라) → (나)의 순으로 진화한다.

ㄷ. 수소 핵융합 반응은 수소가 분포하고 온도가 1000만 K 이상이면 일어난다. 주계열성이 적색 거성으로 진화하는 과정의 (라)에서는 중심부의 중력 수축으로 발생한 에너지가 중심부를 둘러싸고 있는 수소층에 전달되어 1000만 K 이상의 온도에 도달하면서 수소 핵융합 반응이 일어나 별의 바깥층이 팽창하게 된다.

680 초신성 폭발 과정에서 철보다 무거운 원소가 생성되며, 이 과정에서 철보다 무거운 원소를 포함하여 다양한 물질이 우주로 방출된다.

ㄴ. 초거성의 단계에서 별은 중심부로 갈수록 수소에서부터 철까지 점점 더 무거운 원소가 분포하며 양파 껍질 구조 모양을 이룬다.

ㄷ. 태양계는 철보다 무거운 원소를 포함하므로 초신성 폭발 후 생성된 성운이 수축하여 형성되었다.

오답 피하기 ㄱ. (가)에서 (나)의 진화 과정은 중력 수축에 의해 일어나는데, 이 과정에서 반지름이 감소하면서 광도가 감소한다.

681 식 현상을 이용하여 외계 행성을 탐사하는 방법이다.

ㄴ. 식 현상이 반복되는 주기는 행성의 공전 주기이며 공전 주기는 B가 A보다 길다.

오답 피하기 ㄱ. 식 현상이 지속되는 시간은 행성의 공전 속도에 따라 다르다. 중심별에 가까운 행성의 공전 속도가 더 빠르고, 따라서 식 현상이 지속되는 시간은 A가 B보다 짧다.

ㄷ. 행성의 반지름이 2배 커지면 별의 밝기는 $\frac{1}{4}$배로 감소한다.

682 별빛의 시선 속도 변화를 관측하여 외계 행성을 찾는 방법이다.

ㄱ. 별과 행성의 공전 주기가 같다. (나)에서 별빛의 시선 속도 변화 주기가 약 40일이므로 행성의 공전 주기도 약 40일이다.

오답 피하기 ㄴ. 행성의 질량이 클수록 별과 행성의 공통 질량 중심이 별에서 멀어져서 중심별의 시선 속도 변화 폭이 크다.

ㄷ. A는 별이 지구로 접근하는 때이므로 행성은 지구에서 후퇴하고 있는 때이다. 행성이 지구와 가장 먼 거리에 있을 때는 행성이 별 뒤쪽에 있을 때이고 이때 별빛의 시선 속도는 0이다.

683 미세 중력 렌즈 현상을 이용하여 외계 행성을 탐사하는 방법이다.

ㄱ. 먼 천체의 밝기 변화는 앞쪽 별의 중력에 의한 효과로 빛이 굴절되면서 밝기가 증가한다.

ㄴ. A와 같은 밝기의 불규칙한 증가는 행성의 중력으로 나타나는 현상이다.

오답 피하기 ㄷ. 미세 중력 렌즈 현상은 별과 먼 천체가 시선 방향으로 일직선 상에 놓일 때 관측되며 주기적으로 나타나지는 않는다.

684 외계 행성은 시선 속도 변화, 식 현상, 미세 중력 렌즈 현상 등을 이용하여 탐사한다.

ㄴ. 미세 중력 렌즈 현상보다 식 현상으로 발견된 외계 행성의 수가 더 많다.

오답 피하기 ㄱ. 외계 행성의 대부분은 목성 질량의 0.01배보다 크다. 지구 질량은 목성 질량의 약 $\frac{1}{300}$이다.

ㄷ. 직접 관측으로 외계 행성을 탐사하는 경우 궤도 장반경이 클 때 관측이 유리하다. 외계 행성의 장반경이 작으면 중심별의 광도의 영향으로 관측이 어렵다.

685 생명 가능 지대는 액체 상태의 물이 존재할 수 있는 거리의 범위이다.

ㄱ, ㄷ. 생명 가능 지대가 태양계보다 가까우므로 S는 태양보다 광도가 작고 질량이 작은 주계열성이다. 따라서 주계열성의 수명은 S가 태양보다 길기 때문에 생명 가능 지대에 머물 수 있는 시간은 지구가 a보다 짧다.

오답 피하기 ㄴ. 외계 행성 a의 거리는 수성과 비슷하지만 a는 생명 가능 지대에 속해 있으므로 표면 온도가 수성보다 낮다.

III - 2. 외부 은하와 우주 팽창
40 ~ 45쪽

686 ①	687 ②	688 ②	689 ④	690 ③	691 ⑤	692 ③
693 ③	694 ⑤	695 ②	696 ①	697 ③	698 ⑤	699 ①
700 ③	701 ④	702 ③	703 ⑤	704 ②	705 ①	706 ①
707 ⑤	708 ②	709 ①				

686 (가)는 정상 나선 은하, (나)는 막대 나선 은하, (다)는 불규칙 은하, (라)는 타원 은하이다.

ㄱ. 우리은하는 (나)와 같은 막대 나선 은하에 속한다.

오답 피하기 ㄴ. 전파 은하는 가시광선 영역에서 대부분 타원 은하로 관측된다.

ㄷ. 성간 물질이 많아 새로운 별이 활발하게 탄생하는 은하는 불규칙 은하이다. (라)의 타원 은하는 성간 물질의 비율이 작다.

687 ㄴ. a → c로 갈수록 은하 전체에 대한 은하핵의 비율이 작아지고 나선팔의 감김이 느슨해진다.

오답 피하기 ㄱ. 우리은하는 (나)와 같은 막대 나선 은하에 속하고 SBb로 분류된다.

ㄷ. 나선팔은 정상 나선 은하에서는 중심핵에서 직접 뻗어 나오고, 막대 나선 은하에서는 중심 막대에서 뻗어 나온다.

688 (가)는 정상 나선 은하, (나)는 타원 은하, (다)는 막대 나선 은하이다.

ㄴ. 타원 은하는 편평도에 따라 E0 ~ E7까지 세분한다. 가장 원에 가까울 때가 E0이고, 가장 납작한 형태일 때가 E7이다.

오답 피하기 ㄱ. 나선 은하의 중심부에 붉은색의 별이 주로 분포하고, 나선팔에는 파란색의 별이 주로 분포하므로 별의 색지수는 중심부가 나선팔보다 크다.

ㄷ. (가)와 (다)는 은하핵을 가로지르는 막대 모양 구조의 유무로 구분된다.

689 우리은하는 은하핵에 막대 모양의 구조를 가지고 있으며 은하핵과 나선팔에 분포하는 별의 종류가 다르다.

ㄴ. 성간 물질은 주로 나선팔에 분포한다.

ㄷ. 우리은하의 중심부에는 나이가 많아 붉은색을 띠는 별이 주로 분포하므로, B에는 색지수가 큰 별이 주로 분포한다.

오답 피하기 ㄱ. 우리은하는 막대 나선 은하이며 SBb형으로 분류한다.

690 (가)는 타원 은하, (나)는 정상 나선 은하이다.

ㄷ. (나)는 정상 나선 은하로 은하핵에서 나선팔이 뻗어 나온다.

오답 피하기 ㄱ. 타원 은하는 편평도에 따라 모양이 구에 가까운 것은 E0, 가장 납작한 것은 E7이다.

ㄴ. 타원 은하는 성간 물질이 거의 없으므로 성간 물질의 비율은 (가)가 (나)보다 적다.

691 전파 은하는 일반 은하보다 수백 ~ 수백만 배 이상의 강한 전파를 방출한다.

ㄱ. 보통의 은하보다 수백 배 이상의 매우 강한 전파를 방출한다.

ㄴ. 중심핵의 양쪽에 로브라는 둥근 돌출부가 있고 중심핵에서 로브로 이어지는 제트가 대칭적으로 관측된다.

ㄷ. 전파 은하를 가시광선 영역에서 관측하면 허블의 분류 체계에서 타원 은하에 해당한다.

692 퀘이사는 우주 초기에 형성된 은하이며 매우 멀리 있어 후퇴 속도가 매우 크다.

ㄱ. (가)에서 퀘이사는 별처럼 보이는 특이 은하이다.

ㄴ. (나)에서 스펙트럼에 나타난 흡수선의 파장이 길어졌으므로 후퇴하고 있음을 알 수 있다.

 ㄷ. 퀘이사 스펙트럼의 적색 이동량은 매우 크므로, 매우 빠른 속도로 후퇴하고 있는 외부 은하이다.

693 은하끼리 충돌할 때 한 은하가 다른 은하를 관통하여 큰 파문을 남기기도 하고, 작은 은하가 큰 은하에 끌려 들어가 큰 은하에 병합되기도 한다.
ㄱ. 은하의 충돌로 은하의 모양이 변하고 있다.
ㄷ. 은하끼리 충돌하면서 분자 구름이 압축되어 많은 별이 한꺼번에 탄생하기도 한다.
 ㄴ. 은하 충돌의 과정에서 별의 크기보다 별 사이의 공간이 훨씬 크기 때문에 별들이 직접 충돌할 가능성은 거의 없다.

694 은하의 스펙트럼에서 적색 편이가 클수록 은하까지의 거리가 멀다.
ㄱ. 은하의 적색 편이가 클수록 멀리 있는 은하이다.
ㄴ. 멀리 있는 은하일수록 적색 편이량이 크고 후퇴 속도가 빠르며 우주 팽창의 중심은 없다.
ㄷ. (가)에서 (나)의 거리보다 (라)의 거리가 더 멀기 때문에 (가) 은하에서 관측한 은하의 후퇴 속도는 (나)보다 (라)가 더 빠르다.

695 은하 사이의 거리가 멀수록 후퇴 속도가 빠르고 허블 상수는 우주의 팽창 속도를 나타낸다.
ㄴ. A는 우주가 팽창하는 정도를 나타내는 그래프의 기울기, 즉 허블 상수보다 작다. 따라서 A는 우주의 팽창 속도보다 후퇴 속도가 느리다.
 ㄱ. 후퇴 속도는 A보다 B가 더 빠르다.
ㄷ. A−B 사이의 거리보다 지구−B 사이의 거리가 더 멀기 때문에 A에서 본 B의 후퇴 속도보다 지구에서 본 B의 후퇴 속도가 더 빠르다.

696 허블 상수를 알면 우주의 나이와 크기를 알 수 있다.
ㄱ. 그림에서 보면, 허블 상수는 A 시기가 B 시기보다 크다.
 ㄴ, ㄷ. 우주의 크기와 나이는 허블 상수에 반비례한다. 따라서 우주의 크기와 나이는 허블 상수가 작은 B 시기가 A 시기보다 크다.

697 은하의 후퇴 속도는 거리에 비례한다.
ㄱ. 허블 상수 $H = \dfrac{v}{r}$ (v : 후퇴 속도, r : 은하까지의 거리)이다. 허블 상수는 60 km/s/Mpc이다.
ㄴ. B에서 관측한 A와 C의 후퇴 속도의 비는 거리비로 알 수 있다. 거리의 비가 6 : 10이므로 후퇴 속도의 비는 6 : 10 = 3 : 5이다.
 ㄷ. 각 은하에서 관측한 시선 속도는 시선 방향과 같으므로 C에서 관측한 B의 시선 속도와 B에서 관측한 C의 시선 속도의 크기는 같고 방향은 서로 반대이다.

698 허블 상수는 우주의 팽창 속도를 의미하며 은하의 후퇴 속도를 은하까지의 거리로 나누면 구할 수 있다.

ㄱ, ㄴ. (나)에서 허블 상수는 70 km/s/Mpc이므로 ㉠은 10 Mpc이다. 현재 우주는 1 Mpc마다 70 km/s의 속도로 팽창하고 있다.
ㄷ. B에서 C를 관측하면 B−C 사이의 거리가 15 Mpc이므로 후퇴 속도는 1050 km/s이다.

699 팽창하는 우주의 중심은 없다.
ㄴ. A에서 멀어지는 속도는 거리에 비례하므로 C가 B보다 더 크게 관측된다.
 ㄱ. (가)와 (나)에서 A−B 사이의 거리가 2배 증가했으므로 B−C 사이의 거리도 2배 증가한다. (나)에서 B−C 사이의 거리는 4 cm이다.
ㄷ. 팽창하는 우주의 중심은 없으므로 B를 기준으로 볼 수 없다.

700 외부 은하들은 거리가 멀수록 후퇴 속도가 커진다.
ㄱ. A와 B는 우리은하를 중심으로 90° 떨어져 있으므로 직각 삼각형을 이룬다. 두 은하 사이의 거리가 $10\sqrt{5}$ Mpc이므로 우리은하와 B 사이의 거리는 20 Mpc, 우리은하와 A 사이의 거리는 10 Mpc이다.

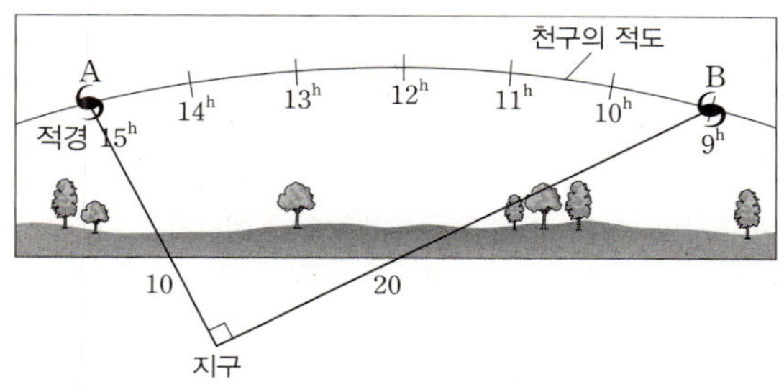

ㄴ. A에서 관측한 B의 후퇴 속도는 A−B 사이의 거리가 $10\sqrt{5}$ Mpc이므로 $700\sqrt{5}$ km/s이다.
 ㄷ. A와 B에서 측정한 허블 상수는 70 km/s/Mpc이다.

701 빅뱅 우주론과 정상 우주론에서 모두 우주가 팽창한다고 설명한다. (가)와 (다)는 빅뱅 우주론, (나)와 (라)는 정상 우주론이다.
ㄴ. 정상 우주론에서는 우주가 팽창하면서 새로운 물질이 생겨나 평균 밀도가 일정하게 유지된다고 주장한다.
ㄷ. 우주 배경 복사는 빅뱅 우주론의 증거이다.
 ㄱ. 빅뱅 우주론에 대한 설명은 (가)이고 모형은 (다)이다.

702 우주 배경 복사는 우주 전체에 균일하게 퍼져 있는 빛이다.
ㄱ. 우주 배경 복사에 나타난 미세한 온도 차이는 물질의 분포 차이로 나타난다.
ㄷ. 우주 배경 복사는 빅뱅 우주론의 증거이다.
 ㄴ. 우주 배경 복사는 빅뱅 약 38만 년 후 우주의 온도가 약 3000 K일 때 방출되어 우주 전체에 균일하게 퍼져 있는 빛이다.

703 빅뱅 이후 우주는 팽창하면서 온도는 낮아지고 우주 배경 복사의 파장은 길어졌다.

ㄱ. 현재의 우주는 약 2.7 K의 우주 배경 복사를 방출하고 있다.

ㄴ. 빅뱅 후 38만 년이 되었을 때 우주의 온도는 약 3000 K이 되었고 이때 방출된 빛이 현재는 약 2.7 K 복사로 관측되고 있다.

ㄷ. 우주가 팽창하면서 우주 온도는 낮아지고 우주 배경 복사의 파장은 길어졌다.

704 ㄷ. 우주가 팽창하는 동안 우주의 온도는 계속 낮아졌다.

오답 피하기 ㄱ. A 시기는 우주가 급팽창하는 시기로, 이때 우주의 팽창은 빛의 속도보다 빠르게 일어났다.

ㄴ. 우주의 팽창 속도는 일정하지 않으며 현재 우주는 가속 팽창하고 있다.

705 Ia형 초신성 관측으로 우주가 가속 팽창하고 있음을 알게 되었다.

ㄱ. 멀리 있는 Ia형 초신성일수록 허블 법칙으로 구한 겉보기 등급보다 등급이 크게 관측되었다. 이것은 더 어둡게 관측되었음을 나타낸다.

오답 피하기 ㄴ. 초신성들이 예상했던 것보다 멀리 있으며 멀리 있는 초신성이 예상보다 더 어둡다는 것은 우주의 팽창 속도가 예상보다 빠르다는 것을 의미한다.

ㄷ. 암흑 에너지는 빈 공간에서 나오는 에너지로 우주가 팽창하여 공간이 커지면서 차츰 물질을 이기고 우주를 가속 팽창시키고 있다.

706 A는 암흑 에너지, B는 암흑 물질, C는 보통 물질이다.

ㄱ. 가속 팽창의 원인으로 작용하는 것은 암흑 에너지(A)이다.

오답 피하기 ㄴ. 우주가 팽창함에 따라 물질의 질량은 일정하므로 C가 차지하는 비율은 감소한다.

ㄷ. 광학적으로 관측이 가능한 것은 보통 물질이다. B의 암흑 물질은 중력적으로 관측이 가능하다.

707 현재 우주에는 암흑 에너지 > 암흑 물질 > 보통 물질 순으로 분포한다.

ㄴ. 시간에 따라 즉, 우주가 팽창함에 따라 물질에 의한 중력의 영향보다 빈 공간에 의한 암흑 에너지의 영향이 커진다.

ㄷ. 암흑 물질이 차지하는 비율은 시간에 따라 감소하고 있다.

오답 피하기 ㄱ. A는 암흑 물질, B는 보통 물질, C는 암흑 에너지이다.

708 A는 가속 팽창하는 우주, B는 열린 우주, C는 평탄 우주, D는 닫힌 우주의 모형이다.

ㄴ. 우주의 평균 밀도는 B < C < D이다.

오답 피하기 ㄱ. A는 가속 팽창 우주의 모형이다.

ㄷ. 암흑 에너지를 고려한 우주 모형은 A이다.

709 암흑 에너지를 고려하지 않을 때 우주의 미래는 우주의 밀도에 따라 달라진다.

ㄱ. A는 평탄한 우주이며 팽창 속도가 점점 감소하여 0에 수렴한다.

오답 피하기 ㄴ. B는 열린 우주이며 계속해서 팽창하는 우주 모형이다.

ㄷ. C는 닫힌 우주이다.

BON. N제

BON. 본 N 제